Thomas Bassen

Kuba

DUMONT
REISE-HANDBUCH

Inhalt

Königin der Antillen..............................8
Kuba als Reiseland.............................10
Planungshilfe für Ihre Reise...................13
Vorschläge für Rundreisen.....................16

Wissenswertes über Kuba

Steckbrief Kuba....................................20
Natur und Umwelt..................................22
Wirtschaft, Soziales und aktuelle Politik...........32
Geschichte...49
Zeittafel..64
Gesellschaft und Alltagskultur.....................66
Musik und Kunst....................................87

Wissenswertes für die Reise

Anreise und Verkehr...............................108
Übernachten......................................116
Essen und Trinken.................................120
Outdoor..124
Feste und Veranstaltungen........................127
Reiseinfos von A bis Z............................130

Unterwegs in Kuba

Kapitel 1 – La Habana und Archipiélago de los Canarreos

Auf einen Blick: La Habana und Archipiélago de los Canarreos...........................150
La Habana.....................................152
Geschichte.......................................152
Habana Vieja.....................................160
Rund um den Prado................................181
Centro Habana....................................185
Die Hafenfestungen...............................188

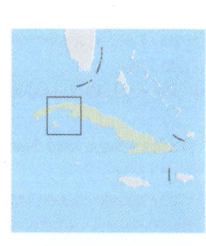

Der Malecón	189
Vedado	190
Miramar, Playa, Marina Hemingway	195
Aktiv: Barhopping in Habana Vieja	206
Aktiv: Mit der Hershey-Bahn von Havanna nach Matanzas	210

Die Umgebung von Havanna **211**
Südlich des Zentrums 211
Die Ostseite der Bahía de La Habana 212
An die Playas del Este 213
Weiter Richtung Matanzas 216

Archipiélago de los Canarreos **218**
Isla de la Juventud 218
Cayo Largo 222

Kapitel 2 – Kubas Westen

Auf einen Blick: Kubas Westen **226**
Von Havanna nach Pinar del Río **228**
Las Terrazas 228
Aktiv: Wanderungen im Naturpark Las Terrazas 230
Soroa 232
San Diego de los Baños und Umgebung 233

Pinar del Río **237**
Sehenswertes 237
Geschichte 237

Valle de Viñales **244**
Viñales 244
Die Umgebung von Viñales 247
Aktiv: Fahrradtour durch Tabakland 252
Cayo Levisa und Cayo Paraíso 255
Cayo Jutías 255
Weiter nach María La Gorda 256

Vuelta Abajo und Península de Guanahacabibes **257**
Vuelta Abajo 257
In den südwestlichen Zipfel Kubas 257
Península de Guanahacabibes 258

Kapitel 3 – Zentralkuba

Auf einen Blick: Zentralkuba 262
Die Provinz Matanzas 264
Matanzas 265
Varadero...271
Cárdenas 278
Península de Zapata 280
Aktiv: Vogelbeobachtung im Gran Parque
   Natural Montemar...282

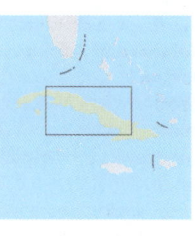

Cienfuegos und Umgebung................................. 287
Cienfuegos 287
Die Umgebung von Cienfuegos 296

Trinidad und die Provinz Sancti Spíritus.................... 299
Trinidad 299
Aktiv: Trinidads Musikszene – eine abendliche Kneipentour 307
Die Umgebung von Trinidad 309
Topes de Collantes 310
Aktiv: Wanderungen im Schutzgebiet Topes de Collantes 311
Valle de los Ingenios 313
Sancti Spíritus 317

Die Provinz Villa Clara....................................... 322
Santa Clara 322
Aktiv: Auf den Spuren des Che 324
Lago Hanabanilla 331
Remedios..331
Caibarién 335
Cayo Las Brujas, Cayo Santa María 336

Die Provinz Ciego de Ávila 338
Geschichte..338
Ciego de Ávila 338
Archipiélago Jardines de la Reina.................................341
Morón...342
Die Umgebung von Morón..345
Cayo Coco und Cayo Guillermo 347

Camagüey und Provinz 350
Camagüey...350
Die Provinz Camagüey 361

Die Provinz Las Tunas 365
Las Tunas 365
Die Nordküste 368

Kapitel 4 – Kubas Osten

Auf einen Blick: Kubas Osten 372
Holguín und Provinz 374
Holguín..374
Gibara..381
Bahía de Bariay 387
Guardalavaca und Umgebung........................388
Banes..392
An der Nordküste nach Baracoa 393
Aktiv: Wanderung zum Balcón de Iberia im Parque
 Nacional Alejandro de Humboldt 396

Bayamo und die Provinz Granma 398
Bayamo...398
Parque Nacional Turquino 404
Aktiv: Besteigung des Pico Turquino 406
Manzanillo..407
Sitio Histórico La Demajagua 409
Parque Nacional Desembarco del Granma 409
Niquero 410
Küstenstraße nach Santiago 410
Von Bayamo nach Santiago 412

Santiago de Cuba und Umgebung........................... 414
Santiago de Cuba 414
Aktiv: Spaziergang durch El Tivolí....................421
Ausflüge in die Umgebung.............................431

Die Provinz Guantánamo 436
Guantánamo 436
Von Guantánamo nach Baracoa 441
Baracoa..443
Die Umgebung von Baracoa...........................452
Aktiv: Bootsfahrt auf dem Río Toa....................453

Kulinarisches Lexikon 454
Sprachführer 456

Register 458
Abbildungsnachweis/Impressum 464

Themen

Tabak und Zucker – ein kubanischer Disput ... 24
Umweltschutz und Umweltprobleme ... 30
Das Trauma der 1990er-Jahre ... 34
Grundzüge der kubanischen Wirtschaft ... 37
José Martí – Kubas Nationalheld ... 54
Fidel Castro ... 59
Schwarzes Selbstbewusstsein ... 69
Wenn die Götter tanzen – eine Santería-Zeremonie ... 72
Besuch beim Babalawo ... 76
Essende Trommeln – die Batá ... 82
Die Casa de la Trova – ein Haus für Troubadoure ... 90
Havanna literarisch ... 156
Szenen aus der Provinz ... 234
Tabak – historisch ... 242
Benny Moré – der größte Sonero aller Zeiten ... 297
Über das Leben in den Sklavenbaracken ... 316
Ernesto ›Che‹ Guevara ... 328
Die ›Franzosen‹, die Tumba Francesa und der Karneval ... 416
»Guantanamera« – wie ein Ohrwurm entsteht ... 438
Karibische Köstlichkeiten in Baracoa ... 449

Alle Karten auf einen Blick

La Habana und Archipiélago de los Canarreos: Überblick ... 151
La Habana (Übersichtskarte) ... 161
Habana Vieja ... 164
Centro Habana mit Habana Vieja ... 186
Vedado ... 192
Miramar und Playa ... 196
Playas del Este ... 216

Kubas Westen: Überblick ... 227
Naturpark Las Terrazas ... 230
Pinar del Río ... 238
Valle de Viñales ... 246

Zentralkuba: Überblick ... 263
Matanzas ... 266
Varadero ... 276
Cienfuegos ... 290
Trinidad ... 302
Topes de Collantes ... 311

Sancti Spíritus 318
Santa Clara 326
Remedios 334
Ciego de Ávila 340
Morón 343
Camagüey 352
Las Tunas 367

Kubas Osten: Überblick 373
Holguín 376
Gibara 384
Bayamo 400
Pico Turquino (Wanderkarte) 406
Santiago de Cuba 422
Guantánamo 437
Baracoa 446

REISEN UND KLIMAWANDEL

Der Klimawandel ist vielleicht das dringlichste Thema, mit dem wir uns derzeit befassen müssen. Wer reist, erzeugt auch CO_2. Der Flugverkehr trägt in erheblichem Maße zur globalen Erwärmung bei. Wir sehen das Reisen dennoch als Bereicherung. Es verbindet Menschen und Kulturen und kann einen wichtigen Beitrag zur wirtschaftlichen Entwicklung eines Landes leisten. Reisen bringt aber auch eine Verantwortung mit sich. Dazu gehört, darüber nachzudenken, wie oft wir fliegen und was wir tun können, um die Umweltschäden auszugleichen, die wir mit unseren Reisen verursachen.

Wir können insgesamt weniger reisen – oder weniger fliegen und länger bleiben, den Zug nehmen, wenn möglich, und Nachtflüge meiden (da sie mehr Schaden verursachen). Und wir können einen Beitrag an ein Ausgleichsprogramm wie die Projekte von *atmosfair* leisten. *Atmosfair* ist eine gemeinnützige Klimaschutzorganisation. Die Idee: Flugpassagiere spenden einen kilometerabhängigen Beitrag für die von ihnen verursachten Emissionen und finanzieren damit Projekte in Entwicklungsländern, die dort den Ausstoß von Klimagasen verringern helfen. Dazu berechnet man mit dem Emissionsrechner auf **www.atmosfair.de**, wie viel CO_2 der Flug produziert und was es kostet, eine vergleichbare Menge Klimagase einzusparen. *Atmosfair* garantiert die sorgfältige Verwendung Ihres Beitrags.

nachdenken • klimabewusst reisen

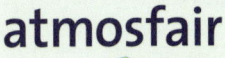

Königin der Antillen

Kuba – Insel der Extreme. Ein karibischer ›melting pot‹, in dem sich Afrika, Europa und ein Stückchen Asien vermischt haben. Afrokubanische Götter und Sozialismus. Ein Urlaubsparadies mit Traumstränden und kolonialer Pracht, Rum und Rumba. Mangelwirtschaft und Luxushotels, laue Brisen und Hurrikane. »Ewig treue« Zuckerinsel Spaniens und revolutionärer David, der dem übermächtigen Goliath im Norden selbstbewusst die Stirn bot.

Diese Insel hat, wie wenige andere, unzählige Träume und Begehrlichkeiten geweckt: Träume vom paradiesischen Eiland, vom subtropischen Garten Eden. Das Dorado der Konquistadoren, die mit goldhungrigen Augen die Insel absuchten. Gewalt, Unterdrückung, Sklaverei, zwei Unabhängigkeitskriege, das Karussell der Diktaturen und die Revolution hinterließen unauslöschliche Spuren im Leben der Insel. 1959 begann der revolutionäre Traum, der alles auf den Kopf stellte und sich für einige als Albtraum erwies. Wie kein anderes Land wurde Kuba ab den 1960er-Jahren zu einer Leinwand, auf die sich revolutionäre Utopien und Hoffnungen aus der ganzen Welt projizierten: Sonne und Sozialismus, Rumba und Revolution.

Alle Bilder von der Insel, so unterschiedlich sie auch sein mögen, enthalten mehr als nur ein Körnchen Wahrheit: Das Urlaubsparadies mit den weißen Puderzuckerstränden gibt es wirklich, auch die lauen Meereswellen, die einen wahren Farbenrausch in Grün-Smaragdfarben-Himmelblau-Türkis entfalten und in denen es sich herrlich baden, tauchen und schnorcheln lässt. Die Kolonialarchitektur ist tatsächlich so imposant wie die bunten Oldtimer charmant, die Musik (nicht nur die des Buena Vista Social Club) ist allgegenwärtig und liegt wie ein beständiges Flirren in der Luft. Und die Revolution hat, wenn auch nur vorübergehend, Grundübel beseitigt, unter denen andere Länder Lateinamerikas noch heute leiden. Trotz der seit 1990 herrschenden Dauerkrise und dem jahrzehntelangen US-Embargo gegen Kuba ist eine medizinische Versorgung immerhin vorhanden, die überwiegende Mehrheit der Kubaner gut ausgebildet, die Analphabetenrate niedriger als in den USA. Die Rassentrennung wurde formal aufgehoben, die Gleichberechtigung der Frauen per Gesetz zumindest auf dem Papier garantiert. Nach langer massiver Diskriminierung hat man in den letzten Jahren endlich auch die Rechte der LGBTQ+-Community gestärkt. Dies alles ist mehr, als andere Länder der Hemisphäre von sich behaupten können.

Allerdings lag die politische, wirtschaftliche und militärische Macht von 1959 bis 2018 in den Händen der Familie Castro. Am allmächtigen Einparteiensystem der Kommunistischen Partei und dem Einfluss der Massenorganisationen sowie der ›alten Eliten‹ wird auch der seit 2018 amtierende Präsident Miguel Díaz Canel nichts ändern. Zudem zieht das Militär im Hintergrund die eigentlichen Fäden der Macht. Presse-, Versammlungs- und Meinungsfreiheit sowie bürgerliche Grundrechte sind de facto nicht vorhanden, Reisefreiheit haben die Kubaner erst seit 2013. Bis 2015 war Kuba nahezu komplett abgeschnitten von modernen Kommunikationstechnologien – eine ganze Insel im Offline-Modus. Auch heute noch wird das Internet überwacht und zensiert. Löhne, Gehälter und Renten werden in Pesos Cubanos (CUP) bezahlt, zum (Über-)Leben braucht man aber Devisen. Diese Währungsapartheid macht viele Kubaner zu Bürgern zweiter Klasse und ihren Alltag zu einer aufreibenden Achterbahnfahrt – die ohne Exilkubaner nicht zu schaffen wäre, denn das halbe Land hängt am finanziellen Tropf der Miami-Kubaner.

Das vom damaligen US-Präsidenten Obama eingeleitete Ende der Eiszeit zwischen Kuba und den USA (die Aufnahme gegenseitiger diplomatischer Beziehungen sowie Handels- und Reiseerleichterungen und die Lockerung des Handelsembargos gegen Kuba) wurde von seinem Nachfolger Donald Trump wieder eingefroren und auch der jetzige US-Präsident Joe Biden hat die Annäherung der beiden Nachbarstaaten bislang nicht im angekündigten Maße wiederaufgenommen.

Die kubanische Realität ist voller Gegensätze, ein stetes Auf und Ab, wobei spätestens seit Ausbruch der Covid-19-Pandemie und der anschließenden anhaltenden Wirtschaftskrise Letzteres deutlich überwiegt. Aber: So leicht lässt man sich in Kuba nicht aus der Fassung bringen, auch wenn die Kubaner in den letzten 64 Jahren selten nach ihrer Meinung gefragt wurden. Allgegenwärtig sind Fantasie und Pragmatismus, ein unbedingter Überlebenswille und ein unbändiger schwarzer Humor, gespickt mit beißender Selbstironie. Allgegenwärtig wie ein unterirdischer roter Faden ist Afrokuba mit seinem magisch-animistischen Weltbild und seinem überaus lebendigen Götterhimmel, der sich wenig um Staatsformen und Machthaber schert. Die Besonderheit Kubas ist, dass all diese Welten und Widersprüche miteinander verwachsen sind, was dazu führt, dass ein Tag in Kuba aus vielen Wechselduschen bestehen kann, während derer man (als Reisender) die Insel entweder auf der Stelle verlassen oder für immer dableiben will. Ein vorzüglicher Wegweiser, um dem Geheimnis der Magie, die diese Insel ausübt, auf die Spur zu kommen, sind die vor Ort gedrehten Filme, einige der hier oder im Exil geschriebenen Romane und, natürlich, das wichtigste kubanische Lebenselixier überhaupt: die Musik. Wer von dieser Magie berührt wurde, den lässt sie nicht mehr los. Man kann Kuba lieben oder hassen, doch gleichgültig lässt diese Insel niemanden.

Der Autor

Thomas Bassen
www.thomasbassen.de

Thomas Bassen lebt als freier Autor und Übersetzer in Norddeutschland und Mexiko und kennt Kuba seit vielen Jahren. Besonders die ursprüngliche Schönheit der Landschaft um Baracoa herum und die Herzlichkeit der Bewohner im östlichsten Zipfel des Landes beeindrucken ihn bei jedem Besuch aufs Neue. Sein Tipp: »Ein Fahrrad mieten und damit die Gegend erkunden – so kommt man den Menschen und Landschaften am nächsten.«

Kuba als Reiseland

Sonne, Strand und Palmen, Zigarren und Rum, chromblitzende Oldtimer und allgegenwärtige Salsarhythmen, das assoziieren die meisten mit der Karibikinsel Kuba. Als typische All-inclusive-Destination schürt das Land schon viele Jahre die Träume und Sehnsüchte von Pauschalreisenden. Allerdings ist Kuba viel zu interessant, um sich dort nur an den Strand zu legen.

Kuba ist anders als die restlichen karibischen Inseln, und dieses Anderssein lässt sich nur erfahren, wenn man den Touristenorten einmal den Rücken kehrt und mitten ins kubanische Leben springt – das sollte man möglichst tun, solange die Insel noch nicht völlig kommerzialisiert ist und kostenlosen Anschauungsunterricht in praktischem Sozialismus und seinen nicht selten absurden Blüten bietet.

Neben besagten Traumstränden, kolonialen Bilderbuchstädten und bizarren bis wilden Landschaften gewinnt Kuba insbesondere durch seine Bewohner und den ganz normalen Alltag, der einen mehrmals täglich abwechselnd zum Weinen und zum Lachen bringt: Man freut sich über die herzliche Gastfreundschaft und poetische Komplimente, lässt sich mitreißen von ansteckender Lebensfreude und den kubanischen Rhythmen, erduldet Warteschlangen, schlechten Service und häufig auch schlechtes Essen, blickt erschüttert auf die marode Bausubstanz und wundert sich über so manche behördliche Bestimmung und angesichts der prekären wirtschaftlichen Lage auch über die nach wie vor allgegenwärtigen Revolutionsparolen.

Kuba ist ein äußerst widersprüchliches Land und polarisiert – am besten, man geht ohne konkrete Erwartungen dorthin, genießt, was sich einem bietet, und lässt sich ansonsten überraschen. Dabei hilft es ungemein, europäische Normvorstellungen zu Hause zu lassen …

Architektonisches Bilderbuch

Bonbonfarbene Kolonialhäuser mit kunstvoll geschmiedeten Fenstergittern, pastellfarbene Säulenveranden, Kopfsteinpflaster aus spanischen Zeiten – die ganze Insel ist ein einzigartiges Open-Air-Architekturmuseum. Ob in den touristischen Hotspots **Havanna, Trinidad, Camagüey** und **Santiago** oder in kleineren Städten wie **Remedios, Sancti Spíritus** und **Gibara** – überall in Kuba ist man von Stein gewordener Geschichte umgeben. Wer sich die Zeit nimmt, genau hinzusehen, entdeckt Details wie ein halbkreisförmiges buntes Glasfenster, ein eisernes Damenschühchen als Türklopfer oder halbhohe Schwingtüren am Eingang eines Cafés.

Doch Kuba wartet nicht nur mit prachtvoller kolonialer Architektur aus dem 16. und 17. Jh. auf. Auch Jugendstil, Art déco, Moderne und International Style haben, vor allem in Havanna, ihre Spuren hinterlassen. Nirgendwo sonst sind so viele verschiedene Baustile aus mehreren Jahrhunderten so vollständig erhalten wie in der kubanischen Hauptstadt. Auch eine Fahrt über Land hält für Architekturfans durchaus Interessantes bereit, vor allem in der Provinz Pinar del Río sowie zwischen Holguín und Banes. Hier sieht man überall die traditionellen *bohíos*, aus Palmholz erbaute und mit Palmstroh gedeckte Hütten, deren Bauweise von Kubas Ureinwohnern übernommen wurde.

Palmen und Strand

Gleichgültig, wo man sich auf Kuba befindet – der Weg zum nächsten Strand ist nie sehr weit. Mit rund 5800 km Küstenlinie, an die 1000 vorgelagerten Inseln und Inselchen sowie 280 Stränden besitzt die Insel ideale Voraussetzungen für ein Urlaubsland. Die Traumstrände mit korallenweißem Puderzuckersand, sanften türkisblauen Meereswellen mit Badewassertemperaturen und paradiesischem Karibikfeeling liegen größtenteils an der Nordküste: die **Playas del Este** nahe Havanna, die Superstrände von **Varadero**, die **Cayos Santa María, Coco** und **Guillermo, Playa Santa Lucía** nördlich von Camagüey und der paradiesische Strand von **Guardalavaca** bieten Badefreuden pur. Da sie sehr sanft und flach abfallen, sind sie auch für Familien mit Kindern hervorragend geeignet.

An der Südküste warten die schmaleren, weniger hellsandigen Strände im **Parque Baconao** bei Santiago, Buchten mit nahezu schwarzem Sand in **Marea del Portillo** und die fast weiße **Playa Ancón** bei Trinidad, der schönste Südküstenstrand. Auch die **Playa Rancho Luna** bei Cienfuegos lockt mit guten Bade- und Wassersportmöglichkeiten.

Taucher und Schnorchler, die die Einsamkeit schätzen, zieht es in den äußersten Westzipfel Kubas zur **Playa María La Gorda** in der Bahía de Corrientes. Und schließlich gibt es noch die einzigartigen Tauchgründe der **Isla de la Juventud** und die Bilderbuchstrände von **Cayo Largo,** wo man das ganze Jahr hindurch jede nur denkbare Art von Wassersport betreiben kann.

Natur und Abenteuer

Kuba besitzt jede Menge Natur und jede Menge Nationalparks, aber mit dem Angebot an Abenteuersport sieht es bislang eher schlecht aus. In Viñales gibt es zwar Möglichkeiten zum **Sportklettern**, in Varadero kann man **Fallschirmspringen** und in der Sierra del Escambray bei Trinidad **Mountainbiken**, doch richtig adrenalinfördernde Attraktionen wie Bungee-Jumping oder Rafting sucht man vergebens. Stattdessen darf man die Naturschönheiten des Lands in aller Stille genießen: In den National- und Naturparks werden geführte **Wanderungen** angeboten, es gibt zahlreiche Möglichkeiten zur **Vogelbeobachtung, Bootsausflüge** führen durch nahezu unberührte Landschaften, die Korallenriffe vor der Küste laden ein zum **Schnorcheln** und **Tauchen** und fast überall kann man **Ausritte** unternehmen.

HINWEIS FÜR REISENDE

Kuba befindet sich derzeit in einer schweren Wirtschaftskrise, die die Krise der 1990er-Jahre in vielen Aspekten übertrifft. Auch die touristische Infrastruktur ist davon betroffen, wobei die Lage im Osten Kubas schwieriger ist als in West- und Zentralkuba. Reisende müssen u. a. mit häufigen Stromabschaltungen, Wassermangel, Benzinengpässen, ausfallenden Zügen, schlechten Busverbindungen, spontan geschlossenen Museen und Restaurants rechnen. Ein Dach über dem Kopf, etwas zu essen und zu trinken sowie Musik wird man aber überall finden. Die Kubaner machen das Beste aus den sich ständig ändernden Gegebenheiten – es hilft, das in Erinnerung zu behalten und es ihnen gleichzutun. Allen Bemühungen zum Trotz ist es aufgrund der volatilen Lage derzeit nur begrenzt möglich, verlässliche Angaben zu Öffnungszeiten, Preisen oder Abfahrtzeiten der Busse und Züge zu machen. Am besten, Sie informieren sich vor Reiseantritt oder vor Ort noch mal über die aktuellen Bedingungen. Tipps und Adressen dafür finden sich im Buch. Es ist sinnvoll, sich vor der Reise etwas Spanisch anzueignen oder einen Sprachübersetzer zu kaufen. Eine Individualreise nach Kuba ist derzeit ein echtes, mitunter herausforderndes Abenteuer. Dafür erhält der Reisende einen authentischen Einblick in dieses widersprüchliche Land und kommt mit unzähligen Eindrücken und vielen neuen Geschichten heim. Eine gute Reise und eine schöne Zeit auf Kuba!

Kein Problem: auf eigene Faust unterwegs

Kuba lässt sich hervorragend auf eigene Faust erkunden. Individualtouristen können sich frei auf der Insel bewegen und haben selten Probleme, eine geeignete Unterkunft oder ein Transportmittel zu finden. Während Züge nur bedingt empfohlen werden können, da sie notorisch verspätet sind bzw. allzu oft gar nicht fahren, verbinden Busse die wichtigsten Zentren der Insel. In etwas abgelegenere Regionen gelangt man per Taxi oder Mietwagen, der vor allem im wilden Inselosten die beste Wahl ist. Allerdings muss man sich als Mietwagenfahrer dem Problem des Treibstoffmangels stellen, gut vorausplanen und eine gehörige Portion Geduld mitbringen. Für längere Distanzen empfehlen sich Inlandsflüge und für Tagesausflüge Motorroller, die man in vielen Hotels mieten kann. Sportliche Naturen sollten eine Fahrradtour in Erwägung ziehen, denn aufgrund des (noch) geringen Verkehrsaufkommens und der verhältnismäßig guten Straßen ist Kuba wie geschaffen zum Radeln.

Die Alternative: pauschale Arrangements

Zahlreiche Veranstalter im deutschsprachigen Raum sind auf Kuba spezialisiert und bieten **Rundreisen** mit unterschiedlichen Schwerpunkten an. Auf dem Programm stehen häufig nicht nur die klassischen Sehenswürdigkeiten, sondern auch Besuche in Fabriken, Schulen, Kliniken und staatlichen Organisationen. Das ist zweifelsohne interessant, doch einen wirklichen Einblick in die gesellschaftspolitische Realität darf man nicht erwarten, da diese Touren häufig von parteikonformen einheimischen Führern begleitet werden. Darüber hinaus organisieren viele Reiseagenturen **Sprach-, Tanz- und Trommelkurse** sowie **Aktivreisen,** z. B. Rad- oder Wandertouren.

Zu den in erster Linie oder allein auf Kuba ausgerichteten europäischen Veranstaltern gehören **Aventoura,** www.aventoura.de, **Cuba4Travel,** www.cuba4travel.com, **Cuba Buddy,** www.cuba-buddy.de, **Cuba Star Travel,** www.cubastartravel.com, **Danza y Movimiento,** www.dym-travel.com, **Erlebe-Reisen,** www.erlebe-kuba.de, **Papaya Tours,** www.papayatours.de, **Profil Cuba-Reisen,** www.profil-cuba-reisen.de, **Sprachcaffe Reisen,** www.sprachcaffe-reisen.de, **travel-to-nature,** www.travel-to-nature.de, sowie **VíaDanza,** www.viadanza.de.

Ein vergleichbares Angebot haben Kubas staatliche Reiseagenturen. Auch bei ihnen kann man bereits von Europa aus Touren buchen oder man wendet sich vor Ort an eine der zahlreichen Niederlassungen: **Cubanacán,** www.cubanacan.cu, Rundreisen, auch maßgeschneidert, v. a. stark im nautischen Bereich, z. B. Bootstouren, Tauch- und Angelreisen; **Cubatur,** www.cubatur.cu, großes Angebot an Rundreisen und Tagesausflügen; **Havanatur,** www.tropicana-touristik.de bzw. www.havanatur.cu, ähnliches Angebot wie Cubatur, aber auch Radtouren, Wander-, Tauch- und Angelreisen sowie Gesundheitstourismus; **Gaviota Tours,** www.gaviota-grupo.com, viele Wassersportangebote, betreut die kubanischen Jachthäfen; **Viajes San Cristóbal,** www.facebook.com (> Agencia de Viajes San Cristobal Habana), v. a. Thementouren; **Paradiso,** www.paradisonline.com, maßgeschneiderte Rundtouren mit den Schwerpunkten Kunst und Kultur, organisiert z. B. Tanz- und Trommelworkshops; **Ecotur,** www.facebook.com (> Ecotur Cuba), spezialisiert auf Ökotourismus, z. B. Angeltrips, Reittouren, Wanderungen, Tauchreisen, Vogelbeobachtung etc.; **Cubamar Viajes,** www.facebook.com (> Cubamar Empresa), www.facebook.com (> Campismo Popular), führt Rad- und Wandertouren durch, außerdem kann man hier Reservierungen für die Campismos tätigen, s. S. 118.

Mehrtägige **Kreuzfahrten** auf der MS Hamburg rund um Kuba mit einem Abstecher nach Montego Bay/Jamaika oder von Kuba bis zur Dominikanischen Republik bzw. nach Bridgetown/Barbados haben u. a. Plantours, www.plantours-partner.de, Dreamlines, www.dreamlines.de, und Kreuzfahrtpiraten, www.kreuzfahrtpiraten.de, im Programm.

Planungshilfe für Ihre Reise

Angaben zur Zeitplanung

Bei den folgenden Zeitangaben für die Reise handelt es sich um Empfehlungswerte für Reisende, die ihr Zeitbudget eher knapp kalkulieren.

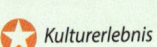 *Kulturerlebnis*

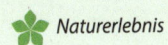 *Naturerlebnis*

1. La Habana und Archipiélago de los Canarreos

Die klassischen 14-tägigen Rundtouren beginnen und enden zumeist in Kubas Hauptstadt Havanna. An oberster Stelle der Sehenswürdigkeiten steht das koloniale Ensemble der Altstadt, die größtenteils restauriert wurde und schon beinahe disneyhafte Züge angenommen hat. Ganz anders das vor sich hinbröckelnde Centro Habana, das einen unvergleichlichen maroden Charme ausstrahlt. Einen Blick in die 1950er-Jahre gewinnt man in Vedado, während die weite Plaza de la Revolución kommunistische Architektur in ihrer Reinform darstellt.

Für eine träge Auszeit wie geschaffen sind die 17 km von Havanna entfernten Playas del Este, wo man typisch kubanisches Strandleben genießt. Sonnenbaden in einem paradiesischen Inselghetto kann man auf Cayo Largo vor der Südküste, passionierte Taucher wiederum sind auf der Isla de la Juventud an der richtigen Adresse.

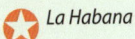 *La Habana*

 *Isla de la Juventud*

Gut zu wissen: Havanna ist ganzjährig ein empfehlenswertes Reiseziel, wobei in der Sommerhitze zwischen Juni und September lange Märsche zur Qual werden können. Besser geeignet sind die Monate zwischen Dezember und Februar. Die Ferienzeit der Kubaner ist von Mitte Juli bis Ende August, dann sind die Playas del Este extrem bevölkert.

Für die Besichtigung von Havanna braucht man keinen Mietwagen. Die einzelnen Stadtviertel lassen sich gut zu Fuß erkunden, ein Touristenbus fährt weiter entfernte Sehenswürdigkeiten an und an fast jeder Ecke findet man eines der hier üblichen Transportmittel: verwegen zusammengeschweißte Fahrradtaxis, knatternde Motorrollertaxis, stilvolle Oldtimertaxis, moderne Personentaxis oder gemächlich dahinzuckelnde Kutschen.

An einem Tag kann man sich bereits einen flüchtigen Eindruck von Habana Vieja verschaffen. Wer die zahlreichen Sehenswürdigkeiten und Museen besuchen möchte, sollte mindestens drei bis vier Tage einplanen. Es ist allerdings auch kein Problem, eine Woche oder mehr in der Stadt zu verbringen: Stadtführungen auf den Spuren Hemingways, Tanz- und Sprachkurse etc. sorgen für ein abwechslungsreiches Programm. Abends hat man die Qual der Wahl zwischen zahlreichen Cafés und Nachtklubs, in denen die besten Bands Kubas auftreten.

Zeitplanung

Habana Vieja:	mind. 2 Tage
Restliches Havanna mit Umgebung:	2–3 Tage
Cayo Largo:	mind. 3 Tage
Isla de la Juventud:	mind. 4 Tage

Die Kapitel in diesem Buch

1. La Habana und Archipélago de los Canarreos: S. 149
2. Kubas Westen: S. 225
3. Zentralkuba: S. 225
4. Kubas Osten: S. 371

2. Kubas Westen

Kubas schönste Landschaften, kurvige Landsträßchen, bunt angemalte, einstöckige Häuser mit Säulenveranda und Schaukelstuhl, ausgedehnte Tabakfelder und drei kleine, aber blitzeweiße Strände machen den Westteil der Insel zu einem fixen Programmpunkt auf jeder Kubareise.

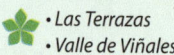
- *Las Terrazas*
- *Valle de Viñales*

Gut zu wissen: Anstatt für Hin- und Rückweg die Autobahn zu nehmen, können Mietwagenfahrer eine Strecke auf der reizvollen Küstenstraße zurücklegen.

Die beiden wichtigsten Zentren der Provinz, Pinar del Río und Viñales, sind fest im Víazul-Busfahrplan verankert. Vor Ort bieten Reiseagenturen Shuttles oder organisierte Ausflüge zu interessanten Zielen an, beispielsweise zum Strand von María La Gorda, nach Cayo Jutías oder nach Soroa und Las Terrazas.

Zeitplanung

Las Terrazas und Soroa:	1–2 Tage
Pinar del Río inkl. Tabakfabrik:	ca. 3 Std.
Valle de Viñales:	mind. 2 Tage
Cayo Jutías:	1 Tag
María La Gorda:	2 Tage

3. Zentralkuba

Die Highlights von Zentralkuba sind bestimmt durch faszinierende Architektur und kilometerlange, einsame Strände. Mit Ausnahme der wilden Sierra del Escambray mit ihren zahlreichen Wasserfällen hat diese Region landschaftlich nur wenig zu bieten – lediglich Zuckerrohrfelder, und zwar so weit das Auge reicht.

Mit nur einer Woche zur Verfügung sollte man unbedingt folgenden Zielen einen Besuch abstatten: dem kolonialen Schmuckstück Trinidad mit dem nahe gelegenen Valle de los Ingenios, einem der Postkartenstrände auf den nördlichen Cayos und natürlich dem Gassengewirr von Camagüey. Längere Aufenthalte lassen sich problemlos mit dem Besuch weniger frequentierter Orte wie Cienfuegos, Remedios, Santa Clara oder Sancti Spíritus füllen.

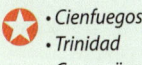
- Cienfuegos
- Trinidad
- Camagüey

- Varadero
- Topes de Collantes
- Cayo Coco und Cayo Guillermo

Gut zu wissen: Die Autofahrt durch Zentralkuba verlockt nicht zu vielen Fotopausen zwischendurch und auf der Autopista Nacional kommt man recht gut voran, d. h. hier können die jeweiligen Ziele zügig angefahren werden.

Zeitplanung

Península de Zapata:	1–2 Tage
Cienfuegos:	1 Tag
Trinidad und Umgebung:	mind. 2 Tage
Sancti Spíritus:	halber Tag
Santa Clara:	halber Tag bis 1 Tag
Remedios:	2–3 Std.
Camagüey:	1–2 Tage

4. Kubas Osten

Für die Bewohner des Oriente ist es ganz klar: Die eigentliche Inselhauptstadt heißt Santiago de Cuba! Etwas nüchterner betrachtet lässt sich Santiago zumindest als Kapitale karibischer Rhythmen bezeichnen, die fast ununterbrochen aus Fenstern und Türen zu hören sind. Die Verkehrsdrehscheibe des Ostens hingegen ist Holguín, das von Europa aus direkt angeflogen wird. Ganz in der Nähe liegen das koloniale Kleinod Gibara und das Strandparadies Guardalavaca. Und schließlich verbirgt sich ganz im Osten das verträumte Baracoa.

Der Oriente ist die landschaftlich abwechslungsreichste Inselregion und vereint Kubas trockenste und regenreichste Gegenden: Während Baracoa an der Nordküste in grünem Überfluss schwelgt, wachsen nur 60 km südlich davon, auf der anderen Seite der Gebirgskette, meterhohe Kakteen aus dem rissigen Boden. Außerden strebt im Oriente Kubas höchster Berg in den Himmel, der Pico Turquino.

- Gibara
- Santiago de Cuba
- Baracoa

- Parque Nacional Turquino
- Küstenstraße nach Santiago de Cuba

Gut zu wissen: Für Besucher hat der Osten zu jeder Jahreszeit seinen Reiz, doch vor allem Wanderer und Off-Road-Fahrer sollten sich auf die niederschlagsärmeren Monate Dezember bis April beschränken – während der Regenzeit sind viele Wege manchmal tagelang unpassierbar.

Um den Osten in seiner ganzen Vielfalt kennenzulernen, sollte man mindestens zwei Wochen einplanen – mehr, wenn man mit öffentlichen Verkehrsmitteln unterwegs ist. Da die Víazul-Busse lediglich die größeren Städte bedienen, ist der Oriente prädestiniert für eine Reise mit dem Mietwagen, insbesondere wenn man Abstecher ins Gebirge unternehmen oder die spektakuläre Küstenstrecke von Pilón nach Santiago de Cuba befahren möchte. Allerdings sollte man selbst dann die Fahrtzeiten großzügig berechnen, denn viele Straßenabschnitte befinden sich in einem beklagenswerten Zustand.

Zeitplanung

Holguín:	halber Tag
Gibara und Umgebung:	mind. 1 Tag
Bayamo:	halber Tag
Parque Nacional Turquino:	mind. 1 Tag
Küstenstraße:	mind. 2 Tage
Santiago de Cuba:	2 Tage
Parque Nacional Gran Piedra:	halber Tag
Parque Baconao:	halber Tag
Guantánamo:	2–3 Std.
Baracoa und Umgebung:	mind. 2 Tage

Vorschläge für Rundreisen

▬ Rundreise West- und Zentralkuba (2 Wochen)

1. Tag: Landung in Havanna und erster Spaziergang durch die Altstadt.
2. Tag: Besichtigung von Habana Vieja.
3. Tag: Fahrt nach Viñales in der Tabakprovinz Pinar del Río.
4. Tag: Erkundung des Valle de Viñales.
5. Tag: Besuch der Cueva Santo Tomás, nachmittags Baden auf Cayo Jutías.
6. Tag: Besichtigung der Tabakfabrik in Pinar del Río, anschließend Weiterreise nach Soroa und Las Terrazas.
7. Tag: Lange Fahrt zur Península de Zapata, über die ›Schatzlagune‹ geht es in die Schweinebucht nach Playa Larga.
8. Tag: Besichtigung des Museums Playa Girón und Weiterfahrt nach Cienfuegos.
9. Tag: Bummel durch Cienfuegos und Weiterreise nach Trinidad.
10. Tag: Trinidad und/oder ein Ausflug in die Sierra del Escambray.
11. Tag: Den Vormittag verbringt man noch in Trinidad, mittags fährt man durch das Valle de los Ingenios mit Besichtigung der Zuckermühle San Isidro de los Destiladeros, des Torre Manaca Iznaga und der Hacienda de Guáimaro nach Sancti Spíritus.
12. Tag: Fahrt nach Santa Clara, Besuch des Mausoleums von Che Guevara.
13. Tag: Rückfahrt nach Havanna, nachmittags Besichtigung des Cementerio de Colón, abends flanieren auf dem Malecón und speisen in Vedado.
14. Tag: Shopping und Bummeln in Havanna, abends Rückflug.

▬ Rundreise Zentral- und Ostkuba (2 Wochen)

1. Tag: Ankunft in Holguín, sofortige Weiterreise nach Gibara.
2. Tag: Entspannter Tag in Gibara, evtl. bereits Rückfahrt nach Holguín.
3. Tag: Fahrt über Holguín nach Bayamo, Besichtigung der Stadt.
4. Tag: Weiterreise nach Santo Domingo im Parque Nacional Turquino und Spaziergang zur Comandancia de la Plata, Fidel Castros Hauptquartier während der Revolution.
5. Tag: Über das ehemalige Gut des Freiheitskämpfers Carlos Manuel de Céspedes geht es in den Parque Nacional Desembarco del Granma, Übernachtung auf dem Campismo Las Coloradas oder in Niquero.
6. Tag: Fahrt über Kubas schönste Panoramastraße bis Chivirico.
7. Tag: Weiterreise – evtl. verbunden mit einem Abstecher zur Basílica de Nuestra Señora del Cobre – nach Santiago de Cuba.

1. Tag: Ankunft in Havanna.
2. u. 3. Tag: Stadtbesichtigung.
4. Tag: Fahrt nach Viñales.
5. Tag: Erkundung des Valle de Viñales.
6. Tag: Weiterreise nach Soroa und Las Terrazas, Besuch des Orchideengartens und einer Kaffeeplantage.
7. Tag: Fahrt zur Península de Zapata, den späten Nachmittag und Abend verbringt man entspannt in einer Unterkunft direkt am Strand in Playa Larga.
8. Tag: Besuch des Museums in Playa Girón und Weiterfahrt nach Cienfuegos.
9. Tag: Bummel durch Cienfuegos, anschließend Weiterreise nach Trinidad.
10. Tag: Besichtigung von Trinidad.
11. Tag: Erkundung des Valle de los Ingenios oder der Sierra del Escambray.
12. Tag: Weiterfahrt über Sancti Spíritus, dort kurzer Rundgang, nach Morón.
13. Tag: Strandtag auf Cayo Coco, Übernachtung in Morón.
14. Tag: Fahrt nach Camagüey und Stadtbesichtigung.
15. Tag: Am frühen Nachmittag Weiterreise nach Bayamo.
16. Tag: Tagestour in den Parque Nacional Turquino mit Wanderung zur Comandancia de la Plata.
17. Tag: Fahrt nach Santiago de Cuba mit einem Stopp an der Basílica de Nuestra Señora del Cobre.
18. Tag: Stadtbesichtigung.
19. Tag: Rückflug nach Havanna oder Fahrt nach Holguín.
20. Tag: Havanna oder Holguín/Gibara.
21. Tag: Rückflug von Havanna oder Holguín.

8. Tag: Besichtigung von Santiago de Cuba.
9. Tag: Fahrt über Guantánamo und den Farola-Pass nach Baracoa.
10. Tag: Organisierter Ausflug in die Umgebung von Baracoa.
11. Tag: Fahrt zum Parque Nacional Alejandro de Humboldt inkl. einer Wanderung, Übernachtung an der Playa Maguana.
12. Tag: Fahrt über Moa, Sagua de Tánamo und Mayarí nach Guardalavaca.
13. Tag: Sonnenbad an einem der weißen Strände bei Guardalavaca.
14. Tag: Rückflug ab Holguín.

▬ Von Ost nach West durch Kuba (3 Wochen)

Wer die ganze Insel bereisen möchte, aber nur drei Wochen zur Verfügung hat, muss eine Strecke mit dem Flugzeug zurücklegen oder einen Gabelflug wählen – so oder so ist man die ganze Zeit auf den Beinen und darf nicht allzuviel Erholung erwarten.

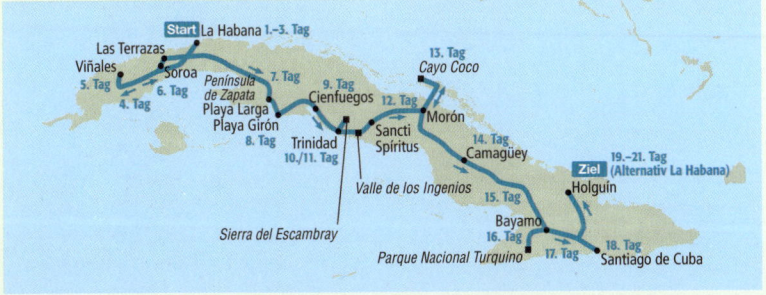

Wissenswertes über Kuba

»Mutter, ich möchte wissen, wo diese Sänger herkommen – sind sie aus Havanna? Oh nein, sie sind aus Santiago, sie kommen von den Bergen, sie singen in der Ebene – ich finde sie galant und virtuos, wie gern würde ich ihre Kunst erlernen …«
Son de la Loma, Miguel Matamoros

Die Kubaner leben mit und von ihrer Musik – in einer Band vor Touristen zu spielen, bringt mehr ein als jeder Angestelltenjob

Steckbrief Kuba

Daten und Fakten

Name: República de Cuba

Fläche: 110 860 km². Die Hauptinsel Kuba umfasst 105 007 km², ist über 1200 km lang und zwischen 30 und 190 km breit. Die übrige Fläche teilen sich die vier zum kubanischen Archipel gehörenden Inselgruppen Los Colorados, Sabana-Camagüey, Jardines de la Reina und Los Canarreos, die aus 1600 kleinen bis winzigen Inseln *(cayos)* bestehen.

Einwohnerzahl: 11,3 Mio.
Hauptstadt: Havanna (2,1 Mio. Einwohner)
Bevölkerungswachstum: –0,1 %
Amtssprache: Spanisch
Staatsform: Sozialistische Republik

Währung: Peso Cubano (CUP); 1 Peso = 100 Centavos. 1 USD = 120 CUP, 1 € = 127 CUP, 1 CHF = 137 CUP; Stand August 2023
Zeitzone: MEZ – 6 Std.
Landesvorwahl: 00 53
Internetkennung: cu

Landesflagge: Jedes Element hat seine eigene Bedeutung. Das rote, gleichseitige Dreieck bezieht sich auf die Losung der Französischen Revolution – Freiheit, Gleichheit, Brüderlichkeit; der weiße Stern im Dreieck steht für die Einheit Kubas, für die viel Blut floss; die drei blauen Balken erinnern an die frühere Aufteilung der Insel (Westen, Zentrum, Osten), ihre Farbe an die Freiheitsbestrebungen der Kubaner; die zwei weißen Balken verkörpern die Reinheit und Tugend des kubanischen Volkes.

Geografie

Kubas Küsten erstrecken sich über knapp 6000 km. Das Landschaftsbild ist geprägt von weiten, landwirtschaftlich genutzten Ebenen, die von verschiedenen Hügelländern und Gebirgsketten durchzogen werden: im Westteil der Insel die Cordillera de Guaniguánico mit dem 692 m hohen Pan de Guajaibón, im südlichen Zentralkuba die Sierra del Escambray mit dem 1156 m hohen Pico de San Juan, und im Osten die Sierra de Baracoa, die Sierra de Cristal sowie die Sierra Maestra und deren 1947 m hoher Pico Turquino (Kubas höchster Berg), die mit dem 7243 m tiefen Caimangraben das größte Gefälle bildet, das an kubanischen Küsten anzutreffen ist.

Geschichte

1492 wird Kuba von Kolumbus entdeckt und für Spanien in Besitz genommen. Nur wenige Tausend Ureinwohner überleben die ersten Jahre. Ab 1522 importiert die Kolonialmacht Sklaven aus Westafrika nach Kuba, die in den Minen und auf den Zuckerrohrplantagen arbeiten. 1520 wird Havanna zum Brückenkopf für die Eroberung Lateinamerikas, ab 1620 zum Handelszentrum für Tabak und Zucker. Ende des 18. Jh. beginnt der kubanische Zuckerboom, ausgelöst durch den Sklavenaufstand in Haiti, der dort die Zuckerproduktion lähmt.

Der Erste Unabhängigkeitskrieg (1868–78) gegen Spanien bringt Kuba einige Reformen, doch weder die Unabhängigkeit noch die Abschaffung der Sklaverei. Unter José Martí beginnt 1895 der Zweite Unabhängigkeitskrieg. Kurz vor dem Sieg der Kubaner greifen die USA ein und erklären Spanien den Krieg. 1899 ziehen die Amerikaner in Havanna ein, 1901 wird eine Verfassung nach nordamerikanischem Vorbild verabschiedet. Zwischen 1902 (offizielle ›Unabhängigkeit‹ Kubas) und 1959 dreht sich das Präsidentenkarussell, geprägt von Putschen, Militärinterventionen der USA, Generalstreiks, Repression, Marionettenregimes, Korruption und Unruhen. Der Überfall auf die Moncada-Kaserne in Santiago 1953 ist der Auftakt zur Revolution, die mit dem Einmarsch in Havanna am 8. Januar 1959 ihren siegreichen Abschluss findet. 1961 erfolgen die Invasion von Exilkubanern in der Schweinebucht und das US-Handelsembargo gegen Kuba. 1962 kommt es zur Kubakrise wegen der Stationierung sowjetischer Raketen auf der Insel. 1976 wird eine sozialistische Verfassung verabschiedet. Der Zusammenbruch der UdSSR bewirkt 1991 eine schwere Wirtschaftskrise. 1994 fliehen Zehntausende Kubaner übers Meer nach Florida. 1993 wird der Dollar als Zahlungsmittel für Kubaner legalisiert, 2004 wieder abgeschafft und durch den Peso Convertible ersetzt (bis 2021). 2006 übergibt Fidel Castro zunächst provisorisch, 2008 offiziell die Macht an seinen Bruder Raúl. 2015 werden die diplomatischen Beziehungen zu den USA wieder aufgenommen, 2016 besucht US-Präsident Obama Kuba. 2018 wird Miguel Díaz Canel Präsident von Kuba. Die Pandemie und eine (misslungene) Wirtschaftsreform stürzen das Land in eine schwere Krise, die bis heute anhält. Am 11. Juli 2021 kommt es zu Massenprotesten gegen die Regierung, viele Teilnehmer werden verhaftet. Innerhalb eines Jahres wandern rund 2 % der kubanischen Bevölkerung aus.

Staat und Politik

Kuba ist seit 1959 eine Sozialistische Republik. Parteien außerhalb der regierenden Kommunistischen Partei Kubas (PCC) sind nicht erlaubt. 1976 wurde eine neue Verfassung verabschiedet, der zufolge alle vier Jahre die Volksmachtorgane (Poder Popular) gewählt werden, und zwar in den Gemeinden, auf Provinzebene und für die Nationalversammlung. Diese tritt jedoch so selten zusammen, dass sie eher affirmativen Charakter hat.

Wirtschaft und Tourismus

Die kubanische Wirtschaft ist nach der Auflösung des sozialistischen Lagers, verschiedenen Hurrikanen, der Covid-19-Pandemie, der Weltwirtschaftskrise und hausgemachten Problemen heftig angeschlagen. Nickel, Kobalt, pharmazeutische Produkte sowie Tabak und Rum haben den Zucker als wichtigste Exportwaren verdrängt. Mit ca. 3 Mrd. US-Dollar ist der Tourismus ein ökonomisches Schwergewicht, das infolge der Pandemie und der aktuellen Krise allerdings schwächelt. 2019 besuchten etwa 3,3 Mio. Touristen die Insel, 2020 waren es ca. 1 Mio., 2021 knapp 600 000, 2022 ca. 1,1 Mio. Trotz der schwierigen Lage plant Kuba, seine Hotelkapazität bis 2030 auf 95 000 Betten auszubauen und mehr als 6 Mio. Touristen jährlich willkommen zu heißen.

Bevölkerung und Religion

15,7 % der Bevölkerung sind jünger als 15 Jahre. 12 % bezeichnen sich als Schwarze, 21,9 % als Mulatten und 66 % als Weiße. Die durchschnittliche Lebenserwartung liegt bei 75,8 (Männer) bzw. 80,6 (Frauen) Jahren, die Säuglingssterblichkeit bei 7 pro 1000 Geburten. Auf je 147 Einwohner kommt ein Arzt. Die Analphabetenquote ist mit 3 % niedriger als in den USA.

Gemäß der Katholischen Kirche Kubas sind rund 50 % der Bevölkerung Katholiken, ca. 2 % bekennen sich zum protestantischen Glauben. Die Mehrheit der Bevölkerung gehört offiziell keiner Religionsgemeinschaft an. Sehr stark verbreitet sind afrokubanische Religionen wie Santería und Regla Conga.

Natur und Umwelt

Kuba ist die größte und landschaftlich wohl abwechslungsreichste Antilleninsel. Berühmt sind die weißen Traumstrände mit kristallklarem Wasser, doch die Natur hat noch andere Highlights zu bieten: subtropische Urwälder, schroffe Kegelfelsen in idyllischen Tälern, Mangrovensümpfe, Gebirgszüge und sanft gewellte Ebenen. Die Fauna wartet mit winzigen Kolibris und einer enorm artenreichen Fischwelt auf, die Flora mit unzähligen Palmenarten und karibischem Blütenzauber.

»Im Aquarium des Großen Zoos
schwimmt die Karibische See. Dies Tier –
Meeresbewohner und rätselvoll –
hat eine weiße Krone aus Kristallen.
Sein Schwanz ist grün, der Rücken blau
der Bauch aus kompakten Korallen
die Wirbelsturmflossen sind grau.
Im Aquarium hängt diese Inschrift hier:
›Vorsicht, bissiges Tier‹.«
(Nicolás Guillén)

Der kubanische Nationaldichter Nicolás Guillén hat im Exil seine Heimat Kuba mit einem lachenden Krokodil verglichen. Mit ein wenig Fantasie kann man wirklich in den Umrissen dieser größten Antilleninsel jene Echsenart erkennen, die einst zahlreich in den Sümpfen und im Mangrovendickicht lebte.

Bevor Kuba eine spanische Kolonie wurde, war das ›schwimmende Krokodil‹ reich bewaldet. Der spanische Pater Bartolomé de Las Casas schrieb begeistert, man könne die gesamte Insel im Schatten der Bäume durchwandern, ohne auch nur einmal die Sonne zu sehen. Zunächst wurden die Wälder für den Schiffsbau gerodet, später dann für die Zuckerrohrplantagen und die Viehzucht. Im Jahr 1770 war noch die Hälfte der Insel von Wald bedeckt, 1959 nur noch 10 %. Seit der Revolution hat man sich bemüht, die Insel wieder aufzuforsten, so ist etwa die Provinz Pinar del Río heute wieder zu 43 % bewaldet. Eine Ahnung von der ursprünglichen Vegetation geben vor allem die Nationalparks Turquino, Gran Piedra und Alejandro de Humboldt im Osten Kubas.

Die rund 200 kubanischen Flüsse sind kurz und flach und verlaufen oftmals unterirdisch – eine interessante Besonderheit für Taucher ist, dass viele davon ins Meer münden. Der längste Fluss ist der Río Cauto im Oriente. Der karibische Ozean hat viele kleine bis große Höhlen in das Gestein gewaschen, sie wurden zu Schlupfwinkeln der kubanischen Ureinwohner.

Flora und Fauna

... de donde crece la palma

Das Wahrzeichen des Landes ist die Königspalme *(palma real, Roystonea regia)*. Sie ziert das Wappen Kubas. Die Königspalme, deren schnurgerader, betonartiger Stamm bis zu 40 m hoch werden kann, ist vielseitig verwendbar: Ihre Palmwedel dienen zum Decken der Dächer der *bohíos,* der auch heute noch auf dem Land verbreiteten Hütten. Man kann mit ihren Fasern aber auch Hüte oder Körbe flechten. Aus dem Stamm lassen sich robuste Bretter schneiden; ihre zarten Herzen *(palmitos)*, das Mark der Blattstiele, verarbeiten die Bauern zu köstlichen Salaten, ihre Früchte *(palmiches)* schließlich dienen als Tierfutter. Die zierliche Korkpalme und

Flora und Fauna

die Barrigonapalme (sp. *barriga* = Bauch), auch Flaschenhalspalme genannt, sind weitere verbreitete Exemplare der rund 300 Arten zählenden Palmenspezies. Letztere kann man leicht an der bauchförmigen Ausbuchtung am Stamm erkennen, in der sie Wasser speichert. Natürlich findet man auch die Kokospalme und die *licuala* mit ihren dunklen, fächerförmigen Blättern. Auf den Hügeln im Tal von Viñales wächst die *palma corcho*, eine Korkpalme, die als Relikt aus der Epoche der Dinosaurier gilt.

Die *ceiba*, auch Kapok- oder Wollbaum genannt, galt in allen indigenen Kulturen als heiliger Baum. Heute noch verehren die afrokubanischen Religionen die Ceiba als magischen Baum, und man wird kaum einen Kubaner finden, der bereit wäre, eine Ceiba zu fällen. Die üppig herunterhängenden Luftwurzeln des *yagüey*-Baumes (aus der Familie des Ficus) sorgen selbst in den Städten für eine fast unwirkliche, verwunschene Atmosphäre. Aus den Fasern des bis zu 25 m hohen Guanabanabaumes werden Hüte geflochten, wie man sie überall auf den Märkten angeboten findet.

Rauschende Blütenpracht

Ein sagenumwobenes Gewächs ist der Flammenbaum (Flamboyant, *Delonix regia*) mit seinen leuchtend roten oder gelben Blüten. Falls diese in einem Jahr mal ausbleiben, so weiß der Volksmund, muss man allgemein mit schweren Ehekrisen rechnen. Auch Edelhölzer wie Mahagoni *(caoba)*, Zeder und Ebenholz sowie das weniger bekannte *yaya*, aus dem die Zigarrenkistchen hergestellt werden, wachsen auf Kuba. Während der Kolonialzeit wurden Schiffe und kostbare Möbel daraus gefertigt. Auf den sandigen Böden im Bergland gedeihen Kiefern *(Pinus tropicalis, Pinus caribea)* und Eichen. Reizvoll sind auch die Korallenbäume, Indischer Goldregen und die blauen Blütendolden des Palisanders. Der Kubanische Hibiskus blüht reich in allen Farben. Die häufigsten fruchttragenden Bäume sind Mango, Papaya (*fruta bomba* genannt) und Avocado.

Wenn im März die Regenzeit beginnt, ist dies der Auftakt für einen prachtvollen Blütenzauber: Oleanderblüten von weiß, lachsrosa und gelb bis dunkelrot, die Blütenkas-

Tropischer Tausendsassa: Die Königspalme ist vielseitig verwendbar – und Kubas Wahrzeichen

Tabak und Zucker – ein kubanischer Disput

»Tabak und Zucker sind die wichtigsten Personen in der Geschichte Kubas. Es gibt nichts, was die Geschichte der kubanischen Wirtschaft deutlicher kennzeichnet als der Kontrast zwischen den beiden einst und heute für Kuba typischen Produkten«, schreibt der kubanische Ethnologe Fernando Ortíz (1881–1969) in seinem Essay »Tabak und Zucker. Ein kubanischer Disput«. Zwar ist Kuba schon lange nicht mehr die Zuckerinsel, die sie einst war, aber der Gegensatz zwischen Tabak und Zuckerrohr hat die Insel über Jahrhunderte hinweg bis in die Gegenwart historisch geprägt.

> Zuckerrohr und Tabak sind ein einziger Gegensatz. Man könnte meinen, dass von der Wiege an Rivalität sie erfüllt und voneinander trennt. Die eine Pflanze gehört zur Gattung der Gräser, die andere zur Familie der Nachtschattengewächse. Der Reichtum der einen sitzt im Stängel und nicht in den Blättern, die fortgeworfen werden; der Wert der anderen liegt in den Blättern, nicht im Stängel, der verschmäht wird. Das Zuckerrohr lebt viele Jahre auf dem Feld; die Tabakstaude lebt nur wenige Monate; jenes sucht das Licht, diese den Schatten; Tag und Nacht, Sonne und Mond; jenes liebt den Regen, diese die aus der Erde aufsteigende Hitze.

Der Zucker kommt in Wasser gelöst als Sirup zum menschlichen Verbraucher, der Tabak gelangt durch das Feuer zu ihm, das ihn, zu Rauch verwandelt, verflüchtigt. Zuckerrohr ist ein Werk der Götter, Tabak eines der Dämonen (…).

Der Tabak wächst, der Zucker wird gemacht. Der Tabak entsteht rein, wird rein zur Zigarre gemacht und rein geraucht. Um Saccharose herzustellen, muss man, um die Verunreinigung durch Säfte, Schaum, Ausfällungen und Trübungen zu beheben, auf einen komplizierten physikochemischen Prozess zurückgreifen.

Der Tabak ist dunkel, von schwarz bis kaffeebraun, der Zucker hell, von kaffeebraun bis weiß. Der Tabak verändert seine Farbe nicht, er wird braun geboren und stirbt mit der Farbe seiner Rasse. Der Zucker ändert seine Färbung, er ist bei Geburt dunkel und wird weiß; er ist eine honigsüße Mulattin, die sich, noch braun, der allgemeinen Genäschigkeit ergibt und alsbald herausgeputzt und raffiniert wird, um als Weiße zu gelten, durch die ganze Welt zu geistern, in aller Münder zu gelangen und besser bezahlt zu werden, womit sie auf der Treppe der gesellschaftlichen Kategorien ganz nach oben gelangt.

›In ein und derselben Kiste gibt es keine Zigarre, die der anderen gleicht; jeder reine Tabak schmeckt anders‹, pflegen erfahrene Raucher zu sagen. Jeder reine Zucker hingegen schmeckt gleich. Der Zuckerverbraucher weiß nicht und fragt auch nicht, woher der Zucker kommt, den er zu sich nimmt. Der Raucher sucht einen ganz bestimmten Tabak, den Soundso-oder-soundso-Tabak. Alle Zucker sind gleich – kein Tabak gleicht dem anderen.

Der Zucker ist geruchlos; der Wert des Tabaks liegt in seinem Duft, der der Nase unzählige Varianten bietet, vom köstlichen Aroma der reinen Havanna, die eine Trunkenheit des Geruchssinns hervorruft, bis hin zu den stinkenden Strünken ausländischer Tabakfabriken, die beweisen, wie weit die Geschmacksverirrungen des Menschen gehen können. Tabak verbrauchen

… ein gutes Händchen ist gefragt, um Tabakblätter so zu behandeln, dass aus ihnen mal eine hochpreisige Zigarre wird

und rauchen ist ein Akt der Selbstdarstellung des Einzelwesens. Für den Akt des Zuckerverbrauchens gibt es keine besondere Bezeichnung, er ist profane Schlemmerei. Daher kennt der Wortschatz den Raucher; den Zuckerer aber gibt es nicht.«

Die Raffinierung des Zuckers ist ein industrieller Vorgang, die Verarbeitung des Tabaks zu Zigarren handwerkliche Kunst. Auch Landschaft und Kultur werden von beiden Pflanzen ganz unterschiedlich geprägt, führt Fernando Ortíz aus. Das Zuckerrohr wird extensiv, also auf großen Flächen mit geringem Aufwand, angebaut, der Tabak intensiv. Denn maschinelle Ernte ist beim Tabak ebenso unmöglich, wie ihn auf riesigen Plantagen anzupflanzen. In die Zuckerproduktion sind Millionen von Menschen einbezogen, die Pflege und Ernte der Tabakpflanzen ist die Arbeit einzelner Kleinbauern. Die Geschichte des Zuckeranbaus ist eng mit der Sklaverei und der Entstehung von gigantischen Latifundien verknüpft, die Tabakpflanzer sind traditionell spanischer Herkunft und lebten auch während der Kolonialzeit als freie und hoch spezialisierte Kleinbauern.

»Der Zucker war Sklaventum, der Tabak Freiheit. In der kolonialen Geschichte Kubas war der Zucker spanischer Absolutist, der Tabak befreiender Mambí. Der Tabak begünstigte die nationale Unabhängigkeit. Der Zucker hat immer ausländische Intervention bedeutet.«

Natur und Umwelt

kaden der Bougainvillea, Hortensien und der aus Afrika stammende Tulpenbaum mit seinen leuchtend roten, orangegelb geränderten Blüten – bekümmert denkt man an die mühevoll daheim gezüchteten Miniableger, die einen solchen wild wachsenden Farben- und Duftreichtum kaum erträumen lassen. Nicht zu vergessen die weiß blühende *mariposa* (Schmetterlingsjasmin), Kubas Nationalblume, die weißen oder gelben Blütentrompeten des Baumstechapfels und die porzellanartigen Blüten des Trompetenstrauchs *(frangipani)*. Darüber hinaus gedeihen auf Kuba an die 700 Orchideenarten, die meisten davon findet man in Soroa etwa 80 km westlich von Havanna. Eine Orchideenart wächst sich dort schon zu einer Plage aus, weshalb man sie Lila Fluch getauft hat: Die Wasserhyazinthe, auch Wasserpest genannt, ist so allgegenwärtig, dass sie zum Ärgernis für Fischzucht und Schifffahrt werden kann. Insgesamt sind rund 9000 Pflanzenarten in Kuba bekannt.

Mücken und andere Gefahren

Die Malariamücke gehört glücklicherweise nicht zu den in Kuba surrenden, brummenden und meistens stechenden Insektenspezies, doch auch die harmlosen Moskitoarten können den Reisenden – vor allem auf dem Land und immer in der Nähe von Wasser – plagen. Das kubanische Wundermittel gegen Insektenstiche aller Art: sechsjähriger, bernsteinfarbener kubanischer Rum, gleichzeitig äußerlich (sorgfältig auf die Stiche tupfen) und innerlich (für die Psyche) angewandt. Es hilft – übrigens auch bei Bissen der Strandflöhe, die nach Sonnenuntergang auf Nahrungssuche gehen.

Ein ernsteres gesundheitliches Problem stellt die tagaktive Mücke *Aedes aegypti* dar, da sie Denguefieber überträgt. Die Insekten leben in kleinsten Süßwassermengen, also beispielsweise in Pfützen oder nicht hermetisch abgeschlossenen Wassertanks (s. S. 135).

Um von einem Skorpion oder der riesigen Kubanischen Tarantel *(Tarantula cubensis)* gebissen zu werden, muss man schon großes Pech haben. Normalerweise tauchen diese ziemlich unangenehmen Tierarten nur in Bergregionen, selten in Wohngegenden auf. Anders die allgegenwärtigen *cucarachas*: Diese überaus große karibische Variante der gemeinen Küchenschabe ist leider nur mit terroristischer Hygiene oder härtestem chemischen Totalangriff totzukriegen und besonders nervtötende Exemplare können sogar fliegen.

Zu den entschieden angenehmeren Zeitgenossen des Insektenreichs gehören die zahllosen Schmetterlinge. Und wenn man die allerliebsten *cocuyos* in der tiefschwarzen karibischen Nacht blinken sieht, entschädigt das vielleicht für einen unpassenden Stromausfall. Diese kubanische Variante der Glühwürmchen wurde früher von Bauern in kleinen Käfigen gehalten und mit Zuckerrohrsaft gefüttert, was ihnen offensichtlich gut bekommen ist.

Wirbeltiere, von ganz klein bis groß

Zu den sympathischen tierischen Zeitgenossen gehören zwei Miniexemplare: Auf Kuba lebt der kleinste Frosch der Welt *(Eleutherodactylus iberia)*, und auch der weltweit kleinste Vogel, der grün schillernde *zunzuncito (Mellisuga helenae)*, ist auf der Insel zu Hause. Der im Deutschen Bienenelfe genannte Kolibri ist nicht größer als seine Namensgeberin und steht auf der Liste der gefährdeten Arten, ebenso wie der *carpintero real*, ein Schnabelspecht, und der Kubanische Papagei.

Von den rund 380 sichtbaren Vogelarten sind zwei Drittel lediglich auf der Durchreise in südlichere Gefilde. Dagegen kommen 22 Arten nur auf Kuba vor. Allgegenwärtig ist auf den Landstraßen die *aura tiñosa*, der schwarze Geier mit dem roten Kopf, eine Art Gesundheitspolizei, die unter Naturschutz steht. Desgleichen die *garzas blancas*, kleine weiße Reiher, die in einer Art Symbiose mit den Kühen leben, indem sie sie von Insekten befreien. Als Nationalvogel hat man sich den hübschen Kubatrogon ausgewählt, dessen Federkleid blau, rot und weiß schillert.

Die einzigen größeren Wirbeltiere, die man wild auf Kuba entdecken kann, sind die *almiquí*, langschnäuzige Insektenfresser, und ein rattenähnliches Nagetier, die *jutía conga*, eine essbare und unter Naturschutz stehende Baumratte.

Erleichtert stellten schon die spanischen Konquistadoren fest, dass auf Kuba mit giftigen oder würgenden Schlangen nicht zu rechnen war. Die *maja de Santa María* (Kubanische Schlankboa, eine von insgesamt 14 Arten) wird zwar bis zu 4 m lang, aber sie tut eigentlich nichts anderes, als in der Sonne zu liegen und schleunigst zu verschwinden, wenn menschliche Schritte den Boden erschüttern. Eine wirklich wichtige Rolle spielt sie als mystisches Tier in verschiedenen afrokubanischen Religionen.

Das Meer wartet mit einem großen Reichtum auf. Rund 900 Fischarten schwimmen vor Kubas Küsten: weiße oder blaue Marline, die bis zu 4 m lang werden können, Schwertfische, Steinbeißer, Papageifische, Barrakudas, Delfine und Haie, die sich im Normalfall glücklicherweise weit draußen im Meer tummeln. Crevetten, Tintenfische und Langusten gibt es natürlich auch. Taucher, Angler und Fischesser dürfen sich freuen.

Landschaften

Die Küste

Kubas Küsten erstrecken sich über knapp 6000 km. An den Küsten entlang verlaufen dichte Mangrovenwälder und Sümpfe.

Der häufigste Bewohner der Strände ist die windschiefe Kasuarine, ein immergrüner Baum mit langen kiefernartigen Nadeln. Sehr verbreitet ist auch der Strandwein mit seinen schönen, dicken Blättern und traubenartigen, allerdings zur Weinherstellung weniger geeigneten Früchten. Auch die Mangrovensümpfe warten mit Farbtupfern auf: Direkt am Wasser blüht die rote und dahinter die weiße Mangrove.

Typisch für das Inselbild sind eigentlich wildromantische verkarstete Felsküsten, oft reich bestückt mit *dientes de perro*, ›Hundezähnen‹, wie der Volksmund die scharfen Kalkspitzen treffend getauft hat. Die entlang der Küste verstreuten berühmten Traumstrände aus weiß schimmerndem karibischen Korallenkalk sind vergleichsweise sehr viel seltener, aber von einzigartiger Schönheit. Mit den feinsten Sandstränden wartet die Nordküste auf. Die schönsten Strände am Atlantik sind die Playas des Este östlich von Havanna, der berühmte Strand von Varadero auf der Halbinsel Hicacos, die Cayos Santa María, Coco und Guillermo, die Playa Santa Lucía nördlich von Camagüey sowie Guardalavaca bei Holguín im Osten der Insel.

Es lässt sich aber auch sehr gut im Karibischen Meer an der Südküste baden. Dort sind die Strände etwas grobkörniger und das Wasser ist, obwohl sauber, nicht kristallklar. Die bekanntesten Strände der Südküste sind Playa Larga auf der Península de Zapata, Rancho Luna bei Cienfuegos, Playa Ancón südlich von Trinidad und Playa Siboney östlich von Santiago de Cuba. Badewannentemperatur hat das Wasser an allen Stränden Kubas.

Die kleine Insel Cayo Largo, südlich der Hauptinsel im Karibischen Meer gelegen, bietet ebenfalls paradiesische Strände und türkisfarbenes Wasser.

Der Westen

Im Schwanz des Krokodils, also im Westteil der Insel, durchziehen drei Mittelgebirge die ansonsten eher hügelige bis flache Landschaft. Die Cordillera de Guaniguánico erhebt sich bis zu 692 m (Pan de Guajaibón), zu ihr gehören die Gebirgszüge der Sierra del Rosario und die Sierra de los Órganos nahe der Provinzhauptstadt Pinar del Río. Die ›Orgelberge‹ heißen so, weil sie aus steilen, kegelartigen Felsen bestehen, die schroff aus dem flachen Boden ragen. Zwischen den *mogotes,* wie diese Kalksandsteinfelsen genannt werden, gedeiht der vorzügliche kubanische Tabak. Die Flüsse haben hier unzählige Höhlen ins Felsgestein gegraben – die größte von ihnen, die Cueva Santo

Natur und Umwelt

Tomás, zieht sich über 46 km. In den unzähligen Höhlen hausen mehr als 30 verschiedene Arten von Fledermäusen, für die der Tisch mit immerhin über 7000 Insektenarten jeden Tag wirklich reich gedeckt ist.

In der Sierra de los Órganos haben sich 22 000 km² ökologische Vergangenheit erhalten. So dicht und urwüchsig wie nirgends sonst auf der Insel stehen hier wie vor Urzeiten Kiefern, Zedern und Mahagonibäume.

Zentralkuba

Das landwirtschaftliche Herz der Insel schlägt in Zentralkuba mit seinen sanft gewellten Ebenen, auf denen Zuckerrohr bis zum Horizont wächst. Rund um Camagüey verwandelt sich die tischflache Landschaft in sattgrüne Viehweiden, die für extensive Rinderwirtschaft genutzt werden. In der Regenzeit können die normalerweise kleinen Flussläufe große Überschwemmungen auslösen.

An der Südküste Zentralkubas liegt die Sierra del Escambray. Ihr höchster Gipfel, der Pico de San Juan, ist 1156 m hoch. Der Río Agabama teilt die Sierra del Escambray in die östlichen Bergzüge von Sancti Spíritus und die westliche Bergkette bei Trinidad. In dieser Region hat man zwei große Bewässerungsstauseen gebaut: den Embalse Zaza bei Sancti Spíritus, Kubas größten Stausee, und den verwunschen wirkenden Lago Hanabanilla nordwestlich von Trinidad.

Ein großes natürliches Reservat bildet der an der Südküste Zentralkubas gelegene Gran Parque Natural Montemar, zu dem die ausgedehnten Sümpfe und Mangrovenwälder der Península de Zapata gehören. Dort züchtet man Krokodile, die vom Aussterben bedroht sind, da sie von den Inselbewohnern als Delikatesse angesehen werden. In dieser Gegend sollen auch einige wenige Manatís, eine Seekuhart, überlebt haben. Diese Tiere sind ebenso nahezu ausgerottet worden wie die Riesenschildkröten Kawama. Häufiger dagegen trifft man auf diverse Echsenarten.

An der Südküste, auf Cayo Largo und der Isla de la Juventud kann man Flamingos und Pelikane sowie in den Mangrovensümpfen

mitunter Kanarienvögel beobachten, die hier in freier Natur leben. Eine winzige Insel in der Nähe von Cayo Largo ist vollständig im Besitz von Riesenleguanen, die zwar martialisch aussehen, tatsächlich aber harmlos sind.

Der Osten

Aus dem lachenden Maul des Krokodils im Osten Kubas blitzen kräftige Zähne – diese Region umfasst den bergigsten Teil der Insel. Der höchste Gebirgszug ist die raue Sierra Maestra, die kurz vor dem östlichen Küstenzipfel ins Meer ausläuft. Der höchste Berg ist der 1947 m hohe Pico Turquino. Nach ihm

Landschaften

Winziges Inselparadies vor der Nordküste Ostkubas: Cayo Saetia

wurde der Parque Nacional Turquino benannt, der große Teile der Sierra Maestra einnimmt. Dieses unzugängliche Gebirge ragt steil aus dem 7243 m tiefen Caiman-Meeresgraben auf – zwischen dem Pico Turquino und dem Meeresgrund liegt das größte Gefälle, das an kubanischen Küsten anzutreffen ist. Im Norden der Sierra Maestra schließen sich das landschaftlich ungemein reizvolle Bergland der Sierra de Baracoa und die Sierra de Cristal an. Der Parque Nacional Alejandro de Humboldt, der sich über 57 000 ha im Osten Kubas erstreckt, bietet vielen Pflanzen und Tieren, die man nirgendwo sonst auf der Welt findet, eine Heimat.

In den fruchtbaren Tälern der Sierra Maestra und der Sierra de Baracoa wachsen Kaffeepflanzen und Kakao. Zwischen den großen Bergzügen dagegen liegen endlos scheinende Ebenen – hier reicht das grüne Gold der Zuckerrohrfelder bis an den Horizont.

Einzigartig auf der Welt und von großer Schönheit sind die kubanischen Schnecken der Gattung *Polymita*, eine Besonderheit der Provinzen Camagüey, Holguín und der Gegend um Baracoa. Der *Helix pita* entlockten die Medizinmänner der auf Kuba lebenden Indigenen trompetenähnliche Laute. Noch heute kann man hier während des Karnevals den Schneckenbläsern lauschen.

Umweltschutz und Umweltprobleme

Beim Thema Umweltschutz gilt die Quadratur des Kreises. Die Hauptprobleme Kubas heißen Energieversorgung, Devisenmangel, Trinkwasser und Lebensmittel, und sie kristallisieren sich in der Frage: Wie kann das Entwicklungsland seine Bevölkerung ausreichend versorgen und zugleich einen höheren Umweltschutzstandard erreichen?

Kuba leidet als vorwiegend agrarisch geprägtes Land relativ wenig unter industrieller Umweltverschmutzung. Schon aus Devisenmangel können in der Landwirtschaft kaum Pestizide, Kunstdünger etc. eingesetzt werden. Aus dieser Notsituation entwickelten kubanische Forschungszentren beispielsweise diverse ökologische Pflanzenschutzprodukte, die das Land nun erfolgreich exportiert. Ebenfalls aufgrund der Rohstoffknappheit werden in Kuba kaum Verpackungsmaterialien verwendet und nahezu alles recycelt, was sich nur recyceln lässt.

Insgesamt wird in Kuba mehr zum Thema Ökologie geforscht als in anderen lateinamerikanischen Ländern. Die Ökobilanz Kubas liegt hinsichtlich des Energieverbrauchs pro Einwohner weltweit gesehen durchaus im vorderen positiven Drittel, was allerdings mit einem massiven Konsumverzicht der Bevölkerung, häufigen Stromsperren und dem durch die Dauerkrise erzwungenen Verzicht auf Mobilität bezahlt wird. Andererseits konzentriert sich die am Boden liegende Wirtschaft vor allem auf das Wachstum, wobei ökologische Aspekte häufig in den Hintergrund treten, so auch beim Tourismus.

Die Umweltschutzgesetze sind in Kuba auf einem hohen Standard, allerdings wird ihre Einhaltung de facto kaum kontrolliert – sei es, weil die finanziellen und technologischen Möglichkeiten fehlen (so sind in Havanna gerade mal zwei Messstationen für Luftverschmutzung installiert), sei es, weil viele staatliche Stellen den Umweltschutz immer noch für ein Luxusproblem der reichen Länder halten und das Wirtschaftswachstum ohnehin als vorrangig erachtet wird. Doch immerhin ist es in den letzten Jahren gelungen, zum Beispiel einen Teil des stark verschmutzten Hafens von Havanna und den Fluss Almendares zu säubern. Die nahe gelegene Raffinerie stößt aber nach wie vor ihre schwarze Rauchsäule in den Himmel über Havanna.

In den ersten Jahrzehnten nach der Revolution sollte Kuba ›sowjetsozialistisch‹ industrialisiert werden, ohne die ökologischen Konsequenzen zu bedenken. Ein trauriges Beispiel ist der Nickelabbau in Moa, der die Stadt und ihre Umgebung in eine giftige Mondlandschaft verwandelt hat. Nun will man in Kooperation mit kanadischen Firmen modernere Umweltstandards in Moa einführen, doch ob und wie die kontaminierten Rückstände in der Region gesäubert werden können, ist noch offen.

Um das Dauerproblem Energieversorgung und die Abhängigkeit vom Erdöl zu lösen, setzte die Regierung Fidel Castro auf Atomkraft nach dem Tschernobylmodell. Mithilfe der Sowjetunion wurde 1983 mit dem Bau eines Kernreaktors bei Cienfuegos begonnen, doch seit der Auflösung der Sowjetunion ist das AKW eine Ruine. Diverse Versuche, es mit Hilfe ausländischer Investoren weiterzubauen, schlugen fehl. Heute speist sich die Stromversorgung auf Kuba vor allem aus thermischen Kraftwerken, die mit Erdöl, Erdgas und Bagasse/Biomasse betrieben werden, sowie in geringem Umfang aus Wasserkraftanlagen (v. a. in den Bergregionen)

Bei Moa in Kubas Nordosten hinterlässt der Nickelabbau deutliche Spuren – Umweltschutzgesetze: ja, Kontrolle: nein

und Windkraftanlagen. Mit der Krise der 1990er-Jahre rückte auch die Entwicklung erneuerbarer Energien in den Blickpunkt. 1994 wurde die Gesellschaft CUBASOLAR gegründet, deren wichtigste Aufgabe die Projektentwicklung und Kooperation mit ausländischen Partnern ist. Dazu gehören auch diverse Elektrifizierungsprojekte auf der Basis von Photovoltaik, zu denen Nicht-Regierungsorganisationen und internationale Geber beitragen. In Pinar del Río wurde dafür eine Fabrik für Solarzellen und -module ins Leben gerufen. Trotzdem beruht die äußerst knappe Energieversorgung auf Kuba nach wie vor auf fossilen Brennstoffen. Zwar gibt es auf Kuba kleinere Ölfelder (z. B. in Santa Cruz del Norte), doch die Hoffnungen auf große Ölfunde vor der kubanischen Küste zerschlugen sich 2013 endgültig.

Mit großem Aufwand versucht man heute, die Umweltsünden zu beheben, die bei der Erschließung der Cayos an der Nordküste begangen wurden: In die kilometerlangen Steindämme, die durchs flache Meer zu den Inseln führen, werden Durchlässe eingebaut, um den Wasseraustausch zu ermöglichen (s. S. 336). Die Erschließung von Naturschutzgebieten für den Tourismus ist ohnehin problematisch. Die touristische Infrastruktur (Flughafen, Trinkwasser, Abfallentsorgung) stört das ökologische Gleichgewicht und ist außerdem sehr aufwendig – so musste für die Trinkwasserversorgung auf den Cayos eine fast 50 km lange Rohrleitung vom Festland auf die Inseln gebaut werden. Auch die Reserva Ecológica Varahicacos ist durch den Ausbau Varaderos zum touristischen Schwerpunkt erheblich geschrumpft.

Die sichtbarste Form von Umweltverschmutzung quillt aus den Auspuffrohren der Busse, Lkws und altersschwachen Autos. Rußfilter gibt es auf Kuba kaum, was die schlechte Luft in den Ballungszentren erklärt.

Wirtschaft, Soziales und aktuelle Politik

In Kuba liegt alles auf der Straße. Wer wissen möchte, wie es um die Wirtschaft des Lands bestellt ist und wie die Bevölkerung ihren Alltag meistert, muss nur mit offenen Augen und Ohren über die Plätze und Schlagadern der Städte wandern – jede noch so kleine Veränderung im Wirtschafts- und Politikdschungel der Insel findet hier sofort ihre Übersetzung.

Die Wundertüte kubanischer Widersprüche

Seit der ersten zaghaften Öffnung des Arbeitsmarktes für Selbstständige (*cuentapropistas*, s. S. 35) 2010 und vor allem in den Jahren der Annäherung Kubas und der USA unter Raúl Castro und Barack Obama schien die kubanische Wirtschaft im Aufschwung begriffen. Die Touristenzahlen stiegen beständig, immer mehr Privatunterkünfte, Restaurants und Cafeterías eröffneten und fliegende Händler boten von Süßigkeiten über Bilder und Bücher bis hin zu Musik-CDs so ziemlich alles an, was Käufer fand.

Doch die kurze Zeit des Aufschwungs konnte die Ergebnisse von Jahrzehnten der Misswirtschaft nicht beseitigen. Trump löste Obama als US-Präsident ab und das Embargo wurde wieder verschärft. Gleichzeitig schwächelte der Bruderstaat Venezuela und als dann infolge der Covid-19-Pandemie die Touristen ausblieben, lag die Wirtschaft am Boden. Schließlich wurde auch noch eine Währungsreform umgesetzt, die eine nie dagewesene Inflation auslöste – ein Loch im Boden tat sich auf, das Kuba komplett zu verschlingen droht.

Der Staat reagierte mit einer umfassenden Liberalisierung des Arbeitsmarktes und viele Kubaner arbeiten seither im Privatsektor, wo sich häufig Devisen verdienen lassen. Gleichzeitig nimmt die Bedeutung von Geldüberweisungen von Familienangehörigen aus dem Ausland, den sogenannten *remesas*, stark zu. Es ist deutlich sichtbar, dass sich die soziale Ungleichheit seit 2010 erheblich verschärft hat. Zwar hat es immer schon eine wohlhabende Elite auf Kuba gegeben, doch in den letzten 13 Jahren ist die Zahl der ›Neureichen‹ deutlich gestiegen. Diejenigen, die keinen Zugang zu Devisen haben, müssend dagegen mehr denn je um ihr tägliches Überleben kämpfen.

Pesokuba und Devisenkuba

Nicht zuletzt aufgrund der wachsenden sozialen Ungleichheit war schon seit längerer Zeit eine Währungsreform geplant, die die Doppelwährung (an den Dollar gekoppelter Peso Convertible und Peso Cubano) abschaffen sollte. Umgesetzt wurde sie inmitten der Auswirkungen der Pandemie im Januar 2021. Das gab der kubanischen Wirtschaft, die durch das wieder verschärfte US-Embargo und das Ausbleiben der Touristen ohnehin geschwächt war, den Rest. Die im Zuge der Reform angehobenen Einkommen trafen auf ein sich immer weiter verknappendes Angebot. Eine gigantische, bis heute anhaltende Inflation war die Folge. Es entwickelte sich ein reger Devisenschwarzmarkt, auf dem Euro und Dollar deutlich über dem offiziellen Wechselkurs gehandelt werden. Auch die ›Dollarshops‹,

Die Wundertüte kubanischer Widersprüche

in denen man heute nur noch mit einer Devisenkarte (s. S. 134) zahlen kann, wurden wieder eingeführt. Die Waren, die man in den freien Supermärkten für Kubanische Pesos bekommt, werden zu astronomischen Preisen verkauft. US-Dollar und Euro sind bei der kubanischen Bevölkerung so gefragt, dass häufig die eigene Landeswährung nicht akzeptiert wird. Damit ist die alte Währungsapartheid, die die Reform abschaffen wollte, heute präsenter denn je. Wer Zugang zu Devisen hat, hat Möglichkeiten, wer ihn nicht hat, ist derzeit ärmer dran denn je.

Tägliche Achterbahnfahrt

Der Durchschnittslohn stieg mit der Währungsreform von 879 auf 3838 Kubanische Pesos, die Mindestrente von 280 auf 1528 Kubanische Pesos monatlich. Zum ursprünglich angesetzten Wechselkurs (24 CUP = 1 USD) bedeutete das eine erhebliche Verbesserung, doch nachdem der Wechselkurs für die Bevölkerung aufgrund der Inflation und des Devisenschwarzmarktes im August 2022 angepasst wurde (120 CUP = 1 USD), liegt der Durchschnittslohn jetzt bei umgerechnet 32 €, die Mindestrente bei knapp 13 €. Ein Arzt verdient umgerechnet rund 60 €. Da jedoch die Preise für viele – auch alltägliche – Produkte weit über europäischem Niveau liegen, sind die Lebenshaltungskosten mit einem normalen Gehalt nicht zu bestreiten. Wer etwa in einem Devisenladen eine Flasche Shampoo oder Speiseöl kauft, wird mehr als einen ganzen Wochenlohn los. Und selbst ein Ministergehalt ist schnell ausgegeben, wenn man auf den freien Bauernmärkten Obst, Gemüse und etwas Fleisch für die Woche besorgt.

Die Subventionen für Gas, Wasser, Benzin und einige Dienstleistungen sowie die *libreta*, die Lebensmittelkarte, die seit 1962 jedem Kubaner monatlich zumindest einige Grundnahrungsmittel zu günstigen Preisen garantiert, sollen sukzessive abgeschafft werden. Allerdings kommt man mit dieser Minimalversorgung ohnehin höchstens zehn bis zwölf Tage aus. Bereits seit 2008 hat die Regierung den Umfang staatlicher Subventionierungen erheblich reduziert, indem sie u. a. Betriebskantinen geschlossen, Schulessen eingeschränkt und deutliche Einschnitte im Erziehungswesen und in der Gesundheitspolitik vorgenommen hat – Maßnahmen mit großer Sprengkraft für die Versorgungslage der Bevölkerung.

Besonders hart von den Maßnahmen und der Inflation betroffen sind auch in Kuba Menschen mit Mindestlohn sowie Rentner ohne Zugang zu Devisen. Mit einem Gehalt, von dem sie nicht leben können, mit Überlebenstechniken, durch die sie ständig mit einem Fuß im Gefängnis stehen, bewegen sich auch heute noch viele Kubaner auf einer Achterbahnfahrt durch den Alltag. Und selbst mit Devisen ist die Situation aufgrund des eklatanten Mangels schwierig und belastend.

Arbeiten und andere Überlebenstechniken

Man darf sich fragen, warum trotzdem die meisten Kubaner an ihren Arbeitsplätzen festhalten: Weil nicht arbeitende Menschen einen Stempel in den Ausweis bekommen, der bei Polizeikontrollen erhebliche Nachteile zur Folge hat; weil der Arbeitsplatz eine wichtige Kontakt- und Tauschbörse für den Schwarzmarkt ist; weil man über den Arbeitsplatz eventuell an Güter kommt, die man weitertauschen kann; und weil man mit Arbeit vielleicht einen Rest von Selbstachtung und Würde behält, selbst wenn der materielle Gegenwert für einen Monat Arbeit weniger ist als das tägliche Devisentrinkgeld eines Kofferträgers. Die allseits beklagte, extrem niedrige Arbeitsproduktivität ist, neben anderen Gründen, sicherlich auch dieser Situation geschuldet. Als Ausländer kann man sich daher nur wundern, wenn man auf jemanden trifft, der mit Energie, Fantasie und Kreativität seine nahezu unbezahlte Arbeit tut.

Zeit, Fantasie und Unmengen an Energie benötigen die meisten Kubaner nämlich vor allem, um ihr tägliches Auskommen zu organisieren. *Resolver* heißt das Gebot der Stunde, ›etwas organisieren, besorgen, irgendwie beschaffen‹. Also wird fleißig gehandelt, ge-

Das Trauma der 1990er-Jahre

Bis Ende der 1980er-Jahre war die kubanische Nationalökonomie fast völlig vom sozialistischen Lager abhängig. 80 % des Außenhandels wickelte Kuba mit der ehemaligen Sowjetunion ab. Nach dem Zusammenbruch des Ostblocks stürzte Kuba in eine ebenso katastrophale wie traumatisierende Wirtschaftskrise, die in der Geschichte des Landes ihresgleichen suchte.

Praktisch alle ökonomischen Aktivitäten brachen fast über Nacht zusammen – ohne Erdöl konnten weder die Zucker- noch die Lebensmittelproduktion aufrechterhalten werden, auch die Müllabfuhr funktionierte ohne Benzin nicht. Drei Jahre lang sank das Bruttoinlandsprodukt um insgesamt fast 40 %. Der gesamte Maschinenpark des öffentlichen Verkehrs und der Landwirtschaft musste stillgelegt werden. Die Milchproduktion ging zeitweise um 80 % zurück. Hinzu kamen extrem niedrige Weltmarktpreise für Zucker. Die zweimalige Verschärfung des amerikanischen Handelsembargos gegen Kuba durch den Torricelli Act und den Helms-Burton Act (s. S. 61) verschlimmerte die extreme Wirtschaftskrise noch weiter.

Der größte Teil der Bevölkerung wurde in bitterste Armut gestürzt. Auf der Insel gab es so gut wie nichts zu kaufen, auch absolut lebensnotwendige Güter wie Lebensmittel, Kleidung oder Medikamente waren nirgendwo erhältlich. Besonders dramatisch waren die stunden- und tagelangen Stromsperren, in deren Folge auch die Gas- und Wasserversorgung nicht mehr funktionierte (was auch heute wieder der Fall ist). Der gesamte öffentliche Transport brach zusammen, die Müllabfuhr in Havanna funktionierte nur noch schleppend, in den Apotheken gab es nicht mal Aspirin zu kaufen. Eine vergleichsweise winzige Oberschicht konnte sich mit ihren Devisen noch ein erträgliches Leben erlauben, die überwältigende Mehrheit der Kubaner musste um das tägliche Überleben kämpfen.

In der Folge entstand in Kuba ein duales Wirtschaftssystem im Stil der Schattenwirtschaft, das nach einer kurzzeitigen Verbesserung zu Beginn des 21. Jh. auch heute wieder den Alltag vieler Kubaner bestimmt. Die wichtigsten strukturellen Probleme aus diesen euphemistisch Período Especial en Tiempos de Paz (›Spezialperiode in Friedenszeiten‹) und Opción Cero (›Nulloption‹) getauften Jahren existieren nach wie vor und bilden ein nicht zu unterschätzendes Konfliktpotenzial: die Teilung der Bevölkerung in Devisen- und Pesobesitzer, eine rapide wachsende soziale Ungleichheit, fortdauernde Versorgungsengpässe und, als Konsequenz, eine weit verbreitete Korruption sowie ein massiver Schwarzmarkt.

Als Folge der extremen Wirtschaftskrise wurden außerdem Hunderttausende Staatsbedienstete entlassen, was zusätzliche Konflikte heraufbeschwor. Um die Schattenwirtschaft und die massiv gestiegene Arbeitslosigkeit in den Griff zu bekommen, erlaubt die Regierung seit 2010 sowie verstärkt seit 2021 ein zwar kontrolliertes, aber boomendes privates Klein- und mittelständisches Unternehmertum (s. S. 35).

tauscht, organisiert, verkauft, vermietet – und dabei werden selbst die seit 2010 nach und nach gelockerten legalen Grenzen schnell überschritten.

Cuentapropistas und KMU

Um die Wirtschaft wieder anzukurbeln, die Versorgungsprobleme im eigenen Land zu lösen und als Reaktion auf die historischen Massenproteste im Juli 2021, bei denen Tausende Kubaner auf die Straße gingen und demokratische Öffnungen forderten, kündigte die Regierung eine Liberalisierung des Arbeitsmarktes an. Bereits seit 2010 war es Kubanern erlaubt, sich in einigen wenigen Berufen selbstständig zu machen und auf eigene Rechnung zu arbeiten *(cuentapropistas)*. Davon ausgenommen waren aber z. B. akademische Berufe wie Lehrer oder Ärzte sowie der technologische Bereich.

2021 sah sich die Regierung nun gezwungen, den Arbeitsmarkt mit einer kompletten Kehrtwende weiter zu liberalisieren. Sie erlaubte die Gründung von kleinen und mittleren Unternehmen (KMU) mit bis zu 100 Mitarbeitern in allen Bereichen, die nicht explizit von der Regierung ausgeklammert werden. Damit können sich Kubaner in mehr als 2000 statt wie bis dahin 127 Berufen selbstständig machen. Teilweise oder ganz davon ausgenommen bleiben lediglich 124 konkrete Tätigkeitsfelder innerhalb bestimmter Branchen, die der Staat nicht aus der Hand geben will. Dazu gehören etwa Bergbau, Gesundheitswesen, Medien, Militär, Wasser- und Energiewirtschaft sowie die Zuckerindustrie. Besonders gefördert wird die IT-Branche, die ein eigenes Wirtschaftsstandbein werden soll (s. S. 42). Die Erweiterung der Rolle des Privatsektors erzielt den gewünschten Effekt: Bislang wurden bereits mehr als 8000 KMU mit mehr als 200 000 Mitarbeitern gegründet und die Regierung rechnet für das Jahr 2023 mit einem Importvolumen von mehr als 1 Mrd. USD. Doch bei aller Dynamik des Privatsektors: die katastrophale Wirtschaftslage Kubas kann die Privatwirtschaft nicht im Alleingang lösen.

Mit der Agrarreform aus der Sackgasse?

Eines der größten Probleme Kubas ist die marode Landwirtschaft, die in den letzten Jahrzehnten große Staatsfarmen und wenige Kleinbauern prägten. Über die Hälfte der Nutzflächen lag brach, der Rest wurde unproduktiv bewirtschaftet. Immerhin investiert man seit 2020 in die Landwirtschaft und stärkt die Rolle der Kleinbauern kontinuierlich. So beschloss die Regierung umfassende Reformen, um die Produktivität zu erhöhen und die Lebensmittelimporte zu reduzieren. Bauern dürfen seitdem Waren, die sie über die staatlichen Lieferquoten hinaus produzieren, zu selbstbestimmten Preisen frei verkaufen. Des Weiteren wurden die Strom- und Wasserpreise für Landwirte gesenkt und Kredite bereitgestellt. In Villa Clara entstand eine Biodünger- und Biopestizidanlage, die jährlich bis zu 6 Mio. Liter Biopräparate produzieren soll.

Doch allen Bemühungen zum Trotz ist die Produktion der Landwirtschaft in vielen Bereichen rückläufig, kam teilweise sogar fast vollständig zum Erliegen. So sank die Menge des erzeugten Schweinefleischs von 200 000 Tonnen im Jahr 2017 auf 8100 Tonnen 2022. Die Zuckerproduktion ging von 6 Mio. Tonnen auf weniger als 500 000 Tonnen zurück. Mittlerweile gilt Zucker auf Kuba als teures Luxusprodukt. Derzeit versucht die Regierung, ausländische Investoren für eine Vielzahl von Projekten in der Landwirtschaft zu gewinnen. Experten mahnen jedoch, dass ohne grundlegende Umstrukturierungen wenig Hoffnung besteht, die Lage dauerhaft zu verbessern. Kuba produziert derzeit nur etwa 20 % seines Kalorienbedarfs selbst und muss jährlich für über 2 Mrd. US-Dollar Lebensmittel und Agrarprodukte einführen.

Megahafen Mariel

Der Mega-Containerhafen Mariel war von Beginn an eines der wichtigsten Projekte der Regierung Raúl Castro, um die kubanische Wirtschaft anzuschieben. Mariel soll der größte Containerhafen der gesamten Karibik werden und den bisherigen Hafen von Havanna ersetzen, der in Zukunft rein touristisch genutzt wird.

Mariel wurde überwiegend mit brasilianischen Krediten (682 Mio. Euro) gebaut. Anfang 2014 fand die Einweihung der ersten 700 m Mole – von insgesamt 2400 m – statt. Dem Hafen, der derzeit bis zu 800 000 Container pro Jahr abfertigen kann, sind auch die erste Freihandelszone Kubas sowie diverse Hochtechnologiezentren und eine Ölraffinerie angeschlossen, eine Eisenbahnlinie soll ihn mit dem Hafen von Havanna verbinden. Die Kapazität des Hafens kann bei entsprechender Nachfrage auf bis zu 3 Mio. Container pro Jahr ausgebaut werden. Für brasilianische Firmen ist Mariel interessant, weil sie von Kuba aus ihre Exporte nach Mittelamerika erhöhen können. In Kuba hofft man, dass der Hafen die Wirtschaft ankurbelt, höhere Exporte ermöglicht, ausländische Investoren anzieht und etwa 150 000 Arbeitsplätze schafft. Potente internationale Investoren will man mit diversen Vergünstigungen in die Sonderwirtschaftszone locken – sie zahlen zehn Jahre lang keine Lohnsteuer und gar keine Ertragssteuer.

El Bloqueo

Das Wirtschaftsembargo gegen Kuba

Weltweit dauerte bislang kein Wirtschafts-, Handels- und Finanzembargo gegen einen Staat so lange an wie die ›El Bloqueo‹ genannte US-Blockade gegen Kuba. Dies ist umso verblüffender bzw. lässt umso mehr auf die irrationalen Motivationen seiner Urheber schließen, wenn man bedenkt, wie wenig dieses jahrzehntelange Embargo seinen politischen Zweck erfüllt hat. Erklärte Absicht der USA war es, den wirtschaftlichen Kollaps der Insel und den Sturz der Castro-Regierungen herbeizuführen, womöglich durch einen Volksaufstand. De facto ist dies nicht gelungen. Vielmehr isolieren sich die USA auf dem internationalen Parkett mit dieser Politik selbst. So verurteilen die Vereinten Nationen seit 1992 mit schöner Regelmäßigkeit das US-Embargo gegen Kuba, weil es sowohl internationales Recht als auch die UN-Charta verletzt. 2015 stimmte die UN-Versammlung mit überwältigender Mehrheit erneut für die Aufhebung der Blockade, lediglich die USA und Israel votierten dafür. Auch Unternehmerverbände aus der Agrar-, Automobil- und der pharmazeutischen Industrie sowie dem Tourismus üben in den letzten Jahren verstärkt, aber bislang vergeblich politischen Druck auf den Kongress aus, das Embargo aufzuheben – für US-Firmen ist Kuba ein interessanter Absatzmarkt unmittelbar vor der Haustüre.

Auch einflussreiche nordamerikanische Medien wie die »Washington Post« kritisieren das Embargo schon lange als völkerrechtswidrig und außenpolitisch unsinnig. Allerdings ist das Embargo in zwei US-Gesetzen (Torricelli Act bzw. Cuban Democracy Act von 1992, Helms-Burton Act von 1996) verankert und kann nicht etwa vom amerikanischen Präsidenten, sondern allein und ausschließlich per Mehrheitsentscheid vom US-Kongress aufgehoben werden.

Die Details

Zwischen 1960 und 1990 konnte Kuba durch eine immer engere Bindung an die Sowjetunion die Auswirkungen des Embargos einigermaßen kompensieren. Doch als sich Anfang der 1990er-Jahre das sozialistische Lager auflöste, lag die Insel ökonomisch am Boden (s. S. 34). US-Präsident Bush hielt dies für den geeigneten Zeitpunkt, Kuba die Daumenschrauben anzusetzen. 1992 verabschiedete der US-Senat eine erhebliche Verschärfung des Handelsembargos in Form des Torricelli Act. Wieder einmal war es das erklärte Ziel, die kubanische Ökonomie derart zu destabilisieren, dass die Regierung Fidel Castros darüber stürzen würde. Da der Torricelli Act nicht den gewünschten Erfolg brachte, holten die USA 1996 mit dem Helms-Burton Act zu einem weiteren Schlag aus. Mit diesem Gesetz, an dem Rechtsanwälte des Rumunternehmens Bacardí federführend mitgearbeitet hatten, schwingen sich die USA zum Vormund über Kuba, dessen politischem

Grundzüge der kubanischen Wirtschaft

Die Wirtschaft Kubas ist größtenteils planwirtschaftlich gelenkt. Der Staat dominiert sämtliche Aspekte des Wirtschaftslebens – von der Produktion über den Binnenhandel bis zum Im- und Export. Ein großer Teil der staatlichen Betriebe befindet sich in Besitz und unter direkter Kontrolle des Militärs. Von den rund 4,7 Mio. Beschäftigten sind etwa 13 % selbstständig.

Kubas wichtigste Exportwaren sind Nickel und Kobalt, pharmazeutische Produkte sowie Tabak und Rum. Der Ausbau der Biotechnologie wird seit Jahren erheblich forciert. Dagegen hat das Land seine Anbauflächen für das ehemals wichtigste Exportprodukt Zucker seit 2003 um mehr als die Hälfte reduziert und besitzt nur noch 26 funktionierende, vollkommen veraltete Zuckermühlen. Wichtigster Faktor des Bruttoinlandsprodukts ist der Dienstleistungsbereich (62,5 %). Weitere Schwerpunkte sind der Export von Humankapital: Lehrer und Ärzte, die in vielen Ländern der Welt, vor allem aber in Venezuela und Brasilien, arbeiten sowie der Tourismus, auch wenn sich dieser nach dem pandemiebedingten Einbruch und aufgrund der schwierigen wirtschaftlichen Lage in Kuba nur langsam wieder entwickelt.

Aufgrund ihrer planwirtschaftlich angelegten Struktur ist die Wirtschaft Kubas weitgehend ineffizient. Investitionen werden nicht in ausreichendem Maße getätigt, der Im- und Export ist seit Langem rückläufig. Dies wiederum hat einen dramatischen Devisenmangel zur Folge, weshalb z. B. Lebensmittelimporte drastisch reduziert werden mussten. Auch die Arbeitsproduktivität ist sehr niedrig. Hinzu kommen immer wieder starke Verwüstungen durch Hurrikane, die große Teile der Ernten, Wohnhäuser und Industrieanlagen vernichteten, sowie aktuell die Auswirkungen der globalen Pandemie. In den letzten Jahren wurde eine Reihe von Reformen umgesetzt, um die Wirtschaft wieder anzukurbeln. Vor allem die weitere Liberalisierung des Arbeitsmarktes (s. S. 35) zeigt dabei gute Erfolge. Allerdings bezweifeln viele Experten, dass die kubanische Wirtschaft mit einzelnen Maßnahmen dauerhaft gesunden kann. Es gilt als unbestritten, dass die kubanische Wirtschaftskrise ein strukturell bedingtes Problem darstellt und systemischer Natur ist.

In den letzten Jahren haben sich die Wirtschaftsbeziehungen Kubas mit Lateinamerika (Venezuela, Brasilien, Mexiko) sowie mit China enorm gesteigert. China gewährt Kuba umfangreiche und günstige Kredite im Tausch gegen kubanischen Zucker (über die Hälfte der kubanischen Zuckerproduktion geht nach China) sowie Nickel (ca. 15 % der kubanischen Produktion). Große Bedeutung hat China auch als wichtigster Lieferant für Züge, Busse und Lastwagen.

Weitere bedeutende Handelspartner sind neben Russland, das Kuba 90 % der sowjetischen Altschulden in Höhe von 34 Mrd. US-Dollar erlassen hat, vor allem Kanada und die Europäische Union (ca. 20 % des kubanischen Handelsvolumens). Kanada investiert von allen Ländern am meisten in Kuba (Nickel- und Ölindustrie), auch im Tourismus steht Kanada auf Platz eins.

Wirtschaft, Soziales und aktuelle Politik

und wirtschaftlichem System auf. Als Grund für den Erlass des Helms-Burton Act nannte man den Abschuss zweier US-amerikanischer Zivilflugzeuge durch das kubanische Militär. Kubanischen Angaben nach hatten sich die beiden Maschinen allerdings in ihrem Luftraum befunden.

In Kapitel eins des Helms-Burton Act steht zu lesen, dass ausländische Firmen von US-amerikanischen Gerichten angeklagt werden können, sofern sie Handel mit enteignetem Eigentum betreiben – unter Strafe stehen Kauf oder Verkauf von früherem exilkubanischem Besitz sowie dessen Renovierung. Außerdem dürfen auf Kuba aktive Geschäftsleute sowie deren Familien nicht mehr in die USA einreisen, und Firmen, die sowohl Niederlassungen auf Kuba als auch auf amerikanischem Boden haben, müssen mit Handelssanktionen rechnen. Verboten ist auch die Einfuhr und der Handel von kubanischen Waren bzw. von Waren, die durch Kuba transportiert wurden oder aus Produkten bestehen, die dort wachsen, hergestellt oder verarbeitet wurden. US-Firmen sind Geschäfte mit Kuba schon lange verboten, doch nun wollen die USA überdies auch alle ausländischen Handelspartner Kubas auf ihre Embargolinie zwangsverpflichten.

Bruch des internationalen Rechts

In seinem zweiten Kapitel diktiert das Gesetz darüber hinaus die Bedingungen für einen Machtwechsel und die politischen Verhältnisse auf Kuba. Es wird festgelegt, dass der US-Kongress das Gesetz erst aufheben darf, wenn der Präsident nachgewiesen hat, dass in Kuba eine Übergangsregierung am Ruder ist, die das Land nach amerikanischen Vorstellungen regiert. Im Klartext: Bevor sich Kuba nicht substanziell auf ein marktwirtschaftliches System zubewegt und deutliche Fortschritte bei der Rückgabe oder Entschädigung konfiszierten Eigentums macht, ist die Blockade selbst durch den amerikanischen Präsidenten nicht anzufechten. Zwar kann er die im Falle einer Zuwiderhandlung angedrohten Strafmaßnahmen halbjährlich aussetzen (was alle US-Präsidenten bislang auch taten), doch für mehr sind ihm die Hände gebunden. Dass eine kubanische Übergangsregierung im Übrigen weder Fidel Castro noch dessen Bruder Raúl beinhalten durfte bzw. darf, sollte unter diesen Umständen nicht weiter überraschen.

Solange der Helms-Burton Act in Kraft ist, wird die kubanische Regierung (oder, falls es jemals dazu kommen sollte: der kubanische Wählerwillen) selbst nach der Ära Castro unter amerikanischer Vormundschaft stehen. Mit diesem Gesetz brechen die USA internationales Recht und schränken die Souveränität anderer Länder ein. Unzählige Nationen sowie unzählige internationale Institutionen, darunter das Europäische Parlament, protestierten heftig gegen das US-Embargo und insbesondere gegen den Helms-Burton Act, den sie für illegal erklärten.

Die Blockadekosten für Kuba

Es ist zwar nahezu unmöglich, die realen Kosten bzw. die konkreten Schäden zu ermitteln und zu beziffern, die das Handelsembargo in Kuba verursacht hat, aber einige Fakten sind offenkundig: Es lassen sich nur schwierig Handelspartner finden; die Kosten für den Im- und Export von Produkten sind unverhältnismäßig hoch; eigene Produkte können global nicht vermarktet werden; von IWF und Weltbank sind keine Kredite zu bekommen etc. Die kubanische Regierung bezifferte die durch das Embargo entstandenen Verluste bis zum Jahr 2023 auf rund 154 Mrd. US-Dollar. Allerdings sind diese Zahlen zum einen nicht überprüfbar und unterliegen zum anderen einem politischen Verhandlungskalkül: 1993 erklärte sich Kuba gegenüber den USA bereit, Reparationsleistungen für enteignetes US-Eigentum zu leisten, falls die USA bereit wären, Kuba die Blockadekosten zu erstatten. In jedem Fall ist klar, dass das US-Embargo nicht der kubanischen Regierung, sondern der kubanischen Bevölkerung massiv geschadet hat.

Die andere Seite der Medaille

Die kubanische Staatsführung nutzt das Embargo seit Jahrzehnten zur Rechtfertigung sämtlicher politischer und wirtschaftlicher Probleme, selbst wenn sie hausgemacht sind. Das Feindbild USA dient letztendlich also der Regierung, weil sie damit ihre durch keine demokratischen Prozesse abgesicherte Legitimität aufwerten kann – und sei es nur mittels massentauglicher Demagogie. Was geschieht, wenn dieses Feindbild zusammenbricht, ist kaum abzusehen. Doch wenn das Embargo eines Tages einmal aufgelöst werden sollte, dürfte die Regierung in erheblichen Erklärungsnotstand für die desolate Situation im Land kommen.

Neue Eiszeit

Mit der Wiederherstellung der diplomatischen Beziehungen zwischen Kuba und den USA sowie Präsident Obamas Staatsbesuch in Havanna im März 2016 wurden zunächst erhebliche Lockerungen des Embargos umgesetzt. Die USA strichen Kuba von der Liste der Schurkenstaaten, eine bilaterale Kommission arbeitete zu den Themen Umwelt, Bekämpfung des Drogenhandels, Wiederherstellung des direkten postalischen Austauschs und – das schwierigste Thema der Agenda – Aufnahme von Gesprächen über beschlagnahmtes Eigentum. Direktflüge und Schiffsverbindungen zwischen den USA und Kuba wurden wieder eingerichtet, Abkommen zwischen US-amerikanischen und kubanischen Firmen über Mobiltelefonie unterzeichnet. Die Reisebeschränkungen für US-Bürger nach Kuba wurden gelockert, ebenso die Visabedingungen für in den USA lebende Kubaner.

Mit der Amtsübernahme Trumps verschlechterte sich das Verhältnis zwischen den USA und Kuba jedoch wieder drastisch. Die Botschaft in Havanna blieb zwar geöffnet, aber das Personal wurde erheblich reduziert und der konsularische Service, der u. a. Visa vergibt, ganz eingestellt. Die US-Regierung wies 15 kubanische Diplomaten aus und viele Lockerungen des Embargos wurden wieder kassiert. In den letzten Tagen seiner Amtszeit als Präsident ließ Trump Kuba wieder auf die Liste der Schurkenstaaten setzen und fügte der Embargoliste weitere 239 Maßnahmen hinzu, die Kubas Wirtschaft empfindlich treffen. Trump-Nachfolger Biden ließ die Visaabteilung in Kuba wieder öffnen, strich die Deckelung von Rücküberweisungen nach Kuba und erleichterte die Einreise von US-Bürgern nach Kuba, zeigt aber keine Ambitionen, das Embargo wesentlich zu lockern oder gar dessen Auflösung anzustreben. Besonders der Verbleib Kubas auf der Liste der den Terrorismus fördernden Staaten setzt Kubas Wirtschaft stark zu.

Soziales

Arbeitslosigkeit

Laut offiziellen Angaben beträgt die Arbeitslosigkeit zwischen 2 und 3 % der arbeitsfähigen Bevölkerung – das wäre mit Abstand die niedrigste Rate Lateinamerikas. Wie hoch die offene und verdeckte Arbeitslosigkeit tatsächlich ist, kann man kaum überprüfen, da die Zahlen ausschließlich von der kubanischen Regierung stammen. Offizielle Daten verlieren jedoch ohnehin an Relevanz angesichts der Tatsache, dass auch die meisten arbeitenden Kubaner von ihrem Gehalt nicht leben können. Durch den aufstrebenden privaten Sektor hat sich die Arbeitslosigkeit weiter verringert. Seit 2008 beträgt das Renteneintrittsalter für Frauen 60 und für Männer 65 Jahre.

Armut

Die kubanische Regierung hat die Zahl der Kubaner, die 2022 in Armut lebten, offiziell mit 50 000 beziffert, was etwa 0,5 % der Gesamtbevölkerung entspräche (zum Vergleich: In Deutschland lag der Wert 2022 bei knapp 17 %). Die oppositionelle kubanische Beobachtungsstelle für Menschenrechte

Wirtschaft, Soziales und aktuelle Politik

OCDH gab hingegen an, dass 72 % der kubanischen Haushalte 2022 unter der Armutsgrenze von 1,90 USD pro Tag lebten.

Prostitution

Vor diesem Hintergrund verwundert es wenig, dass spätestens seit den 1990er-Jahren weibliche und männliche Prostituierte in Kuba allgegenwärtig sind. Die sogenannten *jineteras* (›Reiterinnen‹) und ihre männlichen Kollegen bieten Ausländern Sex für wenig bis sehr wenig Geld an, häufig, um Medikamente, Lebensmittel oder Konsumgüter bezahlen zu können. Viele hoffen durch den Kontakt mit einem Touristen bzw. einer Touristin auf ein besseres Leben im Ausland. Wie hoch die Zahl der Prostituierten allein in Havanna ist, lässt sich schwer sagen, doch ein abendlicher Spaziergang auf dem Prado genügt, um festzustellen, dass es sehr viele Sexarbeiter in der Hauptstadt gibt.

Offensichtlich gibt es für die Prostitution keine Altersbegrenzung und viele *jineteras* und *jineteros* sind akademisch gebildet und mehrsprachig. Die Aufhebung der Reisebeschränkungen hat eher noch zu einem Anstieg der Prostitution geführt, da jetzt nur noch

Frühmorgens, wenn die Touristen noch schlummern, gehört Havannas Plaza Vieja den Schulkindern

Geldmangel der Ausreise im Weg steht, denn Reisedokumente sind teuer. Kuba ist ein beliebtes Ziel für Sextourismus gleich welcher Couleur geworden, was große gesundheitliche Risiken in sich birgt. Die Ansteckung mit HIV ist nur eines davon.

Gesundheit

Laut Weltgesundheitsorganisation wendet das Land rund 12 % des Bruttoinlandsprodukts für Gesundheitsausgaben auf. In Kuba kommen zwar 90 Ärzte auf 10 000 Einwohner – das ist die höchste Zahl der Hemisphäre –, doch rund 40 % davon arbeiten im Ausland, vor allem in Venezuela und Brasilien, was auf der Insel ernsthaften Ärztemangel zur Folge hat. Die Kindersterblichkeit lag zuletzt bei über 7 Todesfällen auf 1000 Lebendgeburten, was trotz des Anstiegs eine der niedrigsten Quoten in Amerika ist. Die Müttersterblichkeitsrate stieg im Zuge der Covid-19-Pandemie von 40 auf 176,6 Todesfälle pro 1 000 000 Geburten im Jahr 2021, ist seitdem aber wieder stark rückläufig. Mehrfach wurde das Gesundheitsbudget gekürzt, Ausstattung und Versorgung der Krankenhäuser haben sich dramatisch verschlechtert, Medikamente werden häufig nur gegen Devisen verkauft.

Im Normalfall müssen die Familien den Patienten von Bettlaken über Trinkwasser und Ventilator bis zu Nahrungsmitteln nahezu alles für die Versorgung Notwendige auf dem Schwarzmarkt oder gegen Devisen besorgen. Selbst eine schlichte Zahnfüllung bekommt man kaum, ohne das Amalgam oder das Gold, die Einwegspritzen und die Betäubungsmittel unter der Hand in Devisen zu zahlen. Auch die hygienischen Verhältnisse in Krankenzimmern, Behandlungsräumen und Operationssälen sind häufig katastrophal. Die medizinische Versorgung der kubanischen Bevölkerung steht in krassem Gegensatz zu den gut ausgestatteten Devisenkliniken, in denen sich Gesundheitsurlauber aus Lateinamerika und sogar aus Europa Schönheitsoperationen unterziehen oder hoffen, mithilfe kubanischer Spezialisten von Krebs und anderen schweren Krankheiten geheilt zu werden.

Weitere Gefahren für die Gesundheit der Bevölkerung stellen die unzureichende Trinkwasserversorgung, der prekäre Zustand der (städtischen) Kanalisation sowie die enormen Probleme bei der Müllbeseitigung dar. In der Folge gab es in den letzten Jahren mehrfach Choleraepidemien mit Hunderten erkrankten Menschen sowie einigen Toten. Außerdem führt ein seit Jahren andauernder, eklatanter Mangel an Kondomen zu einer Zunahme von sexuell übertragbaren Krankheiten.

Bildung

Kubas Bildungssystem gilt als eine der wichtigsten Errungenschaften der Revolution und ist in der Hemisphäre ohnehin konkurrenzlos, schneidet jedoch auch besser ab als einige europäische Länder und die USA. Schulbesuch und Studium sind kostenlos (alle Absolventen müssen einen dreijährigen Sozialdienst ableisten), es gibt kaum Analphabeten und die Einschulungsquote liegt nach offiziellen Angaben bei 100 %. Dem UNESCO-Education-for-All-Development-Index zufolge zählt Kuba im Bildungsbereich zu den hoch entwickelten Ländern der Welt mit einer gut ausgebildeten Bevölkerung. Allerdings verdient ein Lehrer nur etwa 3000 Kubanische Pesos im Monat, was vorne und hinten nicht zum Leben reicht. Auch Hochschullehrern geht es ähnlich. Das hat zur Folge, dass so gut wie alle Lehrer und Professoren noch einer weiteren Tätigkeit nachgehen oder aber ganz in die Privatwirtschaft wechseln.

Cuba libre?
Politisches System

Das politische System Kubas fußt auf der uneingeschränkten politischen Vorherrschaft der Kommunistischen Partei Kubas (Partido Comunista Cubano, PCC), die rund 600 000 Mitglieder zählt. Eine bedeutende Rolle spielen auch der Kommunistische Jugendverband (Unión de Jóvenes Comunistas, UJC, rund 600 000 Mitglieder) sowie Massenorganisationen wie die Komitees zur Verteidigung der Revolution (Comités de Defensa de la Revolución, CDR, knapp 8 Mio. Mitglieder), die Frauenvereinigung (Federación de Mujeres Cubanas, FMC, etwa 3,5 Mio. Mitglieder) und die staatlichen Gewerkschaften (rund 3 Mio. Mitglieder). Andere politische Parteien und Organisationen sind in Kuba verboten, das Recht auf freie Meinungsäußerung, Versammlungs- und Pressefreiheit existiert nicht.

Vor allem die CDRs als allgegenwärtiges Spitzelsystem sorgen für eine Rundumüberwachung der Bürger, da sie sämtliche Aktivitäten in den Häuserblocks *(cuadras)* überwachen und ›verdächtige Handlungen‹ sofort an die Obrigkeit melden: Besuch aus dem Ausland, mangelnde Teilnahme an offiziellen Veranstaltungen oder schlicht genervte Bemerkungen im Hausflur.

Trotz zunehmender sozialer Ungleichheit und mal vereinzelter, mal massiver Unruhen wie zuletzt bei den Protesten im Juli 2021 hält die politische Führung an der autoritären Lenkung von Staat, Wirtschaft und Gesellschaft fest. Seit 2002 ist das sozialistische System als unveränderlich in der Verfassung festgeschrieben. Allerdings ist durch die von den USA quasi erzwungene (Teil) Freigabe des Internets das staatliche Informationsmonopol durchlöchert.

Das Ende der Offline-Insel

Bis 2015 war Kuba eine Offline-Insel. Erst im September 1996 erhielt das Land über Satellitenverbindungen Zugang zum Internet. 2013 schließlich aktivierte man das Unterseekabel ALBA-1 nach Venezuela, wodurch die Abhängigkeit vom satellitenbasierten Internet beendet wurde. Rund 120 staatliche Internetcafés eröffneten auf der Insel, Privatanschlüsse wurden nur selten erlaubt (weniger als 5 % der Bevölkerung).

Seitdem hat sich vieles in sehr kurzer Zeit verändert. Der massive Ausbau des Internets gehörte zu den wichtigsten Punkten der kubanisch-amerikanischen Verträge unter Obama und Castro. Mittlerweile besitzt Kuba ein LTE-Netz und zählt über 6 Mio. Handynutzer. Über 1000 WLAN-Spots in ganz Kuba ermöglichen einen flächendeckenden Zugang zum Netz und auch das mobile Internet funktioniert in den meisten Gegenden gut. Zudem fördert der Staat massiv die Digitalisierung Kubas, indem er private Unternehmensgründungen in diesem Bereich zulässt und durch größere Autonomie und Steueranreize unterstützt. Die IT-Branche soll zukünftig ein wirtschaftliches Standbein der Insel werden, in Technologieparks arbeiten staatliche, private und ausländische Investoren gemeinsam an Projekten. Ungeachtet dessen wird das Internet vom Staat kontrolliert und zensiert. Wann immer sich soziale Unruhe über die sozialen Medien allzu breit macht, wird das Netz abgeschaltet.

Meinungsvielfalt im Netz

Mit dem Zugang zum Netz hat auch die freie Meinungsäußerung zugenommen. Eine der bekanntesten unabhängigen kubanischen Bloggerinnen der ersten Stunde ist Yoani Sánchez, die zunächst in ihrem Blog Generación Y (›Generation Y‹) und mittlerweile in der Netzzeitung www.14ymedio.com schreibt. Zudem gibt es eine wachsende Zahl von Youtubern, die über das Leben in Kuba berichten und dabei auch den harten Alltag der allermeisten Kubaner nicht aussparen. Selbstverständlich wirft die kubanische Regierung den unabhängigen Bloggern und Youtubern vor, im Dienste der US-Regierung zu stehen und/oder den Sozialismus abschaffen zu wollen, beschlagnahmt PCs und Handys, überwacht die meist jungen Menschen, versucht sie einzuschüchtern und sperrt sie vorübergehend ein. Das führt dazu, dass die meisten kritischen Stimmen Kuba früher oder später verlassen und aus dem Exil berichten. Weitere Internetpodien bieten z. B. die in Spanien ansässige Exilzeitschrift »Encuentro« (www.cubaencuentro.com) sowie die von unabhängigen Journalisten und Organisationen zusammengestellte Internetseite www.cubanet.org.

Kirche und Staat

Vor der Revolution war die kubanische Amtskirche eher in den Städten als auf dem Land verankert und eng mit den wirtschaftlichen und politischen Eliten des Landes verbunden, die meisten Priester waren Spanier. Nach 1959 wurde die Katholische Kirche zum Sammelbecken der militanten Opposition, was die Sanktionen gegen sie beschleunigte: Kirchen wurden enteignet, Gottesdienste verboten bzw. genehmigungspflichtig, öffentliche Verlautbarungen der Kirche verboten. 1961 verstaatlichte man das Bildungswesen und die Friedhöfe, der Religionsunterricht und konfessionelle Schulen wurden verboten und Priester des Landes verwiesen. In den folgenden Jahren verließen die meisten Priester und Ordensfrauen das Land. Den praktizierenden Christen drohten Aufenthalte in militärisch geführten Umerziehungslagern (UMAP). Finanziell und strukturell hatte die katholische Kirche im atheistischen Kuba keine Basis mehr.

Das änderte sich erst mit dem Kollaps der kubanischen Wirtschaft zu Beginn der 1990er-Jahre, als sich christliche Initiativen mit sozialen Projekten für die notleidende Bevölkerung engagierten und dadurch halfen, den sozialen Frieden aufrechtzuerhalten. Die Staatsführung musste zur Kenntnis nehmen, dass in der Krise viele Menschen Halt im Glauben suchten. Eine vorsichtige Annäherung zwischen Kirche und Staat entwickelte sich: Ab 1991 durften Mitglieder der Kommunistischen Partei wieder getauft sein, 1992 definierte sich der kubanische Staat nicht mehr als atheistisch, sondern als laizistisch, und 1997 durfte erstmals wieder eine katholische Messe unter freiem Himmel abgehalten werden. (Übrigens wurden in den 1990er-Jahren auch die Reglementierungen für die afrokubanischen synkretistischen Religionen gelockert, s. S. 71).

Der Besuch von Papst Johannes Paul II. Anfang 1998 in Kuba war für die Amtskirche wie für die Regierung gleichermaßen erfolgreich und zog eine Reihe von weiteren Lockerungen nach sich: Der Handlungsspielraum der Kirche erweiterte sich, erstmalig seit 1959 wurde in Havanna ein Priesterseminar gebaut, kirchliche Publikationen durften erscheinen, christliche Feiertage wie Weihnachten durften wieder gefeiert und die Toten christlich begraben werden, hin und wieder war ein Bischof im Radio zu hören. Die Zahl der Taufen erhöhte sich von jährlich 10 000 auf 45 000 im Jahr des Papstbesuchs. Seitdem weitete die Kirche auch ihre karitativen Aktivitäten aus, die sich vor allem auf die Bildung und die Unterstützung von Kindern, Frauen, Senioren und Häftlingen konzentrieren. Außerdem unterhält die Kirche einige Heime und Krankenhäuser.

Wirtschaft, Soziales und aktuelle Politik

Seit es Kardinal Jaime Ortega 2011 gelang, in Verhandlungen mit Raúl Castro die Freilassung der letzten 70 politischen Gefangenen des Schwarzen Frühlings 2003 zu erreichen, ist der Einfluss der Kirche gewachsen. Mit dem Besuch von Papst Benedikt XVI. 2012 in Kuba wurde die Harmonie zwischen Kirche und Staat weiter gestärkt, sodass man mittlerweile fast von einer strategischen Partnerschaft sprechen kann. Demzufolge verhält sich die Kurie in Kuba im Wesentlichen linientreu und äußert kein Wort der Kritik an der Regierung, weder an Menschenrechtsverletzungen noch an den massiven Verhaftungen und Repressalien gegen Menschenrechtsaktivisten, unabhängige Journalisten und junge Künstler im Vorfeld der Papstbesuche. Zuletzt reiste Papst Franziskus nach Kuba (2015). Er war als Geheimdiplomat wesentlich an der Wiederaufnahme der Gespräche und Beziehungen zwischen Kuba und den USA beteiligt.

Menschenrechte und Opposition

Individuelle Bürgerrechte und Grundfreiheiten wie die Meinungs-, Versammlungs- und Pressefreiheit existieren in Kuba ebenso wenig wie rechtsstaatliche Prinzipien und die Gewaltenteilung, also die Trennung von Legislative, Exekutive und Jurisdiktion. Es sind vor allem zwei Gesetze, mithilfe derer die kubanische Regierung jeden Einwohner Kubas ganz nach Belieben verhaften kann: Das Gesetz 88 (»zum Schutz der nationalen Unabhängigkeit und Wirtschaft Kubas«) ist so schwammig formuliert, dass darunter nahezu jedes Delikt fällt. Und das Gesetz Ley de Peligrosidad Social Predelectiva (›Vorkriminelle gesellschaftliche Gefährdung‹) legt fest, dass jemand – ohne eine Straftat begangen zu haben – jederzeit unbegrenzt lange und ohne Gerichtsverfahren inhaftiert sowie zu einer mehrjährigen Freiheitsstrafe verurteilt werden kann, auch im Voraus, wenn ›Gefährlichkeit‹ zu erwarten ist. Wie groß ihre Angst vor kritischen Stimmen ist, demonstriert die Regierung immer wieder, wenn sie vermeintliche oder tatsächliche Andersdenkende willkürlich für Stunden, Tage oder sogar Wochen inhaftiert, ohne die Familien über den Aufenthaltsort der Gefangenen zu informieren.

In Kuba gilt nach wie vor die Todesstrafe, wenngleich Raúl Castro sie 2008 aussetzte – zum letzten Mal wurde sie 2003 angewandt, als im April jenes Jahres drei jugendliche Entführer einer Personenfähre aus Havanna nach einem Eilverfahren hingerichtet wurden. Neben diesen massiven strafrechtlichen Maßnahmen sieht sich die Regierung offenbar gezwungen, auch inoffiziell vehement gegen Kritiker und Bürgerrechtler vorzugehen. Drohungen, physische Beobachtung, Ausgehverbote und andere Schikanen wie Telefon- und Handysperren, Beschlagnahme von persönlichem Besitz sowie Entlassung gehören zum Repertoire.

Actos de Repudio – Organisierter Volkszorn

Seit der Massenflucht aus Mariel 1980 (s. S. 61) werden in Kuba die Brigadas de Respuesta Rápida eingesetzt, die ›Brigaden der schnellen Antwort‹. Damals bestanden sie aus Mitgliedern der CDR, des Frauenverbandes und des Kommunistischen Jugendverbandes UJC, die die ausreisewilligen Kubaner in Mariel mit Sprechchören als arbeitsscheues Pack beschimpften und sie auch physisch angriffen. Die Technik dieses staatlich inszenierten Volkszorns wurde unter Raúl Castro verfeinert und ist ein sehr häufig eingesetztes Mittel, um Menschenrechtsaktivisten, unabhängige Journalisten oder die Damas de Blanco (s. S. 47) einzuschüchtern und zu demütigen. Dabei werden die Zielpersonen häufig geschlagen, bespuckt, an den Haaren gezerrt. Organe der Staatssicherheit transportieren die regimetreuen Schläger zu den Einsatzorten, versorgen sie mit Getränken und Snacks, bei Bedarf auch mit Stöcken und Steinen, Polizisten sperren die umliegenden Straßen ab. Von offizieller Seite wird zwar geleugnet, mit diesen Actos de Repudio (wörtl. ›Ablehnungsaktion‹) etwas zu tun zu haben. Selbstverständlich schützt die Polizei

Menschenrechte und Opposition

Diese kuriosen Oldtimer der Telefonie funktionieren noch oder zumindest hin und wieder, wenn auch ohne Privatsphäre …

die Angegriffenen nicht. Einige dieser Überfälle wurden mit Handys gefilmt und auf Youtube und in exilkubanischen Blogs veröffentlicht, teils mit Standbildern von einzelnen SchlägerInnen, um sie zu identifizieren. Die Zahl und Intensität der Actos de Repudio gegen Oppositionelle nehmen weiter zu, wie Amnesty International beklagt.

Keine Pressefreiheit

Von einer freien Medienlandschaft kann in Kuba keine Rede sein, denn sämtliche Medien und Presseorgane unterstehen einer rigiden staatlichen Kontrolle. 2023 setzte die Organisation Reporter ohne Grenzen (RSF, Reporteros Sin Fronteras) Kuba in Sachen Pressefreiheit weltweit auf Rang 172 von 180 Plätzen. Da sich ausländische Journalisten nur in den seltensten Fällen freiwillig der kubanischen Zensur unterwerfen, stellen sie für das System offensichtlich eine große Gefahr dar. Die kubanische Regierung beobachtet ausländische Journalisten mit größtem Argwohn und behindert beim leisesten Verdacht auf fehlende Linientreue die Recherchen massiv (Dauerbegleitung durch die Staatssicherheit, Verhöre, Drohungen) bzw. unterbindet sie ganz (Verweigerung des Arbeitsvisums, vorübergehende Inhaftierung, Abschiebung).

Nach den Protesten im Juli 2021 (s. S. 37) hat die Regierung die Daumenschrauben noch einmal fester angezogen und vielen ausländischen Journalisten die Akkreditierung entzogen. Im August 2022 wurde ein neues Strafgesetzbuch verabschiedet, das u. a. Haftstrafen von vier bis zehn Jahren für Menschen vorsieht, die für ihre Arbeit Geld aus dem Ausland erhalten. Das erschwert die Arbeit unabhängiger Medien weiter und macht die Arbeit unabhängiger Journalisten noch gefährlicher.

Politische Gefangene

Oppositionelle werden häufig wegen unpolitischer Delikte inhaftiert, die Haftbedingungen sind menschenverachtend: Isolationshaft, Verweigerung medizinischer Versorgung

Wirtschaft, Soziales und aktuelle Politik

sowie Misshandlungen und teilweise Folter sind üblich. 2023 sitzen immer noch Hunderte Menschen, die im Juli 2021 an den Demonstrationen teilgenommen haben, in Haft. Teilweise wurden sie aufgrund hanebüchener Vorwürfe zu 30 Jahren Haft verurteilt. Unter den Inhaftierten befinden sich auch Jugendliche unter 18 Jahren. AI stellt in Kuba eine »Intensivierung der Repression« fest sowie eine »verschärfte Einschüchterung gegen Menschenrechtsaktivisten.

Ein Fall, der international für Aufsehen sorgte, war die Verhaftung von Luis Manuel Otero Alcántar, einem der Gründer des regierungskritischen Künstlerkollektivs Movimiento San Isidro (www.movimientosanisidro.com). Er wurde zu fünf Jahren Haft verurteilt, weil er im Juli 2021 per Video angekündigt hatte, an einer großen Demonstration teilnehmen zu wollen. Laut Amnesty International streitet die kubanische Regierung offiziell die Existenz politischer Gefangener ab und denunziert die Menschenrechtsaktivisten, die unabhängigen Journalisten sowie sämtliche Oppositionelle, als »vom Ausland bezahlte Söldner«. AI hat seit 1988 keinen Zugang zu kubanischen Gefängnissen, dem Internationalen Roten Kreuz verwehrt man ebenso den Zutritt.

Die Opposition

Oppositionelle Gruppen sind in Kuba illegal, doch die Regierung toleriert mal mehr, mal weniger ihre Existenz, stellt sie unter permanente Beobachtung und infiltriert sie nach Kräften. Die Oppositionellen können in Kuba nichts veröffentlichen, das ist nur im Ausland möglich. Wenn sie dann die einzige ihnen zur Verfügung stehende Möglichkeit wahrnehmen und in ausländischen Medien veröffentlichen, wirft ihnen die kubanische Regierung üblicherweise Söldnertum und Agententätigkeit vor. Selbst zu friedlichen politischen Aktionen dürfen die oppositionellen Gruppen innerhalb Kubas nicht aufrufen, Aktivitäten wie Demonstrationen oder Kundgebungen werden strikt unterbunden, auch mit Gewalt. Seitdem Internet auf Kuba für den Großteil der Bevölkerung zugänglich ist, ist die Verbreitung von regierungskritischen Stimmen aber nicht mehr zu unterbinden.

Es liegt auf der Hand, dass die Struktur der Opposition und ihrer Organisationen ziemlich unübersichtlich ist, doch immerhin haben sie sich in den letzten Jahren in mehreren Dachverbänden organisiert. Sie repräsentieren verschiedene und sich teils heftig bekämpfende ideologische Strömungen – Christen, Liberale, ehemalige Marxisten, Sozialdemokraten sowie kritische Stimmen, die sich in keine Schublade pressen lassen wollen. Zu den bekanntesten Gruppen gehören neben den Damas de Blanco das Movimiento San Isidro und das Movimiento Cristiano de Liberación (MCL, Christliche Befreiungsbewegung), dessen Gründer Oswaldo Payá als einer der einflussreichsten Oppositionellen Kubas 2002 den Sacharow-Preis des EU-Parlaments für Menschenrechte erhielt und der 2012 bei einem Verkehrsunfall unter mysteriösen Umständen ums Leben kam (s. S. 48). 2002 hatten einige oppositionelle Gruppen auf Initiative Payás 12 000 Unterschriften für ein Volksbegehren gesammelt, das umfassende politische Reformen forderte, und es unter der Bezeichnung Proyecto Varela beim kubanischen Parlament eingereicht (selbstredend vergeblich). 2011 initiierte Payá das Dokument »El camino del pueblo« für einen friedlichen demokratischen Wandel des kubanischen Systems, das von zahlreichen Oppositionsgruppen unterzeichnet wurde.

Einer der bekanntesten Dissidenten Kubas und Vorsitzender der Kubanischen Kommission für Menschenrechte und nationale Versöhnung (CCDHRN) ist Elizardo Sánchez. 1968 wurde er von der Universität verwiesen, wo er als Professor Marxismus gelehrt hatte. Nach einer mehrjährigen Haftstrafe ging Elizardo Sánchez nicht ins Exil, sondern berichtet seither von Menschenrechtsverletzungen in seinem Land. Weitere Gruppen sind die Partido Solidaridad Democrática (Partei der Demokratischen Solidarität), der Arco Progresista sowie das 2013 gegründete Centro de Apoyo a la Transición (›CAT-Zentrum für Unterstützung des Übergangs‹), das einen pluralistischen und transparenten Rechtstaat für Kuba anstrebt. Galionsfigur des CAT ist der Journalist Héctor Maseda, Witwer von Laura Pollán (s. rechts), der als altgedienter Bürgerrechtler über sieben Jahre in kubanischen Gefängnissen verbrachte.

Besonders im Osten Kubas ist die Unión Patriótica de Cuba (UNPACU) aktiv. Gegründet wurde sie 2011 von José Daniel ›Darsi‹ Ferrer, nachdem er als politischer Gefangener des Schwarzen Frühlings aus achtjähriger Haft entlassen worden war. Die UNPACU setzt auf gewaltfreie Aktionen und Verhandlungen mit der Regierung auf Augenhöhe, um eine ›nationale Versöhnung‹ zu erreichen. Das neue Verhältnis zu den USA führte 2016 in der UNPACU wie auch in anderen oppositionellen Gruppen zu Meinungsverschiedenheiten, weshalb sich die UNPACU Anfang 2016 »in gegenseitigem Respekt und freundschaftlich« spaltete.

Das größte Problem der Oppositionsgruppen ist die durch die politische Repression bedingte relative Instabilität. Ihre Zersplitterung und die Fluktuation sind hoch und die Bespitzelung (und teilweise Durchdringung durch den Geheimdienst) erheblich. Beträchtliche Differenzen und teilweise polemische Auseinandersetzungen bestehen zwischen der Oppositionsbewegung in Kuba und Gruppen oder Persönlichkeiten im Exil, was man vor allem an den exilkubanischen Blogs ablesen kann. Häufig werfen die über die ganze Welt verstreuten Exilkubaner der friedlichen Opposition in Kuba vor, sich nicht radikal genug zu verhalten oder zu äußern oder beschuldigen sie gar, maskierte Agenten der kubanischen Staatssicherheit und Handlanger der Castro-Brüder zu sein. Ob sie nun ihre Finger im Spiel hat oder nicht: Das Ergebnis dieser Uneinigkeit der Opposition inner- und außerhalb des Landes dürfte die kubanische Regierung stabilisieren.

Die Damas de Blanco

Eine der bekanntesten Menschenrechtsgruppen Kubas sind die Damas de Blanco (›Damen in Weiß‹, Movimiento Las Damas de Blanco Laura Pollán). Diese Gruppe des zivilen Widerstands entstand 2003 als Zusammenschluss der Ehefrauen und Mütter von 79 Intellektuellen und Menschenrechtsaktivisten, die im März 2003 bei einer Verhaftungswelle (Schwarzer Frühling) festgenommen und zu drakonischen Freiheitsstrafen verurteilt wurden. Seit damals besuchen die Frauen weiß gekleidet und mit einer Gladiole in der Hand jeden Sonntag die katholische Messe in der Kirche Santa Rita in Miramar und defilieren anschließend im Schweigemarsch über die Quinta Avenida, um die Respektierung der Menschenrechte in Kuba einzufordern. Die Regierung reagiert mit höchster Nervosität auf die friedliche Zivilcourage: Die Schweigemärsche werden blockiert und verhindert, den Frauen wird der Besuch der Kirche verwehrt, sie werden öffentlich beschimpft und überfallen, immer wieder für kurze Zeit verhaftet und stundenlang verhört, ihre Telefone werden abgehört bzw. gesperrt, ihre Wohnungen überwacht und man erteilt ihnen Ausgehverbot. Die weiße Kleidung scheint in Regierungskreisen so viel Angst und Schrecken zu verbreiten, dass sie mittlerweile als ebenso subversiv gilt wie Gladiolen.

Gegen die massive Verfolgung der Damas protestierten Amnesty International und verschiedene internationale Menschenrechtsorganisationen und selbst einige kubanische Künstler wie Carlos Varela und Pablo Milanés zeigten sich bestürzt und beschämt angesichts der staatlichen Repression gegen die Frauen. Doch trotz aller Schikanen wächst die Gruppe ständig – mittlerweile gibt es an vielen Orten Kubas und auch im Ausland Damas de Blanco. 2005 erhielten sie den Sacharow-Preis, 2010 wurden sie als Kandidatinnen für den Friedensnobelpreis vorgeschlagen. Seit dem Tod von Laura Pollán im Oktober 2011 ist Berta Soler Sprecherin der Damas de Blanco (www.damasdeblanco.com).

Merkwürdige Todesfälle

Die 1948 geborene Laura Pollán war pensionierte Lehrerin und engagierte sich erst politisch, als ihr Mann, der Journalist Héctor Maseda (s. S. 47), im Zuge der Massenverhaftungen vom März 2003 festgenommen und zu einer langjährigen Haftstrafe verurteilt wurde. Zusammen mit anderen

Wirtschaft, Soziales und aktuelle Politik

Frauen gründete sie die Damas de Blanco (s. S. 47), ihre Wohnung in der Calle Neptuno in Centro Habana diente als Büro der Gruppe. Die jahrelangen physischen Angriffe und die systematische psychische Zermürbung ertrug Laura Pollán stoisch, obwohl sie ihrer Gesundheit erheblich zusetzten. Im September 2011, nach einem besonders aggressiven Überfall gegen die Damas de Blanco, kam Laura Pollán mit Atembeschwerden auf die Intensivstation des Krankenhauses Calixto García in Havanna. Dort starb sie am 14. Oktober 2011 an Herzstillstand. Für ihren Tod machen viele Oppositionelle direkt oder indirekt die Regierung Raúl Castro verantwortlich. Im Internet kursieren Handyfotos von dem Überfall, bei dem eine Frau Laura Pollán im Handgemenge heftig und lange in den Arm kneift – Gerüchte sagen, die Angreiferin hätte ihr einen Virus injiziert. Ob Laura Pollán tatsächlich vorsätzlich umgebracht wurde, ob sie aufgrund mangelhafter medizinischer Versorgung starb oder ob ihr Tod natürliche Ursachen hatte, ist nicht mehr festzustellen, denn ihr Leichnam wurde von den Behörden in aller Eile verbrannt.

Der Katholik Oswaldo Payá wurde schon als Jugendlicher während des Wehrdienstes zu drei Jahren Zwangsarbeit auf der Isla de la Juventud verurteilt. 1988 war er Mitbegründer der Organisation Movimiento Cristiano de Liberación (MCL, s. S. 46) und stand durch öffentlichkeitswirksame demokratische Projekte unter intensiver Beobachtung seitens der Behörden. Im Juli 2012 war Payá in Begleitung von Harold Cepero, Leiter der Jugendorganisation des MCL, sowie dem Spanier Ángel Carromero und dem Schweden Aron Modig (beide Jugendfunktionäre christdemokratischer Parteien in Europa) mit einem Auto in der Nähe von Bayamo unterwegs, als der Wagen aus bislang umstrittenen Umständen von der Fahrbahn abkam und gegen einen Baum prallte. Oswaldo Payá war sofort tot, Harold Cepero starb im Krankenhaus. Ángel Carromero, der den Wagen gefahren hatte, und Aron Modig überlebten leicht verletzt. Beide Europäer wurden im Krankenhaus verhaftet und mehrfach verhört. Modig wurde freigelassen, Carromero im späteren Prozess zu vier Jahren Gefängnis verurteilt und Ende 2012 nach Spanien ausgeliefert, wo er im offenen Vollzug seine Strafe absitzt. Die Familie von Oswaldo Payá ist aus mehreren Gründen davon überzeugt, dass es sich nicht um einen Verkehrsunfall handelt, sondern um ein gezieltes Manöver: Ein roter Lada soll das Auto gerammt und von der Straße abgedrängt haben, was einige Zeugen inoffiziell bestätigten. Modig schweigt zu diesem Punkt, Carromero wiederholt den Vorwurf in einem 2014 veröffentlichten Buch. Allerdings hatte Oswaldo Payá mehrfach Morddrohungen erhalten und in einer privaten Mail erklärt, er rechne jederzeit damit, ermordet zu werden. Die Familie und die Oppositionsbewegung MCL forderten von der Regierung eine detaillierte Aufklärung des Falls und baten die internationale Gemeinschaft um Unterstützung, beides bisher vergeblich.

Die Proteste vom 11. Juli 2021 und die Folgen

Das Gemisch aus US-Embargo, hausgemachten Wirtschaftsproblemen, Pandemie, Stillstand des Tourismus und Währungsreform führte 2021 zur größten Versorgungskrise und Inflation seit der Revolution. Lebensmittel, Medikamente, Benzin und andere Dinge des täglichen Bedarfs waren kaum noch aufzutreiben. In der Folge kam es am 11. Juli 2021 zu den größten Massenprotesten in der sozialistischen Geschichte Kubas. Sie wurden von der Regierung brutal niedergeschlagen, ein Mensch kam ums Leben und mehr als 1200 Demonstranten wurden zu teils drakonischen Haftstrafen verurteilt. Unter den Inhaftierten waren auch Minderjährige. Die Geschehnisse nahmen vielen Kubanern den Glauben an die Möglichkeit einer Veränderung. Innerhalb eines Jahres wanderten etwa 223 000 vor allem junge Menschen in die USA aus. Die Fronten haben sich seitdem verhärtet: Die Regierung geht aggressiv gegen Oppositionelle vor, was die Kritik an den Machthabern noch verstärkt. Es scheint einmal mehr, als befinde sich das Land an einem Wendepunkt – in welche Richtung, ist allerdings völlig offen.

Geschichte

»Die Gewalt ist (nicht nur) die Geburtshelferin der Geschichte. Ich habe versucht zu beweisen, dass in Kuba die Gewalt die Mutter der Geschichte ist. Denn die Geschichte Kubas ist von der Gewalt gezeichnet, von Anfang an: Schon vor Ankunft der Spanier hatte es Gewalt zwischen den Ureinwohnern gegeben und sie hält bis heute an. Aufgehört hat sie nie.«
(Guillermo Cabrera Infante, »Ansicht der Tropen im Morgengrauen«)

Die Ureinwohner

Die erste menschliche Ansiedlung auf Kuba ist nicht genau nachzuweisen, allgemein wird jedoch angenommen, dass die ersten Siedlungen um 4000 v. Chr. entstanden sind. Kubas früheste Einwohner waren **Siboneyes**, die wahrscheinlich aus Südamerika, Yucatán oder dem Mississippi-Delta auf die Insel gekommen waren. Sie ernährten sich im Wesentlichen vom Fischfang und waren Meister in der Kunst des Kanubaus. Sie bewohnten Höhlen und lebten in Dorfgemeinschaften, die selten mehr als 100 Menschen zählten.

Im 3. Jh. n. Chr. kamen dann **Taínos** wahrscheinlich aus dem Amazonasbecken in die Karibik. Sie bewegten sich westwärts von Insel zu Insel und ließen sich schließlich auf Kuba nieder. Die Taínos brachten landwirtschaftliche Kenntnisse mit, handwerkliche Fähigkeiten und umfangreiche religiöse und Beerdigungszeremonien. Um 1450 gelangte eine zweite Einwanderungswelle der Taínos auf die Insel; die Indigenen ließen sich vor allem im Ostteil Kubas nieder. Sie waren handwerklich und kulturell weiter entwickelt als die früheren Bewohner, doch kann man sie keineswegs mit den präkolumbischen Hochkulturen Mexikos, Guatemalas oder Perus vergleichen. Taínos und Siboneyes bauten Mais, Yucca, Boniato, Maniok und Tabak an, jagten Vögel und Schildkröten. Aus Schildpatt, Stein und Holz fertigten sie Waffen, Geräte zum Fischen und Einbäume.

Taínos und Siboneyes lebten in Dorfgemeinschaften, an deren Spitze zwei gewählte Autoritäten standen: der Häuptling oder *cacique* und der Schamane, *behique* genannt.

Kolumbus entdeckt Kuba

Als **Christoph Kolumbus** Karavellen am 28. Oktober 1492 in der Bahía de Bariay an der kubanischen Nordostküste landen, leben zwischen 100 000 und 300 000 Ureinwohner auf der Insel – »die schönste, die Menschenaugen je gesehen haben«, notiert Kolumbus in sein Bordbuch. Taínos und Siboneyes glauben, die Fremden seien geradewegs vom Himmel gekommen, um sie vor den Übergriffen der kriegerischen Aruak von den Nachbarinseln zu schützen. Sie küssen den Spaniern die Hände und die Füße und bieten ihnen Speisen an. Nach der spanischen Thronfolgerin nennt Kolumbus die Insel Juana, doch ›Cuba‹ setzt sich durch, eine Verkürzung des indigenen Namens Cubanacán. Einzelne Goldverzierungen am Schmuck der Häuptlinge bestätigen Kolumbus in seinem Glauben, das Dorado gefunden zu haben. Ein Jahr später kehrt er nach Kuba zurück und segelt die Südküste entlang, immer auf der Suche nach den fantastischen Goldadern – vergeblich.

Fast 20 Jahre lang leben Taínos, Siboneyes und Guanahatabeyes unbehelligt von weite-

Geschichte

ren europäischen Besuchern. Erst 1511 kehren die Spanier zurück – mit 300 Soldaten, angeführt von **Diego Velázquez.** König Ferdinand hat von weiteren Gerüchten über Goldschätze auf Kuba gehört und dringt darauf, die gesamte Insel abzusuchen. Der spanische Pater und Chronist **Bartolomé de Las Casas** begleitet das Heer. Über das Verhalten seiner Landsleute schreibt er: »So grausame und unmenschliche Verbrechen wurden dort in meiner Gegenwart und vor meinen Augen verübt, dass kein menschliches Zeitalter Ähnliches gesehen hat.«

Die Spanier sind den Indigenen kriegstechnisch weit überlegen, und sie wissen, wonach sie suchen. Trotzdem stoßen sie auf organisierten Widerstand, denn ihr Ruf als grausame Unterwerfer hat sich bereits in der Karibik verbreitet und ganze Dörfer haben kollektiven Selbstmord begangen. Viele Stammesführer von den Nachbarinseln haben auf Kuba Schutz gesucht. Einer von ihnen ist der legendäre Kazike **Hatuey,** der mit den Seinen auf einem Kanu von Haiti geflüchtet und in den Höhlen und Wäldern Ostkubas untergetaucht ist. 1511 wird Hatuey bei Yara von den Spaniern gefangen genommen und auf dem Scheiterhaufen verbrannt. Die Legende erzählt, ein Franziskanermönch habe versucht, Hatuey vor seinem Tod zum christlichen Glauben zu bekehren, damit er wenigstens ins Paradies komme, aber Hatuey habe es vorgezogen, unchristlich zu sterben, um nach seinem Tod keine Spanier mehr sehen zu müssen.

1514 ist die gesamte Insel zwar ›befriedet‹, aber knapp zehn Jahre später leben nur noch wenige Tausend Ureinwohner auf Kuba. Die Fronarbeit in den Bergwerken, Massaker und europäische Krankheiten rotten die indigene Bevölkerung fast vollständig aus. Geblieben sind die traditionelle Hausbauweise auf dem Land, die palmstrohgedeckten *bohíos,* die Erinnerung an den ersten Revolutionär Kubas, Hatuey, sowie einige Begriffe wie *huracán* (Hurrikan), *guayaba* (Guave), *hamaca* (Hängematte), *maíz* (Mais), *maní* (Erdnuss), *tabaco* (Tabak) oder *yuca* (Yucca).

Architektonisches Erbe der Ureinwohner: die palmstrohgedeckten Bohíos

Die Kolonialzeit – unter spanischer Herrschaft

Kubas erster Wirtschaftsboom ist ein außerordentlich kurzer Goldrausch. Denn die Spanier stellen sehr schnell fest, dass die Goldvorkommen der Insel minimal sind und dass der Traum vom schnellen Reichtum im Falle Kubas nicht funktioniert.

Allerdings liegt die Insel strategisch günstig und eignet sich vorzüglich als Sprungbrett zur Eroberung des lateinamerikanischen Kontinents. Im Jahr 1519 bricht **Hernán Cortés** von Kuba nach Mexiko auf und die meisten Spanier folgen ihm. In Kuba selbst bleiben nur etwa 1000 Spanier, die sich im Wesentlichen der Viehzucht und der Landwirtschaft widmen. Nach der Eroberung Mexikos wird Havanna für kurze Zeit zu einer Art Sammelplatz für die spanischen Schiffe, die in der Neuen Welt unterwegs sind. Die Schiffe der Konquistadoren laufen reich beladen mit Gold, Silber und den Schätzen der Azteken und Maya aus Mexiko in den Hafen von Havanna ein. Sie machen hier Zwischenstation, bevor sie nach Sevilla zurückkehren. Kuba wird vorübergehend zum Tor zur Neuen Welt, zum Vorposten Spaniens in Lateinamerika, und Havanna zum politischen und wirtschaftlichen Mittelpunkt. Santiago dagegen, die erste Hauptstadt Kubas, verliert zunehmend an Bedeutung.

Doch dann machen die auf dem Festland gegründeten Städte Veracruz (Mexiko) und Portobello (Panama) dem Hafen von Havanna Konkurrenz und das gerade aufkeimende Wirtschaftsleben Havannas bricht wieder zusammen. Die Kunde von den Goldschätzen Perus und Mexikos tut ein Übriges, um spanische Siedler in Kuba zu veranlassen, ihr Glück auf dem Kontinent zu suchen. Im Jahr 1550 leben gerade noch 700 Europäer auf Kuba.

Piraten auf Kuba

Mitte des 16. Jh. ist Spanien beileibe nicht die einzige europäische Kolonialmacht in der Karibik. Holländische, französische und englische Schiffe kreuzen zwischen den Inseln, außerdem unzählige Piraten verschiedener Nationalitäten, die in dem verlassenen Kuba ein willkommenes Betätigungsfeld sehen. Häufig überfallen sie die nur wenig befestigten Siedlungen an der Küste, rauben sie aus und brennen sie nieder, vor allem Havanna und Santiago. Die spanische Krone lässt in Havanna und Santiago Festungen bauen und den Hafen von Havanna zum bedeutendsten Hafen der Neuen Welt vergrößern. Ganz Havanna lebt von der spanischen Flotte: von den Seilmachern bis hin zu den Prostituierten. Als die Flotte zum Hauptkäufer sämtlicher Waren wird, verwandelt sich Havanna in das Handelszentrum der Insel und wächst zur größten Stadt. 20 000 Einwohner leben dort im Jahr 1607, als Havanna zur Hauptstadt ernannt wird.

Der Rest der Insel ist nach wie vor dünn besiedelt. Santiago und die Region Oriente beklagen sich beim spanischen König darüber, dass man sie vernachlässige, kaum mit Waren versorge und so gut wie keinen militärischen Beistand gegen die Piratenattacken leiste. Da man beim spanischen Hof diese Klagen nicht ernst nimmt, greifen die Santiagueros zur Selbsthilfe: Sie werden selbst Piraten und Schmuggler und ignorieren die königlichen Handelsgesetze. Und so blüht der Schmuggel auf der ›ewig ergebenen Insel‹ – vom Bischof bis zum Sklaven profitiert jeder davon, wenn auch in unterschiedlichem Umfang.

Die ersten afrikanischen Sklaven waren schon 1522 nach Kuba gekommen, doch bis ins 17. Jh. stieg ihre Zahl nicht sehr stark an. Die meisten arbeiteten auf den Zuckerplantagen und in den weißen Herrenhäusern. Angesichts des Mangels an europäischen Frauen heirateten viele Weiße ihre Sklavinnen oder lebten mit ihnen zusammen. Die Kinder dieser Verbindungen wurden meist als Freie angesehen.

Die Spanier entdecken den Tabak

Im 17. und 18. Jh. bestimmt zunächst der Tabak die kubanische Wirtschaft. Seit die ersten Tabakblätter in Spanien angekommen sind, entdeckt die Krone dieses Genussgift, auf das sie gesalzene Steuern erhebt, als hochwillkommene Einkommensquelle. Die Suche nach guten Tabakböden führt die Siedler in die zentralen und westlichen Gegenden Kubas, vor allem nach Pinar del Río. Zigarren und Kautabak werden nun zu den beliebtesten und teuersten Waren der Schmuggler, die die diktatorische Monopolstellung Spaniens durchlöchern. Als 1717 das königliche Monopol für Tabakanbau, -verarbeitung und -verkauf drastisch verschärft wird und sich das Einkommen der Tabakbauern dadurch erheblich verringert, kommt es zur ersten Rebellion gegen die spanische Kolonialmacht: Die *vegueros* (›Tabakbauern‹) marschieren bewaffnet nach Havanna und zwingen die Kolonialbehörden, das Monopol zu lockern. Drei Jahre später jedoch wird der Aufstand der Tabakbauern durch militärische Intervention niedergeschlagen, die *vegueros* werden erschossen oder zur Abschreckung entlang der Landstraßen aufgehängt.

Das Tabakmonopol ist jedoch nur der Anfang. 1740 gründet die spanische Krone die **Real Compañía** (›Königliche Gesellschaft‹), eine Art Joint-Venture-Organisation, die den gesamten Handel zwischen Kuba und Spanien kontrolliert. Die Gesellschaft exportiert kubanische Produkte preiswert nach Spanien und verkauft den Kubanern alle notwendigen Güter und selbst Land zu exorbitanten Preisen. Dies führt zu Riesenprofiten der beteiligten Händler, während die Bevölkerung immer weniger zum Leben hat. Viele Siedler verlassen Havanna und wandern nach Orlente aus, um sich am Schmuggelhandel zu beteiligen. Kuba ist Mitte des 18. Jh. nichts als ein Vorposten Spaniens, dessen Ökonomie einzig den Interessen der Krone dient.

Englisches Zwischenspiel

1762 ist für Kuba ein ebenso bedeutendes Datum wie 1492: Spanien verliert im **Sieben-Jahre-Krieg** seine Kolonien an die feindliche englische Krone. Nach 44 Tagen Belagerung durch die Engländer ergeben sich die Kolonialbehörden Havannas und die zehnmonatige Besatzungszeit der Engländer beginnt. Das überraschende Ergebnis der Okkupation: wirtschaftlicher Aufschwung. Die ewig treue Insel atmet auf, die spanischen Handelsschranken existieren nicht mehr. Kuba ist es plötzlich erlaubt, mit den englischen Kolonien im nahen Nordamerika Handel zu treiben. Als nach knapp einem Jahr die Insel wieder an Spanien zurückgeht, sieht sich die Krone gezwungen, diesen Handel zumindest teilweise zu liberalisieren. **König Carlos II.** befürchtet außerdem, der Funke der französischen Revolution könne auch in seinem Hoheitsgebiet Feuer fangen, und er erlässt einige Reformen, um zumindest die kreolische Zuckeraristokratie auf Kuba bei der Stange zu halten. So toleriert er beispielsweise den regen Handelsaustausch zwischen Nordamerika und Kuba: Kuba liefert Zucker und Tabak, aus den Vereinigten Staaten kommen landwirtschaftliche und industrielle Erzeugnisse. Auf diese Weise verflechten sich die Interessen der beiden Kolonien immer stärker und der Zucker entwickelt sich zur wichtigsten Quelle des Reichtums. Doch dieser Reichtum wird von Sklaven geschaffen.

Kreolisches Selbstbewusstsein

Die Kreolen, auf der Insel geborene Kubaner, beginnen in dieser Zeit des wirtschaftlichen und politischen Kontrastprogramms, sich für die Verwaltung der Insel und für ihre Geschichte zu interessieren. Der Bischof **Pedro Augustín Morell de Santa Cruz** (1694–1768) verfasst seine »Geschichte der Insel Kuba und ihrer Kirche«, und der Habanero **José Martín Félix de Arrate** (1701–65) ist stolz darauf, ein *criollo* zu sein. In seinem Werk »Schlüssel zur Neuen Welt, dem Vorwerk Westindiens. Beschreibung von Havanna …« streicht die Zensur mehrfach das Wort Criollo, das er benutzte, um die auf der Insel Geborenen von den Spaniern zu unterscheiden. Der Criollo beginnt, sich seiner bewusst zu werden. Am leichtesten fällt das dem kreolischen Großbürgertum, den Besitzern der Haciendas und Zuckerfabriken.

Die Kolonialzeit – unter spanischer Herrschaft

Neben Tabak und Zucker: Kaffee

1791 erheben sich die Sklaven auf Kubas Nachbarinsel Haiti. 1804 ruft Jean-Jacques Dessalines dort die Republik aus. Doch es ist eine blutige Republikgründung und rund 30 000 weiße Pflanzer flüchten mit ihren (ehemaligen) Sklaven ins nahe Kuba, in die südöstliche Provinz Oriente. Die Flüchtlinge bringen Kaffeepflanzen mit und begründen die Kaffeeplantagen um die Stadt Santiago.

Die Situation der Sklaven

Der Sklavenaufstand und die Loslösung von Frankreich bringen die haitianische Zuckerproduktion fast zum Erliegen. Der kubanische Zucker füllt in den folgenden Jahrzehnten die Lücke. Anfang des 19. Jh. sagen sich Zug um Zug die spanischen Kolonien in Lateinamerika vom Mutterland los. Doch das immertreue Kuba bleibt unter spanischer Herrschaft. Hier und da flackern erfolglose Sklavenaufstände auf. Mit der Einführung der Dampfmaschine steigt die Zuckerproduktion in den Mühlen, was für die Sklaven bedeutet, dass sie einem immer erbarmungsloseren Rhythmus ausgesetzt sind. Von 100 Sklaven sterben pro Jahr 15 bis 18 an Erschöpfung. Ihre tägliche Arbeitszeit beträgt an die 19 Stunden. Der Reichtum der Zuckerbarone steigt ins Unermessliche. Zwischen 1820 und 1868 ist Kuba die reichste Kolonie der Welt.

Es leben erheblich mehr Schwarze als Weiße auf Kuba. 1760 schuften ›nur‹ 30 000 Sklaven auf den kubanischen Zuckerrohrfeldern, 1817, auf dem Höhepunkt der Sklaverei, sind es mehr als 400 000 Afrikaner. Seit 1812 verstärkt die gescheiterte Rebellion des Mulatten **José Antonio Aponte** bei den kreolischen Grundbesitzern die Furcht, in einem sozialen Krieg wie dem in Haiti ihre Reichtümer an die schwarze Mehrheit auf der Insel zu verlieren, und sie rücken der spanischen Krone näher. Tausende Sklaven entfliehen ihrem Elend und flüchten in die Berge – ebenso viele professionelle Sklavenjäger durchkämmen das ganze Land auf der Suche nach diesen *cimarrones*. Im Jahr 1844 wird in der Zuckerstadt Matanzas eine Verschwörung zur Abschaffung der Sklaverei aufgedeckt. Die Aufständischen werden auf Leitern gebunden und gefoltert, 78 Schwarze werden hingerichtet.

Die Unverfrorenheit, mit der die Zuckerbarone ihre Sklaven ausbeuten, hat ihren Grund neben Profitgier und Menschenverachtung wohl auch in dem Wissen, dass diese paradiesischen Verhältnisse nicht bis in alle Ewigkeiten dauern würden. England hat 1808 den Sklavenhandel aufgegeben und überzeugt Spanien 1817, dasselbe zu tun. Von nun an patrouillieren englische Kriegsschiffe durch die karibische See, verhaften und hängen Sklavenhändler. Der Sklavennachschub für die Zuckerplantagen muss geschmuggelt werden. Die Sklavenhalter setzen ihre Hoffnungen auf den amerikanischen Bürgerkrieg und den Sieg der Südstaaten. Als diese jedoch 1865 unterliegen, sind die kubanischen Zuckerbarone isoliert, denn der Sklavenhandel wird auch in den USA offiziell abgeschafft.

Noch im Jahr 1860 ist die Struktur der kubanischen Gesellschaft identisch mit der 100 Jahre zuvor. Die reiche weiße Oberschicht ist in sich gespalten: Immer unversöhnlicher stehen sich die in Kuba geborenen Kreolen und die als korrupt verschrienen *peninsulares* (geborene Spanier) gegenüber, die die anachronistische Kolonialmacht repräsentieren. Die erfolgreichen Unabhängigkeitskriege der lateinamerikanischen Länder werden in Kuba wahrgenommen. Allerdings streitet man sich hier über Ziele und Wege. Die *autonomistas* verlangen lediglich die Selbstverwaltung, denn sie haben viel zu verlieren: Vor allem die reichen Pflanzer aus Zentral- und Westkuba, aus Havanna und Matanzas plädieren für sanfte Reformen, in der Hoffnung, auf diesem Weg die Sklaverei aufrechterhalten zu können. Die *separatistas* dagegen, insbesondere Plantagenbesitzer aus Ostkuba, haben weniger zu verlieren, denn ihre Ländereien sind kleiner und sie besitzen längst nicht so viel Sklaven. Sie fordern die endgültige Trennung von Spanien. Und die *anexionistas* wünschen sogar die Eingliederung in

José Martí – Kubas Nationalheld

José Martí, geistiger Führer der Unabhängigkeitsbewegung Kubas und Dichter der »Guantanamera«, wird 1853 als Sohn spanischer Eltern in Havanna geboren. Der romantische Dichter Mendive ist Direktor und Lehrer der Schule, die José Martí besucht, und bestärkt den Jungen in seinen patriotischen Überzeugungen.

Als 16-Jähriger wird José Martí wegen des »aufrührerischen Inhalts« eines seiner Briefe von den Kolonialbehörden zu sechs Jahren Zuchthaus und Zwangsarbeit verurteilt. Sein Lehrer Mendive ist bereits nach Spanien zwangsdeportiert. Martí schuftet in Fußketten, von deren Verletzungen er sich nie mehr richtig erholt, in einem Steinbruch bei Havanna. 1871 wird er nach Spanien deportiert. Dort studiert er Philosophie und Literatur sowie Jura. 1877 wird er in Guatemala Professor einer Lehrerbildungsanstalt, kehrt aber 1878 nach Kuba zurück.

Inzwischen hat er mehrere poetische Texte und ein Theaterstück geschrieben. In Kuba verurteilt er den Waffenstillstandspakt mit Spanien und wird in der Folge erneut deportiert. 1880 geht er nach New York, wo das kubanische Freiheitskomitee ins Leben gerufen wird. 1892 verfasst José Martí Programm und Statuten der kubanischen Revolutionspartei und wirbt unermüdlich publizistisch für die Freiheitsidee. Er bereist die Antillen, Mittelamerika und die USA, um die Verbindung zwischen den Exiliertentruppen herzustellen. Am 11. April 1895 landet er mit General Máximo Gómez und fünf weiteren Mitkämpfern auf Kuba, wo der Zweite Unabhängigkeitskrieg bereits begonnen hat. Martí ist kein Militärstratege, er kann die Freiheit besser mit der Feder verteidigen als mit der Pistole. José Martí stirbt am 19. Mai 1895 in einem Gefecht bei Dos Ríos in der Provinz Bayamo. »Wenn ich sterbe, so begrabt mich mit dem Gesicht zur Sonne«, hatte er in einem Gedicht geschrieben. Sein Mausoleum in Santiago de Cuba respektiert diesen Wunsch.

Martís Reden, Aufsätze, Vorträge, Kommentare und Gedichte aus 25 Jahren rastloser politischer und literarischer Tätigkeit sind in dem Sammelband »Nuestra América« (»Unser Amerika«) enthalten. Darin wird deutlich, dass José Martí auch einer der besten lateinamerikanischen Dichter des Modernismus war. »Wir waren eine Vision: Brust eines Athleten, Hände eines Stutzers und Stirn eines Kindes. Wir waren eine Maske: Hosen aus England, Jacke aus Paris, Weste aus Nordamerika und Mütze aus Spanien. Der Indio umkreiste uns stumm und ging in die Berge, auf den Gipfel der Berge, um seine Söhne zu taufen. Der aufmerksam belauschte Neger sang die Musik seines Herzens in die Nacht hinein, einsam und unbekannt zwischen den Wellen und den Raubtieren. Der Bauer, der Schöpfer, wandte sich, blind vor Empörung, gegen die unfreundliche Stadt, sein Geschöpf« (»Eramos«).

José Martí war einer der ersten Intellektuellen, die erkannten, dass Lateinamerika sich politisch und wirtschaftlich vereinigen müsse, um sich erfolgreich den Expansionsbestrebungen der USA zu widersetzen. Sein Ideal vom geeinten, freien Lateinamerika ist bis heute Utopie geblieben.

die USA. 1845 und 1860 versuchen die USA, Kuba zu kaufen. Die Verhandlungen scheitern am Preis.

Unabhängigkeitskriege

Zehnjähriger Krieg

Am 10. Oktober 1868 beginnt mit dem **Grito de Yara** (›Schrei von Yara‹) der Bürgerkrieg gegen Spanien. In Manzanillo lässt der Zuckerbaron **Carlos Manuel de Céspedes** seine Sklaven frei und schlägt mit 37 Verbündeten gegen die spanische Kolonialmacht los. Dem Manifest der Revolutionären Junta der Insel Kuba an ihre Landsleute und an alle Nationen schließen sich schnell Sklaven und Bürger, Viehzüchter aus Camagüey und reiche Gutsbesitzer aus Las Villas sowie unzählige landlose Bauern an. Sofort steht der gesamte Ostteil der Insel in Flammen. Bewaffnet sind die Unabhängigkeitskrieger mit Macheten – lange Messer, mit denen das Zuckerrohr geschnitten wird –, und mit dem, was sie in spanischen Kasernen erbeuten konnten. Zehn Jahre dauert dieser erste Unabhängigkeitskrieg, der paradoxerweise von den patriotischen reichen Familien des Landes finanziell unterstützt wird, sich aber auf die Taktiken des Guerillakriegs und auf das einfache Volk stützt: auf befreite Sklaven, Bauern und Handwerker. Sie bringen eigene, aus ihren Reihen stammende Heerführer hervor. Zu ihnen gehört an herausragender Stelle **Antonio Maceo Grajales** (1845–96), der aus einer Familie freigelassener Sklaven stammt. Im Laufe des 10-jährigen Kriegs avanciert Maceo aufgrund seiner ausgezeichneten Verdienste zum Generalmajor und wird zum populären Volkshelden.

1878 sind Spanier wie Befreiungskrieger (*mambises* genannt) am Ende, ohne dass eine Seite einen klaren Sieg für sich verbuchen kann. Die Spanier kontrollieren die Städte, die *mambises* das Land. Doch als sich 1878 die Mehrheit der Großgrundbesitzer und einige wenige Führer aus dem Volk entschließen, die spanischen Bedingungen für einen Friedensvertrag anzunehmen, weigert sich Antonio Maceo.

Ein fauler Frieden

Der **Friedensvertrag von Zanjón** beendet zwar den Krieg und räumt den Kubanern eine Reihe von Reformen ein wie eine allgemeine Amnestie und eine offizielle Vertretung im Madrider Stadtparlament. Die Unabhängigkeit jedoch bringt er nicht, ebenso wenig wie die Aufhebung der Zensur und die Abschaffung der Sklaverei. Maceo protestiert in Baraguá zusammen mit den meisten Volksführern gegen diesen Friedensvertrag, doch sie müssen sich mittellos und geschlagen ins Exil begeben. Von Mittelamerika aus bereitet Maceo eine neue Invasion auf Kuba vor.

1878 geht auch General **Máximo Gómez** ins US-amerikanische Exil, wo er zusammen mit dem Dichter, Journalisten und Politiker **José Martí** (s. S. 54) den zweiten Unabhängigkeitskrieg gegen Spanien vorbereitet. Im April 1895 landen die beiden mit Truppen an der Nordostküste Kubas. Der zweite Feldzug gegen Spanien beginnt. Obwohl die Aufständischen schlecht ausgerüstet sind und es mit einem auch zahlenmäßig überlegenen Feind zu tun haben (300 000 Kolonialsoldaten), zeichnet sich ihr Sieg bereits 1898 ab. Die spanische Armee kontrolliert nur noch größere Ortschaften, der Rest des Landes und vor allem die Verbindungswege sind in der Hand der Aufständischen.

José Martí ist schon in den ersten Kriegstagen gefallen und in den folgenden Jahren fehlt ein fähiger Staatsmann und Politiker, der dem Land eine eigenständige Rolle hätte einräumen können. Nun versuchen die USA erneut vergeblich, den Spaniern die Insel abzukaufen. Im Februar 1898 explodiert unter ungeklärten Bedingungen (wahrscheinlich ausgelöst durch einen unentdeckten Schwelbrand) im Hafen von Havanna das kriegsmäßig aufgerüstete Schlachtschiff USS Maine, mit dem die US-Regierung angesichts von Unruhen in Havanna ihre militärische Überlegenheit gegenüber Spanien demonstriert. Die US-Regierung vermutet sofort einen spanischen Sabotageakt und nimmt den Vorfall zum Anlass, Spanien auf kubanischem Territorium den Krieg zu erklären. 18 000 US-ame-

Geschichte

rikanische Soldaten setzen nach Kuba über und die ausgepowerte Kolonialarmee erklärt nach vier Monaten ihre Kapitulation. Die Insel wechselt den Besitzer.

Kuba als Hinterhof der USA

An den Verhandlungen für den Friedensvertrag von Paris im Dezember 1898 ist Kuba nicht beteiligt. Spanien gibt seine Ansprüche gegenüber Kuba auf. Nebenbei tritt Spanien auch Puerto Rico an die Vereinigten Staaten ab und verkauft ihnen für 20 Mio. US-Dollar die Philippinen.

Am 1. Januar 1899 ziehen die Amerikaner in Havanna ein. Über der Morro-Festung wird das Sternenbanner gehisst und **General John R. Brooke** teilt mit, dass seine Regierung ihn zum Gouverneur Kubas ernannt hat. Seine Aufgabe ist es, die *mambises* zu entwaffnen, die kubanische Revolutionäre Partei aufzulösen und die unbegrenzten amerikanischen Rechte auf Kuba vertraglich zu regeln. Erst 1901 wird eine Verfassung nach nordamerikanischem Vorbild verabschiedet.

Formal ist Kuba unabhängig, doch ein Zusatzvertrag, das **Platt Amendment,** erlaubt es den USA, jegliche Infrastruktur und alle Schlüsselindustrien vollständig zu kontrollieren und nach ihrem Gutdünken zu verwalten. Außerdem räumt das Platt Amendment den USA das jederzeitige Recht zur militärischen Intervention ein, selbstverständlich »zur Wahrung der kubanischen Unabhängigkeit, zur Erhaltung der Regierung, die den Schutz des Lebens, des Eigentums und der individuellen Freiheit garantiert.« Im Klartext: immer dann, wenn wirtschaftliche oder politische Interessen der USA in Kuba bedroht werden könnten. Das ist beispielsweise 1906, 1912, 1917 und 1920 der Fall. Das Platt Amendment überlässt den USA außerdem zwei Militärstützpunkte in Kuba: Bahía Honda bleibt bis 1912 in der Hand der USA, Guantánamo in der Provinz Oriente ist es noch heute.

Die Pseudorepublik

Am 20. Mai 1902 schließlich wird Kuba offiziell von Spanien unabhängig. **Estrada Palma** wird erster Präsident der kubanischen Pseudorepublik, wie die Zeit von 1902 bis 1959 von den Kubanern heute genannt wird. Denn das Präsidentenkarussell dreht sich, immer wieder wird ein Präsident durch einen US-amerikanischen Militärgouverneur ersetzt. Korruption, Vetternwirtschaft und Machtmissbrauch sind an der Tagesordnung. Es ist im Land ein offenes Geheimnis, dass der schnellste Weg, Millionär zu werden, über das Amt eines kubanischen Präsidenten führt.

Die kubanische Wirtschaft wird zunehmend von den USA kontrolliert. Bis 1933 befinden sich 40 % der kubanischen Zuckerproduktion und 90 % des Nickelbergbaus in den Händen US-amerikanischer Gesellschaften. Während des Ersten Weltkriegs steigen die Zuckerpreise in so astronomische Höhen, dass man in Kuba vom Tanz der Millionen spricht. Immer mehr Waldflächen werden gerodet, um immer mehr Zuckerrohr anzubauen. Luxuspaläste und prunkvolle Kasinos entstehen. Der Tanz findet ein Ende, als die Rübenproduktion in Europa wieder in die Gänge kommt. Die Zuckerpreise fallen in den Keller, soziale Unruhen brodeln auf der Zuckerinsel und die Amerikaner kommen: **General Crowder** unterweist die kubanischen Präsidenten **Alfredo de Zayas y Alfonso** und **Gerardo Machado,** wie sie die Aufstände niederzuschlagen haben.

1925 gründet **Julio Antonio Mella** die Kommunistische Partei Kubas. Vier Jahre später wird er im mexikanischen Exil von Agenten Machados ermordet. Präsident Machado verspricht bei seinem Amtsantritt 1924 soziale Reformen, die Bekämpfung der Korruption und er will auch nicht länger als vier Jahre im Amt bleiben. Keines dieser Versprechen hält er. Während seiner neunjährigen Regierungszeit eifert er seinem Vorbild Mussolini nach, lässt eine Autobahn zwischen Havanna und Santiago bauen und verdient sich bei seinen Landsleuten den Beinamen ›der Schlächter‹. 1926 ist die kubanische Zuckerindustrie zu 60 % in US-amerikanischem Besitz und die USA importieren 95 % der Ernte.

Die verheerenden Folgen der Weltwirtschaftskrise von 1929 führen in Kuba zu Massenarmut, Streiks und sozialen Unruhen in nie gekanntem Ausmaß. Machado schickt seine elegant uniformierten Schläger gegen Studenten, Gewerkschafter und Oppositionelle. Mit Zensur, Folter und Armeeterror versucht er, für Ruhe und Ordnung zu sorgen, doch auch mit diesen Methoden kann er einen Bürgerkrieg nicht verhindern. 1933 wehrt sich die Bevölkerung mit einem Generalstreik, Machados Killerbanden richten Blutbäder auf den Straßen Havannas und Santiagos an. Die USA bzw. ihr frisch gebackener Präsident Franklin Roosevelt setzen alle Hebel in Bewegung, Machado zum Rücktritt zu bewegen. Durch die Intervention des US-Abgesandten Benjamin Sumner Welles sagt sich die Armee von Machado los, er tritt zurück und sucht auf den Bahamas Zuflucht.

Das Präsidentenkarussell dreht sich weiter

Als neuen Präsidenten Kubas setzt Sumner Welles den Sohn des Freiheitskämpfers Manuel de Céspedes ein. **Carlos M. de Céspedes** kann sich ganze 30 Tage auf dem Präsidentensessel halten. Am 4. September 1933 stürzt ihn eine Armeerevolte unter der Führung von **Fulgencio Batista.** Batista wird Oberbefehlshaber der Armee, Grau San Martín provisorischer Präsident, der einige verlockende Reformen verkündigt wie die Einführung des Achtstundentags, das Frauenwahlrecht und die Abschaffung des Platt Amendment. Da er seine Ankündigungen wahr macht, schicken die USA zunächst vier Zerstörer Richtung Havanna, später ihre gesamte Atlantische Flotte. Massenproteste in Havanna verhindern eine direkte militärische Intervention der USA. Die US-Administration nimmt Verhandlungen mit Batista auf. Dieser ist in erster Linie an seiner eigenen Karriere interessiert und bewirkt den Rücktritt Grau San Martíns nach 100 Tagen Amtszeit.

Es beginnt nun eine Phase, die sich ausnimmt wie ein schlecht inszeniertes Marionettentheater. Zwischen 1934 und 1940 betreten drei kubanische Präsidenten die Bühne: **Carlos Mendieta y Montefur, Mariano Gómez** und **Federico Laredo Brú,** allesamt recht glücklos und unpopulär. Allein Mendieta kann für sich in Anspruch nehmen, dass die USA mit seinem Regierungsantritt das Platt Amendment formal aufgehoben haben.

1940 wird Batista selbst, längst Drahtzieher der kubanisch-amerikanischen Politik, Präsident. Als er 1944 aus dem Amt scheidet, ist er einer der reichsten Männer Kubas. Nach ihm versuchen **Ramón Grau San Martín** und **Carlos Prío Socarrás** ihr Glück. Doch ausgerechnet unter dem reformorientierten Grau San Martín werden Korruption und Vetternwirtschaft noch schlimmer. Als Batista 1952 gegen Prío Socarrás putscht, hoffen viele Kubaner darauf, dass sich die Lage im Land endlich bessert. Und Batista hat den Zeitpunkt seines Putschs geschickt gewählt: genau zwei Monate vor den Parlamentswahlen, bei denen eine Linkskoalition gute Chancen auf einen Erfolg gehabt hätte. Batista setzt die Verfassung außer Kraft, löst den Kongress und die Parteien auf.

Bei den Wahlen von 1954 ist er der einzige Kandidat. Mit Hilfe eines gigantischen Spitzelapparats versucht Batista, die Opposition im Zaum zu halten. Mitfinanziert wird dieser Apparat von dem Mafiaboss **Meyer Lanski,** der in Havanna und Varadero ein einträgliches Bordell- und Glücksspielimperium aufgebaut hat. Kuba zählt 600 000 Arbeitslose und etwa 500 000 Landarbeiter, die nur während der viermonatigen Zuckerernte Arbeit haben. Knapp die Hälfte der Zuckerproduktion und 90 % der Minen gehören US-Gesellschaften, die Eisenbahn dagegen wird zu 80 % von britischen Unternehmen kontrolliert.

Die Revolution ...

Während des Karnevals, am 26. Juli 1953, versuchen rund 100 junge Intellektuelle, Studenten und Arbeiter, die Moncada-Kaserne

Geschichte

in Santiago de Cuba zu stürmen. Der Angriff scheitert zwar, doch die Aktion ist der Auftakt zu einer langjährigen Rebellion. Einer der Anführer ist **Fidel Castro** (s. S. 59), ein junger Rechtsanwalt aus Havanna. Er überlebt den Angriff und wird vor Gericht gestellt. Seine Verteidigungsrede »Die Geschichte wird mich freisprechen« wird zum Programm der oppositionellen Bewegung, die vor allem beim liberalen Bürgertum und bei jungen Intellektuellen großen Anklang findet. Fidel Castro und seine Anhänger werden auf die damalige Gefängnisinsel Isla de Pinos verbannt und 1955 amnestiert.

Die Rebellen gehen ins Exil nach Mexiko und gründen dort eine Organisation, die sich **Bewegung des 26. Juli** nennt. Der argentinische Arzt **Ernesto ›Che‹ Guevara** schließt sich ihnen an. Am 2. Dezember 1956 kehren sie auf der Jacht Granma nach Kuba zurück. Sie landen an der Küste der Provinz Oriente. Von den 80 Rebellen überleben zwölf, darunter Fidel Castro, sein Bruder Raúl und Che Guevara, die Bombardierung durch die Batista-Luftwaffe. Sie ziehen sich in die wilde Sierra Maestra zurück und mit der Unterstützung der dort lebenden Bauern gelingt es ihnen, eine Guerilla aufzubauen, die im Juli 1958 etwa 300 Menschen zählt. Im März 1957 greifen bewaffnete Studenten den Regierungspalast von Batista in Havanna an und in Cienfuegos meutern Marineangehörige. Unzufriedenheit und Widerstand gegen Batista werden immer deutlicher. Im Frühjahr 1958 beginnt Batista mit einer militärischen Großoffensive gegen die Rebellen in der Sierra Maestra, lässt ganze Dörfer bombardieren und setzt auf Castros Kopf eine Belohnung aus. Nach 70 Tagen ist die Offensive gescheitert. Tausende Soldaten werden von den Guerilleros gefangen genommen, aber human behandelt. Große Teile der Batista-Armee laufen zu den Rebellen über.

Batista verspricht Präsidentschaftswahlen für den 3. November 1958, die jedoch von der Mehrheit der Kubaner boykottiert werden. Zu diesem Zeitpunkt befinden sich die Aufständischen in einer erfolgreichen Gegenoffensive. Im Dezember schon sind die Städte Santa Clara und Sancti Spíritus in den Händen der Guerilla. An Silvester setzt sich Batista mit seiner Familie und der Staatskasse in die Dominikanische Republik ab. Ein Generalstreik verhindert ab dem 1. Januar 1959, dass eine Militärjunta die Macht übernimmt. Am 2. Januar zieht die Rebellenarmee in Santiago de Cuba ein, am 8. Januar nach einem Triumphzug durch das ganze Land in Havanna.

… und ihre Folgen

Bereits mit ihren ersten politischen und wirtschaftlichen Maßnahmen bedroht die kubanische Revolutionsregierung die Vormachtstellung der USA in Kuba, denn Fidel Castro tritt an, um die sozialen und wirtschaftlichen Lebensverhältnisse der überwiegend armen Bevölkerung auf der Insel grundlegend zu verändern.

US-Embargo – Schritt eins

Die erste Handelsblockade, sprich ein totales Exportverbot nach Kuba, verhängen die USA am 19. Oktober 1960, nachdem die Revolutionsregierung durch mehrere Agrarreformen zunächst – meist in US-Besitz befindlichen – Großgrundbesitz und schließlich die Zuckerindustrie verstaatlicht hatte. Außerdem war nach und nach Eigentum von Bürgern und Unternehmen der USA im Wert von etwa 1 Mrd. US-Dollar beschlagnahmt worden, einen großen Teil dieses Kapitals hatte die Mafia unter Diktator Batista in Kuba durch Investitionen gewaschen.

Dies ist der erste Höhepunkt eines Wirtschaftskrieges, mit dem die US-Regierung, zunächst unter Präsident Eisenhower, dann unter John F. Kennedy auf die kubanische Revolutionspolitik reagiert. In den Monaten zuvor war Kuba von den USA die bis dahin gültige Zuckerquote gestrichen worden und die USA hatten ihre Öllieferungen nach Kuba eingestellt. Als die US-amerikanischen Raffinerien auf Kuba sich weigern, sowjetisches Erdöl zu verarbeiten, antwortet die

Fidel Castro

Am 13. August 1926 wird Fidel Castro als drittes uneheliches Kind des Plantagenbesitzers Ángel Castro und seiner Köchin Lina Ruz in Birán geboren. Fidel besucht mehrere Jesuitenkollegs, wo bereits der Jugendliche als glänzender Rhetoriker und guter Sportler gilt.

Ab dem Jahr 1945 studiert Castro Rechts- und Verwaltungswissenschaften an der Universität von Havanna und schließt sich sofort den radikalen politischen Aktivisten an. Im Sommer 1947 beteiligt er sich an einem erfolglosen Aufstand gegen die Diktatur in der benachbarten Dominikanischen Republik. Als Rechtsanwalt in Havanna macht sich der erst 23-jährige Dr. Castro einen Namen, indem er gern als »Verteidiger der Armen und Unterdrückten« (wie er selbst sagt) auftritt, denen er grundsätzlich kein Honorar abfordert.

1953 organisiert Fidel Castro den Angriff auf die Moncada-Kaserne in Santiago de Cuba. Nach zwei Jahren Haft und einem Jahr Exil in Mexiko kehrt er 1956 mit 80 Rebellen – darunter sein Bruder Raúl sowie der Argentinier Ernesto ›Che‹ Guevara – auf der altersschwachen Jacht Granma (›Großmutter‹) nach Kuba zurück. Als die Granma in den Mangrovensümpfen von Los Cayuelos an der Südküste Kubas strandet, werden die Rebellen von der Luftwaffe Batistas beschossen.

Castros eiserner Siegeswille und sein strategisches Geschick zeigen sich in dieser Situation, als er sich mit einer Handvoll Überlebender in die Sierra Maestra zurückzieht und es ihm gelingt, innerhalb von kürzester Zeit ein gut organisiertes Rebellenheer *(ejército rebelde)* aufzubauen. Am 17. Februar 1957 gibt Fidel Castro in seinem Versteck in der Sierra Maestra dem US-amerikanischen Journalisten Herbert L. Matthews von der New York Times ein Interview – die Rebellenarmee besteht zu diesem Zeitpunkt nur aus 18 Partisanen, doch sie entfalten »wie in einer Drehtürkomödie im Hintergrund allerlei sich abwechselnde, geräuschvolle militärische Aktivitäten …«, schreibt Volker Skierka in seiner Castro-Biografie. Fidels Interview in der New York Times ist eine Weltsensation. Sein Charisma wächst nach dem Sieg der Revolution, da er stundenlange Reden vor begeisterten Menschenmassen hält und sich als nahezu allgegenwärtiger Staatschef noch um die kleinsten Probleme kümmert, selbstverständlich immer begleitet von Kameras.

Als erste Regierung in der Geschichte Kubas schafft Fidel Castro per Gesetz die Rassendiskriminierung ab und öffnet allen Bevölkerungsschichten den Zugang zu Schulen und Universitäten. Zunächst profitierte die Bevölkerung auch von der (mittlerweile längst nicht mehr) kostenlosen Gesundheitsversorgung. Fehlende Meinungs- und Handlungsfreiheit, die tiefe Kluft zwischen Devisenkubanern und Pesokubanern sowie die Diskriminierung von Kubanern im eigenen Land ließen den Mythos Fidel Castro allerdings schon vor seinem Rücktritt 2008 bröckeln. Zu diesem Zeitpunkt war Castro der mit Abstand dienstälteste Caudillo Lateinamerikas, der knapp fünf dramatische Jahrzehnte, den Zusammenbruch der Wirtschaft sowie diverse Massenfluchten politisch überlebt und in Kuba eine äußerst machtbewusste Familiendynastie errichtet hat. Am 25. November 2016 stirbt Fidel Castro und wird auf dem Friedhof Santa Ifigenia in Santiago beigesetzt.

Regierung Fidel Castro mit der Enteignung US-amerikanischer Ölunternehmen. Im Gegenzug verhängen die USA im Juni 1960 eine Importblockade für kubanischen Zucker. Wenige Wochen später verstaatlicht Kuba sämtliche US-Unternehmen auf der Insel. Die Antwort der USA ist das Exportembargo vom Oktober 1960.

Die diplomatischen Konsequenzen lassen nicht lange auf sich warten: Am 3. Januar 1961 fordert Fidel Castro die US-Regierung auf, ihr Botschaftspersonal in Havanna auf neun Personen zu reduzieren, worauf Präsident Eisenhower einen Tag später die diplomatischen Beziehungen mit Kuba abbricht. Es ist eine seiner letzten Amtshandlungen, denn am 20. Januar 1961 wird John F. Kennedy amerikanischer Präsident. Dieser versucht im April 1961 zunächst mit einer Invasion in der Schweinebucht die kubanische Revolutionsregierung zu stürzen.

Schweinebucht und US-Embargo, Schritt zwei

Am 17. April 1961 landen 1500 Exilkubaner in der **Schweinebucht** auf der Península de Zapata, unterstützt vom CIA sowie 24 Flugzeugen und 14 Kriegsschiffen der USA. Nach 72 Stunden ist der Angriff abgewehrt, 1200 Söldner geraten in kubanische Gefangenschaft. Zum ersten Mal in der Geschichte Amerikas konnte ein von den USA unterstützter militärischer Angriff niedergeschlagen werden.

In der Folge verhängt die US-Regierung am 7. Februar 1962 ein totales Handelsembargo gegen Kuba, um die Insel auszuhungern und durch extreme Versorgungsengpässe die Bevölkerung gegen Fidel Castro und die Revolution aufzubringen (s. S. 36). Parallel versucht die CIA zwischen 1961 und 1965 im Rahmen der **Geheimoperation Mongoose** Mordanschläge auf Fidel Castro und die kubanische Führungsriege zu organisieren. Doch obwohl einige berüchtigte Mafiosi wie Santo Trafficante, Jonny Roselli, Robert Maheu und Sam Giancana in die Attentatspläne involviert werden, scheitern sämtliche Mordversuche, von denen die CIA bis zum heutigen Tag immerhin acht offiziell zugegeben hat.

Der ›neue Mensch‹ und Massenflucht

Gleichzeitig führen 1961 rund 270 000 Lehrer und Schüler eine Alphabetisierungskampagne durch – 700 000 Kubaner lernen lesen und schreiben. Im selben Jahr wird Che Guevara Industrieminister und engster Berater Fidel Castros. Er führt das freiwillige Arbeitsbrigaden ein, getreu seiner Theorie, dass sich der ›neue Mensch‹ selbstlos für die neue Gesellschaft zu engagieren habe. Kurze Zeit zuvor hatte Che Guevara als Kommandant der Festung La Cabaña in Havanna die Todesurteile für mindestens 216 ›Konterrevolutionäre‹ unterzeichnet (s. S. 328).

Zwischen 1959 und 1962 verlassen rund 230 000 Kubaner – fast die gesamte Oberschicht und Teile der Mittelschicht – die Insel. Darunter sind auch viele Intellektuelle, denn 1961 hatte Fidel Castro mit seinen »Worten an die Intellektuellen« enge ideologische Grenzen für Kunst und Kultur gesetzt: »Für die Revolution alles, gegen die Revolution nichts«.

Von der Kubakrise zur Gran Zafra

Im Oktober 1962 beschuldigen die USA die Sowjetunion zu Recht, Raketen auf Kuba stationiert zu haben. Als US-amerikanische Kriegsschiffe die Insel blockieren und sich Präsident Kennedy am 27. Oktober 1962 vor der UNO verpflichtet, in Kuba nicht militärisch zu intervenieren, zieht Moskau die Raketen ab – tagelang zittert die Welt angesichts der **Kubakrise** um den Weltfrieden.

Ab Mitte der 1960er-Jahre mischt sich die Sowjetunion stärker in die kubanische Innenpolitik ein. 1965 gibt Che Guevara seine Posten zurück, verlässt Kuba und geht nach Bolivien, wo er 1967 im Guerillakampf stirbt. Ende der 1960er-Jahre werden der private Einzelhandel sowie private Dienstleistungsbetriebe verboten bzw. verstaatlicht.

... und ihre Folgen

Das Jahr 1970 markiert die größte kollektive Anstrengung Kubas und gleichzeitig ihr schmerzhaftes Scheitern: Millionen ›freiwilliger‹ Arbeitskräfte versuchen eine Rekordernte von 10 Mio. t Zucker einzubringen, nahezu alle Ressourcen des Landes werden für die **Gran Zafra** eingesetzt. Aber trotz enormer Massenmobilisierung schafft man ›nur‹ 8,5 Mio. t, immerhin das höchste Ernteergebnis in der Geschichte Kubas. Fidel Castro bietet auf einer Kundgebung seinen Rücktritt an, den die trotz allem begeisterte Menge nicht annimmt. Mit der Losung »Jeder nach seinen Fähigkeiten und jedem nach seiner Leistung« werden materielle Arbeitsanreize wieder eingeführt. 1970 beginnt auch das so genannte **Quinquenio Gris**, das ›Graue Jahrfünft‹, eine extrem repressive Phase des Regimes gegenüber Andersdenkenden und Kulturschaffenden.

1976 wird die Verfassung von 1940 durch eine sozialistische Verfassung ersetzt und das politische System noch straffer gestaltet: Von nun an werden Provinzen, Regionen und Gemeinden von den Volksmachtorganen, den *poderes populares*, regiert.

Die Massenflucht von 1980

Waren kurz nach der Revolution Tausende Ärzte, Künstler, Ingenieure, Juristen etc. ins nahe Miami geflüchtet, setzt 1980 eine weitere dramatische Fluchtwelle ein. Anfang April besetzen zunächst sechs Kubaner die peruanische Botschaft in Havanna, um politisches Asyl in Peru zu erzwingen. Ein kubanischer Wachmann wird von den Besetzern erschossen. Da die peruanische Regierung sich weigert, die Asylsuchenden an die kubanischen Behörden auszuliefern, zieht Fidel Castro den Polizeischutz der Botschaft ab und lässt über die Medien mitteilen, jeder Kubaner, der dies wünsche, könne ausreisen. Daraufhin stürmen 10 800 Kubaner das Botschaftsgelände. Vom 20. April bis zum 31. Oktober 1980 öffnet die Regierung Castro die Grenzen für alle ausreisewilligen Kubaner und erlaubt, dass jeder, der will, über den kleinen Jachthafen Mariel im Westen Havannas ausreisen darf. Die unzähligen privaten Kutter, Boote und Jachten der **Freedom Flotilla** werden von Florida aus übers Meer geschickt, um insgesamt rund 125 000 kubanische BürgerInnen nach Florida zu holen. In Kuba werden die Flüchtlinge, *marielitos* genannt, zu einem neuen Feindbild stilisiert und militante Volkszorn-Demonstrationen gegen die ›antisozialen Elemente‹ und ›Würmer‹ organisiert. Tatsächlich aber mindert die Massenflucht gleich mehrere Probleme der Regierung Castro: Zum einen ist die Abwanderung ein Ventil für die Opposition, zum anderen öffnet Fidel Castro die Gefängnisse und entledigt sich Hunderter krimineller Delinquenten (und nicht krimineller Dissidenten), indem er sie in die USA ausreisen lässt. Nebenbei stellt der Massenexodus eine Verringerung der Arbeitslosenzahlen dar, denn 1980 müssen aufgrund der Wirtschaftskrise zum ersten Mal seit der Revolution Massenentlassungen vorgenommen werden.

Ende der 1980er-Jahre beginnt der Prozess der *rectificación* (›Behebung von Irrtümern‹), eine äußerst zurückhaltende kubanische Variante des Gorbatschow-Modells. Immerhin können 1988 erstmalig verschiedene westliche Kommissionen politische Gefängnisse besuchen – eine vorübergehende Lockerung.

Traumatische Wirtschaftskrise

1991 werden durch die Auflösung des ehemaligen Ostblocks die Handelsverträge mit Kuba nicht mehr eingehalten. Bis zu diesem Zeitpunkt ist die kubanische Nationalökonomie nahezu völlig vom sozialistischen Lager abhängig. 80 % des Außenhandels wickelte Kuba allein mit der ehemaligen Sowjetunion ab, die über dem Weltmarktniveau liegende Preise für kubanischen Zucker und Nickel zahlte und kubanische Importe, vor allem Erdöl und Waffen, zu günstigen Konditionen ermöglichte. In der Folge stürzt die Insel in eine katastrophale Wirtschaftskrise (s. S. 34), von der Regierung als **Período Especial** (›Besondere Periode‹) und **Opción Cero** (›Nulloption‹) bezeichnet. Parallel zur Wirtschaftskrise ziehen die USA mit dem **Torricelli Act** (1992) und dem **Helms-Bur-**

Geschichte

ton Act (1996) die Daumenschrauben des Wirtschaftsembargos gegen die Insel noch einmal kräftig an (s. S. 36).

Im Herbst 1993 erlaubt die Regierung freie Bauernmärkte, den Kubanern den Besitz von US-Dollars (was zuvor verboten war) sowie in begrenztem Umfang Privatinitiativen, doch die Versorgungslage der Bevölkerung verbessert sich dadurch nicht wesentlich. Die Wirtschaftskrise geht mit einer tiefen politischen Krise einher, der Legitimationsanspruch der Revolution zerbröckelt, das Vertrauen vieler Kubaner in die Regierung ist massiv gestört. 1994 gibt es Volksunruhen und Plünderungen in Habana Vieja, die von den **Brigadas de Respuesta Rápida** (›Schnelle Eingreifbrigaden‹) niedergeschlagen werden. Immerhin wagt sich Fidel Castro auf den brodelnden Malecón, um die Massen zu beruhigen – was ihm zumindest in dieser einen Situation auch gelingt.

Trotzdem versuchen in den 1990er-Jahren Zehntausende Kubaner immer wieder auf selbst gebauten Booten *(balsas)* über das Meer nach Florida zu fliehen. Rund 70 000 von ihnen leben jetzt in Miami. Wie viele den Versuch, sich auf diesem Weg in den USA eine neue Existenz aufzubauen, mit ihrem Leben bezahlen mussten, ist nicht bekannt.

1995 liberalisiert Fidel Castro die Gesetze für Investitionen ausländischer Wirtschaftsunternehmen, um einen Investitionsschub zu ermöglichen. 2004 wird der Dollar als Zahlungsmittel zwar durch den Peso Convertible (CUC) ersetzt, doch an der Währungsapartheid ändert dies nichts. Nach wie vor werden die meisten Kubaner in nicht konvertiblen Pesos bezahlt, doch für das Überleben benötigt man die dem Dollar bzw. Euro gleichgesetzten Pesos Convertibles (s. S. 32).

Jüngste Entwicklung

Wie selbstverständlich und in geradezu natürlicher Thronfolge übergibt der Comandante en Jefe Fidel Castro aus gesundheitlichen Gründen 2006 zunächst provisorisch, im Februar 2008 definitiv die Macht an seinen Stellvertreter und Bruder, General Raúl Castro. Immerhin wird Raúl Castro als derjenige Präsident Kubas in die Geschichte eingehen, unter dessen Regierung die Eiszeit zwischen Kuba und den USA beendet (2014) und die diplomatischen Beziehungen zwischen beiden Ländern wieder aufgenommen wurden (2015). Im März 2016 begrüßt er als erster kubanischer Präsident nach 88 Jahren mit Barack Obama wieder einen US-amerikanischen Präsidenten als Staatsgast auf kubanischem Boden. 2018 tritt der 86-jährige Raúl Castro nicht mehr zu den Wahlen an und die Nationalversammlung entscheidet sich erwartungsgemäß für den einzigen von der Re-

Jüngste Entwicklung

gierung nominierten Nachfolger, den bisherigen Vize Miguel Díaz Canel. Damit endet nach fast 60 Jahren zwar offiziell die Herrschaft der Castro-Dynastie, doch das ›System Castro‹ ist auf Kuba längst etabliert, ebenso die Allmacht der Kommunistischen Partei. Unter US-Präsident Trump verschlechtern sich die Beziehungen der beiden Länder wieder und die unter Obama gelockerte Blockade Kubas wird wieder erheblich verschärft. Daran hat auch der demokratische Trump-Nachfolger Joe Biden bislang wenig geändert. Zudem leidet die Wirtschaft Kubas unter dem Niedergang Venezuelas, von dem Kuba seit Beginn der 2000er-Jahre intensive Unterstützung erhalten hatte. Als 2020 noch die Covid-19-Pandemie dazukommt, stürzt Kuba in die größte sozioökonomische Krise seit der Revolution. Die 2021 umgesetzte Währungsreform, die eigentlich die Währungsapartheid abschaffen und die gewachsene soziale Ungleichheit bekämpfen sollte, verschlimmert die Krise zusätzlich durch eine gigantische Inflation. 2023 wird Díaz Canel als einziger Kandidat in seinem Amt als Staatspräsident bestätigt. Ob der alles andere als beliebte Politiker das Land aus der gegenwärtigen Krise manövrieren und wie lange das politische System sich in seiner jetzigen Form noch halten kann, bleibt abzuwarten.

Vermutlich ein Auslaufmodell: die Läden, in denen man auf Bezugsschein (libreta) einkaufen kann

Zeittafel

ca. 5000 v. Chr.	Erste Besiedlung Kubas, wahrscheinlich von Venezuela aus.
28. Okt. 1492	Christoph Kolumbus landet auf Kuba.
1511–15	Eroberung und Kolonisierung der Insel.
1522	Von den kubanischen Ureinwohnern sind vier Fünftel ausgerottet. Die ersten Sklavenschiffe treffen ein.
1760	30 000 Sklaven schuften auf Kubas Plantagen.
1762–63	Großbritannien besetzt Havanna und den Westteil Kubas.
1791	Großgrundbesitzer fliehen mit ihren Sklaven von Haiti nach Kuba.
1817	Die Zahl der Sklaven liegt bei 300 000.
1868–78	Erster Unabhängigkeitskrieg gegen Spanien.
1886	Abschaffung der Sklaverei.
1895	Zweiter Unabhängigkeitskrieg gegen Spanien.
1898	Beginn der Kriegshandlungen zwischen Spanien und den USA.
10. Dez. 1899	Friedensvertrag von Paris: Spanien verzichtet auf Kuba.
1901	Unterzeichnung des Platt Amendment; die USA erhalten das Interventionsrecht auf Kuba.
1902	Kuba wird unabhängig.
1920–23	US-General Crowder übernimmt die militärische Oberhoheit.
1924	Beginn der Diktatur Machados.
1934	Fulgencio Batista wird kubanischer Präsident, Aufhebung des Platt Amendment.
1934–40	Präsidentenkarussell: Mendieta, Mariano Gómez, Laredo Brú.
1940	Verabschiedung einer bürgerlichen Verfassung.
1940–44	Präsidentschaft Fulgencio Batistas, danach Präsidentschaften von Grau San Martín und Prío Socarrás.

Militärputsch von Batista.	**10. März 1952**
Sturm auf die Moncada-Kaserne in Santiago de Cuba.	**26. Juli 1953**
Castro und 80 Rebellen landen an der Playa Las Coloradas im Osten Kubas. Beginn des Guerillakampfs.	**12. Dez. 1956**
Präsident Batista flieht in die Dominikanische Republik. Einzug der Rebellenarmee in Santiago und Havanna.	**31. Dez. 1958/ 1. Jan. 1959**
Verhängung des totalen Handelsembargos durch die USA.	**1962**
Exodus von 180 000 Kubanern *(marielitos)* nach Miami.	**1980**
Wirtschaftskrise durch die Auflösung des ehemaligen Ostblocks.	**1991**
Regimekritiker prangern Menschenrechtsverletzungen an. Zehntausende Kubaner fliehen auf Flößen nach Florida. Legalisierung des Dollar als Zahlungsmittel für Kubaner. Das US-amerikanische Helms-Burton-Gesetz verschärft das Embargo gegen Kuba.	**1993–96**
Repressionswelle gegen Regimekritiker (Schwarzer Frühling). Der Peso Convertible ersetzt den Dollar.	**2003/04**
Fidel Castro übergibt die Macht an seinen Bruder Raúl.	**2008**
2010: Kubaner dürfen auf eigene Rechnung arbeiten. 2013: Aufhebung der Reisebeschränkungen. Kubaner dürfen Neuwagen kaufen.	**2010–13**
Wiederaufnahme der diplomatischen Beziehungen zwischen Kuba und den USA. Lockerung des Embargos, im März 2016 Besuch von Präsident Obama in Kuba.	**2015/16**
Wahl von Miguel Díaz Canel zum Präsidenten Kubas. Das US-Embargo gegen Kuba wird unter Präsident Trump wieder verschärft.	**2018**
Kubas Wirtschaft leidet unter Pandemie und Blockade. 2021 wird der Peso Convertible abgeschafft. Bei Massenprotesten gegen die Regierung stirbt ein Mann, es kommt zu vielen Verhaftungen.	**2020/21**
Innerhalb eines Jahres wandern ca. 220 000 vor allem junge Menschen aus, das entspricht rund 2 % der Gesamtbevölkerung.	**2022**
Miguel Díaz Canel wird als Staatspräsident wiedergewählt. Die sozioökonomische Krise in Kuba spitzt sich weiter zu.	**2023**

Gesellschaft und Alltagskultur

Kuba ist ein karibischer Schmelztiegel. Auf der Insel vermischten sich nicht nur während der Kolonialzeit Europa und Afrika – bis zur Revolution im Jahr 1959 war Kuba auch ein Einwanderungsland für Asiaten, Haitianer und jüdische Emigranten. Aus Spanien kamen neben den Kolonialherren auch die einfachen Siedler, die auf der Zuckerinsel ihr Glück suchten.

Nicht nur schwarz und weiß …

Die meisten Emigranten ·von den Kanarischen Inseln und aus Festland-Spanien blieben nicht in Havanna, sondern gingen aufs Land. Die qualifizierten Tabakarbeiter aus La Palma zog es natürlich in die Tabakprovinz Pinar del Río, während die ungelernten Arbeitskräfte und die Siedler Richtung Osten gingen, auf die endlosen Zuckerplantagen von Las Villas und Camagüey. Dort schufteten sie Seite an Seite mit den Sklaven, schnitten zur Erntezeit 14 Stunden am Tag Zuckerrohr und standen in der toten Zeit, also zwischen den Ernten, ebenso vor leeren Kochtöpfen wie die in Kuba geborenen *guajiros* (›Kleinbauern‹).

Von der Nachbarinsel Haiti flüchteten nach 1790 ›Franzosen‹, haitianische Pflanzer und ihre Sklaven, übers Meer nach Ostkuba. Im 19. Jh. kamen Tausende Asiaten auf die Insel, angeworben als Sklavenersatz für die Zuckerrohrernte. Jüdische Einwanderer machten Havanna zu einem Zentrum der Diamantschleiferei. Abenteurer, Mafiosi und einzelne Europäer strandeten an Kubas Küsten und blieben auf der Insel. US-amerikanische Marinesoldaten, die mehrfach auf die rebellische Insel geschickt wurden, und die United Fruit Company, der eine Zeit lang die meisten Zuckerplantagen der Insel gehörten, brachten zusammen mit Dosensuppen, Haarspray und Bigbands den *american way of live* auf die Insel.

Die ›Chinesen‹

Am 29. Juli 1847 legte die Fregatte Oquendo mit 206 Menschen aus Asien an Bord im Hafen von Havanna an. Es sollte der Auftakt eines grausamen Menschenhandels werden, der allein mit der Versklavung der Afrikaner vergleichbar ist. Fast ein Drittel der menschlichen Fracht war auf der Reise von Manila nach Havanna elend an Bord gestorben. Die Überlebenden wurden in Havanna für zehn Pesos pro Kopf an die kreolischen Zuckerbarone verkauft.

Der Oquendo folgten unzählige Schiffe mit Menschen aus Asien. So hatten rund 150 000 Männer, die meisten von ihnen aus Manila, einen Vertrag unterschrieben, der sie verpflichtete, die Kosten ihrer Überfahrt für einen Hungerlohn von vier Pesos im Monat acht Jahre lang abzuarbeiten. Sie mussten kubanisches Zuckerrohr schneiden oder auf den Tabakfeldern und Kaffeeplantagen arbeiten. Nachdem die asiatischen Kulis ihre Verträge erfüllt hatten, ließen sich die meisten im traditionellen Chinesenviertel Havannas nieder. 1861 lebten allein in Havanna fast 35 000 Asiaten, darunter nur 57 Frauen. Die meisten arbeiteten dort in der aufstrebenden Tabakindustrie.

1883 waren auch die Verträge für das letzte Kontingent abgelaufen, alle Asiaten waren frei. Sehr viele von ihnen hatten sich den *mambises* angeschlossen, jenem aus freigekauften oder freigelassenen Sklaven bestehenden Heer, das in Partisanentaktik gegen die spanische Kolonialmacht kämpfte.

Nicht nur schwarz und weiß …

Als die Unabhängigkeitskriege in den Provinzen Las Tunas, Holguín und Santiago de Cuba begannen, schloss sich der größte Teil der asiatischen Kulis der Befreiungsbewegung an. Bei den *mambises* erlangten viele militärische Ehren: Der Berühmteste ist wohl der Teniente Tankredo, der schwer verletzt von den Spaniern gefangen genommen wurde. Als der spanische Offizier ihn als Manila-Chinesen beschimpfte, zog Tankredo sein Diplom als kubanischer Offizier aus der Uniformtasche und forderte den Spanier auf, ihn zu erschießen, denn er sei als General der kubanischen Befreiungsarmee ein ernst zu nehmender Feind und kein namenloser chinesischer Kuli.

Gegen 1860 gelangten noch weitere asiatische Siedler ins Land, diesmal aber als freie Einwanderer. Tausende Chinesen kamen aus Kalifornien über Mexiko und New Orleans nach Kuba und bauten in Havanna ein florierendes Dienstleistungsgewerbe auf. Chinesische Theater und Cabarets, Restaurants, Garküchen und Wäschereien wurden auch von der weißen Oberschicht gern in Anspruch genommen.

Heute zeugen vor allem der chinesische Friedhof in Havanna, einige Straßenzüge im dortigen Barrio Chino und eine kleine chinesische Trompete vom asiatischen Einfluss in Kuba – die *corneta china* ist aus dem Straßenkarneval in Santiago de Cuba seit Anfang des 20. Jh. nicht mehr wegzudenken. Die Nachkommen der asiatischen Einwanderer dagegen haben sich im kubanischen Schmelztiegel mit Nachkommen von Afrikanern und europäischen Einwanderern vermischt und weitgehend kubanisiert, d. h., sie haben eine karibische Identität entwickelt.

Die Haitianer

Nachdem auf Haiti die Sklaven 1794 endgültig gegen Frankreich rebelliert und später eine schwarze Republik ausgerufen hatten, flüchteten Zehntausende französische Plantagenbesitzer auf die Nachbarinsel Kuba. Viele von ihnen nahmen ihre Sklaven gleich mit. Hinzu

Auch Asiaten sind Teil des ethnischen Schmelztiegels auf Kuba

Gesellschaft und Alltagskultur

kamen frankohaitianische Siedler und Händler, die ihre Geschäfte in Haiti von den blutigen Kämpfen bedroht sahen. Als sich Jean-Jacques Dessalines zum schwarzen Kaiser krönte und 1802 die systematische Ausrottung aller französischstämmigen Menschen anordnete, kam es zu einer Massenflucht von Haiti und Zehntausende strandeten an der Südostküste Kubas. Die französisch-kreolischen Plantagenbesitzer, Kaffee- und Baumwollpflanzer, Handwerker, Bäcker und (nicht zuletzt) Köche waren in Santiago de Cuba hoch angesehen und integrierten sich schnell.

Zwischen 1913 und 1945 wanderten in einer zweiten Immigrationswelle ungefähr 156 000 Menschen aus Haiti und Jamaika nach Kuba ein. Sie kamen, ähnlich wie die Asiaten, als dringend benötigte Arbeitskräfte in das nun republikanische Kuba. Die Gastarbeiter von den Antillen akzeptierten miserable Arbeitsbedingungen und verdrängten Tausende kubanische Arbeitskräfte, die nicht bereit waren, für 20 Centavos 100 *arrobas* Zuckerrohr zu schlagen. Von der Wirtschaftskrise, die 1921 die kubanisch-US-amerikanische Zuckerindustrie schwer schädigte, waren die haitianischen und jamaikanischen Arbeiter besonders betroffen. Obwohl sich ihre Lebensbedingungen immer weiter verschlechterten, blieben die meisten von ihnen in Kuba.

In dem Dorf Caidije in der Gemeinde Minas (s. S. 362) leben noch heute sehr viele Haitianer und Jamaikaner zusammen. Berühmt wurde der Ort in Kuba, weil sich dort viele religiöse Voodoo-Traditionen, aber auch die Musik, die Sprache und die Familienstruktur der Haitianer erhalten haben. Sehr bekannt sind die in der Karwoche stattfindenden Feste, die mit dem Begriff Bande Rara bezeichnet werden. Wenn im Juli in Santiago de Cuba das Festival del Caribe stattfindet, reisen sehr viele Haitianer und Jamaikaner dorthin, um ihre traditionellen Tänze zu zeigen.

Jüdische Immigranten

Schon während der Kolonialzeit lebten Juden auf Kuba, allerdings nicht in einer Gemeindestruktur, da sie ihr Bekenntnis unter dem Deckmantel katholischer Religionszugehörigkeit heimlich ausüben mussten, denn auch in Kuba waren sie von der Inquisition bedroht. Erst 1898, als sich Kuba von Spanien löste und in der Verfassung die Trennung von Kirche und Staat vollzogen wurde, war auch den Juden eine freie Religionsausübung möglich. In jenem Jahr erhielten die Juden, die im letzten Befreiungskrieg gefallen waren, einen eigenen Friedhof in Havanna. Die erste Synagogengemeinde gründeten im Jahr 1906 amerikanische Reformjuden, die sich nach dem Unabhängigkeitskrieg in Havanna niedergelassen hatten. Seit der Wende zum 20. Jh. waren auch sephardische Juden aus der Türkei, Nordafrika und Lateinamerika eingewandert, die eine eigene kleine Gemeinde bildeten.

Nach dem Ersten Weltkrieg vergrößerte sich die jüdische Gemeinde durch die Einwanderung von Juden aus Russland und Polen. Seit den 1920er-Jahren zählte die jüdische Gemeinde über vier Jahrzehnte hinweg mehr als 12 000 Mitglieder, die ein reges kulturelles und religiöses Leben entwickelten. Zwei Drittel aller Juden lebten in Havanna, wo es bis heute noch vier Synagogen gibt. Seit den 1930er-Jahren erschien eine jiddische Tageszeitung, die sich als Wochenzeitung bis einige Jahre nach der Revolution halten konnte. Jiddische Schriftsteller veröffentlichten eine beachtliche Anzahl von Werken, die sich auch mit der Geschichte Kubas und mit ihren Erfahrungen als Einwanderer auseinandersetzten. Jüdische Schulen, ein jüdisches Krankenhaus und zahlreiche Wohlfahrtsvereine gehörten ebenfalls zum jüdischen Leben in Havanna.

Vielen Ostjuden, die ohne Kapital nach Kuba gekommen waren, gelang nach wenigen Jahren der Aufstieg in die Mittelschicht, insbesondere seit den 1920er-Jahren, als amerikanisch-jüdische Hilfsorganisationen den Immigranten auf Kuba materielle Unterstützung zukommen ließen.

Die meisten Einwanderer waren gut ausgebildete Handwerker, Uhrmacher, Schlosser, Bäcker, Schneider oder Friseure. Andere hatten in Havanna als Vertreter angefangen

Schwarzes Selbstbewusstsein

Bola de Nieve, ›Schneekugel‹, so nannte man den Pianisten und Sänger Ignacio Villa, der schwarz war wie die Nacht beziehungsweise schwarz wie der Tag, wie die Afrokubaner es in den 1930er-Jahren selbstbewusst ausdrückten, als sie begannen, sich dem Mythos ihrer Minderwertigkeit zu widersetzen.

Der Boxchampion Chocolate, der Dichter Nicolás Guillén, der Komponist Ernesto Lecuona, die Sängerin Rita Montaner, der Pianist Bola de Nieve – im Havanna der 1930er- und 1940er-Jahre wurde jeder von ihnen auf seine Art ein Symbol für das entstehende Selbstbewusstsein der Afrokubaner.

Guanabacoa, eine Kleinstadt im Osten von Havanna, ist das Zentrum der afrokubanischen Kultur, der Santería und der Rumba. Rita Montaner und Bola de Nieve waren die besten Interpreten der Kompositionen ihres Freundes Ernesto Lecuona. Die drei werden heute noch als Gruppe von Guanabacoa bezeichnet, ein Name, der für künstlerische Qualität und schwarzes Selbstbewusstsein steht. Sie haben der damaligen in Kuba geltenden Doktrin von der kulturellen und historischen Überlegenheit der Weißen nicht mit einer schwarzen Idylle geantwortet. Schwarze Kubaner sind in ihren Liedern und Gedichten nicht bessere Menschen, sondern das, wozu die neokoloniale Gesellschaft sie gemacht hat: Analphabeten, Zuhälter, Hafenarbeiter, Straßenhändler, Musiker fünftklassiger Etablissements und zur Not Gigolos, die sich mit drei aufgeschnappten Brocken Englisch an vermutlich reiche Amerikanerinnen ranmachen und sich womöglich dann auch noch verlieben. »Tú no sabé inglé« – »Du kannst kein Englisch, Vitó Manué«, mit diesem Gedicht wird Nicolás Guillén berühmt, Bola de Nieve singt es in Bars und Konzertsälen.

»Und deine Großmutter, wo hast du die versteckt? Du gehst mit deiner schönen hellen Frau spazieren, bist stolz auf ihre schmalen Lippen, hoffst auf schöne helle Kinder und glaubst fast, selbst ein Weißer zu sein! Aber deine Großmutter – was hast du denn mit der gemacht? In der Küche hast du sie versteckt, denn sie ist schwarz wie die Nacht, genau wie du!« So karikiert der Afrokubaner Fortunato Vizcarrondo in einem Gedicht schwarze Aufstiegswünsche und Anpassung.

»Weiß zu sein, ist eine Karriere, Mulatte zu sein, ist ein Beruf, und schwarz zu sein – ein Kohlensack, den man an jeder Ecke verkauft«, heißt es in einem Lied, mit dem Montaner die Situation kurz und knapp schildert. 1929 tritt sie in New York und Paris auf, und zwar mit den afrokubanischen Songs von Eliseo Grenet und Ernesto Lecuona. Zu Hause in Havanna hat Montaner es gerade geschafft, das Rassenverbot zu brechen – eigentlich dürfen Mulatten nicht vor weißem Publikum spielen, doch Rita Montaner kann sich dank ihrer Popularität darüber hinwegsetzen. Dann interessiert sich die Filmindustrie für Kuba. Rita Montaner ist die Idealbesetzung für die intelligente, charmante und schöne Mulattin, ein Symbol für die armen, aber glücklichen Menschen unter Palmen, für die singenden Blumenverkäufer, Straßenhändler, Tänzerinnen. Unzählige Filme dreht Rita Montaner bis zu ihrem Tod im Jahr 1958, in denen sie Klassiker singt wie »Mama Inés«, »El Manisero«, »Maria la O«.

Gesellschaft und Alltagskultur

und viele von ihnen konnten nach wenigen Jahren ein Geschäft eröffnen oder fanden Arbeit in der Textil- und der Schuhindustrie. Die kubanische Textilindustrie wurde von den jüdischen Einwanderern praktisch aufgebaut. Noch 1927 importierte das Land fast alle Stoffe und Textilien. 30 Jahre später arbeiteten allein in der Provinz Havanna etwa 90 Textilfabriken mit ca. 10 000 Arbeitern und seit 1951 führt Kuba Stoffe aus. Der Textilhandel war ebenfalls in jüdischer Hand, zumindest in Havanna.

Man fragt sich, weshalb sich nicht mehr europäische Juden vor Verfolgung und Ermordung durch die Nazis nach Kuba haben retten können, da sie auf der Karibikinsel doch durchaus über Einfluss verfügten und ohne offizielle Diskriminierung dort leben konnten. Bereits 1936 hatten amerikanisch-jüdische Organisationen in Kuba nachgefragt, ob es eine Möglichkeit zur Ansiedlung europäischer Juden auf Kuba gäbe, und dem kubanischen Präsidenten Gómez den Vorschlag unterbreitet, 100 000 verfolgte Juden aus Deutschland aufzunehmen. Als dieser Vorschlag bekannt wurde, kam es in Havanna zu heftigen antijüdischen Kommentaren in der Presse und dem Radio. Von Regierungsseite wurde gegen diese Stimmungsmache zwar vorgegangen, aber letztlich stimmte die kubanische Regierung der Immigration nicht zu und erlaubte weiterhin nur jenen Juden die Einreise, die ein Visum für ein anderes amerikanisches Land vorweisen konnten.

So kam es 1939 unter der Regierung von Laredo Brú zu dem skandalösen und tragischen Fall des deutschen Schiffes St. Louis, das mit jüdischen Flüchtlingen den Hafen von Havanna angelaufen hatte. Die St. Louis hatte 936 Passagiere an Bord, von denen 930 gültige Landepapiere für Kuba besaßen. Sie hatten sie in Prag von einem Herrn González, damals Direktor der kubanischen Einwanderungsbehörde, für 160 US-Dollar das Stück erworben. Als man in Kuba Wind davon bekam, dass sich González fast 150 000 Dollar in die eigene Tasche stecken wollte, hatte die St. Louis bereits Kurs auf Kuba genommen. Die kubanische Regierung wusste zwar um die dramatische Situation der Flüchtlinge, erklärte diese Einreisevisa jedoch kurzerhand für ungültig. Einige Tage lang wurde verhandelt, während derer die Flüchtlinge das Schiff im Hafen nicht verlassen durften. Das amerikanisch-jüdische Komitee schaltete sich ein, um zu vermitteln, denn auch die Einreise in die Vereinigten Staaten war zu diesem Zeitpunkt nicht möglich. Kuba forderte, dass von einem auf den anderen Tag 500 000 Dollar für die Einreise der Flüchtlinge bereitgestellt werden müssten. Da dies so schnell natürlich nicht gelingen konnte, musste die St. Louis den Hafen von Havanna wieder verlassen. Belgien, Holland, Frankreich und Großbritannien nahmen die Flüchtlinge schließlich auf, von denen fast die Hälfte später in deutschen Konzentrationslagern umgekommen ist. Gustav Schröder, der Kapitän der St. Louis, erhielt 1957 für »seine Verdienste um Volk und Land bei der Rettung von Emigranten« das Bundesverdienstkreuz und wurde von Israel 1993 posthum als »Gerechter unter den Völkern« geehrt. Neben einer umfangreichen Fernsehdokumentation der CNN erzählen auch zwei dokumentarische Spielfilme die dramatische Geschichte: »Reise der Verdammten« (1976, mit Orson Welles und Maria Schell) sowie »Die Irrfahrt der St. Louis« (1994, mit Überlebenden der St. Louis). Außerdem thematisierte Leonardo Padura (s. S. 101), Kubas berühmtester Schriftsteller, den Fall St. Louis in seinem Roman »Ketzer« (s. S. 139).

Aber auch die etwa 5000 jüdischen Flüchtlinge, denen trotz aller Verbote zwischen 1939 und 1942 die Einreise gelungen war, mussten wieder gehen, als Kuba 1942 auf Seiten der USA in den Krieg gegen Deutschland eintrat, da deutsche Flüchtlinge generell als feindliche Ausländer galten.

Nach der Revolution von 1959 emigrierte der größte Teil der jüdischen Gemeinde zusammen mit der kubanischen Mittel- und Oberschicht aus Angst vor Enteignung nach Miami. Heute wächst die jüdische Gemeinde auf Kuba wieder und zählt rund 1500 Mitglieder. Es gibt fünf Synagogen, jeweils eine in Santiago und Camagüey sowie drei in Havanna. Die größte Synagoge liegt im Stadtteil Vedado. Sie verfügt über eine Bibliothek und eine Sonntagsschule für Kinder, bietet kostenlose Hebräisch- und Computerkurse an und gibt in der eigenen Apotheke gratis Medikamente aus. Besonders willkommen ist die warme Mahlzeit, die nach jedem Gottesdienst in der Synagoge serviert wird.

Kubas tanzende Götter – die Santería

Was tun, wenn der Mann oder die Frau einen verlässt oder wenn man jemanden vergeblich anschwärmt? Wenn einem nichts mehr gelingen will und man nervös gegen Hindernisse anrennt, die sich zu großen Bergen auswachsen? Am besten, man konsultiert die afrokubanischen Götter, die *oríchas* (auch: *orishas*), denn sie können Probleme aller Art lösen und haben ohnehin überall ihre Hände im Spiel. Der Götterhimmel über Kuba ist bunt, äußerst belebt und allgegenwärtig – nicht nur die Santería-Gottheiten sind im Alltag präsent, auch die Gottheiten der Regla Conga. Sie alle kamen mit den westafrikanischen Sklaven nach Kuba.

Ihre magisch-animistische Weltsicht hat die Kolonialherren, die Amerikaner, die Diktaturen und die Revolution überdauert und zieht sich wie eine Art unsichtbarer roter Faden durch die kubanische Gesellschaft. Allerdings sind die afrokubanischen Religionen nun in Gefahr, als Touristenspektakel kommerzialisiert zu werden. Selbst ernannte Santeros und Santeras bieten vielerorts ihre magischen oder wahrsagerischen Dienste bzw. Zaubereien an, selbstverständlich gegen Devisen. Selbst bei den Trommelfesten *(toques)* wird häufig mehr oder weniger offen Eintritt kassiert, was nach Santería-Regeln eigentlich verboten ist, ebenso wie eine Devisenpreisliste für *consultas* (s. S. 76) oder *trabajos* (s. S. 79). Hunderttausende ausländische Touristen stellen für die Santeros und Babalawos einfach eine zu lukrative Versuchung dar.

Normalerweise wird man bei einem nur wenige Wochen dauernden Aufenthalt in Kuba kaum die Möglichkeit haben, authentische Santeros kennenzulernen.

Ein mächtiger Heiliger

Ein 16. Dezember am Rincón, der Vorabend des Tags des Heiligen Lazarus, wie ihn die Katholiken nennen, oder Babalú Ayé, wie er im afrokubanischen Götterhimmel genannt wird. Lazarus oder Babalú Ayé ist der Herr über die Krankheiten, eine sehr mächtige Gottheit also. Heute, an seinem Feiertag, ziehen Tausende und Abertausende Menschen hierher, zu seinem Heiligtum vor den Toren Havannas, zur Basilika des San Lázaro bei San Antonio de los Baños.

Seit dem Vormittag sind alle Landstraßen und Feldwege im Umkreis von mindestens 5 km für Autos und Busse gesperrt, Polizeiposten kontrollieren an allen Knotenpunkten. Aber die Uniformierten schieben unter der drückenden Dezembersonne Dienst nach Vorschrift, sie halten sich sehr zurück und versuchen, so unsichtbar und zufällig wie möglich auf der Straße herumzustehen. Unablässig ziehen die Menschen an den Kontrollen vorbei, zu Tausenden strömen sie durch das weit geöffnete Eisentor auf den Vorplatz der Wallfahrtskirche. Viele von ihnen in Lumpen gehüllt und auf allen vieren kriechend, einige robben sogar mit dem ganzen Körper über den steinigen Boden, keuchend und stöhnend. Ihre Begleiter, meist Angehörige oder Freunde, ermuntern sie und benetzen ihre Lippen mit einem feuchten Stofftuch. Andere schlagen den oder die Kriechende mit Zweigen oder Brennesseln – nicht etwa aus Sadismus, sondern auf Wunsch des Büßers, der ein Gelübde abgelegt haben mag, zu dem das Geschlagenwerden gehört. So eine *promesa* kann irgendwann im Laufe des Jahres gemacht und muss dann am Tag des San Lázaro eingelöst werden. »Weil Babalú Ayé meine Tochter geheilt hat, krieche ich aus Dank zu ihm«, sagt eine junge Frau, die ihr gesundes und laut brüllendes Töchterchen noch mit sich auf

Wenn die Götter tanzen – eine Santería-Zeremonie

Samstagabend in einer kleinen Straße in Habana Vieja. Aus den vergitterten Fenstern eines alten Hauses dröhnen Trommeln. Ein *toque,* ein Trommelfest für einen afrokubanischen Orícha ist im Gange. »Komm rein«, bedeutet mir eine dicke, ziemlich grell geschminkte ältere Frau mit unzähligen bunten Ketten und klirrenden Armreifen, die Chefin des Fests.

In den beiden kleinen Räumen drängen sich schon eine ganze Menge Leute, im Patio sitzen Zigarren rauchende Schwarze und wippen in Schaukelstühlen gemächlich vor sich hin. Ich bekomme frittierte Bananen, Reis mit schwarzen Bohnen, Hühnchen und Kokoscreme zu essen, muss einen kräftigen Schluck aus der allgemeinen Rumflasche nehmen, und dann zieht mich die Chefin in einen weiteren kleinen Raum, in dem der Santería-Altar aufgebaut ist: Ich soll ihn gebührend bewundern, denn er ist besonders prächtig, weil die Santera ihren *día de santo* feiert, den Jahrestag ihrer Initiation. Sie ist eine stolze Tochter der Ochún, der Liebesgöttin, schon seit 32 Jahren.

Schwarze Puppen in knallbunten Gewändern – rot mit schwarz, gelb, hellblau –, die mit unzähligen bunten Ketten behängt sind, stehen auf einer Art Regal, das ebenfalls mit bunten Tüchern geschmückt ist. Auch über die Suppenschüsseln sind glänzende gebügelte Tücher gebreitet, jedes in der Farbe des Orícha, dessen Insignien in der Suppenschüssel liegen. An der Wand hängen Plastikblumen, ein mittelblond gelockter Jesuskopf, mehrere sanftäugige Madonnengesichter und das Konterfei von Che Guevara. Auf dem Bastteppich zu ihren Füßen stehen Teller und Schüsseln mit gebratenem Fleisch, Berge von Obst, Kochbananen, Rum- und Schnapsflaschen, kleine Trommeln, Kokosnüsse, Schüsselchen mit undefinierbarem Inhalt, brennende Kerzen, Wassergläser, in denen Kreuze und Rosenkränze schwimmen, und gigantische viereckige Geburtstagstorten in grellbunten Farben. Überall brennen Kerzen – Oríchas mögen keine Dunkelheit.

Ich werfe einige Münzen auf den Teppich, und die Chefin bedeutet mir, mich bäuchlings auf den Boden zu legen. Sie legt ihre Hand auf meinen Rücken und ich soll die versammelten Oríchas für meine Familie und mich um etwas bitten, stumm. Die Santera murmelt unablässig etwas vor sich hin, und ich wünsche und wünsche und denke, ich darf erst wieder aufstehen, wenn die Santera ihre Hand von meinem Rücken nimmt, während die Chefin darauf wartet, dass ich endlich meine Bitten beende und aufstehe. Es dauert und dauert. Mittlerweile stehen kichernde Menschen in der Tür und fragen mit freundlicher Verwunderung, wie viel Millionen Deutsche es wohl geben mag, für die man bitten muss. Schließlich verstehe ich endlich, rapple mich mit rotem Kopf hoch und danke innerlich den Trommeln, die meine Blamage immer lauter übertönen.

Wir gehen zurück in die beiden Räume, die sich mehr und mehr mit Menschen füllen. Die drei Batá-Trommler spielen wie entfesselt, hinzu kommen noch unzählige andere Perkussionsinstrumente, die Leute singen und tanzen, rufen einzeln jeden ihrer Oríchas und fordern ihn auf, sich zu zeigen. Ich stehe wegen Platzmangel mittlerweile auf einem Hocker an der Wand und überblicke die Tanzenden. Die Trommeln rufen nun Ochún, »Yalordé orí yeyeo, alberillí moró, iyá mio«, ihr Tempo wird immer schneller. Plötzlich stößt eine hübsche junge Frau

Beim Tanz während der Santería-Zeremonien wird Kontakt zu den afrokubanischen Göttern aufgenommen

in einem gelben T-Shirt eine Kaskade von kurzen, spitzen Schreien aus. Sie verdreht die Augen, taumelt, tanzt weiter, verrenkt sich in wiegenden Bewegungen, presst sich die Hand auf die Augen und schreit. Sie zuckt und stöhnt, die Umstehenden bilden einen Kreis und die junge Frau windet sich zitternd, reckt sich dann majestätisch auf und stolziert durch die Menge. Die Santeros begrüßen Ochún, die Liebesgöttin. Sie umarmt einen nach dem anderen, Yoruba-Worte vor sich hinmurmelnd, und wird in das Nebenzimmer geführt.

Nach einiger Zeit winkt mich die Chefin in dieses Zimmer. Dort sitzt die junge Frau, sie trägt das gelbe Gewand der Ochún und einen Turban, in der Hand einen Teller mit Honig. Ihr Blick ist immer noch sehr fremd. Ich bin die Erste in der Schlange der Wartenden, denen Ochún etwas zu sagen hat. Sie hält mir einen Teller mit Honig hin, ich soll davon nehmen, und sie sagt mir auf Yoruba, das die Chefin für mich übersetzt: »Der Sturm heult über die Bäume, er knickt sie und reißt ihre Wurzeln aus. Doch sein Auge ist unbeweglich. Du musst das Auge des Hurrikans werden.« Ich danke ihr und kehre zurück in den Trommelraum, wo das Fest weitergeht. Nach einer Weile kommt auch Ochún zurück, im Kostüm. Noch mehr Leute sind in Trance gefallen, alle kehren nach einer gewissen Zeit im Kostüm und mit den Attributen ihres Oricha zurück, sodass ich mich fühle wie bei einem merkwürdigen Karneval: Nur die Hälfte der Mitwirkenden ist kostümiert, dafür umso bizarrer, und jeder für sich spielt unbeirrt eine Rolle aus einem anderen Stück, das nur den Eingeweihten bekannt ist.

Gesellschaft und Alltagskultur

dem Rücken schleppt. Daniel, ein Chirurg aus dem zentralen Krankenhaus in Havanna, versprach dem Babalú Ayé, sich ein Jahr lang weder zu rasieren noch sich die Haare zu schneiden und an diesem 15. Dezember die 25 km zwischen seinem Wohnort und der Kirche barfuß zurückzulegen, falls der mächtige Heilige ihm seinen Fuß heilt und vielleicht noch etwas an seinem Visumsantrag für Spanien mitdreht.

Die Pilger schleppen sich die Kirchentreppen hoch und rutschen über den Mosaikboden auf das mit Blumen und unzähligen Kerzen sowie Opfergaben geschmückte Standbild von Babalú Ayé bzw. San Lázaro zu. Viele stecken sich, sobald sie in den Kirchenraum kommen, dicke kubanische Zigarren an, denn das afrikanische Gesicht dieses katholischen Heiligen sei ohne den magischen Rauch nicht zu sehen. Dagegen protestieren lautstark die Vertreter der katholischen Kirche: Eine Nonne befiehlt mit entnervter Geduld den Gläubigen, im Innenraum der Kirche keine Zigarren zu rauchen, dort sei das Rauchen verboten, denn es handele sich eben nicht um Babalú Ayé, also um einen afrokubanischen Gott, sondern um einen ›cleanen‹ katholischen Heiligen.

Wie Babalú Ayé ist es auch den anderen westafrikanischen Göttern auf Kuba ergangen. Während der Kolonialzeit mussten sie sich ›verkleiden‹ und in das Outfit eines katholischen Heiligen schlüpfen. Der missionarische Eifer der spanischen Kolonialherren zeigte allerdings nur äußerlich Wirkung. Denn die katholische Religion legte sich nur als hauchdünne Schicht über die afrikanischen Kulte. Die Sklaven verschmolzen Elemente des katholischen Volksglaubens, in dem wundertätige Heilige ebenso Platz hatten wie böse Geister, mit ihrer eigenen Religion. Wenn man liest, was der ehemalige Sklave Esteban Montejo über das Christentum sagt, versteht man sofort, warum: »Die Musik des Weißen ist ohne Trommeln, langweiliger. Mehr oder weniger ist es mit den Religionen genauso. Die Götter Afrikas sind anders, obwohl sie den anderen, den von den Pfarrern, ähnlich sind. Sie sind stärker und nicht so aufgeputzt. Noch heute: Man macht sich auf und geht in eine katholische Kirche, aber man sieht da keine Äpfel, keine Hahnenfedern. In einem afrikanischen Haus steht das an erster Stelle … Bei den afrikanischen Religionen gibt es mehr Unterhaltung. Man tanzt, singt, amüsiert sich, kämpft.«

Magische Weltsicht

»Der Afrikaner aus dem Volk der Yoruba hat aus jeder Naturerscheinung einen Gott gemacht – allem hat er eine magische Bedeutung verliehen. Der Stein hat einen Gott, der Himmel hat einen, die Wolken, der Wind, die Sonne, der Mond, das Wasser des Meers, das der Flüsse und das Regenwasser. Jeder Gott repräsentiert einen Teil der Natur, der Atmosphäre oder der Vegetation. Jede Gottheit hat ihre Farben, ihre Eigenschaften und ihre Aufgaben. Das ist der Ursprung unserer afrokubanischen Götter, die wir Oríchas nennen«, erklärt Gilberto Herrera, Santería-Priester aus Marianao.

Alte Yoruba-Riten aus Nigeria und Benin verschmolzen in den Sklavenbaracken mit Elementen des Katholizismus zur Santería. Das spanische Wort *santo* bedeutet ›Heiliger‹ und *santería* ›Heiligenkult‹. In der Santería werden Yoruba-Gottheiten mit katholischen Heiligen gleichgesetzt und verehrt und heißen dann Oríchas. Der Weissagungspriester Babalawo kann die Oríchas sprechen lassen: Elegguá, Yemayá, Changó, Oggún, Obatalá. Die afrokubanischen Götter sind nicht stumm, sie sprechen nicht Spanisch, sondern Yoruba, sie sind keine Asketen, sondern sie haben menschliche Eigenschaften, sie lieben und streiten sich untereinander, sie sind mitunter missgünstig und eifersüchtig, immer bestechlich und polygam. Sie leben unter den Menschen, allerdings unsichtbar, doch beim Tanz kann man ihnen die Tarnkappen entreißen: Dann reiten sie auf jemandem, schlüpfen in seinen Körper und seinen Geist und sprechen durch seinen Mund. Der Besessene verwandelt sich für kurze Zeit in den Orícha. Allerdings besitzen die etwa 20 tanzenden Götter Kubas etwas mehr als die Menschen: Weisheit und Macht.

Kubas tanzende Götter – die Santería

Zunächst war die Identifikation von Yoruba-Gottheiten mit katholischen Heiligen eine logische Reaktion der Sklaven, um die von den Kolonialbehörden verbotenen afrikanischen Kulte zu bewahren. Hinzu kam, dass es den Afrikanern nicht sonderlich schwer fiel, ihre alten Götter mit bestimmten katholischen Heiligen gleichzusetzen. Häufig ähnelten sich die Legenden oder es gab Parallelen in den jeweils zugeordneten Attributen und Farben. So bietet der Yoruba-Gott Changó, der Herr der Trommeln, des Donners und des Krieges gleich mehrere Möglichkeiten, ihn mit der katholischen Heiligen Barbara gleichzusetzen: Beiden wird die Farbe Rot zugeordnet, sowohl der Blitz wie auch der Krieg spielen in ihren Legenden eine Rolle und selbst der Geschlechtsunterschied erscheint nur dem Außenstehenden problematisch. Tatsächlich überliefert eine Yoruba-Legende, Changó sei einmal als Frau verkleidet vor seinen Feinden geflüchtet.

Bewegter Götterhimmel

Die Santeros gehen davon aus, dass jeder Mensch eine der zahlreichen Gottheiten als Beschützer hat bzw. dass ein Orícha jeweils dem Persönlichkeitsbild eines Menschen entspricht. Es spielt dabei keine Rolle, aus welchem Kulturkreis der Mensch kommt, und es ist auch gleichgültig, ob er dies weiß oder will. In der Sprache der Santeros heißt das, jemand ist *hijo* (›Sohn‹) oder *hija* (›Tochter‹) eines Orícha, Ethnologen nennen das Adept.

Changó – der männliche Held

Changó ist aus leicht verständlichen Gründen einer der am meisten verehrten Oríchas in Kuba. Viele halten ihn für die stärkste Gottheit überhaupt, denn er ist einer der drei Kriegsgötter, Symbol der Männlichkeit und der Sexualität, Herr der Trommeln – ein ungeheuer starker und energischer Orícha, dessen erotische Potenz für den Rest des Götterhimmels sowie für Menschen- und Tierwelt unwiderstehlich ist. Changó war der vierte König von Oyó (Nigeria/Benin), ein mythischer Yoruba-König, Vater der Nation und legendärer Held. Alle Legenden bezeichnen ihn als den männlichen, kriegerischen Helden schlechthin. Ein unermüdlicher Don Juan, streitsüchtig, mutig und waghalsig, besessen von seiner männlichen Kraft und Schönheit.

Sein Refugium und Thron ist die Königspalme, das Wahrzeichen Kubas. Die Palme ist sein Aussichtsturm und sein Haus und von dort oben beschützt er die Krieger, die Jäger und Fischer. Seine Farben sind rot und weiß, seine Kette besteht aus jeweils einer roten und einer weißen Perle. Die gespaltene Axt ist sein Hauptattribut. Wenn Changó auf jemandem reitet, tanzt dieser in kriegerischen und erotischen Bewegungen, die Züge von dreister Pornografie haben können. Changó spuckt Feuer, und wenn er jemanden durch die Trance in Besitz nimmt, isst derjenige Feuer und stopft sich brennende Zigarren oder Zigaretten in den Mund. Die Legende erzählt, dass Changó eines Tages Feuer verschlang und aus seinem Mund der Blitz geboren wurde, und zwar, als er sich von seinem Volk verabschiedete.

Changós Großvater ist Aggayú (die Wüste und das Firmament), sein Vater ist Orungán (der Mittag), seine Mutter Yemayá, seine Lieblingsbrüder sind Dadá und Oggún und seine (Haupt-) Frauen die Flüsse Oyá, eine sehr kriegerische Gottheit, Obbá (die personifizierte Treue) und Ochún (die fleischgewordene Verführung).

Yemayá – die Urmutter

Yemayá ist die universale Mutter, Göttin des Meers und der Fruchtbarkeit, kokett, spielerisch, sanft, mächtig und im Zorn gewalttätig, unberechenbar und liebevoll. Sie kommt in ihrer erotischen Potenz dem Changó nahe und ist das weibliche Gegenstück zum Männlichkeitskult. Ihre sieben Röcke symbolisieren die Geburt des Menschen und der Götter, ihre Farbe ist das Blau der Meereswellen und das Weiß der Schaumkronen. Ihr Tanz ist sehr lebendig, er imitiert mit wiegenden Bewegungen die Meereswellen, manchmal stürmisch und wütend, manchmal sanft und sinnlich.

Besuch beim Babalawo

Ich sitze im halb dunklen Eingangszimmer und warte auf den Babalawo. Im offenen Nebenraum bügelt eine junge Frau zerrissene Wäsche, zwei andere sortieren an einem Tisch Reiskörner. Ein Hahn kräht, aus anderen Zimmern sind Stimmen zu hören. Es ist angenehm kühl im Raum.

Neben mir warten zwei Hausfrauen mit verknitterten Einkaufstüten. Eine dritte Frau, älter als die beiden anderen, betritt von der Straße her den Raum, setzt sich in einen anderen wackeligen Holzsessel und nickt mir kurz zu. Eigentlich ist es nicht viel anders als im Wartezimmer eines Zahnarztes.

Eine Innentür geht auf, der Babalawo bittet mich in den Raum und setzt sich wieder hinter seinen mächtigen Holzschreibtisch. Rechts neben ihm hängen sechs große, bauchige Trommeln von der Decke, auf einer Wandtafel ist mit Kreide eine ordentliche Liste mit Orten und Daten vermerkt, schwarze Puppen in bunten Kleidern hocken auf einem massiven, gedrechselten Schrank, in der Ecke lehnt eine Fahne, auf die mit rotem Garn die Worte »Orún y Malé« gestickt sind. Es ist der Name des Cabildo, dem der Babalawo angehört (s. S. 84). Weitere Details: ein Elegguá-Kopf auf dem Boden, eine kleine Kürbiskalebasse mit einer schwarzen Feder hängt von der Decke und hinter der Glasscheibe eines zweiten Schranks erkenne ich mindestens zwölf von verschiedenfarbigen Tüchern bedeckte Suppenschüsseln, in denen die Insignien der Oríchas, der Götter, liegen.

Gilberto Herrera, der Babalawo, sieht aus wie ein x-beliebiger Mann hinter einem x-beliebigen Schreibtisch. Er erklärt mir unverblümt, dass mein Problem selbstverständlich gelöst werden könne, denn die Santería als ›heidnische‹ Religion sei eben dazu da.

»Unsere Arbeit ist eigentlich schwieriger als die eines Arztes«, sagt Gilberto Herrera, »denn wenn jemand zum Arzt geht, dann sagt er ihm: ›Herr Doktor, ich habe Bauchschmerzen‹, und der Arzt kann ihm dann das entsprechende Medikament verordnen. Bei uns ist das nicht so einfach. Wir müssen dem, der zu uns kommt, sagen: ›Du hast Bauchschmerzen und du musst dies oder jenes dagegen tun.‹ Das heißt, der Ratsuchende möchte, dass wir ihm sagen, was mit ihm geschieht und was er dagegen tun kann.«

Also macht sich der Babalawo daran, mein Problem zu erkennen. Dazu führt er ein *registro* durch, das heißt, er befragt die Oríchas nach meinem Zustand, indem er seine Muschelketten wirft. Er gibt mir einen schwarzen und einen weißen Stein, den ich jeweils, ohne dass er es sieht, in die rechte oder die linke Hand nehmen soll, um sie ihm dann zu zeigen. Schwarz heißt nein und weiß bedeutet ja – arithmetische Antworten auf Fragen, die er mit Hilfe der Muscheln verschiedenen Göttern stellt. Bei mir antworten meistens Changó und Yemayá. Das geht eine Weile so, dann lehnt sich der Babalawo zurück und zündet sich eine Zigarette an.

»Muchacha«, sagt er, »das größte Problem ist die Liebe.« (Ich hatte es geahnt.) Doch gleich tröstet er mich: »Aber Changó wird dir in der Liebe helfen. Ich weiß nicht, wie oft du geliebt hast, aber das Orakel sagt, dass du heiratest und wieder heiratest und wieder heiratest. Diese Liebe stirbt, eine andere wird geboren. Deshalb sagt das Orakel: ›Wo die Liebe stirbt und eine neue

Babalawos, Santeras und Spiritistinnen werden wegen ihrer weissagerischen Fähigkeiten aufgesucht – und dafür ist höchste Konzentration gefordert

geboren wird, ist die Tragödie mit dabei.‹ Du darfst aber keine Tragödie erleiden, nur weil du dich in jemanden verliebst. Du musst dich in dich selbst verlieben. Die Liebe zu dir selbst verpflichtet dich, den Menschen lieben zu lernen, der dich liebt. Dein Schicksal ist es, eine Sache loszulassen und eine andere aufzufangen, und weil das so ist, darfst nicht du diejenige sein, die liebt. Die Liebe wird geboren und stirbt wieder. Wenn du nicht glaubst, dass das so ist, und wenn du nicht tust, was Changó dir sagt, wenn du es nämlich nicht mit den anderen tust, dann tun die anderen es mit dir! Sie benutzen dich als Instrument. Und wie stehst du dann da? Zerstört, herabgesetzt, weil du ja nicht nur die Liebe verloren hast, sondern auch deine Kraft, deine Mühe, deine Zärtlichkeit, alles, was du aufgegeben hast, um mit diesem Mann zu leben. Und schließlich hat sich alles nicht gelohnt. Aber wenn du du selbst bist, wenn du dich im Spiegel ansiehst und sagst: Ich liebe mich selbst – wenn dann jemand kommt, der dir wieder nur sagt: ›Bring mir was zu trinken!‹, dann sagst du: ›Warum sollte ich? Da ist der Brunnen!‹ «

Mit seinem *registro* hält der Babalawo mir einen Spiegel vor: »Mach dir nichts vor«, sagen die Götter, »so und nicht anders bist du, und so darfst du auch ruhig sein.« Um mich zu stärken und zu reinigen, malt mir Gilberto Herrera noch Kreidekreuze auf die Innenfläche der Hände und führt ein Büschel Minze über meinen Kopf, meine Schultern und Arme. Ich lege zwei Pesos vor die Schale mit dem Kopf des Gotts Elegguá, denn ohne ihn funktioniert ohnehin nichts, auch nicht die Liebe, und verabschiede mich vom Babalawo. Die Sprechstunde geht weiter.

Gesellschaft und Alltagskultur

Yemayá ist auch die Göttin der Intelligenz und der Rationalität. Ihre Menschensöhne und -töchter zeichnen sich entweder durch ein harmonisches Gleichgewicht in ihrer Persönlichkeit aus, und wenn sie es nicht haben, streben sie es mehr als alles andere an. Yemayá ist ihren Adepten gegenüber oft verständnisvoll, sie zeigt sich und wirkt versöhnend, mit starkem Sinn für Gerechtigkeit und Sorgfalt. Die majestätische Herrscherin der Ozeane kann aber auch ziemlich eingebildet und halsstarrig sein, unbeugsam gegenüber ihren ›Kindern‹, die sie mit mütterlicher Strenge zwischen ihren sieben Röcken aufzieht.

Ihre Wahrzeichen sind der Halbmond, der Anker, Silber und helle Metalle und der Fächer mit den Kaurimuscheln – eine Anspielung auf Koketterie und Eros. Yemayá ist tiefschwarz wie Jett. Eines ihrer Wahrzeichen ist das Olokún, das in den Tiefen des Meers an einer Kette lebt, und wenn ein Mensch es zu sehen bekommt, muss er ziemlich sicher sterben. Das Olokún darf man höchstens in Träumen sehen, wenn das Gesicht von einer Maske aus blauen und weißen Streifen verhüllt ist.

Ochún – die Liebesgöttin

Yemayás Schwester ist Ochún, die vielgesichtige afrokubanische Aphrodite. Sie ist die Göttin des Süßwassers, des Golds und des Honigs und vereinigt alle Eigenschaften, die man(n) an Frauen schätzt – so meinen jedenfalls kubanische Autoren: Ochún ist kokett, schön, schmeichlerisch, zärtlich, sanft und verführbar, fleißig, außerdem eine gute Tänzerin, sehr sinnlich, sehr musikalisch. Sie ist als Mulattin die Göttin der erotischen Liebe, und wenn sie jemanden in Trance in Besitz nimmt und tanzen lässt, verlangt sie rufend nach »oní!, oní!«, also »Honig! Honig!«, denn dieser ist das aphrodisiakische Symbol der Süße und alles Leckeren und gilt als Essenz der Liebe. Ochúns Farbe ist Gelb wie die Sandstrände der Flüsse, an deren Ufern sie sich kämmt, und dann verschwimmt ihre Mähne mit den Medusen und den Algen. Man ruft sie mit einem kleinen Glöckchen *(aggogó)* aus gelbem Metall, ihre Lieblingstiere sind der Pfau und der gemeine Geier *(aura tinosa)*.

Die Legenden erzählen viel von Ochúns turbulenter Liebesgeschichte mit Changó, dessen Tante sie eigentlich ist und den sie schließlich mit ihren kapriziösen Verführungskünsten erobert und unterwirft. Auch deshalb ist Ochún das Bild der kolonialen Mulattin, der sinnlichen, lustigen und zutiefst kubanischen Mulattin, stolz und flegelhaft, tiefsinnig und oberflächlich. Ochún kann auch Prostituierte sein und dann ist sie von sinnlicher Anmut und kreolischer Boshaftigkeit. Ihre Macht besteht unter anderem darin, unzählige Männer an sich zu binden, und deshalb kann sie dies auch für andere Frauen tun. Der Honig ist ihr Klebstoff, das glänzende Gold ihr Mittel und sie verführt mit erotischen Tänzen.

Elegguá – der Launische

Ein weiterer, sehr wichtiger Orícha ist Elegguá. Im Haus eines Gläubigen steht neben der Eingangstür eine kleine Schüssel mit einem rundlichen Stein – er symbolisiert den Kopf Elegguás, die aufgeklebten Kaurimuscheln seine Augen. Elegguá ist einer der drei Kriegsgötter und ein sehr unruhiger Orícha, dem es mitunter gefällt, den Menschen üble Streiche zu spielen. Als Herr über die Wege und Kreuzungen kann Elegguá den Weg öffnen oder schließen, also ein Vorhaben begünstigen oder endgültig verhindern, selbst wenn ein anderer Orícha bereits darin verwickelt ist. Er ist die metaphysische Personifizierung des Zufalls oder des Schicksals, ein januskopfiger Geselle, der selbst eher enthaltsam lebt (eine große Ausnahme im Götterhimmel). Die Christen behaupten fälschlicherweise, Elegguá sei gleichzusetzen mit dem Teufel, doch in der Yoruba-Mythologie existiert keine Gottheit, die so ausschließlich bösartig ist wie der Satan der Katholiken.

Elegguás Pflanze ist der Yagüey, seine Zahl die 21 und sein Tag der Montag. Er trägt eine kurze Jacke, eine an den Knien ausgefranste Hose und eine Art Kochmütze, alles in seinen Farben Rot und Schwarz. Manchmal hat jedes Hosenbein eine andere Farbe. Jacke, Hose und Mütze sind mit Kaurimuscheln geschmückt, die bei jedem seiner Schritte leise klappern. Häufig tanzt Elegguá auf einem Bein und hüpft im Kreis herum. Er hält einen Baumzweig in den Händen, mit dem er sich einen Weg durch das Dickicht der Tänzer bahnt. Wenn Elegguá von einem Tänzer Besitz ergreift, nimmt er vielleicht jemandem die Zigarre aus dem Mund und raucht sie selbst, reißt einem anderen den Hut vom Kopf oder springt gar jemandem auf den Rücken.

Santería als Hilfe im Alltag

Diese afrokubanische Kultur ist auch heute noch das beständigste Element in Kuba, unabhängig von Regierungsformen und Revolutionen. Sie ist nicht domestizierbar und nicht ›abgeschlossen‹, denn dieses genussfreudige und zutiefst irdische Weltbild, in dem Erotik und Sexualität eine fundamentale Rolle spielen, nimmt ohne Schwierigkeiten alle neuen Entwicklungen in sich auf. Undogmatisch und sehr pragmatisch versuchen die Santeros mit Hilfe der Götter die Alltagsprobleme zu lösen. Der Vermittler zwischen den nicht Initiierten oder den einfachen Santeros ist der Babalawo, eine Art Weissagungspriester. »Weil die Santería eine heidnische Religion ist«, sagt der Babalawo Gilberto Herrera aus Marianao, »haben wir konkrete Lösungen für die Probleme der Menschen. Wir opfern den Oríchas, damit sie uns helfen«. Je schwieriger es wird, den täglichen Überlebenskampf zu bestehen, desto vertrauensvoller strömen die Menschen zu den Zeremonien der Santeros oder sie suchen beim Babalawo Rat und Hilfe.

Die Götter sollen alle Probleme gleichzeitig lösen: Die eine braucht einen Zauber, um ihren Sohn an der Flucht übers Meer zu hindern, der andere bittet die Götter um einen Job in einem internationalen Hotel. Die ersehnte Schwangerschaft, den untreuen in einen treuen Partner verwandeln, Gesundheit trotz fehlender Medikamente, Glück für ein neu eröffnetes Privatrestaurant, den ungeliebten Partner loswerden, eine neue Wohnung, innerer Frieden in aggressiven Zeiten – für all dies sind die Zauberer zuständig, gleichgültig, ob sie nun Santeros, Spiritisten oder Paleros sind.

»Für so viele Probleme sind viele Götter und mehrere Religionen nötig«, meint Gilberto Herrera. »Für uns ist die Religion so ähnlich wie das Kabelfernsehen. Je mehr Kanäle man zur Verfügung hat, desto besser ist man informiert. In den Sklavenbaracken haben sich verschiedene afrikanische Religionen vermischt, dann sind das Christentum hinzugekommen und der Spiritismus. Wir benutzen einfach alle Kanäle …«

Die Santeros selbst schätzen vorsichtig, dass etwa die Hälfte der Kubaner in irgendeiner Form an die Santería glaubt. Genaue Zahlen gibt es zwar nicht, aber diese Schätzung scheint nicht übertrieben. Wenn man an einem Wochenende durch die verschiedenen Viertel Havannas fährt, sieht und vor allem hört man fast an jeder Ecke die Trommeln der *toques*, wie die Santería-Zeremonien heißen. Viele Künstler – Schriftsteller, Maler, Musiker, Tänzer – sind den afrokubanischen Religionen eng verbunden. Ihre Hautfarbe spielt dabei keine Rolle.

Die Regla Conga und die Paleros

»Erde – Mutter des Kongo!
Mutter!
Weiße Geister aus dem Land der Weißen!
Heiliger Thomas!
Wekeré!
Drei Personen und ein einziger Gott
Yeyaco
Erde – Mutter des Kongo!«

Mit diesen Worten beginnt die wichtigste Zeremonie der afrokubanischen Congo-Religion. Alle Kulte und Zeremonien der Regla Conga kreisen um die Nganga, den Zaubertopf. Mit der Nganga wird die Zukunft vorausgesagt, sie ist das Zentrum der umfangreichen Totenzeremonien und die Zauberer führen mit ihr bestimmte ›Arbeiten‹ *(trabajos)* aus – mit dem Begriff Arbeit sind in die-

Gesellschaft und Alltagskultur

sem Fall Handlungen der schwarzen Magie gemeint. Die Nganga enthält die lebendige Kraft der Gottheiten und Naturgewalten, glauben die Anhänger der Regla Conga. Konkret besteht die Nganga aus einem sehr großen eisernen Topf, der gefüllt ist mit Kräutern, Gräsern, Steinen, etwas Friedhofserde, Stücken von Tierkadavern, toten Insekten, kleinen Reptilien und Menschenknochen. Besonders fallen die zahlreichen Stöcke und Zweige verschiedener Bäume auf. ›Stock‹ heißt auf Spanisch *palo*, was der Sekte ihren Namen gab: Die Gläubigen der Regla Conga nennen sich selbst Paleros.

Das Geheimnis der Nganga

Die Zeremonien um die Nganga basieren auf der Vorstellung, dass alle Gegenstände, die irgendeinmal berührt wurden, die Kraft der gegenseitigen Anziehung erhalten, auch wenn sie später getrennt werden. Selbst, wenn man nur einen Teil dieses Gegenstands beherrscht, erhält man damit die Macht über das Ganze. Es reicht, wenn der Palero-Zauberer einige wenige Körperhaare eines Menschen besitzt, um diese Person zu beherrschen, denn die Haare sind Teil des Betreffenden. Die Erde, die der Zauberer in die Nganga füllt, verleiht ihm allerdings nicht die Macht über die gesamte Erde. Die magische Beeinflussung ist jeweils nur in Beziehung auf einen Mikrokosmos wirksam. Um beispielsweise die Savanne zu beherrschen, muss er auch ihren Staub in den magischen Topf legen, und dasselbe muss er mit den Bergen oder dem Wasser tun. Er braucht einige Tropfen von jedem einzelnen Fluss, von jedem See und jedem Bach und vom Regen oder vom Tau. Dasselbe gilt für Steine, Pflanzen und Tiere. Während der Sklaverei standen die Palero-Zauberer im Ruf, mit ihren Ngangas Unglück, Krankheit und Tod über ihre weißen Herren bringen zu können.

Das Mayombe-Spiel ist einer von vier in Kuba verbreiteten Congo-Riten. Beim Mayombe arbeitet man für das Böse, für den Tod, während das Briyumba eher das Gute bewirken kann. Das Kimbisa dagegen ist gemischt – dieser Ritus hat viel von der katholischen Religion übernommen. Er arbeitet beispielsweise mit Weihwasser, mit Kreuzen und ist deutlich vom Spiritismus beeinflusst. Palo Monte wiederum heißen alle Riten, in denen Stöcke und Zweige aus den Bergen (dem Sitz der Magie) verwendet werden – gleichgültig, ob man nun Arbeiten für das Gute oder das Böse ausführen will.

Die Naturverehrung der Regla Conga

Da die Regla Conga in der magischen Verehrung der Natur besteht, sucht man vergeblich nach Tempeln der Paleros. Für den Palero gibt es keine unbelebte Materie: Die Gottheiten können in einem Stein wohnen, in einem Baum, in einem Fluss, einer Weggabelung oder in einem schlichten Dachziegel. Nur für die Zeremonien braucht man einen eigenen Raum, der aber durchaus in einem Schuppen oder einem kleinen, freigeräumten Plätzchen unter der Treppe bestehen kann. Hier werden die rituellen Trommeln, *ngóma*, aufbewahrt, die für die wichtigsten Zeremonien gebraucht werden, außerdem die Opfertiere. An der Wand oder einer Tür bringen die Paleros magische Zeichen an, die die einzelnen Gottheiten und Naturelemente repräsentieren. Häufig steht hier auch eine Kiste oder eine Art Vogelkäfig, in der sich eine *majá* ringelt, eine gelbliche oder schwarze dicke Schlange, die bis zu 2 m lang wird, in den kubanischen Wäldern lebt und für den Menschen völlig ungefährlich ist. Für die Paleros, die Reptilien und alle kriechenden Tiere als besonders magisch verehren, ist die Majá ein rituelles Tier. Bei den Reinigungszeremonien führt der Zauberer die Majá über den Körper des Gläubigen, um ihn von schlechten Einflüssen oder bösem Zauber zu befreien. Auch die Vögel spielen in der Regla Conga eine besondere Rolle. Die Federn des Geiers, eines schwarzen Tagvogels, sind unentbehrlich für alle ›Arbeiten‹, die tagsüber ausgeführt werden, während die Federn der Schleiereule, dem weißen Nachtvogel, nachts benötigt werden. Beide Vögel werden durch einen

Flaschenkürbis, in den in alle vier Himmelsrichtungen Federn gesteckt werden, versinnbildlicht. Dieser Güiro hängt an einer Kordel von der Decke herab und schützt das ganze Haus, weshalb man ihn auch in den Wohnungen vieler Leute findet, die nichts mit der Regla Conga zu tun haben – sicher ist sicher.

Rituelle Trommeln

Die rituellen Trommeln der Regla Conga ›essen‹ auch, d. h., vor jeder Zeremonie wird ihnen das Blut verschiedener Tiere geopfert, ähnlich wie den Batá-Trommeln der Santería (s. S. 82). Die heiligste Trommel heißt Kinfuti und muss immer unsichtbar bleiben – selbst Initiierte dürfen sie nicht zu Gesicht bekommen, nicht einmal während der Zeremonien. Anders ist es mit den Makuta-Trommeln und den Cencerros, die entweder aus einem Stück Eisen oder einer Kuhglocke bestehen, auf die die Paleros mit einem metallischen Klöppel schlagen. Das Cencerro hat längst einen Stammplatz in der Rhythmussektion aller kubanischen Tanzbands. Auch andere Trommeln der Regla Conga haben den unmittelbaren religiösen Zusammenhang verlassen: zum Beispiel die Conga-Trommeln, ein Trio magischer Trommeln, die aus dem kubanischen Karneval nicht mehr wegzudenken sind. Wenn die Karnevalscomparsas durch die Straßen ziehen, sind allerdings nicht nur drei Conga-Trommeln im Einsatz, sondern gleich 30 oder 40.

Der Geheimbund Abakuá

Vor etwa 190 Jahren wurde im Hafen von Havanna der erste kubanische Geheimbund Abakuá gegründet – von Sklaven aus Calabar, dem Gebiet am Nigerdelta, das heute zu den Staaten Nigeria und Kamerun gehört. Auch in Afrika hatten Geheimgesellschaften von Männern, Frauen, Greisen und sogar von Kindern existiert, und so war es nur logisch, dass sich die aus Calabar nach Kuba verschleppten Sklaven ebenfalls zu Geheimbünden zusammenschlossen. Zunächst einmal, um sich gegenseitig zu unterstützen, und außerdem, um ihre religiösen Traditionen zu pflegen und sich von der übermächtigen weißen Kolonialgesellschaft abzugrenzen. Die Geheimgesellschaft Abakuá war und ist ausschließlich Männern zugänglich. Allerdings wurden bereits kurze Zeit nach der Gründung auch Angehörige anderer afrikanischer Völker und Mulatten aufgenommen und seit einigen Jahrzehnten steht sie auch Weißen offen. Wer einmal in diesen Initiationsbund aufgenommen wurde, kann ihn zeit seines Lebens nicht mehr verlassen. Er muss sich verpflichten, seine Freunde und Mitbrüder jederzeit zu unterstützen und ihnen zu helfen sowie sich in allen Situationen männlich zu verhalten, worunter eine eher aggressive Männlichkeit zu verstehen ist. Verstößt er gegen eines dieser Gebote, muss er mit empfindlichen Strafen rechnen.

Der Ausschluss der Frauen wird durch die Legende von der geschwätzigen Sikan erklärt: »Man sagt, dass eines Tages eine Frau zum Ufer eines Flusses kam, wahrscheinlich wollte sie Wasser holen. Als sie mit ihrem Gefäß das klare Wasser schöpfte, erschien plötzlich ein Fisch, der ein merkwürdiges Geräusch von sich gab. Er schwamm in ihren Krug und sie nahm ihn mit nach Hause, weil sie glaubte, es wäre Gott. Damit sie niemandem von diesem Geheimnis erzählen konnte, schnitt ihr Mann ihr die Zunge ab. Der Fisch starb nach kurzer Zeit und aus seiner Haut machten sie eine Trommel. Diese Trommel war die Stimme des Gotts, der alles erschaffen hat: Abasí.«

Wie von fast allen mündlich überlieferten Mythen gibt es auch von dieser Legende unzählige Varianten, die sich teilweise widersprechen. In Kuba führten diese Widersprüche dazu, dass sich die Abakuá in zwei verschiedene rituelle Schulen spalteten, in die Efí und die Efó. Die Efí taufen jedes neu aufgenommene Mitglied mit Weihwasser und haben in größerem Umfang Elemente des Katholizismus assimiliert. Allerdings weigern sie sich, Weiße aufzunehmen. Die

Essende Trommeln – die Batá

Die drei unterschiedlich großen Batá-Trommeln sind das Herzstück jeder Santería-Zeremonie. Der Begriff *batá* bezeichnet dabei weniger die einzelne Trommel als vielmehr das besondere Zusammenspiel des nicht zu trennenden Trios. Nur speziell zu diesem Zweck geweihte Priester dürfen die Batá spielen.

Jede der drei Trommeln hat einen eigenen Namen: Die kleinste Trommel heißt Okónkolo, die mittlere nennt man Itótele und die größte ist die Lyá. *Lyá* ist ein Begriff der Yoruba-Sprache und bedeutet ›Mutter‹ – die größte Batá wird daher auch Mutter der Trommeln genannt. Jede Batá ist an beiden Seiten fest durch Membranen geschlossen und der auf diese Weise entstehende Klangkörper leitet die Vibration von einer Membran auf die andere und beeinflusst sie in ihrem Klang und umgekehrt, was die Virtuosität der mit der bloßen Hand schlagenden Trommler auf eine harte Probe stellt. Jede Batá hat also zwei Münder, sprich verschieden große Membranen, die meist aus Ziegen- oder Hirschleder hergestellt werden. Die hermetische Geschlossenheit der Batá rührt aus ihrer Bedeutung als Kultinstrument: Schließlich ist in ihr das Mysterium verschlossen.

Das Spiel der drei Batá ist nämlich mehr als nur ein Trommeltrio, das verschlungene rhythmische Verkettungen produziert. In den Batá verkörpern sich die Gottheiten. Man sagt, dass Okónkolo, die kleinste Trommel, für die Kriegsgötter spricht, deshalb ist sie mit glänzendem hellgrünen oder lilafarbenen Stoff bespannt, den Farben von Oggún und Ochósi. In der mittleren Trommel, Itótele, zeigen sich die weiblichen Gottheiten, also Yemayá, Ochún, Obá und Obatalá, weshalb sie mit blauem und/oder weißem Stoff angezogen ist, auf dem kleine Spiegel glänzen. Die große Lyá dagegen ist der Mund von Changó, dem Herrn der Trommeln und der Musik. Mit blutroter Seide, besetzt mit schwarzen Blitzen und Hahnenkämmen ist seine Batá bekleidet. Ihr dunkler Klang beherrscht das Zusammenspiel des Trios und markiert den immer schneller werdenden Rhythmus.

Da es sich bei den Batá um sakrale Instrumente handelt, werden sie nur aus bestimmten Hölzern und im Rahmen besonderer Riten hergestellt. Um eine Batá einzuweihen, geben die Santeros ihr zu essen, das heißt, sie opfern ihr das Blut verschiedener Opfertiere. In ihren Ruhepausen dürfen die Batá niemals den Boden berühren, sie müssen immer waagerecht in der Luft schwebend liegen, ebenso wie die Wolken, die die Donnerschläge Changós bringen. Nur wenn sie essen, lagern sie auf einer Schilfmatte.

Es versteht sich von selbst, dass die Batá-Trommler speziell zu diesem Zweck geweihte Priester der Santería sein müssen, denn schließlich rufen die Batá die Gottheiten, und sie sind wesentlich daran beteiligt, ihnen die Tarnkappen vom Kopf zu ziehen. Ebenso einleuchtend ist es, dass die unzähligen kleinen Nachbildungen der Batá, die in den Regalen der Devisenshops angeboten werden, weder diese rituelle Behandlung erfahren haben noch diese Wirkung besitzen können.

Der Geheimbund Abakuá

Efó dagegen lassen den Initiierten auf einen menschlichen Schädel schwören, der mit Friedhofserde gefüllt ist, und sie akzeptieren Mitglieder aller Hautfarben.

Die Mitglieder des Geheimbunds nennen sich selbst *ñáñigos*, ›kleine Brüder‹. Die meisten Ñáñigos arbeiten im Hafen von Havanna, auf dem Bau oder auf den Märkten. Unter den Musikern finden sich ebenfalls viele Ñáñigos. Lebendig sind die Traditionen der Abakuá vor allem in den Stadtteilen um den Hafen von Havanna – und das ist kein Zufall.

Bereits während der Kolonialzeit war es den Sklaven unter bestimmten Bedingungen erlaubt sich freizukaufen. Als sogenannte freie Schwarze konnten sie aber ebenso wenig wie die Mulatten ihren Beruf frei wählen. Die meisten mussten sich im Hafen als Tagelöhner verdingen. Da ihnen die feineren Wohnviertel Havannas verschlossen blieben, siedelten sie sich um die Hafenbucht an. Die schwarzen Tagelöhner wurden von ebenfalls schwarzen Aufsehern angeheuert, und da die meisten Aufseher im Hafen Ñáñigos waren, stellten sie ausschließlich andere Ñáñigos ein.

Nach Abschaffung der Sklaverei 1886 suchten Tausende ehemaliger Sklaven Arbeit – sie fanden sie im Hafen, natürlich nur für den Fall, dass sie dem Geheimbund beitraten. So kam es, dass in diesem Jahrhundert fast jeder Tagelöhner im Hafen Havannas Mitglied einer Abakuá-Gemeinde *(potencia)* wurde. Jeweils eine Potencia vergab die Arbeit an einer bestimmten Mole. Es lässt sich sogar nachweisen, welche Potencia die Arbeit für welche Reederei vergeben konnte. Suchte man Arbeit bei der US-amerikanischen Reederei Harry Brother, musste man Ñáñigo bei der Gemeinde Ekereguá Momí werden, die im Stadtviertel Colón ihren Sitz hatte. Für die Ward Line dagegen war die Potencia Bakonkó im Viertel Belén zuständig. Es liegt auf der Hand, dass der Versuch der Ñáñigos, vom großen Kuchen eine winzige Scheibe abzuschneiden und unter Tausenden von Menschen zu verteilen, zu Spannungen und Rivalitäten führte. Die Weißen verdächtigten die Ñáñigos nicht nur, Ekel erregende rituelle Praktiken auszuüben, sie hielten sie auch für gewalttätige Messerhelden und potenzielle Mörder. Vergeblich rief die feine Gesellschaft nach der Polizei, um die Stadtviertel von der ›schwarzen Mafia‹ zu säubern. Die weißen Polizisten hielten sich heraus, sie hätten ohnehin den Kürzeren gezogen.

Die Tanzrituale der Abakuá

Die Abakuá sind keine religiöse Sekte im eigentlichen Sinn, obwohl sie eine Gottheit namens Abasí als obersten Gott verehren. Wie die Regla Conga und die Santería schreiben auch die Abakuá den Geistern der Verstorbenen magische Kräfte zu, und sie haben in der Musik und im Tanz ein Mittel gefunden, diesen Geistern ihre Tarnkappen zu entreißen und sie ›sichtbar‹ zu machen. So erscheinen beim »Tanz der Teufelchen« die Geister der Toten. D. h., sie erscheinen nicht nur, sondern die Teufelchen, die bei keiner Abakuá-Zeremonie fehlen, sind die Geister der Verstorbenen. Ein *diablito* oder Íreme trägt entweder ein Kostüm aus Jute oder eines, das aus unzähligen bunten Stoffresten besteht. Sein Kopf ist von einer spitzen Kapuze verborgen, auf die ein oder mehrere Augen gemalt sind. Niemals darf er sein Gesicht zeigen. Um die Hüften trägt er eine bunte Schärpe, an die Stoffbällchen und kleine Glocken geheftet sind, die bei jedem Schritt klingeln – schließlich soll der Íreme Angst einflößen. Und da der Íreme stumm und blind ist und nicht erkannt werden darf, muss er alles in seinem pantomimischen Tanz ausdrücken. Außerdem ist er taub – das einzige Geräusch, das er hören kann, ist die Trommel von Morúa Yánsua, dem Gebieter über die Teufelchen. Mit seinen Trommelschlägen lockt und leitet er den Íreme. Morúa Yánsua trägt eine Hose mit unterschiedlich langen Hosenbeinen: Eines reicht bis zum Knöchel, das andere bis zum Knie.

Der Tanz der Íreme gehört inzwischen zum Standardrepertoire des Nationalen Folkloreballetts und selbst im noblen Nachtklub Tropicana sind die Abakuá-Teufelchen Teil des Programms. Eine authentische Zeremonie dagegen bekommt man normalerweise nicht zu sehen – als der Geheimbund der Sklaven entstand, war er geheim, und er ist es auch im modernen Kuba geblieben.

Gesellschaft und Alltagskultur

Der nicht initiierte Zuschauer kann allerdings erahnen, dass die Teufelchen Teil eines komplexen Rituals sind. Jedes einzelne von ihnen übt eine genau umrissene Funktion aus, die jeweils in einem Mythos oder einer Überlieferung begründet ist. Da gibt es beispielsweise das Zwillingspaar Aberisún und Aberinán. Die beiden töten während der Zeremonie das Opfertier, ein Zicklein. Anamanguí dagegen wacht über die Beerdigungszeremonien. Efimeremo wiederum übt Richterfunktionen aus, wenn ein Mitglied die Abakuá-Gesetze übertreten hat. Fambaroko ist der Tempelwächter und steht während der Zeremonien vor der Eingangstür. Jeder Initiierte muss ihn um Erlaubnis bitten, eintreten zu dürfen. Nkanima bereitet das Essen zu, das den Geistern der Verstorbenen serviert wird, außerdem beschafft er das Holz für die heiligen Trommeln. Nkobóro ist als Hüter der heiligen Trommel Seseribó die rechte Hand des Zeremonienmeisters Isué. Isué ist ein Geist, der, wenn er sichtbar wird, als katholischer Bischof erscheint. Jede geheiligte Seseribó vertritt übrigens genau die Trommel, welche Sikán aus der Haut des Fisches gefertigt hat.

Abakuá-Tempel

Einen Abakuá-Tempel und vor allem den heiligen Raum darin, Fambá, dürfen nur Initiierte betreten. Der Eingangstür gegenüber steht ein Altar, auf dem die Zepter der wichtigsten spiritistischen Mächte aufgestellt sind. Jede einzelne Potencia – wie diese Mächte genannt werden – hat außerdem ein grafisches Erkennungszeichen aus geometrischen Formen, Pfeilen, Punkten und wellenförmigen Linien. Der Altar ist von diesen Zeichnungen bedeckt. In der Mitte des Altars steht die Trommel Seseribó, von vier Hahnenfedern geschmückt, daneben drei weitere rituelle Trommeln: die Mpego sorgt für Ruhe, Konzentration und Schweigen, die Ekueñón kündigt die Opferzeremonien an und die Enkríkamo lockt und führt die Teufelchen.

Jedes neu initiierte Mitglied legt seine rituellen Geschenke zu Füßen des Altars: grüne Bananen, Zuckerrohr, Salz, Erdnüsse, geräucherter Fisch, eine (essbare) Baumratte, eine Flasche Zuckerrohrschnaps, ein Glas Wein, ein Stück Holzkohle, Staub und drei Steine. Die Initiationszeremonie beginnt mit einer Prozession, die aber nicht öffentlich ist, weshalb sie meist innerhalb des Hauses oder im Garten des Tempels durchgeführt wird. Der einzige Tag, an dem die Abakuá auch während der Kolonialzeiten ihren Tempel verließen und auf der Straße tanzten, war der 6. Januar, der Tag der Könige, der Karneval.

Es ist noch nicht lange üblich, dass die Musik der Ñáñigos in der Öffentlichkeit präsentiert wird. 1928 versuchte man erstmalig im Theater von Guanabacoa, das heute zu Havanna gehört, Szenen aus der Mythologie der Abakuá auf die Bühne zu bringen. Die Schauspieler und Tänzer waren alle Ñáñigos, sie entweihten weder rituelle Trommeln noch führten sie einen geheimen Trommelcode auf, trotzdem wurden sie sofort aus dem Geheimbund ausgeschlossen. In den 1940er-Jahren organisierte der 1969 verstorbene kubanische Komponist Ernesto Lecuona eine Aufführung des Tanzes der Teufelchen und löste einen Skandal aus.

Auch eine ganze Reihe von Musikern waren bzw. sind Mitglieder der Abakuá. Der berühmteste unter ihnen ist wohl der legendäre kubanische Perkussionist Chano Pozo, der in den 1940er-Jahren afrokubanische Rhythmen mit US-amerikanischem Jazz verband. Chano Pozo wurde 1948 auf einer Straße in Harlem/New York erschossen – sei es wegen einer Auseinandersetzung um Drogen oder weil er während eines öffentlichen Konzerts einen rituellen Trommelschlag in sein Solo eingebaut hatte.

Kubanischer Karneval

Der Día de los Reyes

Der 6. Januar, der Tag des christlichen Fests der Heiligen Drei Könige, wurde auch für die nach Kuba verschleppten afrikanischen Sklaven ein wichtiger Tag. Auf Zuckerrohrplantagen und in Städten hatten sie sich zu Cabildos zusammengeschlossen, wie man die

Kubanischer Karneval

Vereinigungen der Sklaven jeweils eines afrikanischen Volks nannte. Die Mitglieder der Cabildos wählten alle vier Jahre nach dreitägigen Zeremonien am 6. Januar ihren König und zogen gemeinsam zum Gouverneurspalast. Die spanischen Gouverneure hielten es angesichts der häufig aufflackernden Sklavenrebellionen für ratsam, die Cabildos mit großem Pomp im Palast zu empfangen und sich ihrer Loyalität zu versichern. Tanzend, singend und trommelnd zogen die Cabildos in großen Gruppen, den Comparsas, durch die engen Straßen Havannas, präsentierten ihre besten Tänze, ihre prächtigsten Kostüme und ihre Choreografien und kassierten von jedem Zuschauer einen Real, denn Zuschauer und Neugierige hingen in Trauben auf den Balkonen und drängelten sich an allen Straßenecken. Dieses Schauspiel der *negros bembones*, der ›dicklippigen Neger‹, wie die Spanier sie abfällig nannten, durfte man sich keinesfalls entgehen lassen. Kaum waren die Gruppen am Gouverneurspalast angekommen, eilten die schwarzen Könige die Treppen des Palasts hoch, um die Geschenke in Empfang zu nehmen: Süßigkeiten, Getränke und mindestens eine halbe Unze Gold. Die weißen Herren zeigten sich großzügig an diesem Tag, aus den Palastfenstern regnete es Zigaretten, Bonbons und Geldstücke.

Zwar wünschten die Comparsas dem Gouverneur am 6. Januar offiziell Glück und Segen, aber eine beliebte Pantomime, die man ihm zu Ehren aufführte, war der Tanz, um eine Schlange zu töten. Es war schwierig, der starken und bedrohlichen Schlange den Kopf abzuschlagen, aber schließlich triumphierten die Tänzer doch über das grässliche Reptil. Allerdings gibt es in Kuba weder bissige noch würgende Schlangen. Mitunter geriet dem Gouverneur der Beifall daher etwas verhalten. Nebenbei sei erwähnt, dass die Geschichte der Comparsas ebenso lang ist wie die ihrer Verbote. Kein Wunder, dass die Sklaven während des Karnevals zur Tarnung maskiert durch die Straßen tanzten.

Nicht Rio de Janeiro, sondern Santiago de Cuba – hier wird der kubanische Karneval am ausgelassensten gefeiert

Gesellschaft und Alltagskultur

Traditionelle Karnevalsfiguren

Die Figur des Kokoríkamo oder Kokorióko eignete sich ausnehmend gut, um den Zuschauern sanfte Gruselschauer über den Rücken zu jagen und um kleine Teufeleien zu veranstalten. *Koko* bezeichnet in der Bantú-Sprache etwas Grauenerregendes, Furchteinflößendes. Der kubanische Ethnologe Fernando Ortíz beschreibt eine Comparsa von Kokoríkamos während der Kolonialzeit: »Der Kokoríkamo trägt einen Rock aus Palmfasern, Gräsern und bunten Stoffstreifen. Sein Oberkörper steckt in einem alten Stofffetzen, seinen Kopf hat er in das Skelett eines Pferdekopfes gezwängt, dessen Unterkiefer beim Hin- und Hergehüpfe dämonisch klappert. Um die Fußgelenke und um die Taille hat er sich kleine Glöckchen gehängt, die ebenfalls bei jedem Schritt klingeln. In zwei Reihen, auf jeder Straßenseite eine, zieht die Comparsa der Kokoríkamos die Straßen entlang, angeführt von einem Maskierten, der mit einem Stock einen schleppenden Rhythmus auf einer Bratpfanne schlägt. Doch alle paar Minuten klappert der Anführer frenetisch, und die Kokoríkamos laufen auseinander, springen herum, tanzen, wälzen sich auf dem Boden, vollführen schlüpfrige Pantomimen, klettern die Fenstergitter hoch und dringen sogar in die Häuser ein, um möglichst viele Señoritas und Señoras zu erschrecken ...«

Ein ähnliches Spektakel veranstalteten die Comparsas der Peludos (›Behaarte‹). Über und über mit zottiger Putzwolle behängt und bunt bemalt, sprangen und tanzten sie mit grotesken Verrenkungen im Takt der Trommeln. Noch bizarrer waren die Enanos, die Zwerge, die an die Pygmäen Zentralafrikas erinnerten. Sie steckten in riesigen Mehlsäcken, die ihnen bis knapp über die Knie reichten. Oben in den Sack war ein Fassreifen eingezogen, damit der Mehlsack nicht wie ein solcher herunterhing. Fast sahen sie aus wie wandelnde Litfasssäulen, nur hatten sie mit Rötel und schwarzer Farbe auf den Stoff eine riesige Fratze gemalt und am Saum baumelten zwei mit Werg ausgestopfte Stoffärmchen. Die ganze Gestalt torkelte als riesiger Kopf mit winzigen Extremitäten herum.

Schwarz gekleidet und mit einer roten Kapuze auf dem Kopf tanzte und hüpfte die Comparsa der Geier durch die Straßen. Sehr praktisch, dass die Kapuze ihr Gesicht verdeckte, und noch praktischer, dass sie diese großen Trommeln bei sich trugen, wenn sie über die Straßen und Plätze und sogar bis in die Innenhöfe der Häuser sprangen. Denn vor allem während der Befreiungskriege Kubas gegen Spanien und der Guerillakämpfe in der Sierra Maestra wurden Masken und Trommeln benutzt, um geheime Botschaften und Waffen darin zu schmuggeln.

Die Comparsas als Werbeträger

Da die jeweiligen Behörden das wohl wussten, verboten sie die Comparsas immer wieder – oder versuchten, sie zu kaufen. Vor allem zwischen 1902 und 1958, als sich das Präsidentenkarussell in Kuba mit atemberaubender Geschwindigkeit drehte, ließen die Parteien bei den unzähligen Wahlkampagnen Comparsas für sich trommeln. Die konservative wie die liberale Partei hatten in jeder größeren Stadt Kubas eine Comparsa eingekauft und mit Instrumenten, Kostümen etc. ausgestattet. Als Gegenleistung zeigte die Comparsa die jeweiligen Parteiembleme auf Fahnen und Trikots. Den meisten Comparsas blieb gar nichts anderes übrig, als für Politiker oder Rumfabriken Reklame zu tanzen, denn sie hatten kaum Geld, um immer wieder neue Trommeln und Instrumente zu kaufen, die im Hexenkessel Karneval ständig kaputt gingen.

Nach der Revolution erhielten die Comparsas eine bescheidene finanzielle Unterstützung vom Kulturministerium, die jedoch zu Beginn der Spezialperiode eingespart wurde. Übrigens verlegte die Revolutionsregierung den Karneval kurzerhand in den Juli, um die Zuckerernte nicht zu beeinträchtigen. Während der Wirtschaftskrise der 1990er-Jahre fiel der Karneval ganz aus, seit 1996 wird er als Touristenattraktion neu inszeniert. Die Sitzplätze werden gegen Devisen verkauft.

Musik und Kunst

Trotz aller Krisen gibt es auf der Insel ein sehr lebendiges Kulturleben. An erster Stelle steht die ungemein vitale kubanische Musik, die geradezu allgegenwärtig ist. Aber auch die Bildende Kunst, das Kino und das Ballett haben ein hohes, weltweit anerkanntes Niveau – gleichgültig, ob sie innerhalb Kubas oder im Exil entstehen.

Die offizielle kubanische Kulturpolitik setzt einen deutlichen Akzent auf Lateinamerika. Dies spiegelt sich u. a. jährlich beim Filmfestival in Havanna wider – es ist eines der größten Filmfestivals auf lateinamerikanischem Boden und eine Drehscheibe für lateinamerikanische Produktionen. Das Gleiche gilt für die Kunstbiennale sowie das Ballettfestival, allerdings weniger für die Féria del Libro, die kubanische Buchmesse.

Die staatlichen Reglementierungen bzw. die Zensur betrafen bis 2018 vor allem die Presse, das Fernsehen und die Literatur, umfassen aber seit dem Inkrafttreten des Decreto 349 alle Bereiche der Kunst in Kuba, auch die Musik. Das Gesetz erlaubt künstlerische Betätigung – ob in öffentlichen oder privaten Räumen, als Einzelperson oder Kollektiv – nur nach Registrierung in einer staatlichen Kultureinrichtung oder mit Genehmigung des Kulturministeriums.

Klingender Rum – kubanische Musik

Seit Buena Vista Social Club weiß es die ganze Welt: Musik ist in Kuba ein Grundnahrungsmittel, ein Ventil, ein Konzentrat der Lebensfreude, ohne das auf der Insel absolut nichts funktioniert. Unvorstellbar, dass nicht in irgendeinem Winkel von Havanna Musik gemacht oder gehört würde – selbst bei einem der zahllosen und dann stundenlangen Stromausfälle dröhnt noch irgendwo ein letztes Transistorradio oder intoniert jemand auf einer leeren Flasche eine Rumba. Kommentare von der Straße werden zu Refrains beliebter *sones*, und selbst die Ankündigung einer Kaltfront im Wetterbericht ist nicht davor geschützt, wenig später als satirische Anspielung in einer Rumba zitiert zu werden.

»Wann immer ich Jazz-, Pop- oder Rockmusik höre, entdecke ich darin etwas aus Kuba«, meinte der Komponist, Arrangeur und Orchesterchef Mario Bauzá einmal, zweifellos zu Recht. Wohl kaum ein anderes Land hat – gemessen an seiner Größe – so gewaltigen Einfluss auf die populäre Musik des 20. Jh. ausgeübt wie die karibische Zuckerinsel. Kuba exportiert seit Jahrzehnten Tänze, Musikmoden und Musiker in die ganze Welt.

Mambo, Rumba und Chachachá waren nicht die ersten kubanischen Tänze, die weichgespült und glatt gebügelt auf europäischen Tanzstundenparketts Furore machten. Ähnlich erging es der Habanera, einem Tanz, der Mitte des 19. Jh. in den Salons der feinen Gesellschaft beliebt war und der durch Komponisten wie Ravel, Bizet, Debussy, Faure und Saint-Säens erst die europäischen Konzertsäle eroberte und schließlich als Matrosenhymne La Paloma Weltruhm erlangte.

Ohne Kuba gäbe es weder die New Yorker Salsaszene noch den Latin Rock von Carlos Santana. Auch der Jazz, der schon im alten New Orleans von eingewanderten Kubanern mitkreiert wurde, wäre ganz andere Wege gegangen. Sogar die populäre Musik Westafrikas vom Senegal bis zum Kongobecken hätte auf einen ihrer prägenden Einflüsse der

Musik und Kunst

letzten fünf Jahrzehnte verzichten müssen. Zwar gilt die gesamte Karibik zu Recht als musikalischer Schmelztiegel, doch Kuba hat besonders begierig alle kulturellen Einflüsse wie ein Schwamm aufgesogen und über die Jahrhunderte eine neue, eigene Mixtur daraus geformt: einen lustvollen Klangdschungel, dessen verschlungene Wege vom tropischen Menuett über synkopierte Sones, gellende Bläsersätze und schmachtende Boleros bis zu Rap, Funk, Hip-Hop und elektronischer Musik reichen. Puristische Überlegungen, wie sie die Europäer lieben, waren den kubanischen Musikern dabei immer schon herzlich gleichgültig.

Tausende Musiker schlagen sich in Kuba irgendwie durch – als Straßenverkäufer, Kellner, Schwarzmarkthändler, Taxifahrer, aber auch als Restaurant-, Straßen-, Strand-, Platz- oder Malecónmusiker. Ihre Zahl hat die spanische Plattenindustrie geschätzt: In Kuba bestehe ein Überhang von 12 000 exzellent ausgebildeten Musikern, die keine Arbeit finden, die aber so gut sind, dass sie in jedem anderen Land der Welt in Rockbands, Popgruppen und Orchestern spielen könnten.

Der Nationalrhythmus Son

Vom Son schwärmte der kubanische Nationaldichter Nicolás Guillén: »Der Son ist klingender Rum, mit den Ohren zu trinken … Der Son ist *música mulata* – Mulattenmusik, die Verschmelzung von Europa und Afrika in Kuba. In seinen synkopierten Rhythmen und hämmernden Wiederholungen spiegelt sich unsere Seele.« Nicht nur, weil er afrikanische Rhythmen und Perkussionsinstrumente mit spanischen Gitarren und Poesie verbindet, ist der Son so etwas wie die musikalische Synthese der Geschichte Kubas. Zum Markenzeichen der kreolischen Kultur wurde der Son vor allem deshalb, weil sich weiße und schwarze Kubaner mit dieser Musik identifizieren konnten, und das war neu zu Anfang des 20. Jh.

Wandernde Zuckerrohrarbeiter aus dem Oriente brachten den Son nach Havanna, Santiago de Cuba rühmt sich noch heute, die Wiege des Son zu sein. Das Instrumentarium war leicht und handlich: ein Tres (eine kleine Gitarre, deren Saiten in drei Paaren angeordnet sind), ein Kontrabass, Bongotrommeln, Maracas (Rumbakugeln) und die Claves, zwei Rhythmushölzchen, die gegeneinander geschlagen werden. Die Texte waren zwar in der spanischen Copla-Versform verfasst, doch sie kündeten von einem neuen kreolischen Selbstbewusstsein: Nicht mehr die Schönheiten Kastiliens wurden besungen, sondern die des Oriente, von Camagüey oder Havanna. Mit rasanter Geschwindigkeit eroberte der Son die Hauptstadt. Die kleinen Son-Trios standen bald nur noch an Straßenecken, in Restaurants und Bodegas, während in den Tanzsälen die Sextetos die Macht übernommen hatten. Natürlich kommt auch jener Musiker, der den Son in Havanna berühmt gemacht hat, aus Santiago.

Miguel Matamoros, der Pionier

An seinem 31. Geburtstag beschloss **Miguel Matamoros,** Gelegenheitschauffeur, Anstreicher, Zimmermann und Sänger aus Santiago de Cuba, mit seinen Freunden **Ciro Rodríguez** und **Rafael Cueto** ein Trio zu gründen. Das war am 8. Mai 1925, und das **Trio Matamoros** sollte die berühmteste Son-Formation aller Zeiten werden, bis sich die drei Musiker nach 35 Jahren Zusammenarbeit 1960 zurückzogen. Schon die erste Aufnahme des Trio Matamoros, der Bolero »Olvido« (›Vergessen‹), verkaufte sich allein in Kuba immerhin 65 000-mal, eine astronomisch hohe Zahl für die damalige Zeit. Die RCA Victor hatte das Trio entdeckt und den drei Santiagueros angeboten, in den USA eine Schellackplatte aufzunehmen. Daraufhin wurde man auch in Havanna auf die drei Soneros aufmerksam – überall hörte man ihre Musik, doch bis dahin kannte man das Trio Matamoros in Havanna nicht, man wusste nicht einmal, dass sie Kubaner waren und hielt sie für ein mexikanisches Trio – bis schließlich ein Impresario aus Havanna seinem Freund in Santiago ein Telegramm schickte und ihn bat, die drei ausfindig zu machen und für ein Konzert zu engagieren.

Klingender Rum – kubanische Musik

Also packte das Trio seine Koffer und machte sich auf den Weg in das gut 1000 km entfernte Havanna am anderen Ende der Insel, wo gerade die Sones und Boleros des Sexteto Nacional *en vogue* waren. Das Publikum in Havanna reagierte auf die drei Santiagueros geradezu enthusiastisch – das Trio Matamoros musste bis zu fünfmal täglich in einem Kino, einem Theater oder einem Zirkus auftreten und jedes Konzert von ihnen war ausverkauft.

Ab 1930 gingen Miguel, Ciro und Rafael unablässig auf Tournee: nach New York, Chicago, Madrid, Barcelona und Paris sowie kreuz und quer durch den lateinamerikanischen Kontinent – der Son aus Santiago hatte den Globus erobert. 1960 gab das Trio Matamoros im kubanischen Fernsehen sein Abschiedskonzert. Als Miguel Matamoros im Jahr 1972 in Santiago starb, folgte nahezu die ganze Stadt seinem Sarg.

Selbst wenn man sich nur einen Tag in Kuba aufhalten würde, bekäme man garantiert das berühmteste der rund 200 Lieder, die Miguel Matamoros insgesamt geschrieben hat, zu Ohren. Es ist der »Son de la Loma«, von dem es heute unzählige Versionen gibt. Jede Band, die etwas auf sich hält, aber auch jedes Restauranttrio führt ihn im Repertoire (s. S. 90).

Das Trio Infernale des Son

Wenn es einen Papst der kubanischen Musik gäbe, würde er die drei legendären Soneros **Ignacio Piñeiro, Arsenio Rodríguez** und **Benny Moré** heilig sprechen, denn selbst der weltweite Siegeszug des Buena Vista Social Club wäre ohne diese drei nicht möglich gewesen.

Der großartige Sonero, Sänger und Komponist Ignacio Piñeiro lebte von 1888 bis 1969 in Havanna, schlug sich mit diversen Arbeiten durch, als Stauer im Hafen, Zigarrendreher, Schreiner, was man so macht, wenn man im schwarzen Stadtteil Pueblo Nuevo aufwächst. Dann gründete er eine erste eigene Formation, Los Roncos, ›die Heiseren‹, für die er Chormusik komponierte. 1926 spielte er unter der Leitung von María Teresa Vera als Bassist beim **Sexteto Occidente,** mit dem er nach New York reiste. Spätestens ab 1927 jedoch schrieb Ignacio Piñeiro Son-Geschichte: Er begründete mit den Musikern Juan Ignacio de la Cruz Hermida, Bienvenido Leon Chacón und Alberto Villalón, die bis dahin als Trio aufgetreten waren, das **Sexteto Nacional.** Piñeiro selbst schrieb nicht nur unzählige Sones für sein Sextett, er spielte auch Bass in der neuen Formation. Tag und Nacht spielte das Sexteto Nacional bei allen Radiosendern Havannas live, gab Konzerte auf Plätzen und in Theatern, denn die Hauptstadt war verrückt nach dem neuen Sound: *son cubano*, aber nicht in der einfachen Besetzung, sondern verfeinert, mit einer Trompete und kunstvoll gesetzten mehrstimmigen Parts, stark synkopiert und absolut tanzbar, wie »Échale salsita« eben, und dieser Son gilt als Ursprung der Salsa.

1932 reiste George Gershwin nach Kuba und schaltete den Radiosender CMCJ ein, bei dem das Sexteto gerade Piñeiros Sones spielte. Gershwin suchte Piñeiro auf, die beiden wurden Freunde. Gershwin studierte die Sones von Piñeiro und zitierte »Échale salsita« in seiner »Kubanischen Ouvertüre«. Wer den CDs kubanischer Kultbands vom BVSC bis Adalberto Álvarez aufmerksam zuhört, wird feststellen, dass der große alte Meister Ignacio Piñeiro sehr viele ›aktuelle‹ Sones geschrieben hat.

Der größte Sonero aller Zeiten

Arsenio Rodríguez, legendärer Tres-Spieler, Bandleader und Komponist, revolutionierte in den 1940er-Jahren die kubanische Tanzmusik und insbesondere den Son, indem er Congas, Piano und eine gut bestückte Bläsersection einbaute. Als er 1947 nach New York reiste, sorgte er mit seiner kraftvollen Musik für eine Sensation. Viele Kompositionen von Arsenio Rodríguez sind Standards der Latin Music geworden, vor allem in der Salsa. Später verlor Arsenio sein Augenlicht, doch er spielte weiter und sein Publikum nannte ihn liebevoll *el cieguito maravilloso,* ›den wunderbaren Blinden‹. 1972 starb Arsenio Rodríguez in Los Angeles.

Die Casa de la Trova – ein Haus für Troubadoure

Eine Casa de la Trova gibt es in vielen kubanischen Städten. Berühmt ist die von Santiago de Cuba. Ihre Ursprünge gehen auf einen Tabakladen zurück. Virgilio Palais, Sänger und Zigarrendreher, hatte in den 1950er-Jahren in der Calle Heredia seinen Laden Aquí está Virgilio (›Hier ist Virgilio‹) eröffnet.

Und weil die Trovadores und Soneros ihre Zigarren mindestens ebenso liebten wie die Musik, trafen sie sich im Laden ihres Kollegen. Bald war Virgilios Tabakladen in Santiago berühmt, weil man hier die besten Musiker hören konnte. Nach der Revolution 1959 überließ die Regierung den Musikern das Gebäude nebenan, die heutige Casa de la Trova. Noch heute hängen im Saal die Porträts der allerersten Troubadourgeneration: Sindo Garay lächelt milde auf das bunt gemischte Publikum, ein vergilbter Manuel Corona blinzelt wissend den Musikern auf der winzigen Bühne zu, und Ñico Saquito breitet die Arme aus, als wollte er die alten Boleros, Sones und Guarachas segnen.

Benito Antonio Fernández Ortíz, wie Ñico Saquito mit bürgerlichem Namen hieß, war als Meister der frechen, ironischen Guarachas einer der beliebtesten Musiker Kubas. Auch die Guaracha »Estoy hecho tierra« stammt von ihm: »Ich bin am Boden zerstört (wörtl. Ich bin ein Häufchen Erde), und wenn sie jetzt auch noch Wasser auf mich kippen, dann werde ich zu Schlamm (…).« Mit seiner Band Los Guaracheros del Oriente hatte er großen Erfolg – sein Auskommen allerdings verdiente er sich in einer Autowerkstatt. Vielleicht spielte Ñico in seiner von tragikomischen Missgeschicken nur so wimmelnden Guaracha auf diese Zeiten an.

Meist platzt die Casa aus allen Nähten. Die Einzigen mit einem Minimum an Bewegungsfreiheit sind die Musiker auf der Bühne. Dabei bewegen sie sich kaum. Mit stoischen Mienen, in denen nur manchmal kurz ein charmantes Lächeln oder der Schalk in den Augen aufblitzt, singen die alten Männer ein Lied nach dem anderen: den Guaracha-Son von dem Gelähmten, der von einem Wunderdoktor kuriert wurde und fortan schneller rannte als die Straßenbahn (oder war es die Magie des Son, die ihn heilte?); einen herzzerreißenden Bolero, der von Wunden berichtet, die kein Arzt der Welt mehr heilen kann; und natürlich die unvermeidliche Räuberpistole von den ›Schwarzen Tränen‹ (»Lágrimas negras«): »Obwohl du mich in die Verlassenheit gestoßen hast, obwohl du all meine Illusionen zerstört hast – statt dich richtigerweise zu verfluchen, überschütte ich dich in meinen Träumen mit Zärtlichkeit und weine schwarze Tränen …«.

Spätestens wenn die Veteranen auf der Bühne von ihrer eigenen Zunft singen, ist die Magie des Son auch in die Beine der Touristen gefahren. »Mamá, sag mir: wo kommen die Sänger her? Sie kommen aus den Bergen, sie singen in der Ebene – ich finde sie galant und virtuos, wie gern würde ich ihre Kunst erlernen …«. »Son de la Loma« heißt diese in Kuba allgegenwärtige Hymne auf die Musik aus Santiago, doch in der Casa de la Trova klingt sie einfach am besten.

Klingender Rum – kubanische Musik

Benny Moré gilt in Kuba noch immer als *sonero mayor*, als größter Sonero aller Zeiten. Dieser Titel wurde ihm in Kuba nicht erst nach seinem Tod am 19. Februar 1963 verliehen. Schon zu Lebzeiten war Benny Moré der populärste Sänger der Karibik, genial, skandalumwittert und trotzdem oder gerade deshalb vom Publikum verehrt wie eine Ikone. Nur 43 Jahre alt ist Benny Moré geworden und trotzdem hat er die populäre kubanische Musik und in der Folge die Salsa beeinflusst wie kaum ein anderer Musiker. Kaum eine Band in Kuba und der Karibik hat nicht seine klassischen Sones, Mambos und Boleros im Repertoire, Musiker wie Ibrahím Ferrer, Salseros wie Tito Puente und Celia Cruz, die Exildiva der kubanischen Musik, spielen seine Kompositionen und haben Benny Moré mit mehreren Plattenaufnahmen ein musikalisches Denkmal gesetzt (s. S. 297).

Mambo und Mafia …

1949 schwappte der Mambo von Kuba nach Amerika und begeisterte dort vier, fünf Jahre lang die Yankees. Ihm folgten viele kubanische Musiker, um in den Tanzpalästen New Yorks zu Ruhm und Reichtum zu gelangen. In Kuba hatten viele Musiker durch das Aufkommen des Tonfilms und den damit verbundenen Niedergang des Stummfilms ihren Job im Orchestergraben verloren. Auch sonst waren es wüste Zeiten in Havanna. Die Korruption herrschte bis in die Regierungskreise hinauf, Vetternwirtschaft und das Lotteriespiel blühten. Letzteres wurde sogar von der Polizei organisiert. Die amerikanische Mafia kontrollierte nicht nur Prostitution, Glücksspiel, den Alkohol- und den Devisenhandel, sie hatte auch die gesamte Vergnügungsindustrie in der Hand – und dazu gehörten auch die Music Halls und Tanzorchester. Sie bestimmte, welche Band in welchem Klub auftreten konnte, wie viel die Musiker verdienten und ob und wohin Tourneen gemacht wurden.

Der beliebteste Gesellschaftstanz jener Zeit war der **Danzón**. Gespielt wurde er von Bands wie dem **Orquesta Aragón, La Ideal** oder **Arcaño y sus Maravillas** in den mondänen Jachtklubs für die *happy few*, aber ebenso in den leicht heruntergekommenen Belle-Epoque-Tanzsälen Althavannas für das einfache Volk. Hervorgegangen war der Danzón Ende des 19. Jh. aus der französisch-spanischen Contradanza und gespielt wurde er von traditionellen Orchestern, den Charangas. Ihr Sound wurde vor allem von Violinen und Querflöten geprägt. Heute mögen die Danzones harmlos bis merkwürdig, vor allem aber eher europäisch als karibisch klingen. In der Tat stammt der Danzón aus dem europäisch beeinflussten Teil der kubanischen Musik, aber vornehm oder gar steril waren die Danzones in den 1930er- und 1940er-Jahren keineswegs. Im Gegenteil.

Viele der Danzones hatte **Orestes López** geschrieben, Bassist im Orchester von Arcaño. Er hatte sich darüber geärgert, dass bei den traditionellen Danzones sowohl Musiker wie auch Tänzer zu kurz kamen, weil immer dann, wenn sie so richtig in Fahrt gekommen waren, die Musik schon wieder zu Ende war. Also zog Orestes López den Schlussteil der Danzones etwas in die Länge, synkopierte ihn stärker und arrangierte die Danzones so um, dass Querflöte, Piano und Perkussion Zeit für vernünftige Soli bekamen. Wenn Orestes López kurz vor dem Schlussteil *mil veces mambo* (›tausendmal Mambo‹) sagte, konnte der Flötist mit seiner Improvisation beginnen. Wenn er das nicht tun sollte, sagte López: *vamos a mambear* (›lasst uns einen draufmachen‹) und die ganze Band zog das Tempo an. 1939 kam Orestes López auf die Idee, einen derart ›mamboisierten‹ Danzón auch Mambo zu nennen. Einer seiner Hits war übrigens ein Mambo-Danzón mit dem Titel »Buena Vista Social Club«, denn so hieß der Gesellschaftsklub im gleichnamigen Viertel, in dem Arcaño y sus Maravillas oft am Wochenende spielten.

Allerdings erntete nicht Orestes López die Lorbeeren für diesen neuen Tanz. Ruhm und Ehre, den Mambo erfunden zu haben, fielen auf den kubanischen Pianisten und Sänger **Dámaso Pérez Prado,** der seit 1949 in Mexiko lebte. Heute haben die kubanischen Musiker auf die Frage »Wer erfand den Mambo?«

eine salomonische Antwort gefunden. Orestes López aus Arcaños Orchester hat ihn aus dem Danzón entwickelt, aber er war weder aus den Salons noch über die Grenzen Kubas herausgekommen. Pérez Prado hat den Mambo nicht erfunden, aber er hat den Mambo vom Danzón getrennt, ihn aus den Salons geholt und weltweit berühmt gemacht. Und die US-amerikanische Musik- und Filmindustrie hat dabei vielleicht ein wenig nachgeholfen.

... CIA und Chachachá

Enrique Jorrín, damals 24-jähriger Violinist und Bandleader des **Orquesta América,** hatte festgestellt, dass die Leute zu seinen Mambo-Danzones völlig anders tanzten als zu der Musik anderer Charangas. Aus einfachem Grund: Jorrín hatte den Schlussteil seiner Danzones abgetrennt und sie mit einer sechs bis acht Takte langen Einleitung versehen, auf die das Tanzpublikum ganz bestimmte Schritte erfand. Wenn dann an die 400 Füße über das Parkett schoben, entstand dabei ein Geräusch, das sich anhörte wie ›scha-scha-schá‹. Der Tanz war längst in Mode gekommen, hatte aber immer noch keinen Namen. Warum soll man ihn nicht nach dem Schlurfgeräusch nennen, dachte sich Jorrín. Er verkündete seine Idee allerdings erst, nachdem er 1953 den Hit »La Engañadora« aufgenommen hatte, der als erster Chachachá in die Musikgeschichte eingegangen ist. Auf dem Original-Plattencover hatte Jorrín diesen Song noch als Mambo-Rumba bezeichnet, was ihm einigen Ärger einbringen sollte, denn ab 1953 gab es dann plötzlich viele Väter des Chachachá.

Die Geschichte, wie dieser erste Chachachá »La Engañadora« entstanden ist, kolportiert die kubanische Journalistin Erena Hernández: »Eines Tages lief ich durch die Straße Infanta in Havanna, erzählte Jorrín, und da kam eine Frau mit unglaublichen Kurven vorbei, also schon sehr provozierend. (…) Und natürlich blieben alle Männer auf der Straße stehen, denn diese Frau war wirklich außergewöhnlich. Ein Mann fiel sogar vor ihr auf die Knie und betete sie an, als wäre sie die Jungfrau Maria. Aber die Frau ging an ihm vorbei und warf ihm nur einen verächtlichen Blick zu. Daraufhin knurrte der Mann ärgerlich: So ein Aufstand und nachher ist alles aus Gummi. Das war an einem Samstag und wie jeden Samstagabend spielten wir im Tanzsaal am Prado. Dort war mir ein bildschönes junges Mädchen aufgefallen, das immer in weißes Leinen gekleidet war. Nun waren ihre Körperteile sehr merkwürdig proportioniert, denn die, die man wegen der Kleidung nicht sehen konnte, waren viel voluminöser als ihre Arme und Beine. (…) An jenem Abend kam das Mädchen in den Saal und hatte sich noch nicht präpariert. Sie verschwand kurz in der Toilette und kam kurvig wieder heraus. Da meinte ich, es sei vielleicht an der Zeit, mal ein Lied über eine Hochstaplerin zu machen«, die *engañadora* also.

Trotz Rock'n Roll und anderer amerikanischer Musik entdeckte das kubanische Publikum mit dem Chachachá die eigene Musik wieder. Die Leute gewöhnten sich daran, die Zeit in vor dem Chachachá und nach dem Chachachá einzuteilen. Vor dem Chachachá hatten die typischen Charangas kaum die Butter aufs Brot verdienen können – maximal 200 Pesos gab es 1953 für einen Silvesterball, und da standen immerhin etwa 15 Musiker auf der Bühne. Nach dem Chachachá wurden kubanische Charangas ins Fernsehen gebeten, in die luxuriösesten Cabarets und in die besten Klubs. Das Orchester von Enrique Jorrín, an dessen Piano ein gewisser **Rubén González** saß, wurde gar auf Staatsempfänge gebeten und brachte auf diese Weise selbst den Prinzen von Wales dazu, Chachachá zu tanzen – »auf seine Art zwar«, bemerkt Jorrín, »aber immerhin, er hat Chachachá getanzt.« Das rhythmische Schlurfgeräusch war bis in den letzten Winkel der Erde vorgedrungen.

Rumba: Aus den Sklavenhütten in die Salons

Die hochprozentigste akustische Rumsorte dürfte die kubanische Rumba sein: Musik zum Feiern und zum Tanzen, musikalische Unterhaltung aus Sklavenbaracken, Mietskasernen

Klingender Rum – kubanische Musik

und Vorstädten. Schwarze Musik, entstanden aus dem Überlebenswillen der nach Kuba verschleppten afrikanischen Sklaven und ihrer Nachfahren, die mit Witz und virtuosen Trommelschlägen ihren Alltag auf der Zuckerinsel kommentierten.

Rumba ist in Kuba der Oberbegriff für drei sehr verschiedene Rhythmen: **Yambú, Columbia** und **Guaguancó**. Der Yambú ist ein heute ziemlich aus der Mode gekommener Paartanz, die Columbia dagegen gibt als reiner Männertanz Raum für akrobatische Choreografien, und das, was in Europa als Salonrumba bekannt ist, ist nichts anderes als eine schwer gebleichte und weichgespülte Version des kubanischen Guaguancó.

Die alten schwarzen Musiker in Kuba bestehen auf der Feststellung, dass der Guaguancó ursprünglich überhaupt kein Tanz war, sondern vor allem Gesang, so etwas wie eine klingende Zeitung. Der Guaguancó-Sänger unterhielt sein Publikum mit gesungenen Geschichten und Anekdoten, er kommentierte mit deftigem Humor politische Ereignisse und Skandale, er karikierte Aufseher, weiße Herren und Politiker oder kolportierte Klatsch und Tratsch aus dem Stadtviertel, dem *barrio*. Erst seit Anfang des letzten Jahrhunderts wurde dem gesungenen Teil des Guaguancó ein getanzter Teil angehängt, weshalb der Guaguancó auch immer mal wieder verboten wurde. Denn die Choreografie des Guaguancó ist recht anzüglich, um nicht zu sagen pornografisch: Tänzerin und Tänzer spielen das alte Spiel von der hinausgezögerten Eroberung, der Hahn umkreist die Henne. Die Zuschauer stehen im Kreis um die tanzenden Paare und kommentieren mit rhythmischem Klatschen, mit Pfiffen, Rufen und Gelächter den getanzten Geschlechterkampf, der traditionell mit der neckischen Ergebenheitsgeste der Frau endet: Sie erlaubt, dass der Mann ihr Becken ›impft‹ – *vacunao* nennt man das auf Kubanisch.

Die Verbindung von protestantischem Christentum und der Sklaverei, wie sie im Süden der Vereinigten Staaten existierte, hat einen Schmerz hervorgebracht, der sich im Blues äußert. Im Gegensatz dazu hat die katholische Religion in Kuba der Doppelmoral einen sehr viel größeren Spielraum gelassen. Die afrikanischen Sklaven wurden zwangsmissioniert, doch ihre Götter lebten unter dem Deckmantel katholischer Heiliger weiter. Die weißen Herren quälten ihre Sklaven und bestraften sie mit Peitschenhieben, doch andererseits lebten sie, wenn auch illegal, mit schwarzen Frauen zusammen. Dadurch entstanden andere Spielregeln als in einer calvinistischen Kultur, und vielleicht schwingt deshalb anders als im Blues im kubanischen Guaguancó fast immer ein witzelnder oder ironischer Unterton mit. Nur ganz selten wird im Guaguancó die Traurigkeit als endgültig akzeptiert. Zwar hat der Guaguancó diese Traurigkeit auch in sich aufgenommen, doch er setzt ihr Vitalität entgegen, er gibt sich nicht so leicht geschlagen. Der kubanische Schriftsteller Jesús Díaz formulierte es so: »Soweit mir bekannt ist, gibt es nur in Kuba ein Lied, in dem sogar der Tod einen Rückzieher macht: ›Mama, der Tod kam, um mich zu holen‹, heißt es darin, ›aber als er mich so ernst sah, sagte er mir, es sei nur ein Spiel, und ging wieder‹.«

Der Bolero und die romantischen Lieder

Canción romántica, ›Romantisches Lied‹ – in den Ohren eines Mitteleuropäers mag so etwas eher wie eine Warnung vor einer Schnulze klingen, aber in Lateinamerika und im karibischen Kuba ist es durchaus als selbstbewusste Definition gemeint. *Canciones románticas* hört man in Havanna von den alten Sängern an der Straßenecke und von den unvermeidlichen Restauranttrios. »*Bésame* – Küss mich!«, seufzt es aus Transistorradios, »Du bist mein Delirium«, flüstern die Lautsprecher am Swimmingpool. »Wenn du mich doch verstehen würdest«, flehen penibel gekämmte Herren im Fernsehen gleich nach den Abendnachrichten. Bolero – das sind sanfte Dissonanzen, bittersüßes Glück, ein traurig-glücklicher Rausch. Man sollte seine Gefühle verstecken, zurückhalten oder gar analysieren? Eine wahrhaft kranke Idee. Ge-

Musik und Kunst

fühle und der Wunsch nach schönen, angenehmen Gefühlen sind allgegenwärtig wie die brennende Sonne und das smaragdgrüne Meer, wie ein beständiges Flirren in der feuchtwarmen Luft. Kitsch? Nicht kitschiger als die weißen oder bonbonfarbenen Häuser und die Palmenlandschaft, von der schon Alejo Carpentier sagte, man könne sie einfach nicht malen, es würden unweigerlich Postkartenidyllen daraus entstehen.

Worum es im Bolero geht? Um Liebe, Taumel, Leidenschaft, Eifersucht und Wahnsinn, um Schicksal, Glück, Verführung, Verlassen. Das Boleroalphabet endet mit A wie Abschied oder Abgrund und beginnt mit V wie Verführung oder Verrat. Zwischen A und V ist ein sehr dünnes Seil gespannt, auf dem die Boleroakrobaten herzzerreißende und psychoanalytisch hochinteressante Sprünge und Pirouetten vollführen. Das allein aber vermag ein Millionenpublikum noch nicht zu fesseln, zumindest nicht über Jahrzehnte. Der Schlüssel des Erfolgs: Die Pierrots auf dem Seil besingen ihre Gefühle mit einer unverblümten Sinnlichkeit, die einen Übersetzer verzweifeln lässt. In anderen Worten: Eine Verführung findet statt. Das gilt für den allerersten Bolero der Musikgeschichte – »Tristezas« von **Pepe Sánchez,** einem Trovador aus Santiago de Cuba (1883) – und für alle folgenden, von den Boleros des Trio Matamoros, Benny Morés und Célia Cruz bis zu den hinreißenden Boleros des gesamten Buena Vista Social Club.

Der Buena Vista Social Club

1996 stellte **Juan de Marcos González** für den amerikanischen Gitarristen **Ry Cooder** eine All Star Group mit den besten Son-Musikern Kubas zusammen, um eine CD einzuspielen. Für das Projekt Buena Vista Social Club war ein Klub namengebend, der in den 1940er- und 1950er-Jahren sehr beliebt war. Das 1997 eingespielte Album der Musiker, die alle älter als 70 Jahre waren, wurde mit einem Grammy ausgezeichnet. Der von Wim Wenders 1998 gedrehte Musikdokumentarfilm löste den weltweiten Erfolg des Buena Vista Social Club aus. Die Lebenswege der beteiligten Musiker erzählen Geschichten, wie sie unzählige anonyme Musiker auf Kuba ebenfalls erlebt haben.

Rubén González

Es hätte nicht viel gefehlt, und **Rubén González** (1919–2003), der im April 1919 in einem kleinen Dorf in der Nähe von Santa Clara geboren wurde, wäre Landarzt geworden. Er studierte sechs Semester Medizin, bis er das Studium an den Nagel hing, um sich ganz auf sein Klavier zu konzentrieren. In den 1940er- und 1950er-Jahren spielte Rubén mit den besten kubanischen Bands: In **Arsenio Rodríguez' Orchester** war Rubén González dabei, mit **Mongo Santamaría** hat er gespielt und mit dem Orchester **Los Hermanos Castro** im legendären Nachtklub Tropicana in Havanna. Im eleganten Tropicana sah man schwarze Musiker nicht so gern, doch sie waren auch damals schon die besten und Rubén González nahm böse Worte über seine Hautfarbe mit stoischer Gelassenheit hin. Zwischenzeitlich hatte er auch eine eigene Band, mit der er in Panama auf Tournee ging, und weil sie besonders gut war und viele schwarze Musiker mitspielten, nannte er sie als Revanche auf die Diskriminierung **Las Estrellas Negras** (›Die schwarzen Sterne‹). Als Enrique Jorríns Orchester mit dem Chachachá weltweit Furore machte, saß Don Rubén am Piano. Jorrín und Rubén González arbeiteten lange Jahre zusammen, bis zum Tod von Enrique Jorrín. Da klappte auch Don Rubén sein Klavier zu und fühlte sich fortan als Rentner. Er war damals 67 Jahre alt und die Arthritis quälte ihn. Doch es kam anders: 1996 begann mit der Produktion des Buena Vista Social Club seine Weltkarriere.

Omara Portuondo

Als im Erdgeschoss des EGREM-Studios in Centro Habana die Buena-Vista-CDs aufgenommen wurden, war **Omara Portuondo** im ersten Stock gerade dabei, eine kleine Aufnahme zu machen. Ein glücklicher Zufall, denn die kubanischen Musiker schlugen den World-Circuit-Leuten gleich vor, Omara mitsingen zu lassen – der Grundstein für eine späte Weltkarriere war gelegt.

Klingender Rum – kubanische Musik

Omara Portuondo wurde 1930 in Havanna geboren und war dort in den 1950er-Jahren die Königin des Filin, einer jazzig und leicht ironischen Färbung der beliebten Boleros. Omara sang im ersten Frauenorchester der Karibik, Anacaona, und gründete 1952 mit Elena Burke, Moraima Secasa und ihrer Schwester Haydée Portuondo das Quartett **Los d'Aida.** Dieses Quartett unter der Leitung von Aida Diestro wurde sofort zum Publikumsliebling der Filin- und Bolerofans aus Havanna – vier gut aussehende junge schwarze Frauen mit hoch aufgetürmten und festgesprayten Haaren sangen meist a cappella schmelzende Filin-Hits. Bis 1967 blieb Omara beim Quartett Los d'Aida. Dann war die Ära des Filin in Kuba vorübergehend vorbei (endgültig vorbei ist sie nie), und Omara sang mal hier, mal da, probierte alles Mögliche aus und geriet beim großen Publikum in Vergessenheit. Als sie im Zuge der ›zweiten Entdeckung Kubas‹, wie man den von der Buena-Vista-Produktion ausgelösten Boom kubanischer Musik scherzhaft nannte, wiederentdeckt wurde, konnte plötzlich niemand mehr verstehen, wie man so lange eine so herausragende Sängerin nahezu ignorieren konnte. In den bittersüßen Boleros, die sanft über dem Abgrund schweben, ist Omara die unumstrittene Meisterin.

Ibrahím Ferrer

»Für mich bedeutet die Musik einfach alles«, sagte der Sonero **Ibrahím Ferrer** (1927–2005). »Ob es mir gut, mittelmäßig oder schlecht ging: Immer war die Musik dabei. Und das konnte eigentlich auch gar nicht anders sein, denn ich wurde schließlich während einer Tanzveranstaltung geboren.« Das war 1927 in Santiago de Cuba, der heimlichen Hauptstadt der Insel. Ibrahím wuchs im musik- und karnevalsbesessenen Viertel Los Hoyos auf, sein Großvater war Präsident mehrerer bekannter Kulturvereine und organisierte unablässig Konzerte, Jamsessions und große Tanzveranstaltungen – sogar in seinem eigenen Wohnzimmer. Die Musiker aus Santiago gaben sich im Haus der Familie Ferrer die Klinke in die Hand und Ibrahím lernte von

Behaupte einer, in hohem Alter ließe sich nichts mehr erreichen: Compay Segundo und die betagten Mitglieder des Buena Vista Social Club gelangten erst spät im Leben zu Weltruhm

Musik und Kunst

jedem etwas. In den 1950er-Jahren allerdings veränderte sich das Klima in Santiago. Diktator Batista verschärfte sein repressives System und die entstehende Guerillabewegung setzte die Regierung im Gegenzug kräftig unter Druck. Santiago, eine sehr revolutionäre Stadt, war besonders von der Repression betroffen. Selbst die Biografie so unpolitischer Musiker wie Ibrahím Ferrer wurde von den politischen Verhältnissen beeinflusst. Ibrahim musste von Santiago nach Havanna flüchten. Dort komponierte er unzählige Lieder, vor allem Boleros, und sang in Benny Morés legendärer Banda Gigante. In den 1970er-Jahren regierte die Nueva Trova jedoch die Musikwelt Kubas, die jungen Singer-Songwriter wie Silvio Rodríguez und Pablo Milanés wurden wie Ikonen verehrt und prägten nicht nur musikalisch junge Musikergenerationen. Die Boleros der Troubadoure, ihre Sones, Mambos und Chachachás waren aus der Mode gekommen und wie viele Musiker seiner Generation wurde auch Ibrahím Ferrer nahezu arbeitslos. Er schlug sich mit diversen Jobs durch und lebte von einer kümmerlichen Rente, als er für das Buena-Vista-Projekt geholt wurde. Nachdem Ibrahím Ferrer mit den unzähligen Liedern, die er in 50 Jahren geschrieben hatte, in Kuba ganze 28 Pesos an Tantiemen verdient und 36 Jahre lang ebenso geduldig wie vergeblich auf einen Telefonanschluss gewartet hatte, nahm er mit 72 Jahren – nach dem BVSC-Boom – sein erstes Soloalbum auf und erhielt dafür einen Grammy als bester Nachwuchskunstler.

Compay Segundo

Musik hat er gemacht, seit er denken kann, denn schließlich wurde er in Santiago geboren. Als Kind lernte **Compay Segundo** (1907– 2003) Gitarre und Tres und spielte als 14-Jähriger bereits als Profimusiker Klarinette in der städtischen Banda Municipal. Doch am liebsten saß Compay Segundo in den Musikkneipen neben den legendären Troubadouren der Stadt und begleitete sie mit Läufen von synkopierten Tonfolgen auf der Gitarre. Er lernte von ihnen die hohe Kunst der Improvisation, erfand unzählige Sones und bastelte sich 1924 eine besondere Gitarre, das Armónico: Die Stimmung der sieben (statt sechs) Saiten eröffnete ihm einen individuellen Sound, der die anderen Musiker und das Publikum faszinierte. Mit dem Son zog auch Compay Segundo von Santiago nach Havanna, wo er in den 1930er-Jahren mit allen berühmten Soneros spielte und die jeweiligen Hauptsänger virtuos als ›zweite Stimme‹ begleitete. 1949 gründete er mit Lorenzo Hierrezuelo das Duo **Los Compadres.** Zunächst spielten sie Reklamesongs für eine Seifenfirma in einem Radiosender, doch schnell avancierten sie mit ihren pikanten, poetisch-augenzwinkernden Sones zu Lieblingen der musikbegeisterten Habaneros. Damals übernahm Compay Segundo seinen Spitznamen ›zweite Stimme‹ endgültig als Künstlernamen. Nach sechs Jahren trennte sich das Duo und Compay Segundo machte mit eigener Formation weiter, doch große Erfolge konnte er nicht mehr feiern – Havanna taumelte im Mambo- und Chachachá-Fieber und dank Diktator Batistas repressivem und korruptem System verteilte die Musikmafia die besten Gigs in der Hauptstadt.

Nach der Revolution 1959 arbeitete Compay Segundo jahrelang in einer Tabakfabrik und rollte Tag für Tag seine Lieblingszigarren Montecristo. Erst in den 1980er-Jahren hatte er wieder eine eigene Band: **Compay Segundo y sus Muchachos,** doch in Havanna hatten die traditionellen Boleros und Sones das Etikett Musik für Großväter und bis auf eine Handvoll eingefleischter Son-Fans interessierte sich kaum jemand für Compay Segundo. Das Desinteresse an seiner Musik kommentiert Compay Segundo jedoch ebenso stoisch wie seine fulminante Wiederentdeckung und seinen Welterfolg: »Sieben Ellen unter der Erde liegt ein Diamant, und wer ihn heraus holt, hat ihn entdeckt. Genau das ist mir passiert.« Nach seinem Tod kehrte Compay Segundo in seine Geburtsstadt zurück, er wurde in Santiago de Cuba auf dem Friedhof Santa Ifigenia beigesetzt. Die Gräber von Rubén González und Ibrahím Ferrer befinden sich auf dem Cementério de Colón in Havanna.

Der Sound des 21. Jahrhunderts

Timba

An einem Samstagabend im Frühling auf dem Malecón, Havannas Uferpromenade, unterhalb des Hotel Nacional findet so etwas wie ein Open-Air-Event auf kubanische Art statt: Gruppen von Jugendlichen sitzen auf der Mauer, ihre Fahrräder neben sich geparkt, andere schlendern mit ihren Ghettoblastern über das Trottoir, übertönt von synkopierten Bläsersätzen aus Autoradios – zwischen ihnen einige Touristen. Plötzlich legt sich ein unwiderstehliches Bassriff, gefolgt von klirrenden Bläsersätzen über den verwirrenden Klangdschungel am Malecón – die Cafetería beschallt mit Riesenlautsprechern die abendliche Szenerie. Discostimmung kommt auf, umsonst und draußen, fast jeder tanzt nun, allerdings ganz anders, als man es in europäischen Salsakursen lernt: Oberkörper und Beine der Kids bewegen sich in gegenläufigen Rhythmen, zusammengehalten durch kreisende Hüften und akzentuierende Armbewegungen. **Timba** ist das, eine modernisierte Version des Son, sozusagen der Son des 21. Jh. Jeder hier kennt die Songs der aktuellen Bands auswendig, ob von **Manolín**, dem Salsaarzt, von der **Charanga Habanera**, von **Paulito y su Élite**, von **Isaác Delgado**, **José Luís Cortés**, **Los Van Van**, **Bamboleo**, **Klimax** oder von **Adalberto Álvarez**, der als Erster den Rap adaptierte und sich als praktizierender Weissagungspriester der Santería outete.

Rap, Reggaeton und Punk

Der geballte Alltagsärger der jüngeren Kubaner bricht sich Bahn in bissigen **Raps**. Mit Sprachwitz und vielen Doppeldeutigkeiten kommentieren zahllose Rappergruppen in Kuba die Währungsapartheid, die Allgegenwart der Polizei und das, was sie als Verlogenheiten des Systems verstehen. Doch wenn sie bekannt und in Kuba verbreitet werden, und vor allem, wenn sie ins Ausland wollen, haben die Rapper sich an enge Spielregeln zu halten: Ihre Texte müssen »gesunde Inhalte« haben und sich im Rahmen der Revolution bewegen und die Musiker müssen von der UNEAC (Kubanischer Schriftsteller- und Künstlerverband) als Künstler anerkannt sein. In diesem Fall werden sie sogar kulturpolitisch gefördert: Die **Asociación Hermanos Saínz** (AHS, Kulturorganisation des Kommunistischen Jugendverbands) hilft ihnen mit Studios, Kontakten, Videoclips und Auftritten. Und die Bands haben eventuell eine Chance, beim Label der 2002 gegründeten Agencia Cubana de Rap zu veröffentlichen. Das unterstützt auch den von der Regierung für förderungswürdig befundenen Reggaeton, ein Musikgenre, das auf Kuba sehr beliebt ist und erfolgreiche Bands wie Gente de Zona und Yomil & El Dany hervorgebracht hat.

Die meisten Rap- und Reggaeton-Künstler wollen mit der offiziellen Agentur aber nichts zu tun haben. Ihre Underground-Existenz lässt den MusikerInnen einen größeren Freiraum und sie müssen sich nicht nach der Schere im Kopf richten. Seit die kubanische Regierung 2018 mit dem Decreto 349 (s. S. 87) die Zensur im musikalischen Bereich drastisch verschärft hat, verlassen fast alle kritischen Bands früher oder später die Insel. Die meisten Gruppen in Kuba nehmen ihre Songs in provisorischen, unabhängigen Studios auf und stellen sie direkt ins Netz, wo sie teilweise innerhalb kurzer Zeit eine riesige internationale Hörerschaft erreichen.

Ähnlich arbeitet auch die **Punkmusikszene**, deren bekanntester Frontmann der Musiker und Bildende Künstler **Gorki Águila** ist. Für die Band **Porno Para Ricardo** schrieb er drastische Songs, in denen er beispielsweise Fidel Castro als »fortwährendes Koma« tituliert und keinen Zweifel darüber lässt, was er vom politischen System Kubas hält. Als Águila 2008 verhaftet wurde, setzten sich die kubanische Bloggerszene (s. S. 43) sowie diverse exilkubanische Autoren wie Zóe Valdés und Raúl Rivero im Ausland über die internationale Presse für seine Freilassung ein, die schließlich auch erfolgte. Seitdem wird Gorki Águila immer wieder kurz inhaftiert oder muss Bußgelder zahlen. Er hat Auftrittsverbot in Kuba und wird von den Behörden drangsaliert.

Musik und Kunst

Die jungen Hip-Hopper und Rapper Kubas kommentieren ironisch ihren Alltag

Einer der bekanntesten kubanischen Rapper ohne Schere im Kopf ist **Raudel Pedroso**, bekannt als **Escuadrón Patriota.** Der Psychologe und Rastafari kritisiert in seinen Songs ganz offen die Regierung und ruft die Opposition in Kuba und die exilkubanische Gemeinde in aller Welt auf, sich zu vereinen. Deshalb wird Escuadrón Patriota von offiziellen Events ausgeschlossen und hat mit allen in solchen Fällen üblichen Behinderungen zu leben.

Der östlich von Havanna gelegene Stadtteil Alamar, ein heruntergekommenes Plattenbauviertel, gilt als Keimzelle des **Hip-Hop** auf Kuba. Hier lebt und arbeitet die Künstlergemeinschaft **Grupo Uno**, die 1996 mit Hilfe der AHS zunächst ein kleines Hip-Hop-Festival durchführte, das mittlerweile jährlich im August stattfindet und mit internationaler Beteiligung rechnet. Zu den wichtigsten Bands aus dem kubanischen Underground, die auch internationale Kontakte aufgebaut hatten, gehörten **Doble Filo** (›Zweischneidig‹), **Obsesión** (›Besessenheit‹), **Triángulo Oscuro** (›Dunkles Dreieck‹), **Sin Palabras** (›Ohne Worte‹), **Gente de Zona** (›Leute aus der Zone‹), **Madera Limpia** (›Sauberes Holz‹) aus Guantánamo, **Kelvis Ochoa, Yusi** und **Los Aldeanos.** Doch ausgerechnet Los Aldeanos, die offizielle Unterstützung abgelehnt hatten und sich nicht von den Behörden kaufen lassen wollten, standen im Zentrum eines Skandals.

Usaid schwächt kubanische Rapperszene

Von 2009 bis 2010 ließ der US-Geheimdienst über die staatliche Agentur USAID (U. S. Agency for International Development) mit vielen Dollars, internationalen Tourneen und Reisen ins Ausland die kubanische Hip-Hop-Szene infiltrieren, um eine Jugendrevolte gegen die Regierung Castro zu mobilisieren. Die kubanischen Behörden entdeckten das Komplott und es wurde klar, dass die meisten Rapper tatsächlich nichts von ihrer Doppelrolle geahnt hatten. Viele Rapper wurden verhört und inhaftiert, andere unter Druck gesetzt. Jede Band, die wie Los Aldeanos in Verbindung mit Usaid gestanden hatte – ob wissentlich oder nicht – erhielt in Kuba Auftrittsverbot. Wie sehr viele Protagonisten der

Szene gingen auch Los Aldeanos ins Exil, nach Miami. Die äußerst lebendige und kritische Jugendszene in Kuba wurde empfindlich geschwächt und und es dauerte einige Jahre, bis ihr neue Künstler wieder Leben einhauchten.

Literatur im 20. und 21. Jahrhundert

José Lezama Lima

Die Bezeichnung Dichter ist bei **José Lezama Lima** (1910–76) treffend, obwohl er Theoretiker, Philosoph, Essayist, Journalist und Romancier war, denn alle Genres sind bei ihm in Form, Inhalt und Substanz poetisch und metaphorisch geprägt.

Durch häufige Asthmaanfälle an seinen Lehnstuhl gefesselt, verließ er nur zweimal seine Heimat Kuba. »Ich bin ein Einzelgänger gewesen, der mit Leidenschaft den Dialog pflegt«, sagte Lezama Lima von sich selbst. Sein einziger, 1966 erschienener Roman »Paradiso« wurde hinsichtlich seiner literarischen Wirkung mit Marcel Prousts »Auf der Suche nach der verlorenen Zeit« verglichen. Lezama Lima hat mit »Paradiso« ein dichterisches und essayistisches Meisterwerk geschaffen, dessen Beigeschmack des Skandalösen – u. a. wegen des berühmten erotischen achten Kapitels, das deutlich homosexuelle Züge trägt – den Enthusiasmus der Literaturkritik und Stirnrunzeln bei den kubanischen Kulturbürokraten hervorrief. Letzteren gelang es, selbst einen Lezama Lima vorübergehend totzuschweigen und zu behindern. Erst in den 1980er-Jahren wurde Lima wie z. B. auch Virgilio Piñera, ein weiterer eigenwilliger Kopf der kubanischen Literatur, rehabilitiert.

Virgilio Piñera

Der Autor von absurden Theaterstücken, Kurzgeschichten, Gedichten und drei Romanen verbrachte sein Leben weitgehend außerhalb des Kulturbetriebs. Mitte der 1940er-Jahre ging **Virgilio Piñera** (1912–79) nach Buenos Aires, kurz vor dem Sieg der Rebellen kehrte er nach Kuba zurück. Aufgrund seiner Homosexualität wurde er politisch verfolgt und als Autor weitgehend ignoriert. Nur die mutige Casa de las Américas verlieh ihm 1968 einen Literaturpreis, die meisten seiner Werke wurden erst einige Jahre nach seinem Tod veröffentlicht. Trotzdem beeinflusste Virgilio Piñera vor allem die jüngeren schreibenden Generationen, darunter auch Reinaldo Arenas (s. S. 100). Bislang ist nur sein Roman »Kleine Manöver« ins Deutsche übersetzt worden. Sebastian, der Held oder vielmehr der entschiedene Antiheld des Romans, trachtet danach, klein zu werden, in der Menge unterzutauchen, übersehen zu werden. Er flieht die Priester aus Scheu vor der Beichte, entzieht sich den panisch gefürchteten Behörden, sogar noch der Braut vor dem Altar. So steigt er hinab, ist zunächst Lehrer, wird dann Straßenfotograf, Dienstbote, fliegender Händler und endet als Nachtwächter in einem Spiritistenhaus: Die Geister, endlich, wollen und fordern nichts von ihm.

Alejo Carpentier

Zu jenen lateinamerikanischen Schriftstellern, die den Weltruf der Literatur dieses Kontinents begründet haben, gehört **Alejo Carpentier** (1904–80). Der kosmopolitische Diplomat und Intellektuelle war französisch-russischer Abstammung und in mehreren Kulturen und Ländern zu Hause. Er beschäftigte sich u. a. mit der kolonialen Architektur, der kreolischen Musik, den afrokubanischen Traditionen und studierte Architektur, Ethnologie und Musik in Havanna. Während seiner Gefängnishaft unter der Diktatur Machados in den 1930er-Jahren schrieb er seinen ersten (afrokubanischen) Roman »Ecué Yam ba-O«. Im Exil in Paris kam er in Kontakt mit den Surrealisten. Die Revolutionsregierung entsandte ihn 1966 als Kulturattaché nach Frankreich, wo er bis zuletzt arbeitete. Der Doppelcharakter seiner Biografie, Lateinamerikaner und Europäer zu sein, drückt sich in seinem umfangreichen Werk aus. Themen seiner Romane sind die »wunderbare Wirklichkeit« des lateinamerikanischen Kontinents, die Pervertierung ursprünglich fortschrittlicher Ideen und Utopien, Architektur und Musik.

Nicolás Guillén

Der erste moderne kubanische Dichter, der afrokubanische Elemente in seiner Lyrik verarbeitete, war **Nicolás Guillén** (1902–85). Und er war einer der ersten Afrokubaner, der literarische Anerkennung errang. Vor ihm hatte es niemand gewagt, etwa in der Sprache der ›dicklippigen Neger‹, der *negros bembónes* (so der Titel eines seiner Gedichte) zu schreiben. Guillén war jahrelang Präsident des Kubanischen Schriftstellerverbands und gilt als Nationaldichter. Die Anknüpfung an die verachteten Formen der Lieder, Tänze, Sprache und Dichtung der Afrokubaner war für ihn ein Akt der Befreiung. Viele seiner Gedichte wurden anonymes Volksgut, was er als die größte Ehre empfand, die ihm zuteil werden konnte.

Miguel Barnet

Einer der international bekanntesten zeitgenössischen Autoren ist der 1940 in Havanna geborene Ethnologe, Essayist und Schriftsteller **Miguel Barnet** (*1940). Sein erstes, bahnbrechendes Buch, »Der Cimarrón«, erzählt die Lebensgeschichte von Esteban Montejo, einem 104-jährigen ehemaligen Sklaven, der als junger Mann in die Berge geflohen war und sich den Unabhängigkeitskämpfern gegen Spanien angeschlossen hatte. Diese Erzählung ist nach den wörtlichen Aussagen Montejos montiert, den Barnet über einen längeren Zeitraum hinweg mehrmals interviewte. 1971 vertonte Hans Werner Henze die Romanvorlage zu seiner gleichnamigen Oper.

Mit diesem Buch eröffnete Barnet einen Zyklus über die kubanische Identität, bestehend aus »Das Lied der Rachel«, »Ein Kubaner in New York« und »Alle träumten von Kuba«. In den letzten Jahren machte Miguel Barnet Karriere als Politiker. Er ist Abgeordneter der Nationalversammlung und Präsident des mächtigen Künstler- und Schriftstellerverbandes UNEAC. In dieser Funktion ist Barnet ein loyaler Vertreter der Staatsmacht, wofür er von vielen Autoren innerhalb und außerhalb Kubas heftig kritisiert wird.

Reinaldo Arenas

Derselben Generation gehört auch **Reinaldo Arenas** (1943–90) an. Sein letzter, posthum erschienener Roman »Bevor es Nacht wird« ist ein fiebriger Lebensbericht, ein Schelmenroman, *éducation sexuelle* und politisches Manifest zugleich. Arenas schrieb dieses Buch gegen die Schrecken der Nacht, der Repression und Ignoranz, gegen die Krankheit Aids, deren Schrecken er sich schließlich 1990 in New York durch Freitod entzog. Bittere Seiten der Verfolgung und Umerziehung von Homosexuellen sowie der politischen Überwachung und Repression stehen neben Hardcore-Fantasien und satirisch-amüsanten Seiten.

Guillermo Cabrera Infante

40 Jahre lebte **Guillermo Cabrera Infante** (1929–2005) in London. Direkt nach der Revolution 1959 gab der kritische Revolutionär das Literaturmagazin »Lunes de Revolución« heraus, anschließend arbeitete er als Kulturattaché der kubanischen Botschaft in Brüssel, bis er 1965 sein Amt niederlegte und ins Londoner Exil ging. Die schwierige Liebe zu seinem Land bestimmte bis zuletzt sein literarisches Schaffen und sein politisches Engagement gegen die Regierung Fidel Castro. »Es ist viel schwieriger, sich mit seinem Land zu überwerfen als mit einer Partei, selbst wenn das Land zu einer einzigen Partei geworden ist«, sagt Cabrera Infante.

Dem verschwundenen Havanna der 1950er-Jahre setzte Cabrera Infante mit seinem Roman »Drei traurige Tiger« ein literarisches Denkmal – sprachartistisch, komisch, traurig, erotisch. In einer endlosen Nacht streifen ›drei traurige Tiger‹ durch den großstädtischen Dschungel der glitzernden und lärmenden Karibikmetropole und treiben ihr zungenbrecherisches Unwesen. Stilistisch völlig gegensätzlich ist etwa sein Buch

Literatur im 20. und 21. Jahrhundert

»Ansicht der Tropen im Morgengrauen«. In 117 scharf umrissenen Bildern schildert er darin die leidvolle Geschichte der Zuckerinsel von der Verbrennung des legendären Kaziken Hatuey durch die Spanier bis in die Gegenwart. Blitzlichtartig erhellt, tritt das tragische Gesicht hinter der bunten Maske des karibischen Lebens zum Vorschein.

Jesús Díaz

Ein Autor, der die menschliche Seite der jüngsten revolutionären Vergangenheit Kubas rekonstruiert, ist **Jesús Díaz** (1941–2002), der seit 1992 im Exil in Deutschland und Spanien gelebt hatte. Sein erster ins Deutsche übertragener Roman »Die Initialen der Erde« ist jedoch alles andere als ein erbauliches Revolutionsepos. Seine Helden sind keine heroischen Alleskönner, sondern Menschen, deren persönliche Widersprüche durch den Sog der Revolution zu politischen Widersprüchen wurden. In seinem Exilroman »Erzähl' mir von Kuba« schildert Díaz die Geschichte des kubanischen Zahnarztes Stalin Martínez, der einen selbstzerstörerischen Weg einschlägt, um eine Aufenthaltsgenehmigung für die USA zu erhalten: Sechs Tage lang sitzt er ohne Verpflegung in der sengenden Sonne auf der Dachterrasse des Hauses seines Bruders in Miami, um wie ein Bootsflüchtling auszusehen. Jesús Díaz begründete in Madrid die Exilzeitschrift »Encuentro«.

Zoé Valdés

Eine tiefe Hassliebe zu Kuba spricht aus dem literarischen Werk der kubanischen Dichterin und Autorin **Zoé Valdés** (*1959), die seit 1995 im Pariser Exil lebt. Großes Aufsehen erregte sie mit ihrem poetischen und provokativen Roman »Das tägliche Nichts« – diese wehmütige, bissige, witzige Abrechnung mit den hehren Idealen der Revolution ist einer ihrer besten Romane und traf bei den Behörden auf wenig Gegenliebe. Geschrieben aus der Sicht der Heldin Yocandra, aufrichtig bis an die Grenzen der Schamlosigkeit und radikal in seiner Kritik, gleicht »Das tägliche Nichts« einem Befreiungsschlag oder einer nicht erwiderten Liebeserklärung. Die heimliche Hauptfigur ist Havanna, eine geschundene Stadt, deren Bewohner sich an absurde Regeln des täglichen Überlebens gewöhnen mussten. Trotzdem oder gerade deshalb sagt Valdés: »Havanna ist der Ort meiner Kindheit, es ist meine Stadt. Es ist mein Alles, und gleichzeitig war es mein Nichts, mein tägliches Nichts.« Weitere ins Deutsche übersetzte Romane von Zoé Valdés sind »Dir gehört mein Leben«, »Café Cuba« und »Geliebte erste Liebe«. Den Blog von Zoé Valdés findet man unter www.zoevaldes.net.

Leonardo Padura

Die Krimis von **Leonardo Padura** (*1955) geben einen lebendigen und detaillierten Einblick in das Alltagsleben von Kuba, sein melancholischer Held bzw. Antiheld Mario Conde ist längst eine Kultfigur. Angefangen hat Padura als Journalist für verschiedene kubanische Zeitschriften, seine Reportagen gehörten zu den meistgelesenen auf der Insel. International bekannt wurde er durch seinen vielfach preisgekrönten Romanzyklus »Das Havanna-Quartett«, mit dessen Figuren und Plots Padura seismografisch die Veränderungen der letzten 30 Jahre skizziert – großartig und äußerst unterhaltsam. In Spanien erhielt Leonardo Padura, der in Havanna lebt, gleich dreimal den Premio Hammet, in Italien den Premio Raymond Chandler.

Abilio Estévez

Der Erzähler, Dramaturg und Essayist **Abilio Estévez** (*1954) gehört zur Avantgarde der kubanischen Literaturszene und lebt seit einigen Jahren in Spanien. Mit seiner Romantrilogie »Dein ist das Reich«, »Die fernen Paläste« und »El navegante dormido« (›Der schlafende Seefahrer‹) hat er ein magisches Werk von großer Suggestionskraft geschaffen, das halb realistisch, halb mythisch einen Bogen vom Untergang des vorrevolutionären Kuba bis in die sozialistische Gesellschaft Ende der 1970er-Jahre spannt.

Musik und Kunst

Ángel Santiesteban

Der Autor **Ángel Santiesteban** (*1966) wurde in Kuba zunächst gefeiert, gefördert und mit renommierten Staatspreisen ausgezeichnet, doch schon sein 1995 prämierter Erzählband »Sueño de un día de verano« erfuhr in der Buchausgabe eine drastische Zensur: Zwei Erzählungen, die sich kritisch mit der kubanischen Beteiligung am Angolakrieg befassten, wurden gestrichen. Seit Jahren weigert sich Santiesteban, mit der Schere im Kopf zu schreiben. Obwohl er in Kuba nichts mehr veröffentlichen konnte, widersetzte er sich einer Ausreise. Das Writers in Prison Commitee (WiPC) des Internationalen PEN Club beklagt, dass Ángel Santiesteban im Dezember 2012 nach einem undurchsichtigen Prozess wegen angeblicher Körperverletzung zu einer fünfjährigen Haftstrafe verurteilt wurde, die er von Januar 2013 bis Juli 2015 absaß, bevor er bedingt aus der Haft entlassen wurde.

Kunst im 20. Jahrhundert

Anders als in den Ostblockländern gab es in Kuba zu keiner Zeit das Verdikt vom sozialistischen Realismus in den Bildenden Künsten. Die berühmt gewordene Aussage Fidel Castros, »Unsere Feinde sind Kapitalismus und Imperialismus, nicht abstrakte Malerei« (1963), zollte u. a. der Tatsache Respekt, dass die kubanischen Maler des 20. Jh. intensiven Kontakt mit europäischen Kulturströmungen hatten. **Wifredo Lam** (1902–82) etwa, der wohl berühmteste Maler Kubas, verband in seinen Werken afrokubanische Traditionen mit Einflüssen Picassos.

Das afrokubanische Erbe

Einer der originellsten Maler, die Ende der 1960er-Jahre die Kunsthochschule Havannas verließen, ist **Manuel Mendive** (*1944). In seinem Werk lässt er die religiösen und kulturellen Traditionen des reichen afrokubanischen Erbes aufleben. Mendives Bedeutung wurzelt vor allem darin, die bis heute in Kuba lebendigen Reste mythischen Denkens dazu benutzt zu haben, ein Bild von der Welt insgesamt zu entwerfen. Man könnte Manuel Mendives Werk vergleichen mit jenem Bereich des lateinamerikanischen Romans, der als magischer Realismus bezeichnet wird, da er auf der natürlichen und alltäglichen Präsenz des Fantastischen basiert und mündliche Erzähltraditionen beerbt. Manuel Mendives frühe Werke aus der Periode von 1962 bis 1968 konzentrieren sich ausschließlich auf die von ihrem Ursprung her nigerianische Yoruba-Mythologie, die heute noch in der kubanischen Santería lebendig ist. In seinen Bildern und Skulpturen dieser frühen Phase hat Mendive nicht nur vereinzelte Elemente der Yoruba-Mythologie reproduziert, sondern den komplexen Mythos dargestellt – seine Skulpturen, in die er Münzen, kleine Anhänger, Zierringe, Stoffstücke und menschliches Haar einarbeitete, nahmen den Ausdruck realer magischer Gegenstände an. Auch die Punktierung zur Flächenausfüllung ist bei Mendive typisch – es ist ein Gestaltungsmittel, das bei vielen sogenannten primitiven Völkern auftaucht. Selbst die verwendeten Farben haben symbolische Bedeutung; sie beruhen auf den *fifi okán*, den rituellen Verzierungen der Yoruba.

Manuel Mendive bereiste Nigeria, Benin und andere westafrikanische Länder. Dieser Kontakt mit den Wurzeln der afrokubanischen Kultur eröffnete ab 1968 eine neue Phase seines Schaffens. Der narrative Charakter seiner Malerei trat jetzt noch stärker hervor. In den letzten Jahren ist Manuel Mendive dazu übergegangen, szenische Darstellungen mit seiner Malerei zu verbinden. Er arbeitet eng mit Tänzern und Tänzerinnen zusammen, deren Körper er bemalt und die er in »sich bewegende und tönende Skulpturen« (Mendive) verwandelt. Eine Ausstellung Mendives wird heute zu einem Ritual, zu einem Spektakel, das ebenso an die traditionellen Comparsas des kubanischen Karnevals erinnert wie an die afrokubanischen Prozessionen. Mendive ist einer der wenigen bildenden Künstler, die auch heute noch in Kuba leben.

Kunst im 20. Jahrhundert

Manuel Mendive: »Der Uferdamm« (1975) – von der Yoruba-Mythologie inspiriert

Zeitgenössische Künstler

Ein Großteil der jungen Künstler, die in den 1980er-Jahren die kubanische Kunstszene mit vielen originellen und kritischen Werken dynamisch bereichert hatten, verließen in der Wirtschaftskrise der 1990er-Jahre die Insel. Viele von ihnen, wie **José Bedia** (*1959), **Flavio Garciandía** (*1950) und **Arturo Cuenca** (1955–2021), etablierten sich schnell auf dem internationalen Kunstmarkt, ihre Werke hängen in Museen in den USA, Europa und Asien und sie werden von renommierten internationalen Galerien vertreten. Flavio Garciandía war wie auch Bedia und Cuenca Mitglied der Künstlergruppe **Los Ochenta** (›Die Achtziger‹), die damals neue Formen des künstlerischen Ausdrucks und der öffentlichen Darstellung entwickelte und wesentlich zur Entstehung der ersten Biennale von Havanna 1984 beitrug. Garciandía beispielsweise initiierte Mitte der 1970er-Jahre den Kitsch Cubano – »Kitsch ist unsere Art, uns aller Kulturen, aller Strömungen zu bemächtigen, unsere Abhängigkeit parodistisch zu verkehren«.

»Immer zum Ende des Banketts geladen, stellen wir unser Menü aus Bruchwerk, aus Resten und Brocken zusammen«, schreibt der kubanische Kunstkritiker Gerardo Mosquera. Garciandía setzte scheinbar naiv illustrierte kubanische Sprichwörter in dekorative Wandobjekte um. Sein Sinn für beißenden Humor und Parodie verschärfte sich in der schwarzen Serie zu Sarkasmus – bösartige oder augenzwinkernde Kommentare zum gesellschaftlichen und politischen Geschehen mischen sich in einem unbekümmerten Zitieren aller Kitschfiguren und Trivialsymbole, die dem Kubaner lieb, unlieb und unendlich vertraut sind: Schwäne, Palmen, Hammer und Sichel, Plüsch und Revolutionskitsch. Auf den ersten Blick wirken diese Bilder wie dekorative Tafeln, die eine dekadent postmoderne Bar ausschmücken sollen. Graziöse Umrissfiguren aus Goldstrass bewegen sich in einer imaginären Landschaft, deren Hauptelemente silbrig leuchtende Palmen und Schwäne sind.

Musik und Kunst

Inmitten dieser persiflierten Traumlandschaft lümmelt sich der wilde Indigene zwischen Fabrikanlagen und das Hammer-und-Sichel-Machomännchen nimmt dralle Frauen von hinten. Zum ersten Mal zeigte Flavio Garciandía diese Bilder und Installationen auf der heute legendären Ausstellung **Volumen Uno,** die er zusammen mit anderen 1980 in Havanna initiierte. Volumen Uno läutete die Dekade des Umbruchs in der Kunstszene Kubas ein. Dieser provisorische Zusammenschluss äußerst unterschiedlicher künstlerischer Temperamente führte zum Bruch mit den erstarrten Ritualen der Revolution. »An der Bewegung der bildenden Kunst Kubas in den 1980er-Jahren überrascht, dass sie ein kritisches Bewusstsein einleitet und anführt, das sich im Land nie öffentlich ausgesprochen hatte«, schreibt Gerardo Mosquera.

Carlos Cardenas (*1962), **Lázaro Saavedra** (*1964), **Tomás Esson** (*1963), **Segundo Planes** (*1965) und **Aldito Menéndez** (*1971) sind Exponenten einer jüngeren Künstlergeneration, die mit teils aggressiver, teils traurig-ironischer Bildkritik und irritierenden Aktionen die respektvolle Verneigung vor den Errungenschaften der Revolution verweigert. Auch **Glexis Novoa** (*1964) lebt seit Langem in den USA. 1988 hatte er mit dem Ruf »Ich bin der beste Bad Painter Kubas!« am Kunstinstitut ISA in Havanna eine Performance veranstaltet, die zumindest für kubanische Verhältnisse geradezu skandalös war. Als Amateur-Rock-Punker verkleidet, stürmte er auf das Publikum zu, stach sich mit einem Messer ›in den Bauch‹ und entleerte die in einem Plastiksack versteckten Rinderinnereien in die Menge. Von den in Kuba lebenden und international renommierten Künstlern ist vor allem **Alexis Leyva Machado** (*1970) zu nennen, bekannt als KCHO. In seinen zumeist raumfüllenden Installationen thematisiert er das geografische und politische Inseldasein Kubas und die verzweifelten Versuche vieler Kubaner, das Meer zwischen Kuba und den USA mittels prekär zusammengezimmerter Transportmittel zu überwinden.

Ein lebendiges Zentrum der aktuellen Kunstszene ist die **Fundación Ludwig de Cuba** in Havanna (Calle 13 Nr. 509, zwischen D und E, Vedado, Tel. 78 32 42 70, fludwig@cubarte.cult.cu).

Künstler für Meinungsfreiheit

Um die Jahrtausendwende gründeten in Alamar bei Havanna chronisch respektlose Bildhauer, Dichter, Maler und Hip-Hopper das Künstlerkollektiv **Omni Zona Franca.** Basis ihrer ›Freizone‹ war das Kulturzentrum von Alamar, bis das Kulturministerium ihnen 2009 die Unterstützung bzw. Tolerierung entzog und die Gruppe hinauswarf. Nun finden die provokativen Performances und Lesungen von Omni Zona Franca in privaten Wohnzimmern statt, ebenso ihr subkulturelles Festival **Poesía sin Fín** (›Poesie ohne Ende‹). Immer wieder gehen die Künstler auf die Straßen, wo sie die Bewohner mit originellen Performances überraschen, etwa, wenn sie aus Müllbergen kriechen, um darauf hinzuweisen, dass der sie umgebende Müll jeglicher Art sie ersticke. Omni Zona Franca ist international gut vernetzt und nutzt alle Möglichkeiten des Internets, um ihre Aktionen zu dokumentieren.

Ähnlich arbeitet die international renommierte kubanische Künstlerin **Tania Bruguera** (*1968), die größtenteils in New York lebt und deren Hauptthema die Selbstzensur und das Schweigen als Mittel der Machtausübung sind. Sie inszenierte zur Kunstbiennale 2009 in Havanna eine auch auf Youtube dokumentierte Performance, bei der Menschen aus dem Publikum genau eine Minute Zeit hatten, um völlig frei ihre Meinung ins Mikrofon zu sprechen – rechts und links flankiert von einem Soldaten und einer Soldatin. Viele nutzten die Gelegenheit, um mehr Freiheit und Demokratie zu fordern. Die Bloggerin Claudia Cadelo sagte, sie wünsche sich, dass Meinungsfreiheit in Kuba nicht nur eine Performance sei. Die kubanische Regierung verurteilte die Performance als »antikulturellen Akt eines beschämenden Opportunismus, der kubanische und ausländische Künstler beleidigt, die gekommen waren, um ihr Werk und ihre Solidarität zu zeigen«.

Kubanischer Film

An den Wochenenden sieht man vor den Kinos in Havanna endlose Menschenschlangen – gleichgültig, ob ein internationaler oder ein kubanischer Film neu in die Kinos kommt: Die Kubaner sind begeisterte Cineasten.

Bedeutende kubanische Regisseure wie Tomás Gutiérrez Alea, Julio García Espinosa und Santiago Álvarez haben teilweise schon vor der Revolution die kubanische Filmkunst begründet. Nach 1959 erlebte die kubanische Filmproduktion einen deutlichen Aufschwung. Die Regisseure orientierten sich dabei weniger an Hollywoodklischees, sondern versuchten, Geschichte, Kultur und spezifische Probleme der kubanischen und lateinamerikanischen Bevölkerung in den Mittelpunkt ihrer Arbeit zu stellen. Gute Beispiele hierfür sind die Filme »Lucía« (1968), »Retrato de Teresa« (1979) und »El brigadista« (1977).

Der Regisseur **Santiago Álvarez** begründete einen neuen einzigartigen Stil im Dokumentarfilm auch durch eine eigenwillige Montagetechnik, die weit über Kuba hinaus berühmt geworden ist. Zwei seiner bekanntesten Filme sind der Kurzfilm »Now« (1965) sowie »Hasta la victoria siempre« über Che Guevara. Für diesen Film hatte Álvarez nur exakt 48 Stunden Zeit – genau die Spanne, die zwischen der Nachricht von der Ermordung Che Guevaras und den Trauerfeierlichkeiten auf dem Platz der Revolution in Havanna lag.

In den 1980er-Jahren ließ die Qualität der Filmproduktion etwas nach, es war von Selbstzensur die Rede, von inhaltlichem Dogmatismus und formalen Unzulänglichkeiten. Eine Antwort darauf war 1986 die Einrichtung der internationalen Film- und Fernsehakademie in San Antonio de los Baños bei Havanna. Diese Akademie ist autonom und nicht dem Erziehungsministerium unterstellt.

Einige kubanische Filmproduktionen der 1990er-Jahre waren auch in Europa sehr erfolgreich – allen voran »Fresa y Chocolate« (»Erdbeer und Schokolade«) von **Tomás Gutiérrez Alea** und **Juan Carlos Tabio**, der im Februar 1994 bei der Berlinale mit einem Spezialpreis der Jury ausgezeichnet wurde. Die locker-ernste Komödie des anfangs noch orthodoxen Revolutionsanhängers David und des nonkonformistischen Schwulen Diego sowie seiner Nachbarin Nancy, die sich auf ihre Weise durch den Alltag zwischen Linientreue und Schwarzmarkt mogeln, ist mehr als eine mitreißende Dreiecksgeschichte. Sie ist, voller kritischer Anspielungen auf das heutige Kuba, ein auch auf der Insel selbst begeistert aufgenommenes, vergnügliches Spiel mit den Träumen einer neuen Gesellschaft.

Der kubanische Alltag und seine Mühen, insbesondere das Transportproblem, ist ein beliebtes Thema der Filmkünstler. Da sitzen Menschen in einem Busbahnhof irgendwo in der Provinz und warten tagelang auf einen Bus, der niemals kommen wird. Höflich fragen sie: »Wer ist der Letzte?« und lassen sich häuslich im Bahnhof nieder, durchkämpfen Eheprobleme, verlieben sich, treiben etwas zu essen auf, versuchen, den zusammengebrochenen Bus selbst zu reparieren – und haben plötzlich Zeit, Dinge zu tun, von denen sie bisher nur geträumt haben: »Lista de espera« (»Kubanisch reisen«) von **Juan Carlos Tabío**. Oder die makabre Geschichte vom Transport einer Leiche, die von einem Ende der Insel zum anderen gebracht werden muss – eine abenteuerliche Reise fast ohne Benzin, dafür mit unzähligen bürokratischen Hemmnissen und Verwicklungen: Davon handelt »Guantanamera«, der letzte Film von Tomás Gutiérrez Alea.

Von der Suche nach dem Glück erzählt **Fernando Pérez** in seinem vielfach preisgekrönten Film »Das Leben, ein Pfeifen«. Die junge Bébé erzählt drei Geschichten von drei Protagonisten: von der Tänzerin Mariana, die unbedingt Primaballerina werden will und sich gegen die Liebe zu ihrem Tanzpartner wehrt; von der Altenpflegerin Julia, die jedes Mal, wenn sie das Wort Sex hört, in Ohnmacht fällt und deshalb einen Therapeuten aufsucht; und von dem Musiker Elpidio, der sich als Schwarzmarkthändler und Gauner durchs Leben schlägt und dessen Leben sich schlagartig verändert, als er eine kanadische Meeresbiologin kennenlernt, die ihm mit einem Heißluftballon quasi vor die Füße fällt.

Wissenswertes für die Reise

Anreise und Verkehr
Übernachten
Essen und Trinken
Outdoor
Feste und Veranstaltungen
Reiseinfos von A bis Z

Mojitos am laufenden Band …

… exotische Früchte …

… und Cabaret der Extraklasse – all das und noch viel mehr hat Cuba zu bieten

Anreise und Verkehr

Einreisebestimmungen

Deutsche, Österreicher und Schweizer benötigen einen noch mindestens sechs Monate gültigen Reisepass (für Kinder ist ein eigenes Reisedokument erforderlich), ein Rückflugticket sowie eine (grüne) **Touristenkarte** *(tarjeta de turista)*, die für ca. 25 € im Reisebüro, über auf Kuba spezialisierte Reiseveranstalter oder bei der kubanischen Botschaft (s. S. 130) erhältlich ist. Falls man per Kreuzfahrtschiff oder über die USA einreist, benötigt man eine pinkfarbene Touristenkarte für ca. 95 €. Beide Touristenkarten besitzen 90 Tage Gültigkeit und können i. d. R. vor Ort bei den Einwanderungsbehörden *(oficinas de inmigración)* in fast allen größeren Orten des Landes um weitere 90 Tage verlängert werden. Hierfür benötigt man Wertmarken, die bei der Post erhältlich sind – in der Einwanderungsbehörde selbst muss nichts mehr bezahlt werden. Bei der Einreise verbleibt eine Kopie der Touristenkarte bei der Einwanderungsbehörde, das Original bekommt man ausgehändigt. Man sollte die *tarjeta* zusammen mit dem Pass immer bei sich tragen und nicht verlieren, da sie bei der Ausreise wieder abgegeben werden muss. Längere Aufenthalte sowie Arbeitsvisa sind direkt bei der kubanischen Botschaft zu beantragen. Journalisten wird nur in besonderen Fällen ein Visum erteilt.

KUBA UND ESTA

Nachdem Kuba 2021 von den USA wieder als Staatssponsor von Terrorismus eingestuft wurde, kann man nach einer Kubareise nicht mehr mit der elektronischen Einreisegenehmigung ESTA in die USA einreisen, sondern benötigt für touristische Reisen ein B2-Visum. Aktuelle Infos: https://esta.cbp.dhs.gov.

Ausnahmslos alle Kubareisende müssen die Police einer im Heimatland abgeschlossenen **Auslandskrankenversicherung** vorweisen, die den Versicherungsschutz für Kuba für die gesamte Reisedauer bestätigt. Zum Nachweis sollte man bei seiner Versicherung ein aktuelles Bestätigungsschreiben in spanischer Sprache anfordern. Notfalls kann man bei der Einreise am Flughafen einen Vertrag mit einer kubanischen Versicherung abschließen, was etwa 3 € pro Tag kostet.

Individualreisende benötigen für die ersten drei Nächte eigentlich eine **Hotelreservierung** *(voucher)*, was aber nur noch selten überprüft wird. I. d. R. geben sich die Beamten mit der Unterkunftsadresse zufrieden, die in die Touristenkarte einzutragen ist. Außerdem müssen Reisende 48 Stunden vor Ankunft über das Portal www.dviajeros.mitrans.gob.cu eine Zoll- sowie eine Erklärung zum Gesundheitszustand abgeben und den automatisch generierten QR-Code bei Einreise scannen lassen.

Zollbestimmungen

Folgende Artikel dürfen zollfrei eingeführt werden: persönliche Gegenstände, die im Zusammenhang mit dem Urlaubsaufenthalt stehen wie Smartphone, Laptop, Sportgeräte, Kamera sowie Medikamente (bis 10 kg), pro Erwachsenem außerdem 3 l Alkoholika und 200 Zigaretten. Geschenkartikel sind bis 50 USD zollfrei, außerdem dürfen Geschenke im Wert bis 250 USD zollpflichtig eingeführt werden (der Zolltarif beträgt 30 %). Die Einfuhr elektrischer Geräte ist beschränkt, verboten ist u. a. die Einfuhr von Funksprech- und GPS-Geräten, Drohnen, frischen Lebensmitteln sowie pornografischen Publikationen. Auch die Ein- und Ausfuhr Kubanischer Pesos ist verboten.

Für die Ausfuhr gelten folgende Bestimmungen: 1 l Spirituosen über 22 %, 2 l Spirituosen unter 22 %, 200 Zigaretten oder 50 Zigarren oder 100 Zigarillos oder 250 g Tabak sowie 500 g Kaffee. Bei der Ausreise wird stichprobenartig das Gepäck auf illegal gekaufte Zigarren kontrolliert (s. S. 132).

Es können bis zu 20 lose Zigarren ausgeführt werden, ohne Nachweise über Herkunft und Kauf vorlegen zu müssen. Bis zu 50 Zigarren können unter der Bedingung ausgeführt werden, dass sie sich in verschlossenen, versiegelten und mit offiziellem Hologramm versehenen Originalverpackungen befinden. Mehr als 50 Zigarren können nur unter Vorlage einer Originalrechnung, die von den offiziell dazu genehmigten staatlichen Geschäften ausgestellt werden muss, ausgeführt werden. In dieser Rechnung muss die gesamte Tabakmenge erfasst sein, deren Ausfuhr beabsichtigt ist. Es ist auch in diesen Fällen unabdingbar, dass die Zigarren sich in verschlossenen, versiegelten und mit offiziellem Hologramm versehenen Originalverpackungen befinden.

Aktuelle Infos über sämtliche Vorschriften erhält man im Internet unter **www.aduana.gob.cu** und **www.auswaertiges-amt.de**.

Anreise

... mit dem Flugzeug

Ein Non-Stop-Flug von Mitteleuropa nach Havanna dauert etwa 10 Stunden. Die meisten Reisenden landen auf Havannas Flughafen José Martí oder dem Aeropuerto Juan G. Gómez in Varadero. Einige Airlines fliegen auch direkt nach Holguín im Osten der Insel. Die Winter- und Sommerflugpläne weichen sehr voneinander ab, desgleichen die Preise, die zu den europäischen Hauptferienzeiten im Juli/August und Dezember/Januar erheblich steigen. Hin und zurück zahlt man je nach Saison zwischen 800 und 1200 €, mit viel Glück ergattert man zur Nebensaison einen Platz für 600 €.

Von Deutschland aus fliegen **Lufthansa** (www.lufthansa.com), **Condor** (www.condor.com) und **Eurowings** (www.eurowings.com) Kuba ab Frankfurt/Main direkt an. Von Österreich fliegt **Austrian Airlines** (www.austrian.com) ab Wien direkt nach Kuba, von der Schweiz ab Zürich **Edelweiss Air** (www.flyedelweiss.com). Weitere Direktverbindungen aus Europa bestehen u. a. mit **Air France** (wwws.airfrance.de) ab Paris, mit **Iberia** (www.iberia.com) ab Madrid, mit **KLM** (www.klm.com) ab Amsterdam und mit **Tuifly** (www.tuifly.be) ab Brüssel.

... mit dem Schiff

Als sich 2015 die Beziehungen zwischen den USA und Kuba kurzzeitig verbesserten, waren auch Fährverbindungen zwischen Florida und Kuba geplant, aber diese Vorhaben liegen seit der erneuten Verschlechterung der bilateralen Beziehungen unter Ex-Präsident Trump bis zum aktuellen Zeitpunkt auf Eis.

In Kuba gibt es viele internationale Jachthäfen *(marinas)*, die man mit dem eigenen Schiff anlaufen kann, z. B. Cayo Coco, Cayo Largo, Isla de la Juventud, Havanna, María La Gorda, Varadero, Cienfuegos, Trinidad, Guardalavaca und Santiago de Cuba. Weitere Informationen und Listen aller Jachthäfen: **www.dtcuba.com** (> Náuticas > Marinas), **www.noonsite.com** (> Countries > Caribbean > Cuba).

Havannas Hafen mit seinem Terminal 1 Sierra Maestra in der Altstadt ist Anlaufziel diverser internationaler Kreuzfahrtlinien.

Verkehrsmittel im Land

Flugzeug

Alle Provinzhauptstädte und Touristenzentren verfügen über einen Flughafen, allerdings haben immer noch einige Flugzeuge antiquarischen Wert. Für die Strecke Havanna–Santiago benötigt man rund 90 Minuten und zahlt ca. 100 € einfach. Die nationale Airline **Cubana de Aviación** (www.cubana.cu) ist oft überbucht, Reservierung, Rückbestätigung und pünktliches Einchecken werden daher wärmstens empfohlen. Flugtickets können in fast allen Reiseagenturen (s. S. 12) oder über die Websites der Fluggesellschaften erworben werden. Bei Redaktionsschluss waren innerkubanische Flüge nur von den Flughäfen in Havanna, Santiago de Cuba und Camagüey möglich.

Bahn

Alle größeren kubanischen Städte sind mit einer Eisenbahnlinie verbunden. Die Hauptstrecke führt von Havanna nach Santiago de Cuba bzw. Holguín oder Bayamo und ist eine gute Möglichkeit, das Land von Westen nach Osten kennenzulernen – man sollte es aber keinesfalls eilig haben und nicht zu viel Komfort erwarten. Die Zugverbindungen zu Orten, die nicht an dieser Hauptstrecke liegen, sind sehr langsam und unzuverlässig, Fahrpläne im Allgemeinen eher Makulatur. Eine Bahnreise in Kuba hat durchaus noch Abenteuercharakter.

Seit der Abschaffung des Peso Convertible zahlen auch Ausländer für Zugfahrten in Pesos Cubanos. Dadurch ist das Bahnfahren in Kuba für ausländische Reisende spottbillig geworden. Die Verbindung zwischen Santiago de Cuba und Havanna kostet in der 1. Klasse nur 132 CUP, das entspricht beim aktuellen Wechselkurs 1,10 €. Ob und wie lange dies so bleibt, bleibt abzuwarten. Tickets erhält man ab 30 Tagen vor Abfahrt an den Bahnhöfen sowie in den staatlichen Viajero-Büros, wobei es vorkommen kann, dass man am Bahnhof mit der Begründung weggeschickt wird, man könne das Ticket erst am Abfahrtstag erwerben. In den Viajero-Büros klappt der Kauf meist problemlos. Beim Fahrkartenkauf muss der Reisepass vorgelegt werden. Das Ticket muss eine Stunde vor Abfahrt am Bahnhofsschalter bestätigt werden, auch hier wird wieder der Reisepass benötigt.

2019, 2020 und 2021 hat Kuba sein Streckennetz teilweise erneuert und neue chinesische Züge erhalten. Diese Züge sind moderner, schneller und komfortabler als die alten. Luxus darf man aber trotzdem nicht erwarten. Die alten Züge sind zwar noch nicht ausrangiert, aber bis auf Weiteres aufgrund des Treibstoffmangels nicht in Betrieb. Die neuen Züge besitzen eine klimatisierte 1. Klasse, eine nicht klimatisierte 2. Klasse sowie ein Bordbistro. Man sollte unbedingt warme Kleidung mitnehmen, denn die klimatisierten Waggons sind tiefgekühlt, außerdem Proviant, ausreichend Wasser, Besteck und einen Trinkbecher, da Gerichte in Pappschachteln *(cajitas)* verkauft werden, ohne Besteck. Der Vorrat ist schnell ausverkauft. An einigen Haltestellen bieten ambulante Händler Snacks und Getränke an. Ins Gepäck gehören auch eine Taschenlampe, weil die Beleuchtung in der Toilette häufig defekt ist, und eine Rolle Klopapier. Bei Redaktionsschluss wurde die Hauptstrecke zwischen Havanna und Santiago de Cuba an jedem vierten Tag bedient. Da die Fahrpläne auf monatlicher Basis erstellt werden, sollte man sich unbedingt am Bahnhof nach dem aktuellen Fahrplan erkundigen. Dieser hängt oft in der Nähe des Schalters aus. Die Nebenstrecken werden derzeit, wenn überhaupt, nur unregelmäßig bedient, häufig fallen Verbindungen ganz aus. Einen guten Überblick über Bahnfahren in Kuba gibt die englischsprachige Website www.seat61.com.

Bus

Langstrecken werden von drei Unternehmen bedient: Víazul, Conectando Cuba und Astro. Für Touristen von Interesse sind nur mehr Víazul und Conectando Cuba, da Astro keine Tickets an ausländische Touristen verkaufen darf.

Während **Víazul** (www.viazul.com) von den normalen Busbahnhöfen startet, die oftmals außerhalb der Stadtzentren liegen, sammelt **Conectando Cuba** (www.viajescubanacan.cu) seine Passagiere in größeren Hotels ein. Letzteres hat zwar den Vorteil, dass man sich die Anfahrt zum Busbahnhof spart, allerdings dauert die Fahrt insgesamt meist länger, weil wesentlich mehr Haltepunkte angesteuert werden. Preislich gibt es zwischen den Unternehmen kaum einen Unterschied, auch verfügen beide über moderne, klimatisierte (warme Jacke einpacken!) Busse. Im Zuge der anhaltenden Treibstoff- und Tourismuskrise wurden alle Conectando-Verbindungen eingestellt. Das Netz soll allerdings langsam wieder aufgebaut werden, einen Anfang macht die Verbindung Havanna–Trinidad, die mit Restplatzkontingenten von Cubanacán-Tourenbussen bedient wird. Tickets erhält man bei Cubanacán in Trinidad oder Havanna ab vier Tagen im Voraus. Auch die Víazul-Verbindungen wurden stark reduziert, wobei man jedoch nach wie vor täglich die wichtigsten touristischen Punkte Kubas erreicht. Die Hauptstrecke Havanna–Santiago wird mehrmals täglich bedient, die anderen in der Regel einmal pro Tag. Alle Verbindungen und Preise können über die Website www.viazul.wetransp.com eingesehen werden. Auch die Víazul-Tickets kann man über die Website des Unternehmens kaufen (Bezahlung per PayPal oder per Kreditkarte, s. S. 134) oder an den Víazul-Ticketschaltern an den Busbahnhöfen (Bezahlung nur mit Kreditkarte). Die Tickets können bis einen Tag vor Abfahrt gekauft werden. Generell sollte man Bustickets so früh wie möglich erstehen, da die zur Verfügung stehenden Plätze vor allem in der Hochsaison schnell ausgebucht sind. Eine Änderung des Tickets ist bis wenige Stunden vor Abfahrt gegen eine Gebühr von 10 % möglich. Die gekauften Fahrkarten müssen am Reisetag bis spätestens eine Stunde vor Abfahrt am Schalter bestätigt werden, sonst können sie weiterverkauft werden.

Auf einigen, meist abgelegeneren Strecken werden auch **Camiones** eingesetzt, Lastwagen unterschiedlicher Größe, die (teilweise) zu busähnlichen Fahrzeugen umgebaut wurden. Da die Einheimischen auf diese Verkehrsmittel angewiesen sind, werden Ausländer nur in Ausnahmefällen mitgenommen.

(Sammel-)Taxi

Die luxuriöse Variante zum Bus sind **Taxis**, die auch für Langstrecken gebucht werden können, u. a. auf www.mycubantaxi.com (mit Preistabelle) oder www.taxiscuba.cu. Hier muss man natürlich etwas tiefer in die Tasche greifen, wird dafür aber von Tür zu Tür chauffiert und kann unterwegs auch mal kurz anhalten. Tipp: Mitfahrer suchen und sich die Kosten teilen!

Sammeltaxis *(colectivos)* für längere Strecken werden von den meisten Casas Particulares und Infotour vermittelt. In West- und Zentralkuba besteht ein gut ausgebautes Netz mit täglichen Verbindungen zu den touristischen Hotspots. Für die Fahrt von den Flughäfen Havanna und Varadero zur Unterkunft findet man unter www.civitatis.com günstige Sammeltaxis.

> **TIPP FÜR REISENDE MIT DEM MIETWAGEN**
>
> Ein guter Ausgangspunkt für Rundreisen mit dem Mietwagen ist Varadero. In der ländlichen Region fällt die Orientierung leicht und man kann sich langsam an die kubanischen Verkehrsgepflogenheiten gewöhnen, während man in Havanna sogleich mitten ins Chaos geworfen wird – nach einem langen Flug nicht wirklich erstrebenswert. Warum also nicht den Wagen in Varadero anmieten und am Ende der Reise in Havanna zurückgeben? Die Hauptstadt lässt sich gut mit öffentlichen Verkehrsmitteln erkunden und den Rückweg zum Flughafen in Varadero kann man mit dem Bus antreten (s. S. 110). Informationen zu Verkehrsregeln und den Tücken vor Ort s. S. 114.

Fähre

Die einzige größere Auto- und Passagierfähre Kubas verkehrt zwischen Surgidero de Batanabó an der Südküste und Nueva Gerona auf der Isla de la Juventud. Darüber hinaus gibt es mehrere kleine Personenfähren, z. B. zwischen Palma Rubia und Cayo Levisa in der Provinz Pinar del Río, zwischen Habana Vieja und Casablanca/Regla oder zwischen Cienfuegos und dem Castillo de Jagua.

Mietwagen

Mietwagen sind mit Abstand die bequemste und flexibelste, allerdings auch die teuerste Möglichkeit, die Insel zu erkunden. Der Fahrer muss mindestens 21 Jahre alt und mindestens zwei Jahre im Besitz seines Führerscheins sein. Über die ganze Insel verteilt gibt es Verleihstationen, meist in oder in der unmittelbaren Nähe der großen Hotels sowie natürlich an Flughäfen. Aufgrund der hohen Nachfrage sind die Fahrzeuge – vor allem während der Hochsaison – oft monatelang im Voraus ausgebucht. Eine rechtzeitige Reservierung, am

Retrotaxis allerorten: ob per Pferdekutsche ...   *... mit dem Bicitaxi ...*

... oder stilgerecht und sehr vergnügt im Oldtimer – in Kuba lässt sich (fast) immer ein passendes Transportmittel finden

besten vom Heimatland aus, ist daher unerlässlich.

Generell abzuraten ist von einer Anmietung an einem der Flughäfen, womöglich gleich nach Ankunft in Kuba. Zum einen muss hier eine zusätzliche Gebühr von einmalig 20–25 € bezahlt werden und zum anderen stehen an diesen Vermietstationen die mit Abstand schlechtesten Autos. Das hat vermutlich damit zu tun, dass die meisten Langstreckenflüge abends in Kuba ankommen und von den übernächtigten Kunden nur wenig Gegenwehr zu erwarten ist. In Havanna ist die Verleihstation am Flughafen außerdem nur sehr spärlich beleuchtet, sodass man den Wagen nicht ausreichend unter die Lupe nehmen kann. Die 20–25 € Aufpreis sind um einiges sinnvoller in ein Taxi zu einer Unterkunft investiert, den Mietwagen nimmt man ausgeruht am nächsten Tag an einer der Verleihstationen im Zentrum in Empfang.

Internationale Unternehmen wie Avis dürfen auf Kuba nicht operieren. Die staatlichen Firmen **Cubacar, Havanautos** (beide www.rentcarcuba.com) sowie **Vía Rent a Car** (www.gaviota-grupo.com > Autos) machen sich preislich kaum Konkurrenz. Um einiges teurer sind die Luxuslimousinen von **Rex** (www.rexcuba.com, www.rentcarcuba.com).

Der günstigste Kleinwagen kostet in der Hauptsaison ab ca. 60 €/Tag. Hinzu kommt eine obligatorische Versicherung, die je nach Wagentyp etwa 20 € täglich kostet. Die Kaution von 150 bis 450 € ist bar oder per Kreditkarte vor Ort zu entrichten. Bei einem selbst verschuldeten Unfall wird die Kaution einbehalten. Will man seinen Wagen an einer anderen als der Abholstation zurückgeben, ist eine Einwegmiete zu bezahlen, die sich nach der Entfernung richtet. Oft ist das Auto bei der Übernahme vollgetankt (gegen Gebühr), die Abgabe erfolgt mit leerem Tank, wobei das Restbenzin nicht erstattet wird.

Einige deutsche Reiseveranstalter wie z. B. avenTOURa (www.rent-a-car-cuba.com) oder Kuba-Erlebnisreisen (www.kuba-mietwagen.de) vermitteln Leihwagen auf Kuba und ermöglichen die Onlinereservierung vorab. Damit ›fährt‹ man wesentlich günstiger als mit einer Buchung vor Ort, genießt eine größere Rechtssicherheit und hat zudem einen Deutsch sprechenden Ansprechpartner bei Problemen.

Jede Verleihfirma hat ihre speziellen Notrufnummern, die rund um die Uhr besetzt sind. Die Benzinversorgung an den Devisentankstellen (Servi-Cupet oder Oro Negro) ist nicht immer gesichert und obwohl Mietwagen Vorrang gewährt wird, sollte man sich tagesaktuell über die aktuelle Lage in der Region informieren und volltanken, wann immer es möglich ist. Beachten sollte man auch, dass das Fahren auf unbefestigten Straßen verboten und damit nicht versichert ist. Kindersitze sind in Kuba nicht erhältlich.

Motorroller

In Touristenorten, ebenfalls meist in den großen Hotels, werden Motorroller vermietet, die um die 25 €/Tag kosten und perfekte Transportmittel für die Erkundung der näheren Umgebung darstellen. In der Regel müssen 50 € als Kaution hinterlassen und 10 € zusätzlich für die Tankfüllung bezahlt werden. Für die Anmietung reicht der internationale Autoführerschein.

Trampen

Für Überlandverbindungen gilt in Kuba die eiserne Grundregel: Alles, was mit Devisen bezahlt wird, funktioniert einigermaßen, während in Pesos Cubanos bezahlte Transportmittel mühselige Angelegenheiten sind – was erklärt, weshalb die kubanische Bevölkerung größtenteils auf den Ladeflächen der Lkws reist oder aufs Trampen angewiesen ist. An fast jeder Ausfallstraße regeln Aufsichtsbeamte *(amarillos)* in gelben Uniformen die Verteilung der am Straßenrand wartenden Reisenden auf Lkws oder Busse, manchmal auch Privatautos. Hier zahlt man in Pesos Cubanos, muss sich aber auf sehr lange Wartezeiten einstellen und wird in Regionen mit ausreichend anderen Transportmöglichkeiten verständlicherweise in die ewig letzte Reihe komplimentiert, weil man den Einheimischen die raren Plätze wegnimmt.

Öffentlicher Nahverkehr

Bus

Die unzuverlässigen und chronisch überfüllten **Stadtbusse** (*guaguas* genannt) sind nicht empfehlenswert. Wer es dennoch versuchen will, reiht sich an der Haltestelle (*parada*) in die Warteschlange ein und fragt nach dem letzten Wartenden (*¿Quién es el último?*). Im Bus sollte man gut auf seine Wertsachen achten.

In den Provinzstädten übernehmen nach wie vor **Pferdekutschen** (*coches*) die Aufgabe von Stadtbussen. Sie befahren bestimmte Strecken, bezahlt wird direkt beim Kutscher.

Touristenzentren wie Viñales, Varadero, Trinidad, Guardalavaca etc. verfügen über **Hop-On-Hop-Off-Sightseeingbusse**.

Taxi

Die staatlichen **Touristentaxis** (*turistaxis*, mit gelber Farbe und häufig nicht funktionierendem Taxameter), zumeist asiatische Neuwagen oder gut erhaltene Ladas, stehen am Flughafen, an zentralen Plätzen sowie vor den größeren Hotels. Daneben gibt es **Privattaxis** (*particulares* oder *máquinas*), zumeist klapprige Oldtimer, die man an einem handgemalten Pappschild in der Windschutzscheibe erkennt. Im Zuge einer Reform des Privatsektors sollen alle nach 1960 gebauten Privattaxis künftig ein gelbes Taxischild auf weißem Wagendach tragen und mit einem Taxameter ausgestattet sein.

Sehr günstig sind die **Sammeltaxis** (*colectivos*), die bestimmte Strecken befahren, z. B. in Havanna entlang der Avenida 5ta, dem Malecón und der Calle 23. Die Fahrer beginnen ihre Tour erst, wenn auch der letzte Platz besetzt ist.

Schließlich gibt es in Touristenorten wie Havanna oder Varadero noch die **Cocotaxis**, knallgelbe, eiförmige Gefährte, die von einem Motorroller gezogen werden, überdacht sind und Platz für zwei Fahrgäste bieten. U. a. in Santiago de Cuba kann man als Sozius auf einem **Motorradtaxi** Platz nehmen und in fast in allen Städten findet man dreirädrige **Fahrradrikschas** (*bicitaxis*) und vermehrt auch Elektrorikschas, die für kurze Distanzen ideal und preiswert sind.

Infos für Mietwagenfahrer

Verkehrsregeln

Prinzipiell gelten in Kuba die allgemein üblichen Verkehrszeichen und -regeln, allerdings muss man mit einigen Abweichungen rechnen. So hängt selbst an großen Straßenkreuzungen oft nur eine winzige Verkehrsampel in luftiger Höhe über der Kreuzung.

Die Geschwindigkeitslimits betragen auf der Autopista 100 km/h, auf der Carretera Central 80 km/h und in Ortschaften 50 km/h. Für alle Straßen gilt: Man sollte auf teils riesige Schlaglöcher, kaum gekennzeichnete Baustellen und anarchistisch fahrende Radler achten, die einem gerne auch in Einbahnstraßen (gekennzeichnet durch einen weißen Pfeil auf blauem Hintergrund) entgegenkommen. Die Städte sind nachts größtenteils unbeleuchtet, ebenso viele Verkehrsteilnehmer. Auf dem Land, sogar schon auf den Ausfallstraßen Havannas, sind umherlaufende Tiere sowie langsam dahinzuckelnde Traktoren und Pferdekutschen die größte Gefahr. Fahren Sie dort extrem vorsichtig.

Wichtiger Bestandteil eines Fahrzeugs in Kuba ist die Hupe. Die älteren Autos haben oft defekte Blinker und fast niemals Seitenspiegel. Deshalb verständigt man sich mit Gesten – die meisten Fahrer lassen den linken Arm aus dem Seitenfenster hängen. Winkt man mit der Handfläche am ausgestreckten Arm nach unten, bedeutet das: Achtung, ich fahre jetzt langsamer oder halte an. Deutet der Zeigefinger nach links: Bei der nächsten Möglichkeit werde ich links abbiegen. Zeigt der Finger in Richtung Wagendach: Wahrscheinlich biege ich gleich rechts ab … Bussen und Lkws sollte man prinzipiell Vorfahrt einräumen. Alkohol ist nicht nur für den Fahrer tabu, sondern auch für die Mitfahrer im Auto. Bei verschuldeten Personenunfällen kann es vorkommen, dass man bis zur Klärung des Versicherungsfalls nicht ausreisen darf.

Selbstfahrer benötigen eine gute Landkarte (s. S. 136) bzw. Offlinekarten-Apps wie Maps.me oder Organic Maps. Während das Fahren selbst auf den meist leeren Straßen kein Problem darstellt, können einen die fehlenden Straßenschilder zur Verzweiflung treiben. Besonders an der Autopista rund um Havanna ist kaum eine Ausfahrt ausgeschildert.

Noch eine Bemerkung zum Thema Parken: Ganz gleich, wo Sie Ihren Wagen abstellen, es wird jemand auftauchen, der Ihnen Geld dafür abknöpft. Man sollte dieses ›Schutzgeld‹ auch bei selbst ernannten Parkwächtern ohne Murren bezahlen, denn Beschädigungen am Mietauto können Geld und Nerven kosten.

Beschädigungen am Leihauto

Die am Nummernschild erkennbaren Mietwagen sind gerne das Ziel von Diebstahlsdelikten. Daher: Nichts im Wagen liegen lassen, auch keine Sonnenbrille, bzw. das Auto immer auf bewachten Parkplätzen abstellen. Sollte dennoch etwas passieren, hat dies für Mietwagenbesitzer i. d. R. nur zeitliche und nervliche, doch keine finanziellen Folgen, sofern sie den Schaden von der Polizei aufnehmen und sich schriftlich bestätigen lassen, dass kein Selbstverschulden vorliegt – sonst muss man bei der Autorückgabe die volle Selbstbeteiligung zahlen! Das gleiche Prozedere gilt natürlich auch bei nicht verschuldeten Unfällen.

Pannen & Straßenkontrollen

Mitunter kommt es zu provozierten Reifenpannen, z. B. durch Nägel auf der Straße. Schnell stehen einheimische Helfer bereit, die sich mit den Fahrzeugbesitzern um den Reifenwechsel kümmern, während ihre Kumpanen das Gepäck aus dem Kofferraum entwenden. Man sollte den Wagen immer abschließen, auch an Tankstellen. Bei Reifenpannen erhält man Hilfe über die Notfallrufnummer des Autoverleihers.

Zu Diebstählen kommt es leider auch häufig, wenn man Anhalter mitnimmt. Die Einheimischen sind auf diese Mitfahrgelegenheiten angewiesen, deswegen bitte nicht hermetisch abgeriegelt durch Kuba fahren, sondern seine Wertsachen sicher verstauen.

Als Ausländer mit einem Mietwagen wird man an den häufigen Kontrollposten i. d. R. in Ruhe gelassen. Man sollte sich aber penibel an die Geschwindigkeitsbegrenzungen halten und der Polizei auch sonst keinen Anlass für einen Strafzettel geben. Erhält man einen solchen, wird dies auf dem Mietvertrag notiert. Der Betrag muss spätestens bei Rückgabe des Autos beglichen werden.

Die alten Schätzchen brauchen viel Zuwendung, Pflege und noch mehr Reparaturkunst

Übernachten

In Kuba gibt es drei Arten von Unterkünften: **Hotels** und **Resorts** (alle staatlich oder mit staatlicher Beteiligung), **Casas Particulares** (Privatquartiere) sowie **Villas** und **Campismos** (einfachste bis sehr komfortable Bungalowanlagen, ebenfalls in staatlicher Hand).

Hotels und Resorts

Auch in Kuba werden die Hotels mit Sternen kategorisiert. Ein Stern, die niedrigste Kategorie, bietet nicht mehr als ein Dach über dem Kopf. Bei zwei Sternen kann man ebenfalls keinen Komfort erwarten, drei Sterne bedeuten ein schlichtes Mittelklassehotel. In den Vier- bis Fünf-Sterne-Hotels ist die Ausstattung und Versorgung recht gut, auch wenn man mit der Sternchenvergabe in Kuba wesentlich großzügiger verfährt als in Europa. Selbst in höherklassigen Unterkünften muss man damit rechnen, dass die Fenster klemmen, die Klimaanlage Duschkopfqualitäten besitzt, die Türgriffe abfallen oder der Klodeckel fehlt. Service und Qualität lassen sich keinesfalls mit vergleichbaren Hotels in anderen Ländern messen, das betrifft auch die All-inclusive-Resorts. Generell muss leider gesagt werden, dass die Hotelpreise hoffnungslos überteuert sind, vor allem in Havanna, und das Preis-Leistungs-Verhältnis oft sehr schlecht ausfällt – in den Casas Particulares bekommt man wesentlich mehr für sein Geld.

OFFIZIELLE SAISONDATEN

Spitzensaison: 22. Dez.–2. Jan.
Hochsaison: 3. Jan.–31. März, Ostern, 1. Juli–24. Aug., 16.–21. Dez.
Nebensaison: 1. April–30. Juni (außer Ostern), 25. Aug.–15. Dez.

Im Reiseteil dieses Buches wird bei den Hotels die Internetseite des (Joint-Venture-)Unternehmens angegeben, welches das Hotel führt. Als Faustregel für die kubanischen Hotelketten gilt: **Islazúl** (www.islazulhotels.com) bietet die schlichten Unterkünfte an, **Cubanacán** (www.hotelescubanacan.com), **Gaviota** (www.gaviotahotels.com) und **Gran Caribe** (www.grancaribehotels.com) die höherklassigen. Insbesondere Cubanacán hat mit seinen **Hoteles Encanto,** meist in Kolonialpalästen untergebrachte Boutiquehotels, viele stilvolle Unterkünfte am Start. Das Gleiche gilt für die Hotels von Gaviota in Habana Vieja. Außerhalb frequentierter Touristenorte hingegen nächtigt man oft noch in architektonischen Albträumen sozialistischer Bauart, die gerne einige Kilometer außerhalb des Zentrums liegen.

In fast allen Hotels, besonders jedoch in denjenigen der gehobenen Klasse, ist der Zimmerpreis bei Direktbuchung vor Ort höher, als wenn man die Reservierung online oder über ein Reisebüro im Heimatland bzw. in Kuba vornimmt. Am günstigsten sind All-inclusive-Arrangements großer Tourismusunternehmen, zumindest wenn man einem Strandurlaub den Vorzug gibt. Für Individualreisende bieten einige Veranstalter eine Kombination aus Mietwagen und Hotelgutscheinen an, sogenannte Fly-Drive-Pakete, was preislich ebenfalls lohnenswert sein kann.

Eine Liste aller auf Kuba vertretenen Hotelketten findet man auf www.cubainfo.de (> Hotels). Direkte Buchungsmöglichmöglichen bietet u. a. www.cubatravelhotels.com.

Casas Particulares

Fast überall in Kuba wohnt man in Privatquartieren günstiger als in Hotels, auf jeden Fall aber sind sowohl der Service als auch das Preis-Leistungs-Verhältnis wesentlich besser. In puncto Standard haben die Casas Particulares mächtig aufgeholt, einige ähneln fast schon Boutiquehotels und zählen bis zu sechs oder mehr Zimmer (worunter dann wieder die Persönlichkeit leidet ...). Zur üblichen Ausstattung gehören ein eigenes Bad, Ventilator plus Split-Klimaanlage, TV, Kühlschrank, oftmals WLAN und manchmal sogar ein Safe. Die meisten Vermieter sind sehr hilfsbereit, geben Tipps für Ausflüge, gute Privatrestaurants *(paladares)* und Transportmöglichkeiten. Außerdem erhält man in den Familien einen kleinen Einblick in den kubanischen Alltag.

Je nach Region, Lage, Saison und Ausstattung kosten Privatquartiere durchschnittlich zwischen 20 und 40 € für zwei Personen. Falls man durch einen Schlepper (s. rechts) in eine Casa Particular gekommen ist, erhöht sich der Zimmerpreis um etwa 5 € pro Nacht, denn die Kommission für die Vermittlung zahlt der Gast. Das Gleiche gilt bei Buchung über eine Agentur. Es empfiehlt sich also, die Casas immer direkt zu kontaktieren und zu reservieren. Wer im Voraus buchen möchte, kann dies über die im Reiseteil angegebenen E-Mail-Adressen und Telefonnummern (fast alle Vermieter können unter den Handynummern, die mit einer 5 beginnen, per WhatsApp kontaktiert werden) tun. Alternativ nutzen viele Vermieter das Buchungsportal www.airbnb.de (das im Übrigen seine Geschäftsidee von den Casas Particulares übernommen zu haben scheint) oder arbeiten mit Kuba-Spezialisten wie z. B. www.casa-particular.de zusammen. Für Unterkunftsbuchungen über das Internet vor Ort benötigt man i. d. R. ein VPN (s. S. 136).

Außerhalb der Hochsaison sind viele Unterkünfte ca. 5 € günstiger oder aber zumindest verhandelbar. Vielleicht gehen die Besitzer nicht auf einen Preisnachlass ein, servieren dafür aber das Frühstück kostenlos dazu. Das Angebot schwankt stark von Casa zu Casa und reicht von opulent bis kärglich, die Kosten liegen aber fast immer bei 5 €. Manchmal wird auch Abendessen angeboten, was zumindest in Orten ohne Paladares eine gute Lösung ist: Nur in wenigen staatlichen Restaurants bekommt man so leckere kreolische Mahlzeiten zu so fairen Preisen.

NEPPER, SCHLEPPER, BAUERNFÄNGER

Mit den steigenden Zahlen der Casas Particulares hat auch die Zahl der Schlepper *(jineteros)* sprunghaft zugenommen, besonders schlimm ist es in Pinar del Río, Trinidad und Camagüey. Man kann ihre Fantasie nur bewundern, denn um Touristen zu einer anderen Unterkunft als der gebuchten zu dirigieren, lassen sie sich allerhand einfallen: Sie geben sich als hilfreiche Verwandte der Casabesitzer aus und teilen mit, dass die Unterkunft bereits voll ist, zugemacht hat, über kein Wasser verfügt etc. Oder sie dienen sich als Führer an, geleiten dann aber nicht zur gebuchten Casa, sondern zu einem ganz anderen Haus. Dabei gehen die Jineteros teilweise so weit, eine falsche Hausnummer oder ein falsches Namensschild anzubringen. Neue Casas geben sich auch häufig Namen, die leicht mit denen anderer, bereits etablierter Unterkünfte zu verwechseln sind. Üblicherweise fangen die Jineteros ihre Opfer an Bushaltestellen oder Stadteinfahrten ab. In Camagüey radeln sie so dicht neben den Mietwagen her, dass man Mühe hat, den gewünschten Weg fortzusetzen, ohne dabei einen Unfall zu riskieren. In Trinidad sind sie gerne an den Schranken des historischen Altstadtkerns anzutreffen.
Die – traurige– Grundregel lautet: Niemals einem Fremden Glauben schenken, sondern sich auf eigene Faust bis zur gewählten Unterkunft durchschlagen und selbst an die Türe klopfen, egal, was einem erzählt wird. Hilfreich ist es auch, die Casabesitzer telefonisch über die Ankunftszeit zu informieren und sich genau erklären zu lassen, wie man den Weg findet und wie das Haus von außen aussieht.

Sollte die Casa Particular keinen eigenen Stellplatz für den Mietwagen haben, kümmern sich die Vermieter um sichere Parkplätze oder -wächter, was mit zusätzlich 2 bis 5 € pro Tag zu Buche schlägt.

Allergiker sollten sich vor der Buchung einer Casa über Art und Umfang des Haustierzoos informieren. Hunde sind der Normalfall, auch Katzen und Vögel zählen gerne zum Repertoire, oft gackern im Hinterhof die Hühner oder es grunzt gar ein Schwein. Tierliebe und allergiefreie Menschen haben es definitiv leichter.

Falls man eine Rundreise plant und seine Unterkünfte nicht über Airbnb buchen möchte, lässt man sich am besten von Privatpension zu Privatpension weiterreichen, das ist ein ebenfalls recht zuverlässiger Weg, qualitativ ebenbürtige Casas zu finden. Bei der eigenständigen Suche vor Ort sollte man nicht dem äußeren Schein verfallen, denn wie auch bei uns gilt oft: außen hui, innen pfui. Und die edelste Casa muss nicht immer auch die netteste sein, denn letztendlich zählt, bei welcher Familie man unterkommt!

Ein offizieller Vermieter, der *arrendador* (zu erkennen am Gästebuch, in das man sich gleich nach seiner Ankunft mit Passnummer und Unterschrift eintragen muss), benötigt eine Lizenz und muss natürlich Steuern zahlen. Dann bekommt er ein weiß-blaues Schild, wenn er an Ausländer vermieten darf. Gilt seine Lizenz nur für Kubaner, ist das amtliche Schild weiß-rot. Seit die absurden behördlichen Bestimmungen für Vermieter 2011 gelockert wurden, sind die Casas Particulares wie Pilze aus dem Boden geschossen, und auch wenn viele Vermieter in den letzten Jahren im Zuge der schweren Krise ihr Haus verkauft und das Geschäft aufgegeben haben, um auszuwandern, bleibt es eine der häufigsten und lukrativsten Formen privaten Unternehmertums auf Kuba. Man darf jedoch davon ausgehen, dass die Gesetze nicht in einem plötzlichen Anflug von Nächstenliebe geändert wurden, sondern einzig und allein, um der steigenden touristischen Nachfrage beggenen und Besuchern ein Dach über dem Kopf bieten zu können.

Campismos

Wenn man in Kuba von *campismo* spricht, meint man keine Zeltplätze, sondern – häufig sehr rustikale – Bungalowanlagen, die in landschaftlich reizvollen Gegenden liegen. Die Übernachtungspreise hier sind so billig, dass die Campismos für viele Kubaner die einzige Möglichkeit darstellen, für ein paar Tage Urlaub zu machen. Aus diesem Grund nimmt der Löwenanteil der Campismos offiziell keine ausländischen Gäste auf, sie können Reservierungen nur in einer Handvoll teurerer Anlagen tätigen. Einige wenige sind sogar ausschließlich auf Ausländer zugeschnitten, heißen dann aber meist nicht Campismo, sondern Villa. Für alle anderen Anlagen gilt: Wer unter der Woche bzw. außerhalb der Ferienzeiten spontan auftaucht, wird selten abgewiesen. Im Buch sind die offiziell für den ausländischen Tourismus zugelassenen Campismos als solche gekennzeichnet.

Die Ausstattung der Bungalows *(cabañas)* ist in der Regel sehr einfach. Zur Anlage gehören meist ein Restaurant und ein Pool, die an Wochenenden und zu kubanischen Ferienzeiten laut dauerbeschallt werden. Ausländer zahlen je nach Ausstattung 15 bis 50 € pro Cabaña.

In allen Provinzhauptstädten gibt es Reservierungsbüros, in denen man Buchungen für die jeweilige Region tätigen kann, die Burós de Reservaciones de Campismo. Sie sind im Reiseteil unter den jeweiligen Orten aufgeführt. Die zentrale Infostelle in Havanna ist **Campismo Popular,** Calle Paseo 752, Ecke 15, Vedado, Tel. 78 30 55 38. Eine Liste aller Campismos findet man auf der Website www.campismopopular.cu.

Preiskategorien

€ bis 50 Euro
€€ 50 bis 100 Euro
€€€ über 100 Euro

Preise für ein Doppelzimmer mit Bad/WC

So sehen die Schilder für die Casas Particulares aus …

… und so modern kann es hinter einer Kolonialfassade zugehen

Das Hotel Los Jazmines in Viñales vereint schöne Architektur mit einer tollen Lage

Essen und Trinken

Eine Szene in einer Cafetería: Die Frau am Nachbartisch zerschneidet sorgfältig ihr schuhsohlendünnes Schweinesteak in kleine, mundgerechte Häppchen, zerrupft das Spiegelei, mischt alles unter den Reis mit schwarzen Bohnen, hebt eine zerteilte Süßkartoffel und frittierte Scheiben Kochbananen darunter, krönt das Ganze mit einem dicken Klacks Ketchup *(catchú)* und rührt noch einmal sorgfältig um. Keinem der zufrieden kauenden Gäste entrutscht auch nur ein Stirnrunzeln ob dieser eigenwilligen Kreation, denn jeder veranstaltet ein ähnlich buntes Massaker auf seinem Teller. Die Frau mag eben alles, was sie bestellt hat, und zwar alles gleichzeitig. Immerhin hat sie die sämigsüße Käsecreme als Vorsuppe getrennt vom Rest gegessen und nicht über das dunkelrote Guavengelee gekippt, mit dem sie ihr Festmahl – das etwa ein halbes Monatsgehalt kostet – zufrieden abschloss. Man ahnt, dass die kubanische Küche ein Mischprodukt ist, ebenso wie die Musik.

Kuba kulinarisch

Kreolische Küche

Ob Spanien, Afrika, China oder Nordamerika: Alle Kulturen, die hierher kamen, haben ihre Spuren in den Kochtöpfen hinterlassen. Die Ingredienzen wurden in einem großen karibischen Kochtopf zusammengerührt und auf kleinem Feuer geköchelt, bis von jedem Gericht nur noch die Lieblingseigenschaft übrig war.

Die allgemein anerkannte kulinarische Hauptlieblingseigenschaft fast aller Dinge ist ›weich‹. Brot muss weiß und watteartig sein, Spaghetti gehören schlabberweich gekocht und Pizza besteht aus einer weichgummiartigen Teigscheibe, auf die etwas breiiger Käse und viel Ketchup appliziert werden. Chinesisches Essen, also Gemüsestreifen in Soße mit Reis, muss so weich sein, dass man es zahnlos schlucken kann, und keinesfalls darf es nach Gewürzen schmecken. Sogar das rosafarbene Würstchen im normalerweise kalten ›heißen Hund‹ *(perro caliente)* schmeckt erst, wie es soll, wenn es Puddingkonsistenz hat. Ein traditionelles kubanisches Menü ist ziemlich salzlos, sehr stärkehaltig, verrührfreundlich, frittierwütig, ketchupverträglich und gegen Ende hin immer quietschsüß. Und so schwer, als müsse man sich für eine 15-Stunden-Schicht Schneeschippen am Nordpol vorbereiten.

Historisch gesehen hat diese Küche allen Grund, schwer zu sein. Mit den Ureinwohnern war auch die Fischereikultur und die Gewohnheit, Fisch zu essen, zunächst einmal ausgerottet. Sie wurde durch die gehaltvolle spanische Küche des 16. und 17. Jh. ersetzt: Man züchtete Rinder und Schweine für die weiße Oberschicht, und Brot, Wein, Käse, Oliven und Öl hielten ihren Einzug auf Kuba.

Die afrikanischen Sklaven wurden dahingehend ernährt, dass sie die vielstündige Schufterei auf den Zuckerplantagen so eben überlebten, also mit Reis und stärkehaltigen Knollen wie Kartoffeln, Yucca und Malanga. Schwarze Bohnen, rote Bohnen, gefleckte Bohnen und Fleischabfälle lieferten zusätzliche Kalorien. Später wurde den Frauen der Sklaven erlaubt, kleine Gärten für den Eigenbedarf anzulegen und in bescheidenem Umfang Schweine und Hühner zu züchten. So kamen das gegrillte Spanferkel, die marinierten und gegrillten Schweinekoteletts, die Hühnerschmortöpfe mit Kräutern und viel Knoblauch auf den sonntäglichen Speiseplan. Ein richtiges Essen bietet eine Fleischration, die über den Teller hängt – dieser Grundsatz hat sich seit der Zeit der Sklaverei auf der ganzen Insel gehalten.

Erst nach der Revolution baute man die Fischfangflotte aus, um der Bevölkerung die Segnungen des Fischessens nahezubringen. Doch das dauerte – bis Fidel Castro höchstpersönlich kauend im kubanischen Fernsehen bewies, dass man Fisch essen kann, dass er schmeckt und satt macht. Die Revolution hat die Kochkunst wenig gefördert, sondern sie als dekadent, bourgeois etc. bekämpft. Ihr ging es darum, die gesamte Bevölkerung mit Lebensmitteln zu versorgen, die tägliche Kalorienzufuhr zu erhöhen, niemanden hungrig ins Bett zu schicken. Ein äußerst populärer Witz machte die Runde: »Frage: Was sind die drei größten Probleme der Revolution? Antwort: Das Frühstück, das Mittagessen und das Abendessen.« In den 1980er-Jahren verbesserte sich zwar die Versorgung mit Lebensmitteln, doch zu Zeiten des Período Especial (s. S. 61) ab Anfang der 1990er-Jahre war die Frage nach Frühstück und wenigstens einer warmen Mahlzeit am Tag für die meisten Kubaner brennender als je zuvor, ebenso im Zuge der neuen schweren Krise, die ihren anhaltenden Höhepunkt 2021 erreichte (s. S. 63). Ohne Schwarzmarkt und freie Bauernmärkte blieben die meisten kubanischen Kochtöpfe gähnend leer. Und von einem traditionellen Menü mit allem, was dazugehört, also mit gegrilltem Spanferkel oder in Orangensaft gedünstetem Hühnchen, frittierten Kochbananen, gedünsteter Yucca mit süßen Zwiebeln und Butter, Reis mit schwarzen Bohnen, süßem Milchpudding und starkem süßem Kaffee als Abschluss können viele Kubaner nur träumen.

Hauptgerichte

Doch was essen Sie in Kuba? Zunächst einmal gibt es natürlich die bereits beschriebene, klassisch kreolische Küche. Ein gelungenes gegrilltes Spanferkel oder mit süßen Zwiebeln gebratenes Schweinefleisch, begleitet von *moros y cristianos* (›Mohren und Christen‹, das ist Reis mit schwarzen Bohnen, auch *congrí* genannt) und frittierten süßen Gemüsebananen (*plátano maduro*) kann köstlich sein. Wesentlich besser, als sein Name sich anhört, schmeckt auch *ropa vieja* (›alte Klamotten‹), mit Tomaten, Paprika, Zwiebeln, Knoblauch und manchmal Rosinen stundenlang gekochtes Rindfleisch, das irgendwann in seine Einzelteile zerfällt und auf der Zunge zergeht. Auch das *picadillo habanero*, Rindergehacktes mit Tomaten und Oliven geschmort, und der bereits erwähnte Hähncheneintopf schmecken sehr gut. Wie Hühnchen generell auf praktisch jeder Speisekarte zu finden sind: frittiert, gegrillt, gebraten oder gekocht. Und warum als Beilage nicht frittierte Malanga *(fritura de malanga)* probieren, wenn man sie auf dem Menü entdeckt? Oder gekochte Süßkartoffel *(boniato)*, Jamswurzel *(ñame)* und Maniok *(yuca)*? Und wenn Ihnen je *ochinchin* begegnen sollte, bestellen Sie es: Diese Lieblingsspeise von Ochún, der afrokubanischen Aphrodite, besteht aus Kresse, Mangold, Mandeln und gekochten Langusten *(langostas)*. Dieses Schalentier gehört zwar auch in Kuba zu den Delikatessen, wird jedoch allerorts angeboten – zu Preisen, denen man nicht widerstehen sollte. Den Meeresspeiseplan bereichern weiterhin vor allem Krabben *(camarones)* sowie natürlich Fisch *(pescado)*. Hierfür hat man die allerbesten Rezepte im Osten der Insel, wo viel mit Kokosmilch und Früchten zubereitet wird. Vegetarier und besonders Veganer haben es in Kuba außerhalb der touristischen Hotspots immer noch recht schwer, da es häufig kein Verständnis für diese Ernährungsformen gibt. Mitunter ist es eine gute Option, in den Casas nach einem entsprechenden Essen zu fragen.

Nachspeisen

Götter wie Menschen lieben die unzähligen kreolischen Nachspeisen, die auf der Zuckerinsel noch süßer sind als anderswo – schließlich muss der Alltag irgendwie versüßt werden. Gezuckerte und frittierte Bällchen aus Maniok oder Malanga *(buñuelos)* sowie extrem süßes Guavengelee gehören in Kuba an das Ende eines Banketts. Ob Reispudding *(arroz con leche)*, Karamellpudding *(flan)*, kandierte Früchte, sahnige Eiskugeln, schrillbunte Torten *(cake)* oder das berühmte *cucurucho* aus Baracoa, eine Köstlichkeit aus Kokosraspeln, Früchten und Honig – auf der Zuckerinsel bedeutet süß immer süß bis zur Schmerzgrenze.

Ein (ebenfalls gezuckerter) starker Kaffee und ein Verdauungsrum, der ruhig älter als fünf Jahre sein darf, wecken die Lebensgeister wieder – oder erleichtern die Entscheidung, Siesta zu halten, denn am Ende des kreolischen Banketts tritt delirierende Mattigkeit ein.

Getränke

Der Tag beginnt auch in Kuba mit einem Kaffee *(café)*, seltener einem Tee *(té)*. Sofern keine teure Maschine vorhanden ist, wird der Kaffee meist in Espressokannen zubereitet und ist entsprechend stark. Die Kubaner trinken ihn am liebsten nur mit Zucker *(café cubano* oder *cafécito)*, maximal mit einem kleinen Schuss Milch dazu *(cortadito)*, auch dann ist der Kaffee gesüßt. Wer einen Milchkaffee *(café con leche)* bestellt, bekommt einen Kaffee ohne Zucker und ein kleines Kännchen mit heißer Milch dazu.

Als Erfrischungsgetränke werden auch in Kuba die üblichen Sorten wie Fanta, Sprite & Co. verkauft. Zusätzlich findet man viele zuckrige Dosengetränke, die aus Spanien importiert werden.

Der perfekte Durstlöscher am Abend ist ein eiskaltes kubanisches Bier, wobei es mitunter recht schwer ist, eines der drei einheimischen Biere, »Cristal«, »Bucanero« und »Parranda«, aufzutreiben. Vereinzelt findet man Mikrobrauereien mit Bier frisch vom Fass. Aber auch Weinliebhaber haben es zunehmend leichter. In gehobenen Lokalen gibt es meist ein breites Angebot guter Tropfen von Argentinien bis Frankreich. Die Produkte der Eigengewächse aus der Provinz Pinar del Río kommen über den Standard eines Hausweins nicht hinaus.

Und schließlich die Cocktails: Die Kubaner behaupten stolz, Hunderte verschiedener Rum-Mixgetränke erfunden zu haben, und in fast jeder Bar werden mindestens zehn davon angeboten. Berühmtestes Ergebnis der kubanischen Cocktailkunst ist der Mojito, bestehend aus Limettensaft, Sodawasser, weißem Zucker, einem frischen Minzezweig, Eiswürfeln und einem Schnapsgläschen Rum (höchstens 3-jährig). Dasselbe ohne Minze heißt Ron Collins. Ernest Hemingway war der Meinung, den besten Mojito trinke man in der Bodeguita del Medio in Havanna, während der beste Daiquirí in der Bar Floridita zu haben sei. Daiquirí wiederum besteht aus kräftig mit Rum alkoholisiertem Eisschnee mit Limettensaft und Zucker. Nicht zu vergessen der Cuba libre: Coca-Cola, Eiswürfel und weißer Rum. Leider macht die miserable Versorgungslage auch vor den Cocktails nicht halt: Fast immer wird statt frischer Limetten Sirup verwendet, statt Mineralwasser wandert stilles Wasser in den Drink und der Rum ist billiger Fusel, wobei Letzteres eher einer Sparmaßnahme vieler Gastronomen geschuldet ist. Eine wahre Schande für die Cocktailnation Kuba und hoffentlich nur vorübergehender Natur.

Wo essen?

Beim Essen gehen in Kuba hat man die Wahl zwischen staatlichen und privaten Restaurants *(paladares)*. Während in den meisten Staatslokalen sowohl die Speisen als auch der Service an eingeschlafene Füße erinnern, machen immer mehr Paladares *(paladar* heißt ›Geschmackssinn‹) ihrem Namen wirklich Ehre. Sie servieren nicht nur hervorragend zubereitete und zumeist auch fantasievoll angerichtete kreolische Kost, sondern lassen sich auch auf durchaus schmeckenswerte Experimente mit der Crossover-Küche ein – angesichts der fatalen Versorgungslage ein fast schon heldenhaftes Unterfangen. Man sollte es ihnen daher nachsehen, wenn die Speisenauswahl überschaubar oder ein angebotenes Gericht gerade nicht zu haben ist. Für den kleinen Hunger zwischendurch bzw. zum Geld sparen eignen sich die – staatlichen – Cafeterías sowie die – privaten – Imbisse (s. S. 143), eine Art Fastfood auf Kubanisch.

Für die in diesem Führer genannten Paladares sollte man abends eine Reservierung tätigen. Sowohl staatliche Restaurants als auch Paladares erheben zumeist eine zusätzliche Servicegebühr in Höhe von 10 %.

Preiskategorien

€ bis 5 Euro
€€ 5 bis 20 Euro
€€€ über 20 Euro

Preise für ein Hauptgericht oder Menü

Manche Paladares bieten eine sehr fantasievolle Küche …

… und ein noch fantasievolleres Ambiente

Andere Lokale leben von ihrem Ruf – und im Falle der Casa Grande in Santiago von ihrer ›Beobachtungsterrasse‹

Outdoor

Angeln

In beinahe allen Jachthäfen *(marinas)* werden Exkursionen zum Hochseeangeln angeboten, halb-, ein- oder mehrtägig, mit der entsprechenden Ausrüstung an Bord. Die beste Zeit ist von Mai bis Dezember, die besten Reviere liegen vor der Nordküste sowie im Archipiélago Jardines de la Reina vor der Südküste. Fliegenfischer finden ihr Dorado auf der Península de Zapata, interessant sind aber auch die Fischgründe des Lago Hanabanilla in der Provinz Villa Clara, des Embalse Zaza bei Sancti Spíritus sowie der Laguna Redonda und der Laguna de la Leche bei Morón in der Provinz Ciego de Ávila. Hier bestehen ganzjährig gute Erfolgsaussichten, allerdings muss man das Angelverbot im Juni wegen der Schonzeit beachten.

Für Hochseeangeltouren liegen die Kosten pro Boot bei etwa 390 € für 3 Std. und rund 620 € für 7 Std. Der Preis beinhaltet einen Angelguide sowie die Ausrüstung und bezieht sich auf das komplette Boot, das in der Regel vier, manchmal auch sechs Personen fasst. Nähere Informationen bekommt man in den Jachthäfen, in Reisebüros vor Ort sowie unter **www.cubanaturetravel.com, www.abenteuer-angeln.de, www.cuban fishingcenters.com** (Jardines de la Reina), **www.dtcuba.com** (> Náuticas > Marinas; Liste der Jachthäfen).

Golfen

Die Insel verfügt über zwei Golfplätze. Ein sehr schön gelegener 18-Loch-Golfplatz befindet sich in Varadero: **Varadero Golf Club,** Crta. Las Américas Km 8,5, Autopista Sur, Tel. 45 66 84 82, www.varaderogolfclub.com. In Havanna gibt es einen kleineren 9-Loch-Golfplatz: **Club de Golf de La Habana,** Crta. de Vento Km 8, Reparto Capdevila, Boyeros, Tel. 76 49 89 18, www.cuba-golfclubs.com (> Havana Golf Club). Ein Anbieter für Golfreisen nach Kuba ist **www.profil-cuba-reisen.de.**

Höhlenerkundung

Kuba ist von großen Höhlensystemen durchzogen, vor allem in folgenden Provinzen: Pinar del Río (Cueva Santo Tomás, Cueva del Indio etc.), Matanzas (350 Höhlen, davon 20 zu besichtigen, u. a. die Cuevas de Bellamar und die Unterwasserhöhlen auf der Península de Zapata), Cienfuegos (Cueva Martín Infierno), Camagüey (Cueva de los Generales, Cueva de las Mercedes, Cueva del Indio, Cueva Pichardo), Holguín (Unterwasserhöhle Tanques Azules bei Gibara) und auf der Isla de la Juventud (Cueva Punta del Este). Eine Liste aller Höhlen liefert die Website **www.dtcuba.com** (> Attracciones > Cuevas).

Radfahren

Kuba ist ein fantastisches Land für Radtouren: Es sind nur wenige Autos unterwegs, stattdessen teilt man sich die Straßen überwiegend mit Pferdekutschen, Ochsenkarren und vielen einheimischen Radlern, mit denen sich immer wieder nette Gespräche ergeben.

Für gelegentliche kurze Fahrradausflüge kann man in den Hotels der großen Touristenzentren Räder ausleihen. Will man mit dem Fahrrad ganz Kuba bereisen, sollte man optimalerweise seinen eigenen Drahtesel mitnehmen und ein sehr gutes Schloss sowie alle wichtigen Ersatzteile einpacken, denn vor Ort ist kaum etwas zu bekommen. Abstellen sollte man das Rad, wenn möglich, auf einem *parqueo bici* (bewachter Fahrradparkplatz). Tipp: Da der Wind meist aus östlicher oder nordöstlicher Richtung bläst, wählt man für längere Touren am besten eine Strecke von Santiago Richtung Havanna.

Wer sein eigenes Fahrrad von Europa nach Kuba transportieren möchte, sollte dies spätestens eine Woche vor Abflug seiner Airline mitteilen, besser schon bei der Buchung. Günstige Tarife und ein zumeist unproblematisches Handling bietet z. B. Condor, bei der Räder als Sportgepäck aufgegeben werden können.

Inzwischen bestehen auch vor Ort Möglichkeiten, ordentliche Räder auszuleihen. Anlaufstation in Havanna ist beispielsweise **Vélo Cuba** (s. S. 208). Sowohl in Havanna als auch in Holguín hat der deutsche Reiseveranstalter **Profil Cuba-Reisen** (www.profil-cuba-reisen.de) Verleihstationen. Gegen Aufpreis kann hier sogar eine Einwegmiete vereinbart werden.

In kubanischen Zügen und Flugzeugen darf man das Rad meist mitnehmen, muss es jedoch rechtzeitig aufgeben bzw. anmelden und zahlt häufig eine ordentliche Extragebühr. Auch die Víazul-Busse nehmen Räder mit, sofern ausreichend Platz vorhanden ist. Hier gilt: Je kleiner das Rad gemacht werden kann, desto größer die Chance auf Mitnahme. Zur Überbrückung längerer Radeldistanzen ohne Casas Particulares oder Hotels eignen sich die Campismos Populares als Unterkünfte (s. S. 118).

Geführte Radtouren durch Kuba bieten u. a. **www.cubyke.de**, **www.velociped.de**, **www.velotravel.de** und **www.wikinger.de**. Weiterführende Links findet man auf den Websites **www.rad-reise-service.de** und **www.fahrradreisen.de**, hilfreiche Infos für Selbstfahrer auf **www.rad-forum.de**.

RADELN AUF KUBA

Eine der schönsten Radtouren

… die man in Kuba unternehmen kann, führt (fast) immer entlang der Küste einmal um die Ostspitze und ist bequem in zwei bis drei Wochen zu machen. Von Holguín geht es über Gibara (Tipp: weiter per Boot nach El Caliche), Guardalavaca, Banes, Mayarí und Moa nach Baracoa (ca. 360 km), dann durchs Gebirge an die Südküste nach Guantánamo und Santiago (ca. 250 km) und schließlich auf Kubas schönster Panoramastraße über Marea del Portillo nach Manzanillo und Bayamo (ca. 330 km). Perfekte Planung ermöglichen die Wegbeschreibungen und Streckenprofile im englischsprachigen Radführer Cycling Cuba, Lonely Planet Publications, 2002, der jedoch nur noch antiquarisch erhältlich ist.

Eine der besten Adressen

… für Radler in ganz Kuba ist der Club de Cicloturismo La Farola in Imías (s. S. 442) zwischen der Passstraße La Farola und Guantánamo. Josué Gaínza Matos, der Präsident des kleinen Fahrradklubs, gibt viele hilfreiche Tipps, verfügt über die wichtigsten Ersatzteile, versorgt müde Radler mit Essen und vermietet auch ein einfaches Zimmer. Er freut sich wie ein Schneekönig über strampelnde Gäste, deren Geschichten – und über zurückgelassene Fahrradausrüstung. Adresse: Calle B Nr. 233, zw. 7 und 8, Imías, Tel. 53 21 08 61, clublafarola@nauta.cu, clubciclofarola@nauta.cu.

Reiten

In vielen Touristenzentren und auf den meisten Campismos (s. S. 118) kann man für etwa 5 € pro Stunde Ausritte unternehmen. Typisch für das Cowboyland Kuba sind *fincas* oder *ranchos*, kleine Farmen, in diesem Fall für den Tourismus herausgeputzt, zu deren angebotenen Aktivitäten fast immer auch Reiten gehört. Eine unter Pferdenarren sehr beliebte Adresse ist der **Rancho La Guabina** rund 10 km nordwestlich von Pinar del Río, wo Pferde gezüchtet werden, und wo man auch in einfachen Zimmern und Bungalows übernachten kann (Crta. de Luís Lazo Km 9,5, Pinar del Río, Tel. 48 75 76 16, www.ecoturcuba.tur.cu).

Besonders bei den privaten Anbietern von Reittouren sollte man vor dem Ausritt unbedingt einen prüfenden Blick auf die Pferde werfen und von einer Tour absehen, wenn die Tiere allzu ungepflegt oder klapprig erscheinen. Die Konkurrenz in diesem Bereich ist groß und gespart wird gerne dort, wo keine Widerworte zu erwarten sind.

Von Europa aus organisierte Reiturlaube bietet u. a. **www.cubastartravel.com**.

Sportklettern

Im Westen von Kuba hat sich Viñales zu einem Mini-Dorado für Sportkletterer entwickelt. Die hiesigen Kalksteinfelsen werden gar mit den Kletterrevieren in Thailand verglichen. Bislang gibt es an die 500 Routen verschiedener Schwierigkeitsgrade, alle mitten im UNESCO-Welterbe gelegen. Nähere Infos s. S. 254 und unter **www.cubaclimbing.com**.

Tauchen und Schnorcheln

Was jeden Kapitän zur Verzweiflung bringt, freut die Taucher und Schnorchler: Die kubanischen Gewässer sind gespickt mit Korallenriffen, das größte befindet sich im Archipel Jardines del Rey an der Nordküste. Diese Tauchreviere gelten weltweit als äußerst attraktiv, weil man hier eine weitgehend intakte Unterwasserwelt vorfindet und gesunkene Piratenschiffe inspizieren kann. Die schönsten Tauchreviere liegen bei der Isla de la Juventud, Cayo Largo, Cayo Coco und Cayo Guillermo, Playa Santa Lucía, Playa Larga und Playa María La Gorda.

An den meisten Stränden gibt es qualifizierte Tauchzentren. Die Preise pro Tauchgang liegen je nach Ort bei 40 bis 60 €, Anfängerkurse mit Open-Water-Diver-Zertifikat kosten etwa 600 €. Die Ausrüstung ist in der Regel gut gepflegt und im Preis inbegriffen. In den Tauchschulen wird auch Schnorchelausrüstung verliehen (um 5 €), allerdings lässt die Qualität oft zu wünschen übrig. Besser man stattet sich daheim mit dem Nötigen aus und bringt es mit.

Eine Liste aller Tauchschulen in Cuba findet sich auf **www.cubanautica.travel** (> Otras Instalaciones > Centros de Buceo), eine Übersicht über die Tauchplätze auf **www.taucher.net**. Tauchreisen bieten u. a. **www.tauch-reisen.at**, **www.cubanaturetravel.com** und **www.nautilus-tauchreisen.de**.

Vogelbeobachtung

Mit rund 380 Vogelarten, 22 davon endemisch, ist Kuba ein Top-Ziel für Ornithologen. Wer wollte nicht schon immer mal den kleinsten Vogel der Welt sehen, die Bienenelfe? Das wohl beste Vogelbeobachtungsgebiet ist der Gran Parque Natural Montemar auf der Península de Zapata. Spezielle Reisen bietet u. a. **www.cubanaturetravel.com**.

Wandern

Markierte Wanderwege gibt es auf Kuba kaum und angesichts der großen Hitze ist das Wandern auch kein Volkssport (es sei denn, unfreiwillig mangels Transportmittel). In den Schutzgebieten Las Terrazas, Valle de Viñales, Península de Guanahacabibes, Topes de Collantes, Turquino, Alejandro de Humboldt etc. werden geführte Touren unterschiedlicher Länge und Schwierigkeit angeboten. Aus Sicherheitsgründen sollte man immer nur mit einem Wanderführer losgehen, in vielen Parks ist dies ohnehin vorgeschrieben. Festes Schuhe, leichte Regenbekleidung und in Höhenlagen ein Fleece sind ebenso angeraten wie Trekkingstöcke, ausreichend Wasservorräte und Sonnenschutz. Die beste Zeit für Wanderungen ist zwischen Dezember und April. Spezielle Trekkingreisen bieten z. B. **www.wandern.de**, **www.cubanaturetravel.com**.

Wassersport

Günstige Passatwinde erlauben ungetrübten Segel- und Surfspaß an den kubanischen Küsten. In fast allen großen Ferienresorts kann man Surfbretter, Segelboote oder Kajaks ausleihen und Wasserski fahren.

Feste und Veranstaltungen

Das Highlight im Festkalender Kubas ist der Karneval. Hinzu kommen übers Jahr verteilt mehrere Musik-, Tanz-, Theater- und Sportfestivals, von denen das Internationale Gitarrenfestival, das Jazzfestival Plaza, das Festival des Lateinamerikanischen Films und der Blaue-Marlin-Angelwettbewerb in Havanna, das Benny-Moré-Festival in Cienfuegos und das Festival del Caribe in Santiago die beliebtesten sind.

Mit mehrtägigen Trommelfesten werden besondere Daten der afrokubanischen Religion Santería begangen: Am 16./17. Dezember zieht eine endlose Prozession von Gläubigen zur Basilika des San Lázaro bei San Antonio de los Baños, denn Lazarus, wie die Katholiken ihn nennen, bzw. Babalú Ayé, wie er im afrokubanischen Götterhimmel heißt, ist als Herr über die Krankheiten ein wichtiger und äußerst beliebter Heiliger. Ähnliche Umzüge und Feste finden in Regla am 8. September zu Ehren der Meeresgöttin Yemayá statt und Ende Oktober für den Donner- und Trommelgott Changó. Unabhängig von diesen spektakulären Festen hört man an jedem Wochenende in Althavanna und anderen Stadtteilen die Trommeln, zu denen für die afrokubanischen Götter getanzt wird.

Klassische katholische Feiertage wie Ostern, Pfingsten etc. werden zwar offiziell nicht begangen, doch in den Privathäusern feiert man auch sie. Seit dem ersten Papstbesuch 1998 in Kuba ist der 25. Dezember ein offizieller Feiertag. Die zahllosen Revolutionsfeierlichkeiten sind ebenfalls bereitwillig genutzte Anlässe für ein größeres oder kleineres Fest.

Festkalender

Januar

Festival FolkCuba: Ende Jan. und Anfang Juli, Vedado/Havanna. Festival des Conjunto Folclórico Nacional (CFN) mit vielen Konzerten, Tanz- und Percussion-Workshops.

März

Festival de la Trova Pepe Sánchez: Mitte März, Santiago de Cuba. Eine Hommage an die traditionelle Musik.
Fiesta del Tinajón: Ende März, Camagüey. Kulturelles Megaevent mit über 250 Programmpunkten.

April

Festival de Música Popular Sindo Garay: Anfang April, alle zwei Jahre (2024, …), Bayamo. Musikfest zu Ehren eines der bekanntesten kubanischen Trovadores.
Festival Internacional de Danza: Ende April, Havanna. Auf Plätzen, in Straßen, Parks und Museen von Habana Vieja wird getanzt (www.dancefestivalincuba.com).

Mai

Festival y Concurso Internacional de Guitarra de La Habana: April/Mai alle zwei Jahre (2024, …), Havanna. Gitarrenfestival (www.facebook.com > Festival y Concurso Internacional de Guitarra de La Habana).
Romerías de Mayo: Musik- und Tanzfestival in Holguín. 1. Maiwoche (www.romeriasdemayo.cult.cu).
Festival MatamoroSon: Mitte Mai, Santiago de Cuba. Nach Kubas berühmtestem Sonero Miguel Matamoro benanntes Musikfestival.

Mai/Juni

Bienal de La Habana: Mai/Juni, alle zwei Jahre (2025, …), Havanna. Biennale der Bildenden Künste (www.wlam.cult.cu).
Festival Internacional de Coros – Corhabana: Ende Juni/Anfang Juli alle zwei Jahre (2024, …), Havanna. Chorfestival (www.corhabana.cubagroupplanner.com).

Juni

Festival Internacional del Bolero: 1. Junihälfte, Morón. Jedes Jahr steht das Werk eines anderen Interpreten im Mittelpunkt.

Man feiert die Kulturtage in Habana Vieja …   *… den Karneval in Santiago de Cuba …*

*… und viele afrokubanische Feste –
denn ein kubanisches Sprichwort sagt: Ein Tag
ohne Musik und Tanz ist ein verlorener Tag*

Fiesta de San Juan (hl. Johannes): 24. Juni, Trinidad. Straßenkarneval – wie in Sancti Spíritus sitzen viele der Musiker hoch zu Ross.
San Juan Camagüeyano: Ende Juni, Camagüey. Der hiesige Karneval mit farbenprächtigen Umzügen, Trommlern, hüpfenden *diablitos* (›Teufelchen‹) und phonstarken Bands.
Jornada Cucalambeana: Ende Juni/Anfang Juli, bei Las Tunas. Open-Air-Folklorefestival, bei dem viel Bier und Rum fließen (s. S. 366).

Juli

Festival Internacional de Cine de Gibara: Anfang Juli, Gibara. Filmfestival mit langer Tradition und hohem Anspruch, gezeigt werden zumeist Independentstreifen (www.ficgibara.cult.cu).
Festival del Caribe (oder Fiesta del Fuego): 3.–9. Juli, Santiago de Cuba. Zahllose Bands und Comparsas in den Straßen, Feuerschlucker, Straßentheater, Konzerte auf dem Parque Céspedes usw.
Carnaval de Santiago: 21.–27. Juli. Bei Santiagos wichtigstem Fest ziehen tage- und nächtelang die Congas durch die Straßen, die ganze Stadt ist ein einziges Open-Air-Festival.
Carnaval de La Habana: Juli/Aug. Nicht so doll wie in Santiago de Cuba, aber mit einem farbenprächtigen Umzug auf Havannas Malecón.

August

Salsa Festival Santiago de Cuba: Ende Aug./Anfang Sept. Zahlreiche Veranstaltungen rund ums Thema Salsa.

September

Día de la Virgen de la Caridad del Cobre: 8. Sept., El Cobre, bei Santiago de Cuba. Prozession zu Ehren der Schutzgöttin Kubas.
Carnaval Acuático: Anfang Sept., Morón. Hier findet der Karnevalsumzug auf dem Wasser statt.

Oktober

Torneo Internacional de Pesca Cayo Guillermo: Mitte Okt. Bekannter Internationaler Angelwettbewerb in der Marina von Cayo Guillermo.

Festival Internacional de Ballet de La Habana »Alicia Alonso«: Ende Okt./Anfang Nov., alle zwei Jahre (2024, …), Havanna. Bei dem nach Kubas weltbekannter Primaballerina benannten Festival trifft sich das Who is Who der Ballettszene (www.facebook.com > FIBHAliciaAlonso).
Festival Internacional de Teatro de La Habana: Ende Okt. alle zwei Jahre (2025, …), Havanna. Internationales Theaterfestival.

November

Festival Internacional de Salsa: Nov., Havanna. Hier dreht sich alles um Salsa, bekannte Tänzer geben Kurse (www.baila-en-cuba.de).
Festival Internacional Jazz Plaza: Mitte Nov., Havanna. Lateinamerikanisch inspirierter Jazz bekannter und unbekannter Musiker (www.jazzcuba.com).
Maratón Marabana-Maracuba: 3. So im Nov., Havanna. International besetzter Marathonlauf quer durch die Hauptstadt (www.maratondelahabana.com).
Festival de la Música Popular Cubana Benny Moré: Ende Nov., alle zwei Jahre (2025, …) in Cienfuegos und Santa Isabel de las Lajas. Livekonzerte der besten kubanischen Bands zu Ehren des Musikers (s. S. 297, www.azurina.cult.cu).
Festival Internacional de Coros: Ende Nov., Santiago de Cuba. Chorfestival (www.facebook.com > Fic Santiago de Cuba).

Dezember

Parrandas Remedianas: Dez., Remedios und Caibarién. Jedes Wochenende karnevalsähnliche Umzüge *(parrandas)*, Höhepunkt der Aktivitäten ist am 24. Dezember.
Festival Internacional del Nuevo Cine Latinoamericano: Anfang Dez., Havanna. Festival des Lateinamerikanischen Films, eines der größten des gesamten Kontinents (www.habanafilmfestival.com).
Día de San Lázaro: 17. Dez., El Rincón, bei Santiago de las Vegas wenige Kilometer südlich des Flughafens von Havanna. Große Wallfahrt zur Kirche von El Rincón.

Reiseinfos von A bis Z

Adressen und Orientierung

Adressen werden in Kuba so angegeben: *Calle 5 # 548 e/ 21 y 23*. Übersetzt bedeutet das: Calle (›Straße‹) 5 Nr. 548, zwischen Calle 21 und Calle 23. Die Information ›zwischen Straßen A und B‹ bezeichnet den Block, in dem das Haus liegt, und ist nur auf den ersten Blick verwirrend. Tatsächlich findet man auf einer längeren Straße mit dieser Angabe sehr viel schneller die gewünschte Adresse. Liegt das Haus an einer Ecke, gibt man die entsprechende Querstraße an, z. B. *Avenida del Puerto # 88 esq. Sol,* was bedeutet: Avenida del Puerto Nr. 88, Ecke Calle Sol. Man gewöhnt sich auch schnell daran, dass das Wort *calle* meistens weggelassen wird. *Av./ avenida* bedeutet ›(Pracht-)Straße‹, *crtra./ carretera* ›Haupt- oder Landstraße‹, *autopista* ›Autobahn‹ und *callejón* ›Sackgasse‹.

Fast alle kubanischen Städte sind im Schachbrettmuster angelegt, daher gibt es kaum Probleme mit der Orientierung. Für die Straßeneinteilung gilt generell, dass man in Blocks *(cuadras)* zählt. Eine solche *cuadra* umfasst rund 100 m. Fragt man also nach dem Weg, erhält man etwa die Antwort: drei *cuadras* geradeaus, dann zwei *cuadras* links.

In vielen Städten Kubas wurden die Straßennamen nach der Revolution geändert. Während auf den (rar vorhandenen bzw. schlecht lesbaren) Straßenschildern meist der neue Name steht, bleiben die Einheimischen häufig dem alten Namen treu. In diesem Buch wird dem neuen Namen der Vorzug gegeben, in den Stadtplänen der alte Name in Klammern aufgeführt.

Auskunft

... in Deutschland
Kubanisches Fremdenverkehrsamt
Stavangerstr. 20, 10439 Berlin
Tel. 0170 544 82 90
www.cubainfo.de, www.cubatravel.cu

Die Niederlassung in Deutschland ist auch zuständig für Anfragen aus Österreich und der Schweiz.

... in Kuba
Vor Ort sind hilfreiche Auskünfte nur schwer zu bekommen. Die offizielle kubanische Touristeninformation namens **Infotur,** www.infotur.cu, hält zwar Prospekte und Stadtpläne bereit, doch sind diese oft veraltet. Die Auskünfte beschränken sich in der Regel auf staatliche Institutionen. Informationen erhält man auch in den Büros staatlicher Reiseagenturen wie Cubanacán, Havanatur, Cubatur oder Ecotur (s. S. 12), die in fast allen größeren Orten und Hotels vertreten sind.

Barrierefrei reisen

Nur wenige Touristenhotels haben sich auf die Bedürfnisse körperbehinderter Menschen eingestellt, und die wenigen, die es gibt, gehören meist zur Luxusklasse. Vor allem die neueren Hotels verfügen dann über ein oder zwei Zimmer, die für Rollstuhlfahrer geeignet sind. Ansonsten wird man auf viel Hilfsbereitschaft seitens der Bevölkerung treffen.

Botschaften und Konsulate

... in Deutschland
Kubanische Botschaft
Stavangerstr. 20, 10439 Berlin
Tel. 030 400 45 82 10
https://misiones.cubaminrex.cu/es/alemania-alemania2/embajada-de-cuba-en-alemania

Außenstelle der kubanischen Botschaft
Kennedyallee 22–24, 53175 Bonn
Tel. 0228 30 90
https://misiones.cubaminrex.cu/es/alemania-alemania2/oficina-diplomatica-en-bonn

... in Österreich

Kubanische Botschaft
Kaiserstraße 84/1, 1070 Wien
Tel. 01 877 81 98 23
https://misiones.cubaminrex.cu/de/oester
reich/botschaft-der-republik-kuba

... in der Schweiz

Kubanische Botschaft
Gesellschaftsstr. 8, 3012 Bern
Tel. 031 302 38 40
https://misiones.cubaminrex.cu/es/suiza/
embajada-de-cuba-en-suiza-y-liechtenstein

... in Kuba

Deutsche Botschaft
Calle 13 Nr. 652, Ecke B, Vedado, Havanna
Tel. 78 33 25 69
April–Nov. Mo–Di, Do 9–15, Mi, Fr 9–12,
Dez.–März Mo–Do 9–15, Fr 9–12 Uhr
www.havanna.diplo.de
In Notfällen ist der Bereitschaftsdienst außerhalb der Öffnungszeiten zu erreichen unter Tel. 52 80 59 42.

Österreichische Botschaft
5ta Avenida 6617, Ecke 70, Miramar, Havanna
Tel. 72 04 28 25
Mo–Fr 8–12 Uhr
www.bmeia.gv.at/oeb-havanna

Schweizer Botschaft
5ta Avenida 2005, zw. 20 und 22
Miramar, Havanna
Tel. 72 04 26 11
Mo–Fr 9–12 Uhr
www.eda.admin.ch/countries/cuba/de/home/
vertretungen/botschaft.html

Dos and Don'ts

Wie in vielen anderen Entwicklungsländern besteht auch in Kuba ein krasser Gegensatz zwischen dem Einkommen bzw. Lebensstandard der Bevölkerung und dem der ausländischen Reisenden. Vielleicht denken Sie daran, wenn Sie sich über allzu aggressive oder trickreiche Versuche ärgern, an Ihr Geld zu kommen. Was aber nicht bedeutet, dass man sich alles gefallen lassen muss: Freundlich-hartnäckige Ablehnung oder höflicher Protest können Wunder wirken. Generell bieten sich Touristen wesentlich mehr Möglichkeiten als dem Gros der einheimischen Bevölkerung. Zwar dürfen Kubaner Mobiltelefone und Computer besitzen, haben inzwischen auch Internetzugang, doch viele können sich das nicht leisten. Auch diese Diskriminierung im eigenen Land kann zu unterschwelligen Aggressionen führen – man wundert sich vielleicht darüber, dass man damit nicht häufiger konfrontiert wird.

Mit negativen Äußerungen gegenüber dem politischen System sollte man äußerst zurückhaltend sein, denn Kritik von außen verletzt den Stolz vieler Kubaner, auch wenn sie selbst ihrem Regime distanziert gegenüberstehen.

Drogen

Die Einfuhr und der Konsum von Drogen sind in Kuba verboten und werden mit drakonischen Gefängnisstrafen geahndet.

Einkaufen

Kuba ist kein Einkaufsparadies, selbst wenn es in Havanna bereits Flagshipstores von Lacoste oder Benetton gibt. Wichtige Dinge für den persönlichen Gebrauch sollte man von zu Hause mitnehmen. Allerdings gibt es überall, auch in der Provinz, Devisenläden, die ein Basisangebot an Waren haben. In diesen Geschäften sollte man den Kassenbon immer bis zum Schluss aufbewahren, denn am Ausgang werden oft die Einkäufe kontrolliert.

Ganz anders das Angebot an Souvenirs, wo man schnell fündig werden dürfte: Gemälde noch und nöcher, Keramik, Parfüm, bunte Santería-Püppchen, die die afrokubanischen Gottheiten darstellen, kleine Trommeln, *maracas* (Rumbakugeln), Ketten und Armbänder aus Samen und Muscheln, Fischmobiles aus Pappmaschee, Leder- und Basttaschen, Strohhüte,

ACHTUNG: ZIGARREN VOM SCHWARZMARKT

Überall in Kuba bieten Schwarzmarkthändler diverse Zigarrenmarken für einen Bruchteil des Preises der offiziellen Läden an. Bei Geschäften auf der Straße ist allerdings prinzipiell Vorsicht geboten: Häufig besteht nur die erste Lage in der Zigarrenkiste aus hochwertigem Tabak, während die unteren Lagen von schlechter Qualität sind. Außerdem sollte man bedenken, dass sich diese Art von Deals nicht in größerem Umfang lohnt, denn bei der Ausreise kontrolliert der kubanische Zoll stichprobenartig das Gepäck – ab 51 Zigarren muss die Quittung einer lizensierten Verkaufsstelle vorgelegt werden und die Zigarren müssen originalverpackt (mit offiziellen Siegeln und Hologramm) sein. Im Falle einer Zuwiderhandlung gegen diese Bestimmung wird die Ware durch den kubanischen Zoll konfisziert.

Hängematten ... All das und noch viel mehr findet man auf den Kunsthandwerksmärkten, die es meist in mehrfacher Ausfertigung in den Touristenorten gibt. Obligatorische Mitbringsel sind Zigarren, Rum und Kaffee. Andere Souvenirs wie Schmuck aus schwarzen Korallen oder Krokodiltaschen unterliegen dem Washingtoner Artenschutzabkommen und dürfen nicht nach Europa eingeführt werden.

Elektrizität

Die Stromspannung beträgt 110/120 Volt, 60 Hertz. In vielen Hotels und Casas Particulares gibt es Steckdosen mit 110 Volt und andere mit 220 Volt – normalerweise sind diese entsprechend markiert, aber fragen Sie sicherheitshalber nach, bevor Sie ein Gerät anschließen. Als Adapter benötigt man mancherorts noch einen amerikanischen Flachstecker.

Feiertage

1. Jan.: Triunfo de la Revolución (Jahrestag der Revolution)
2. Jan.: Día de la Victoria de las Fuerzas Armadas (Sieg der Armee)
1. Mai: Día de los Trabajadores (Internationaler Tag der Arbeit)
25./26. Juli: Días Nacional de la Rebeldía (Gedenktage zum Sturm auf die Moncada-Kaserne in Santiago de Cuba)
10. Okt.: Inicio de la Guerra de Independencia (Beginn des Unabhängigkeitskrieges gegen Spanien)
25. Dez.: Navidad (Weihnachten)
31. Dez.: Nochevieja (Silvester)

Fotografieren

In allen größeren Tourismuszentren kann man Fotozubehör kaufen, wenngleich meist zu wesentlich höheren Preisen als daheim. Militärische Anlagen, Flughäfen und Häfen dürfen – wie überall – nicht fotografiert werden. Polizisten und Soldaten ebenfalls nicht, doch wie immer gilt auch hier: Freundliche Fragen werden selten negativ beantwortet.

Frauen

Als allein reisende Frau wird man in Kuba zwar häufig angesprochen und die Anmache kann auch sehr lästig werden, doch ernst zu nehmende Gefahr besteht normalerweise nicht. Man sollte allerdings die üblichen Vorsichtsmaßnahmen treffen: dunkle Viertel meiden, nachts nicht allein an den Strand gehen etc. In ›sondierenden‹ Gesprächen kann es nützlich sein, einen kubanischen Gatten zu erfinden ...

Auf der Straße bekommt frau häufig im Vorbeigehen schmatzende Küsse zugeworfen, Komplimente zu hören (*belleza* – ›Schönheit‹, *ojos lindos* – ›schöne Augen‹, *reina mía* – ›meine Königin‹) oder wird von Wildfremden eingeladen, den Rest des Lebens in seiner Begleitung zu verbringen, selbstredend auf Rosen gebettet. Diese *piropos,* wie die Kunst der Anmache genannt wird, können provozierend oder poetisch sein, mitunter auch kitschig oder komisch. Niemals jedoch erwartet der wortgewaltige Verehrer weiblicher Schönheit eine praxisorientierte Antwort, will sagen: Auf keinen Fall stehen bleiben und interessiert ein Gespräch beginnen oder die gemurmelten Komplimente empört als Beleidigung zurückweisen – mit beiden Reaktionen würde man den armen Mann in schreckliche Verlegenheit bringen und die wichtigste Spielregel der *piropos* verletzen, die da lautet: Es handelt sich um ein Spiel mit schwebenden Möglichkeiten. Zu diesem allgemein üblichen, blumigen Umgangston gehört übrigens auch, dass man von Bankangestellten, Telefonistinnen, Barkeepern oder Putzfrauen ohne Weiteres mit mein Himmelchen, mein Schätzchen oder meine Liebste angesprochen wird, ohne dass dies respektlos gemeint ist.

Geld

Währungen

Seit 2021 gibt es in Kuba nur noch eine offizielle Währung: den Peso Cubano (CUP), im Volksmund häufig Moneda nacional genannt. Der Peso Convertible (CUC), der von 1994 bis 2021 vor allem als Zahlungsmittel für die meisten Waren sowie für touristische Dienstleistungen galt, wurde abgeschafft. Die Währungsreform hat zu einer gigantischen Inflation geführt (s. S. 48). Der offizielle Wechselkurs lag im August 2023 bei 120 CUP = 1 USD. Der Wechselkurs des Euros hängt von dessen Relation zum US-Dollar ab. Auf dem Devisen-Schwarzmarkt ist der Wert deutlich höher und verändert sich häufig. Im August 2023 lag er bei 1 € = 255 CUP (tagesaktueller Kurs auf www.eltoque.com). Inflation und Devisenknappheit haben auch dazu geführt, dass Euro und US-Dollar beliebter sind denn je und z. B. bei Übernachtungen und Transport inzwischen die gängige Währung darstellen. Es empfiehlt sich daher, ausreichend Bargeld in kleiner Stückelung (5- bis 20-Euro-Scheine) mit nach Kuba zu bringen. Da zwischen US-Dollar und Euro i. d. R. nicht unterschieden wird, lohnt es sich unter Umständen, vor der Reise US-Dollar zu tauschen und damit zu bezahlen. Wer bei der Unterkunft oder in Taxis mit CUP zahlen möchte, muss mit teils energischem Widerstand und dem schlechteren Schwarzmarktwechselkurs rechnen. Übrig gebliebene CUP sollten vor der Ausreise wieder in Euro bzw. Schweizer Franken umgetauscht werden, da sie nicht ausgeführt werden dürfen und außerhalb Kubas wertlos sind. Es kommt allerdings vor, dass man nicht benutzte CUP nicht am Flughafen tauschen kann. Am besten hebt man daher kleine Summen in CUP ab bzw. wechselt diese.

Geldwechsel

An den internationalen Flughäfen und in den Städten findet man **Banken** sowie staatliche **Wechselstuben** (*casas de cambio,* kurz Cadeca). Geldwechsel ist auch in Hotels möglich, aber die Kurse sind hier zumeist erheblich schlechter. In den Cadecas und Banken kommt es gelegentlich zu Betrugsversuchen seitens der Kassierer – immer das Geld vor Ort selbst nachzählen. Der wesentlich bessere inoffizielle Wechselkurs (s. links) macht es attraktiv, auf dem informellen Markt zu tauschen. Man sollte jedoch wissen, dass dies verboten ist und mit hohen Geldstrafen geahndet werden kann. Außerdem besteht bei Geldwechsel auf der Straße die Gefahr der Übervorteilung. Wer dennoch auf dem informellen Wege tauschen möchte, sollte sich an die Betreiber seiner Casa Particular wenden.

Zahlungsmittel

Obwohl die offizielle Währung der Kubanische Peso (CUP) ist, kann man in ganz Kuba häufig mit Euro oder US-Dollar zahlen (s. links). Allerdings werden nur (unbeschädigte) Scheine akzeptiert. Wechselgeld erhält man dann in CUP. Mit Bankkarten lässt sich auf Kuba weder bezahlen noch Geld abheben, eine Kreditkarte ist also notwendig. In vielen staatlichen Hotels und Reisebüros, in internationalen Krankenhäusern oder Devisenläden kann man ausschließlich mit Kreditkarte oder MLC-Karte (s. unten) bezahlen. Beachten sollte man, dass

> **SPERRUNG VON BANK- UND KREDITKARTEN**
>
> **bei Verlust oder Diebstahl*:**
>
> **11949 116 116**
> oder 11949 30 4050 4050
> (* Gilt nur, wenn das ausstellende Geldinstitut angeschlossen ist, Übersicht: www.sperr-notruf.de)
> Weitere Sperrnummern:
> – MasterCard: +1 636 722 7111
> – VISA: +1 303 967 1096
> Bitte halten Sie Ihre Kreditkartennummer, Kontonummer und Bankleitzahl bereit!

keine Kreditkarten US-amerikanischer Banken (auch nicht deren europäischer Tochtergesellschaften) akzeptiert werden. Visa- und MasterCard-Karten funktionieren hingegen, wobei die Visakarte aufgrund ihrer größeren Akzeptanz die bessere Wahl ist. Grundsätzlich ist es nicht verkehrt, zwei Kreditkarten mitzunehmen, falls eine mal nicht funktionieren sollte. Geldautomaten (ATMs) gibt es in jeder Provinzstadt, jedoch kommt es häufig vor, dass diese gerade außer Betrieb sind oder kein Geld mehr vorrätig haben. Letzteres kommt vor allem an und direkt nach Wochenenden und Feiertagen häufig vor. Wer auf CUP angewiesen ist, sollte sich also rechtzeitig darum kümmern, den benötigten Betrag abzuheben. Der kubanische Staat erhebt eine Servicegebühr von 8 % an Geldautomaten sowie in Banken und Wechselstuben. Hinzu kommen evtl. noch Gebühren von der deutschen Bank für den Auslandseinsatz der Karte. Hier lohnt sich vor der Reise ein Anbietervergleich im Internet.

MLC steht für Moneda Libremente Convertible. Es handelt sich um eine digitale Währung mit dem US-Dollar als Referenzwert. MLC-Karten sind Prepaid-Debitkarten, die ausschließlich mit ausländischen Devisen aufgeladen werden können (keine US-Dollar). Die Karten können dann beispielsweise für Dienstleistungen und Einkäufe in den Devisenläden genutzt werden. Sie werden zu festen Beträgen von 200, 500 und 1000 MLC an internationalen Flughäfen und in den Cadeca-Wechselstuben ausgegeben. Die nicht wiederaufladbaren Karten sind zwei Jahre gültig und funktionieren ähnlich wie eine Bankkarte mit PIN. Nicht genutztes Guthaben kann man sich am Flughafen oder in einem CADECA-Büro zurückerstatten lassen. De facto ist eine solche Karte für Ausländer allerdings nur dann sinnvoll, wenn sie keine Kreditkarte besitzen.

Geschenke

Da es in Kuba an so vielen Dingen mangelt, kann man Kubanern mit kleinen Dingen eine große Freude bereiten. Beliebte Geschenke sind z. B. Medikamente, Kugelschreiber, Kaugummis, Süßigkeiten, Gewürze, Haushalts- und Hygieneartikel, Kaffee, Kinderspielzeug wie z. B. Bälle, Schuhe und Sommerkleidung. Wer größere Mengen mitbringen möchte, kann sich bei seiner Fluggesellschaft nach kostenlosem oder preisreduziertem Spendengepäck erkundigen. Natürlich müssen die Zollvorschriften beachtet werden (s. S. 108). Meistens erreichen die Geschenke Gastgeber in den Casas und Servicepersonal der Hotels. Wer gezielt Bedürftige beschenken möchte, kann bei Spaziergängen und Ausflügen die Augen z. B. nach älteren Menschen aufhalten, die häufig keinen Kontakt mit Touristen haben.

Gesundheit

Vorsorge und Reiseapotheke

Reisende müssen innerhalb von 48 Stunden vor Abflug nach Kuba über das System D'Viajeros (s. S. 108) Angaben zum Gesundheitszustand machen. Für Reisende, die nicht aus Gelbfiebergebieten kommen, ist keine Impfung vorgeschrieben. Wer auf Nummer sicher gehen will, kann sich mit den empfohlenen Impfungen Tetanus, Hepatitis A und B, Diphtherie und Typhus schützen, da landesweit eine erhöhte Ansteckungsgefahr besteht. Infektionsursache sind verunreinigte Speisen und Getränke. Der Nachweis einer Impfung gegen eine Covid-19-Infektion sowie eines negativen Tests ist nicht erforderlich.

Extrem hoch ist die Gefahr, sich auf Kuba mit Aids anzustecken. Außerdem gibt es Fälle von Denguefieber, das von der *Aedis aegyptis* übertragen wird. Diese Mücke vermehrt sich in stehenden Gewässern wie beispielsweise in offenen Regentonnen, die in Kuba auf fast jedem Dach stehen. Von stehendem Süßwasser sollte man sich, wenn möglich, fernhalten und sich außerdem mit hautbedeckender Kleidung sowie insektenabweisenden Mitteln schützen. Ein weiteres Problem sind Cholera-Erreger. Aktuelle Informationen über Dengue und andere Krankheiten findet man unter **www.fit-for-travel.de**.

Generell ist Vorsicht auch beim Wasser angeraten. Auf gar keinen Fall sollte man Leitungswasser trinken, das in vielen Regionen durch alte Bleirohre läuft, sondern unbedingt auf Mineralwasser zurückgreifen. Vorsicht ist auch bei Eiswürfeln geboten, die in nicht touristischen Lokalen in den Getränken sind. Auf den Boden gefallenes Obst darf auf keinen Fall gegessen werden.

Die Reiseapotheke sollte folgende Basisausstattung umfassen: Verbandszeug, evtl. Einwegspritzen und -nadeln, Schmerztabletten, Mückenschutz-, Durchfall- und Desinfektionsmittel, eine Brand- oder Wundheilsalbe, ein Breitbandantibiotikum sowie natürlich eine Sonnencreme mit hohem Lichtschutzfaktor.

Ärztliche Versorgung

Beinahe jedes Vier- bis Fünf-Sterne-Hotel hat einen *posto médico* (›medizinische Beratungsstelle‹), der den Gästen zur Verfügung steht. In Havanna und in verschiedenen Tourismuszentren der Insel gibt es besonders gut ausgestattete Kliniken für Ausländer, sogenannte *clínicas internacionales*. Die Konsultationen müssen mit Kreditkarte bezahlt werden. Das gilt auch für die kleineren Polikliniken und die ›normalen‹ kubanischen Krankenhäuser. Letztere sind jedoch, sofern sie keine Deviseneinnahmen haben, durchweg schlechter ausgestattet.

Die Europäische Krankenversicherungskarte wird nicht anerkannt, man sollte sich aber unbedingt eine Quittung ausstellen lassen, damit die Auslandskrankenversicherung (s. S. 108) die Kosten übernimmt. Infos dazu unter **www.reiseversicherung.com**.

Krankenhäuser in Havanna: **Hospital Clínico Quirúrgico Hermanos Ameijeiras,** Calle San Lázaro 701, Parque Varela, Centro Habana, Tel. 78 76 10 30, 78 76 12 10, 24 Std.; **Clínica Internacional Cira García,** Calle 20 Nr. 4101, Ecke Av. 41, Playa, Tel. 72 04 28 11, www.cirag.cu (auch Zahnklinik). Weitere Adressen internationaler Kliniken und Optiker auf Kuba sind gelistet auf www.dtcuba.com (>Salud).

Apotheken

Persönliche Medikamente sollten in ausreichender Menge mitgenommen werden, da Kuba auch in diesem Bereich unter Mangel leidet. In Havanna, Varadero, Santiago sowie in weiteren größeren Touristenzentren gibt es Internationale Apotheken *(farmacias internacionales)*, in denen man sich im akuten Fall versorgen kann, bezahlt wird mit Kreditkarte. Die Ausstattung der normalen Apotheken, in denen mit Pesos Cubanos bezahlt wird, ist durchweg beklagenswert. Eine Ausnahme sind die auf Homöopathie und Heilpflanzen spezialisierten Apotheken, von denen man zunehmend mehr findet.

In Havanna gibt es zahlreiche internationale Apotheken, beispielsweise in der Clínica Internacional Cira García (s. oben) und im Hotel Habana Libre (s. S. 190). Eine vollständige Liste findet sich unter www.dtcuba.com (> Salud > Farmacia).

Handeln

Ob beim Souvenirkauf auf dem Kunsthandwerksmarkt, bei der Taxifahrt oder in einer Casa Particular – vor allem in der Nebensaison sind die Preise oft verhandelbar. Feilschen gehört in Kuba zum Geschäft.

Internetzugang

Lange waren die Kubaner vom Internet abgeschnitten. Das ist nun passé. Viele Menschen haben inzwischen Router und WLAN in ihren Häusern oder nutzen mobiles Internet (s. S. 144). Es gibt in ganz Kuba über 1000 WLAN-Spots (Übersicht: www.etecsa.cu, > Internet, > Espacios Públicos). Um sich ins WLAN einzuwählen, benötigt man eine Zeitguthabenkarte, die in allen Etecsa-Filialen (Ausweis mitbringen!) oder in Hotels gekauft werden kann. Die Karten sind 30 Tage gültig, kosten 24 CUP/1 Std. und können so oft benutzt werden, bis das Zeitguthaben aufgebraucht ist. Aufgrund der US-Blockade funktionieren Onlinezahlungen in Kuba oft nicht und einige Websites sind nicht aufrufbar bzw. nutzbar. Auch die kubanische Zensur behindert den Zugang zu manchen Websites. Um dies zu umgehen, nutzt man ein VPN, ein Virtuelles Privates Netzwerk, das den Standort verschleiert. Es gibt verschiedene Anbieter von VPNs. Info: www.bsi.bund.de, > Suche: VPN.

Karten

Vor allem Autofahrer sollten unbedingt die kostenlose App Maps.me oder Organic Maps auf ihrem Smartphone installieren. Die Karten auf der Basis von OpenStreetMap ermöglichen im Offline-Modus eine detailgenaue Standortbestimmung und Navigation.

Hilfreich ist auch die Marco Polo Kontinentalkarte Kuba im Maßstab 1 : 1 000 000. Alternativ kann man sich unter www.cubamappa.com den Autoatlas Guía de Carreteras herunterladen bzw. ausdrucken.

Mit Kindern unterwegs

Kuba ist ein ausgesprochen kinderfreundliches Land, was nicht bedeutet, dass es besonders viele kindgerechte Einrichtungen gibt. Die Spielplätze sind nach mitteleuropäischem Standard eher kläglich, dafür können sich die Kleinen nach Herzenslust an den flach abfallenden Stränden austoben. Am besten geeignet für Kinder sind die Playas del Este, Varadero, Santa Lucía, Guardalavaca und die Cayos, da das Wasser dort nicht tief ist und es, wie vielerorts an der Südküste, keine Seeigel gibt. Sehr wichtig ist, vor allem am Strand, Sonnenschutzmilch mit dem höchsten Lichtschutzfaktor, Kopfbedeckung und beim Plantschen ein T-Shirt.

Viele All-inclusive-Hotels bieten spezielle Animation und Betreuung für Kinder an. Doch auch außerhalb werden die kleinen Besucher auf viel Sympathie und Verständnis treffen. Es ist üblich, Kinder auch noch spätabends in Restaurants mitzunehmen und von kubanischer Seite wird man nur selten Beschwerden über Lärm oder Belästigungen zu hören bekommen. Vor allem in den Paladares, aber auch in den staatlichen Restaurants trifft man auf viele freundliche Menschen, die Fläschchen warm machen oder spezielle Kindernahrung zubereiten helfen.

Das Wasser für Brei oder Milch muss gründlich (mind. 5 Min. sprudelnd) abgekocht werden, am besten man benutzt gleich abgepacktes stilles Wasser. Auch die Zähne sollten Kinder sich mit gekauftem Wasser putzen. Bei Reisen mit Kleinkindern gehören ausreichend Wegwerfwindeln, Milchpulver, Feuchttücher und Gläschennahrung ins Gepäck.

Kleidung und Ausrüstung

Aufgrund des ganzjährig warmen Klimas empfehlen sich Sandalen und leichte Kleidung aus Naturfasern. Wegen der hohen Luftfeuchtigkeit sind weite Kleidungsstücke angenehmer als enge. Ein dünner Pulli oder eine Jacke gehören in den Koffer, weil viele Restaurants, Bars und Cabarets auf 15 bis 18 °C tiefgekühlt sind.

Wer auf eigene Faust reist und überwiegend in Privatquartieren absteigt, sollte wegen der Stromausfälle eine Taschenlampe mit Ersatzbatterien dabeihaben. Ins Gepäck gehört auch ein hoch dosierter Insektenschutz, denn vor allem an den Stränden der Halbinsel Zapata und der nördlichen Cayos beißen die *jejenes,* eine besonders quälende kubanische Moskitovariante.

Klima und Reisezeit

Kuba hat eine mittlere Jahrestemperatur von 24,6 °C und lediglich zwei Jahreszeiten, die unterschieden werden: Die Monate von Mai bis Oktober sind regenreich, also heiß und feucht-schwül (Durchschnittstemperaturen in Havanna: tagsüber 31 °C, nachts 23,5 °C). Etwas kühler wird es in der Trockenzeit, also von November bis April (Durchschnittstemperaturen in Havanna: tagsüber 26 bis 27 °C, nachts 18,5 bis 20,5 °C). Im Dezember und Januar fallen die Temperaturen manchmal bis auf 15 bis 18 °C ab. Die Sonnensicherheit ist mit 80 % im Januar am höchsten, die Luftfeuchtigkeit bewegt sich zwischen 70 % im Winter und 82 % im Sommer. Allerdings steigt sie unmittelbar vor und nach den Regengüssen erheblich an. Zwischen Juli und November können gefährliche Hurrikane über die Insel fegen. Aktuelle Wetterberichte: **www.cubaweather.org** und **www.wetteronline.de.**

Das subtropische Klima macht die Insel ganzjährig für sonnenhungrige Touristen attraktiv. Wanderenthusiasten sollten ihre Reisezeit in die Wintermonate legen, da in Kubas regenreichem Sommer viele Wege nicht begehbar sind. Auch wer das Land per Fahrrad bereist, tut gut daran, die feucht-schwüle Periode zu meiden – selbst der sonst so angenehme Fahrtwind hat dann nämlich nur mehr die erfrischende Wirkung eines Heißluftföhns.

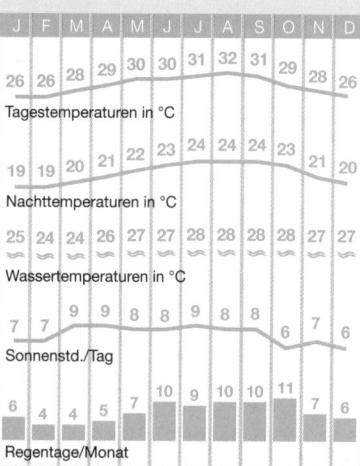

Klimadiagramm Havanna

Kondome

Kondome sind auf Kuba sowohl knapp als auch von schlechter Qualität, weshalb man und frau sie im Gepäck haben sollte.

LGBTQ+

Glücklicherweise sind die Zeiten vorbei, in denen beispielsweise Homosexuelle nachhaltig verfolgt wurden (nachzulesen in Reinaldo Arenas' Autobiografie »Bevor es Nacht wird«, s. S. 100). Einem Referendum folgend wurde 2022 das Recht auf gleichgeschlechtliche Partnerschaft und Ehe, gleichgeschlechtliche Adoption und nicht kommerzielle Leihmutterschaft im Familiengesetz rechtlich verankert. Damit besitzt Kuba eine der fortschrittlichsten Familiengesetzgebungen in Lateinamerika. Während die Toleranz in größeren Städten wie Havanna oder Santiago ausgeprägter ist, hält sich der Machismo gerade in ländlichen Gebieten in Kuba hartnäckig und auch die katholische Kirche steht vielfältigen sexuellen Orientierungen/Identitäten ablehnend gegenüber. Das mindert besonders die Toleranz gegenüber Homosexuellen und Transpersonen. Dennoch ist die LGBTQ+-Community in den letzten Jahren deutlich sichtbarer und selbstbewusster geworden. Mit Mariela Castro, Direktorin des Nationalen Zentrums für Sexualerziehung Cenesex und Tochter von Ex-Staatspräsident Raúl Castro, hat die Bewegung eine langjährige bekannte und einflussreiche Mitstreiterin. Mit dem Gran Muthu Rainbow Hotel auf Cayo Guillermo und dem Hotel Telégrafo in Havana besitzt Kuba zwei Luxushotels, die speziell die LGBTQ+-Community ansprechen. Die Conga contra la homofobia y transfobia ist die größte Pride-Parade Kubas und findet am zweiten Maisamstag in Havanna statt.

Links

www.cubainfo.de Homepage des Fremdenverkehrsamts. Sehr gute und umfassende Informationen (dt.).

www.cubatravel.cu Die offizielle Website des Tourismusministeriums bietet kompakte Infos zu Landeskunde, Reisezielen, Aktivitäten und Festivitäten (dt.).

www.dtcuba.com Website des staatlichen Tourismusdirektoriums, Online-Buchung von Hotels, Mietwagen, Inlandsflügen (engl.).

kuba-reise-urlaub.de Auf dieser privaten Website bleibt kaum eine Frage unbeantwortet: umfassende und aktuelle Infos rund um Land und Leute sowie über alles, was Individualreisende interessiert: Unterkunft, Transport etc. (dt.).

www.cubasbest.com Private Website informativ-kommerziellen Charakters über Kuba mit Schwerpunkt auf Individualreisethemen und Reiseplanung (engl.).

www.ilovekuba.de Private Website mit monatlich aktuellen Infos zur Lage in Kuba und Insidertipps. Dazu gehört auch ein Youtube-Kanal mit vielseitigen Themen (dt.).

www.kubakunde.de Private Website mit Nachrichten aus und über Kuba, von denen man für gewöhnlich nichts in den heimischen Medien liest. Dazu Videos, Podcasts und Dossiers zu Kuba (dt.).

www.dumontreise.de Überblick über Land & Leute, Regionen und Wissenswertes für die Reise (dt.).

www.cubarte.cult.cu Führer durch alle Sparten kubanischer Kultur, u. a. mit Infos zu kulturellen Institutionen, Veranstaltungen (> Cartelera Cultural) und wichtigen Persönlichkeiten, auch viele Links (sp.).

www.cubaliteraria.cu Die offizielle Seite vermittelt Einblicke in den kubanischen Literaturbetrieb, mit Leseproben (sp.).

www.facebook.com/cubacineicaic Alles Wissenswerte über die Szene der kubanischen Filmschaffenden (sp.).

www.afrocubaweb.com Infos über Musik, Literatur und Kunst, Veranstaltungen und Workshops, News aus der Afro-Szene (engl.).

www.youtube.com/@thespartanvlog Informativer und sachlicher Youtube-Kanal über das Leben in Kuba.

www.cubastandard.com Unabhängige Serviceseite mit aktuellen Infos zur kubanischen Wirtschaft (engl.).

www.cubaheute.de Private Website mit Schwerpunkt auf der wirtschaftlichen Lage und Entwicklung in Kuba (dt.).

www.latina-press.com Nachrichten aus ganz Lateinamerika und natürlich Kuba (dt.).

www.14ymedio.com/blogs/generacion_y (mehrheitlich sp.) und **www.generacionyde.wordpress.com** (dt.) Yoani Sánchez' berühmter Blog und Links zu vielen anderen kubanischen Bloggern (s. S. 43).

www.zoevaldes.net Blog der Exilautorin Zóe Valdés (sp.).

www.decub.de Seite der Deutsch-Kubanischen Gesellschaft für Solidarität mit Kuba e. V., die u. a. jährlich das informative Cuba Journal herausgibt (dt.).

www.cubaencuentro.com Onlineversion der Madrider Exilzeitschrift »Encuentro« (sp.).

Literatur

Kubanische Literatur

Arenas, Reinaldo: Bevor es Nacht wird. Ein Leben in Havanna, München 2002. Arenas' Autobiografie, die Julien Schnabel mit Javier Bardem und Johnny Depp verfilmte (Großer Preis der Jury bei der Biennale Venedig 2000, s. S. 100).

ders.: Engelsberg, Zürich 2006. Roman über das Havanna des 19. Jh.

Barnet, Miguel: Der Cimarrón – die Lebensgeschichte eines entflohenen Negersklaven aus Kuba, von ihm selbst erzählt, Frankfurt 1999.

ders.: In drei weiteren Dokuromanen schildert Barnet das Leben der ›Leute ohne Geschichte‹: Das Lied der Rachel, Frankfurt 1996; Ein Kubaner in New York, Frankfurt 1999; Alle träumten von Cuba, Frankfurt 2001 (s. S. 100).

Cabrera Infante, Guillermo: Drei traurige Tiger, Frankfurt 2003. Monumentaler Roman über das vorrevolutionäre Havanna.

ders.: Ansicht der Tropen im Morgengrauen, Frankfurt 1995. Kurzprosa über die Geschichte der Insel.

ders.: Rauchzeichen, Frankfurt 2009. Unterhaltsame Abhandlung über das Rauchen (s. S. 100).

Carpentier, Alejo: Die Harfe und der Schatten, Frankfurt 1998. Ironischer Roman über Kolumbus als Glücksritter.

ders.: Das Reich von dieser Welt, Frankfurt 2012. Der Roman erzählt von den Sklavenaufständen in der Karibik zur Zeit der Französischen Revolution.

ders.: Die verlorenen Spuren, Frankfurt 2001 (s. S. 99).

Díaz, Jesús: Die Initialen der Erde, München 2000 (s. S. 101).

ders.: Die verlorenen Worte, München 1998. Roman aus dem Havanna der 1960er-Jahre – drei junge Autoren versuchen sich schreibend mit der kubanischen Revolution auseinanderzusetzen.

ders.: Die Haut und die Maske, München 1999. Über Entwurzelung und Zerrissenheit.

ders.: Erzähl mir von Kuba, München 2008 (s. S. 101).

Estévez, Abilio: Dein ist das Reich, München 2003 (s. S. 101).

ders.: Ferne Paläste, München 2004. Der Vagabund Victorio findet Zuflucht in einem kleinen Theater – eine Revolution der Poesie.

García, Cristina: Die Schwestern Agüero, Frankfurt 2000. Roman über eine vom Exil zerrissene Familie.

Guillén, Nicolás: Gedichte, Frankfurt 1997. (s. S. 100).

Lezama Lima, José: Paradiso, Frankfurt 2010 (s. S. 99).

ders.: Inferno. Oppiano Licario, Zürich 2004. Fortführung des Romans Paradiso.

Padura, Leonardo: Das Havanna-Quartett – Ein perfektes Leben; Handel der Gefühle; Labyrinth der Masken; Das Meer der Illusionen. Vier Romane in einem Band, Zürich 2015 (s. S. 101).

ders.: Adiós Hemingway, Zürich 2013. Die Krimihandlung rankt sich um Hemingways Finca Vigía.

ders.: Der Nebel von gestern, Zürich 2010. Melancholischer Krimi um wertvolle Bücher und eine Bolerosängerin.

ders.: Ketzer, Zürich 2014. Roman über die Irrfahrt der St. Louis (s. S. 70).

ders.: Die Palme und der Stern, Zürich 2015. Ebenso historischer wie aktueller Roman über einen Exilschriftsteller und den kubanischen Dichter José María Heredia.

ders.: Wie Staub im Wind, Zürich 2022. Roman über die Freundschaft und das Leben im Exil.

Piñera, Virgilio: Kleine Fluchten, Frankfurt 1990 (s. S. 99).

Ponte, Antonio José: Der Ruinenwächter von Havanna, München 2008. Roman, politisches Brevier und Tragikkomödie.

Valdes, Zoé: Das tägliche Nichts, Frankfurt 1999 (s. S. 101).

dies.: Dir gehört mein Leben, München 1999. Geschichte einer großen Liebe, die durch die kubanische Revolution getrennt wird.

Valle, Amir: Die Wörter und die Toten, Köln 2007. Der Roman des in Berlin lebenden Autors hat den Glanz und das Elend der Revolution zum Thema.

Politik, Geschichte, Alltag, Dokumentation

Ette, Otmar/Franzbach, Martin (Hg.): Kuba heute. Politik. Wirtschaft. Kultur, Frankfurt 2001. Umfassender, exzellenter Überblick bis zur Jahrtausendwende.

Zeuske, Michael: Kuba im 21. Jahrhundert – Revolution und Reform auf der Insel der Extreme, Berlin 2012. Profunde Analyse von 50 Jahren Revolutionsgeschichte.

Sánchez, Yoani: Cuba Libre. Von der Kunst, Fidel Castro zu überleben, München 2010. Alltagsbeobachtungen von Kubas bekanntester Bloggerin.

Skierka, Volker: Fidel Castro. Eine Biografie, Berlin 2002. Exzellent recherchiert.

Voss, Ursula: Die Bacardis. Der Kuba-Clan zwischen Rum und Revolution, Frankfurt 2007. Unterhaltsame und gut recherchierte Geschichte des Bacardi-Clans, der seit 150 Jahren die Geschichte Kubas mitbestimmt.

Wulffen, Bernd: Kuba im Umbruch. Von Fidel zu Raúl Castro, Berlin 2008. Der frühere deutsche Botschafter in Havanna analysiert die Politik Raúl Castros und die Vorstellungen der Opposition.
ders.: Eiszeit in den Tropen. Botschafter bei Fidel Castro, Berlin 2006. Brilliante Analyse der internen Machtverhältnisse Kubas.

Zum Thema Piraten

Müller, Bodo: Gold und Galeonen. Segelabenteuer zu den Schatzinseln der Piraten, Hamburg 1996. Der Autor folgt den Spuren der Piraten in Pinar del Río und auf der Isla de la Juventud – ein abenteuerlicher, sehr spannender Bericht.

Über kubanische Musik

Mießgang, Thomas: Der Gesang der Sehnsucht. Die Geschichte des Buena Vista Social Club und der kubanischen Musik, Köln 2000.
Esser, Thorsten und Fröhlicher, Patrick (Hrsg.): Alles an meinem Dasein ist Musik. Kubanische Musik von Rumba bis Techno, Frankfurt 2004.

Medien

Fernsehen und Radio

In den Hotels kann man über Satellit internationale, vor allem US-amerikanische **TV-Programme** sowie exilkubanische Sender aus Miami empfangen. Das kubanische Staatsfernsehen hat acht Kanäle, die teilweise jedoch nur mit Digitalbox empfangen werden können. Täglich werden u. a. mehrere Telenovelas aus kubanischer, mexikanischer oder brasilianischer Produktion gesendet sowie erstaunlicherweise viele, teils brandaktuelle Hollywoodstreifen dubioser Herkunft.

Von den sechs kubanischen **Radiosendern** sind flächendeckend verbreitet: Radio Taíno (speziell für Touristen), Radio Rebelde (Nachrichten, Sport, Musik) und Radio Reloj (›Radio Uhr‹). Letzterer ist ein Kuriosum, da die Sprecher jede Minute die Zeit ansagen und zwischendurch Nachrichten verlesen.

Zeitungen

Kubas wichtigste Zeitung ist die »**Granma**«, das offizielle Sprachrohr der Kommunistischen Partei (www.granma.cu, auch dt.). Überregional vertreten sind auch die Wochenzeitungen »**Juventud Rebelde**« (www.juventudrebel de.cu, auch engl.), eine »Granma«-Version für die kubanische Jugend, »**Trabajadores**« (www.trabajado res.cu), das Presseorgan der staatlichen Gewerkschaft, sowie »**Bohemia**« (www.bohemia.cu), Kubas ältestes Newsmagazin. Auf Havanna zugeschnitten ist die Tageszeitung »**Tribuna de La Habana**« (www.tribuna.cu). Internationale Presse erhält man, wenn überhaupt, nur in den großen internationalen Hotelketten und meist älteren Datums.

Musiktipps

Klassiker

Arcaño y sus Maravillas: Danzón Mambo, Tumbao CD TCD 029. Enthält den ersten Mambo der Weltgeschichte.
Cachao: Master Sessions Vol. I und II, Crescent Moon/Epic 64320. Der Erfinder des Mambo, wahrhaft ein Meisterstück.
Celia Cruz: La Guarachera de Oriente, Tumbao TCD 091. Aufnahmen der 1950er-Jahre.
Conjunto Chappottín y sus Estrellas: Tres Señores del Son, EGREM CD 0012. Drei Virtuosen der 1950er-Jahre – Miguelito Cuní, Félix Chappottín und ›Lilí‹ Martínez.
Estrellas de Areíto: Los Héroes, 2 CDs, World Circuit WCD 052. Die besten Virtuosen aus 40 Jahren Musikgeschichte.
Trio Matamoros: Son de la Loma, EGREM 0105. Einer der größten Komponisten Kubas, hier hört man Klassiker in alten Aufnahmen.
Benny Moré & Perez Prado Orchestra: El Bárbaro del Ritmo, Tumbao TCD 010. Benny singt Mambo.
ders.: De Verdad, EGREM CD 0008. Sehr gut zusammengestellte Kompilation des legendären Sängers, Originalaufnahme.
Ignacio Piñeiro and his Septeto Nacional: Septeto Nacional, Tumbao TCD 019. Frühe Aufnahmen von 1928–30.

Sexteto Habanero: Las Raíces del Son, Tumbao TCD 009. Wunderbar nostalgischer Son, Aufnahmen aus den 1920er-Jahren.

Salsa Timba, Rap & Co.
José Luís Cortés Y NG La Banda: En cuerpo y alma, 2011, Bis Music B004U7F09K.
Cubanísmo: Reencarnación, Hannibal Records HNCD 1429. Bandleader Jesús Alemañy ist einer der besten Trompeter Kubas.
Los Van Van: La Fantasía, 2015, Reyes, B00TGB292Q.
Manolín: Tiene que ser Manolín, 2013, Eist Music, B008K4A49U. Der singende Salsa-Arzt.
Maraca: Sonando, Ahi Nama Music 1018. Flötenvirtuose Orlando ›Maraca‹ Valle mit BVSC-Stars.
Sämtliche Aufnahmen des **Buena Vista Social Club** sowie Solo-CDs der verschiedenen Interpreten sind erschienen bei World Circuit.
Raúl Paz: Ven ven, Naive (Indigo). Einer der besten jüngeren Musiker, der kubanische Musik mit Hip-Hop, Jazz und Funk verbindet.
Gilles Peterson presents Havana Cultura: New Cuba Sound. Ein Querschnitt der Hip-Hop-Szene mit Mayra Caridad Valdés, Vince Vella & Julio Padrón, Ogguere, Roberto Fonseca, Danay & Obsesión, Gente de Zona, Yusa, Kumar, Doble Filo, Cubanito, Francis del Río, Descemer Bueno & Kelvis Ochoa, Telmary & Kumor, Haroldo López-Nussa. Doppelalbum, 2009, Brownswood Recordings.
Cuban Beats All Stars: La Receta, Universal Music B00X61UOK4, 2015. Die Nachfolgeband der legendären Orishas.

Nachtleben

Nach Sonnenuntergang sitzt halb Kuba erschöpft vor der abendlichen Telenovela, und wenn die vorbei ist, brezeln sich die Ausgehwilligen allmählich für den interessanteren Teil des Abends auf – selbst, wenn man nur ein bisschen den Malecón entlang oder über irgendeinen Dorfplatz flaniert, um gesehen zu werden, zu flirten, ein Schwätzchen zu halten oder ein Viertelstündchen zu tanzen. Eine Nacht ohne Musik und Tanz ist eine verlorene Nacht, heißt es in Kuba. Die meisten Veranstaltungen sind Konzerte, bei denen nur der kleinere Teil des Publikums sitzen bleibt.

Mit Ausnahme der Casas de Cultura wird fast überall Eintritt verlangt, er kostet zwischen 50 und 500 CUP, in den Casas de la Trova bis zu 30 USD oder mehr für das Konzert einer bekannten Band oder den Abend in einem Cabaret. Allerdings sind in den Eintrittsgeldern häufig bereits ein bis zwei Drinks (üblicherweise Rum mit Cola), manchmal sogar eine Kleinigkeit zu essen enthalten. Nachfragen lohnt sich!

Livemusik
In Kuba hat man die Qual der Wahl. Fans der traditionellen Sones und Boleros werden zur **Casa de la Trova** ziehen, wo hin und wieder einige der alten Troubadoure zu Gitarre und Tres greifen. In den **Casas de Cultura** dagegen stehen eher aktuelle Bands auf dem Programm, denn die ›Kulturhäuser‹ richten sich vor allem an das jüngere kubanische Publikum, das aufgrund fehlender Devisen sonst kaum Möglichkeiten hat, die angesagten Bands zu hören. Auch Ausländer sind in den Casas de Cultura gern gesehen.

Die kubanischen Superbands treten überwiegend in **Klubs** und großen **Hoteldiscos** auf, nach dem Konzert ist Disco angesagt. Dem kubanischen Lebensrhythmus entsprechend beginnen die meisten Konzerte ab 22 Uhr, außer in den Casas de la Trova, wo oft schon gegen 20 Uhr, am Wochenende bereits nachmittags gestartet wird.

Cabaret
Nicht wegzudenken aus der kubanischen Kulturszene sind die Cabarets, sie gehören zum Nachtleben wie Rum und Rumba. In jedem größeren Ort bzw. besseren Hotel bietet ein Cabaret allabendlich eine Show an, auch hier wird danach auf Disco umgeschaltet und getanzt. Diese höchst seriösen Etablissements sind plüschig, cool oder im Stil der *roaring fifties* aufgemacht (ein Erbe der Mafia-Ära) und durchweg

gut gekühlt, weshalb man eine Jacke nicht vergessen sollte. Überhaupt gelten hier strenge Bekleidungsvorschriften, besonders für Herren: Sie haben nur im möglichst langärmligen Hemd und in langen Hosen (keine Sandalen!) Zutritt, weibliche Besucherinnen dagegen dürfen mehr Haut zeigen. Das berühmteste Cabaret des Landes ist das Tropicana in Havanna (s. S. 208), ein Klassiker unterm Sternenhimmel. Die Tanzshow beginnt um 20.30 Uhr und bietet ein atemberaubendes Kaleidoskop kubanischer Tänze wie Mambo, Rumba, Chachachá usw., präsentiert von einer 160-köpfigen Truppe. Alle anderen Cabarets der Insel eifern diesem Vorbild nach, was keinem gelingt.

Straßenfeste

Noch eine typisch kubanische Einrichtung sind die Straßenfeste, die vielerorts an jedem Wochenende stattfinden. Dann werden ganze Straßenabschnitte gesperrt, Essensstände aufgebaut, Bier und Rum herangekarrt, Musik plärrt aus Ghettoblastern, ab und zu spielt sogar eine Band – all das unter freiem Himmel und mit garantiert ausgelassener Stimmung.

Ballett

Über die Grenzen hinaus bekannt ist das Kubanische Nationalballett. Das Ensemble im Gran Teatro de la Habana (s. S. 204) genießt Weltruf, ebenso dasjenige von Camagüey (s. S. 360). Ballettfans sollten es sich nicht entgehen lassen, eine dieser Vorstellungen zu besuchen.

Notfälle

Unterstützung organisatorischer Art bietet **Asistur,** Prado 208, zw. Colón und Trocadero, Havanna, Tel. 78 66 83 39, 78 66 89 20, 78 66 44 99, www.asistur.cu. Die Agentur, die auch in einigen anderen Städten vertreten ist, hilft u. a. mit rechtlicher Beratung, kümmert sich um Versicherungsansprüche bei unvorhergesehenen Krankenhausaufenthalten, erledigt Geldüberweisungen etc. Die nationalen Notrufnummern lauten **104 für Krankenwagen, 106 für Polizei** und **105 für Feuerwehr.**

Öffnungszeiten

Aufgrund der allgegenwärtigen Stromausfälle oder Wassermangels schließen Läden, Restaurants und Museen teils spontan früher oder machen gar nicht erst auf.

Museen haben keine einheitlichen Öffnungszeiten, die meisten sind aber montags geschlossen. In **Büros** wird in der Regel montags bis freitags von 8.30 bis 17 Uhr gearbeitet, meist mit einer Mittagspause von 12 bis 14 Uhr.

Devisenläden haben in der Regel montags bis samstags von 9 bis 18 bzw. 19 Uhr und sonntags von 9 bis 12 bzw. 13 Uhr geöffnet, mittags wird häufig für eine Stunde geschlossen. Viele der größeren **Kaufhäuser** in Havanna schließen erst um 20 Uhr.

Banken und **Cadeca-Wechselstuben** sind in der Regel montags bis freitags von 8.30 bis 15 bzw. 16 Uhr, teilweise samstags von 8 bis 10 Uhr geöffnet. Rund um die Uhr kann man in großen Hotels Geld tauschen, allerdings zu einem erheblich schlechteren Wechselkurs.

Post

Briefmarken *(sellos)* bekommt man in den Postämtern *(correos),* an den Rezeptionen internationaler Hotels sowie in vielen Geschäften, die Postkarten führen. Eine Postkarte *(tarjeta postal)* per Luftpost nach Europa zu schicken, kostet 24,30 CUP. In der Regel kommt die Post vier bis sechs Wochen später in Europa an, viele Sendungen erreichen ihren Bestimmungsort allerdings nie. Für eilige oder wichtige Sendungen empfiehlt sich deshalb der **DHL-Service** mit Zweigstellen in fast allen Touristenorten und Provinzhauptstädten (www.dhl.com).

Prostitution

Seit Beginn der Dauerkrise 1991 hat es Kuba als Ziel von Sextourismus leider zu trauriger Berühmtheit gebracht. Die männliche *(jinetero)* und weibliche *(jinetera)* Überlebensprostitution war zwischenzeitlich erheblich angestiegen und wurde ab 1999 mit drakonischen Maßnahmen eingedämmt. Verstärkte Polizeipräsenz und häufig demütigende Kontrollen, wenn Kubaner mit Ausländern gemeinsam unterwegs sind, gehören auch heute noch zum Alltag. Da die sozialen Ursachen der Prostitution aber keineswegs verschwunden sind, findet sie nun eher im Verborgenen statt. Vor allem rund um den Prado in Havanna werden entsprechende Dienstleistungen mittlerweile wieder sehr offen – und teilweise sehr aufdringlich – angeboten. Private Zimmervermieter dürfen unverheiratete kubanisch-ausländische Paare zwar bei sich übernachten lassen, müssen jedoch auch die kubanischen Gäste der Behörde melden, was auf viele von vornherein abschreckend wirkt. In staatliche Hotels kommen *jineteros* oder *jineteras* nur gegen Bestechung.

Rauchen

Kuba ist das Land des blauen Dunstes, Rauchverbote gibt es nur wenige. Fast überall wird gequalmt, auch in vielen Restaurants, was Nichtrauchern zu schaffen machen kann.

Reisekasse

Kuba ist kein Billigreiseland, es sei denn, man hat ein Schnäppchen beim All-inclusive-Hotel gemacht und verlässt das Resort für die Dauer des Urlaubs nicht. Allerdings profitieren Reisende, sofern sie genügend Devisen in bar mitbringen, derzeit von der hohen Inflation in Kuba. Wer kein ausländisches Bargeld mitbringt, zahlt hingegen aufgrund des beinahe überall angewendeten informellen Wechselkurses bei gleichzeitiger Festlegung der Preise in Devisen gehörig drauf. Generell gilt, dass die Zimmerpreise für fast alle guten Hotels meist erheblich billiger sind, wenn man sie von Europa aus oder vor Ort über Reiseagenturen bucht. Überhaupt sind die auf Kuba vertretenen internationalen Hotelketten eher hochpreisig als preiswert und bei den staatlichen kubanischen Hotelketten wie Cubanacán, Gran Caribe oder Gaviota fällt die Preisgestaltung im Verhältnis zum Gebotenen mitunter drastisch aus.

Wer auf eigene Faust reist und gerne etwas Komfort hat, sollte für einen Tag mindestens 30 € pro Person für Verpflegung und Getränke rechnen sowie 15 bis 50 € für ein Privatquartier und mindestens 40 € für ein Hotelzimmer, zuzüglich Taxi oder womöglich 60 € täglich für den Mietwagen … Man kommt schnell auf 50 € pro Tag, ohne besonders komfortabel zu wohnen oder großartig zu essen (ohne Mietwagen). Die günstigen Essensstände und Restaurants sind oft von schlechter Qualität.

Ein Liter Superbenzin *(gasolina especial)* kostet offiziell 30 CUP, ein Bier 200 bis 500 CUP, eine 1,5-Liter-Flasche stilles Wasser ab 150 CUP, ein Mojito ab 200 CUP, ein Essen in einem Paladar 1000 bis 1500 CUP.

Eintrittsgelder

Der Eintritt zu den meisten Sehenswürdigkeiten, in Museen etc. kostet zwischen 10 und 200 CUP. Fürs Fotografieren zahlt man häufig mindestens noch mal dasselbe, fürs Filmen gar bis zu dreimal so viel. In den meisten Museen werden Führungen angeboten (häufig auf Spanisch, manchmal auch auf Englisch, Deutsch oder Französisch), die ca. 100 CUP Aufpreis kosten. Sehr ärgerlich sind die Parkplatzgebühren, die vor den meisten Sehenswürdigkeiten erhoben werden – mit mindestens 100 CUP ist hier immer zu rechnen.

Spartipps

Die günstigste Art, Urlaub auf Kuba zu machen, ist entweder ein Pauschalpaket mit Aufenthalt in einem All-inclusive-Hotel oder eine Reise auf eigene Faust mit öffentlichen Transportmitteln und Übernachtungen in Privatquartieren. Fast alle Besitzer von Casas Particulares bieten auf Wunsch ein Frühstück für 5 €, das meistens so umfangreich ist, dass es den Magen mindestens bis mittags besänftigt. Kleinigkeiten zum Essen bekommt man in den vielen privaten Cafeterías, meist lediglich eine Fensteröffnung oder eine Art Stehrestaurant. Auch mobile Essensstände finden sich immer häufiger. Hier bekommt man beispielsweise kleine Pizzas mit Tomaten und Käse, Sandwiches mit Käse oder gegrilltem Spanferkel *(lechón)*, Nudelsalat, Frittiertes, köstlichen hausgemachten *flan* (eine Art Pudding), Kuchen etc. Typisch kubanisch sind auch *cajitas*, komplette Mahlzeiten in kleinen Pappboxen.

Das Angebot der Bauernmärkte *(mercados agropecuarios)* an frischem Obst und Gemüse hängt von der Saison und der gerade herrschenden Versorgungslage ab.

In vielen staatlichen Restaurants – meist daran zu erkennen, dass sie weitgehend menschenleer sind – kann man nicht gut, dafür aber extrem günstig satt werden.

persönliche Dinge sowie Wertsachen bei der An- und Abreise unbedingt ins Handgepäck nehmen, da in den Flughäfen häufiger Koffer aufgebrochen werden.

Diebstähle meldet man bei der Hotelrezeption oder der Tourismuspolizei *(policía de turismo)*, einer eigens zu diesem Zweck gegründete Einheit, die z. B. in Habana Vieja an fast jeder Straßenecke Präsenz zeigt. Immerhin halten sie Schwarzmarkthändler, Schlepper und Zuhälter davon ab, allzu aggressiv in Erscheinung zu treten. Für Notfälle aller Art ist **Asistur** (s. S. 142) eine hilfreiche Adresse.

Sicherheit

Kuba gilt im Vergleich zu anderen Entwicklungsländern als relativ sicheres Reiseland, wenngleich vor allem Havanna in den letzten Jahren Negativ-Schlagzeilen schreibt. Offizielle Statistiken gibt es nicht, doch die Kleinkriminalität, v. a. Handtaschendiebstahl, scheint spürbar zuzunehmen, selbst vor bewaffneten Raubüberfällen schrecken die Diebesbanden nicht zurück. Besonders heiße Pflaster sind Centro Habana und das Barrio Chino (›Chinesisches Viertel‹), doch auch in anderen Vierteln sollte man auf der Hut sein. Sofern man den gesunden Menschenverstand walten lässt und mit offenen Augen herumspaziert, dürfte Havanna aber nicht gefährlicher sein als eine europäische Großstadt. Hier einige Grundregeln: Vermeiden Sie es, Ihre Tasche oder Kamera locker über die Schulter zu hängen, Wertsachen zur Schau zu stellen und in düsteren Stadtvierteln Spaziergänge zu unternehmen, so kurz sie auch sein mögen. Wer keinen Hotelsafe *(caja fuerte)* zur Verfügung hat, sollte seine Finanzmittel und wichtigen Dokumente in einem Geldgürtel verstauen und nur geringe Bargeldmengen in der Hosentasche mit sich führen. Am Strand, vor allem an den Playas del Este, tut man gut daran, eine Person auf die Habseligkeiten aufpassen zu lassen. Mietwagenbesitzer sollten nichts sichtbar im Auto liegen lassen – schon Sonnenbrillen oder Jacken können magische Anziehungskraft entwickeln. Und zu guter Letzt: wichtige

Telefonieren

Öffentliche Telefonzellen gibt es nur noch selten und Gespräche vom Hoteltelefon aus oder über das Roaming des deutschen Mobiltelefonanbieters sind teuer. Besser ist es deshalb, bereits vor der Reise eine kubanische Prepaid-SIM-Karte zu kaufen. Das hat zudem den Vorteil, dass man auch gleich mobiles Internet hat. Dafür bestellt man z. B. unter www.suenacuba.com eine Touristen-SIM-Karte für 35 USD. Die kann man dann direkt nach der Landung am Flughafen Havanna in Terminal 3, am Flughafen Varadero beim Etecsa-Stand oder in jeder beliebigen Etecsa-Filiale abholen und aktivieren lassen. Man kann die Karte auch direkt in Kuba bei Etecsa kaufen, muss dann aber ggf. eine etwas längere Wartezeit in Kauf nehmen. Die CubacelTur genannte Karte kann ab Aktivierung 30 Tage lang genutzt werden und beinhaltet jeweils 100 Gesprächsminuten und SMS sowie 6 GB mobiles Internet. Während der Gültigkeitsdauer kann die Karte bei Bedarf online mit neuem Guthaben aufgeladen werden. Aktuelle und weiterführende Informationen unter www.etecsa.cu.

Spanisch sprechende Reisende können unter 118 die *operadora* um Hilfe bitten.

... von Kuba ins Ausland

Um von Kuba ins Ausland anzurufen, wählt man für Deutschland die Vorwahl 11949, für Österreich die 11943 und für die Schweiz die

11941. Anschließend folgen die Ortskennzahl unter Weglassung der 0 und die jeweilige Teilnehmernummer.

... nach Kuba

Die Vorwahl für Kuba lautet 0053. Da es auf der Insel keine Ortsvorwahlen (s. S. 145) gibt, folgt bei einem Anruf aus dem Ausland sogleich die achtstellige Teilnehmernummer, egal ob Festnetz oder Mobiltelefon.

... innerhalb Kubas

Alle kubanischen Telefonnummern bestehen aus acht Ziffern, die Ortsvorwahlen sind in die Festnetznummern integriert. Handynummern beginnen mit einer Fünf.

Vorwahlnummern der Provinzen Kubas

Artemisa: 47, Camagüey: 32, Ciego de Ávila: 33, Cienfuegos: 43, Granma: 23, Guantánamo: 21, Habana: 7, Holguín: 24, Isla de la Juventud: 46, Las Tunas: 31, Matanzas: 45, Mayabeque: 47, Pinar del Río: 48, Sancti Spíritus: 41, Santiago de Cuba: 22, Villa Clara: 42.

Die öffentlichen Telefone in Kuba sehen aus wie halbierte, blau angemalte Kokosnussschalen

Trinkgeld

Die meisten Angestellten im Dienstleistungsbereich sind vom Trinkgeld abhängig, da ihre Gehälter nicht einmal die notwendigsten Ausgaben decken. Allerdings führt das zu teilweise kuriosen Verhaltensweisen: In All-inclusive-Resorts muss man seinem Besteck schon mal hinterherrennen, sofern man der Bedienung nicht zuvor ein Geldstück zugesteckt hat. Auch das Zimmermädchen gibt sich nur so viel Mühe, wie es dem auf dem Nachttisch hinterlegten Trinkgeld adäquat erscheint. Solche Ärgernisse sollte man am besten mit Humor betrachten – oder gleich ein anderes Reiseziel wählen. Als Faustregeln für die Höhe des Trinkgelds gelten: in Restaurants und Taxis mindestens 10 % der zu bezahlenden Summe, Kofferträger je nach Umfang des Gepäcks 1 bis 2 USD oder den entsprechenden Gegenwert in CUP, Zimmerpersonal ca. 1 bis 2 USD oder den entsprechenden Gegenwert in CUP täglich, Führer ca. 2 USD oder den entsprechenden Gegenwert in CUP pro Tag. Der Fantasie bleibt es überlassen, zusätzlich eine Sachspende (s. S. 134) zu geben.

Wellness

Die Wellnesswelle hat noch nicht Einzug gehalten in Kuba. In den großen Luxushotels gibt es das übliche Angebot, spezielle Einrichtungen findet man bislang überwiegend in Havanna (s. S. 208).

Zeit

Der Zeitunterschied zwischen Deutschland, Österreich, der Schweiz und Kuba beträgt bis auf wenige Wochen im Jahr minus sechs Stunden. Wenn es bei uns also 18 Uhr abends ist, essen die Kubaner zu Mittag. Auch in Kuba gibt es eine Sommer- und Winterzeit, allerdings findet die Uhrumstellung nicht zum selben Zeitpunkt wie bei uns statt, sondern etwa drei Wochen früher. Teilweise beträgt der Zeitunterschied deshalb fünf bzw. sieben Stunden.

Unterwegs in Kuba

»Und da sie immer sein. Diese langgestreckte, traurige, unglückselige Insel wird auch nach dem letzten Indianer und nach dem letzten Spanier und nach dem letzten Afrikaner und nach dem letzten Amerikaner und nach dem letzten Kubaner noch da sein, wird jeden Schiffbruch überleben, ewig vom Golfstrom umspült: schön und grün, unsterblich, ewig.«
Guillermo Cabrera Infante,
Ansicht der Tropen im Morgengrauen, 1992

Sie sind aus Kuba nicht wegzudenken und brummen durchs ganze Land: auf Hochglanz polierte Oldtimer

Kapitel 1

La Habana und Archipiélago de los Canarreos

Ein Besuch in Kubas Hauptstadt Havanna gleicht einem Spagat zwischen zwei Welten. Das koloniale Altstadtensemble wurde liebevoll herausgeputzt und versetzt in lang vergangene Zeiten. Nur wenige Schritte entfernt scheinen die verfallenen Gebäude gerade einen Bombenangriff überstanden zu haben, Straßen und Gehwege sind von Schlaglöchern übersät, Müllberge türmen sich ... Diese Gegensätze machen Havanna zu einer ebenso widersprüchlichen wie faszinierenden Stadt und tauchen Besucher in ein Wechselbad der Gefühle. Die karibische Metropole lässt niemanden kalt.

Kubaner und Touristen gleichermaßen flanieren auf dem Malecón, Havannas kilometerlanger Uferpromenade, die sich vom nördlichen Rand der Altstadt gen Westen zieht und sehr ungleiche Stadtviertel miteinander verbindet: das marode Centro Habana, das ›moderne‹ Stadtzentrum Vedado und das Nobelviertel Miramar. Einen ersten Überblick über die karibische Metropole verschafft man sich am besten von der Festung El Morro aus, die gegenüber der Altstadt oberhalb der Hafeneinfahrt thront. In diese Richtung geht es auch zur ›Badewanne‹ Havannas, den Playas del Este. An Wochenenden und zu Ferienzeiten tummelt sich hier die halbe Stadt, zusammengeflickte Straßenkreuzer aus den 1950er-Jahren, das Radio voll aufgedreht, säumen die Straße am Meer – Strandleben auf Kubanisch.

Einen Vorgeschmack auf die gemächlichere ländliche Gangart bekommt man in den Vororten Regla und Guanabacoa, während der riesige Parque Lenin und der Botanische Garten im Süden des Zentrums Erholung vom hektischen Stadtleben versprechen.

Was die wenigen Farbkübel hergeben,
wird auf die Fassaden verteilt

Auf einen Blick: La Habana und Archipiélago de los Canarreos

Sehenswert

 La Habana: Havannas liebevoll restaurierte Altstadt gehört zum Weltkulturerbe der UNESCO. Auf dem kilometerlangen Malecón kann man eine architektonische Zeitreise von der kolonialen Ära bis in die Moderne unternehmen, Boutiquehotels in prächtigen Stadtpalästen versetzen einen selbst nachts in eine andere Zeit – Havanna ist einzigartig und ganz sicherlich eine der schönsten Städte der Welt (s. S. 152).

Isla de la Juventud: Die Gewässer um die Insel gelten nicht nur als bestes Tauchrevier Kubas, sondern als einer der Topspots in der ganzen Karibik (s. S. 218).

Unsere Tipps

Museo de la Ciudad: Unter einem Dach vereint und noch dazu in einem der prächtigsten Paläste von Habana Vieja findet man eine Sammlung, die mit der ganzen Bandbreite der Wohnkultur, Kunst und Geschichte der Kolonie Kuba vertraut macht (s. S. 161).

Auf den Spuren von Ernest Hemingway: Mehrere Stätten in und um Havanna erinnern an den Schriftsteller – in Habana Vieja hat das Hotel Ambos Mundos sein ehemaliges Zimmer in ein Museum verwandelt (s. S. 177), aus seiner Finca La Vigía wurde das Museo Ernest Hemingway (s. S. 211), mit den Fischern fachsimpelte er im Restaurant La Terraza in der Bucht von Cojímar (s. S. 213) und seine Drinks nahm er in den Altstadtbars El Floridita (s. S. 207) und Bodeguita del Medio (s. S. 169).

Plazuela del Ángel: Der von der gleichnamigen Kirche bewachte, kleine Dreiecksplatz ist ein relaxter Rückzugsort im trubeligen Havanna (s. S. 183).

Heladería Coppelia: Das Flaggschiff der kubanischen Eissalonkette wurde berühmt durch den Film »Erdbeer und Schokolade«, der hier begann und später sein versöhnliches Ende fand (s. S. 191).

Fábrica de Arte Cubano: In dem coolen Kulturzentrum mit vier Bars und Disco trifft sich die junge Künstlerszene Havannas (s. S. 205).

Ausflug per Fähre: Aus einem ganz anderen Blickwinkel präsentiert sich Havanna, wenn man mit der Fähre nach Regla hinübertuckert. Die Vorstadt auf der anderen Seite der Bahía de La Habana ist ein Zentrum afrokubanischer Religionen, was nicht nur in der dortigen Kirche, sondern auch im Museo Municipal und am Tag der Virgen de Regla am 8. September zum Ausdruck kommt (s. S. 212).

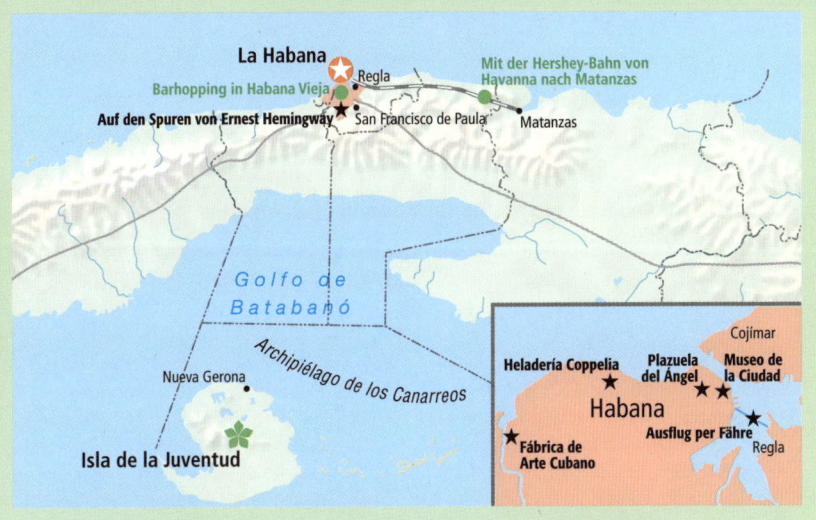

Wenn's drinnen zu heiß wird, verfrachtet man Tisch und Stühle kurzerhand auf die Straße

Barhopping in Habana Vieja: Kneipe an Kneipe reiht sich in Havannas Altstadt und aus beinahe jedem Lokal dringen verlockende Liveklänge nach draußen. Ein abendlicher Bummel durch die kolonialen Gassen kann süchtig machen nach dieser Atmosphäre und den beiden kubanischen Lebenselixieren Musik und Rum (s. S. 206).

Mit der Hershey-Bahn von Havanna nach Matanzas: Ziemlich rustikal geht es zu in Kubas einzigem elektrifiziertem Zug, der zu Beginn des 20. Jh. eine der größten Zuckerrohrplantagen der Insel bediente – eine Fahrt mit dieser Oldtimerbahn bedarf vielleicht etwas Widerstandsfähigkeit, bleibt aber unvergesslich (s. S. 210).

 La Habana

▶ E/F 2

Sorgsam restaurierte Kolonialpaläste in der Altstadt, ruinenhafte Mietskasernen in Centro Habana, Geschäftshäuser und Hotels aus den ›roaring fifties‹ in Vedado, prächtige Villen in Miramar und der von verwaschen pastellfarbenen Häusern gesäumte Malecón, Havannas weltberühmte Uferpromenade – widersprüchlicher kann sich eine Stadt kaum präsentieren und genau das macht den einzigartigen Reiz dieser karibischen Metropole aus.

Rund 2,5 Mio. Einwohner zählt die ›steinerne Schnecke‹ Havanna, die sich um die Bahía de La Habana zusammenrollt und sich kreisförmig nach Westen ausdehnt. Das Herz schlägt in Habana Vieja, der Altstadt am westlichen Ufer der Bucht, auferstanden aus Ruinen, als nach mehreren Plünderungen und Bränden im 17. Jh. die Lehmbauten durch die ersten prächtigen Kolonialpaläste ersetzt wurden. Über die Jahrhunderte mauserte sich die Stadt zu einer der malerischsten Metropolen in ganz Lateinamerika, bis in den 1950er-Jahren der stetige Verfall begann – zunächst galt die Moderne mehr als die Historie und nach der Revolution war für die Stadtsanierung kein Geld mehr da. Erst gegen Ende der 1960er-Jahre stellte man einen Inventarplan der schutzwürdigsten Gebäude auf.

Die erste Stufe des Sanierungsprogramms wurde im Jahr 2010 abgeschlossen – allein an der Zeitdauer kann man den Umfang dieses Unternehmens ablesen. Für den Erhalt der kolonialen Altstadt kämpfte bis zu seinem Tod 2020 unermüdlich und mit medienwirksamen Mitteln der Oberhistoriker von Havanna, ›Don‹ Eusebio Leal Spengler. Seine Strategie, in den restaurierten Palästen zunächst Unterkünfte, Restaurants und Bars einzurichten, um mit den daraus erzielten Einnahmen die restliche Bausubstanz zu retten, zahlte sich aus: Inzwischen wurde ganze Straßenzüge aufwendig saniert, ein großer Teil von Habana Vieja erstrahlt in altem Glanz. Mit ihren vielen Geschäften, kolonialen Prachtbauten und Museen ist die Altstadt der Touristenmagnet schlechthin. Menschen aller Hautfarben drängen sich in den Einkaufsstraßen Obispo, San Rafael und Avenida de Italia, kurz berockte Schönheiten stolzieren übers Pflaster, vor Pizza- und Eisständen bilden sich lange Schlangen. Noch sucht man vergeblich nach Restaurantketten wie McDonald's, doch Lacoste, Adidas, Diesel & Co. haben bereits Einzug gehalten.

Rund um das Capitolio ein wildes Verkehrschaos, Fahrradbimmeln im Wettstreit mit Autohupen, dazwischen ein Kutscher, der sein Pferd mit stoischer Ruhe mitten durch das hektische Treiben lenkt. Etwas ruhiger wird es erst wieder am Malecón, dem öffentlichen Wohnzimmer Havannas mit seinem kilometerlangen Sofa, der breiten Mauer, auf der es sich am Abend die ganze Stadt gemütlich macht. So viel wird am Malecón geküsst, lästern die Habaneros, dass man mit dieser Energie ganze Stadtviertel erleuchten könnte.

Geschichte

Der spanische Konquistador Pánfilo de Narváez hatte mit seinen Truppen den Westen Kubas erobert und im Auftrag von Diego Velázquez die erste Ansiedlung, San Cristóbal de La Habana, gegründet – allerdings weiß heute niemand so genau, wo und wann, denn es existiert kein Dokument darüber. Wahrscheinlich stand die erste Siedlung um 1514 nicht an der Nordküste, sondern an der für die Spanier aus strategischen Gründen interessanteren Südküste am Golf von Batabanó. Von dort aus schickten sie ihre Schiffe auf den lateinamerikanischen Kontinent.

Die Lebensbedingungen erweisen sich jedoch als äußerst ungünstig: Sümpfe, Moskitoplagen und Krankheiten zwingen die Spanier dazu, dreimal ›umzuziehen‹, bis sie sich schließlich 1519 auf der Westseite der Bahía de La Habana niederlassen. Am 17. Dezember jenes Jahres wird unter einem enormen Ceibabaum auf der heutigen Plaza de Armas die Gründungsmesse für San Cristóbal de La Habana gelesen. Um diesen Platz herum wächst die Siedlung, zunächst rund um die Straßen Oficios und Mercaderes.

Die natürliche Hafenbucht wird schnell zum Ausgangspunkt für weitere spanische Expeditionen in die Neue Welt. Von hier aus treibt die spanische Krone die Eroberung Mexikos voran und kolonialisiert Honduras, die Bahamas und Florida. Bereits 1532 gilt Havanna als Tor zur Neuen Welt, was das Stadtwappen mit drei Türmen und einem Schlüssel symbolisiert.

Umschlagplatz für Sklaven

Schon in dieser Zeit ist Havanna ein Umschlagplatz für schwarze Sklaven. 1544 besteht die Bevölkerung aus 40 spanischen Familien, 120 freien Indigenen und 200 schwarzen und indigenen Sklaven. Da die Ureinwohner bis auf wenige Hundert ausgerottet sind, fehlen dringend Arbeitskräfte. 1580 beschließt der Rat der Stadt, mindestens 1000 Sklaven aus Afrika einzuführen, die in den Bergwerken von Baracoa arbeiten sollen, und 1595 unterzeichnet Spanien mit dem Sklavenhändler Pedro Gómez Reynol ein Abkommen, das Kuba etwa 4000 Sklaven zukommen lässt.

In seiner »Beschreibung der Insel Kuba« zeichnet der spanische Chronist Nicolás de Ribera ein detailliertes Bild der Inselbevölkerung: »Von den ursprünglichen Herren der Insel blieben nur wenige Indianer (…) Die Bewohner der Insel lassen sich aufgrund ihrer Hautfarbe in drei Klassen unterteilen: Es gibt Weiße, Mulatten und Schwarze. Die Weißen sind entweder Europäer oder stammen von

Pferd, Oldtimer, Bicitaxi – selbst in Havanna gehören sie zum ganz normalen Straßenbild

La Habana

Europäern ab. Die Schwarzen kommen direkt aus Afrika oder sind Nachfahren von Afrikanern und die Mulatten sind eine Mischung aus beiden: Schwarzen und Weißen. In der Bevölkerung gibt es entweder Freie oder Sklaven. Die Freien sind alle Weißen und jene Mulatten und Schwarzen, die sich aufgrund ihrer Arbeit freigekauft haben oder deren Herren ihnen die Freiheit gegeben haben. Sklaven sind all jene (...), die in Afrika gekauft und auf jene Insel gebracht wurden, oder auch diejenigen, deren Mütter Sklavinnen waren. Die Weißen teilen die politischen und zivilen Posten unter sich auf. Doch niedere militärische Grade (...) stehen auch freien Schwarzen und Mulatten offen, die ihre eigenen Bataillone haben. Sie kleiden sich wie die Weißen, allerdings tragen sie keine Perücken. Die Sklaven erleiden ein schlimmes Joch, das je nach Nationalität ihrer Herren noch drückender ist. Sie bearbeiten das Land und verrichten alle schweren Arbeiten. Auch die Schwarzen unterscheidet man: Es gibt kreolische Schwarze, die auf der Insel geboren wurden, und Schwarze aus Afrika. Letztere nennt man auch *bozales* (›radebrechend‹). Die kreolischen Schwarzen sprechen Spanisch wie die Spanier, bei den anderen kommt es darauf an, wie lange sie schon auf Kuba sind und wie leicht sie eine Sprache lernen.«

Schwierige Anfangsjahre

Havannas wachsender Wohlstand zieht außer feindlichen Flotten auch zahllose Korsaren und Seerauber an, die in jener Zeit die Meere unsicher machen und immer wieder Teile der Stadt in Schutt und Asche legen. Die Freibeuter segeln unter englischer, französischer oder holländischer Flagge, denn diese Länder versuchen, Spanien die Vorherrschaft in der Karibik streitig zu machen.

1553 verlegt der Gouverneur seinen Sitz von Santiago de Kuba nach Havanna und ein königliches Dekret erklärt den Hafen zum Treffpunkt der Silber- und Gewürzschiffe aus den neuen Kolonien. Umso schmerzhafter ist es, als 1555 der französische Freibeuter Jacques de Sores Havanna überfällt und völlig ausplündert.

Endlich beginnen die Spanier mit dem Bau einiger Festungsanlagen: Das Castillo de la Real Fuerza (1558–77) im Osten der Plaza de Armas ersetzt die durch Jacques de Sores zerstörte Befestigungsanlage. Nachdem der englische Pirat Sir Francis Drake 1586 ebenfalls versucht, sich im Auftrag Ihrer Majestät Havannas zu bemächtigen, kommen die Festung San Salvador de la Punta und, auf der gegenüberliegenden Seite, die Zwillingsbastion Los Tres Reyes del Morro hinzu.

Die neue Hauptstadt

1589 zählt Havanna rund 4000 Einwohner und avanciert 1607 zur Hauptstadt der jungen Kolonie. Im Palast des Gouverneurs werden Gesetze und Steuererlasse für die gesamte Insel erlassen und in die Schatullen der Stadt strömen die Einnahmen. Der Hafen bzw. die spanische Flotte bildet die Grundlage für das Geschäftsleben der Stadt. Quartiermacher, Zimmermänner, Seilmacher und Bootsbauer haben alle Hände voll zu tun. Prostituierte, Spieler und Gaukler finden reichlich Kundschaft bei den vielen Seeleuten. Spanier, afrikanische Sklaven, einige wenige überlebende Indigene sowie ein buntes Völkchen gestrandeter Europäer – der Historiker Hugh Thomas bezeichnet diese Stadtgesellschaft als »halb kriminell, maritim und kosmopolitisch«.

Doch eine Metropole ist Havanna zu Anfang des 17. Jh. noch nicht. Hinter den Plätzen führen ungepflasterte, schlammige und schmutzige Straßen durch die Stadt – nicht nur nachts eine gefährliche Angelegenheit. Krankheiten und Epidemien sind an der Tagesordnung und das periodisch auftretende Gelbfieber rafft immer wieder Teile der Bevölkerung dahin.

Die ersten Jahrzehnte des 17. Jh. verlaufen einigermaßen ruhig, obwohl die Engländer mehrmals versuchen, Havanna zu erobern – das geschieht 1622, 1623 und 1638. Nach dem ersten großen Brand 1622 ändert sich das Gesicht der Stadt: Die Hütten und Häuser aus Lehm weichen Neubauten aus Stein und man errichtet die erste Wasserleitung, die vom Río Almendares zur Plaza de la Cate-

Geschichte

dral führt. Die Kolonialbehörden beschließen Havanna selbst als Festung auszubauen und beginnen 1633 mit der Errichtung einer bis zu 10 m hohen Stadtmauer.

Innerhalb kurzer Zeit entstehen an den vielen Plätzen der Stadt elegante Stadtpaläste im Mudéjarstil, getreue Kopien aus der Heimat Sevilla. Die spanischen Aristokraten importieren alle erdenklichen Luxusgüter und kleiden sich nach der neuesten Mode aus Madrid. Viele sind mit Landgütern irgendwo im Hinterland reich geworden, die sie kaum jemals besuchen. Havannas größte Bauwerke sind die Klöster, in denen reiche, junge Damen von der bösen Welt und dem Pöbel auf den Straßen ferngehalten werden. Die spanischstämmige Bevölkerung wird hier ausgebildet, doch Schwarzen, Mulatten und Juden ist dieses Privileg verwehrt.

Im frühen 18. Jh. ist Havanna zu einem reichen Handelszentrum und zur nach Lima und Ciudad de México drittgrößten Stadt der Neuen Welt geworden. 1723 werden Werften im Hafen eingerichtet, die in der Lage sind, Fregatten für die spanische Handels- und Kriegsflotte zu bauen. Allmählich entwickelt sich auch ein kulturelles Leben: 1728 gründen die Dominikaner die erste Universität, 1735 wird Don Francisco de Paula die Genehmigung erteilt, die erste Buchpresse Havannas aufzubauen. Vor allem wissenschaftliche Abhandlungen über Flora und Fauna der Insel sowie militärische Werke werden im 18. Jh. gedruckt.

In den Händen der Engländer

Schon seit einiger Zeit haben die Engländer ein Auge auf die ›immer treue Insel‹ der spanischen Krone geworfen und das Jahr 1762 sorgt für eine dramatische Veränderung. England erklärt Spanien den Krieg und im Juni landen englische Truppen in Cojímar östlich von Havanna. Am 30. Juli nehmen die Engländer die Morro-Festung ein und haben die Stadt in der Hand. Mangels Munition ergeben sich am 11. August die spanischen Verteidigungstruppen und unterzeichnen angesichts der englischen Übermacht von 44 Schiffen und 10 000 Soldaten die Kapitulation.

In ihrer 16-monatigen Regierungszeit annullieren die Engländer das spanische Handelsmonopol und heben die repressiven Steuern auf, was zu einer enormen Blüte der Stadt führt. Unzählige Kaufleute reisen nach Havanna, ein reger Warenaustausch zwischen Kuba und den englischen Kolonien in Nordamerika entsteht. Am meisten profitieren die reichen kreolischen Pflanzer und die Händler von dieser Situation, aber auch für die Habaneros ist diese Zeit von großer Bedeutung: In der kurzen Trennungsphase Kubas von Festlandspanien beginnen sie sich selbst als Kreolen und nicht als Untertanen des spanischen Königshauses wahrzunehmen. Als Folge dieses neuen Selbstbewusstseins veröffentlichen kubanische Intellektuelle 1764 eine erste Zeitung: die »Gaceta de Cuba«.

Nach einem Jahr tauschen die Engländer Havanna gegen Florida ein und die Spanier kehren zurück auf die Insel. Sofort lassen sie eine weitere Festung errichten: San Carlos de la Cabaña, wie El Morro ebenfalls auf der der Altstadt gegenüberliegenden Seite der Hafeneinfahrt. Für den Neubau und die Wiedererrichtung der von den Engländern zerstörten Festungen El Morro und La Fuerza importiert Kuba 2000 Sklaven.

Aufstieg ...

Nach dem Abzug der Briten sieht sich die spanische Krone gezwungen, ihrer Kolonie nach und nach den Freihandel zu erlauben. In der Folge erlebt Havanna einen bis dahin nicht gekannten Aufschwung: Breite Prachtstraßen wie der Prado, baumbestandene Avenidas, prunkvolle Herrenhäuser, Cafés und das erste Theater werden gebaut. Es entstehen Kleinode barocker Kolonialarchitektur wie die Plaza de Armas (›Waffenplatz‹) in ihrer heutigen Form, die Plaza de la Catedral und der Palacio de los Capitanes Generales (›Palast der Generalkapitäne‹). 1776 öffnen sich die Pforten des Coliseo, 1791 wird die erste Straßenbeleuchtung eingeführt, 1818 entsteht die Kunst- und Zeichenschule San Alejandro und in derselben Zeit wird der Botanische Garten fertiggestellt. 1830 dann

Havanna literarisch

»Der Anblick Havannas, wenn man in seinen Hafen einfährt«, schrieb Alexander von Humboldt Anfang des 19. Jh., »ist heiter und malerisch wie kein anderer an den Küsten des äquinoktionalen Amerika nördlich des Äquators. (…) Hier mischt sich eine Anmut, wie wir sie von den Kulturlandschaften unserer Klimata kennen, mit der für die heißen Zonen charakteristischen organischen Kraft …«

Der kubanische Schriftsteller Alejo Carpentier charakterisiert Havanna als eine Stadt, die einen »Stil des Stillosen« hervorgebracht habe, der sie von allen anderen Städten des Kontinents unterscheide. Unverwechselbar sei vor allem eine seltsame Konstante im Stadtbild Havannas: »Die unglaubliche Fülle von Säulen in einer Stadt, die ein wahrer Säulenstapelplatz, ein Säulenurwald, eine endlose Kolonnade geworden ist, die letzte Stadt, die Säulen in solcher Überfülle besitzt (…) Es muss nicht eigens daran erinnert werden, dass ein Fußgänger in Havanna von der Hafenfestung bis in die Außenbezirke der Stadt wandern, dass er das ganze Zentrum, die alten Pflasterstraßen Monte oder Reina durchwandern (…) könnte und sich dabei immer in ein und derselben, sich stets erneuernden Kolonnade befände.«

Der »steinerne Traum« Havanna wurde literarisch verewigt. Havanna spielt in vielen Romanen kubanischer Autoren eine heimliche Hauptrolle und erweist sich als Chamäleon – die Stadt besteht aus so vielen Widersprüchen, Schönheiten und Abgründen, dass sie unzählige Perspektiven eröffnet, von denen eine so wahr ist wie die andere. In Lezama Limas berühmtem Roman »Paradiso« spazieren Cemí, Foción, Fronesís und ihr Schöpfer Lezama durch die Straßen der Altstadt wie durch den Bauch eines Wals.

Lezama Lima durchzieht mit seinen Figuren den Stadtkern *intra muros*, das Havanna der Cafés und Buchhandlungen, der Antiquariate und Geschenkläden. Alles, was jenseits dieser engen Grenzen liegt, das moderne Stadtzentrum Vedado, empfindet er als »außerhalb der Stadt«, als fremdes Territorium, nebelhaft und gefährlich.

Lezama Limas Havanna hat Mauern aus Zeit, aus den Stunden, die es begrenzen. Es ähnelt einer Provinzstadt, die sich abends früh verschließt. In »Paradiso« erscheint Havanna als die geordnete Stadt eines Lesesüchtigen, die des Nachts fast verschwindet, bis von ihr nur noch ein Lichtschein auf einer Buchseite übrig bleibt.

Damit ist das Havanna von Lezama Lima der Gegenpol zu dem anderen berühmten Roman über die Stadt, »Drei traurige Tiger« von Guillermo Cabrera Infante. Viele Szenen des Romans spielen im modernen Vedado mit seinen Bars und Cabarets, den unzähligen Radiostationen und Fernsehstudios. Cabrera Infantes Figuren sind Nachtschwärmer, die von der Rampa aus in die glitzernden (vorrevolutionären) Abgründe der Stadt rutschen, auf der Jagd nach einer schnellen Liebesnacht, getrieben von der Verzweiflung, nicht an allen Orten gleichzeitig sein zu können. Die herzzerreißenden Boleros der Saison sind ihre Wegweiser:

»Ich fahre in die Stadt zurück und erkenne durch die frische Nachtluft die Straßen wieder und erreiche die Rampa und fahre weiter und biege in die Infanta ein und parke beim Las Vegas, das geschlossen ist (…) und gehe weiter, zu Fuß die Infanta und dann die Humboldt hinunter,

Havanna – ein steinerner Traum

und lande in einer dunklen Ecke, wo ein paar Mülltonnen herumstehen, und höre, dass aus den Mülltonnen ein Lied ertönt, und gehe um sie herum, um herauszufinden, welche Tonne denn singt, damit ich sie ihrem auserlesenen Publikum vorstellen kann, und ich gehe um die eine Tonne herum und um die andere und um die nächste, und da merke ich, dass die lieblichen Worte aus dem Boden heraufsteigen, zwischen den Speiseresten und schmutzigen Papierfetzen und alten Zeitungen, die dem hygienischen Anspruch der Mülltonnen hohnsprechen, und sehe, dass sich unter den Zeitungen ein trockengelegter Abwasserkanal befindet, ein Gitterrost auf dem Bürgersteig, der Entlüftungsschacht eines Lokals, das da unten sein muss, unter der Straße oder im Keller, oder vielleicht ist es der Schornstein des musikalischen Kreises der Hölle (…) und ich biege um die Ecke und gehe die rote Treppe hinunter: rot gestrichene Wände, mit rotem Teppichboden ausgelegte Stufen, mit rotem Samt bezogener Handlauf, und tauche in die Musik und in das Geklirr der Gläser und in den Geruch nach Alkohol und Rauch und Schweiß und in die bunten Lichter und in die Leute und höre den Schluss des berühmten Boleros, in dem es heißt, Lichter, Trunkenheit und Küsse, vorbei ist unsere Liebesnacht, adios, adios, adios, und der Kuba Venegas' Erkennungsmelodie ist, und ich sehe, dass sie sich elegant und schön und von oben bis unten in Himmelblau verbeugt und sich noch einmal verbeugt und dabei die großen, runden halben Brüste zeigt, wie die Deckel zweier Wundertöpfe, in denen Ambrosexia kocht, die einzige Nahrung, die aus Männern Götter macht, und ich freue mich, dass sie sich verbeugt, lächelt, ihren unglaublichen Körper bewegt und ihren schönen Kopf zurückwirft und dass sie nicht singt, weil es schöner, viel schöner ist, Kuba zu sehen, als sie zu hören, denn wer sie sieht, liebt sie, aber wer sie hört und ihr genau zuhört und sie kennt, kann sie nicht mehr lieben, nie mehr.«

weihen die Habaneros die erste Eisenbahnlinie Kubas ein.

Die Stadtbevölkerung wächst unaufhörlich. 1860 zählt man 160 000 Einwohner, sodass der Ring der Stadtmauer 1863 niedergerissen werden muss, um neue Wohnviertel entstehen zu lassen. Als 1893 sogar ein Wasserversorgungsnetz angelegt wird, gilt Havanna endgültig als modernste Hauptstadt Lateinamerikas. In jener zweiten Hälfte des 19. Jh. glitzert Havanna wie kein anderes Juwel der spanischen Krone – so beschreibt es ein Zeitgenosse. Die reichen Habaneros sind keineswegs geneigt, ihr luxuriöses Leben durch die Unannehmlichkeiten eines Bürgerkrieges stören zu lassen. Also ist Havanna während des zehnjährigen Unabhängigkeitskrieges (1868–78) eine prospanische Bastion.

… und Niedergang

Das luxuriöse Leben der reichen Oberschicht ändert sich erst 1880, als die Zuckerpreise in den Keller rutschen und viele Pflanzer gezwungen sind, ihre Ländereien an Nordamerikaner zu verkaufen. Es dauert eine Weile, bis sich dieser Umschwung auch im städtischen Leben bemerkbar macht. Die Elite der Stadt sitzt in den Kaffeehäusern rund ums Theater bei Eiscreme und Champagner. Ausländische Besucher bewundern das benachbarte Hotel Inglaterra, in dieser Zeit der Inbegriff an Eleganz und das erste Hotel, das Einzelzimmer und Bäder anbieten kann. Doch die Riesengewinne aus dem Zuckerrohr werden allmählich nicht mehr in Havanna ausgegeben, sondern in New York. Dafür wachsen die Rotlichtbezirke der Stadt: 1885 zählt Havanna mehr als 200 Bordelle, nicht gerechnet die Spielhöllen in den verrufenen Vierteln San Isidro und Jesús Maria. Als 1895 der zweite Unabhängigkeitskrieg beginnt, grenzt sich Havanna wieder vom übrigen Kuba ab. Bis auf vereinzelte Aktionen können die Unabhängigkeitskämpfer nicht auf Unterstützung aus der Hauptstadt rechnen – Havanna bleibt der Rest der ›ewig treuen Insel‹, obwohl der berühmteste Sohn der Stadt, der Revolutionär José Martí, hier 1853 geboren wurde.

Die Mischung macht's: Jugendstil und Revolution gehen mancherorts eine außerordentlich fotogene Symbiose ein

Geschichte

1898 explodiert im Hafen von Havanna der US-Kreuzer Maine mit 288 Matrosen an Bord. Für die USA ein willkommener Anlass, Spanien den Krieg zu erklären, aufseiten der ohnehin siegenden kubanischen Befreiungstruppen einzugreifen und bei den Friedensverhandlungen Kuba auszuschließen. Als die Amerikaner 1898 nach Havanna kommen, finden sie eine heruntergewirtschaftete Stadt vor, der es jedoch ungleich besser geht als dem Rest der Insel: Das Land ist von den beiden Kriegen völlig verwüstet, die Plantagen niedergebrannt, die Dörfer menschenleer. 200 000 Kubaner sind für die Unabhängigkeit gefallen – mehr als in allen ehemaligen spanischen Kolonien Lateinamerikas zusammen.

Leben nach amerikanischem Vorbild

Nach dem Unabhängigkeitskrieg gegen Spanien wird Kuba 1902 de facto zu einer Kolonie der Vereinigten Staaten und Havanna zum Zentrum des *american way of life*. Die Neureichen bauen ihre Villen in Vedado, auf dem grünen Hügel, am liebsten im Stil des Art nouveau. In dem Viertel zwischen Habana Vieja und Vedado, dem heutigen Centro Habana, schießen Bordelle, Kaufhäuser und riesige Mietskasernen, die sogenannten *solares*, aus dem Boden. Hier leben vor allem schwarze Kubaner, viele davon Mitglieder der afrokubanischen Geheimgesellschaft Abakuá (s. S. 37), die den Ruf haben, notorische Messerhelden und brutale Kriminelle zu sein.

Auch die Elite verlässt Habana Vieja. Sie bezieht Luxusvillen in Richtung Miramar, mit Blick aufs Meer und eindeutig besserer Luft. In den zurückgelassenen kolonialen Stadthäusern richten sich Schulen, Zigarrenmanufakturen und Hotels ein. Amerikanische Bankhäuser ziehen in der Calle Obispo neoklassizistische Bauten hoch, während die Touristen die Gegend um den Parque Central für den Nabel Havannas halten: Hier stehen die luxuriösen Hotels Biltmore-Sevilla, Plaza und Inglaterra. Die ersten Countryklubs entlang der Küste von Miramar ziehen Glücksspieler aus der ganzen Welt an. Seit 1926 kommt man auch ganz schnell dorthin: über den Malecón, die nach 25-jähriger Bauzeit fertiggestellte Uferpromenade. Überall in Havanna, vor allem in den vornehmen ›weißen‹ Stadtvierteln Vedado, Miramar und Playa, entstehen feudale Dancehalls, darunter das superelegante Tropicana, und marmorgetäfelte Spielsalons.

Blutige Wege zur Revolution

Als sich 1920 das kubanische Präsidentenkarussell zu drehen beginnt, mutieren die Straßen Havannas zum Schauplatz eines blutigen Polittheaters. Bis 1959 werden die Reichen immer reicher. Der *american way of life* setzt sich sogar bei den rebellischen Studenten der 1940er-Jahre durch: Sie protestieren in feinen Tuchanzügen und fahren in großen Buicks durch die Stadt. Streikende Arbeiter, arbeitslose Schwarze und das Heer des städtischen Subproletariats allerdings schlagen sich mit dem allgegenwärtigen Hunger, ungesunden Lebensbedingungen und der ebenso allgegenwärtigen Polizei herum.

In den 1950er-Jahren ist Havanna fast vollständig in den Händen der Mafia, die auch architektonisch ihre Zeichen setzt. Das Hotel Habana Riviera am Malecón ist mit seiner luxuriösen Spielbank der Lieblingstreff von Meyer Lansky & Co. Wolkenkratzer wie das Hilton (heute Habana Libre) und das FOCSA-Gebäude markieren den Zeitgeschmack. Der Diktator Batista zieht mit seinen Ministern vom Capitolio um zur (heutigen) Plaza de la Revolución: Dort hat er für jedes Ministerium einen scheußlichen Turm bauen lassen und an der Westseite des Platzes einen gigantischen Obelisken und ein Denkmal für den Revolutionär José Martí, als sei dieser sein geistiger Vater. Doch bei diesem Rückgriff auf die kubanische Geschichte bleibt es: In den 1950er-Jahren zählt auf Kuba nur, was neu, modern und clean ist, und die Altstadt darf getrost in sich zusammenfallen. Das tut sie auch, denn in die alten Kolonialhäuser mit den fast 5 m hohen Decken hat man auf der Hälfte Zwischendecken eingezogen und auf diese Weise unzählige Miniwohnungen geschaffen. In diesen sogenannten *barbacoas* leben vielköpfige Familien, meist mittellose Schwarze. Durch die Überbelastung der Wände beginnen schon in den 1950er-Jahren viele Häuser einzustürzen.

Die High Society nimmt es gelassen hin, als Rebellen 1956 den Nachtklub Tropicana bombardieren – innerkubanische Querelen. Im darauffolgenden Jahr überfällt eine linksgerichtete Gruppe namens Directorio Nacional den Präsidentenpalast. Allerdings ist Batista vorgewarnt, sodass 35 Rebellen direkt vor Ort umgebracht werden und die meisten anderen kurz danach. Ab 1958 gehören Bomben und Schießereien zum Alltag Havannas – zunächst nur eine intellektuelle Elite, dann auch die Mittelschichten und das Proletariat kämpfen mit allen Mitteln gegen Batistas Diktatur. Polizei und Militär schlagen erbarmungslos zurück und richten Blutbäder an. Die amerikanischen Touristen ziehen sich allmählich zurück. Die Gewerkschaften rufen zum Generalstreik auf, um die Rebellen in der Sierra Maestra zu unterstützen.

Der Wolkenkratzer des (damals) modernsten Hotels Kubas, des Havanna Hilton, ist gerade zwei Monate fertig, da zieht die Rebellenarmee in Havanna ein, tauft das Hotel um in Habana Libre und bezieht dort ihren ersten Regierungssitz.

Die Ära Castro

Nach der Revolution wird zunächst in die kleineren Städte auf dem Land investiert, nach Havanna fließt nur wenig Geld. Dahinter steht die Absicht, die Stadt, in der 1959 ungefähr 1,6 Mio. Menschen leben, nicht wie einen Wasserkopf weiterwachsen zu lassen. Allerdings bewirkt diese Strategie, dass selbst die notwendigsten Maßnahmen zum Erhalt der Bausubstanz Havannas unterbleiben. Die Revolutionsregierung macht sich zunächst daran, die Prostitution einzudämmen, indem sie den Frauen berufliche Alternativen als Lehrerinnen etc. anbietet, die Spielbanken zu schließen und die Slumbewohner in menschenwürdigere Wohnungen umzusiedeln – dabei entstanden solch architektonische Scheußlichkeiten wie Habana del Este und Alamar, beide im Osten Havannas. Der Präsidentenpalast und der Capitolio werden in ein Revolutionsmuseum respektive eine Bibliothek umgewandelt. Die Villen in Vedado, Miramar und Playa werden nach und nach verstaatlicht und zu Behörden, Schulen und Kindergärten umfunktioniert.

Spätestens ab Ende der 1980er-Jahre ändert sich das Bild erneut. Ausländische Firmen erhalten die Möglichkeit, sich in Kuba zu engagieren, viele staatliche Einrichtungen werden wieder geschlossen und die Gebäude dienen als Dependancen internationaler Unternehmen, als Läden oder Restaurants.

Doch seit der 1990 über die Insel hereingebrochenen Dauerwirtschaftskrise fehlte es über Jahrzehnte an Baumaterialien und an Geld, um die Gebäude zu pflegen oder zu sanieren. Daher sind einige untouristische Stadtviertel ziemlich verfallen und marode oder haben sich de facto in Slums verwandelt, wo es Probleme mit der Müllabfuhr, der Wasser- und Stromversorgung gibt. Viele Straßen sind in einem beklagenswerten Zustand, riesige Schlaglöcher *(guaches)* behindern den Verkehr und verschlingen des Nachts Fußgänger. Ein satirisches Lied behauptet, jeder der 2,5 Mio. Habaneros dürfe ein mindestens badewannengroßes Schlagloch sein Eigen nennen.

> **Vorsicht**
> Mit der in Metropolen üblichen **Kleinkriminalität** ist auch in Havanna zu rechnen. Man sollte immer auf Taschen und Geldbeutel achten, keine Wertsachen zur Schau stellen und schon gar keine Kameras sorglos über der Schulter tragen. Gestohlen wird übrigens meist tagsüber an belebten Orten.

Habana Vieja

Cityplan: S. 165

Das engmaschige Straßennetz der Altstadt lernt man am besten zu Fuß kennen. Einige Straßen sind ohnehin Fußgängern vorbehalten, außerdem versperren häufig Baustellen oder Stützkonstruktionen für kariöse Gebäude den Weg.

Habana Vieja

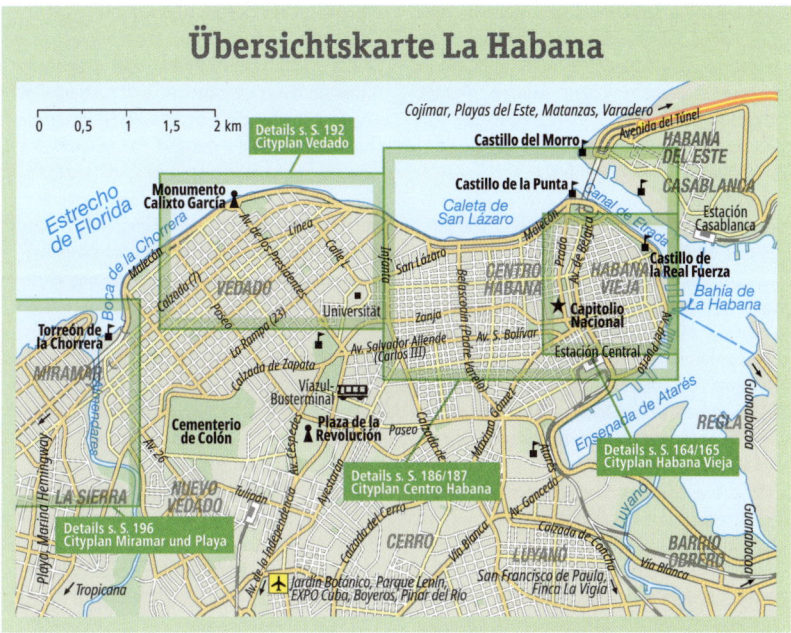

Verbringt man nur wenige Tage in Havanna, verschaffen die von den örtlichen Reisebüros angebotenen Stadtrundfahrten einen ersten Eindruck. Doch es lohnt sich, ohne Zeitdruck durch Habana Vieja zu spazieren, auch von den in diesem Buch vorgeschlagenen Wegen abzuweichen und in die Seitenstraßen einzutauchen. Ein großer Teil der Altstadt erstrahlt zwar im Glanz frischer Renovierungen, doch schon einen Block weiter ist die Märchenwelt mitunter zu Ende, steht man vor ruinenartigen Häusern, die für einen Großteil der Habaneros die Realität bedeuten.

Plaza de Armas

Ein Rundgang sollte dort beginnen, wo alles angefangen hat: an der **Plaza de Armas.** In fast allen spanischen Städten gibt es einen solchen ›Waffenplatz‹, wo die Truppen des spanischen Königs paradierten und exerzierten. Vor allem im 18. und 19. Jh. war die Plaza de Armas ein Zentrum des gesellschaftlichen Lebens und der eleganteste Treffpunkt der Stadt. Heute tummeln sich hier überwiegend Touristen aus aller Herren Länder. Auf den schattigen Bänken rund um die Statue des Unabhängigkeitskämpfers Carlos Manuel de Céspedes wird in Reiseführern gewälzt, in Straßenlokalen ein – preislich überhöhter – Snack eingenommen, auf dem **Bücherflohmarkt** nach lateinamerikanischer Literatur, ethnologischen und geografischen Werken oder kubanischen Filmplakaten gestöbert.

Museo de la Ciudad 1
Di–So 9.30–14.30 Uhr, 10 CUP
Prächtigster Kolonialpalast an der Plaza de Armas ist der **Palacio de los Capitanes Generales** (›Palast der Generalkapitäne‹), mit dessen Bau 1776 begonnen wurde. Vorher stand hier die erste Pfarrkirche der Stadt, die Iglesia Parroquial Mayor. Die Reste der Beerdigungsstätten im Hof des Palasts weisen noch auf die frühere Vergangenheit hin.

Der Palast war mehr als 100 Jahre Amtssitz der spanischen Gouverneure auf Kuba. Man sagt, dass der Straßenbelag unmittelbar vor dem Palast aus Holzplanken besteht, weil die Gouverneure sich im Schlaf nicht vom Rattern der Kutschen stören lassen wollten. Hierher zogen die Cabildos, die Vereinigungen von Sklaven jeweils eines afrikanischen Volks, am Dreikönigstag, um den Gouverneuren Glück und Segen zu wünschen. Aus den Palastfenstern regnete es dann Goldmünzen, Schokolade und andere Süßigkeiten. Nach der Unabhängigkeit richtete sich die US-amerikanische Besatzungsmacht hier ein, der bis 1920 diverse kubanische Präsidenten folgten. Anschließend beherbergte der Palast das Rathaus von Havanna und nach 1959 die Stadtverwaltung. 1967 wurde das Gebäude renoviert und seitdem residiert hier das sehenswerte **Museo de la Ciudad.**

Das Stadtmuseum gibt einen guten Einblick in die Kunst und Geschichte der reichen Kolonie Kuba und die Lebensart ihrer Gouverneure. Im schattigen Patio erinnert eine Statue an den Entdecker Christoph Kolumbus und in einer Ecke des Innenhofs steht ein großer Tonbehälter *(tinajón),* in dem das Regenwasser gesammelt wurde. Neben einer umfangreichen Sammlung religiöser Kunst aus dem 18. Jh. im Erdgeschoss sind in der ersten Etage einige Räume zu besichtigen: ein elegantes Speisezimmer mit kostbarem Porzellan und Möbeln aus Edelhölzern, das Thronzimmer für den spanischen König, der es allerdings niemals benutzte, ein Ballraum (genannt Spiegelsaal), ein Musikzimmer und eine Kapelle. Außerdem beherbergt das Museum eine Reihe von Reliquien der kubanischen Geschichte: Porträts und persönliche Gegenstände der wichtigsten Unabhängigkeitskämpfer, die erste kubanische Flagge von 1850, die Totenmaske von General Máximo Gómez, das Boot des Volkshelden Antonio Maceo, Uniformen aufständischer Generäle und Offiziere sowie viele Waffen aus dem 19. Jh., darunter eine Kanone, die einfallsreiche Rebellen aus Leder fabriziert haben. Die Glocken vor dem Eingang des Palasts stammen von großen Zuckerplantagen im ganzen Land – sie riefen die Sklaven zur Arbeit auf den Feldern.

Palacio del Segundo Cabo
Calle O'Reilly 4, Ecke Tacón, Eintritt frei
Der ziemlich düstere **Palacio del Segundo Cabo** schräg gegenüber dem Stadtmuseum wurde 1772 für die höheren Verwaltungsoffiziere der Kolonie gebaut. Heute befindet sich hier unter anderem das Centro para la Interpretación de las Relaciones Culturales Cuba-Europa. Vor dem Hintergrund dieses Kulturaustausches finden auch die **Wechselausstellungen** statt, die im Erdgeschoss gezeigt werden.

Castillo de la Real Fuerza
Av. del Puerto, Di–So 9–14 Uhr, 10 CUP
Neben dem Palacio del Segundo Cabo steht eine der ältesten Befestigungsanlagen Lateinamerikas und die älteste Havannas: das königliche **Castillo de la Real Fuerza,** kurz La Fuerza. Es ersetzte die von dem französischen Korsaren Sores zerstörte kleinere Festung und wurde zwischen 1558 und 1577 gebaut. La Fuerza sollte die Zufahrt zum Hafen von Havanna schützen, doch der Schwachpunkt seiner strategischen Lage stellte sich schnell heraus: Von den Hügeln auf der gegenüberliegenden Seite der Hafeneinfahrt konnte das Fort leicht angegriffen werden. Da die Festung zunächst als sicher galt, diente sie den spanischen Gouverneuren als Hofsitz. Erst nach der Eroberung Havannas durch die Engländer 1762 zogen die Gouverneure an den Waffenplatz um. Später verwandelte man La Fuerza in eine Kaserne, dann in ein Archiv.

Heute ist hier das **Museo de Navegación** (›Marinemuseum‹) untergebracht, das über die Seefahrt seit Kolonialzeiten informiert. Einer der Festungstürme trägt eine 2 m hohe Figur, die **Giraldilla.** Gouverneur Hernando de Soto setzte seiner Ehefrau damit ein Denkmal. Die Giraldilla begegnet einem auf dem Etikett des bewährten Havana-Club-Rums wieder und sogar auf den Rührstäbchen aus Plastik, die man zu den meisten Cocktails reicht, denn sie ist eines der Wahrzeichen von Havanna. Allerdings ist die Figur auf dem Turm ein Duplikat, das Original wird in Havannas Museo de la Ciudad (s. S. 161) aufbewahrt.

Habana Vieja

El Templete [4]
Tgl. 9.30–15 Uhr, Eintritt frei
Gegenüber der Festung befindet sich ein alter Ceibabaum und, in seinem Schatten, **El Templete**. ›Das Tempelchen‹ im neogriechischen Stil wurde 1828 an der Stelle erbaut, wo am 25. Juli 1519 mit der ersten katholischen Messe die Stadtgründung Havannas gefeiert worden war. Der 17. Dezember ist in Kuba übrigens Ceibatag: Die Habaneros stehen dann Schlange, um den Stamm zu tätscheln und dreimal um den Baum zu laufen, während sie sich etwas wünschen. Im Innern des Templete ist die Stadtgründung noch einmal bildlich festgehalten auf zwei Gemälden des französischen Malers Juan Batista Vermay, der lange auf Kuba lebte.

Museo Nacional de Historia Natural [5]
Calle Obispo 61, Ecke Oficios, Di 10–16, Mi–So 10–17 Uhr, 9 CUP, Fotoerlaubnis 15 CUP
Im ehemaligen US-Botschaftsgebäude vom Anfang des 20. Jh. ist das leicht angestaubte naturgeschichtliche Museum mit den üblichen Exponaten untergebracht. Für ausländische Besucher von Interesse dürfte lediglich die Abteilung sein, die sich mit Kuba beschäftigt und über dessen Ökosysteme, Fauna, Bodenschätze etc. informiert.

Museo de Arqueología [6]
Calle Tacón 12, zw. Empedrado und O'Reilly, wegen Renovierung voraussichtlich bis 2024 geschl.
Nur ein paar Schritte von der Plaza de Armas entfernt, auf direktem Weg zur Plaza de la Catedral, können archäologisch Interessierte in der Calle Tacón 12 einen kurzen Zwischenstopp einlegen. Das hier beheimatete **Museo de Arqueología** zeigt u. a. Relikte der indigenen Kulturen Kubas und Lateinamerikas, darunter viele Objekte aus Peru.

Wandgemälde [7]
Calle Mercaderes, zw. O'Reilly und Empedrado
Etwa 300 m² groß ist dieses **Wandgemälde** *(mural)*, das 67 Persönlichkeiten unterschiedlicher Epochen aus der Geschichte Kubas zeigt, die maßgeblichen Anteil an der sozialen und kulturellen Entwicklung des Landes hatten. Unter der Leitung des kubanischen Künstlers Andrés Carrillo beteiligten sich zahlreiche Menschen an diesem Megaprojekt, darunter der Architekt Jaime Rodríguez, der Bildhauer Nicolás Ramos Guiardinú sowie Studenten der Academia Nacional de Bellas Artes San Alejandro. Für das Wandgemälde, das aus 52 Panelen besteht, kam eine in Kuba erstmalig angewandte Maltechnik zum Einsatz: Ausgehend von den vier Grundfarben braun, korallenrosa, schwarz und beige wurde eine Farbskala aus 13 Tönen gemischt, die dem Bild eine unglaubliche Geschlossenheit geben.

Plaza de la Catedral

Dort, wo sich heute die **Plaza de la Catedral**, Havannas schönster Platz, erstreckt, war ursprünglich ein Sumpf. Nachdem er trockengelegt war, baute man die Zanja Real (s. S. 171), die erste Wasserversorgung der Neuen Welt. Bis ins 18. Jh. hinein war die neu entstandene Plaza de la Ciénaga (›Sumpfplatz‹) am Rand der damaligen Siedlung ziemlich verrufen. Das änderte sich erst, als die Jesuiten hier 1748 mit dem Bau einer Missionskirche begannen.

Catedral [8]
Do–Di 9–15.45, Mi 9–12, Messe So 10.30 Uhr, Eintritt frei, Turmbesteigung 50 CUP
Havannas Kathedrale geht auf eine kleine Jesuitenkirche zurück, die Mitte des 18. Jh. an genau dieser Stelle erbaut wurde. Schon 1767 jedoch wurde die Ordensgemeinschaft aus Kuba vertrieben, die Kapelle verlassen. Als wenige Jahre später die bisherige Hauptkirche der Stadt an der Plaza de Armas wegen ihres maroden Zustands dem Palacio de los Capitanes Generales (s. S. 161) weichen musste, empfahl sich die Missionskirche als nahe liegender Ersatz. Unter der Oberhoheit des Königs von Spanien erhielt das Gotteshaus seinen letzten Schliff, u. a. die Seitenschiffe und die Barockfassade. Erst 1788 wurde der Bau beendet und die Hauptkirche Havannas zog von der Plaza de Armas an die

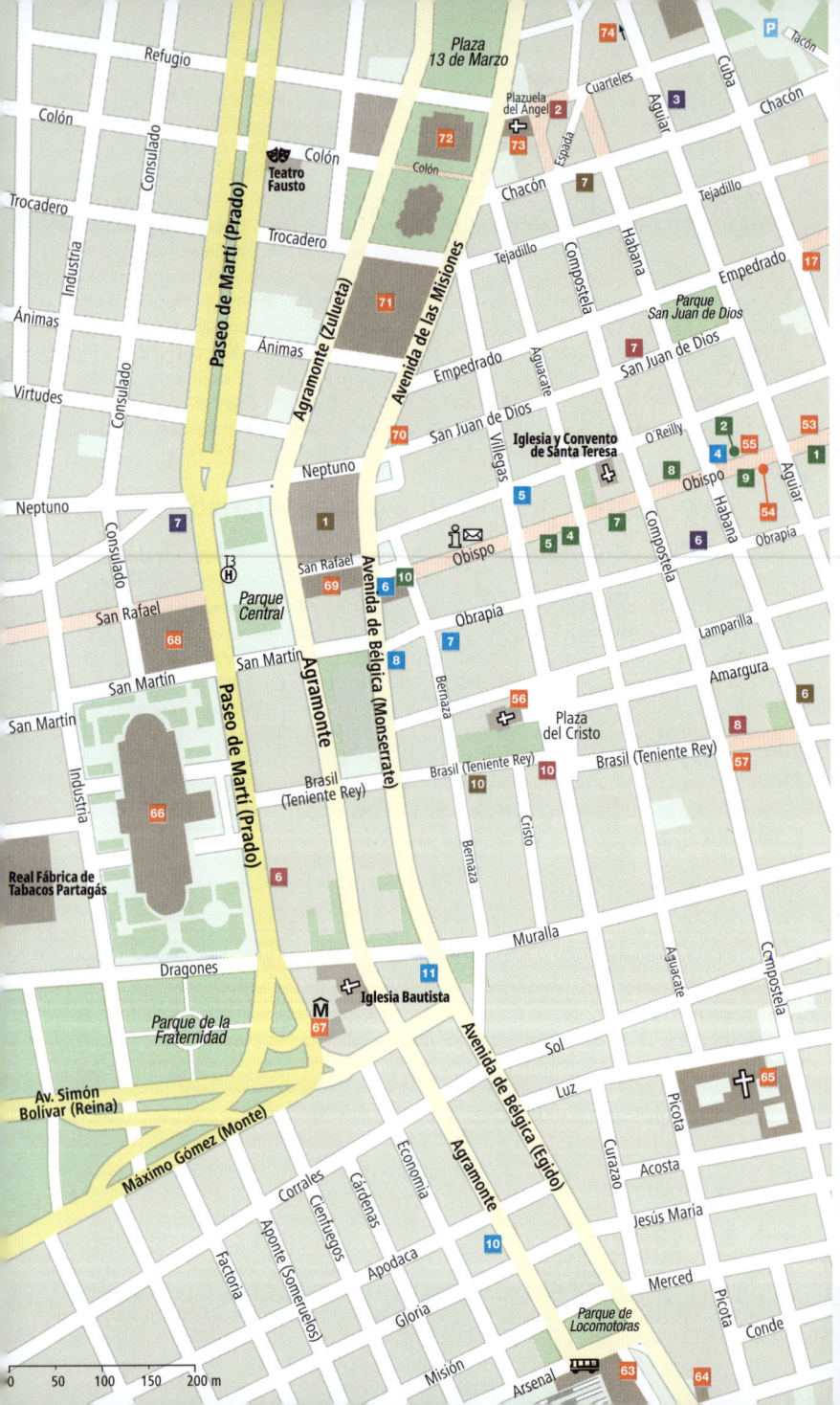

Habana Vieja

Sehenswert

1. Museo de la Ciudad
2. Palacio del Segundo Cabo
3. Castillo de la Real Fuerza
4. El Templete
5. Museo Nacional de Historia Natural
6. Museo de Arqueología
7. Wandgemälde
8. Catedral
9. Palacio de los Condes de Lombillo
10. Casa del Marqués de Arcos
11. Museo de Arte Colonial
12. Casa de Baños
13. Taller Experimental de Gráfica
14. Palacio del Marqués de Aguas Claras
15. Centro de Arte Contemporáneo Wifredo Lam
16. La Bodeguita del Medio
17. Fundación Alejo Carpentier
18. Real Seminario Conciliar de San Carlos y San Ambrosio
19. Casa del Obispo
20. Casa de los Árabes
21. Mesquita Abdallah
22. Basílica de San Francisco de Asís
23. Zanja Real
24. Museo Palacio del Gobierno
25. Cuervo y Sobrinos
26. Museo Alejandro de Humboldt
27. Museo del Ron Havana Club
28. Palacio Cueto
29. Museo del Naipe
30. Centro de Arte La Casona

Fortsetzung S. 166

La Habana

- 31 Casa de Don Laureano Torres de Ayala
- 32 Palacio de los Condes de Lombillo
- 33 Antigua Casa de Hospedaje
- 34 Vitrina de Valonia
- 35 Centro de Desarrollo de las Artes Visuales
- 36 Cámara Oscura
- 37 Fototeca de Cuba
- 38 Planetario Rosa Elena Simeón
- 39 Casa de la Familia Franchi-Alfaro
- 40 Museo del Chocolate
- 41 Museo de la Cerámica
- 42 El Garage – Colección de Automóviles
- 43 Casa-Museo Simón Bolívar
- 44 Perfumería Habana 1791
- 45 Casa-Museo Benito Juárez
- 46 Casa Guayasamín
- 47 Casa de África
- 48 Casa de la Obra Pía
- 49 Maqueta del Centro Histórico
- 50 Casa de Asia
- 51 Museo de la Pintura Mural
- 52 Hotel Ambos Mundos
- 53 Droguería Johnson
- 54 Museo Numismático
- 55 Museo 28 de Septiembre
- 56 Iglesia Santo Cristo del Buen Viaje
- 57 Museo de la Farmacia Habanera La Reunión
- 58 Museo Nacional de Historia de las Ciencias Carlos J. Finlay
- 59 Convento de Santa Clara
- 60 Iglesia del Espíritu Santo
- 61 Iglesia de Nuestra Señora de la Merced
- 62 Iglesia de San Francisco de Paula
- 63 Estación Central
- 64 Casa Natal de José Martí
- 65 Convento de Nuestra Señora de Belén
- 66 Capitolio
- 67 Museo de los Oríchas
- 68 Gran Teatro de La Habana
- 69 Centro Asturiano
- 70 Edificio Bacardí
- 71 Palacio de Bellas Artes
- 72 Museo de la Revolución mit Memorial Granma
- 73 Iglesia del Santo Ángel Custodio
- 74 Callejón de los Peluqueros
- 75 – 98 s. Citypläne S. 186, 193, 197

Übernachten

- 1 Gran Hotel Manzana Kempinski
- 2 Santa Isabel
- 3 Conde de Villanueva
- 4 Loft Habana
- 5 Los Frailes
- 6 Hostal Calle Habana 559
- 7 Casa Saavedra
- 8 Convento de Santa Brígida y de Madre Isabel
- 9 Green House
- 10 Reservas el Cristo 461
- 11 Mirador de Paula
- 12 – 21 s. Citypläne S. 186, 193, 197

Essen & Trinken

- 1 Los Mercaderes
- 2 Jacqueline Fumero
- 3 Esto no es un Café
- 4 Doña Eutimia
- 5 La Imprenta
- 6 Los Nardos
- 7 Van Van
- 8 Saoco
- 9 Café del Oriente
- 10 El Dandy
- 11 Café O'Reilly
- 12 – 24 s. Citypläne S. 186, 193, 197

Einkaufen

- 1 Librería Fayad Jamís
- 2 Libería Victoria
- 3 Almacenes San José
- 4 Studio Villanueva
- 5 Matty
- 6 Casa del Abanico
- 7 Patio de los Artesanos
- 8 Galería 360
- 9 Foto Obispo
- 10 Casa del Ron y del Tabaco
- 11 Marco Polo
- 12 – 18 s. Citypläne S. 186, 193, 197

Abends & Nachts

- 1 Bar Dos Hermanos
- 2 Mojito Mojito
- 3 Café Paris
- 4 Lluvia de Oro
- 5 Tabarish
- 6 El Floridita
- 7 Melodrama
- 8 Monserrate
- 9 Hotel Florida
- 10 Legendarios del Guajirito
- 11 Tradicionales de los 50
- 12 Teatro Las Carolinas
- 13 – 24 s. Citypläne S. 186, 193, 197

Aktiv

- 1 Viajes San Cristóbal
- 2 s. Cityplan S. 193
- 3 Baila Habana
- 4 s. Cityplan S. 186
- 5 s. Cityplan S. 197
- 6 Vélo Cuba
- 7 Hotel Telégrafo
- 8 s. Cityplan S. 197
- 9 – 10 s. Cityplan S. 193

Plaza de la Ciénaga um, die nach Weihung der Kirche zur Kathedrale 1789 in Plaza de la Catedral umbenannt wurde.

Heute sieht die **Catedral de la Virgen María de la Concepción Inmaculada de La Habana,** wie sie mit vollem Namen heißt, älter aus, als sie ist. Eigentlich wirkt die kleine Kathedrale wie ein verwittertes, von den Wellen abgeschliffenes Fundstück aus dem Meer, in das sich Muscheln und Meerschnecken eingenistet haben. Das liegt an dem weichen Kalksandstein, an dem das aggressive subtropische Seeklima während zweier Jahrhunderte geknabbert hat. Trotzdem kann man noch gut erkennen, was kubanische Dichter meinten, als sie behaupteten, die spiralförmig verschlungenen Verzierungen der Säulenkapitelle erinnerten sie an den kräuselnden Rauch von Zigarren oder an die Wellen des Meeres.

Die beiden Türme der Kathedrale sind unterschiedlich hoch: Im rechten, höheren Turm hängen die sieben Tonnen schwere San-Pedro-Glocke aus Spanien und die kleine San Miguel aus Matanzas. Doch hören kann man die Glocken nicht, der Glockenturm ist stumm. Zwei Reihen gewaltiger Säulen trennen im Inneren die Seitenschiffe vom Hauptschiff. Der italienische Künstler Bianchini schuf den Hauptaltar und das Tabernakel. Auch die Fresken am Hauptaltar ließ man von einem Italiener, Peruvani, malen. Sie gehören zu den frühesten Malereien in Kuba. Von 1796 bis 1898 ruhten im Hauptschiff die Gebeine von Christoph Kolumbus. Am Ende ihrer Herrschaft nahmen die Spanier sie mit nach Sevilla, wo erst im Jahr 2006 mithilfe genetischer Tests bewiesen wurde, dass es sich tatsächlich um die sterblichen Überreste des Entdeckers handelt.

Palacio de los Condes de Lombillo 9

Calle Empedrado, tgl. 9–15 Uhr, Eintritt frei
Das Eckhaus gegenüber der Kathedrale ist der **Palacio de los Condes de Lombillo,** in dem der Stadthistoriker Eusebio Leal Spengler seinen Schreibtisch stehen hat. Außerdem sind hier die Redaktion der Kulturzeitschrift »Opus Habana« sowie die Büros der Architekten, Soziologen, Psychologen etc. untergebracht, die an dem sogenannten Plan Maestro de Revitalización Integral de La Habana Vieja (Masterplan zur Rettung Althavannas vor dem Verfall, www.planmaestro.ohc.cu) mitarbeiten. Im 1. Stock befinden sich **Ausstellungsräume** mit wechselndem Inhalt.

Casa del Marqués de Arcos

Eintritt frei
Im Osten an den Palacio de los Condes de Lombillo angebaut ist die 1740 errichtete **Casa del Marqués de Arcos,** in die Ende des 19. Jh. die Post eingezogen war. Ein in die Wand eingelassener Briefkasten in Form einer griechischen Theatermaske erinnert noch daran. Im angeschlossenen Garten befindet sich das gemütliche Café Literario.

Museo de Arte Colonial 11

Di–So 9.30–15.30 Uhr, 15 CUP
Der Kathedrale gegenüber erhebt sich der **Palacio de los Condes de Bayona,** in dem einst die Rumfabrik Havana Club ihren Sitz hatte. 1720 im Auftrag des Militärgouverneurs Luís Chacón errichtet, ist der Palast das älteste Bauwerk am Platz. Heute zeigt hier das **Museo de Arte Colonial** ein Panorama der kreolischen Lebenskunst – kostbare Möbel, Spiegel, Porzellan. Ein Saal ist der besonderen Architektur Kubas gewidmet. Hier sind Details des kolonialen Baustils ausgestellt, wie sie der Schriftsteller Alejo Carpentier in seinem Essay »Die Stadt der Säulen« beschrieben hat: kunstvoll geschmiedete Fenstergitter, bunte Glasfenster und die halbhohen Schwingtüren, die in keinem Kolonialhaus fehlten. Sie erlaubten der ersehnten Nachmittagsbrise, frei durch alle Zimmer des Hauses zu streichen, und boten trotzdem die Intimität eines geschlossenen Raums.

Literarisch verewigt wurde der Palast von Graham Greene, der hier eine Szene seines Romans »Unser Mann in Havanna« spielen ließ: das letzte Aufeinandertreffen des Staubsaugervertreters Wormold mit dem berüchtigten Hauptmann Segura.

La Habana

Casa de Baños 12

Das schräg gegenüberliegende Eckgebäude ist die **Casa de Baños**. Im 16. Jh. stand hier eine mit der Zanja Real (s. S. 171) verbundene Zisterne, im 19. Jh. wurde dann das ›Badehaus‹ gebaut. Die Fassade im neobarocken Stil fügte man 1931 hinzu. An die frühere Bestimmung des Gebäudes erinnert noch der Name der Sackgasse, die hier abzweigt: Callejón del Chorro (›Brunnengasse‹). Hier haben sich mehrere Privatrestaurants angesiedelt, in denen man sehr gemütlich sitzt und überdies hervorragend speist (s. S. 201).

Taller Experimental de Gráfica 13

Mo–Fr 9–17 Uhr, Eintritt frei

Am Ende des Callejón del Chorro befindet sich die Lithografiewerkstatt **Taller Experimental de Gráfica,** wo man Künstlern bei ihrer Arbeit zusehen und in Kursen die Lithografieherstellung lernen kann. Natürlich stehen die Werke auch zum Verkauf.

Romantischer geht nimmer, vor allem am Abend – die Plaza de la Catedral ist eines der Schmuckstücke unter den Plätzen der Altstadt

Habana Vieja

Palacio del Marqués de Aguas Claras 14

In dem wundervollen Kolonialpalast standen Anfang des 20. Jh. die Tische des berühmten Restaurants Paris, dann wieder stellte die Industriebank in den hohen Hallen ihre Schalter auf. 1963 eröffnete hier das beliebte Restaurant El Patio. Derzeit wird das Gebäude umfassend restauriert. Wenn alles in neuem Glanz erstrahlt, soll wieder ein Restaurant einziehen.

Centro de Arte Contemporáneo Wifredo Lam 15

Calle San Ignacio 22, Ecke Empedrado, www.wlam.cult.cu, Di–Sa 10–17 Uhr, Eintritt frei

Die **Casa del Conde de la Reunión** beheimatet das **Centro de Arte Contemporáneo Wifredo Lam** und hat einen kühlen Patio, der von einer wunderschönen Galerie gerahmt wird. In den Räumen sind Wechselausstellungen kubanischer Künstler zu sehen, doch leider nur sehr wenige Werke des berühmten kubanischen Malers, nach dem das Zentrum benannt wurde.

La Bodeguita del Medio 16

Calle Empedrado 207, tgl. 10.30–22 Uhr

Wenige Schritte von der Kathedrale entfernt zweigt die **Calle Empedrado** (›Pflasterstraße‹) ab – sie heißt so, weil sie als eine der ersten Straßen Havannas ein Kopfsteinpflaster hatte. Hier liegt das wohl berühmteste Etablissement der Insel: **La Bodeguita del Medio.** Ursprünglich nahmen in diesem Lokal die Arbeiter aus den umliegenden Druckereien ihr Mittagessen ein, doch bald zog die Bodeguita auch Dichter und Intellektuelle magisch an. Ernest Hemingway war in Sachen Cocktails Experte und der Mojito aus der Bodeguita war sein Lieblingsdrink (doch den Daiquirí aus der Bar Floridita verachtete ›Papa‹ Hemingway auch nicht). Heute würde er die Bodeguita wohl meiden, da das Essen zur industriellen Massenabfertigung verkommen ist und sich in der winzigen Bar die Touristen auf die Füße treten.

Fundación Alejo Carpentier 17

Calle Empedrado 215, wegen Renovierung vorübergehend geschl.

Spaziert man die Calle Empedrado weiter hinauf, folgt linkerhand die **Fundación Alejo Carpentier,** die sich dem Leben und Werk des berühmten Schriftstellers (s. S. 99) widmet. Neben einer Bibliothek beherbergt das Gebäude, in dem Carpentier einige Jahre lang mit seiner Frau lebte, Zeitungsartikel, Fotografien und Zeichnungen des Autors sowie seine Schreibmaschine. Außerdem finden regelmäßig Kulturveranstaltungen statt. Alejo Carpentier starb 1980 in Paris und liegt auf dem Cementerio de Colón (s. S. 194) in Havanna begraben.

Real Seminario Conciliar de San Carlos y San Ambrosio 18
Calle San Ignacio 5, zw. Tejadillo und Chacón, Eintritt frei
Das 1774 im churriguresken Stil fertiggestellte Bauwerk zählt zu Havannas bedeutendsten Gebäuden aus der Kolonialzeit, sowohl in architektonischer als auch in historischer Hinsicht. Besonders beeindruckend ist das Eingangsportal, das von Büsten der Priester und Intellektuellen José Agustín Caballero und Félix Varela flankiert wird. Einige der wichtigsten Persönlichkeiten Kubas studierten in dieser Einrichtung.

Vorläufer war eine Priesterschule für Jungen aus ärmlichen Verhältnissen, das Colegio de San Ambrosio in der Calle Oficios, das der damalige Bischof Havannas, Don Diego Evelio de Compostela (in Gedenken an ihn gibt es die gleichnamige Straße), 1689 gegründet hatte. Der Neubau in der Calle San Ignacio wurde von den Jesuiten veranlasst. Nach deren Vertreibung aus den spanischen Kolonien wurde dem Schulnamen zu Ehren des spanischen Königs ein ›San Carlos‹ hinzugefügt und die Einrichtung zu einem Priesterseminar erhoben. Dieses ist inzwischen nach Guanabacoa umgezogen, hier befindet sich das **Centro Cultural Padre Félix Varela de la Arquidiócesis,** das Kurse mit sozialen und religiösen Themen anbietet.

Der herrliche Hof des Gebäudes kann besichtigt werden – ein Hort der Stille in der trubeligen Altstadt. Die zur Meerseite hin gelegene Fassade wurde übrigens 1950 im Stil der barocken Kathedrale hinzugefügt.

Gegenüber des Real Seminario geht von der Calle San Ignacio die **Calle Tejadillo** ab. Der Name der Straße erinnert daran, dass sie zu einer Zeit entstand, als es noch ungewöhnlich war, die Häuser mit Ziegeln *(tejas)* zu decken. Die Gebäude Nr. 9 und 15 weisen mit wunderschönen Gittern und gut erhaltenen farbigen Fenstern interessante Architekturdetails der Kolonialzeit auf.

Calle Oficios

Zurück an der Plaza de Armas, beginnt an deren südlicher Seite die **Calle Oficios,** eine von Havannas ältesten Straßen und ein weiteres Aushängeschild der renovierten Altstadt.

Casa del Obispo 19
Calle Oficios 8
In der – entsprechend bezeichneten – **Casa del Obispo** aus dem 17. Jh. residierte bis 1858 der Bischof von Havanna, danach hatte das städtische Pfandhaus hier seine Räumlichkeiten. Nach einem jahrelangen Intermezzo als Sitz des Museo Numismático harrt es aktuell einer neuen Bestimmung.

Casa de los Árabes 20
Calle Oficios 12–16, Mo–Fr 9–16 Uhr, Eintritt frei
Das nächste große Gebäude, die **Casa de los Árabes,** beherbergt ein Museum für arabische Kunst und Kultur. Gezeigt werden Teppiche und Textilien, Waffen, Mobiliar und Keramik. Bis zur Eröffnung der Abdallah-Moschee gegenüber war dies Kubas einziger Ort, an dem sich Muslime zum Gebet versammelten. Im 17. Jh. wurde das Haus für das Colegio de San Ambrosio, ein religiöses Seminar, gebaut (s. links).

Mesquita Abdallah 21
Calle Oficios 13
Gegenüber der Casa de los Árabes befindet sich seit 2015 Kubas erste und bislang einzige Moschee, die **Mesquita Abdallah.** Dekorative Holzgitter, sogenannte Maschrabiyya, ermöglichen einen Blick in den Vorraum, das Innere darf nur von Gläubigen betreten werden. Rund 9000 Muslime leben im katholisch dominierten Kuba, knapp die Hälfte davon in Havanna. Die Moschee wurde auf Betreiben des türkischen Präsidenten Erdogan errichtet und auch von der Türkei finanziert.

Plaza de San Francisco
Besonders schön ist die bis ins letzte Detail restaurierte Plaza de San Francisco mit der **Fuente de Leones** (›Löwenbrunnen‹), den

Cafés und den wartenden Kutschen. Das prächtige Gebäude der **Lonja del Comercio** (›Handelskammer‹, errichtet 1909) an der Nordseite wird von verschiedenen Firmen als Büro genutzt, im Parterre kann man im angenehmen **Café El Mercurio** ausruhen.

Die Südseite der Plaza de San Francisco beherrscht die **Basílica de San Francisco de Asís** 22 aus dem Jahr 1739. Im angeschlossenen, liebevoll renovierten Franziskanerkloster zeigt das kleine **Museo de Arte Religioso** sakrale Kunst. Auch der Kreuzgang ist sehenswert. Vom 46 m hohen Glockenturm bietet sich ein Panoramablick über die Hafenbucht und Teile von Habana Vieja. Ein besonderes Erlebnis sind die regelmäßig stattfindenden Konzerte, meist Kammermusik, in der Kirche, die eine hervorragende Akustik besitzt (Museum: tgl. 9–16 Uhr, 10 CUP; Konzerte: Die Tickets gibt es u. a. an der Museumskasse, sie sollten einen Tag im Voraus besorgt werden, 30 CUP).

Zanja Real 23

In der Calle Brasil, einer Querstraße östlich der Plaza de San Francisco, stößt man auf Überreste der **Zanja Real,** des ›Königlichen Aquädukts‹, der einen Teil der Altstadt einst mit Wasser versorgte. Mit seinem Bau wurde 1566 begonnen, für die Planung zuständig war Bautista Antonelli, der auch Havannas Festungen Los Tres Reyes del Morro und San Salvador de la Punta entworfen hat. Als der Kanal 1592 fertiggestellt war, war es der erste von Spaniern errichtete Aquädukt nicht nur in Kuba, sondern in ganz Lateinamerika. Bis 1835 versorgte allein die Zanja Real Havanna mit Wasser, dann kam der Acueducto de Fernando VII hinzu. Die Zanja Real hatte eine Länge von nahezu 13 km, eine ihrer Abzweigungen reichte bis in den Callejón del Chorro bei der Plaza de la Catedral. Im Laufe der Jahre wurden fünf Brunnen geschaffen, an denen sich die Bewohner mit Wasser bedienen konnten: an der Plaza de San Francisco, an der Ecke Avenida del Puerto und Calle Luz, im Callejón del Chorro, auf der Plaza Vieja und im Parque Céspedes.

Museo Palacio de Gobierno und Coche Mambí

Callejón de Churruca sowie Calle Oficios 211, Di–So 9–15 Uhr, Eintritt frei

Dass man in Kuba auch Anfang des 20. Jh. schon sehr komfortabel verreisen konnte – zumindest wenn man in offizieller Mission als Präsident unterwegs war – zeigt der **Coche Mambí** oder **Coche Presidencial** im Callejón de Churruca. Zwei Schlafräume, vier Bäder, ein Speisezimmer, ein Salon, eine Küche mit Eisschrank sowie Schlafkojen für das Personal sind in dem 80 t schweren, mahagonistrotzenden Waggon untergebracht, ein rollendes Haus, das mit der Machtübernahme Fidel Castros auf dem Abstellgleis landete.

Der Coche Mambí gehört zum **Museo Palacio del Gobierno** 24 um die Ecke. In dem neoklassizistischen Gebäude residierte bis zu seinem Umzug ins Capitolio 1929 Kubas Abgeordnetenhaus. Heute werden hier anhand von Dokumenten bedeutende Geschehnisse und Persönlichkeiten von den ersten Jahren der Unabhängigkeit bis zur Revolution (1902–59) nachgezeichnet, u. a. kann man hier die ersten in Kuba ausgestellten Pässe sehen. Ein zweiter Raum hat die Alphabetisierungskampagne Kubas ab 1961 zum Thema.

Cuervo y Sobrinos 25

Calle Oficios, Ecke Muralla, www.cuervoysobrinos.com, Mo–Sa 10–17, So 10–13 Uhr

Im Jahr 2009 ist eine Institution in der Geschäftswelt von Havanna wieder auferstanden: das Uhrengeschäft **Cuervo y Sobrinos.** 1882 gegründet, wurde die Firma schon bald in einem Atemzug mit den bekanntesten Uhrenfabrikanten der Welt genannt und eröffnete Filialen in Paris, in der Schweizer Uhrenstadt La Chaux-de-Fonds und im baden-württembergischen Pforzheim. Das Geschäft in Havanna zählte Berühmtheiten wie Albert Einstein, Winston Churchill, Clark Gable, Pablo Neruda und Ernest Hemingway zu seinen Kunden. Nach der Revolution wurde der Firmensitz in die Schweiz verlegt, aus der noch heute alle Uhrwerke stammen. Ein findiger Italiener ließ die Legende an ihren Stammsitz zurückkehren. Allerdings werden dort seit 2020 keine der extravaganten Zeitmesser mehr verkauft. Ein kurzer Besuch lohnt dennoch, denn das Café, das in der eleganten Jugendstilumgebung Platz gefunden hat, serviert einen hervorragenden Espresso und der begrünte Innenhof ist eine kleine Oase der Ruhe in der geschäftigen Altstadt.

Museo Alejandro de Humboldt 26
Calle Oficios, Ecke Muralla, Di–So 9–16 Uhr, Eintritt frei

Das Museum ist dem großen deutschen Naturforscher gewidmet, der im Rahmen seiner ausgedehnten Forschungsreisen nach Lateinamerika auch zwei Mal in Kuba an Land ging und die dortige Flora und Fauna in Augenschein nahm. Anhand einiger Gegenstände aus Humboldts Besitz, u. a. Sextanten und Skizzen, zeigt die kleine Ausstellung einen historischen Abriss seiner beiden Aufenthalte auf der Insel in den Jahren 1801 und 1804.

Museo del Ron Havana Club 27
Av. del Puerto 262, Ecke Sol, www.havanaclubmuseum.com, Mo–Fr 9–16 Uhr, nur mit Führung, 350–3500 CUP

Das moderne, teils interaktive **Museo del Ron Havana Club** beschäftigt sich naturgemäß mit Rum. Hier wird man in alle Produktionsschritte eingeweiht und bekommt als besondere Attraktion den Nachbau einer Zuckermühle zu sehen. Im Verkostungsraum, dessen Theke aus den 1930er-Jahren originalgetreu restauriert wurde, kann man einen Schluck probieren und in der Rumhandlung einkaufen. Bei der teuersten Tour werden auch die edelsten Abfüllungen verkostet. Anschließend verschneidet man unter Anleitung eines Masterblenders eine Flasche Rum, die als exklusive Erinnerung mit nach Hause genommen werden darf. Angeschlossen an das Museum ist die **Havana Club Bar,** die täglich bis ca. 22 Uhr exzellente Cocktails ausschenkt und auch gute Livemusik bietet.

Plaza Vieja

Nach jahrelangen Renovierungen ist die **Plaza Vieja** nun eines der architektonischen Highlights von Althavanna. Mit der Anlage des ›Alten Platzes‹ hatte man im 16. Jh. versucht, die zu eng gewordene Stadt auszuweiten, doch erst ab dem 17. Jh. entwickelte sich hier städtisches Leben. Der kreolische Geldadel entdeckte das Viertel für sich und gab die Errichtung prächtiger Wohnpaläste in Auftrag. Auf dem Platz fanden Hinrichtungen und Stierkämpfe statt, denen die Bewohner von ihren Balkonen aus beiwohnten. 1835 wurde ein überdachter Markt hinzugefügt, der Mercado de Cristina. Statt seiner ließ Präsident Gerardo Machado 1932 an dieselbe Stelle ein scheußliches Parkhaus bauen. Ihm fiel der **Brunnen** zum Opfer, dessen detailgetreue Replik heute wieder die Mitte des Platzes ziert.

Sehr auffällig ist auch die **Bronzestatue El Gallo y la Mujer** in der südlichen Platzhälfte. Sie zeigt einen überdimensionalen Hahn, auf dem eine nackte, entschlossen dreinblickende Frau mit einer Gabel in der Hand reitet. Während der Hahn für die Männlichkeit bzw. den Machismo steht, repräsentiert die Frau die weibliche Macht, also diejenige, die die Zügel in der Hand hat.

Die Stadtpaläste, die den Platz begrenzen, stammen überwiegend aus dem 17. bis 19. Jh. und wurden mit viel Aufwand vor dem Verfall gerettet. Sie berherbergen nun Luxusboutiquen, Galerien, Museen, Cafés und Restaurants – sogar einige Wohneinheiten blieben bestehen, die für die einstigen Mieter jedoch unerschwinglich sind.

Palacio Cueto 28
Calle Muralla, Ecke Mercaderes

Den Auftakt der architektonischen Perlen bildet der **Palacio Cueto.** Das 1906 von Arturo Márquez geplante Gebäude gilt als eines der schönsten Beispiele für Jugendstil in ganz Havanna und erinnert mit seinen wellenförmigen Balkonen an Bauten des spanischen Architekten Antoni Gaudí. Zu Beginn diente der Palacio Cueto als Warenlager und später als Hutfabrik, bevor er in den 1920er-Jahren von seinem Namensgeber José Cueto zum Hotel Palacio Viena umfunktioniert wurde. Dieser Bestimmung wird der Palacio Cueto auch weiterhin treu bleiben, denn nach seiner Renovierung kann man sich hier wieder als Hotelgast einmieten.

Museo del Naipe 29
Calle Muralla 101, Di–Sa 9.30–16 Uhr, Eintritt frei

Im ältesten Gebäude am Platz, der **Casa de Don José M. Félix de Arrate y Acosta,** Havannas erstem Stadthistoriker, ist ein Kartenmuseum untergebracht. Die Sammlung umfasst mehr als 2000 Exponate, darunter Spiel- und Postkarten vom Ende des 19. Jh.

Centro de Arte La Casona 30
Calle Muralla 107, zzt. wegen Renovierung geschl.

Im **Palacio de los Condes de Jaruco** befindet sich der staatliche Kunstfond mit dem **Centro de Arte La Casona,** einer Verkaufsgalerie. Es lohnt sich, hier ein wenig zu stöbern. Viele der angebotenen Werke sind von weit höherer Qualität, als man sie auf den Kunsthandwerksmärkten findet, und dennoch muss man kein Vermögen dafür ausgeben – kleine Bilder sind schon ab 15 € zu haben.

Casa de Don Laureano Torres de Ayala 31
Calle San Ignacio, Ecke Muralla

Das prächtige Gebäude wurde für den ab 1708 amtierenden Generalgouverneur von Kuba errichtet. 1711 musste er wegen Korruption kurzzeitig in eine der Zellen der Festung El Morro umziehen, wurde jedoch rehabilitiert und erhielt 1713 seinen Job zurück. Während seiner Amtszeit gründete er mehrere Wohlfahrtseinrichtungen, darunter eine Wohnstatt für Bettler sowie – weit außerhalb der Stadtmauern – ein Krankenhaus für Leprakranke, das Hospital de San Lázaro. In seinem Stadtpalast residierte viele Jahre eine Brauerei. Seit 2022 hat das Restaurant **Factoria Plaza Vieja** hier seinen Sitz. Sobald Hefe, Malz und Hopfen wieder ausreichend zur Verfügung stehen, soll hier wieder Bier gebraut werden (s. S. 206).

Palacio de los Condes de Lombillo 32
Calle San Ignacio 364

Neben ihrem Stadtpalast an der Plaza de la Catedral war die Familie Lombillo auch im Besitz dieses kolonialen Schmuckstücks aus dem 18. Jh. In dem wunderschönen Patio finden gelegentlich kulturelle Events statt, organisiert vom netten **Café Bohemia,** das sich mit seinen Sitzgelegenheiten bis auf den Platz hinaus ausdehnt. Auch nächtigen lässt es sich in diesem Gebäude sehr stilvoll (www.havanabohemia.com).

Antigua Casa de Hospedaje 33
Calle San Ignacio 360

Edelboutiquen und 15 Apartments sind in der wunderschönen **Antigua Casa de Hospedaje** untergebracht, die zwischen 1853 und 1869 als Herberge erbaut wurde. Zunächst residierte hier das Hotel Ambos Mundos, (s. S. 177), später das Hotel Ignacio del Cerro und ab 1880 das Hotel La Navarra. Mitte des 20. Jh. wurde das Gebäude in ein Miethaus umgewandelt – mit den damit einhergehenden Umbauten (Zwischenböden etc.) –, zuletzt lebten hier 41 Familien. Das Haus verfiel immer mehr und schien kaum noch zu retten, vielleicht wurde es deswegen als letztes Renovierungsprojekt an der Plaza Vieja in Angriff genommen. Auch hier sollte man unbedingt einen Blick in den hübschen Patio werfen.

Vitrina de Valonia 34
Calle San Ignacio 356, Mo–Fr 10–16, Sa 10–12 Uhr, Eintritt frei

Vom Ende des 18. Jh. stammt die **Casa de los Condes de San Esteban de Cañongo,** in der heute die **Vitrina de Valonia** beherbergt ist. Das besonders auf Kinder und Jugendliche ausgerichtete Kulturzentrum fördert die belgisch-kubanischen Beziehungen, und wie könnte das bei dieser Zielgruppe besser funktionieren als mit Comics, dem Exportschlager Belgiens. Die Schlümpfe, Lucky Luke, Tim und Struppi, sie alle stammen von der europäischen Großmacht der gezeichneten Geschichten. So befindet sich hier auch Kubas einzige auf Comics und Bilderbücher spezialisierte Bi-

La Habana

Sie hübschen nicht nur die Fassaden auf, sondern zähmen auch das gleißende Sonnenlicht: die farbigen Gläser der traditionellen cubanischen Halbbogenfenster

bliothek mit über 1500 Titeln. Darüber hinaus werden Ausstellungen, Konzerte etc. organisiert. Das Gebäude selbst ist eines der größten Herrenhäuser der Stadt, erfuhr aber im Laufe der Zeit viele Veränderungen, u. a. wurde die Fassade modernisiert und das Ziegel- gegen ein Flachdach ausgetauscht.

Centro de Desarollo de las Artes Visuales [35]
Calle San Ignacio 352, Di–Sa 10–16 Uhr, Eintritt frei

In dieser Galerie an der Ecke der Calles San Ignacio und Brasil werden auf drei Stockwerken vor allem Arbeiten junger kubanischer Künstler gezeigt. Der Schwerpunkt liegt auf experimenteller Kunst. Das Gebäude ist unter dem Namen **Casa de las Hermanas Cárdenas** bekannt, zwei fromme Schwestern aus dem Ort Cárdenas bei Varadero ließen sich Ende des 18. Jh. hier nieder. Sie gehörten Havannas einflussreichster Gesellschaftsschicht an – ihre Abendgesellschaften waren legendär. Später wurde das Gebäude an die Sociedad Filarmónica vermietet, die tief greifende Veränderungen vornehmen ließ, u. a. wurden überall Marmorböden gelegt, damit die Gäste der zahlreichen Feste das Tanzbein schwingen konnten. Im 20. Jh. war das Haus so verfallen, dass es wegen Einsturzgefahr für unbewohnbar erklärt wurde. Nach seiner Renovierung konnte es 1989 als Galerie wiedereröffnet werden.

Cámara Oscura
Calle Mercaderes, Ecke Brasil, Di–So 9.30–16.45 Uhr, 12 CUP

Auf der anderen Seite des Platzes lädt die **Cámara Oscura** zu einem 360°-Blick über die Dächer von Havanna ein. Doch nicht nur das Teleskop im achten Stock des **Edificio Gómez Vila** lohnt den Aufstieg, sondern auch die Dachterrasse, von der sich tolle Fotos schießen lassen.

Fototeca de Cuba [37]
Calle Mercaderes 307, tgl. 10–16 Uhr, Eintritt frei

In der **Casa de Beatríz Pérez Borroto,** einem der schlichtesten Gebäude an der Plaza Vieja, ist die **Fototeca de Cuba** untergebracht. Hier werden monatlich wechselnde, sehr empfeh-

Habana Vieja

lenswerte Ausstellungen kubanischer und lateinamerikanischer Fotografie gezeigt und natürlich auch verkauft. Seine architektonische Bedeutung verdankt das Gebäude eigentlich nur seiner Aufgabe als Ensemblemitglied eines der wichtigsten Plätze der Stadt, in das es sich perfekt einfügt. Vom Originalbauwerk übrig blieben lediglich die Fassade des Erdgeschosses mit seinen drei Arkadenbögen und der durchlaufende Balkon.

Planetario Rosa Elena Simeón 38
Calle Mercaderes 311, bis voraussichtlich 2024 geschl.

Die ehemalige Wissenschafts-, Technik- und Umweltministerin Dr. Rosa Elena Simeón dient als Namensgeberin für das 2010 eingeweihte Planetarium, das mithilfe japanischer Unterstützung an der Stelle des alten Cine Habana eingerichtet wurde. Es erstreckt sich über mehrere Etagen und umfasst u. a. den 65 Personen fassenden Salón del Universo, in dem Besucher zwischen verschiedenen Hightech-Vorführungen wählen können, z. B. gehen sie auf eine Reise ins All und statten dem Halleyschen Kometen und der Sonne einen Besuch ab. Geboten werden auch eine 3-D-Simulierung des Urknalls und auf der Dachterrasse ein Teleskop zur Sternenbeobachtung.

Casa de la Familia Franchi-Alfaro 39
Calle Mercaderes 315–317

An der Ecke Mercaderes und Muralla befindet sich die **Casa de la Familia Franchi-Alfaro,** eine illustre Familie genuesischen Ursprungs, die über die Kanaren nach Kuba gelangte. Das Gebäude aus dem 17. Jh. erfuhr im Laufe der Zeit mehrere Umbauten, beherbergte unter seinem späteren Eigentümer Ramón Gutiérrez ab 1913 ein Café-Restaurant und wurde dann in viele Wohnungen unterteilt. Seit seiner Renovierung logiert hier wieder ein Lokal, das den Namen seines Vorgängers, **Café El Escorial,** trägt. Sowohl in dem mit Kaffeemaschinen und -mühlen dekorierten Innenraum als auch draußen kann man eine der vielen Kaffeevariationen genießen und dazu ein Stück Kuchen na-

schen (s. S. 201). Im 1. Stock hat sich die hippe **Bar Lounge Azúcar** niedergelassen (s. S. 206) und im 2. Stock werden zwei Zimmer vermietet (s. S. 198).

Calle Mercaderes

Eine weitere der Prachtstraßen von Habana Vieja ist die **Calle Mercaderes.** Die meisten Sehenswürdigkeiten liegen dicht gedrängt in der Fußgängerzone zwischen der Plaza Vieja und der Calle Obispo.

Museo del Chocolate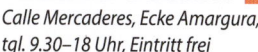
Calle Mercaderes, Ecke Amargura, tgl. 9.30–18 Uhr, Eintritt frei

Ein großes Kreuz an der Hauswand macht auf die **Casa de la Cruz Verde** (›Haus des grünen Kreuzes‹) aufmerksam, früher eine der Stationen auf dem Kreuzweg (s. S. 178). Inzwischen wurde hier das **Museo del Chocolate** eingerichtet, das allerdings weniger ein Museum als ein hübsch aufgemachtes Café ist, in dem man köstliche dickflüssige Schokolade schlürfen und leckere Pralinen kaufen kann.

Museo de la Cerámica 41
Calle Mercaderes, Ecke Amargura, tgl. 9.30–15 Uhr, Eintritt frei

Gegenüber befindet sich das **Museo de la Cerámica** (›Keramikmuseum‹), das Objekte kubanischer Künstler zur Schau stellt. Da es mehr Ausstellungsstücke als Platz gibt, rotieren die Werke alle sechs Wochen. Dem genauen Betrachter entgeht nicht, dass hier auch viele regierungskritische Stücke ausgestellt werden. In einem schönen Laden im Erdgeschoss wird Keramik verkauft.

El Garage – Colección de Automóviles 42
San Ignacio, zwischen Brasil und Amargura, Di–Sa 9.30–15 Uhr, 10 CUP

In zwei großen Hallen findet man die größte **Oldtimerausstellung** der Stadt. Auf Hochglanz poliert und fein säuberlich nach Baujahren aufgereiht, warten die automobilen Schätze auf Bewunderer. Zu jedem Modell gibt es eine Infotafel, auf der die wichtigsten

Eckdaten zusammengefasst sind. Auch über die Entwicklungsgeschichte des Autobaus wird informiert. Das älteste Ausstellungstück der Sammlung ist ein Ford Modell T (›Tin Lizzie‹), Baujahr 1914.

Plaza de Simón Bolívar

Rund um die **Plaza de Simón Bolívar** haben sich mehrere Geschäfte und Museen angesiedelt. Die **Casa-Museo Simón Bolívar** 43 informiert über den gleichnamigen venezolanischen Freiheitshelden, der Anfang des 19. Jh. die Schlüsselrolle im Unabhängigkeitskampf des nördlichen Südamerikas gegen die spanische Herrschaft spielte (Di–So 9–16 Uhr, Eintritt frei).

Nebenan bietet die **Perfumería Habana 1791** 44 eine interessante Auswahl selbst kreierter Parfüms an, hergestellt aus natürlichen Ölen und aus Zuckerrohr gewonnenem Alkohol. Die Rezepte für die Duftmischungen stammen noch aus der Kolonialzeit. Kunden haben die Wahl zwischen unterschiedlichen Flakons, die aus den Werkstätten kubanischer Keramiker stammen und vor Ort auf althergebrachte Weise mit Korken und Wachs versiegelt werden (Mo–Sa 10–17, So 10–13 Uhr).

Wer sich für mexikanische Kunst interessiert, wird schräg gegenüber in der **Casa-Museo Benito Juárez** 45 fündig. Das nach dem ehemaligen mexikanischen Präsidenten benannte Museum informiert über die Geschichte, die Traditionen und das Kunsthandwerk Mexikos und ist ein Zeichen der engen Bande zwischen Kuba und Mexiko (Di–So 9.30–16 Uhr, Eintritt frei).

Casa Guayasamín 46

Calle Obrapía 111, www.facebook.com/Casa Guayasamin.LaHabana, Di–So 9–14 Uhr, Eintritt frei

Zu Ehren des ecuadorianischen Künstlers Oswaldo Guayasamín (1919–99), einem Verfechter des Sozialismus, Unterstützer der kubanischen Revolution und engem Freund Fidel Castros, wurde dieses Museum eingerichtet. Bei der Eröffnung 1993 war der Künstler selbst anwesend. In der ständigen Ausstellung werden viele seiner Werke sowie persönliche Objekte gezeigt – Guayasamín lebte bis zu seinem Tod in diesem Haus und nutzte es als Studio. Außerdem gibt es Räumlichkeiten für Wechselschauen.

Casa de África 47

Calle Obrapía 157, Di–So 9.30–16 Uhr, 10 CUP

Nur wenige Meter entfernt liegt die **Casa de África**, ein Studienzentrum für afrokubanische Kultur. Äußerst lohnend ist ein Besuch der umfangreichen Sammlung von Masken und Kunstgegenständen aus 26 afrikanischen Nationen, Kultobjekten und Attributen sämtlicher afrokubanischen Religionen, darunter ›Köpfe‹ des Schicksalsgotts Elegguá und alle afrokubanischen Gottheiten im Festtagsgewand. Mehrmals im Monat kann man bei Aufführungen von Tanz- und Perkussionsgruppen zusehen, gelegentlich werden Workshops für afrokubanische Musik und afrokubanischen Tanz veranstaltet.

Casa de la Obra Pía 48

Calle Obrapía 158, wegen Renovierung vorübergehend geschl.

Schräg gegenüber richtete ein spanischer Offizier 1659 in der **Casa de la Obra Pía** ein ›frommes Werk‹ *(obra pía)* ein, nämlich ein kleines Waisenhaus. Heute werden in dem äußerst sehenswerten Gebäude – ein spannender Mix aus barocken und südspanischen Elementen – wechselnde Ausstellungen mit Schwerpunkt kubanische Kunst und Textiltradition gezeigt. Zwei Räume sind dem Schriftsteller Alejo Carpentier (s. S. 99) gewidmet. Unter anderem kann man den blauen Käfer bewundern, mit dem er während seiner Zeit als Kulturattaché der kubanischen Regierung durch Paris brauste.

Maqueta del Centro Histórico 49

Calle Mercaderes 114, Di–So 9.30–15 Uhr

Einen Überblick über die historische Altstadt verschafft man sich im Gebäude nebenan, wo die **Maqueta del Centro Histórico** zu besichtigen ist, ein detailgetreues Modell von Habana Vieja im Maßstab 1 : 500.

Habana Vieja

Casa de Asia 50
Calle Mercaderes 111, Di–So 9.30–15 Uhr, Eintritt frei
Die Ausstellung in einem Gebäude von 1688 macht mit asiatischen Kulturen vertraut und informiert über deren Traditionen und Bräuche, Religionen und Kulte, Lebens- und Kleidungsstile. Ein besonderes Augenmerk liegt auf China, das mit Kuba schon lange eng verbandelt ist.

Calle Obispo

An der Westseite der Plaza de Armas beginnt die zur Fußgängerzone umfunktionierte **Calle Obispo**, die ›Straße des Bischofs‹. Sie führt quer durch die Altstadt bis zum Parque Central. Mit ihren Bars, Restaurants und vielen traditionsreichen Geschäften gehört sie zu Havannas beliebtesten Flaniermeilen.

Museo de la Pintura Mural 51
Calle Obispo 117–119, Di–Sa 9.30–15.30, So 9.30–12 Uhr, Eintritt frei
Welche Schätze bei den Renovierungsarbeiten in der Altstadt zutage traten, kann man in einem von Havannas ältesten erhaltenen Gebäuden bestaunen, der **Casa del Mayorazgo de Recio** aus der Mitte des 16. Jh. Das hier untergebrachte **Museo de la Pintura Mural** beherbergt einige faszinierende Wandgemälde.

Hotel Ambos Mundos 52
Calle Obispo 153, vorübergehend geschl.
Das **Hotel Ambos Mundos** (›Hotel Beide Welten‹), ursprünglich das Stadthaus eines Grafen aus dem 18. Jh., diente Ernest Hemingway eine Zeit lang als Unterkunft. In einem düsteren Zimmer der fünften Etage schrieb er 1939 an »Wem die Stunde schlägt«, seinem Roman über den Spanischen Bürgerkrieg. Als der damalige Zimmerkellner Marcelino Piñeiro mehr als 20 Jahre später von Hemingways Tod erfuhr, legte er ›Papas‹ zerfledderte Ausgabe des »Don Quixote« wieder an ihren Stammplatz in dem Zimmer, wischte den Schreibtisch sauber und zog die Bettlaken glatt – das Zimmer Nr. 511 wurde fortan nicht mehr vermietet und in ein Minimuseum verwandelt. Das Hotel zehrt bis heute von seiner Geschichte und scheint darüber seine Beherbergungsaufgabe etwas aus den Augen verloren zu haben … Es gibt bessere Unterkünfte in der Altstadt.

Droguería Johnson 53
Calle Obispo 257, vorübergehend geschl.
Viel Pech hatte die 1914 eröffnete **Droguería Johnson** – kaum hatte das Team des Stadthistorikers die Renovierung beendet, wurde die Museumsapotheke durch ein Feuer zerstört. Sieben Jahre dauerte die erneute Instandsetzung, das Ergebnis kann sich sehen lassen. Ein Großteil der Innenausstattung ist zwar nicht original, aber perfekt rekonstruiert und hat seinen Charme nicht verloren.

Museo Numismático 54
Calle Obispo 305, 10–15 Uhr, 10 CUP
Münzen, Banknoten, Medaillen, Falschgeld und Lotteriescheine nicht nur aus Kuba, sondern auch aus anderen Teilen der Welt umfasst die über 1500 Exponate zählende Ausstellung, die jedoch nur einschlägig Interessierte begeistern dürfte. Sehenswert hingegen ist das Gebäude aus dem 20. Jh., der ehemalige Banco Mendoza, eines der schönsten Beispiele für Havannas jüngere Architektur.

Museo 28 de Septiembre 55
Calle Obispo 310, tgl. 8.30–17 Uhr, 6 CUP, Fotoerlaubnis 6 CUP
Um die Comités de Defensa de la Revolución (CDR) geht es in diesem nach dem Datum ihrer Gründung benannten Museum. Auf Basis mehrerer Tausend Dokumente wird die Entstehung und Geschichte der Komitees zur Verteidigung der Revolution nachvollzogen, ein bis zum heutigen Tag existentes Informationsnetz, das der Destabilisierung der Revolutionsregierung entgegenwirken soll. Offiziell als helfende ›Nachbarschaftsorganisation‹ betitelt, die sich u. a. um die Verteilung der Nahrungsmittelgutscheine kümmern soll, handelt es sich vielmehr um ein Spitzelsystem mit knapp 800 000 Einheiten und insgesamt über 8 Mio. Mitgliedern – wer sich nicht

La Habana

engagiert, gilt als suspekt und ist häufigen Schikanen ausgesetzt. Dass die Darstellung im Museum diesbezüglich reichlich einseitig ausfällt, verwundert daher kaum.

Plaza del Cristo und Calle Amargura

Über die Calle Bernaza gelangt man zur **Plaza del Cristo,** die erst jüngst einer größeren Umgestaltung unterzogen wurde. Im Sog dieses touristischen Aufwinds haben in den angrenzenden Straßen einige Bars und Restaurants eröffnet, die diese Ecke der Altstadt zu einem neuen belebten Treffpunkt machen.

Von der Plaza del Cristo führt die **Calle Amargura** bis zur Plaza de San Francisco. Ihren Namen erhielt die ›Straße der Bitterkeit‹ durch die Kreuzwegprozession, die von der Basílica de San Francisco de Asís bis zur Iglesia Santo Cristo del Buen Viaje führt.

Iglesia Santo Cristo del Buen Viaje 56
Plaza del Cristo, Di–Sa 9–12, Messe Mo–Fr 19.30, Sa 18, So 11 Uhr

Die **Iglesia Santo Cristo del Buen Viaje** wurde bereits 1640 gegründet, doch vom Originalbau ist außer der bemalten Holzdecke im Mudéjarstil kaum etwas vorhanden. Eine Besonderheit in der barocken Sakralarchitektur Kubas ist die Fassade vom Ende des 18. Jh. mit ihrem Balkon und den beiden schlichten sechseckigen Türmen. Im Inneren findet sich ein Bildnis des gekreuzigten Christus, das einst besonders unter Seeleuten hoch verehrt war: Die Kirche stand bei der Puerta de Tierra, einem der Stadttore nahe dem Hafen, durch das viele Seefahrer zu ihren Reisen (*buen viaje* – ›Gute Reise‹) aufbrachen – nicht ohne zuvor hier Schutz zu erbeten.

Museo de la Farmacia Habanera La Reunión 57
Calle Brasil 41, Ecke Compostela, Di–So 9–15 Uhr, Eintritt frei

Ein Block südlich der Calle Amargura wurde die 1853 von dem Katalanen José Sarrá gegründete **Farmacia La Reunión** aufs Prächtigste renoviert und ist Kubas besterhaltene, größte und vor allem schönste Apotheke aus dieser Zeit. Ihre original erhaltene Inneneinrichtung besteht gänzlich aus Holz, neu hingegen sind die Buntglasfenster im Jugendstil von Rosa María de la Terga, die dieses Handwerk von der Pike auf gelernt hat und heute für den Stadthistoriker arbeitet. Die Apotheke mit ihren labyrinthartigen Zwischenebenen erfüllt nach wie vor ihre eigentliche Funktion, fungiert aber gleichzeitig als Museum, das anhand alter Flakone, Instrumente, Rezeptbücher etc. einen spannenden Einblick in die Geschichte der Pharmazie vermittelt.

Habana Vieja

Wer ist die Schönste im ganzen Land – Habana Viejas Calle Mercaderes spielt auf jeden Fall in der Oberliga

Museo Nacional de Historia de las Ciencias Carlos J. Finlay 58

Calle Cuba 460, zw. Amargura und Brasil, wegen Renovierungsarbeiten vorübergehend geschl.

An der Ecke der Straßen Kuba und Amargura erhebt sich die mächtige **Iglesia y Convento San Agustín** von 1628. Das im Barockstil erbaute Kloster beherbergte nach seiner Säkularisierung die Akademie der Wissenschaften und wurde später teilweise in ein Museum umgewandelt, das zu Ehren des Arztes und Entdeckers der Gelbfiebermücke **Museo Nacional de Historia de las Ciencias Carlos J. Finlay** heißt. Zu sehen sind u. a. eine historische Apotheke, bedeutende Dokumente sowie persönliche Gegenstände des aus Camagüey stammenden Wissenschaftlers.

Die südliche Altstadt

Je weiter man in südliche Richtung spaziert, desto mehr entfernt man sich von Althavannas Vorzeigeseite. Bislang wurden nur wenige Gebäude in diesem Viertel renoviert, in dem schon immer besonders viele Schwarze lebten. Die meisten anderen Stadtteile waren ihnen früher verwehrt und viele von ihnen arbeiteten im nahe gelegenen Hafen. Als besonders verrufen galten die Straßen

Jesús María und San Isidro, weil ihre Bewohner arm waren. Die kriminelle Halbwelt der Hafenbordelle und Spielhöllen und der zweifelhafte Ruf der Geheimgesellschaft Abakuá (s. S. 37) taten ein Übriges. Noch heute treten die Spuren der afrokubanischen Religionen hier deutlich zutage.

Convento de Santa Clara 59
Calle Cuba 610, zw. Sol und Luz
Drei Blocks südlich des Wissenschaftsmuseums stößt man auf den **Convento de Santa Clara,** Havannas ältestes Nonnenkloster. Das 1644 fertiggestellte Gebäude diente jahrhundertelang als luxuriöse Verwahranstalt für unverheiratete Mädchen und Frauen. 1919 verkauften die Nonnen das Kloster, danach wurde es zuerst als Schlachthof und später als Verwaltungsgebäude zweckentfremdet. Eine Zeit lang befanden sich hier das Büro des Stadthistorikers sowie ein kleines Hostal, derzeit wird die Klosteranlage aufwendig renoviert.

Iglesia del Espíritu Santo 60
Calle Acosta 161, Ecke Cuba
Ein paar Schritte weiter erhebt sich eine der ältesten Kirchen Havannas, die **Iglesia del Espíritu Santo.** Sie wurde 1674 von schwarzen Sklaven gebaut, die sich freigekauft hatten. Daher ist diese Kirche nicht ganz so, wie man sich eine katholische Kirche vorstellt. Links vom Eingang steht eine Figur der Heiligen Barbara, unter deren Gewand sich die Santería-Gottheit Changó versteckt, der Gott des Blitzes, der Trommeln und der Erotik (s. S. 75). Beider Festtag ist der 4. Dezember, und wer an diesem Datum zufällig in Havanna weilt, sollte Kirche und Fest unbedingt einen Besuch abstatten.

Iglesia de Nuestra Señora de la Merced 61
Calle Cuba 806, Ecke Merced, Mo–Sa 8–16, So 8–12 Uhr
Zwei Blocks weiter südlich kommt man zu einer weiteren Kirche, die deutlich erkennen lässt, wie sich die afrokubanischen Religionen mit dem Katholizismus der Spanier vermischt haben. Die **Iglesia de Nuestra Señora de la Merced** wurde im Wesentlichen mit den Spenden von afrokubanischen Cabildos errichtet und ist der Gnadenreichen Jungfrau gewidmet, hinter der sich aber niemand anderes verbirgt als die afrokubanische Gottheit Obatalá. Dieser Gott des Friedens ist in der kubanischen Santería (s. S. 71) weiß gekleidet, ebenso wie seine Adepten, und deshalb sieht man hier vor allem an seinem Feiertag, dem 24. September, Tausende weiß gekleideter Menschen.

Plazuela de Paula
Av. del Puerto, Ecke Leonor Pérez
Auf der **Plazuela de Paula** erhebt sich die **Iglesia de San Francisco de Paula** 62 , die besonders durch ihre Barockfassade und ihre filigranen Buntglasfenster beeindruckt. Die Kirche wurde 1664 erbaut und gehörte ursprünglich zum gleichnamigen Frauenkrankenhaus. Seit ihrer Restaurierung wird sie als Konzertsaal und Kunstgalerie genutzt.

Neben der Kirche sind Überreste der ehemaligen **Stadtmauer** *(muralla)* zu sehen. Nahezu ein Jahrhundert dauerte ihre Errichtung, die 1671 begonnen wurde. Bei ihrer Fertigstellung hatte die Mauer einen Umfang von knapp 5 km, doch davon ist kaum etwas übrig geblieben, denn bereits ab 1863 wurde die Befestigung Stück für Stück wieder zurückgebaut – Havannas Bevölkerungszahl hatte so zugenommen, dass sich immer mehr Neuankömmlinge *extra muros* niederlassen mussten und die Mauer nunmehr ein Hindernis für das Wachstum der Stadt darstellte.

Almacenes San José 3
Av. del Puerto, Ecke Cuba, tgl. 10–18 Uhr
Eines der wenigen bereits restaurierten Gebäude in diesem Teil von Habana Vieja sind die 1885 errichteten Lagerhallen. Die fantastische Stahlkonstruktion beherbergt die **Almacenes San José,** einen Kunsthandwerksmarkt mit Hunderten von Ständen, die die ganze Palette kubanischer Souvenirs anbieten, darunter eine Flut von Gemälden. Zu den Einrichtungen gehören eine Cadeca, ein Telefonladen und ein Imbiss mit günstigen

Snacks. Die Hallen liegen direkt am Hafenbecken und bieten einen herrlichen Blick bis hinüber zum Stadtteil Regla.

Estación Central 63
Calle Av. de Bélgica, Ecke Arsenal
Dreh- und Angelpunkt für Kubas – marodes – Eisenbahnnetz und ein Zeugnis für die Monumentalarchitektur des ausgehenden 20. Jh. ist Havannas Hauptbahnhof. Doch so imposant das 1912 fertiggestellte Gebäude mit seinen beiden Doppeltürmen von außen erscheint, so trist präsentiert es sich im Inneren. Bleibt zu hoffen, dass sich dies nach Abschluss der derzeitigen Renovierungsarbeiten ändert.

Neben dem Bahnhof liegt der **Parque de Locomotoras,** ein Open-Air-Museum mit antiken Dampfrössern, die zumeist noch ihrer Restaurierung harren. Künftig soll hier Kubas lange Eisenbahngeschichte präsentiert werden – bereits 1837 fuhr hier der erste Zug, der erste in ganz Lateinamerika (Av. de México, Ecke Arroyo).

Casa Natal de José Martí 64
Calle Leonor Pérez 314, Ecke Av. de Bélgica, Di–Sa 9–15, So 9–14 Uhr, Eintritt frei
Gegenüber dem Hauptbahnhof wurde am 28. Januar 1853 Kubas berühmtester Freiheitskämpfer geboren: José Martí (s. S. 54). Das Gebäude ist heute ein Museum, das einen Überblick über das Leben Martís und dessen Kampf für die Befreiung Kubas gibt.

Convento de Nuestra Señora de Belén 65
Calle Compostela, zw. Luz und Acosta
Dieser trutzige religiöse Komplex aus dem Jahr 1718 ist der größte seiner Art in Havanna und wurde ursprünglich für die Ordensgemeinschaft von Bethlehem (Belén) errichtet, die hier u. a. ein Krankenhaus unterhielt. Aus dieser Zeit stammt auch der mächtige Bogen, der sich über die Calle Acosta spannt. Da sich Kranke damals nicht öffentlich zeigen durften, konnten sie hier ungesehen von den zum Hospital gehörenden, benachbarten Häusern ins Hauptgebäude gelangen.

1842 enteignete die Kolonialregierung das Gebäude, übergab es jedoch 1854 den zurückgekehrten Jesuiten als Rekompensation für ihre knapp 100 Jahre zuvor beschlagnahmtes Eigentum. Der Orden richtete hier u. a. eine Schule ein und auf deren Turm das Real Observatorio (›Königliches Observatorium‹), das erste in der ganzen Karibik. Es diente als wichtige Informationsquelle für Wettervorhersagen, insbesondere für Warnungen vor den gefürchteten Wirbelstürmen.

Nach der Aufgabe des Komplexes durch die Jesuiten 1925 hielt der Verfall Einzug. Renovierungsarbeiten laufen, das zwischenzeitlich eingezogene **Museo Observatorio del Convento de Belén** zur Geschichte der Meteorologie in Kuba hat schon wieder auf unbestimmte Zeit geschlossen. Immerhin kann die Kirche besichtigt werden. In einem Teil der Anlage hat sich die Oficina de Asuntos Humanitarios (›Büro für karitative Angelegenheiten‹) niedergelassen – damit schließt sich der Kreis. Denn wie zur Zeit der Kongregation von Bethlehem ist das Gemäuer wieder ein Zufluchtsort für benachteiligte Menschen. Neben einem Altersheim gibt es ein Zentrum für behinderte Kinder sowie zahlreiche soziale Angebote von Morgengymnastik für alte Menschen bis zum Chor.

Rund um den Prado

Cityplan: S. 165
Die Grenze zwischen Habana Vieja und Centro Habana markieren der **Paseo de Martí,** kurz **Prado** genannt, der von der Hafenfestung San Salvador de La Punta bis zum Capitolio verläuft, und der **Parque Central** mit Palmen, schattigen Bänken und einer Statue des Nationalhelden José Martí. Im 19. Jh. flanierte alles, was Rang und Namen hatte, unter den Bäumen dieses Boulevards, verschiedene Luxusherbergen lockten mit Tanzveranstaltungen und Soireen, beispielsweise das **Biltmore-Sevilla** (heute Sevilla) oder das **Inglaterra,** Kubas ältestes Hotel mit Foyer im neomaurischen Stil. Am Parque Central wurde 1910 Kubas erstes großes Kaufhaus im europäischen Stil eröffnet, die **Manzana de Gómez,** die einen ganzen Block

La Habana

einnimmt. Die Geschichte hat ihren Schatten vorausgeworfen, denn seit 2017 befindet sich in dem Riesengebäude Havannas erstes Fünf-Sterne-Hotel mit euopäischem Standard, das Gran Hotel Manzana Kempinski (s. S. 197).

Die schattigen Sitzgelegenheiten auf dem Mittelstreifen des Prado sind immer gut belegt und seit über 30 Jahren u. a. *der* Treffpunkt für Menschen, die ihre Häuser oder Wohnungen tauschen wollen – seit die diesbezüglichen Gesetze 2011 gelockert wurden, tummeln sich hier auch fliegende Immobilienhändler.

Capitolio 66

Paseo de Martí, Führungen tgl. 10, 11, 14 und 15 Uhr, 20 USD (nur Kartenzahlung); Ticketverkauf auf der gegenüberliegenden Straßenseite in der Buchhandlung Librería Rubén Martínez Villena, tgl. 9.30–15 Uhr

Das Kapitol am südlichen Ende des Paseo de Martí ist eine treue Kopie seines Washingtoner Vorbilds. Ab 1929 diente es als Sitz des Senats und des Repräsentantenhauses, nach der Revolution waren hier u. a. die Akademie der Wissenschaften, Abteilungen des Umweltministeriums und ein geologisches Museum untergebracht. Nach jahrelanger Renovierung stehen Teile des Gebäudes wieder für Besichtigungen offen, und auch das kubanische Parlament ist wieder eingezogen. Die von der Kuppel bedeckte Eingangshalle ist 91 m hoch. Exakt in der Mitte des Raums markiert ein 24-karätiger Diamant den Kilometer 0 der Autobahn von Havanna nach Santiago – Diktator Machado ließ sich diesen Spaß einfallen.

Auch der **Parque de la Fraternidad** neben dem Capitolio geht auf eine Initiative General Machados zurück. In seinem Bestreben, Havanna zu einer der bedeutendsten Städte des Kontinents zu machen, engagierte er den französischen (Landschafts-)Architekten Jean-Claude Nicolas Forestier. Während dessen insgesamt drei Aufenthalten in Kuba befasste er sich u. a. mit der Planung des Parque de la Fraternidad, des Parque Central und des Paseo de Martí.

Seinen Namen verdankt der ›Park der Brüderlichkeit‹ der 6. Panamerikanischen Konferenz, die 1928 in Havanna stattfand. Daran erinnert auch der im selben Jahr gepflanzte Kapokbaum *(ceiba)*, der als Zeichen der Brüderlichkeit in der Erde aller teilnehmenden Länder wurzelt. Im Park verteilt stehen Büsten bedeutender Persönlichkeiten des Kontinents, darunter der ehemalige US-Präsident Abraham Lincoln sowie die beiden südamerikanischen Unabhängigkeitskämpfer Simón Bolívar und José de San Martín.

Museo de los Oríchas 67

Paseo de Martí 615, zw. M. Gómez und Dragones, Mo–Fr 9–16 Uhr, 50 CUP

Wer sich für afrokubanische Religionen und Kultur interessiert, sollte unbedingt einen Blick in das **Museo de los Oríchas** werfen. Anhand von mehr als 30 überlebensgroßen Skulpturen wird man mit der Götterwelt der Santería (s. S. 71) vertraut gemacht.

Gran Teatro de La Habana 68

Paseo de Martí 458, Ecke San Rafael, www.balletcuba.cult.cu, auf unbestimmte Zeit geschl., zu unregelmäßigen Terminen Führungen (100 CUP), die Ballettaufführungen finden bis auf Weiteres im Teatro Nacional statt

FOTOSHOOTING MIT STRASSENKREUZER

Auf dem Prado reiht sich ein Straßenkreuzer an den anderen und alle laden entweder zu einer stilvollen Stadtrundfahrt oder auch nur zum Ablichten ein. Die stolzen Besitzer polieren ihre bunten Schlitten in jeder freien Minute auf Hochglanz, stecken gemeinsam ihre Köpfe unter die Motorhauben und diskutieren lautstark die neuesten Mucken ihrer Gefährte – meist sind sie gerne bereit, vor ihrem Allerheiligsten für ein Foto in Pose zu gehen.

Rund um den Prado

Das **Gran Teatro de La Habana** ist ein prunkvoll dekorierter, von überkuppelten Türmchen bekrönter Prachtbau, den Gouverneur Tacón 1838 errichten ließ. Hier hat das Nationalballett seinen Sitz und mit 2000 Plätzen ist es eines der größten Schauspielhäuser Lateinamerikas. Allein die Fassade mit ihren vier Skulpturengruppen aus weißem Marmor könnte man stundenlang betrachten, doch auch der Blick hinein lohnt sich, am besten natürlich in Verbindung mit einer Aufführung (s. S. 204). Im März 2016 hielt Barack Obama hier seine Ansprache an das kubanische Volk – die erste Rede eines US-Präsidenten in Kuba seit 88 Jahren.

Centro Asturiano 69
Calle San Rafael, www.bellasartes.cult.cu, Di–Sa 9–17, So 10–14 Uhr, 125 CUP bzw. 200 CUP inkl. Palacio de Bellas Artes

Das **Centro Asturiano** bildet zusammen mit dem Palacio de Bellas Artes (s. rechts) das **Museo Nacional de Bellas Artes,** eines der spektakulärsten Museen Kubas. Das 1928 nach dem Vorbild der Pariser Oper erbaute Centro Asturiano ist außen und innen ein Schmuckstück. Von den Korridoren und Balkonen im Obergeschoss kann man die beeindruckende Buntglasdecke betrachten, dort sollte man den Rundgang auch beginnen. Hier befindet sich die italienische Sammlung. In der vierten Etage sind Werke aus Deutschland, Holland und Flandern zu sehen sowie Kunst des Altertums und die französische Sammlung. Sehr umfassend ist die spanische Sammlung in der dritten Etage. Außerdem zeigt das Museum Kunst aus Asien, Lateinamerika und den USA.

Edificio Bacardí 70
Av. de las Misiones, Ecke San Juan de Dios, bis 2024 wegen Renovierung geschl.

Eines von Havannas Wahrzeichen ist das prächtige **Edificio Bacardí.** Das Gebäude entstand Anfang des 20. Jh. im Art-déco-Stil und beherbergte den Stammsitz des Rumimperiums. Heute kann man in der holzverkleideten Lobbybar **La Barrita** – die seinerzeit nur geladenen Gästen vorbehalten war – etwas trinken und vom Glockenturm eine tolle Aussicht über die Stadt genießen.

Palacio de Bellas Artes 71
Calle Trocadero, Ecke Av. de las Misiones, www.bellasartes.cult.cu, Di–Sa 9–17, So 10–14 Uhr, 125 CUP bzw. 200 CUP inkl. Centro Asturiano

Hinter der schlichten Fassade des **Palacio de Bellas Artes,** auch **Edificio de Arte Cubano** genannt, wird auf drei Stockwerken ein umfassendes Spektrum kubanischer Kunst präsentiert. Tipp: Da die Sammlung chronologisch geordnet ist, sollte man mit der dritten Etage beginnen: koloniale Kunst und 20. Jh., u. a. Víctor Patricio Landaluze, García Menocal, Dominique Serres, Víctor Manuel García, Ponce de León und Wifredo Lam. Die zweite Etage hat die Themenschwerpunkte Pop-Art und Kunst der Revolution. Im Parterre gibt es ein Café und im Patio sind moderne Skulpturen ausgestellt. Zum Museum gehört auch ein Theater, in dem häufig Veranstaltungen stattfinden.

Museo de la Revolución mit Memorial Granma 72
Calle Refugio 1, zw. Av. de las Misiones und Agramonte, vorübergehend geschl.

Direkt gegenüber dem Palacio de Bellas Artes sieht man das **Memorial Granma,** Bestandteil des **Museo de la Revolución.** In einer Art gläsernem Schneewittchensarg, bewacht von Paradesoldaten, ist hier die Jacht Granma ausgestellt, mit der Fidel Castro und seine Verbündeten 1956 aus Mexiko kamen und auf Kuba landeten. Daneben steht ein Bus, mit dem Studenten aus Havanna 1957 den Präsidentenpalast stürmen wollten.

Vermutlich nicht ganz ohne Ironie wurde das Revolutionsmuseum im ehemaligen Präsidentenpalast von Diktator Batista untergebracht, berichtet es doch in ausführlichster Weise über dessen Sturz durch Fidel Castro und seine Rebellenarmee.

Plazuela del Ángel
Calle Cuarteles, Ecke Compostela

Die **Plazuela del Ángel** ist ein für Havanna-Verhältnisse höchst verwunschener Platz mit einer Kirche, zwei **Kunstgalerien** und einer Boutique der Modedesignerin **Jacqueline Fumero** 2 , die hier auch ein sehr nettes Café-Restaurant betreibt (s. S. 200). Wie gerne würde man an diesem Ort auch nächtigen, doch leider kann die Atmosphäre im Hostal del Ángel mit Balkon zum Platz nicht mit jener der Plaza mithalten.

Weniger von architektonischer als von historischer Bedeutung ist die **Iglesia del Santo Ángel Custodio** 73 . Sie datiert ursprünglich zwar auf das Jahr 1695, musste jedoch nach schlimmen Hurrikanschäden 1846 fast vollständig neu erbaut werden. In der Kirche wurden einige namhafte kubanische Persönlichkeiten getauft, so z. B. der Priester Félix Varela sowie die Schriftsteller José Martí und Cirilo Villaverde, die alle auch herausragende Rollen in den Unabhängigkeitsbestrebungen Kubas gespielt haben. Zahlreiche Szenen aus Villaverdes Roman »Cecilia Valdés« – er gilt als eines der wichtigsten Werke der kubanischen Nationalliteratur – spielen in der Umgebung der Kirche (geöffnet nur zu den Messen am Di, Mi, Fr ab 7.15, Do, Sa, So ab 18 Uhr).

Callejón de los Peluqueros 74
www.facebook.com (> Callejón de los Peluqueros de La Habana), www.artecorte.org, Museumssalon: Calle Aguiar 10, Mo–Sa 12–18 Uhr, Eintritt frei

Dass sich Träume manchmal erfüllen, erlebt man auf wunderbare Weise im **Callejón de los Peluqueros,** dem nördlichsten Straßenblock der Calle Aguiar. Angefangen hat alles mit dem Friseur Gilberto Valladares alias Pepito, der Leidenschaft für seinen Beruf und fürs Sammeln antiker Coiffeurutensilien. Sein Salon, vollgestopft mit Ausstellungsstücken, mutierte ganz von alleine zum **Museo Vivo de la Peluquería y la Barbería** – »vivo«, also ›lebendig‹, weil man sich hier in Museumsatmosphäre einen Haarschnitt verpassen lassen kann. Fehlte nur noch die passende Umgebung für dieses Kleinod, denn der Straßenabschnitt war einer der erbärmlichsten ganz Althavannas. Pepito initiierte das gemeinnützliche Projekt **Artecorte** (›Kunstschnitt‹), das u. a. kostenlose Friseurkurse anbietet,

Leben auf der Straße – in Kuba hat das nichts Anzügliches, schließlich will das nicht existierende Wohnzimmer irgendwie kompensiert werden …

und begeisterte damit nicht nur die Nachbarschaft, sondern auch den Stadthistoriker. Die Häuser wurden renoviert, Cafés entstanden – und natürlich fehlt in der ›Gasse der Friseure‹ auch ein Lokal namens El Fígaro nicht. Eine kleine Oase zum Pausieren.

Centro Habana

Cityplan: S. 186

Havannas dichtest besiedelter Stadtteil erstreckt sich zwischen der historischen Altstadt und dem ›modernen‹ Vedado. Mittenhinein verirren sich nur wenige Touristen, denn die herausragenden Sehenswürdigkeiten von Centro Habana liegen alle am Rand, darunter die Tabakfabrik Partagás (s. rechts), das Capitolio (s. S. 182), das Gran Teatro de la Habana (s. S. 182) und der Malecón (s. S. 189). Zudem hat das Viertel einen schlechten Ruf. Bei Nacht ist tatsächlich etwas Vorsicht geboten, doch tagsüber kann man sich hier – unter Berücksichtigung der üblichen Vorsichtsmaßnahmen (s. S. 144) – problemlos bewegen.

In Centro Habana, von seinen Bewohnern wegen der vielen Ruinen und eingestürzten Häuser sarkastisch Beirut genannt, bekommt man einen Eindruck vom prekären und schwierigen Alltagsleben der meisten Habaneros. Die Gebäude aus dem späten 18. und 19. Jh. sind dem scheinbar haltlosen Verfall preisgegeben, aus rissigen, vor sich hin bröckelnden Fassaden sprießt das Grün, Schlaglöcher laden zum Stolpern ein, Müllberge türmen sich. Dazwischen spielen Kinder Fußball und Erwachsene Domino, werden Oldtimer auseinandergenommen oder Schwätzchen unter Nachbarn gehalten. Die Straße ist der Lebensmittelpunkt, denn die hoffnungslos überbelegten Wohnungen, wenn man sie denn so nennen kann, sind viel zu beengt und zu heiß, um sich darin aufzuhalten. *Barbacoas* nennt man die Gebäude, die mithilfe von Zwischendecken und -wänden in viele (oft fensterlose) Einheiten unterteilt wurden, um den Wohnungsmangel zu lindern. Die meist katastrophalen sanitären Einrichtungen sowie die Küche müssen sich mehrere Familien teilen.

Centro Habana ist keine Idylle der Armut, immer wieder stürzen Häuser ein, die (Ab)wasser-, Strom- und Gasversorgung bricht häufig zusammen. Viele, die hier leben, möchten das Viertel verlassen, doch es fehlen ihnen die finanziellen Mittel dafür.

Von den reinen Wohnstraßen abgesehen, gibt es in Centro Habana auch einige Einkaufsstraßen. Vor allem in der **Calle San Rafael** und in der **Avenida de Italia** reiht sich ein Geschäft ans andere, alle mit typisch kubanischem Angebot.

Barrio Chino

Wer schon andere chinesische Viertel kennengelernt hat, wird von Havannas winzigem **Barrio Chino** enttäuscht sein. Mit Ausnahme der fernöstlichen Dekorationen unterscheidet sich die Architektur nicht von den übrigen Stadtteilen. Auch mit Sehenswürdigkeiten ist es schlecht bestellt. Einzig das mächtige **Eingangstor** 75 mit einer **Pagode** an der Straßenecke Dragones und Amistad deutet darauf hin, dass sich hier einst eine bedeutende chinesische Gemeinde befand, eine der größten Lateinamerikas (s. S. 66).

Ein Besuch im Barrio Chino lohnt sich eigentlich nur wegen der zahlreichen, zumeist günstigen Restaurants, die für Abwechslung auf dem kubanischen Speisezettel sorgen. Außerdem steht hier die **Iglesia Nuestra Señora de la Caridad del Cobre** 76, die Kubas Nationalheiliger gewidmet ist – die Statue der Madonna im Kircheninneren hat ein chinesisches Gesicht (Calle Manrique, Ecke Salud, Di–Fr und So 8–12.30, Sa 8–18 Uhr).

Real Fábrica de Tabacos Partagás 77

Calle Industria 520, zw. Barcelona und Dragones

In einer der traditionsreichsten Tabakfabriken Kubas, 1845 von dem Spanier Jaime Partagás gegründet, konnte man lange die Entstehung der *puros* vom gerollten Blatt bis zur Verpackung in die Kistchen beobachten. Der zur Fabrik gehörende Tabakladen ist ein wahrer Tempel der Kunst des Rauchens und führt die wohl größte Auswahl in Havanna.

Centro Habana mit Habana Vieja

Sehenswert
1 – 74 s. Cityplan S. 165
75 Eingangstor zum Barrio Chino
76 Iglesia Nuestra Señora de la Caridad del Cobre
77 Real Fábrica de Tabacos Partagás
78 Casa-Museo José Lezama Lima
79 Callejón de Hamel
80 Castillo de San Salvador de La Punta
81 Parque Histórico Morro-Cabaña
82 – 94 s. Cityplan S. 193
95 – 98 s. Cityplan S. 197

Übernachten
1 – 11 s. Cityplan S. 165
12 Iberostar Grand Packard
13 Casa 1932
14 – 19 s. Cityplan S. 193
20 – 21 s. Cityplan S. 197

Essen & Trinken
1 – 11 s. Cityplan S. 165
12 La Guarida
13 San Cristóbal
14 Café Neruda
15 Michifú
16 Siá Kará Café
17 – 21 s. Cityplan S. 193
22 – 24 s. Cityplan S. 197

Einkaufen
1 – 11 s. Cityplan S. 165
12 Calle San Rafael
13 – 17 s. Cityplan S. 193
18 s. Cityplan S. 197

Abends & Nachts
1 – 12 s. Cityplan S. 165
13 Casa de la Música de Centro

14 La Abadia
15 – 21 s. Cityplan S. 193
22 – 24 s. Cityplan S. 197

Aktiv
1 s. Cityplan S. 165
2 s. Cityplan S. 193
3 s. Cityplan S. 165
4 Salsabor a Cuba
5 s. Cityplan S. 197
6 s. Citypläne S. 165, 193
7 s. Cityplan S. 165
8 s. Cityplan S. 197
9 – 10 s. Cityplan S. 193

Wegen einer dringend notwendigen Renovierung wurde die Fabrikation vorübergehend in ein Gebäude an der Ecke der Straßen San Carlos und Peñalver verlegt. Nach Abschluss der Arbeiten soll die alte Fabrik 2025 erneut eröffnen und sich zudem als umfangreiches Tabakmuseum präsentieren.

Casa-Museo José Lezama Lima 78

Calle Trocadero 162, zw. Industria und Consulado, vorübergehend geschl.

Fast 50 Jahre lang war dies das Zuhause und die Arbeitsstätte des Dichters José Lezama Lima (s. S. 99), der auch Leiter der Kulturab-

La Habana

DRINK AUF DEM MALECÓN

Es gibt kaum einen schöneren Ort in Havanna als die breite Mauer des Malecón, um im warmen Licht der Abendsonne vor sich hin zu träumen. Besorgen Sie sich ein kühles Getränk, mischen Sie sich unter Familien, Liebespärchen und Angler und lassen Sie den Blick in die Ferne schweifen oder über die fast surreale Häuserkulisse der Uferpromenade.

teilung des Erziehungsministeriums und Vizepräsident des kubanischen Schriftsteller- und Künstlerverbandes UNEAC war. Das Museum enthält einen Teil seiner Bibliothek und viele persönliche Gegenstände. Im Erdgeschoss werden Wechselausstellungen gezeigt.

Callejón de Hamel 79
Der berühmte **Callejón de Hamel** wurde von dem Künstler Salvador González mit Wandgemälden und dekorativen Götterschreinen in ein buntes Open-Air-Museum der afrokubanischen Kultur verwandelt – etwas rummelig zwar, doch sonntags ab etwa 12 Uhr kann man dort Rumbamusik und Trommelsessions hören und Tänze für die Götter ansehen.

Die Hafenfestungen

Cityplan: S. 186

Castillo de San Salvador de La Punta 80
Tgl. 9.30–16 Uhr, 200 CUP
Am nördlichen Ende des von steinernen Löwen gesäumten Paseo de Martí liegt das **Castillo de San Salvador de La Punta** vom Ende des 16. Jh. Zusammen mit dem Castillo de los Tres Reyes del Morro auf der anderen Seite der Bucht schützte es die Hafeneinfahrt, die zu Kolonialzeiten nachts mit einer Kette versperrt wurde. Im dazugehörigen **Museum** sind u. a. Funde von gesunkenen Karavellen sowie Modellschiffe zu sehen.

Parque Histórico Morro-Cabaña 81
Castillo: tgl. 9.30–16 Uhr, 200 CUP; Fortaleza: tgl. 10–22, bis 18 Uhr 200 CUP, dann 300 CUP
Zum gegenüberliegenden **Parque Histórico Morro-Cabaña** gelangt man, wenn man durch den Tunnel fährt oder die Fähre nach Casablanca nimmt. Die riesige Anlage, die zum UNESCO-Weltkulturerbe gehört, besteht aus dem **Castillo de los Tres Reyes del Morro** und der **Fortaleza San Carlos de la Cabaña.** In den Gemäuern aus dem 16. bis 18. Jh. befinden sich u. a. ein **Marine- und Waffenmuseum** sowie Souvenirläden und Restaurants. Täglich um 21 Uhr wird in der

Fortaleza San Carlos de la Cabaña traditionell ein Böllerschuss abgefeuert *(cañonazo de las nueve)*, dazu gibt es Livemusik, Cocktails und Tanz. In der Kolonialzeit war der Kanonenschuss das Signal, die Stadttore zu schließen.

Der Malecón

Cityplan: S. 186

Kurz vor Sonnenuntergang ist die beste Zeit für einen Spaziergang über den **Malecón,** die 1926 fertiggestellte Uferpromenade Havannas, die Habana Vieja, Centro Habana, Vedado und das ehemalige Millionärsviertel Miramar miteinander verbindet. Ungeachtet dessen, dass es sich beim Malecón um eine sechsspurige Stadtautobahn handelt, immerhin mit breitem Bürgersteig, ist er das heimliche Herz der Stadt, vor allem abends: Hier treffen sich die Liebespaare, hier wird Musik gemacht, der Meeresgöttin Yemayá geopfert, hier werden Schwarzmarktgeschäfte abgeschlossen, hier wird geangelt und gehandelt.

Zunächst ist der Malecón eine Meile mal mehr, mal weniger verwaschener Häuser mit gewaltigen Kolonnaden, von Salpeter zerfressenen Fensterläden und Türen. Vorbei am Wolkenkratzer-Krankenhaus Hermanos Ameijeiras geht die Reise, die Türme des schlossartigen Hotels Nacional auf dem in den Malecón ragenden Felshügel tauchen auf, das FOCSA-Gebäude sieht aus wie ein aufrecht stehendes Buch. Die Fensterfront der US-amerikanischen Interessenvertretung, vergittert und seit ihrer Wiedereröffnung Mitte 2015 strengstens bewacht, davor die Plaza-Tribuna Anti-Imperialista mit ihrem Fahnenwald, etwas weiter dahinter der Turm der Casa de las Américas, ein liberales lateinamerikanisches Kulturzentrum.

Unmittelbar am Kreisverkehr mit einem Denkmal für General Calixto García markiert die Halbruine des ehemaligen Tourismusministeriums den Anfang des moderneren Teils des Malecón, mit hochstelzigen Mietskaser-

Die Uferpromenade Malecón – auch sie ein Open-Air-Wohnzimmer vieler Habaneros

La Habana

nen aus den 1950er-Jahren, dem Wolkenkratzer des Hotels Meliä Cohiba, neben dem das prachtvolle Ex-Mafia-Hotel Riviera von außen geradezu bescheiden wirkt, gefolgt von einem kleinen Sportstadion. Kurz bevor es in den Tunnel geht, der von Vedado nach Miramar führt, erhascht man noch einen kurzen Blick auf die Festung La Chorrera, dann wird es kurz dunkel. Wenn man wieder herauskommt, ist wie von Zauberhand das Meer verschwunden, der Malecón ist keine Uferpromenade mehr, heißt jetzt ›Fifth Avenue‹, Quinta Avenida, und führt durch das Villenviertel Miramar.

Vedado

Cityplan: S. 193

Dieses Viertel ist etwa seit dem Ende des 19. Jh. das moderne Stadtzentrum Havannas (nicht der Stadtteil mit dem Namen Centro Habana!). Ursprünglich war der lang gestreckte Hügel, auf dem Vedado liegt, von Wäldern überzogen, die eigentlich nicht abgeholzt werden durften – *vedado* heißt ›verboten‹. Doch zu Anfang des 20. Jh. kamen immer mehr reiche Kubaner und Amerikaner auf die Idee, dass es sich in etwas erhöhter Lage mit Meerblick und frischer Brise sehr viel angenehmer wohnen ließ als im stickigen, engen Habana Vieja. Die Bäume fielen und machten eleganten Villen und Stadthäusern Platz, großzügig angelegten Boulevards und Parks. Statt kolonialer Kirchen und Festungen wie in der Altstadt entstanden im ›republikanischen‹ Vedado Geschäfte und öffentliche Bauten. Vedado bietet eine bunte Mischung der verschiedensten Architekturstile, von Neoklassizismus über Neogotik bis zu Jugendstil und Art déco.

Treffpunkte der Mafia

In den 1950er-Jahren erlebte Vedado einen weiteren Entwicklungsschub: Die Mafia ließ Hotels bauen, die in den Himmel wuchsen, mit feudalen Spielkasinos, versteht sich. Das **Capri** 16 (s. S. 200) beispielsweise ist noch eine eher bescheidene Ausgabe eines Wolkenkratzers, es gehörte einst dem US-amerikanischen Mafioso Santo Traficante Jr.

Meyer Lansky dagegen wollte wohl lieber direkt am Meer wohnen und ließ sich das blau schimmernde **Hotel Riviera** 82 an den Malecón bauen, ein bisschen höher als das Capri ist es außerdem. 1957 eröffnete er hier das hoteleigene Spielkasino, damals das größte außerhalb von Las Vegas. Das Kasino wurde nach der Revolution zwar geschlossen, doch das Hotel blieb bestehen – für ausgemachte Retrofans ist es ein Glücklichmacher, doch ansonsten für das Gebotene viel zu teuer. Im nicht mehr ganz so glitzernden Marmorfoyer drängelt sich vor dem ehemaligen Mafia-Nightclub an den Wochenenden aber noch immer eine edel bis provozierend gekleidete Menschenmenge, um im **Copa Room** eines der besten Cabarets Kubas zu sehen (s. S. 207).

In den *roaring fifties* entstand auch das damals eleganteste Hotel Havannas: das ehemalige Hilton. Es wurde gerade pünktlich zur Revolution fertiggestellt, prompt enteignet, in **Habana Libre** 83 umgetauft und zum Regierungssitz der Rebellen umfunktioniert. Später gammelte das Habana Libre vor sich hin, bis es 1980 wieder als Hotel in Betrieb genommen wurde (Calle L, Ecke 23).

Doch noch mehr als das Habana Libre prägen zwei andere Bauten die Skyline Vedados: das Edificio FOCSA (s. unten) und das 1930 im italienischen Stil erbaute Prunkhotel **Nacional** 15 , das 1955 von Meyer Lansky teilweise aufgekauft und in ein Kasino verwandelt wurde. Die Crème de la Crème der amerikanischen und kubanischen Society verjuxte hier Millionen – an den Spieltischen unter den Kronleuchtern der eleganten Salons rollten die Roulettekugeln und draußen, rund um den Pool, widmete man sich dem Poker (Calle 21, Ecke O).

Edificio FOCSA 84

Restaurant: Calle 17 Nr. 55, zw. M und N,
Tel. 78 38 30 89, tgl. 12–24 Uhr

Selbst vom Altstadtende des Malecón sieht man schon das andere Bauwerk, das die Silhouette Vedados bestimmt: Mit 33 Stockwerken ist das **Edificio FOCSA** das größte Gebäude Kubas und 1950, als es gebaut wurde, war es auch das höchste. Das eleganteste ist es auf

Vedado

HELADERÍA COPPELIA

An der Rampa in Vedado, zwischen den beiden Calles K und L, winden sich den ganzen Tag über Menschenschlangen durch einen grünen Park, in dessen Mitte eine gläserne fliegende Untertasse gelandet zu sein scheint. Die **Heladería Coppelia** 86 ist ein subtropischer Eispalast unter freiem Himmel, in dem zu besseren Zeiten bis zu 50 Eissorten angeboten wurden. Heutzutage ist die Auswahl geringer, doch der Ansturm auf das quietschebunte und reichlich süß schmeckende Eis hat deswegen nicht nachgelassen. Am beliebtesten sind die Eisbecher Tres Gracias (›Drei Grazien‹, also drei dicke Kugeln) und Ensalada (›Salat‹), fünf bis acht Kugeln – wer so lange anstehen musste, möchte im Eis geradezu baden. Es ist durchaus üblich, sich in der Schlange der Coppelia zu verabreden, die Wartezeit zu verplaudern, ein bisschen nach rechts und links zu flirten. Berühmt wurde Coppelia übrigens durch den Film »Erdbeer und Schokolade« von Tomás Gutiérrez Alea (Di–So 10–21.30 Uhr).

keinen Fall, auch wenn allein die Einweihungsfeier im FOCSA 1 Mio. US-Dollar gekostet haben soll. Wer es sich leisten konnte, kaufte eines der Apartments und hatte eine feine Adresse. Nach der Revolution war das FOCSA ein Studentenwohnheim, dann wohnten hier vor allem sowjetische Fachleute und Berater und heute ist es ein ziemlich heruntergekommener Bau mit zugigen Fluren und steckengebliebenen Aufzügen. Einzig das **Restaurant La Torre** im obersten Stockwerk (der restauranteigene Aufzug funktioniert!) lohnt einen Besuch: Von hier aus kann man bei recht gutem und entsprechend teurem Essen oder auch nur bei einem Drink in der Bar die fabelhafte Aussicht auf Havanna und das Meer genießen.

La Rampa

Die Hauptschlagader Vedados ist **La Rampa**, wie die kilometerlange **Calle 23** im Volksmund – und auf den Hinweisschildern – heißt. Sie beginnt an der Brücke über den Río Almendares hinter dem Vedado-Hügel, umkurvt den Cementerio de Colón (s. S. 194) und führt dann schnurgerade hügelabwärts bis zur Mauer des Malecón – der letzte Abschnitt scheint geradewegs ins Wasser zu stürzen.

Die schachbrettartig angelegten Querstraßen der Rampa werden übrigens mit Buchstaben bezeichnet, die Parallelstraßen dagegen mit Zahlen, allerdings nicht auf Straßenschildern, sondern auf kleinen verwitterten Steinen an der Straßenecke, die man selbst im Hellen kaum erkennt und bei Nacht verzweifelt zu entziffern sucht. Als Faustregel gilt: Je näher man dem Malecón kommt, desto weiter schreitet das Straßenalphabet fort.

Auch die baumbestandenen Nebenstraßen der Rampa lohnen einen Spaziergang. In einträchtiger Nachbarschaft stehen hier ehemals prächtige Villen, die deutlich von der Zeit und vom Mangel geschädigt sind, verwaschene pastellfarbene Häuschen im Kolonialstil und skurrile Architektenträume aus den 1950er-Jahren.

Auf Höhe der Querstraße J hat man einem altmodischen Helden ein liebevolles Denkmal gesetzt: Im **Parque Don Quijote** 85, kämpft der spindeldürre ›Ritter‹, aus Eisendraht geflochten, hartnäckig gegen imaginäre Wind-

mühlen. Einen Block weiter steht im nächsten Park eines der Wahrzeichen von Vedado, die **Heladería Coppelia** 86 (s. S. 191). Gegenüber laufen die Kinoneuheiten Kubas im **Cine Yara,** einem Lichtspielhaus aus den 1950er-Jahren. Linker Hand des Eingangs werden in der **Galería Juan David** 13 Kinoplakate verkauft (s. S. 204).

Direkt hinter der Kreuzung der Calles 23 und L macht La Rampa ihrem Namen alle Ehre und verwandelt sich in eine vierspurige Rutsche, die steil zum Malecón abfällt. Die Bürgersteige dieses Abschnitts sind in einem schwarz-weißen Mosaik gestaltet, entworfen von kubanischen Künstlern wie Wifredo Lam und René Portocarrero, die sich dabei abstrakter geometrischer Zeichen aus der afrokubanischen Regla Conga (s. S. 79) und der Geheimgesellschaft Abakuá (s. S. 37) bedient haben.

In diesem unteren Teil der Rampa brodelt es vor Geschäftigkeit. Hier haben fast alle Fluggesellschaften ihre Büros, hier gibt es einen kleinen Kunsthandwerksmarkt, einige Restaurants, Souvenirgeschäfte etc. Auf einer Hauswand verkünden reichlich verwaschene Lettern »Ich lebe in einem freien Land«, eine Liedzeile aus längst vergangenen Zeiten, dann öffnet sich die Rampa dem Malecón und dem Meer.

Fundación Fernando Ortíz und Universidad de La Habana

Wenn man die Calle L am Hotel Habana Libre vorbei einige Hundert Meter hinaufgeht, kommt man linker Hand zu einer hübschen Kolonialvilla, in der die **Fundación Fernando Ortíz** 86 afrokubanische Konzerte und Veranstaltungen organisiert (Calle 27 Nr. 160, Ecke L, www.ffo.cult.cu). Von hier aus ist es nicht weit zur Freitreppe der **Universidad de La Habana** 88, wo an Wochenenden manchmal Bands unter freiem Himmel spielen (www.uh.cu).

Vedado

Sehenswert
- **1** – **81** s. Citypläne S. 165, 186
- **82** Hotel Riviera
- **83** Hotel Habana Libre
- **84** Edificio FOCSA
- **85** Parque Don Quijote
- **86** Heladería Coppelia
- **87** Fundación Fernando Ortíz
- **88** Universidad de La Habana
- **89** Museo Napoleónico
- **90** Museo de Artes Decorativas
- **91** Galería Haydée Santamaría
- **92** Casa de las Américas
- **93** Cementerio de Colón
- **94** Plaza de la Revolución
- **95** – **98** s. Cityplan S. 197

Übernachten
- **1** – **13** s. Citypläne S. 165, 186
- **14** Meliä Cohiba
- **15** Nacional
- **16** NH Capri
- **17** Hotel Chilehabanero
- **18** El Almendron Rosado
- **19** Casa Blanca
- **20** – **21** s. Cityplan S. 197

Essen & Trinken
- **1** – **16** s. Citypläne S. 165, 186
- **17** El Idilio
- **18** La Valentina
- **19** Arca de Noé
- **20** Decamerón
- **21** Ela y Paleta
- **22** – **24** s. Cityplan S. 197

Einkaufen
- **1** – **12** s. Citypläne S. 165, 186
- **13** Galería Juan David
- **14** La Habana Sí
- **15** Feria de la Rampa
- **16** Galerías de Paseo
- **17** Plaza Deportiva
- **18** s. Cityplan S. 197

Abends & Nachts
- **1** – **14** s. Citypläne S. 165, 186
- **15** UNEAC
- **16** Piano-Bar Delirio Habanero und Café Cantante Mi Habana
- **17** La Zorra y El Cuervo
- **18** Fábrica de Arte Cubano
- **19** Pabellón Cuba
- **20** Madrigal
- **21** 23 y h Bar
- **22** – **24** s. Cityplan S. 197

Aktiv
- **1** s. Cityplan S. 165
- **2** Cuba Real Tours
- **3** s. Cityplan S. 165
- **4** s. Cityplan S. 186
- **5** s. Cityplan S. 197
- **6** Vélo Cuba
- **7** s. Cityplan S. 165
- **8** s. Cityplan S. 197
- **9** Bios Spa
- **10** Club de Golf de La Habana

Museo Napoleónico **89**
Calle San Miguel 1159, Ecke Ronda, bei Redaktionsschluss vorübergehend geschl.

Einen Ausflug in die Geschichte unternimmt man im **Museo Napoleónico,** das mit seinen gut 7000 Exponaten eine der weltweit umfassendsten Ausstellungen über den französischen Staatsmann bereithält. Ein Großteil der Objekte wurde von dem Zuckerbaron Orestes Ferrara zusammengetragen, ein im späten 19. Jh. nach Kuba eingewanderter italienischer Rechtsanwalt, der die Unabhängigkeitskämpfe gegen Spanien unterstützte und später auf der Insel politisch Karriere machte, u. a. als Botschafter Kubas in den Vereinigten Staaten. Zu den Highlights des in Orestes' früherem Wohnhaus eingerichteten Museums gehören Napoleons Zweispitz, Taschenuhr und seine Totenmaske.

Museo de Artes Decorativas **90**
Calle 17, Ecke Calle E, Di–Sa 10–16 Uhr, 200 CUP

In dem ehemaligen Wohnhaus der Gräfin María Luisa Gómez Mena finden sich über 30 000 Exponate dekorativer Prunkstücke der oberen Gesellschaftsschichten verschiedener Epochen und Jahrhunderte.

Galería Haydée Santamaría **91**
Av. de los Presidentes, Ecke 5, Mo–Fr 10–16 Uhr, Eintritt frei

Wechselausstellungen mit zeitgenössischer Kunst aus ganz Lateinamerika präsentiert die **Galería Haydée Santamaría,** benannt nach einer Revolutionsgefährtin von Fidel Castro, die am 26. Juli 1953 an dem von ihm geleiteten Angriff auf die Moncada-Kaserne in Santiago de Cuba teilgenommen hatte.

La Habana

Casa de las Américas 92
Calle 3, Ecke Av. de los Presidentes, www.casadelasamericas.org, Mo–Fr 8–17 Uhr, Eintritt frei
In der von Haydée Santamaría gegründeten **Casa de las Américas,** ein Studienzentrum für lateinamerikanische Kultur, finden regelmäßig Literaturlesungen, Theater, Podiumsdiskussionen etc. statt. Die hier beheimatete **Galería Latinoamericana** zeigt in wechselnden Ausstellungen ebenfalls zeitgenössische Kunst aus Lateinamerika. Außerdem bringt das Studienzentrum vier Mal jährlich ein in ganz Lateinamerika vertriebenes und anerkanntes Kulturmagazin heraus. Im angeschlossenen Buchladen stehen Bildbände, Literatur sowie Drucke ausgestellter Werke zum Verkauf.

Cementerio de Colón 93
Calzada de Zapata, Ecke 12, tgl. 8–17 Uhr, Eintritt frei
Am südlichen Rand des Stadtteils Vedado befindet sich der **Cementerio de Colón,** benannt nach Christoph Kolumbus. (Es gehört zu den Hintersinnigkeiten des kubanischen Humors, die Totenstadt und das ehemalige Rotlichtviertel mit dem Namen des Entdeckers zu schmücken.) Mit etwa 800 000 Gräbern und fast 100 000 Grabdenkmalen ist er einer der größten Friedhöfe in ganz Lateinamerika, sein Wegenetz umfasst an die 20 km. Reiche Familien aus den Zuckerdynastien, die Helden der Unabhängigkeitskriege und der Revolution, kirchliche Würdenträger, berühmte Dichter und Intellektuelle (Alejo Carpentier, Nicolás Guillén, José Lezama Lima) sowie legendäre Musiker (Ibrahim Ferrer, Rubén González) haben hier ihre letzte Ruhestätte gefunden. Das monumentale Eingangsportal stammt von dem Bildhauer Villatta de Saavedra und stellt Glaube, Hoffnung und Barmherzigkeit dar.

Links neben dem Eingang liegt das Grabmal der Grafen de Mortera, eines der ältesten auf dem gesamten Friedhof. Daneben erinnert der Panteón de los Emigrados an Kubaner, die das Land vor der Revolution 1959 aus politischen Gründen verließen. Weiter auf der Hauptstraße, ebenfalls links, wird mit einem Denkmal der Studenten gedacht, die 1871 unter falscher Anschuldigung hingerichtet wurden, und im nächsten Block rechts erinnert eine Gedenkstätte an alle Revolutionäre, die bei der Landung der Jacht Granma 1956 im Oriente ums Leben kamen. Daneben liegt die Gedenkstätte für die Generäle der Unabhängigkeitskriege.

Rund um die Hauptstraße kann man besonders viele Grabstätten sehen, deren Erbauer sich zumindest architektonisch durch Originalität verewigen wollten. Minipaläste im Art-déco-Stil und ein den ägyptischen Pyramiden nachempfundenes Privatmonument konkurrieren mit Tausenden steinerner sahneweißer Engel, die in Seligkeit erstarrt scheinen. Leider sind große Teile des Friedhofs dem Verfall ausgesetzt und viele der prächtigen Ruhestätten einsturzgefährdet.

Plaza de la Revolución 94
Paseo, zw. Av. Carlos Céspedes und Av. Independencia; Monumento José Martí: bei Redaktionsschluss vorübergehend geschl., Postmuseum: Av. Independencia, Mo–Do 8–17.30, Fr 8–16.30 Uhr, 200 CUP
Beton (fast) so weit das Auge blickt: Gigantische 72 000 m^2 misst Havannas **Plaza de la Revolución,** auf der Fidel Castro seine legendären – und gefürchtet langen – Reden hielt. Hier finden offizielle politische Versammlungen mit bis zu 1 Mio. Menschen statt, hier durfte der Papst seine Eucharistiefeier abhalten und nicht zuletzt wird hier Kubas Nationalheld Nummer eins mit einem Obelisken und einer Statue geehrt. Das knapp 142 m hohe, sternförmige **Monumento a José Martí** ist zugleich Havannas höchster Aussichtsturm, der bei gutem Wetter einen fantastischen Panoramablick eröffnet. Im Erdgeschoss informiert ein **Museum** über den Freiheitskämpfer. Wie der Platz wurde auch der Turm bereits in vorrevolutionärer Zeit begonnen, aber erst nach Fidels Machtantritt fertiggestellt.

An der Plaza de la Revolución schlägt auch das politische Herz Kubas, denn drumherum liegen einige der wichtigsten Behörden des Landes. Auf der Nordseite outet sich das **Ministerio del Interior** (Innenministerium) durch ein großes stilisiertes Porträt von Che Guevara an seiner Fassade, natürlich fehlt auch nicht dessen berühmter Spruch »Hasta la Victoria

Miramar, Playa, Marina Hemingway

Für ausländische Besucher eine Sehenswürdigkeit, für die Einheimischen ein Ort zum Innehalten: der Cementerio de Colón

Siempre« (›Immer bis zum Sieg‹). Unmittelbar daneben wird das **Ministerio de la Informática y de las Comunicaciones** (Informations- und Kommunikationsministerium) von einem Bildnis Camilo Cienfuegos' geziert, einem weiteren der führenden Revolutionäre an der Seite Fidel Castros. Im Erdgeschoss zeigt das **Museo Postal Cubano** u. a. Briefmarken aus aller Welt. An der Nordostseite der Plaza de la Revolución befindet sich die **Biblioteca Nacional José Martí**, fast gegenüber steht das **Teatro Nacional** und die gesamte Südflanke nimmt das Gebäude des **Comité Central del Partido Comunista de Cuba** (Zentralkomitee der Kommunistischen Partei Kubas) ein.

Miramar, Playa, Marina Hemingway

Cityplan: S. 197
Die Verlängerung des Malecón gen Westen ist die karibische Variante der Fifth Avenue, die **Quinta Avenida** – nicht ganz so belebt, aber mindestens so elegant wie ihr New Yorker Vorbild. An dieser baumbestandenen Prachtstraße in der Nähe der Küste ziehen sich das ehemalige Nobelviertel **Miramar** und das angrenzende **Playa** entlang. Hier befinden sich die meisten ausländischen Botschaften, das Theater Carlos Marx, einige sehr gute Restaurants sowie ein paar wenige Sehenswürdigkeiten.

Casa-Museo Compay Segundo 95
Calle 22 Nr. 103, zw. 1ra und 3ra, Mo–Fr 9–16 Uhr, Eintritt frei
Ry Cooder und Wim Wenders verhalfen dem Musiker Compay Segundo (s. S. 96) zu spätem Weltruhm und zu diesem Haus, in dem er zusammen mit seinem jüngsten Sohn seine letzten Jahre verbrachte. Dieser machte nach dem Tod von Compay ein Museum daraus, das u. a. anhand von dessen erster Klarinette, Originalpartituren, Fotografien, Auszeichnungen und vielen anderen persönlichen Objekten die spannende Lebensgeschichte des Künstlers veranschaulicht.

Maqueta de La Habana 96
*Calle 28 Nr. 113, zw. 1ra und 3ra,
Di–Sa 9.30–15 Uhr, 200 CUP*
Unbedingt einen Besuch wert ist die **Maqueta de La Habana**: Havanna als 22 x 8 m großes Modell, nach dem von New York das zweitgrößte Stadtmodell der Welt.

Acuario Nacional 97
Av. 3ra, Ecke 62, www.acuarionacional.cu, Di–So 10–18 Uhr, Erw. 15 CUP, Kin. bis 12 J. 9 CUP
Im riesigen **Acuario Nacional** können sich Nicht-Taucher mit der karibischen Meeresfauna und -flora vertraut machen. Für Kinder gibt es zahlreiche Unterhaltungsangebote, u. a. fragwürdige Delfinshows.

Marina Hemingway 98
Av. 5ta, Ecke 248, Santa Fe, www.hemingway cuba.com (> Marina Hemingway Cuba)
Noch weiter nach Westen, immer die Quinta Avenida und ihre Fortsetzung entlang, liegt das Tourismuszentrum Marina Hemingway, ein Freihafen mit vier je 1 km langen Kanälen. Hier finden die jährlichen Angelwettbewerbe statt, einer davon zu Ehren Hemingways. Die Anlage entstand nach der Revolution und hat mit Hemingway nur den Namen gemein, doch findet man hier Tennisplätze, einige Geschäfte und Boutiquen, Bars und Nachtklubs sowie mehrere Restaurants. Die Seeluft hat die meisten Gebäude ziemlich angegriffen, sodass sie keinen besonders anheimelnden Eindruck machen. Jachten können gemietet werden, außerdem werden diverse Wassersportarten angeboten und man kann zum Hochseeangeln gehen.

Fusterlandia 99
*Stadtteil Jaimanitas, tgl. 9.30–16 Uhr,
50 CUP*
In direkter Nachbarschaft zur Marina Hemingway begann 1995 der kubanische Künstler José Fuster damit, einzelne Gebäude mit bunten Mosaiken zu verzieren und gestaltete über Jahrzehnte nach und nach das ganze Viertel zu einem einzigen großen Kunstwerk um, das an »Gaudí auf LSD erinnert«, wie ein Besucher einmal bemerkte. Fusterlandia wächst noch immer weiter.

Miramar und Playa

Sehenswert
- 1 – 94 s. Citypläne S. 165, 186, 193
- 95 Casa-Museo Compay Segundo
- 96 Maqueta de La Habana
- 97 Acuario Nacional
- 98 Marina Hemingway
- 99 Fusterlandia

Übernachten
- 1 – 19 s. Citypläne S. 165, 186, 193
- 20 Casa Lianmy
- 21 Casa Doña Angela

Essen & Trinken
- 1 – 21 s. Citypläne S. 165, 186, 193
- 22 Vistamar
- 23 7 Días
- 24 Bella Ciao

Einkaufen
- 1 – 17 s. Citypläne S. 165, 186, 193
- 18 La Casa del Habano

Abends & Nachts
- 1 – 21 s. Citypläne S. 165, 186, 193
- 22 Teatro Carlos Marx
- 23 Casa de la Música Miramar
- 24 Dos Gardenias

Aktiv
- 1 s. Cityplan S. 165
- 2 s. Cityplan S. 193
- 3 s. Cityplan S. 165
- 4 s. Cityplan S. 186
- 5 Paradiso
- 6 s. Citypläne S. 165, 193
- 7 s. Cityplan S. 165
- 8 Vida Spa
- 9 – 10 s. Cityplan S. 193

Infos
Infotur: u. a. Calle Obispo 524, zw. Bernaza und Villegas, Habana Vieja; Av. del Puerto, Ecke Cuba, Habana Vieja; beide tgl. 10–13, 14–17 Uhr.
Ecotur: 5ta Av., Ecke 13 (Playa), Tel. 72 73 15 42, Mo–Fr 8–17 Uhr.
Banco Financiero Internacional: Calle Oficios, Ecke Brasil, Habana Vieja; im Hotel Habana Libre, Calle L, Ecke 23, Vedado.
Cadeca: Calle Baratillo, Ecke Oficios, Mo–Sa 8.30–20, So 9–18 Uhr; Calle Obispo 257, zw. Cuba und Aguiar, mit Geldautomaten; Mo–Sa 8.30–12.30, 13–16, So 8.30–11.30 Uhr.
Internet: Etecsa, Calle Obispo 351, Ecke Habana und Obispo 457, zw. Villegas und Aguacate (nur Kartenzahlung), Habana Vieja; Calle M, zw. 17 und 19, Vedado; alle Mo–Sa 9–19 Uhr.

Übernachten
Die meisten Unterkünfte liegen in der Altstadt, die sich – mit allen Vor- und Nachteilen – komplett dem Tourismus verschrieben hat. Wer nachts gerne ein Auge zumacht, sollte Vedado den Vorzug geben, wo es ruhiger und entspannter zugeht. Außerdem findet man hier vorzügliche Restaurants, das anspruchsvollere und abwechslungsreichere Nachtleben sowie ein in der Regel besseres Preis-Leistungs-Verhältnis bei den Casas Particulares.
… in Habana Vieja:
Nobel geht die Welt zugrunde – **Gran Hotel Manzana Kempinski** 1 : Calle San Rafael, zw. Agramonte und Av. de Bélgica, Tel. 78 69 91 00, www.gaviotahotels.com, www.kempinski.com. Hinter der restaurierten Originalfassade von Kubas erstem Kaufhaus in der Manzana de Gómez (s. S. 181) verbirgt sich eines von Havannas Top-Hotels. Geboten wird internationaler, mit fünf Sternen ausgezeichneter Standard, u. a. eine aussichtsreiche Dachterrasse mit Infinity-Pool und einer Bar (tgl. 11– 23 Uhr), die sich innerhalb kürzester Zeit zum In-Treff für den Sundowner entwickelt hat. In der dazugehörigen Einkaufspassage mit Boutiquen von Armani bis Versace kriegen Kubaner Herzflattern – das, was hier manche für ein Outfit bezahlen, würde ihnen mehrere Jahrzehnte zum Leben reichen … 246 Zi., €€€

In Havannas Bäckereien kann man sich günstig mit Empanadas und anderen Snacks versorgen

Platzhirsch – **Santa Isabel** 2 : Calle Baratillo 9, Plaza de Armas, Tel. 78 60 82 01, www.gaviotahotels.com. Im ehemaligen Palast der Grafen von Santovenia aus dem 18. Jh. lässt sich fein leben – mit charmantem Patio, antiken Möbeln aus Edelhölzern und Blick auf die historische Plaza de Armas. Besonders schönes und originelles Hotel mit vielen liebevollen Details und einer Dachterrasse, die einen herrlichen Blick über die Altstadt bietet. 27 Zi., darunter 10 Suiten mit Jacuzzi. €€€

Für Zigarrenfans – **Conde de Villanueva** 3 : Calle Mercaderes 202, Ecke Lamparilla, Tel. 78 62 92 93/94, www.gaviotahotels.com. In diesem Hotel kann man nicht nur elegant schlafen, sondern auch ganz viel rauchen, denn neben einem exzellenten Zigarrengeschäft bietet es einen Zigarrenklub sowie passende Aufbewahrungsmöglichkeiten für die kostbaren Glimmstängel. 9 Zi., €€€

Moderne Studios – **Loft Habana** 4 (privat): Calle Oficios 402, zw. Luz und Acosta, Tel. 52 58 85 40 (WhatsApp), www.estampacollection.com. Hinter einer Kolonialfassade verbergen sich elf komfortable Zimmer, alle mit Mezzanin, die Junior Suiten mit eigenem Balkon. Von der Dachterrasse schweift der Blick über die gesamte Hafenbucht. Flughafentransfer und WLAN inklusive. €€€

Kuriose Atmosphäre – **Los Fraíles** 5 : Calle Brasil 8, zw. Oficios und Mercaderes, Tel. 78 62 93 83, www.gaviotahotels.com. Man wohnt in einem Palast aus dem 18. Jh., das Personal trägt Mönchskutten – ein ruhiges Plätzchen im quirligen Althavanna. 22 Zi., €€€

Penthouse an der Plaza Vieja – **Penthouse Plaza Vieja** 39 (privat): Calle Mercaderes 315–317, Tel. 52 78 22 16, www.facebook.com (> Penthouse Plaza Vieja), penthouseplazavieja@gmail.com. Wer das Nachtleben auf der Plaza Vieja von oben betrachten möchte, der sollte in eines der beiden stilvoll eingerichteten Zimmer im obersten Stockwerk der Casa de la Familia Franchi-Alfaro einziehen! Von der begrünten Dachterrasse aus hat man den gesamten Platz im Blick, dafür kann es abends ein bisschen lauter sein. €€

Zentral und gemütlich – **Hostal Calle Habana 559** 6 (privat): Calle Habana 559, zw. Teniente Rey und Amargura, Tel. 52 37 37 80, https://newhostalcallehabana559.somosbuscaqui.com, callehabana559@gmail.com. Keine Casa Particular, sondern ein – traumhaftes – Boutiquehotel mit sechs hübsch im modern-kolonialen Stil eingerichteten Zimmern, Frühstücksraum, Dachterrasse und äußerst angenehmer Atmosphäre. €€

Unabhängiges Apartment – **Casa Saavedra** 7 (privat): Calle Chacón 156, zw. Compostela und Habana, Apto. 2, Tel. 78 67 30 17, 54 01 47 25. Optisch keine Augenweide, aber ein ordentliches, sauberes und überdies günstiges Apartment mit einem Schlafzimmer, komplett ausgestatteter Küche sowie Balkon zur Straße. Der Vermieter ist ein netter älterer Herr namens Francisco. €€

Schlafen im Kloster – **Convento de Santa Brígida y de Madre Isabel** 8 : Calle Brasil 7, zw. Oficios und Mercaderes, Tel. 78 66 43 15, brigidahabana@ohc.cu, www.brigidine. org. 19 Zimmer unterschiedlicher Größe und Ausstattung in einem Kloster, mittendrin und doch sehr ruhig, allerdings könnte die Atmosphäre heimeliger sein. Mit den Einnahmen werden karitative Projekte unterstützt. €–€€

Tolle Gastgeber – **Green House** 9 (privat): Calle San Ignacio 656, zw. Jesús María und Merced, Tel. 78 62 98 77, 52 92 14 41 (WhatsApp), fabio.quintana@infomed.sld.cu. Nicht von außen abschrecken lassen, denn hinter der Türe dieses Kolonialhauses warten liebe Gastgeber, vier über zwei Stockwerke verteilte Zimmer und zwei aussichtsreiche Terrassen. Das Haus wird von Fabio und Eugenio sehr professionell geführt. €

Zu Besuch bei Fidel – **Reservas el Cristo 461** 10 (privat): Calle Brasil 461, zw. Cristo und Bernaza, Tel. 53 32 86 70, www.facebook. com (> Reservaselcristo461), reservaselcristo 461@gmail.com. Direkt an der schönen Plaza del Cristo gelegen, die man vom großen Gemeinschaftsbalkon aus genießen kann. Besitzer Fidel ist auch künstlerisch tätig, überall im Haus hängen seine Muschelbilder. Die Zimmer sind ohne Schnickschnack eingerichtet, aber freundlich und sauber – drei liegen im hinteren Bereich, das vierte hat ein Fenster zum Platz. €

Mit Ausguck – **Mirador de Paula** 11 (privat): Calle Leonor Pérez 110, zw. Damas und Cuba, Tel. 78 60 39 87, 52 63 79 02, www.viajeskronos cuba.com. Fünf Zimmer, am schönsten ist die Nr. 1 mit Fenster zur Straße und eigenem Balkon. Insgesamt gibt es drei auf drei Ebenen verteilte Terrassen – vom Mirador ganz oben bietet sich ein gigantischer Blick über die Bucht und bis zum Capitol. Im Erdgeschoss verfügt das von der gleichen Familie betriebene Hostal La Caridad über vier weitere Zimmer. €

… in Centro Habana:

Neues Wahrzeichen – **Iberostar Grand Packard** 12 : Prado 51, zw. Cárcel und Genios, Tel. 78 23 21 00, www.ibercuba.com. Havannas neues Vorzeigehotel der Spitzenklasse am Rande der Altstadt. Insgesamt 321 luxuriöse Zimmer, drei Restaurants, der Spabereich und der Außenpool in der 10. Etage mit Panoramablick auf die Bucht und das Castillo de los Tres Reyes del Morro lassen den Aufenthalt zum Highlight eines Havannabesuchs werden. €€€

Fast am Malecón – **Casa 1932** 13 (privat): Calle Campanario 63, zw. San Lázaro und Lagunas, Tel. 52 64 38 58, casahabana@gmail, www.casahabana.net. Schönes Kolonialhaus nur einen Block vom Malecón entfernt. Die drei Zimmer gehen auf einen mit viel Grün und vielen Emailleschildern ausgestalteten, gemütlichen Patio. Sehr netter Besitzer und sehr gepflegte Atmosphäre. €

… in Vedado:

Modern & elegant – **Meliã Cohiba** 14 : Paseo, zw. 1ra und 3ra, Tel. 78 33 36 36, www. melia.com. Eine der modernsten Unterkünfte in Vedado, direkt am Malecón. Zum Hotel gehören das Habana Café (s. S. 207) und das Restaurant La Piazza mit wunderbar knusprigen Pizzas. 462 Zi., darunter 64 Suiten mit Blick auf Meer oder Garten. Noch ein Plus: kostenloser Shuttle in die Altstadt. €€€

Historisches Gemäuer – **Nacional** 15 : Calle 21, Ecke O, Tel. 78 38 02 94, www.hotelnacio naldecuba.com. Auf einem Felsen über dem Malecón dominiert der wuchtige neoklassizistische Bau aus den 1930er-Jahren die Skyline von Havanna. In den 1950er-Jahren war das Nacional ein beliebter Treffpunkt der High Society aus Hollywood und Miami. Selbst wenn man hier nicht nächtigt, zumindest einen Mojito sollte man sich in der Kolonnadenbar genehmigen, die in den prächtigen Garten führt. 461 Zi., 17 Suiten. €€€

La Habana

Mafia-Hotel – **NH Capri** 16 : Calle 21, zw. N und O, Tel. 78 39 72 00, www.nh-hotels.de. Eine der Hotelikonen Havannas aus den 1950er-Jahren ist 2014 wieder auferstanden – von außen kein Schmuckstück, aber innen topmodern und mit allen Annehmlichkeiten, u. a. drei Restaurants und drei Bars, teils mit fantastischer Aussicht auf die Stadt, Dachterrassenpool und Salón Rojo (s. S. 207). 220 Zi., €€€

Schickes B & B – **Hotel Chilehabanero** 17 (privat): Calle M 257, zw. 19 und 21, Tel. 78 35 26 91, www.hotelchilehabanero.com. Das kleine Hotel bietet sechs nach kubanischen Provinzhauptstädten benannte, schicke Zimmer im 3. Stock eines vierstöckigen Hauses, nur einen Steinwurf von der Heladería Coppelia (s. S. 191) entfernt. Alle Zimmerpreise beinhalten ein Frühstück, das im zentralen und hellen Frühstücksraum serviert wird. €€

Rosa Mandel – **El Almendron Rosado** 18 (privat): Calle 19 Nr. 459, zw. E und F, Tel. 78 36 11 14, www.elalmendronrosado.com. Dieses kürzlich renovierte herrschaftliche Haus aus dem Jahre 1923 bietet Gästen drei komfortable, minimalistisch gestaltete und ruhige Zimmer sowie eine riesige Dachterrasse. €€

Stadt und Meer zu Füßen – **Casa Ariel – Focsa** 84 (privat): Calle 17, zw. M und N, www.alojamientosencuba.com (> Casa Particular Ariel Claudia Focsa). Ariel und Claudia haben in ihrem Apartment im 16. Stock des legendären Focsa-Gebäudes (s. S. 190) zwei Gästezimmer mit jeweils eigenem Bad eingerichtet. Die Zimmer haben Meerblick, genauso wie der Balkon, auf dem auch gefrühstückt werden kann. Die Aussicht wird nur getoppt vom Restaurant im 32. Stock, wo man den Tag mit einem Mojito gebührend verabschieden kann. €

Sehr hilfreiche Gastgeber – **Casa Blanca** 19 : Calle 13 Nr. 917, zw. 8 und 6, Tel. 78 33 56 97, 54 98 32 17, www.casablanca917.com. Schönes, ruhig gelegenes Kolonialhaus mit Balkon und kleiner Gartenterrasse sowie einem äußerst zuvorkommenden Gastgeberpaar. Vermietet werden drei schnörkellose Zimmer mit Bad. €

... in Miramar und Playa:

Haus am Meer – **Casa Lianmy** 20 (privat): 5ta Av. 26416, zw. 264 und 266, Tel. 52 63 50 05. Wer Natur und Erholung in Havanna sucht, ist in der Casa Lianmy an der richtigen Adresse. Das Haus besteht aus drei Zimmern, die auch einzeln zu mieten sind, und liegt direkt an der Marina Hemingway. Als besonderes Highlight gibt es eine überdachte Stegterrasse, auf der es sich wunderbar entspannen lässt. Gastgeberin Lianmy wohnt mit ihrer Familie im Nachbarhaus. €

Haus zu vermieten – **Casa Doña Angela** 21 (privat): Av. 37, Ecke 34, Tel. 72 03 51 43, www.facebook.com (> Casa Doña Angela). Die überaus herzliche und hilfsbereite Gastgeberin Doña Angela vermietet ein ganzes Haus mit drei Zimmern für bis zu insgesamt 6 Personen. Ein kostenloser Parkplatz steht zur Verfügung. Mit Sammeltaxis kann man von hier günstig bis zum Capitolio fahren. €€€

... beim Flughafen:

Flugzeuge im Bett – **Hostal Doña Amalia** (privat): Calle 188 Nr. 28509, zw. 285 und 289, Reparto Baluarte, Boyeros, Tel. 76 45 20 13, 52 63 39 28, www.donaamaliacuba.com. Nur 2 km vom Flughafen entfernt und daher ideal für die erste oder letzte Urlaubsnacht. Die insgesamt sieben Zimmer verteilen sich über ein großes Gartengrundstück. Transfer vom/zum Flughafen 30/10 €. Interessant für Radler: Kostenlose Kartonaufbewahrung! €

Essen & Trinken

... in Habana Vieja:

Warten lohnt sich – **Los Mercaderes** 1 (privat): 1. Stock, Mercaderes 207, zw. Lamparilla und Amargura, Tel. 78 01 24 37, tgl. 12–23 Uhr. Koloniales herrschaftliches Ambiente, das auch bezahlt werden will, schon die Vorspeisen liegen um 800 CUP, ein Beilagenreis kostet 350 CUP, allerdings wird dafür kulinarisch auch etwas geboten. Am schönsten sitzt es sich an einem der beiden Tische auf dem Balkon. €€–€€€

Romantisch – **Jacqueline Fumero** 2 (privat): Calle Compostela 1, Ecke Cuarteles, Tel. 78 01 51 62, www.jacquelinefumero.com, tgl. 8–23.30 Uhr. Auf der Plazuela del Ángel hat die Modedesignerin Jacqueline Fumero zusätzlich zu ihrer Boutique ein Café-Restaurant eröffnet – kaum irgendwo in Havanna sitzt man so

Adressen

ruhig und gleichzeitig so nett wie auf diesem kuscheligen Platz und das Essen ist auch sehr lecker. Frühstück mit frischem Baguette, Sandwiches und Crêpes. €€

Kulinarische Gassenhauer – Im stimmungsvollen Callejón del Chorro bei der Plaza de la Catedral haben sich gleich mehrere Restaurants niedergelassen, alle mit Tischen auf dem Kopfsteinpflaster. Folgende zwei Lokale überzeugen durch ihre Qualität und kommen daher auch ohne Schlepper aus: **Esto no es un Café** 3 (privat): tgl. 8.30–22 Uhr. Ein junges, engagiertes Team, einfallsreiche Speisen und ordentliche Portionen – was will man mehr? U. a. gibt es hier leckere Salate. €€. **Doña Eutimia** 4 (privat): tgl. 12–22 Uhr. Ein Dauerbrenner unter den Paladares in Habana Vieja – zu Recht. Auf den Tisch kommen fein zubereitete kreolische Gerichte, z. B. Ropa Vieja, bei denen das Preis-Leistungs-Verhältnis stimmt, zumal für eine so zentrale Lage und eine so nette Umgebung. Auch der Mojito kann sich sehen lassen. €€

Alternativ – **La Imprenta** 5 : Calle Mercaderes 208, tgl. 11–23.30 Uhr. Direkt gegenüber dem Los Mercaderes (s. S. 200) hat in der ehemaligen Druckerei La Habanera dieses schön eingerichtete Restaurant seinen Platz gefunden. Gutes Preis-Leistungs-Verhältnis und fast jeden Tag Livemusik. €€

Offenes Geheimnis – **Los Nardos** 6 : Paseo de Martí 563, zw. Dragones und Brasil, Tel. 78 63 29 85, tgl. 12–24 Uhr. Etwas düsteres und vor allem sehr heruntergekühltes Restaurant, aber extrem flotter Service und bodenständiges, aber gutes Essen, das in großen Portionen serviert wird. Auch sehr beliebt bei Einheimischen. Sollte die Warteschlange im Los Nardos zu lang sein, kann man auf das im gleichen Gebäude befindliche **El Asturianito** ausweichen. Beide Lokale werden von der spanischen Sociedad Asturiana betrieben und haben halbprivaten Status. €€

Zum Wohlfühlen – **Van Van** 7 : Calle San Juan de Dios 58, zw. Habana und Compostela, Tel. 78 60 24 90, www.vanvan-restaurant.com, tgl. 12–23.45 Uhr. Das Musikthema in diesem Lokal wird schon durch seinen Namen angedeutet: So heißt auch eine der weltweit besten Salsabands. An den bunten Wänden hängen Schallplatten und Instrumente, auf die Tische kommen gut zubereitete kubanische Speisen (in der Küche legt ein Schweizer Hand an), dazu gibt's einen wahrhaft köstlichen Mojito und jeden Abend Livemusik. Die Stimmung ist entsprechend gut! €€

Entspannt-gemütlich – **Saoco** 8 : Calle Compostela, Ecke Brasil, tgl. 12–24 Uhr. Ein kleines Juwel der Entschleunigung mitten in der hektischen Altstadt. Rustikale Einrichtung, eine schöne Galerie und eine noch schönere Außenterrasse, dazu gutes Essen und gute Drinks zu fairen Preisen. Ab dem frühen Nachmittag Livemusik. €€

Stilvoll – **Café del Oriente** 9 : Calle Amargura, zw. Mercaderes und Oficios, tgl. 10–23 Uhr. Café-Restaurant in staatlicher Hand, das trotz des mangelhaften Service ansprechendes Essen und guten Kaffee in einem stilvollen Ambiente bietet. €€

Potenzielles Stammlokal – **El Dandy** 9 : Calle Brasil 401, Ecke Villegas, www.bareldandy.com, tgl. 8–24 Uhr. Ob fürs Frühstück, auf ein leichtes Mittagessen oder den Drink am Abend, zum Postkarten schreiben, Lesen oder Leute beobachten: Das winzige El Dandy, ein Mix aus Galerie und Café-Bar, ist ein Ort, den man sofort ins Herz schließt. €€

Zum Frühstücken – **Café O'Reilly** 11 (privat): O'Reilly 106, zw. San Ignacio und Cuba, Tel. 78 63 66 84, tgl. 9–23 Uhr. Wer den Geruch von frisch gerösteten Kaffeebohnen liebt, ist hier goldrichtig. Hier wird Wert auf Qualität gelegt, das merkt man nicht nur beim Kaffee, sondern auch beim Service und der eleganten Einrichtung. Im 1. Stock gibt es einige Tische auf den Balkonen mit Blick auf das Treiben der Altstadtgasse. €€

Für Kaffeefans – **Café El Escorial** 39 : in der Casa de la Familia Franchi-Alfaro (s. S. 175), tgl. 9–22 Uhr. Auch hier duftet es herrlich nach frisch gemahlenem Kaffee, den man in vielen Variationen, bis hin zum Daiquirí de Café, serviert bekommt. Dazu gibt's Kuchen. €

… in Centro Habana:

Eine Legende – **La Guarida** 12 (privat): Calle Concordia 418, zw. Gervasio und Escobar, www.laguarida.com, Tel. 78 66 90 47, tgl.

12–16, 18–23.45 Uhr. Im wohl berühmtesten Paladar Havannas wurden Teile des Films »Erdbeer und Schokolade« gedreht. Allein der Treppenaufgang in dem völlig verbauten Gebäude ist sehenswert. Professionelle, fantasievolle Küche, z. B. Wolfsbarsch in Kokosmilchreduktion, Hühnchen in Honig-Limetten-Soße. Originelles Ambiente und eine tolle Dachterrassenbar. €€€

Schon fast Spitzengastronomie – **San Cristóbal** 13 (privat): Calle San Rafael 469, zw. Campanario und Lealtad, Tel. 78 60 17 05, Mo–Sa 12–24 Uhr. Gibt es eine bessere Empfehlung für einen Paladar, als wenn dort der frühere Chef der kubanischen Kochschule das Zepter schwingt? In vielleicht etwas zu üppig dekoriertem Ambiente serviert Carlos Cristóbal nicht minder kunstvoll angerichtete Speisen, die genauso munden wie sie aussehen. himmlisch! Auch Obama hat hier bei seinem Staatsbesuch gespeist. €€–€€€

Chile lässt grüßen – **Café Neruda** 14 (privat): Malecón 455, zw. Manrique und San Nicolás, tgl. 9–23 Uhr. Direkt am Malecón liegt dieses Café-Restaurant, das mit Fotos des bekannten chilenischen Dichters geschmückt ist. Von der Terrasse und dem Innenhof hat man einen Blick aufs Meer, serviert werden in erster Linie chilenische Gerichte auf der Basis von Meeresfrüchten und Rindfleisch. Es lohnt sich auch, auf einen Drink vorbeizuschauen. €€

Strategisch günstig – **Michifú** 15 (privat): Calle Concordia, Ecke Escobar, Tel. 78 62 48 69, Mi–Mo 12–24 Uhr. Versteckt in einer kleinen Straße und hinter einem Samtvorhang liegt dieses liebevoll geführte Kleinod von einem Restaurant. Hervorragendes Essen und gute Cocktails in rustikal-schicker Atmosphäre. Abends Livemusik. €€

Lässig – **Siá Kará Café** 16 (privat): Calle Industria 502, Ecke Barcelona, Tel. 78 67 40 84, So–Mi 11–24, Do–Sa 11–1 Uhr. Ein bisschen Vintage, ein bisschen modern, auf alle Fälle aber etwas Besonderes – das Lokal mit großer Sofaecke und wenigen Tischen empfiehlt sich nicht nur für einen Drink und Tapas, sondern auch zum Essen in entspannter Atmosphäre. €€

Chinesisch – **Barrio Chino:** Abwechslung in den kreolischen Speisealltag bringen die Lokale im chinesischen Viertel (s. S. 185). Fündig wird man v. a. in der Calle Cuchillo, wo u. a. das Tien Tan und das Tong Pau Laug liegen.

... in Vedado:

Leger-rustikal – **El Idilio** 17 (privat): Calle G 351, Ecke 15, Tel. 78 30 79 21, tgl. 12–24 Uhr. Vielfältige kubanische Hausmannskost und mediterrane Gerichte in guter Qualität und in gemütlichem Ambiente. Man sitzt, geschützt durch ein Dach, im Freien und kann den Köchen beim Brutzeln zusehen, der Schwerpunkt liegt auf Gegrilltem. Spezialität des Hauses: *solomillo a la losa* (Fleisch auf der heißen Steinplatte. €€–€€€

Mit Meerblick – **La Valentina** 18 (privat): La Calzada 15, Tel. 52 49 34 59, tgl. 12–24 Uhr. Ein Neuzugang in Havannas Gastronomieszene – und was für einer! Auf der halboffenen, überdachten Dachterrasse eines vierstöckigen Gebäudes bietet dieses versteckte und sehr intime Restaurant nicht nur gute mediterrane Küche und ein exzellentes Preis-Leistungs-Verhältnis, sondern auch Sicht auf den Malecón und das Meer. Die Cocktails sind genauso lecker wie das Essen, weshalb sich das gemütliche Lokal auch gut für einen Drink zum Sonnenuntergang eignet. €€

Für Leckermäuler – **Arca de Noé** 19 (privat): Av. 23 (La Rampa) 660, Tel. 50 00 62 73, tgl. 9–21 Uhr. Die ungewöhnliche Mischung aus Konditorei und Restaurant geht durchaus auf. Die Torten gehören zum Besten, was Kuba auf diesem Gebiet zu bieten hat, und auch die Baguettes sind nicht schlecht. €€

Viel gelobt – **Decamerón** 20 (privat): Línea 753, zw. Paseo und 2, Tel. 78 32 24 44, www.facebook.com (> Restaurante Decamerón), tgl. 12–24 Uhr. Paladar mit italienischer, internationaler und kubanischer Küche, freundlichem Service und vergleichsweise fairen Preisen. Innen gediegenes Ambiente mit vielen Gemälden und antiken Uhren an den Wänden, auf der Terrasse kann es leider recht laut werden. €€

Eis deluxe – **Ela y Paleta** 21 (privat): Calle 9, zw. F und G, Tel. 53 33 14 20, tgl. 10–22 Uhr. Nur einen halben Block von der Avenida de los Presidentes entfernt befindet sich unübersehbar in einer rosa gestrichenen Stadtvilla die

Adressen

derzeit angesagteste Eisdiele der Stadt. Sie ist so beliebt, dass man meistens einige Zeit in der Schlange steht. Aber das Warten lohnt sich. Tipp: Unbedingt das nach persönlichen Wünschen frisch gerollte Eis probieren – ein neuer Food-Trend aus Thailand. €

... in Miramar und Playa:
Edel – **Vistamar** 22 (privat): Av. 1ra 2206, zw. 22 und 24, Tel. 72 03 83 28, www.facebook.com (> Paladar Vistamar), tgl. 12–24 Uhr. Ein 1950er-Jahre Bungalow direkt am Meer, im Erdgeschoss rund um den Pool eine schicke Lounge mit für kubanische Verhältnisse hervorragender Getränkekarte, im 1. Stock ein vorzügliches Restaurant mit Tischen drinnen oder auf einer großen, mit Teakmöbeln bestückten Terrasse. Für dieses Ambiente mit romantischem Meerblick muss man etwas tiefer in die Tasche greifen, aber das Preis-Leistungs-Verhältnis ist dennoch okay und die Küche zaubert kreative Gerichte hervor. €€€

Direkt am Meer – **7 Días** 23 (privat): Calle 14, zw. 1ra Av. und dem Meer, Tel. 72 09 68 89, tgl. 12–23.30 Uhr. Dieses Privatrestaurant besticht vor allem mit seiner Terrasse direkt am Meer. Auch die meeresfrüchtelastige Küche ist nicht schlecht, obwohl das Preis-Leistungs-Verhältnis etwas aus den Fugen geraten ist – man zahlt hier für die Lage drauf. Dafür ist die Getränkekarte üppig und die Drinks sind gut, sodass es sich auch lohnt, hier auf einen Drink zum Sonnenuntergang oder vor einem Konzertbesuch im nahen Teatro Carlos Marx (s. S. 207) vorbeizuschauen. €€€

Knusprige Pizza – **Bella Ciao** 24 (privat): Calle 19, Ecke Calle 72, Tel. 72 06 14 06, www.facebook.com (> Bella Ciao Ristopizza), tgl. 11.30–23.30 Uhr. Während die überwältigende Mehrheit der Restaurants in Kuba mehr schlecht als recht gemachte Pizzen anbietet, gibt es hier Pizza nach original italienischer Art (die Besitzer kommen aus Livorno) in gemütlich-familiärer Atmosphäre. €€

Einkaufen

... in Habana Vieja:
Bücher & Co. – Fremdsprachige Magazine bekommt man, wenn überhaupt, in den großen Hotels. **Librería Fayad Jamís** 1 : Calle Obispo 261. Sehr gut sortierte Buchhandlung, viel Literatur über Kuba, auch fremdsprachige Romane. **Antiquarischer Büchermarkt:** auf der Plaza de Armas, tgl. 10–18 Uhr, s. S. 161. Auch neue Filmplakate kubanischer Streifen. **Librería Victoria** 2 : Calle Obispo 366, tgl. 10–18 Uhr. In diesem urigen Bücherladen finden sich nicht nur bis an die Decke gestapelte gebrauchte und neue Bücher (hauptsächlich auf Spanisch, aber auch einige deutschsprachige Bücher sind dabei), sondern auch allerhand gebrauchte Schallplatten mit kubanischer und internationaler Musik, wobei ein Schwerpunkt auf alten Jazzplatten liegt.

Kunst & Kunsthandwerk – **Almacenes San José** 3 : s. S. 180. **Taller Experimental de Gráfica** 13 : s. S. 168. **Studio Villanueva** 4 : Calle Aguacate 254, Ecke Obispo, www.villanueva26256.com, tgl. 10–20 Uhr. Moderne, meist abstrakte Malerei des gleichnamigen Künstlers. **Matty** 5 : Calle Obispo 465, Ecke San Ignacio, tgl. 10–17 Uhr. Hier werden Kreationen junger kubanischer Designer und Geschenkartikel aller Art verkauft. **Centro de Arte La Casona** 30 : s. S. 173. **Casa del Abanico** 6 : Calle Obrapía 107, Mo–Sa 10–17, So 10–13 Uhr. Handgefertigte Fächer in allen Farben und Mustern. **Patio de los Artesanos** 7 : Calle Obispo 411, tgl. 10–18 Uhr. Ein weiterer Kunsthandwerksmarkt mit dem üblichen Angebot. **Galería 360** 8 : Calle Obispo 360, Mo–Sa 10–22 Uhr. Zusammenschluss von vier Künstlern, die hier ihre Werke ausstellen.

Fotozubehör – **Foto Obispo** 9 : Calle Obispo 307, Mo–Sa 10–19, So 10–13 Uhr.

Zigarren und Rum – **Casa del Ron y del Tabaco** 10 : Calle Obispo, Ecke Bernaza, tgl. 9–19 Uhr. Rum aller Alters- und Preisklassen, hinzu kommt ein großes Angebot an Zigarren. **Real Fábrica de Tabacos Partagás** 77 : s. S. 185.

Gewürze, Tee etc. – **Marco Polo** 11 : Calle Mercaderes 111, Mo–Sa 9–18, So 11–14 Uhr.

... in Centro Habana:
Souvenirs und mehr – **Calle San Rafael** 12 : In der fünf Blocks langen Fußgängerzone, die zwischen dem Gran Teatro und dem Hotel Inglaterra beginnt, haben sich viele kleine Geschäfte angesiedelt, in denen man Bücher,

La Habana

GRAN TEATRO DE LA HABANA

Im **Gran Teatro de La Habana** 68 (s. S. 182) haben das Nationalballett und die Oper ihren Sitz. Vor allem die Vorstellungen des Balletts sind bei der kubanischen Bevölkerung ungemein beliebt – der Run auf die Eintrittskarten ist groß, es empfiehlt sich daher, die Tickets rechtzeitig zu kaufen. Der Grund für die große Popularität des Nationalballetts liegt in der Person der langjährigen Primadonna assoluta und Begründerin der Kompagnie, Alicia Alonso, die bereits zu Lebzeiten eine Legende war. Die schon einige Jahre vor ihrem Tod völlig erblindete Alicia Alonso hat eine sehr eigene Art des kubanischen Balletts entwickelt, das in der Fachwelt größte Anerkennung genoss.

Obwohl auch das Gran Teatro unter der allgemeinen Knappheit schwer zu leiden hat, sollte man sich eine Aufführung nicht entgehen lassen. Ob im klassischen Repertoire mit Giselle und Schwanensee oder in modernen, afroubanisch beeinflussten Inszenierungen: Das Nationalballett von Kuba ist Spitzenklasse. Da das Gran Teatro derzeit renoviert wird, finden dort bis zum Abschluss der Arbeiten keine Aufführungen statt. Zwischenzeitlich fängt das Nationaltheater einen Teil des Programmes ab (Info: 78 78 07 69, www.teatronacional.cu). Es finden jedoch unregelmäßig Führungen durch das Gebäude (ca. 100 CUP) statt, am besten nach den aktuellen Terminen am (sporadisch geöffneten) Ticketschalter fragen.

CDs, Kunsthandwerk, Gemälde, Klamotten und Souvenirs bekommt.
… in Vedado:
Musik & Film – **Galería Juan David** 13 : Calle 23, Ecke L, links neben dem Eingang zum Cine Yara, Mo–Fr 10–17, Sa 10–13 Uhr. Filmplakate kubanischer Streifen für wenig Geld. **La Habana Sí** 14 : Calle L 301, Ecke 23, Mo–Sa 10–21, So 10–19 Uhr. Artex-Filiale mit großer Auswahl an CDs, Souvenirs, Postkarten etc.
Kunsthandwerk – **Feria de la Rampa** 15 : Calle 23 (Rampa), zw. M und N, Mo–Sa 9–17, So 9–15 Uhr. Markt mit zahlreichen Ständen und breitem Angebot.
Einkaufszentrum – **Galerías de Paseo** 16 : Paseo, Ecke 1ra, gegenüber dem Hotel Meliá Cohiba, Mo–So 10–18 Uhr. Neben Boutiquen gibt es hier auch einen großen Supermarkt.
Sportartikel – **Plaza Deportiva** 17 : Av. 1ra, Ecke B, Mo–So 9–19 Uhr. Hier versammeln sich diverse Filialen von Sportartikelherstellern, u. a. Adidas, Puma, Fila und Kappa.
Zigarren und Rum – **Casa del Habano** 15 : im Hotel Nacional, s. S. 199.
… in Miramar:
Zigarren – **La Casa del Habano** 18 : Av. 5ta, Ecke 16, Mo–Sa 9–19, So 9–14 Uhr. Der erstklassige Zigarrenladen wird ergänzt durch einen Rauchersalon, ein Billardzimmer und ein Restaurant.

Abends & Nachts

In Habana Vieja stolpert man praktisch an jeder Ecke über ein Lokal, in dem eine Liveband à la Buena Vista Social Club auftritt. Die qualitativ hochwertigeren Darbietungen finden zumeist in anderen Stadtvierteln statt, v. a. in Vedado. Infos über aktuelle **Veranstaltungen** jeglicher Art findet man auf diversen Websites, zumeist unter dem Stichwort

Adressen

›Cartelera‹, z. B. www.lajiribilla.cu, www.lapapeleta.cult.cu, www.artexsa.com, www.suenacubano.com, www.cubarte.cult.cu, www.habanacultural.ohc.cu sowie www.cubaescena.cult.cu.

… in Habana Vieja:
Bars – **1** – **9** s. S. 206
Shows – **Legendarios del Guajirito** **10** : Av. Agramonte 660, zw. Apodaca und Gloria, Tel. 78 63 30 09, www.legendariosdelguajirito.com, tgl. ab 20.30 Uhr, 40 USD inkl. drei Drinks. Top-Künstler lassen den Buena Vista Social Club lebendig werden – die Show hat Schmiss, das Kombiticket inkl. Essen (70 USD) ist rausgeschmissenes Geld. Reservierung nötig. **Tradicionales de los 50** **11** : Av. de Bélgica 504, zw. Máximo Gómez und Dragones, Sociedad Rosalía de Castro, Tel. 52 70 52 71, www.tradicionalesdelos50musicacubana.com, tgl. ab 20.30 Uhr, 3500 CUP inkl. drei Drinks. Auch hier huldigen fantastische Musiker der ›guten alten Zeit‹, und auch hier lohnt sich das Kombiticket inkl. Essen (6000 CUP) nicht.
Klassikkonzerte – **Basílica de San Francisco de Asís** **22** s. S. 171
Tanztheater – **Teatro Las Carolinas** **12** : Calle Amargura 61, zw. Mercaderes und San Ignacio, www.danzateatroretazos.cu. Das Theater ist der Sitz der Compañía Danza-Teatro Retazos, die unter der Leitung von Isabel Bustos zu weltweitem Ruhm in der zeitgenössischen Tanzszene gelangte. Auch Aufführungen anderer kubanischer und internationaler Truppen sowie Workshops.

… in Centro Habana:
Cool & live – **Casa de la Música de Centro** **13** : Av. de Italia 255, zw. Concordia und Neptuno, Tel. 78 60 82 97, Di–Sa ab 20, So ab 17 Uhr, ab 250 CUP. Eine der meistbesuchten Locations Havannas mit super Livekonzerten, ziemlich wilder Stimmung und einer ordentlichen Portion Jineteras.
Drink am Malecón – **La Abadia** **14** : Malecón 455, zw. Manrique und Campanario, tgl. 12–24 Uhr. Durch ihr dreikuppeliges Planendach fällt diese Bar schon von Weitem ins Auge. Der Mojito ist günstig und auch das einfache Essen ist in Ordnung. Letzlich ist aber die Lage hier King.

… in Vedado:
Künstlerszene – **UNEAC** **15** : Calle 17, Ecke H, www.uneac.org.cu. Im Garten der prächtigen Villa des kubanischen Schriftsteller- und Künstlerverbandes UNEAC finden regelmäßig (vor allem an Wochenenden) Veranstaltungen mit interessantem Publikum statt (aktuelles Programm auf der Website unter dem Stichwort ›Habana‹). Die Cafetería hat auch tagsüber geöffnet. **Piano-Bar Delirio Habanero** **16** : im Teatro Nacional, Paseo, Ecke 39, Plaza de la Revolución, Di–So ab 22.30 Uhr. Durch Panoramafenster schaut man auf das nächtliche Havanna und kann den teils großartigen Bolerosängern lauschen.
Jazz – **La Zorra y El Cuervo** **17** : Calle 23 Nr. 155, zw. N und O, tgl. 22–2 Uhr, ab 300 CUP. Empfehlenswerter Musikklub im englischen Pubstil an der Rampa mit künstlerisch angehauchtem Publikum. Latin Jazz live, angenehme Atmosphäre und zivile Preise. **Jazz Café** **16** : in den Galerías de Paseo (s. S. 204), tgl. 11.30–24 Uhr, Livemusik 21.30–22.30 und 23–24 Uhr. In der 1. Etage des Einkaufszentrums treten im gestylten Jazz Café die besten Musiker Kubas auf – wenn sie nicht gerade auf Tournee sind. Durch die riesigen Glasfenster bietet sich ein wunderbarer Blick auf den Malecón und das Meer.
Alternativ und szenig – **Fábrica de Arte Cubano** **18** : Calle 26, Ecke 11, www.fac.cu, Do–So 19-2 Uhr, 250 CUP. Wo früher Havannas Elektrizitätsgesellschaft und dann eine Olivenölfabrik untergebracht war, El Cocinero genannt, ist ein alternatives unabhängiges Kulturprojekt entstanden, das unterschiedlichste Kunstformen zusammenbringt – die besten avantgardistischen Maler, Bildhauer, Fotografen, Tänzer, Musiker etc. der Insel finden hier eine Plattform. Vier Bars, später am Abend Konzerte und Disco. **Pabellón Cuba** **19** : Calle 23, Ecke N, www.facebook.com (> Pabellón Cuba), tgl. 10–23 Uhr. Das auffällige, Anfang der 1960er-Jahre errichtete Gebäude wird für kulturelle Veranstaltungen verschiedenster Genres genutzt, u. a. Ausstellungen, Konzerte, Messen. Über die Treppe von der Calle 23 aus erreicht man ein Café, in dem sich Havannas coole Jugend trifft.

La Habana

BARHOPPING IN HABANA VIEJA

Tour-Infos
Öffnungszeiten: tgl. 12–24 Uhr sofern nicht anders vermerkt
Hinweis: Havannas Altstadt ist ein touristischer Ort, der auch abends das Klischee des Buena Vista Social Club bedient – in fast allen Bars spielen mitreißende Bands und der Mojito fließt in Strömen. Für diese Stimmung zahlt man mit teils überhöhten Getränkepreisen und auch mit dem ein oder anderen Versuch seitens der Kellner, die Rechung aufzupolieren. Also immer das Wechselgeld nachzählen und seine Wertsachen sicherheitshalber in der Unterkunft lassen.

Den Kreuzzug durch die Vergnügungsszene von Havannas Altstadt beginnt man am besten ganz entspannt mit einem Gläschen guten Rum und einer herzhaften Zigarre im Rauchersalon des **Hostal Conde de Villanueva** 3 (s. S. 198). Zwischen Zedernholzschränken voller kostbarer Glimmstängel sitzt ein *torcedor,* der Zigarren in der gewünschten Größe und Stärke herstellt (Mo–Sa 10–19, So 10–14 Uhr). Zum Luftschnappen geht es nun nach nebenan in das offen gestaltete und an die Druckerei, die hier früher ihren Sitz hatte, erinnernde Restaurant **La Imprenta** 5 (s. S. 201), das gute Cocktails und ab nachmittags meistens Livemusik anbietet. Hochprozentiger geht es in der **Bar Dos Hermanos** 1 an der Uferstraße zu, wo bereits Ernest Hemingway, Alejo Carpentier, Marlon Brando und Erol Flynn ihre Drinks gekippt haben. Der Holztresen ist original erhalten und stammt aus dem Jahr 1894 (Av. del Puerto 304, Ecke Sol).
Nur wenige Schritte sind es bis zur Plaza Vieja, die ein zauberhaftes Ambiente für den nächsten Stopp bietet. An der Ecke Calle San Ignacio und Calle Muralla befindet sich die **Factoría Plaza Vieja** 31 (s. S. 173), die gute Mojitos hat und sobald wie möglich auch die hauseigene Brauanlage wieder in Betrieb nehmen möchte. Unter Arkaden und draußen auf dem Platz kann man bei Livemusik ein eisgekühltes Bier zu leichten Speisen und Gegrilltem trinken. Das Lokal ist stets gut gefüllt und die angenehme Atmosphäre lässt so manchen Besucher länger bleiben, als eigentlich geplant war. Gegenüber hat sich im 1. Stock der Casa de la Familia Franchi-Alfaro die **Bar Lounge Azúcar** 39 niedergelassen, die stilmäßig so gar nicht in diese Umgebung passen will – hier fühlen sich all diejenigen wohl, die es lieber minimalistisch-modern mögen (www.facebook.com > Azúcar Lounge La Habana). Wer vor den nächsten Barstationen noch eine Grundlage braucht und nicht in ein teures Restaurant gehen will, der findet an der Ecke Brasil und San Ignacio der Plaza Vieja die winzige **Pizzeria Don Julio,** perfekt für einen Schnellimbiss an einem der Stehtische (Pizza ab 300 CUP). Nun dürfte es Zeit für den nächsten Mojito sein. Im **Mojito Mojito** 2 gibt es den Nationalcocktail Kubas in den unterschiedlichsten Versionen. Tipp: Den Mojito Havana mit dunklem Santiago Rum probieren (Calle Muralle, zw. San Ignacio und Cuba).
Zum neuerlichen Fitwerden dient jetzt ein kurzer Spaziergang zur Calle Obispo, wo gleich mehrere stimmungsvolle, legere Bars zum Verweilen einladen. Den Anfang macht das **Café Paris** 3 an der Ecke San Ignacio, das Touristen und Einheimische gleichermaßen anzieht. Das Gleiche gilt für die

Adressen

Bar **Lluvia de Oro** [4] drei Querstraßen weiter an der Ecke Habana. Ein paar Blocks weiter Richtung Capitolio liegt in der O'Reilly, Ecke Villegas die stylishe Bar **Tabarish** [5], Treffpunkt eines bunten Völkchens, das sich hier allabendlich zum Trinken und Feiern versammelt.

Nächstes Ziel ist Havannas bester Daiquirí. Den soll es in der Bar des Restaurants **El Floridita** [6] geben, das zumindest meinte Ernest Hemingway, der in den 1950er-Jahren hier die zweite Station bei seinen Cocktailtouren einlegte – bestimmt eingemummt in einen Seemannspullover, denn Bar und Restaurant sind elegant tiefgekühlt (Calle Obispo 557, Ecke Av. de Bélgica). Nur wenige Schritte entfernt liegt in der Calle Obrapía 511 die Bar **Melodrama** [7], die ein jüngeres Publikum anspricht, aber auch Freunde der gepflegten Barkultur begeistern wird. Schräg gegenüber dringt aus den hohen, offenen Fenstern der Bar **Monserrate** [8] bis spät nachts Musik auf die Straße, die einen magisch zu einem Abschlussdrink hierher lockt – zumindest, wer dazu noch in der Lage ist. Für tanzende Nachtschwärmer sei die Diskothek im **Hotel Florida** [9] empfohlen. Ab etwa 23 Uhr kocht die Stimmung, besonders Salsafans kommen hier auf ihre Kosten und finden ausreichend kubanische Tanzpartner (Calle Obispo 252, Ecke Cuba, tgl. bis 1 Uhr).

Hippe Bar – **Madrigal** [20] (privat): Calle 17 Nr. 809, zw. 2 und 4, www.facebook.com (> Madrigal Bar Café), Di–So 18–2 Uhr. Aktuell eine der angesagtesten Bars in Vedado. Man sitzt im 1. Stock eines Kolonialhauses und schlürft leckere Drinks, für die nötige Grundlage sorgen Tapas. Stylisches Dekor mit Backsteinwänden und vielen großformatigen Gemälden, entspannte Atmosphäre, Balkon und regelmäßig Livemusik, meist Jazz.

Dauerbrenner – **23 y h Bar** [21]: Calle 23, Ecke H, Tel. 54 75 46 66, tgl. 17.30–2 Uhr. Hier findet sich jeden Abend ein buntes Völkchen ein, das entweder zum Essen herkommt oder bei einem der vielen exquisiten Cocktails der ebenfalls allabendlichen Livemusik (meist Jazz) lauscht.

Originell – **Habana Café** [14]: im Hotel Meliá Cohiba (s. S. 199), www.facebook.com (> Habana Cafe Cohiba), tgl. 22–3 Uhr, ab 10 USD. Eine Basisadresse des Nachtlebens im Stil der 1940er- bis 1960er-Jahre, passend dazu die Deko aus alten Radios, Autos und einem echten Uraltflugzeug. Shows, oft Livekonzerte bekannter Bands. Viele Jineteras.

Cabarets – **Cabaret Parisién** [15]: im Hotel Nacional (s. S. 200), Do–Di 21–2, Show ab 22 Uhr, danach Disco, ab 40 USD inkl. Begrüßungscocktail. Neben dem legendären Tropicana die beste Show in Havanna. **Salón Rojo** [16]: im Hotel NH Capri (s. S. 200), tgl. 22–4 Uhr, 10 USD. Cabaret zwischen traditionell und modern, hippes Publikum und persönliche Atmosphäre. **Copa Room** [82]: im Hotel Riviera (s. S. 190), Malecón, Ecke Paseo. Show im Stil der 1950er-Jahre. Schon seit einiger Zeit wegen Renovierung geschl.

Discos – **El Turquino** [83]: im Hotel Habana Libre (s. S. 190), Calle L, Ecke 23, tgl. 22–4 Uhr, 500 CUP. In der 25. Etage mit fantastischem Blick über die Stadt verbirgt sich eine der angesagtesten Discos Havannas. Mit Show. **Café Cantante Mi Habana** [16]: im Teatro Nacional, Paseo, Ecke 39, Plaza de la Revolución, tgl. 16–20, 22–2 Uhr, ab 250 CUP. Nachmittags vor allem Son, abends Salsa und Reggaetón live, danach Disco.

... in Miramar und anderen Vororten:

Livekonzerte – **Teatro Carlos Marx** [22]: Av. 1ra, Ecke 10, Miramar. Großes Theater, in dem viele Veranstaltungen mit kubanischen und internationalen Künstlern stattfinden. **Casa de la Música Miramar** [23]: Calle 20 Nr. 3308, Ecke 35, Miramar, www.facebook.com (> Casa de la Música Miramar). Tgl. Konzerte sehr guter Bands, die Öffnungszeiten variieren zzt. stark, ab 250 CUP. Im Vergleich zur Casa de la Música in Centro Habana etwas gediegener.

Boleros – **Dos Gardenias** [24]: Av. 7ma, Ecke 26, Miramar, tgl. 23–4 Uhr, ab 250 CUP. In dem Kulturzentrum mit mehreren Restaurants und Bars ist besonders der Rincón del Bolero besuchenswert – Musik live, danach Disco.

La Habana

... in anderen Vororten:
Weltberühmtes Cabaret – **Tropicana:** Calle 72 Nr. 4504, Marianao, Tel. 72 67 01 10, www.cabaret-tropicana.com, tgl. ab 21 Uhr, ab 75 €/Pers. inkl. Willkommensdrink, Softdrink, Snack und 1/4 Flasche Rum. Die Show mit rund 150 Tänzern in Havannas ältestem und berühmtestem Open-Air-Nachtklub gehört zu den Must-Dos einer Kubareise! Tickets können auch über Reiseagenturen erworben werden.

Spektakulär untouristisch – Je weiter außerhalb des Zentrums, desto kubanischer … **Centro Cultural El Sauce:** Av. 9na, zw. 120 und 130, Playa, Di–Sa ab 21, So ab 17 Uhr, 250 CUP. Konzerte jeglicher Richtung, danach Open-Air-Disco, sonntagnachmittags Treff der älteren Generation, sonst viele jugendliche Kubaner. Mit Restaurant. Reservieren! **Macumba:** Calle 222, zw. 37 und Crta. Central, La Coronela, La Lisa, tgl. 22–5 Uhr, ab 500 CUP. Open-Air-Disco im Complejo Turístico La Giraldilla, Livekonzerte und Show-Einlagen. **El Chévere:** Ctra. del Bosque, Ecke 49, Parque Almenares, Kohly, tgl. ab 22 Uhr, ab 500 CUP. Sowohl bei Touristen als auch bei Kubanern angesagte Diskothek mit angeschlossener Poolbar. Könnte aber dringend mal eine Renovierung gebrauchen. **La Cecilia:** Av. 5ta, Ecke 110, tgl. 23–4 Uhr, ab 500 CUP. Große Outdoor-Disco häufig mit Live-Salsa und Tanzaufführungen. Schöne Atmosphäre.

Aktiv

(Stadt-)Touren – Die Reiseagenturen **Cubatur, Cubanacán** und **Havanatur** sind in fast allen größeren Hotels vertreten und haben mehr oder weniger das gleiche Angebot an Exkursionen in alle Teile der Insel. **Viajes San Cristóbal** 1 **:** Calle Oficios 52, zw. Lamparilla und Obrapía, Habana Vieja, Tel. 78 01 74 42, www.facebook.com (> Agencia de Viajes San Cristóbal), Mo–Fr 8.30–17.30, Sa, So 8.30–14 Uhr. Interessante Stadtführungen mit Schwerpunkten wie Architektur, Religion, Geschichte, Hemingway etc. **Cuba Real Tours** 2 **:** Paseo 606, zw. 25 und 27, Vedado, Tel. 78 34 42 51, 52 79 98 44 (WhatsApp), www.cubarealtours.com. Maßgeschneiderte Touren eines Schweizer Veranstalters.

Tanzunterricht – **Baila Habana** 3 **:** Calle Aguiar 107, zw. Cuarteles und Chacón, Habana Vieja, Tel. 54 48 70 39, www.baila-habana.com. Tanzschule unter deutschsprachiger Leitung. Kurse in Salsa, Son und Rumba. Einzelunterricht ab 15 €/Std. **Salsabor a Cuba** 4 **:** Calle Neptuno 558, zw. Escobar und Lealtad, 1. Stock, Centro Habana, Tel. 54 39 59 23, www.salsaborcuba.com. Ähnliches Angebot, ähnliche Preise. **Paradiso** 5 **:** Av. 5ta 8202, zw. 82 und 84, Miramar, www.paradisonline.com. Tanzunterricht und viele andere kulturelle Angebote.

Sprachkurse – Buchung über spezielle Veranstalter wie z. B. **Sprachcaffe,** www.sprachcaffe.de, oder **Study Team Cuba,** www.spanisch-lernen-in-kuba.de, oder direkt bei der **Universidad de La Habana** 88 **:** Calle San Lázaro, Ecke L, Vedado (s. S. 192), Tel. 78 70 46 67, 78 70 05 84, www.uh.cu (> Estudiar Español). Sprachkurse aller Stufen von vier Wochen bis zu sechs Monaten, veranstaltet von der Oficina de Servicios Académicos Internacionales. **Paradiso** 5 **:** s. oben.

Radverleih – **Vélo Cuba** 6 **:** Calle Obrapía 360, zw. Habana und Compostela, Habana Vieja, Calle 21 Nr. 160, zw. L und K, Vedado, Tel. 78 36 88 20, 52 82 51 48, https://veloencuba.com. Verleih moderner Mountainbikes und gute Reparaturwerkstatt.

Schwimmen – Die nächsten Strände sind die Playas del Este (s. S. 214), allerdings stehen einige Hotelpools auch Nicht-Gästen offen, z. B. im **Hotel Telégrafo** 7 **,** Paseo de Martí 408, Ecke Neptuno, Habana Vieja, und im **Nacional** 15 (s. S. 200). Der Eintritt beträgt 10–20 €, davon kann ein Großteil auf den Konsum angerechnet werden.

Wellness – **VidaSpa** 8 **:** Calle 34 Nr. 308, zw. Av. 3ra und 5ta, Tel. 72 09 20 22, Miramar, www.facebook.com (> VidaSpa Habana), tgl. 10–20 Uhr. **Bios Spa** 9 **:** Calle 3ra 401, zw. 2 und 4, Tel. 78 37 77 09, www.facebook.com (> Bios Spa). Massagen, Schönheitspflege, Sauna etc.

Golf – **Club de Golf de La Habana** 10 **:** Crta. de Vento Km 8, Reparto Capdevila, Boyeros, Tel. 76 49 89 18, tgl. 7–19 Uhr.

Adressen

Termine
Havannas bedeutendste Events s. S. 127.
Feria Internacional del Libro de La Habana: Mitte Febr. Internationale Buchmesse.
Festival de la Salsa: Ende Febr. Es spielen die bekanntesten Bands der Insel, auch viele Workshops mit angesehenen Lehrern.
Festival Habanarte: Anfang/Mitte Sept. Veranstaltungen rund um Film, Literatur, Musik, Kunst etc.

Verkehr
Flüge: Aeropuerto Internacional José Martí, ca. 15 km südl. des Zentrums in Rancho Boyeros, Tel. 76 49 57 77, www.havana-airport.org. Internationale Flüge ab Terminal 3. Transport ins Zentrum mit den Metrobús-Linien 12 und 16 (ab Terminal 2, ca. 40 CUP), 4 x tgl. mit Viazul (T 3, 6 €) oder per Taxi (30 €, Taxi Colectivo 10 €). Die meisten Airlines haben ihre Büros in der Calle 23 Nr. 64, Ecke P, Vedado, u. a. Cubana, Tel. 78 34 49 49, Condor, Tel. 78 33 38 59, Air France, Tel. 78 33 26 42.
Züge: Bis zum Abschluss der Renovierungsarbeiten an der Estación Central fahren alle Züge von der etwas weiter südlich gelegenen Station La Coubre ab. Verbindungen in alle Landesteile. Von der Estación Casablanca, Tel. 78 62 48 88, am Fährterminal im Vorort Casablanca auf der anderen Seite der Hafenbucht mit der elektrischen Hershey-Bahn nach Matanzas (4 Std., zzt. nur eingeschränkt, s. auch S. 210).
Busse: Verbindungen in alle Landesteile mit Víazul, Av. Independencia, Ecke 19 de Mayo, Tel. 87 83 60 92, www.viazul.wetransp.com. Für eine Übersicht der wichtigsten Strecken s. S. 110, die Fahrpläne stehen auf der Website. Cubanacán hat bis zur Covid-19-Pandemie ähnliche Routen angeboten, zurzeit gibt es aber nur eine unregelmäßige Verbindung nach Trinidad. Ein Taxi vom Víazul-Terminal ins Zentrum kostet je nach Verhandlungsgeschick zw. 500 und 1000 CUP.
Taxis Colectivos: Haustür-zu-Haustür-Service mit weiteren Personen, Abholung bei der Unterkunft immer morgens. Buchung der Tickets z. B. bei Infotur (s. S. 197) oder über die Unterkunft (dann manchmal mit 5 € Provision/Person), z. B. nach Viñale 25 €, Varadero 25 €, Playa Larga/Giron 30 €, Santa Clara 30 €, Cienfuegos 30 €, Trinidad 35 €.
Mietwagen: Alle Mietwagenverleiher (s. S. 111) haben Filialen am Flughafen sowie in oder in der Nähe der großen Hotels.
Fähren: Muelle de la Luz, Av. del Puerto, Ecke Santa Clara. Nach Regla und Casablanca 6–22 Uhr ca. alle 20 Min. (10 CUP).

Transport innerhalb der Stadt
Die einzelnen Stadtviertel, insbesondere Habana Vieja, lassen sich gut zu Fuß erkunden.
HabanaBusTour: Um zu Sehenswürdigkeiten außerhalb von Habana Vieja zu gelangen, empfiehlt sich Havannas Touristenbus mit aktuell zwei Linien (je nach Jahreszeit tgl. 9–18/20 Uhr, zur Sicherheit nach dem letzten Bus zurück ins Zentrum fragen). Das Tagesticket ist beim Fahrer erhältlich und ermächtigt auf der jeweiligen Route zum beliebig häufigen Zusteigen. Tour 1 (alle 40–80 Min., reine Fahrtdauer ca. 1,5 Std., 10 €, zahlbar nur mit Kreditkarte): Die Runde führt vom Parque Central über Vedado bis nach Miramar, unterwegs werden die wichtigsten großen Hotels sowie Sehenswürdigkeiten wie die Plaza de la Revolución, der Cementerio de Colón, das Museo Napoleónico, die Casa de las Américas und das Castillo de la Real Fuerza angesteuert. Tour 2 geht eigentlich zum Flughafen (s. links) und Tour 3 (alle 40–80 Min., 65 km, 5 €, nur Kreditkarte) vom Parque Central über den Parque Histórico Morro-Cabaña nach Santa María del Mar an die Playas del Este.
Metrobús *(guaguas):* In Havanna verkehren 17 Stadtbuslinien. Eine Karte des Streckennetzes ist erhältlich bei Infotur (s. S. 197) oder online abrufbar unter www.particuba. net/villes/la_habana/images/MetroBusPlano.html.
Turistaxis: Die staatlichen schwarz-gelben Taxis, meist asiatische Modelle oder Ladas, sind überall in der Stadt zu finden (vorab Preis aushandeln!).
Colectivos *(máquinas):* Als Sammeltaxis fungieren meist Oldtimer. Sie befahren festgelegte Strecken, z. B. entlang der Avenida 5ta,

MIT DER HERSHEY-BAHN VON HAVANNA NACH MATANZAS

Tour-Infos
Start: an der Estación Casablanca (s. S. 209)
Länge: knapp 140 km
Dauer: 4–5 Std.
Infos: Bei einer Durchführung auf eigene Faust kann man von Matanzas nach Havanna mit Víazul-Bussen zurückkehren (s. S. 271). Cuba Real Tours (s. S. 208), www.transhershey.com, bietet die Bahnfahrt als Komplettpaket an, d. h. mit Rahmenprogramm und Rücktransport nach Havanna oder Weiterreise nach Varadero.
Wichtiger Hinweis: Da die Stromleitungen von Hurrikan Irma im September 2017 stark beschädigt wurden und die Wiederinstandsetzung nur schleppend voranschreitet, ist die Hershey-Bahn derzeit nur auf dem Streckenabschnitt Hershey–Jaruco in Betrieb.

Wie könnte man das ländliche Kuba besser verstehen lernen als in einem antiquierten Beförderungsmittel? Schon seit 1922 tuckert die einzige elektrifizierte Eisenbahn der Insel von Havanna nach Matanzas, mit unzähligen Stopps an kaum erkennbaren Bahnhöfen in beinahe vergessenen Dörfern, durch endlose Zuckerrohrfelder und gegen Ende der Reise auch durch ein zauberhaftes Tal, das Valle de Yumurí mit seinen Kreidefelsen.
Der Zug geht auf den US-Amerikaner Milton Hershey zurück, einen der weltgrößten Schokoladenhersteller. Um den Zuckernachschub für seine Fabriken in Pennsylvania zu garantieren, kaufte er 1916 die ersten Zuckerrohrplantagen und -raffinerien auf Kuba. Das Flaggschiff seiner Besitzungen auf der Insel wurde die 1918 fertiggestellte Central Hershey (*central* – Kubanisch für Zuckermühle und die dazugehörigen Wohngebäude und Einrichtungen für die Arbeiter) bei Santa Cruz del Norte. Zum Transport von Gütern und Personal entstand dann in wenigen Jahren eine Bahnlinie zu den nächstgelegenen Häfen in Matanzas und Havanna: die Hershey-Bahn.
Zwar reist man heutzutage in Zügen aus den 1950er-Jahren, die secondhand aus Spanien importiert wurden, aber das tut dem Erlebnis keinen Abbruch, denn rustikal ist die Reise allemal. Man macht es sich – so gut es geht – auf den Holz- und Plastiksitzen bequem, als Klimaanlage fungieren die offenen Fenster. Parallel zur Nordküste geht es dann fernab aller touristischen Zentren durchs Hinterland. Man streift Guanabo an den Playas del Este, etwa nach der Hälfte der Strecke wird Hershey passiert, wie der Ort um die zu Camilo Cienfuegos umbenannte Zuckermühle heute heißt – überwältigende Highlights sind auf dem Ausflug nicht zu erwarten, dafür aber eine gehörige Portion Authentizität.

dem Malecón und der Calle 23, und sind an einem gelben oder grünen Taxischild auf dem Dach oder in der Windschutzscheibe erkennbar (10–20 CUP, für Touristen meist 100 CUP).

Bicitaxis: Die Fahrradrikschas eignen sich für Kurzstrecken (ab 150 CUP).
Cocotaxis: Knallgelbe Motorroller mit Platz für zwei Passagiere (Vedado–Habana Vieja ca. 700 CUP).

Die Umgebung von Havanna

Abwechslung zum Stadtleben bieten zahlreiche Ziele im Umland von Havanna: Ins Grüne führt der Ausflug zum Botanischen Garten und in den Parque Lenin, schon beinahe ländliche Geruhsamkeit herrscht in Regla und Guanabacoa auf der anderen Seite der Hafenbucht, auf den Spuren von Ernest Hemingway wandelt man in San Francisco de Paula und Cojímar oder man besucht Havannas ›Badewanne‹, die Playas del Este.

Südlich des Zentrums
▶ E/F 2

Gut 20 km südlich des Zentrums in Richtung Flughafen liegen auf engstem Raum drei Sehenswürdigkeiten, die sich im Rahmen eines Tagesausflugs miteinander kombinieren lassen, am einfachsten mit dem eigenen Auto.

Parque Lenin
Calzada de Bejucal, Eintritt frei
Der ca. 754 ha große **Parque Lenin** macht einen Teil des grünen Gürtels von Havanna aus. Die reiche subtropische Vegetation ist größtenteils naturbelassen. Man kann hier Boote mieten, Reiten, in zwei Pools schwimmen, eine Keramikwerkstatt und eine Kunstgalerie besichtigen. Außerdem gibt es einen großen Spielplatz und mehrere Restaurants. Der Park ist jederzeit zugänglich, die touristischen Einrichtungen – die noch nicht ganz verfallen und geschlossen sind – sind in der Regel mittwochs bis sonntags von 9 bis 17.30 Uhr geöffnet. Wegen der großen Entfernungen im Park ist ein Ausflug mit dem Mietwagen zu empfehlen.

Jardín Botánico
Crta. de Expocuba, www.jardinbotanico.co.cu, Mi–So 9–16 Uhr
Etwa 3 km südlich des Parque Lenin erstreckt sich der **Jardín Botánico.** Das riesige, rund 600 ha große Areal ist in 18 Zonen eingeteilt, durch die man sich auch gemütlich fahren lassen kann: Ein Traktor zieht offene Wagen. Die botanische Weltreise führt kreuz und quer über den afrikanischen Kontinent bis Australien, Ozeanien, Asien und Südamerika. Insgesamt gedeihen hier an die 4000 Pflanzenarten. Sehr empfehlenswert ist das Mittagsbüfett im vegetarischen Biorestaurant El Bambú mit dem berühmten Ableger El Romero in Las Terrazas (s. S. 231).

EXPO Cuba
Crta. de Expocuba, Mi–So 9–17 Uhr
Gegenüber dem Botanischen Garten hat die **EXPO Cuba** ihren Sitz, ein weitläufiges Ausstellungsgelände, auf dem man sich in mehreren Gebäuden über Kubas wirtschaftliche und wissenschaftliche Errungenschaften in der Zeit nach der Revolution informieren kann – nicht ohne eine ordentliche Portion Selbstbeweihräucherung. Zu den Themen zählen die Zuckerindustrie, das Verteidigungswesen und Kubas sportliche Erfolge.

Finca La Vigía
Crta. Central (Calzada de Guines) Km 12,5, Mo–Sa 10–16 Uhr, Anfahrt mit Metrobús P 7, an Regentagen geschlossen, 125 CUP
Das Hotel Ambos Mundos, die Bodeguita del Medio und die Bar Floridita in Habana Vieja sind nicht die einzigen Erinnerungsstätten an Ernest Hemingway. Der amerikanische Schriftsteller lebte 22 Jahre auf der Insel und war hier sehr beliebt. Berühmte Romane entstanden auf seinem Landsitz, der **Finca La Vigía** in **San Francisco de Paula,** 15 km

Die Umgebung von Havanna

südöstlich des Zentrums. Hier verfasste Hemingway u. a. die mit dem Nobelpreis ausgezeichnete Novelle »Der alte Mann und das Meer«. So weit ging seine Identifikation mit der neuen Heimat, dass er im Jahr nach der Revolution in einem Interview sagte: »Wir werden siegen. Wir Kubaner werden siegen!« Fidel Castro und viele Kubaner fühlen sich mit der Person Hemingways eng verbunden.

Die Finca beherbergt das **Museo Ernest Hemingway,** das gepflegt und bewacht wird wie ein nationales Heiligtum. Jedes Detail wurde sorgfältig bewahrt, als wäre ›Papa‹ Hemingway nur mal gerade für einen Drink ausgegangen. Auch der Katzenturm, den Hemingway für seine zahlreichen Vierbeiner bauen ließ, ist noch erhalten, und im Garten wurde seine Jacht Pilar ›aufgebahrt‹. Die Zimmer des Hauses dürfen leider nicht betreten werden, doch durch die geöffneten Fenster und Türen sieht man alles sehr gut.

Die Ostseite der Bahía de La Habana ▶ F 2

Regla

Regla auf der anderen Hafenseite war lange eine selbstständige Stadt, doch heute gehört es zu Havanna. Bekannt ist der Vorort als lebendiges Zentrum der afrocubanischen Religionen. Gleich gegenüber der Anlegestelle, am Ende einer niedrigen Häuserzeile, erhebt sich die **Iglesia de Nuestra Señora de Regla,** eine 1810 erbaute, recht einfache Kirche, die der Virgen de Regla geweiht ist, der Schutzpatronin Havannas. Diese schwarze Madonna im blauen Umhang kommt zwar aus Spanien, doch in Kuba wird sie als Yemayá verehrt, als Göttin des Meeres und Beschützerin der Seeleute. Alljährlich am 8. September findet in Regla eine Prozession statt, bei der das Standbild der schwarzen Madonna durch die Straßen getragen wird.

Der Kult um die Virgen de Regla reicht bis ins Museum: In der Calle Martí 158 versammelt das **Museo Municipal de Regla** viele Objekte rund um die schwarze Madonna. Beleuchtet wird natürlich auch die Geschichte dieses Stadtteils (Di–Sa 9–17, So 9–12 Uhr, zzt. wegen Renovierungsarbeiten geschl.).

Die Stadt selbst besteht aus meist einstöckigen einfachen Häusern, deren bunter Anstrich längst verblasst ist. Regla war eben eine eher reizlose Schlafstadt für die schwarzen Hafenarbeiter und ihre Familien, die aber auch unter industriekapitalistischen und später unter sozialistischen Bedingungen an ihren Traditionen festhielten. Beinahe in jedem Straßenzug gibt es ein Santería-Haus, viele Menschen tragen die bunten Ketten der afrokubanischen Götter oder weiße Turbane und an den Wochenenden dröhnen die Trommeln der Santería-Feste (s. S. 72).

Guanabacoa

Das wenige Kilometer östlich von Regla gelegene **Guanabacoa** ist ziemlich heruntergekommen, auf jeden Fall aber freundlich und vor allem sehr geschäftig. Nur 5 km von Havanna entfernt, hat man hier die Möglichkeit, eine völlig unverfälschte kubanische Kleinstadt kennenzulernen.

Sehr interessant ist ein Besuch im **Museo Municipal de Guanabacoa,** das äußerst detailliert in alle Aspekte der verschiedenen afrokubanischen Kulte einführt (s. S. 71). Die großen Zaubertöpfe der Regla Conga kann man dort ebenso aus der Nähe betrachten wie die Festtagskleidung der Yoruba-Götter, die Alltagsgegenstände der Gläubigen oder schwere Fuß- und Halseisen, die die Sklaven tragen mussten, Peitschen, mit denen sie gequält wurden, und Darstellungen von gefangenen *cimarrones* (entlaufene Sklaven) etc. (Calle Martí 108, Ecke Versalles, Di–Sa 9.30–17.30, So 9.30–13 Uhr).

Essen & Trinken

Essen im Kulturzentrum – **Centro Cultural Recreativo Los Oríchas:** Calle Martí 59, Ecke Damas, Guanabacoa, Tel. 77 94 78 78, Mo–Mi 10–24, Do–So 12–2 Uhr. In einem begrünten, mit Santería-Skulpturen geschmückten Innenhof werden typische kreolische Gerichte serviert, am Wochenende finden häufig Rumba- und Folkloreaufführungen statt. €€

Einkaufen

Afrokubanische Kunst – **Galería de Arte Concha Ferrant:** Calle Martí 8-A, zw. Pepe Antonio und División, Guanabacoa, Tel. 77 97 85 19, Di–Sa 10–17, So 10–14 Uhr. In den anspruchsvollen Wechselausstellungen werden Interessierte bestimmt fündig.

Abends & Nachts

Afrokubanische Musik – **Centro Cultural Recreativo Los Oríchas:** s. S. 212
Kulturhaus – **Casa de Cultura:** Calle Máximo Gómez 59, Ecke Nazareno, Guanabacoa, tgl. 8–22 Uhr. Konzerte, Ausstellungen, Infos über Trommelfeste *(toques de santos)* etc.

Termine

Festival de Raíces Africanas Wemilere: Ende Mai. Wemilere bedeutet auf Yoruba so viel wie ›Festival zu Ehren der Oríchas‹, also der afrokubanischen Götter. Ausstellungen, Konzerte, Tanzvorführungen etc.

Verkehr

Busse: Anfahrt nach Regla und Guanabacoa mit Metrobús P 15 ab Parque Fraternidad.
Fähren: Nach Regla ab Muelle de la Luz, Av. del Puerto, Ecke Santa Clara, Habana Vieja (5–19.20 Uhr, etwa alle 30 Min.).

An die Playas del Este
▶ F 2

Durch einen Tunnel kommt man vom Malecón auf die **Vía Blanca,** eine gut ausgebaute Schnellstraße, die zu den 17 km entfernten Playas del Este führt. Auf dem Weg liegen die Plattenbauten **Habana del Este, Alamar,** eine Abzweigung nach Cojímar und ein Autobahnzubringer.

Cojímar

Die Bucht von **Cojímar** (ca. 22 000 Einwohner) ist Schauplatz des Romans »Der alte Mann und das Meer«. Hier lag Hemingways Jacht Pilar und in der früher sehr einfachen Fischerkneipe **La Terraza** war Hemingway Stammgast und fachsimpelte mit den Einheimischen. Heute ist das Lokal eine klassische Touristenfalle, doch der schöne alte Bartresen blieb erhalten und der Blick aufs Meer ist immer noch so faszinierend wie zu Hemingways Zeiten: Wenn man einen Tisch am Fenster bekommt, hat man fast den Eindruck, auf einem Schiff zu sitzen (Calle Martí Real 161, tgl. 12–23 Uhr).

Nach Ernest Hemingways Tod am 2. Juli 1961 beschlossen die Fischer von Cojímar, ihrem Freund ein Denkmal zu setzen: Die Statue des ›alten Mannes‹ sollte in Bronze gegossen werden, doch weil Bronze wegen der US-Blockade knapp war, schleppten die Fischer ihre Schiffsschrauben zum Einschmelzen an, was den Bildhauer so rührte, dass er die Statue kostenlos anfertigte. Genau ein Jahr nach Hemingways Tod weihten die Leute aus Cojímar gegenüber den Docks und der kleinen Festung, dem **Torreón de Cojímar,** die **Plaza Hemingway** mit dem Denkmal ein.

In seinem Roman »Inseln unter dem Strom« zeichnet Hemingway auch ein Bild der Fischer von Cojímar: »In der Bar (La Terraza) war ein halbes Dutzend Fischer, auch auf der Terrasse hatten sie zwei Tische besetzt. Es waren Fischer, die am Tag zuvor einen guten Fang gehabt hatten oder sich darauf verließen, dass das gute Wetter und die Strömung anhalten würden. Sie ließen es darauf ankommen und blieben über Weihnachten an Land. Der Mann, dessen Name Thomas Hudson war, kannte sie, und er wusste, dass keiner von ihnen zu Weihnachten in die Kirche ging, und keiner machte sich als Fischer zurecht, absichtlich nicht. Sie kamen einem ganz und gar nicht wie Fischer vor, und dabei gehörten sie zu den allerbesten. (…) Das einzige, woran man Fischer wirklich erkannte, waren ihre Hände. Die Hände der Alten waren braun und knotig, voller Sonnenflecke, und ihre Finger und Handflächen waren narbig und von den Angelleinen tief eingekerbt.« Einer der besten Fischer von Cojímar war Gregorio Fuentes, Hemingways Bootsmann und Modell für die berühmt gewordene Hauptfigur des Romans »Der alte Mann und das Meer«.

Die Umgebung von Havanna

MIRADOR DE BELLOMONTE

Eine gigantische Aussicht aufs Meer und ins Hinterland bietet sich vom Mirador oberhalb von Guanabo. Wer ein wenig länger verweilen will, kann sich in der dortigen Cafetería mit Drinks und Snacks versorgen. Auch gut für einen Zwischenstopp auf der Fahrt von Havanna nach Matanzas oder Varadero (Vía Blanca Km 21,5, tgl. 10–21 Uhr).

Übernachten

Traum am Meer – **Casa Itaya** (privat): Calle C 7830, zw. K und L, 77 66 84 73, 55 09 31 12. Wer beim Einschlafen anstatt Havannas Geräuschkulisse lieber das Meeresrauschen im Ohr hat, der sollte diese Casa in Cojímar erwägen. Amarilys ist eine liebenswürdige Gastgeberin, die gerne auch bei organisatorischen Dingen behilflich ist. Der Hit: die Terrasse mit Meerblick. 2 Zi., €

Essen & Trinken

Kleinod – **Café Ajiaco** (privat): Calle Los Pinos 267, zw. Cuba (5ta) und 3ra-E, Tel. 77 65 05 14, www.ajiacocafe.com, tgl. 12–23.30 Uhr. Das rustikale Ambiente lässt die Köstlichkeiten, die hier kredenzt werden, nicht vermuten – Hemingway hätte ganz sicherlich sein Stammlokal gewechselt. €–€€

Playas del Este

Cityplan: S. 216
Das **Playas del Este** (›Strände des Ostens‹, insgesamt rund 5000 Einwohner) genannte Strandgebiet beginnt gute 17 km östlich von Havanna in Bacuranao und erstreckt sich über El Mégano, Santa María del Mar und Boca Ciega bis nach Guanabo. Kristallklares Wasser und feinen, weißen Sand gibt es nahezu überall an diesen sechs Stränden und doch hat jeder seinen ganz eigenen Charakter. Da die Playas del Este ein beliebtes Naherholungsgebiet von Havanna sind, sollte man sie an Wochenenden sowie während der Ferienzeiten im Juli/August und Dezember meiden.

Bacuranao besitzt den am wenigsten ansprechenden Strand, der wegen seiner Nähe zur Hauptstadt jedoch am überlaufensten ist. In **El Mégano** geht es weniger ums Sonnenbaden als ums Tauchen, denn hier ist der Küste ein Korallenriff vorgelagert. Den mit Abstand schönsten Strand besitzt **Santa María del Mar,** weshalb sich hier die meisten Touristenhotels angesiedelt haben. **Boca Ciega** gleicht außerhalb der kubanischen Ferienzeiten einem Geisterort, in dem weit verstreut einige heruntergekommene Häuser an holprigen Pisten stehen. Allein der herrliche breite Sandstreifen verlockt zum Bleiben. Der einzige wirkliche Ort an den Playas del Este ist das knappe 20 km von Bacuranao entfernte **Guanabo,** ein klassisch kubanisches Urlaubsziel, das auch eine ordentliche Infrastruktur bietet. Zwar nehmen die vielen kleinen Hotels bis auf wenige Ausnahmen ausschließlich Einheimische auf, doch gibt es hier auch eine stattliche Auswahl guter Privatquartiere. Der Strand hingegen ist zumeist verschmutzt und die Atmosphäre rau. Einzig die verwitterten, windschiefen Holzhäuschen strahlen einen gewissen Charme aus.

Keiner dieser Orte wird Reisende aus Europa zu Begeisterungsstürmen hinreißen. Wer ein wenig Stil erwartet, ist hier gänzlich fehl am Platz. Für einen Tag Auszeit von der Kultur allerdings lohnt sich der Besuch, denn dies ist einer der wenigen schönen Küstenabschnitte der Insel, wo man nicht in einem kubafernen Ghetto badet.

Infos

Infotur: Av. Las Terrazas, zw. 10 und 11, Edificio Los Corales, Santa María del Mar; Av. 5ta, zw. 468 und 470, Guanabo.

An die Playas del Este

Übernachten

Alle Hotels an den Playas del Este sind der unteren Kategorie zuzuordnen und für einen längeren Aufenthalt nicht zu empfehlen.

... in Santa María del Mar:

Alt, aber günstig – **MarAzul Hotel** 1 : Ave. Banderas und Las Terrazas, Tel. 77 97 13 71, www.hotelescubanacan.com. Reichlich in die Jahre gekommenes, dafür sehr günstiges All-inclusive-Hotel in schöner Strandlage. Zweimal wöchentlich kostenloser Shuttle nach Havanna. €€

... in Boca Ciega:

Hotel – **Club Atlántico** 2 : Av. Las Terrazas, Tel. 77 97 10 85, www.grancaribehotels.com. Ein alter Komplex, aber das einzige Hotel direkt am Strand. Mit Pool und großem Wassersportangebot, Fitnessstudio und Tennisplatz. 92 Zi., €€€, all inclusive

Akzeptabel – **Blau Arenal Habana Beach** 3 : Laguna Boca Ciega, www.blauarenalhabanabeach.com. All-inclusive-Strandhotel mit Pool, Spa, Animation und allem, was sonst noch dazugehört. €€

... in Guanabo:

Casa zentral – **Casa Gilberto y Blanca** 4 (privat): 5ta Av. 47012, Ecke 472, Tel. 53 25 19 34. Vier einfache, aber saubere und klimatisierte Zimmer, sehr hilfsbereite Gastgeber, ein mit Obstbäumen begrünter Patio, kostenlose Parkplätze – das alles zentral und doch keine 60 m vom Strand entfernt. €

Casa am Meer – **Brisas del Mar** 5 (privat): Calle 28, Nr 28, zw. A und B, Tel. 77 96 67 29, www.brisasdelmarguanabo.com. Vier geräumige und gemütliche Apartments, zwei davon mit einem, die anderen beiden mit zwei Schlafzimmern. Dazu gibt es eine Dachterrasse mit Sonnenliegen und schönem Ausblick sowie einen großen Garten. €

Casa auf Hügel mit Meerblick – **Casa Vicente y Clarita** 6 (privat): Av. 11 Nr. 46805, zw. 468 und 470, Tel. 77 96 65 43, 52 53 95 44, vistamar46805@gmail.com. Fast in oberster Reihe am Hang steht diese nette Unterkunft, die eine fantastische Aussicht bietet. Die drei Zimmer sind relativ klein, aber sehr gemütlich eingerichtet. Mit winzigem Pool. €

Havannas Badewanne: die Playas del Este, am Wochenende hoffnungslos überfüllt

Playas del Este

Übernachten
1. MarAzul Hotel
2. Club Atlántico
3. Blau Arenal Habana Beach
4. Casa Gilberto y Blanca
5. Brisas del Mar
6. Casa Vicente y Clarita

Essen & Trinken
1. Ranchón Don Pepe
2. El Cubano
3. El Piccolo

Abends & Nachts
1. K5 Bar

Essen & Trinken

… in Santa María del Mar:
Hummer und Co. – **Ranchón Don Pepe** 1 : Av. 23a, Ecke Av. Aventura, tgl. 11.30–23 Uhr. Staatliches Strandrestaurant, in dem der allgemeine Mangel zwar deutlich feststellbar ist, dessen gegrillter Hummer aber sehr gelobt wird. Günstig. €€

… in Boca Ciega:
Fast am Strand – **El Cubano** 2 : Av. 5ta, zw. 454 und 456, tgl. 11.30–23 Uhr. Restaurant und Snackbar mit schöner Terrasse, auf der Karte stehen viele Grillgerichte. Spezialität ist Guajirito, ein Steaksandwich mit Tomaten, Zwiebeln, Käse und Chimichurri-Sauce. €€

… in Guanabo:
Ticket nach Italien – **El Piccolo** 3 (privat): Av. 5ta, zw. 502 und 504, Tel. 77 96 43 00, Mi–So 12–22 Uhr. Lautstarkes italienisches Geplapper, ein heimeliger Innenraum im Stil einer klassischen Trattoria und der frische Duft von Holzofenpizza, Focaccia & Co., alles auf original ›Stiefelart‹ zubereitet. Man fühlt sich wie in Italien. Buon appetito! €€

Abends & Nachts

Drinks & Disco – **K5 Bar** 1 : Av. 5ta, Ecke 472, Guanabo, www.facebook.com (> K5 Bar), tgl. 22–5 Uhr, ab 300 CUP. Verschiedenste DJs und Veranstaltungen. Die erste Adresse in Guanabo für Nachtschwärmer.

Verkehr

Busse: Mit HabanaBusTour (s. S. 209) mehrmals tgl. Verbindungen vom Parque Central in Habana Vieja nach Santa María del Mar.
Taxis: Nach Havanna zahlt man 25–30 €.

Weiter Richtung Matanzas ▶ G 2

Wem weniger an einem klassischen Touristenzentrum als an einer Übernachtung in ruhiger, natürlicher Umgebung gelegen ist, der findet gut 30 km östlich von Guanabo, kurz hinter **Santa Cruz del Norte** in **El Frayle**, eine nette Casa Particular und eine kleine

Auswahl an Restaurants (s. rechts). Etwa 3 km weiter kann man zur **Playa Jibacoa** und zur **Playa Arroyo Bermejo** abzweigen, wo es weitere Unterkünfte gibt, alle mit einem mehr oder weniger schönen Strand vor der Türe. Auch ohne Übernachtungsstopp lohnt sich der Schlenker über das Nebensträßchen, das sich vorbei an idyllischen Buchten immer dicht am Meer entlangschlängelt, um dann etwa 8 km weiter wieder in die Vía Blanca zu münden.

Obligatorischer Pausenstopp für Tourbusse von Havanna nach Matanzas und Varadero ist der **Mirador de Bacunayagua** oberhalb von Kubas höchster Brücke gleichen Namens, von dem sich ein fantastischer Blick über die Küste und das Hinterland bietet.

Knappe 4 km danach zweigt an einer Bushaltestelle eine schmale Teerstraße rechts ab, die eine Verbindung zum idyllischen Flusstal **Valle de Yumurí** herstellt und eine wesentlich schönere Annäherung an Matanzas bietet als die Vía Blanca entlang der Küste. Das Sträßchen windet sich zunächst durch dschungelartigen Wald und dann durch eine hügelige, sattgrüne Weidelandschaft mit vereinzelten palmblattgedeckten Holzhütten. Über den windschiefen Zäunen hängt Wäsche zum Trocknen und die Bauern grüßen freundlich von ihren Pferden herab – hier taucht man ein in eine ländliche Idylle, die einem Bilderbuch entsprungen sein könnte. Nach etwa 7 km kommt rechter Hand die Casa del Valle in Sicht, ein um eine Kolonialvilla herum erbautes Hotel jüngeren Ursprungs, das allerdings ausschließlich an Cubaner vermietet. Kurz darauf hat man die Hauptstraße durch das Valle de Yumurí erreicht und wiederum wenig später den Stadtrand von Matanzas (s. S. 265).

Übernachten
... in El Frayle:
Nett – **Casa de Vacaciones en Playa el Fraile** (privat): Calle 2a Nr. 302, zw. 3 und 5, Tel. 52 90 13 87, www.facebook.com (> Playa Frayle). 200 m vom Strand entfernt kann man sich hier in eines der beiden klimatisierten und sehr sauberen Zimmer einmieten. Auch ein Parkplatz ist vorhanden. Gegenüber gibt es im Peñón del Fraile die beste Piña Colada des Ortes und im Restaurant Los Marinos wird fangfrischer Fisch serviert. €

... an der Playa Jibacoa:
Campismos – **Los Cocos:** Tel. 47 29 52 31/32. 68 knallbunt angemalte, schlichteste Bungalows, ein steiniger Strand, ein vernachlässigter Pool und ein Restaurant. €. **El Abra:** Tel. 47 29 52 24. Hier stehen 148 Minicabañas über eine gepflegte, schattige Grünfläche verteilt. Bei Redaktionsschluss war die Anlage auf unbestimmte Zeit geschlossen. €

... an der Playa Arroyo Bermejo:
Hinter Mauern – **Memories Jibacoa:** Vía Blanca Km 60, Tel. 47 29 51 22, www.memoriesresorts.com. Eine gut abgeschirmte Festung – Nicht-Gäste haben keinen Zutritt und Menschen unter 16 Jahren dürfen hier nicht wohnen. Angeschlossene Tauchbasis. 248 Zi., €€€, all inclusive

Archipiélago de los Canarreos

Etwa 300 Inseln und Inselchen umfasst der Archipiélago de los Canarreos, der sich vor der Südküste der Provinz La Habana bis nach Matanzas hinein erstreckt. Während Cayo Largo ganz im Osten eines der wichtigsten Pauschalreiseziele Kubas ist, liegt die Isla de la Juventud nach wie vor im touristischen Dornröschenschlaf und wird bislang vor allem von Individualreisenden und Tauchern besucht.

 Isla de la Juventud
▶ D/E 5

Seit ihrer Entdeckung 1494 war die **Isla de la Juventud** (heute 87 000 Einwohner) ein Refugium für Piraten und entlaufene Sklaven, die sich in den undurchdringlichen Pinienwäldern rund 70 km vor der kubanischen Südküste sicher fühlten. Der berühmte Freibeuter Henry Morgan hatte auf der größten Insel des Canarreos-Archipels sein Hauptlager und plante von hier aus seine Überfälle auf die Hafenstädte der kubanischen Südküste. Literarisch wurde das Eiland von Robert Louis Stevenson verewigt – es ist die berühmte »Schatzinsel«. Die spanischen Kolonialbehörden benutzten sie als Verbannungsort und kubanische Diktatoren ließen hier ein großes Gefängnis bauen. Im berühmten Presidio Modelo, dem ›Modellgefängnis‹, saß nach dem Sturm auf die Moncada-Kaserne 1953 der Gefangene Fidel Castro ein, bis er 1955 amnestiert wurde.

Nach der Revolution ließ Fidel Castro unzählige Schulen bauen und unter Mitwirkung Tausender jugendlicher Helfer Zitrusplantagen anlegen. Den Arbeitsbrigaden zu Ehren taufte er die Isla de Pinos (›Pinieninsel‹) in ›Jugendinsel‹ um.

Heute verschlägt es vor allem Individualtouristen auf die beschauliche Isla de la Juventud. Besonders für Taucher ist die Insel ein Paradies: Die Unterwasserwelt des Archipels gilt als eines der besten Tauchreviere in der ganzen Karibik – und sie ist erheblich spannender als beispielsweise die Inselhauptstadt. Wer es vor lauter Tauchexkursionen nicht nach Nueva Gerona schafft, hat nichts versäumt.

Nueva Gerona

Der Großteil der Inselbewohner lebt in Nueva Gerona (70 000 Einwohner), das sich am Westufer des Río Las Casas erstreckt. Nur drei Blocks vom Flussufer entfernt liegt der **Parque Central,** Dreh- und Angelpunkt des städtischen Lebens und Standort des **Museo Municipal.** Im ehemaligen Rathaus, dem ältesten Gebäude von Nueva Gerona, kann man sich über die Geschichte der Insel informieren, angefangen von den ersten Bewohnern, den Siboneyes, über die turbulente Zeit der Piratenherrschaft bis ins 20. Jh. (Calle 30, zw. 37 und 39, Di–Sa 9–12, 13–17, So 8–12 Uhr, 50 CUP).

Natürlich darf auf der Isla de la Juventud auch ein Museum des Untergrundkampfes gegen Batista nicht fehlen. Diese Aufgabe erfüllt das **Museo de Jesús Montané Oropesa** in der Calle 24, Ecke 45 (Di–Sa 8.30–17, So 8.30–12 Uhr, Eintritt frei).

Lohnend ist auch die kurze und problemlos zu bewältigende Wanderung zum **Mirador de Nueva Gerona,** der sich im Westen der Stadt befindet und einen schönen Überblick über Nueva Gerona und die Umgebung gewährt. In dieser Gegend finden sich auch Kubas wichtigste Marmorvorkommen.

Isla de la Juventud

Die restliche Insel

Sierra de las Casas

Aus der größtenteils flachen Isla de la Juventud ragen nur wenige Berge empor, keiner davon höher als 300 m. Umso erstaunlicher ist es, dass die Insel Kubas größte Marmorvorkommen besitzt, die vor allem in der südwestlich von Nueva Gerona gelegenen **Sierra de las Casas** abgebaut werden (erreichbar über die Calle 22). Per Pferd oder zu Fuß lassen sich hier wunderschöne Touren unternehmen, auf denen man die Steinbrüche und viele Höhlen zu sehen bekommt. Außerdem bietet sich von oben ein toller Blick über die Hauptstadt und das Meer.

Museo Presidio Modelo

Mo–Sa 8–16, So 8–12 Uhr, Eintritt frei

Auf dem Weg zu den beiden Hausstränden der Bewohner von Nueva Gerona, den palmenbestandenen **Playas Paraíso** und **Bibijagua** (›Riesenameise‹), liegt die meistbesuchte Sehenswürdigkeit der Insel, das **Museo Presidio Modelo**. Schon aus der Ferne machen die vier mächtigen, nun dem Verfall anheim gegebenen Rundbauten einen beklemmenden Eindruck. In einem davon war von Oktober 1953 bis Mai 1955 Fidel Castro untergebracht, der hier nach dem gescheiterten Angriff auf die Moncada-Kaserne in Santiago de Cuba seine Strafe verbüßte. Ein Museum informiert über den Bau der Anlage und die Haftbedingungen. Den abgesonderten Trakt für die Revolutionäre kann man besichtigen.

In den Südwesten zur Ensenada de Siguanea

Durch Obstplantagen und vorbei an vielen Stauseen führt der Weg von Nueva Gerona in die Touristenhochburg der Insel, die Ensenada de Siguanea mit dem Taucherhotel El Colony. Eine kurze Fahrtunterbrechung lohnt sich bereits 2 km hinter der Stadt bei der **Finca El Abra**. Kubas Nationalheld José Martí (s. S. 54) verbrachte 1870 zwangsweise einige Zeit auf diesem Anwesen, aus dem man ein Museum mit Dokumenten und persönlichen Gegenständen Martís gemacht hat (Crta. de Siguanea Km 1,5, Di–So 9–17 Uhr, 2 USD).

Dort draußen, unter den lichtblauen Wellen, liegt eines der besten Tauchreviere der Karibik

Archipiélago de los Canarreos

Auf Betreiben von Batista wurde Ende der 1950er-Jahre in der **Ensenada de Siguanea** das Hotel El Colony (s. S. 220) errichtet, seinerzeit ein beliebter Treffpunkt der nordamerikanischen Mafia. Heute steigen in der altersschwachen Unterkunft – immerhin an einem schönen Strand mit seichtem Wasser gelegen – vor allem Taucher ab, die täglich aufs Neue die faszinierende Unterwasserwelt erkunden. Aber auch Landratten finden ihr Revier. Im nördlich angrenzenden Naturreservat gedeihen zahlreiche endemische Pflanzen, umschwärmt von etwa 150 Vogelarten, darunter sogar Kubas Nationalvogel, der Tocororo, und seltene Papageien. Auch Riesenkammeidechsen, Baumratten *(jutías)*, Wildschweine und Rotwild sind hier beheimatet. Geführte Touren in das geschützte Gebiet werden vom Hotel aus organisiert.

Der Inselsüden

Gut 20 km südlich von Nueva Gerona und ganz flott über die einzige Inselautobahn erreichbar liegt **La Fé,** der zweitgrößte Ort der Isla de la Juventud, der getrost links liegen gelassen werden kann. Weitaus mehr Spaß macht der Streifzug durch den botanischen Garten **La Jungla de Jones** ca. 6 km westlich von La Fé. Er wurde 1902 von dem amerikanischen Botanikerehepaar Helen und Harris Jones angelegt. kann man hier über 80 verschiedene Pflanzenarten aus aller Welt kennenlernen und auf schattigen Wegen durch diese wahrlich dschungelartige Anlage spazieren (Di–So 9–18 Uhr).

Hinter La Fé beginnt nahezu unbewohntes Niemandsland, eine ausgedehnte Busch- und Sumpflandschaft, die nur noch von holprigen Pisten durchzogen wird. Das gesamte Gebiet ab **Cayo Piedra** wurde dem Militär unterstellt und darf nur mit Führer und einer Sondergenehmigung betreten werden, die in Nueva Gerona beispielsweise bei Ecotur (s. rechts) erhältlich ist. Der Einfachheit halber sollte man einen organisierten Ausflug buchen.

Kurz vor der Militärzone, etwa 12 km hinter La Fé, zweigt links ein Sträßchen zum **Criadero de Cocodrilo** ab, einer Krokodilfarm mit über 500 Tieren, die in Becken und natürlichen Teichen gehalten werden. Ein Besuch empfiehlt sich vor allem zwischen 9 und 10 Uhr morgens, wenn die Tiere ihre Frühstückshäppchen bekommen (tgl. 7–17 Uhr, 150 CUP).

Die Hauptattraktion ist aber die **Cueva Punta del Este** an der äußersten Südostspitze der Insel. Das 1910 entdeckte Höhlensystem birgt rund 235 Piktogramme und Zeichnungen der Ureinwohner und gilt als das größte seiner Art in der Karibik.

Hier wie überall an der Südküste findet man einsame weiße Sandstrände, allesamt touristisch unerschlossen. Nur im Südwesten, am herrlichen Sandstreifen der **Punta Francés,** gibt es ein Restaurant, das auf Stelzen über dem Wasser erbaut wurde (unbedingt Mückenschutzmittel mitnehmen). Einfacher als mit dem Auto ist die Punta Francés per Boot von der Marina Siguanea beim Hotel El Colony zu erreichen, das die Taucher jeden Morgen zu den Revieren vor der Küste bringt.

Infos

Im Internet: www.isladelajuventud-cuba.com
Ecotur: Calle 24, zw. 31 und 33, Nueva Gerona, Tel. 46 32 71 01, www.ecoturcuba.tur.cu, Mo–Sa 8.30–17 Uhr. Infos, Genehmigung für die Militärzone (*Permiso para Areas Protegidas*, 10 €), organisierte Ausflüge etc.
Banco de Crédito y Comercio: Calle 39 Nr. 1802, zw. 18 und 20, Nueva Gerona, Mo–Fr 8–15 Uhr. Mit Geldautomat.
Cadeca: Calle 39 Nr. 2022, Ecke 20, Nueva Gerona, Mo–Sa 9–18, So 9–12 Uhr.
Internet: Etecsa, Calle 41 Nr. 2802, zw. 28 und 30, Nueva Gerona, Mo–Sa 9–19, So 9–13 Uhr.

Übernachten

Mit Ausnahme des Hotels El Colony im Südwesten der Insel sowie zweier abgeschiedener Unterkünfte in Cocodrilo liegen alle Unterkünfte in bzw. nahe Nueva Gerona, wo man Privatquartieren den Vorzug geben sollte.
Taucherhotel – **El Colony:** Crta. de Siguanea Km 42, Tel. 46 39 81 81, www.grancaribe hotels.com. Hübsch-hässliches, jedoch funktionales Hotel an einem flachen Sandstrand der Südwestküste. Tipp: Zimmer in einem der neueren Bungalows buchen. Tauchbasis, Surfen etc. 80 Zi., €€

Isla de la Juventud

Natur pur – Villa Arrecife (privat): Poblado Cocodrilo, Tel. 46 31 64 47, 55 28 21 15, con sytur2022.exito@gmail.com. Zwei einfache, aber saubere Bungalows in totaler Abgeschiedenheit. Gastgeber Reinaldo hat Küsten- und Meeresmanagement studiert und nutzt das Einkommen aus dem Tourismus, um Riff und Gewässer vor der Haustür zu schützen. Freiwillige Helfer sind immer gerne gesehen. Da es keine Restaurants vor Ort gibt, bieten Reinaldo und seine Frau Yemmy auch Mahlzeiten an. Außerdem helfen sie bei der Buchung der An- und Abreise, z. B. ab Havanna (Reservierung mind. 10 Tage im Voraus). Schnorchelausrüstung nicht vergessen! €

Gemütlich – Casa Cunagua (privat): Calle 26 Nr. 4505, zw. 45 und 47, Tel. 55 80 58 24. In dem separaten, gut ausgestatteten Bungalow hat man Ruhe und alles Nötige, um sich nach einem erlebnisreichen Tag gut zu erholen. Die Gastgeber Iraida und José sind hilfsbereite und freundliche Menschen. Das Frühstück, das die Großmutter zubereitet, ist lecker und vergleichsweise reichhaltig. €

Campismo – Arenas Negras: Crta. de Bibijagua Km 8,5, Tel. 46 32 52 66, 46 32 53 23. Für internationalen Tourismus zugelassener Campismo mit 28 Cabañas unter Palmen ganz nah am Meer. €

Essen & Trinken

Man kann die Insel eigentlich nur als kulinarische Wüste bezeichnen ... Eine sichere Option ist das Essen in den Privatquartieren.

Große Fische – El Galeón (privat): Calle 24 Nr. 4510, zw. 45 und 47, Tel. 46 50 91 28, 53 50 91 28, www.facebook.com (> La Isla Gerona), tgl. 12–24 Uhr. Die Meerestiere, die hier auf den Tisch kommen, haben Übergröße und sind überdies lecker zubereitet. Frei Haus gibt's einen prächtigen Blick von der großen, in Schiffsform gestalteten Terrasse und fast jeden Abend Livemusik. €€

Die üblichen Verdächtigen – Isla de Tesoro (privat): Calle 24, zw. 43 und 45, Tel. 52 71 91 47, tgl. 11.30–22.30 Uhr. In direkter Nachbarschaft zum El Galeón liegt die »Schatzinsel«, die ihren Gästen ebenfalls Fisch und andere Meerestiere serviert. €€

Einkaufen

Die Hauptgeschäftsstraße von Nueva Gerona ist die **Calle 39** (Martí).

Keramik – Taller de Cerámica Artística: Calle 26, Ecke 37, Nueva Gerona, tgl. 9–18 Uhr. Die wirklich faszinierenden Stücke haben eine eher raue Oberfläche, da dem Ton auf der Isla de la Juventud viel Schamotte beigemischt wird.

Abends & Nachts

Livemusik – Centro Cultural Artex Sucu Sucu: Calle 39 Nr. 2408, zw. 24 und 26, Nueva Gerona, So–Do 11–23, Fr, Sa bis 2 Uhr. Mit etwas Glück erlebt man ein Konzert mit Mongo Rives, der die lokale Variante des Son spielt (Sucu Sucu). **UNEAC:** Calle 37, zw. 24 und 26. Beim kubanischen Künstler- und Schriftstellerverband kann man auf der hübschen Terrasse sitzen, einen Drink schlürfen und dabei traditionelle Musik genießen. **Casa de Cultura:** Calle 24, zw. 37 und 39, Nueva Gerona, Mo–Do 9–22, Fr–So bis 23 Uhr. Besonders am Wochenende kleine Konzerte.

Disco – Rumbos: im Hotel La Cubana, Calle 24, zw. 37 und 39, Di–So 23–3.30 Uhr. Hier trifft sich das feierwütige Volk.

Aktiv

Paragliding – Die Insel ist eines der kubanischen Zentren für Gleitschirmflieger. Infos und Kontakte: www.volarencuba.blogspot.com, www.parapentecuba.cubava.cu, www.pa ragliding365.com.

Tauchen – El Colony International Diving Center: Marina Siguanea, beim Hotel El Colony, Tel. 46 39 82 82. Mit Unterdruckkammer und Übungspool. In der Bahía de Siguanea, einem Tauchrevier von Weltruf, liegen 56 Spots mit Unterwasserhöhlen und -grotten, Tunneln, Wracks sowie riesigen Wänden aus schwarzer Koralle. Tauchguides sind obligatorisch, da die Gewässer zur Marine gehören. Von der Marina Siguanea aus starten auch Bootstouren zur Punta Francés.

Termine

Fiesta de las Toronjas: Febr./März. Fest anlässlich der Grapefruiternte, bei dem viel *guachi* (Grapefruitschnaps) fließt.

Archipiélago de los Canarreos

Verkehr

Flüge: Aeropuerto Rafael Cabrera Mustelier, ca. 10 km südlich von Nueva Gerona, Tel. 46 32 23 00. Bei Redaktionsschluss waren alle Flüge auf unbestimmte Zeit ausgesetzt.

Busse: Unregelmäßig, meist 3 x wöchentlich ab Calle 18, Ecke 37 in Nueva Gerona nach Chacón (Playa Bibijagua), La Fé und zum Hotel El Colony.

Fähren: Ab Surgidero de Batabanó, ca. 50 km südlich von Havanna. Um ganz sicher einen Platz auf den häufig ausgebuchten Schiffen zu bekommen, sollte man 1 Monat bis 10 Tage im Voraus bei Ecotur in Havanna (s. S. 197) ein *ticket combinado* für Bus und Fähre bzw. Schnellboot (ca. 6 bzw. 3 Std., beide 50 CUP plus 20 CUP für Busticket) kaufen, alternativ können Privatunterkünfte auf der Insel die Fahrt organisieren (die Fahrkarte wird dann aufs Handy geschickt). Karten gibt es auch in der Oficina Naviera Cubana Caribeña (NCC), Tel. 78 78 18 41, 78 60 83 30, tgl. 7–12 Uhr, im Astro-Busbahnhof in Havanna, Av. 26, Ecke Av. Zoológico. Abfahrt der Schnellboote in Batabanó meist tgl. 12, Mi, Fr und So zusätzlich um 15.30 Uhr. Die langsameren (Auto-)Fähren fahren meist gegen 19 Uhr ab. Abfahrt der Boote von Nueva Gerona tgl. 8 (Fr und So auch 13) Uhr vom NCC-Fährhafen am Río Las Casas, Calle 31, Ecke 24, Tel. 46 32 49 77, 46 32 44 15, wo man auch Tickets bekommt.

Cayo Largo ▶ G 5

Nur 40 Flugminuten sind es von Havanna nach **Cayo Largo,** etwa 140 km östlich der Isla de la Juventud gelegen und ebenfalls Teil des Archipiélago de los Canarreos. Die paradiesische Inselgruppe ist eines der spektakulärsten Erholungsgebiete Kubas und außerdem zollfreies Gebiet.

Praktisch besteht Cayo Largo ausschließlich aus Strand: insgesamt 25 km lang und 13 km breit. Der Ordnung halber seien die sieben Strandnamen genannt, mit denen man Cayo Largo unterteilt: **Playa Sirena** (mit Langusten-Grillrestaurant), **Playa Paraíso, Playa Lindamar, Playa Blanca, Playa Los Cocos** (mit Kokospalmen), **Playa Tortuga** (meist ohne Schildkröten) und **Playa Luna.** Eine kleine Nachbarinsel ist ein Vogelreservat, auf einer anderen leben nicht, wie man vermuten könnte, verzweifelte Schiffbrüchige, sondern muntere Leguane. Eine weitere Tierart lässt die Einwohnerzahl von Cayo Largo zwischen April und September kurzzeitig sprunghaft ansteigen, dann nämlich krabbeln drei verschiedene Schildkrötenarten an Land, um im warmen Sand ihre Eier abzulegen: Echte und Unechte Karettschildkröten sowie Pazifische Suppenschildkröten, die hier allerdings nicht in den Kochtöpfen landen, sondern von den Mitarbeitern der **Granja de las Tortugas** (Schildkrötenfarm) beim Jachthafen mit Argusaugen bewacht werden (www.tortugas-cayolargo.com, tgl. 8–12, 13–16.30 Uhr, 2 USD).

Wer verzweifelt nach kultureller Inspiration sucht, kann der kleinen **Casa-Museo de Cayo Largo del Sur** einen Besuch abstatten, die über alle Aspekte des Inselchens informiert (tgl. 9–18 Uhr, 1 USD). Mehr Attraktionen hat Cayo Largo nicht zu bieten und auch mit dem kubanischen Alltag wird man auf der Insel nicht konfrontiert, denn ein gewachsenes Dorf gibt es hier nicht.

Infos

Vertretungen von Reiseagenturen gibt es in den Hotels. Im Internet findet man Infos auf den Seiten www.cayolargo.net und www.isladelajuventud-cuba.com.

Übernachten

Alle Resorts befinden sich an der Inselsüdseite, arbeiten nach dem All-inclusive-System und sind zumeist in der Hand von Italienern. Billige Unterkünfte gibt es nicht.

Vier Sterne – **Starfish Cayo Largo:** www.starfishresorts.com. Die 307 Zimmer verteilen sich auf mehrere zwei- und dreistöckige Gebäude in einem Palmenhain. Das Hotel ist v. a. bei Familien mit Kindern beliebt und hat viele entsprechende Angebote. €€€

Am einsamsten gelegen – **Sanctuary at Grand Memories Cayo Largo:** Tel. 45 24 80 88, www.memoriesresorts.com. Dieses Hotel

Cayo Largo

Am Strand einer Nachbarinsel von Cayo Largo tummeln sich urzeitliche Schönheiten

im Hotel richtet sich ausschließlich an Erwachsene und besteht aus 45 Holzbungalows. 3 x tgl. kostenlose Transfers zu den Playas Sirena und Paraíso. €€€, all inclusive

Freundlich – **Villa Natura und Villa Caprice:** Tel. 45 24 81 11, www.bluediamondresorts.com. Kleinere Anlage, die seit 2022 unter neuer Leitung steht und in zwei separate Hotels aufgeteilt wurde. Die meisten der 196 Zimmer haben Meerblick. Die Holzhäuser der Villa Caprice sind etwas moderner. Nimmt nur Gäste ab 18 Jahren auf. €€€, all inclusive

Abends & Nachts

Drinks & Unterhaltung – An der **Plaza Pirata** liegen das Restaurant **El Torreón** mit Bar, die **Taberna El Pirata** sowie die Bar **La Movida** mit Musik und Tanz, in der sich auch viele Kubaner einfinden, die auf Cayo Largo arbeiten. Für Unterhaltung mit Billard, Karaoke, Bowling etc. sorgt das **Centro Recreativo Iguana** neben dem Hotel Isla del Sur, ansonsten spielt sich das Nachtleben in den Hotels ab.

Aktiv

Vom Hafen verkehren Boote zur 2 km langen Playa Sirena (kein Schatten, Sandbank) mit Restaurant und Wassersportangeboten. Gleich daneben liegt die Playa Paraíso.

Bootsausflüge – Im Angebot sind Touren zu den **Cayos Rosario** und **Rico** sowie zum **Cayo Iguana,** einem Eiland voller Leguane.

Wassersport – **Marina Internacional Cayo Largo del Sur:** Tel. 45 24 82 13. Hochseeangeln, Tauchbasis, Schnorchel- und Bootsausflüge, Segeltörns etc.

Verkehr

Flüge: Aeropuerto Internacional Vilo Acuña, Tel. 45 24 81 41. Einige internationale Linien fliegen die Insel direkt an. Nationale Flüge (früher Havanna, Varadero) waren bei Redaktionsschluss bis auf Weiteres ausgesetzt.

Vor Ort: Zwischen den Hotels und Stränden pendeln Minibusse. Außerdem gibt es einen kleinen Touristenzug sowie Verleihstationen für Mietwagen und Motorroller.

Kapitel 2

Kubas Westen

»Wenn der Reisende Havanna hinter sich lässt und die Provinz in westlicher Richtung durchquert, kommt er schließlich aus der Provinz Havanna nach Pinar del Río. Kräftig Gas geben und man ist auf der Tabakstraße: nach Westen, auf nach Westen. (...) Für jeden Reisenden des In- und Auslands ist hier das Land, wo das Gold wächst. Nirgendwo in Kuba sieht man den Tabak so üppig und reich wachsen wie in Pinar del Río«, formulierte Guillermo Cabrera Infante in »Rauchzeichen«.

Kubas westlichste Provinz Pinar del Río ist eine landschaftlich ungemein reizvolle Gegend, ein Paradies für Naturliebhaber. Der Länge nach durch die Region zieht sich die Cordillera de Guaniguanico, die sich in zwei Gebirgszüge unterteilt und gleich mehrere Höhepunkte einer Kubareise vereint: In der wildromantischen Sierra del Rosario im östlichen Abschnitt liegen Kubas wichtigstes Ökotourismuszentrum, Las Terrazas, sowie der berühmte Orchideengarten von Soroa und in der etwas raueren Sierra de los Órganos nördlich der Provinzhauptstadt Pinar del Río das bizarre Valle de Viñales – Produkt einer vor Urzeiten eingestürzten Höhle, deren Säulenreste, *mogotes* genannt, heute eine von Kubas zauberhaftesten Landschaften charakterisieren. Unterirdische Flüsse haben große Höhlen in das Karstgestein gegraben, unverbaute weiße Puderzucker-Traumstrände säumen die Küste, zahlreiche wilde (aber ungefährliche) Tierarten leben in den Wäldern der Península de Guanahacabibes, dem westlichsten Punkt Kubas, der von der UNESCO zum Welterbe deklariert wurde.

Der größte Reichtum des Westens jedoch sind Boden und Klima, denn sie bringen den weltberühmten kubanischen Tabak hervor, der in grünen Tälern zwischen den eigentümlichen *mogotes* wächst. Die gesamte Region, vor allem aber das idyllische Tal von Viñales, ist vom Tabak geprägt.

Vorkoster: Man muss das eigene Produkt testen,
bevor es in fremde Hände gelangt

Auf einen Blick: Kubas Westen

Sehenswert

Las Terrazas: Kubas erstes Ökotourismusprojekt bietet etwas für jeden Geschmack und Geldbeutel – Unterkünfte unterschiedlichen Standards, Ruinen von Kaffeeplantagen, Kunstgalerien, Wanderwege, eine Canopy-Strecke und ganz viel wilde Natur (s. S. 228).

Valle de Viñales: Diese Bilderbuchlandschaft mit ihren Kalksteinkegeln, den *mogotes,* die aus dem flachen Tabaktal aufragen, gehört landschaftlich zum Schönsten, was Kuba zu bieten hat (s. S. 244).

Schöne Routen

Von Havanna auf der Landstraße nach Pinar del Río: Zwischen Havanna und der rund 180 km entfernten Provinzhauptstadt Pinar del Río verläuft eine gut ausgebaute Autobahn (s. S. 228). Passender – und landschaftlich wesentlich reizvoller – ist die Annäherung an die beschauliche Tabakmetropole auf dem Landsträßchen, das bei Mariel am westlichen Ende der vierspurigen Küstenstraße von Havanna beginnt und parallel zur Nordküste durch viele kleine Ortschaften führt – einfach der Karte (▶ C–E 3) folgen, dann kann nichts schiefgehen.

Von San Diego de los Baños nach Viñales: Ein empfehlenswerter Schleichweg führt auf kleinsten Nebenstraßen von San Diego de los Baños nach Viñales (s. S. 236).

Von Viñales nach María La Gorda: Der paradiesische Strand am Westzipfel Kubas lässt sich auch ohne Umweg über Pinar del Río erreichen – etwas zeitraubender zwar, aber dafür auf einer fantastischen Panoramastraße (s. S. 256).

Unsere Tipps

Orchideengarten von Soroa: Blumenfreunde sollten sich diesen botanischen Garten keinesfalls entgehen lassen, der zwischen Dezember und März seine größte Blütenpracht entfaltet (s. S. 232).

Cueva Santo Tomás: Für Höhlenfreaks ein Muss – Kubas größtes Höhlensystem und touristisch bei Weitem nicht so erschlossen und überlaufen wie die anderen Höhlen in der Umgebung (s. S. 249).

Schlafen am Ende der Insel: Zum Entspannen wie geschaffen ist die Bungalowanlage Villa Cabo de San Antonio an Kubas westlichstem Punkt auf der Península de Guanahacabibes (s. S. 259).

Kubas Vorzeigelandschaft: das Valle de Viñales

Wanderungen im Naturpark Las Terrazas: Zwischen 3 und 20 km lang, von erholsam bis anstrengend reicht die Palette der Pfade, auf denen man das Schutzgebiet durchstreifen kann. Zum Pausieren unterwegs verlocken herrliche Badestellen an Wasserfällen oder Flüssen (s. S. 230).

Fahrradtour durch Tabakland: Die Gegend rund um Viñales ist von unzähligen Feldwegen durchzogen, die einen Einblick in das ländliche Leben ermöglichen und sich hervorragend zum entspannten Radeln anbieten – verirren kann man sich nicht, denn alle Wege führen früher oder später zurück in den Ort (s. S. 252).

Von Havanna nach Pinar del Río

Die Provinz Pinar del Río ist reich an landschaftlichen Schönheiten: Am Weg zum Tabaktal von Viñales liegen der Naturpark Las Terrazas, der Orchideengarten von Soroa und San Diego de los Baños mit seinen Heilquellen und dem Parque La Güira. Im September 2022 suchte Hurrikan Ian sie allerdings besonders schlimm heim. Viele Gebäude und Sehenswürdigkeiten wurden stark beschädigt und sind größtenteils noch nicht wieder instandgesetzt.

Las Terrazas  ▶ D/E 3

Karte: S. 230

Die Autopista Nacional führt in westlicher Richtung von Havanna in die Provinz Pinar del Río. Nach etwa 50 km folgt man der Ausschilderung in Richtung Gebirge nach Las Terrazas. Der Tourismuskomplex gehört zum UNESCO-Biosphärenreservat **Sierra del Rosario.** Auf 5000 ha unberührter Natur liegen die Ruinen von rund 20 französischen Kaffeeplantagen aus dem 19. Jh., eine Künstlerkolonie, ein Hotel sowie mehrere Restaurants. Seen und Flüsse verlocken zum Baden, die herrliche unberührte Landschaft zur Erkundung per pedes oder hoch zu Ross.

Der Ort Las Terrazas

Alle Einrichtungen konzentrieren sich im Örtchen **Las Terrazas** (1000 Einwohner), das erst 1971 gegründet wurde. Die Modellsiedlung war Teil einer Wiederaufforstungsmaßnahme, aus der später Kubas erstes Ökotourismusprojekt hervorging. Das Zentrum von Las Terrazas bildet ganz oben auf dem Hügel die **Plaza Comunal** mit einem Laden, dem **Café Aire Libre** und einem kleinen **Ecomuseo,** das über die Geschichte des Projekts informiert.

Südlich der Plaza stößt man auf das erste der zahlreichen Künstlerateliers in Las Terrazas. Im **Estudio Jorge Perez Duporté** schafft der gleichnamige Künstler detailgetreue Zeichnungen, Gemälde und Glasmalereien von Pflanzen, vor allem Blumen. Ebenfalls an die Natur angelehnt sind die Werke, die im **Estudio Henry Alomá** (www.henryaloma.com) ausgestellt sind. Der Künstler bedient sich verschiedener Techniken und zeichnet sich dadurch aus, dass er Objekte der Flora stark verfremdet wiedergibt. Nahe der Casa de Botes werden im **Estudio Ariel Gato Miranda** Produkte aus recycelten Materialien hergestellt, u. a. Notizbücher sowie Taschen aus den Aufreißlaschen von Geträn-

EINTRITTSGEBÜHREN

Der Eintritt in den Complejo Turístico Las Terrazas kostet 100 CUP pro Person. Diese Gebühr beinhaltet den Eintritt zu den Baños San Juan (s. S. 321). Sie wird nur am östlichen Haupteingang, der Puerta Las Delicias, erhoben, nicht an der Straße, die von Soroa aus nach Las Terrazas führt. Am Wochenende (Fr–So) kostet der Eintritt zu den Baños San Juan 1000 CUP und beinhaltet ein Mittagessen und ein Getränk im dazugehörigen Restaurant.

Er sorgte Anfang des 19. Jh. für einen Wirtschaftsboom: der Kaffee

kedosen. An der Uferstraße befindet sich das **Estudio-Casa Léster Campa,** wo sich der Künstler zumeist detailverliebten Darstellungen der Natur – und ihrer Widersacher – widmet (alle tgl. 9–17 Uhr, Eintritt frei).

Ebenfalls direkt am See, nur wenige Schritte entfernt, steht die **Casa de Polo Montañez,** in der der gleichnamige Songschreiber und Sänger seine letzten Lebensjahre verbrachte, bevor er 2002 mit nur 47 Jahren bei einem Verkehrsunfall starb. Fernando Borrego Linares, wie er mit bürgerlichem Namen hieß, wuchs in las Terrazas auf und arbeitete in der Gemeinschaft u. a. als Holzfäller, bevor er als Musiker entdeckt und so berühmt wurde, dass ihm die Regierung dieses Haus schenkte, in dem nun ein Museum an ihn erinnert (tgl. 9–17 Uhr, 5 CUP).

Kaffeeplantagen

An die 50 *cafetales* gab es einst in der Sierra del Rosario, gegründet von französisch-haitianischen Einwanderern, die 1798 vor der Revolution nach Kuba geflüchtet waren. Sie lösten auf der Insel einen Kaffeeboom aus, der jedoch durch den übermächtigen Preisdruck anderer Erzeugerstaaten, insbesondere Brasilien, schon Mitte des 19. Jh. wieder zum Erliegen kam. Die Plantagen wurden verlassen und vom dichten Bergwald vereinnahmt.

Die einzige der alten Kaffeeplantagen auf dem Gelände von Las Terrazas, die teilweise wieder aufgebaut wurde, ist der **Cafetal Buena Vista.** Zu besichtigen ist das ehemalige Herrenhaus mit seiner schönen Balkendecke, nun ein Restaurant, sowie Überreste der Sklavenunterkünfte und der Flächen, auf denen man die Bohnen zum Trocknen auslegte. Die Plantage liegt oberhalb des Osteingangs zu Las Terrazas und bietet überdies einen herrlichen Ausblick (tgl. 9–17 Uhr, Eintritt frei).

Gut per Auto erreichbar ist auch die **Hacienda Unión** ca. 4 km westlich von Las Terrazas. Hier sind lediglich ein paar Mauerreste zu sehen, doch diese liegen an einem hübschen Fleck und außerdem locken in unmittelbarer Nachbarschaft der **Jardín Unión** mit einheimischer Flora sowie die **Casa del Campesino,** ein Restaurant, das deftige Küche kredenzt (tgl. 9–17 Uhr, Eintritt frei).

Von Havanna nach Pinar del Río

WANDERUNGEN IM NATURPARK LAS TERRAZAS

Tour-Infos
Start: am Infozentrum Rancho Curujey, wo auch die – obligatorischen – Führer warten

Länge und Dauer: 3–20 km, 2–6 Std.
Schwierigkeitsgrade: leicht bis maximal mittelschwer

Am besten lässt sich der Naturpark auf den Wanderwegen erkunden, die fast alle an den Ruinen einer oder mehrerer alter Kaffeeplantagen vorbeiführen und gute Möglichkeiten zur Vogelbeobachtung bieten: In der Sierra del Rosario sind rund 50 % der endemischen Arten Kubas zu finden. Sehr abwechslungsreich ist der **Sendero El Contento** (9 km, ca. 3 Std.). Vom Lago El Palmar wandert man durch üppige tropische Vegetation am Campismo El Taburete vorbei in Richtung des 452 m hohen Hügels Loma El Taburete, den man auf seiner nördlichen Seite passiert. Als Erstes werden die Ruinen der Kaffeeplantage San Idelfonso sichtbar, später El Contento. Nach ca. 3 Std. ist das Ziel erreicht: der herrliche Badeplatz Baños de San Juan (s. S. 231).
Der **Sendero La Serafina** (6,5 km, ca. 2,5 Std.) führt auf Waldpfaden vom Lago El Palmar in nordwestliche Richtung, immer entlang dem Ufer des Río San Juan bis zur Kaffeeplantage Santa Serafina am Flussufer. Anschließend quert man das Gewässer und geht geradewegs nach Süden zur Straße zurück, die durch den Park führt.
Zu den weiteren Wanderwegen gehören der anstrengende **Sendero Cascadas del San Claudio** (20 km, ca. 7 Std.) zu einem 20 m hohen Wasserfall mit Bademöglichkeit im Tal des Río San Claudio, die **Ruta Cañada del Infierno** (5 km, ca. 2 Std.) entlang des Río Bayate zu den Kaffeeplantagen

Las Terrazas

San Pedro und Santa Catalina, der **Sendero Las Delicias** (4 km, ca. 1 Std.), der zum Mirador Valle de San Juan führt und an der Kaffeeplantage Buena Vista endet (s. S. 229), sowie der **Sendero Las Peladas** (4,5 km, ca. 1,5 Std.), der anfangs identisch ist mit dem Sendero Las Delicias, dann aber in nordwestliche Richtung abbiegt und sich auf den aussichtsreichen Loma Las Peladas schlängelt.

Badeplätze

Im Naturpark gibt es zwei für Besucher erschlossene Badeplätze. Für Familien mit Kindern empfiehlt sich der **Lago El Palmar** mit Wassertrampolin und Bootsverleih. Badepools in einem Fluss, der sich über viele kleine Stufen durchs Tal windet, findet man in den **Baños de San Juan** (tgl. 9–19 Uhr, Eintritt Mo–Do in Parkgebühr enthalten, Fr–So 1000 CUP inkl. Mittagessen und Getränk). An den schattigen Tischen am Flussufer lässt es sich wunderbar picknicken oder man nimmt im rustikalen Restaurant ein kreolisches Mahl zu sich.

Infos

Rancho Curujey: am Lago El Palmar, tgl. 8–17 Uhr, www.lasterrazas.cu. (Schlechtes) Kartenmaterial, Vermittlung von Führern (je nach Tourlänge 10–20 €/Pers.), Bootsverleih, Reit- und Radtouren etc.

Übernachten

Mitten im Wald – **Moka:** am Ortsrand von Las Terrazas, Tel. 48 57 86 01/02, www.lasterrazas.cu. Idyllisch gelegenes Haus, das architektonisch ebenso angenehm ist wie seine Umgebung. Familiäre Atmosphäre und viel Ruhe. 27 Zi., €€, inkl. Frühstück, Canopy und Bootsrundfahrt

Viel Romantik für wenig Geld – **Baños de San Juan:** an der gleichnamigen Badestelle, Tel. 48 54 85 55. Auf einer Wiese stehen zwölf einfache, aber nette Hütten auf Stelzen, Verpflegung bietet ein Restaurant (12–18 Uhr) am Flussufer. Camper dürfen hier auch ihr Zelt aufstellen – das eigene oder ein am Haupteingang ausgeliehenes (ab 500 CUP). €, inkl. Frühstück

Essen & Trinken

Biologisch & vegetarisch – **El Romero** (privat): in Las Terrazas, Tel. 48 57 85 55, tgl. 9–21 Uhr. Tito Nuñez Gudas hat die kubanische Küche revolutioniert – er verwendet v. a. lokale, teils sehr außergewöhnliche Zutaten wie die Triebe *(nopalito)* von Opuntien, einer Kakteengattung, Yuccablätter oder Kürbisblüten. Auch auf der Getränkekarte findet man das ein oder andere Kuriosum, darunter »Oro«, eine Mixtur aus japanischer Pfefferminze, Kurkumagewürz und Guavensaft, oder »Biococa« aus Kresse und Orangensaft. Die Spezialität heißt Súper Romero und besteht aus einer gebackenen Aubergine, gefüllt mit Seitan und Gemüse, in Weinsoße. So viel Fantasie hat ihren Preis, sparen lässt sich nur bei der Portionsgröße, die in drei Varianten bestellt werden kann. €€

Unter Tieren – **Casa del Campesino:** s. S. 229. Rustikales Bauernhofambiente inkl. frei laufenden Truthähnen und Pfauen. Tipp: Kaninchenfrikassee. €€

Am Wasser – **Rancho Curujey:** am Lago El Palmar, tgl. 9–22 Uhr. Essen und Speisen mit Blick über den See. €–€€

Garantiert authentisch – **Fonda de Mercedes** (privat): in Las Terrazas, nahe Hotel Moka, tgl. 9–21 Uhr. Kreolische Küche auf einer luftigen Terrasse. €–€€

Einkaufen

Souvenirs – **Callejón de la Moka:** beim Restaurant El Romero, tgl. 9–17 Uhr. Ladenzeile mit großem Angebot an Kunsthandwerk, Parfüm mit Düften einheimischer Pflanzen, vor Ort produziertem Kaffee etc.

Aktiv

Canopy – ›Flug‹ über Baumwipfel und den Lago San Juan an einem Stahlseil. Die Strecke beginnt oberhalb der Casa de Botes, verteilt sich auf sechs Abschnitte und misst 1600 m (tgl. 9–12, 13–16 Uhr, 500 CUP).

Reiten – Ausritte unterschiedlicher Länge können z. B. über das Hotel Moka organisiert werden (ab 5 €/Std.).

Radfahren – Touren kann man am Rancho Curujey buchen.
Vogelbeobachtung – Kundige Führer vermitteln das Hotel Moka und das Infozentrum Rancho Curujey.

Verkehr

Vor Ort ist ein Mietwagen hilfreich, es gibt keine öffentlichen Transportmittel.
Busse: Bei Redaktionsschluss war die frühere tägliche Víazul-Busverbindung nach Havanna, Pinar del Río und Viñales auf unbestimmte Zeit ausgesetzt.

Soroa ▶ D 3

Nach 18 km Fahrt von Las Terrazas durch die Berge der Sierra del Rosario kommt man ins Tal von **Soroa**, benannt nach dem wohlhabenden Kanarier Don Ignacio Soroa, der hier eine der größten Kaffeeplantagen besaß.

Orquideario

Tgl. 8.30–16.30 Uhr, 50 CUP
Hauptattraktion ist zweifellos der berühmte **Orquideario**, mit 3,5 ha einer der größten Orchideengärten der Welt, in dem über 700 Arten wachsen. Begründet wurde er von dem Spanier Tomás Felipe Camacho, der das Orchidarium 1943 für seine Tochter anlegte und die außergewöhnliche Sammlung – insgesamt über 6000 verschiedene Zierpflanzen – auf Reisen in der ganzen Welt zusammentrug. Am schönsten ist der Besuch zur Hauptblütezeit zwischen Dezember und März, allerdings finden sich das ganze Jahr über bunte Farbtupfer im dichten Grün. Die äußerst informativen Führungen (sp., engl.) durch die Anlage werden von Experten der Universität in Pinar del Río geleitet, die den Garten verwaltet.

Castillo de las Nubes

Oberhalb des Orchideengartens bietet sich vom **Castillo de las Nubes** (›Wolkenschloss‹) ein fantastischer Blick bis hinunter in die Küstenebene. Das tatsächlich einem Schloss ähnelnde Gebäude verfiel jahrzehntelang und ist nun ein kleines, feines Boutiquehotel (s. S. 233).

Nur etwa 150 m weiter, am Straßenende, befindet sich die **Snackbar La Ruina** mit einem Minipool – bei bester Aussichtslage kann man sich hier mit einem kalten Bier im erfrischenden Nass räkeln (tgl. 9.30–18.30 Uhr).

Cascada de Arco Iris und Mirador de Venus

Tgl. 9–17 Uhr, 50 CUP
Unterhalb des Orchideengartens rauscht ein Wasserfall, der **Salto de Soroa**. Der Weg dorthin ist recht holprig und meist ziemlich glitschig. 22 m tief stürzt das Wasser in ein natürliches Bassin, in dem man baden kann.

Der Aufstieg zu einem weiteren Aussichtspunkt, dem 375 m hohen **Mirador de Venus**, beginnt gleich neben dem Parkplatz vom Wasserfall. 2 km geht es steil bergauf, zum Schluss über 158 Treppenstufen. Die Aussicht ist keinesfalls besser als vom Castillo de las Nubes, das per Auto erreicht werden kann. Müde Wanderer sollten danach in den **Baños Mineromedicinales** am Fuß des Hügels einen Stopp einlegen, wo ein kleiner Pool mit schwefelhaltigem Wasser Erholung verspricht. Im Angebot sind auch Massagen und Fangopackungen.

In der Cafetería am Parkplatz werden Ausritte angeboten, z. B. zum Castillo de las Nubes oder zur Finca la Rosita.

Comunidad La Rosita

Vom Parkplatz des Salto de Soroa und vom Hotel Villa Soroa (s. S. 233) werden Wanderungen auf dem **Sendero El Brujito** zur **Comunidad La Rosita** angeboten, eine alte Kaffeeplantage, deren Grund und Boden heute von einer kleinen Gemeinde ökologisch bewirtschaftet wird. Ein spannendes Ziel, das durch den Weg dorthin noch gewinnt. Je nach Kondition kann man zwischen einer 5 und 17 km langen Strecke wählen, beide führen durch nahezu unberührtes Terrain und bieten auch gute Möglichkeiten zur Vogelbeobachtung. In der Gegend sind rund 100 verschiedene Arten heimisch, drei davon endemisch: der Kubaklarino *(Myadestes elisabeth)*, der Kubawaldsänger *(Dendroica pityophila)* und der Fornswaldsänger *(Teretistris fornsi)*. Für die Wanderung sollte man eine gute Trittfestigkeit mitbringen.

Übernachten

Schlafen im Schloss – **Castillo en las Nubes:** Tel. 48 52 38 61, www.hotelescubanacan.com. Dieses Juwel sollte man eigentlich für sich behalten … In völliger Einsamkeit thront es in bester Lage auf einem Berg (s. S. 232), der Ausblick macht schwindlig vor Glück. Es gibt sechs stilvoll möblierte Zimmer, ein kleiner Pool lädt zum Faulenzen ein. Wer des Träumens überdrüssig ist, kann an einer Wander- oder Reittour teilnehmen. Bei Redaktionsschluss war die Unterkunft wegen Renovierung auf unbestimmte Zeit geschl. €€€

Hotelanlage – **Villa Soroa:** Crta. a Soroa Km 8, Tel. 48 52 35 34, www.hotelescubanacan.com. Ältere, aber saubere kleine Bungalows im herrlichen Tal von Soroa. Pool, Ausritte, geführte Wanderungen. 49 Zi., €€

Riesenbungalow mit Aussicht – **Casa Doña Duna** (privat): Carretera a Soroa Km 8, Tel. 53 68 87 66. Die angebotenen Zimmer sind sauber, komfortabel und klimatisiert. Von der Terrasse hat man einen tollen Ausblick in die Natur, es gibt bequeme Liegen zum Ausruhen und Lesen, zwei kostenlose Parkplätze und sehr herzliche und hilfsbereite Gastgeber, die auf Wunsch auch Frühstück und Abendessen zubereiten. €

Großzügig und ruhig – **Casa Las Piedras** (privat): Crta. a Soroa Km 3,5, Tel. 53 36 49 97, 52 81 74 40, casalaspiedrasoroa@nauta.cu. Das supernette Vermieterehepaar Lisy und Julio bietet auf seinem großen Grundstück zwei komfortable Bungalows sowie zwei weitere Zimmer mit eigenem Eingang im Haupthaus. Ein Rancho lädt zum Sitzen und Plaudern ein, die Zutaten fürs Essen stammen aus dem eigenen Gemüse- und Kräutergarten. Reit- und (nächtliche) Vogelbeobachtungstouren können auch hier organisiert werden. €

Idyllisch – **Casa Estudio del Arte** (privat): Crta. a Soroa Km 8,5, Tel. 53 95 50 91. Vorne eine Galerie, hinten im verwunschenen Garten zwei einfache, palmblattgedeckte Holzbungalows zum Übernachten. Jesús ist Künstler, der malt, fotografiert und töpfert, Alinska ist Spanischlehrerin und kann Interessierten einen Besuch in der Grundschule nebenan vermitteln. €

Verkehr

Busse: Víazul lässt Passagiere an der Kreuzung von der Autopista mit der Zufahrtsstraße nach Soroa auf Nachfrage hin aussteigen. Auf direktem Weg gelangt man nur per Mietwagen, Taxi oder im Rahmen einer organisierten Tour hierher.

San Diego de los Baños und Umgebung ▶ D 3

San Diego de los Baños

Die ganze Gegend ist von Heilquellen durchzogen, am bekanntesten sind diejenigen von **San Diego de los Baños** (500 Einwohner) ca. 50 km westlich von Soroa. Einer Überlieferung zufolge wurde ein nach San Diego verbannter lepröser Sklave nach dem Bad in den Quellen geheilt. Alsbald war San Diego Anziehungspunkt für viele Heilung suchende Kubaner. Um dem immensen Ansturm Rechnung zu tragen, ließen die Spanier eine Siedlung um die Quellen errichten und fügten gegen Ende des 19. Jh. ein Bäderhaus hinzu. Später entdeckten auch die Amerikaner den Ort. Das heutige **Balneario San Diego** entstand erst nach der Revolution und bietet eine große Palette von Heilbehandlungen, darunter Duftbäder, Massagen, Fango und Akupunktur (s. S. 236).

Parque La Güira

www.parquelaguira.cu, tgl. 8–17 Uhr, 100 CUP
4 km westlich von San Diego de los Baños gedeiht im **Parque La Güira** eine große Vielfalt subtropischer Pflanzen und Bäume. Ein trutziges Steintor mit der Aufschrift **Hacienda Cortina** markiert den Eingang zu der Anlage, die in den 1920er-Jahren von dem wohlhabenden Rechtsanwalt José Manuel Cortina angelegt und nach jahrzehntelanger Vernachlässigung erst in den 2010er-Jahren neu eröffnet wurde – nur, um bereits jetzt wieder zunehmend zu verwahrlosen. Auf dem riesigen Gelände verteilen sich mehrere Gartenanlagen unterschiedlichen Stils, darunter der **Parque Francés,** der **Parque Japonés** und der **Par-**

Szenen aus der Provinz

Holprige Straßen im Schachbrettmuster, teilweise ungeteert, niedrige Häuser aus Stein oder verwittertem Holz, manche bunt gestrichen, andere verwaschen und halb vermodert, eine Kirche mit einem Platz, auf dessen Bänken sich abends die Leute zum Schwatz treffen, eine Bank und eine Hauptstraße – das ist Güira de Melena.

Ach ja, und die Rumfabrik, eine LPG, ein winziger Bauernmarkt und ein großer Supermarkt mit dem verheißungsvollen Namen ›Glaspalast‹, *palacio de cristal,* wo man zwischen Fernsehern, Ventilatoren, Speiseöl und Tütensuppen alles an Klatsch und Neuigkeiten erfährt, was man wissen muss. Wann wieder eine Lieferung Käse kommt, warum der Mann von Cenaira weg ist, dass am Samstag eine Riesenfiesta bei Juanito stattfindet und er dafür gigantische Lautsprecher herbeigezaubert hat, dass nächste Woche die Kochtöpfe billiger werden und dass Marilú nächsten Monat nach Miami fliegt.

Die Nachbarn haben Juanito um ein wenig Zement gebeten, den er noch von der Renovierung übrig hatte. Damit wollen sie einen Schweinestall bauen. Eine glückliche Idee, alle sind erleichtert, denn das dicke schwarze Schwein grunzt und quäkt im Nachbarhof, der nur durch verrostetes Wellblech und mürbe Holzpfeiler, zusammengebunden mit Draht und Wäscheleinen, von unserem Hof getrennt ist. Das Schwein zieht unablässig Fliegen, Moskitos und Cucarachas an, und Teresa versucht verzweifelt, durch ständiges Putzen und Wischen diese Plage von Haus und Hof zu vertreiben – vergeblich. Mit einem sauberen Schweinestall wäre die Situation vielleicht etwas erträglicher. Wir hoffen, dass der Nachbar schnell baut und sein Schwein dann umbettet.

Auf dem flachen Dach hängen Leinen voller Wäsche, die Teresa mit einer urzeitlichen russischen Waschmaschine im Hof gewaschen hat. Die Waschtrommel hat keinen Deckel, und für die Kinder ist es ein Spaß, wenn die kalte Lauge aus der Maschine spritzt, die dabei röhrt und gurgelt wie ein Geysir. Aber immerhin, Teresa hat eine Waschmaschine. Vom Dach aus filme ich die umliegenden Höfe, natürlich auch das Schwein im Nachbarhof rechts. Im linken Hof fegt gerade Marilú. Sie trägt einen alten Kittel und um den Kopf hat sie ein Handtuch geschlungen. Als sie die Kamera sieht, trippelt sie mit dem Besen über einen imaginären Laufsteg und vollführt elegante Drehungen.

Marilú ist über 70, auch wenn man es ihr nicht ansieht. Sie ist Witwe und bekommt monatlich 104 Pesos Rente. Das sind knapp fünf Euro. Jetzt fliegt sie für vier Wochen nach Miami, wo ihre gesamte Familie lebt. Ihre beiden Brüder konnten vor einigen Jahren nach Miami ausreisen, weil sie in Kuba im Gefängnis saßen und über eine Menschenrechtsorganisation ein Visum für die USA erhalten hatten. Marilús Kusinen, die ebenfalls in Miami leben, konnten über die alljährliche Visumlotterie hinaus: *el bómbo.* Mit den paar Devisen, die ihr die Familie aus Miami schickt, kann Marilú in Kuba überleben.

Mit Teresa mache ich mich auf den Weg: Wir wollen die Hände manikühren und die Augenbrauen zupfen lassen, etwas Schönheitspflege muss einfach sein. Der Versuch schlägt fehl, weil die Kosmetikerin schon auf dem Sprung ist: Ihr Mann sitzt im Gefängnis und heute ist ab 15 Uhr Besuchszeit. Er ist zu zwei Jahren Haft verurteilt worden, weil er illegal Eier in Havanna verkau-

… und fröhlich grunzt das Schwein im Hinterhof

fen wollte. Ein Dutzend oder vielleicht zwei Dutzend Eier. Teresa versichert, dass dieses Delikt das Einzige ist, das dieser Mann verbrochen hat.

Als wir zu Hause ankommen, liegt ein pestilenzartiger Gestank über dem Hof, in dem mindestens drei Millionen Fliegen genüsslich baden. Wir flüchten zu Liset, einer ehemaligen Lehrerin, die in den letzten Jahren akribisch Tagebuch geführt hat. Liset beschrieb vor allem die Auswirkungen der Spezialperiode in Friedenszeiten und die Nulloption, also die Jahre zwischen 1990 und 1996. Jetzt ist die Situation zwar etwas erträglicher geworden, doch allen sitzen diese Jahre noch in den Knochen.

Liset lässt mich in ihrem Tagebuch lesen: »Es ist fatal, wenn auch tagsüber der Strom ausfällt. Das Stromproblem verschärft das Ernährungsproblem, das zweifellos das größte aller Probleme ist. Und für die Lösung dieses größten Problems ist die Frau zuständig: Neben all unseren anderen Tätigkeiten dürfen wir uns Tag und Nacht den Kopf darüber zerbrechen, was wir unserer Familie zu essen geben und wie wir es zubereiten könnten … Ich glaube, die meisten von uns denken sogar darüber nach, wenn sie schlafen. In diesem Land haben wir so gut wie alles Essbare gegessen. Wir haben sogar Gerichte erfunden, die andere Völker womöglich für nicht genießbar halten.«

Zu Hause die Überraschung: Das Schwein ist weg. Die Fliegen hat es mitgenommen, den Gestank auch. Ein Wunder ist geschehen. Wir setzen uns auf den Hof, um zu feiern. Es duftet nach reifen Mangos, die demnächst vom Baum fallen werden, und die frisch gewaschene Wäsche auf der Leine verbreitet einen erlösenden Duft nach Seifenpulver. Silvester kann kommen, wir werden im Hof feiern, großzügig Rum für sämtliche Götter verschütten und vielleicht geschmuggelte Langusten essen. Musik gibt es ohnehin an jeder Ecke. *(Aufzeichnungen aus dem Jahr 2001)*

que Asiático, doch ein Großteil ist naturbelassen. Im Infozentrum werden Touren angeboten, die durch dschungelähnlichen Wald mit endemischer Flora und Fauna führen. Da der Park ein beliebtes Ausflugsziel von Einheimischen und am Wochenende entsprechend belebt ist, sollte man seinen Besuch auf einen Werktag legen. Es gibt auch Übernachtungsmöglichkeiten sowie natürlich Restaurants und Cafeterías.

Cueva de los Portales

Tgl. 9–17 Uhr, 50 CUP

Ein nicht wirklich gutes, aber gut befahrbares und vor allem landschaftlich absolut traumhaftes Sträßchen führt mitten durch den Parque La Güira (hierfür ist kein Eintritt zu entrichten) ins idyllische **Valle El Abra**. Hier hat der Río Caiguanabo einige Höhlen ausgewaschen, von denen die **Cueva de los Portales** die bemerkenswerteste ist: Sie soll Che Guevara 1962 während der Kubakrise 30 Tage lang als Kommandostützpunkt gedient haben – ein perfekt gewählter Ort, denn die große, helle Höhle besitzt zwei Eingänge und damit Fluchtwege, verfügt über Wasser und liegt nahe den schützenden Bergen.

Vom gleichnamigen ausgeschilderten Campismo (s. rechts) aus werden halbstündige Touren in die Höhle angeboten, in der noch einige Relikte aus dieser Zeit zu bestaunen sind. Die kurze Piste von der Abzweigung bis zum Campismo ist extrem schlecht und sollte nach heftigen Regenfällen mit besonderer Vorsicht befahren werden.

Weiter nach Viñales

Wer ohnehin auf dem Weg nach Viñales und im Besitz eines Mietwagens ist, sollte seine Reise durch das Valle El Abra fortsetzen und über die Orte **Arroyo Naranjo** und **La Palma** ins berühmte Tabaktal fahren. Zu Füßen steiler Kalksteinwände erstreckt sich fruchtbarstes Ackerland, malerische kleine Gehöfte liegen verstreut in der Landschaft und man begegnet vermutlich mehr Ochsengespannen als Autos. Die reizvolle Strecke braucht zwar ein wenig mehr Zeit als die Autopista, lohnt den Aufwand aber allemal.

Übernachten

... in San Diego de los Baños:

Ideal zum Ausspannen – **Mirador de San Diego:** Calle 23 Final, Tel. 48 77 83 38, www.facebook.com (> Hotel Mirador de San Diego). In die Jahre gekommen, aber nette Atmosphäre. Heilbehandlungen im gegenüberliegenden Balneario können vereinbart werden. Mit Pool, drei Restaurants und Bar. 30 Zi., €–€€

Erholsam und gesund – **Casa Nalúa** (privat): Calle 21A Nr. 3006, zw. 30 und 32, Tel. 54 97 33 20, naluaclown@gmail.com. Vermietet werden zwei geräumige Zimmer, die sich das Bad teilen. Nalúa – eine gebürtige Spanierin – ist eine herzensgute und sehr hilfsbereite Gastgeberin, die nicht nur bei der Planung von touristischen Aktivitäten hilft, sondern auf Wunsch auch äußerst leckere gesunde vegetarische und vegane Gerichte zaubert. €

Gegenüber vom Balneario – **Villa Cary y Julio** (privat): Calle 29 Nr. 4009, zw. 40 und 42, Tel. 48 54 80 37. Privatquartier mit zwei schlichten, aber sauberen Zimmern und großem Patio. €

... im Valle El Abra:

Campismo – **Cueva de los Portales:** Finca El Abra, San Andrés, Tel. 48 83 27 49. Für internationalen Tourismus zugelassener Campismo mit 12 schlichten Cabañas für jeweils vier Personen auf einer großen Lichtung. Bei Redaktionsschluss auf unbestimmte Zeit geschlossen. €

Essen & Trinken

Gegrilltes – Sehr gut wird man im Gartenrestaurant des Hotels Mirador de San Diego versorgt. Für wenig Geld gibt es große Portionen Schweinefleisch oder Huhn mit Reis und Bohnen (tgl. 12–24 Uhr). Vegetarier und Veganer fragen in der Casa Nalúa (s. oben) an.

Aktiv

Heilbad – **Balneario San Diego:** San Diego de los Baños, Tel. 48 54 88 12, 48 54 88 80. Mehrere kleine Thermalbecken, Massagen, Fangotherapie, Akupunktur, Schönheitsbehandlungen u. v. m. Sehr rudimentär. Bezahlung nur mit Kreditkarte oder MLC-Karte möglich.

Pinar del Río

▶ C 4

In der geschäftigen, aber nicht hektischen Provinzhauptstadt dreht sich alles rund um das ›braune Gold‹ – Pinar del Río ist das Herz des weltbesten Tabakanbaugebiets im gar nicht so wilden Westen der Insel.

Die Autopista Nacional endet 180 km westlich von Havanna am Ostrand von **Pinar del Río.** In der gut 190 000 Einwohner zählenden Stadt leben Menschen, die im Rhythmus von gemächlich gerauchten Zigarren denken, die eher feinsinnige Verse und poetische Lieder schätzen als aufwühlende Rumbarhythmen und die am liebsten von ihren blauen Holzveranden aus das Treiben auf der Straße begutachten und in ihren ebenfalls blauen Schaukelstühlen wippen.

Geschichte

In den dichten Pinienwäldern an den Ufern des Río Guamá lebten einst die Guanahatabeyes, Jäger und Sammler und das älteste indigene Volk Kubas. Sie benutzten die unzähligen Höhlen, die die Flussarme in das Felsgestein gegraben hatten, als Zufluchtsorte. Die größte dieser Höhlen, die Cueva Santo Tomás, zieht sich über 46 km hin.

Schnell merkte die spanische Krone, dass in Vuelta Abajo – so heißt die Gegend südlich von Pinar del Río – der beste Tabak wächst, und nachdem sie die Guanahatabeyes fast ausgerottet hatte, schickte sie spanische Siedler in die Gegend, um das braune Gold anzubauen. 1571 gründeten diese die Stadt Nueva Filipina, erst später wurde sie nach den Pinienwäldern umbenannt in Pinar del Río. Schnell erwies sich der Tabakhandel für die spanische Krone als ebenso lukrativ wie der Zuckeranbau, sodass Pinar del Río im 18. und 19. Jh. eine wohlhabende Stadt wurde. Das lag natürlich an den Rauchern in Europa, aber die Kubaner konsumierten ihr kostbares Produkt ebenfalls.

Wer so viel Reichtum erwirtschaftet, möchte nicht mit einem Almosen abgespeist werden. Im 18. Jh. litten die stolzen Tabakbauern aus Pinar del Río unter dem spanischen Handelsmonopol, das sie zwang, ihre Erzeugnisse zu den von der spanischen Krone festgelegten Preisen ausschließlich an Spanien zu verkaufen. Also probten die *vegueros,* wie sich die Tabakbauern nennen, den Aufstand. Zu Tausenden zogen sie von Pinar del Río nach Havanna vor den Gouverneurspalast, um zu protestieren. Der Aufstand wurde erstickt, die meisten Tabakbauern füsiliert und entlang der Straße nach Santiago de las Vegas zur Abschreckung aufgehängt. Weiterhin wurde die beste Havanna jeder Ernte dem Bourbonenkönig in Madrid gesandt – eine koloniale Angewohnheit.

Das Tabakbürgertum in Pinar del Río zeigte sich selbstbewusst – trotz oder vielleicht auch wegen seiner spanischen Traditionen: 1845 baute man sich in der Provinzstadt einen luxuriösen Kulturpalast, das Teatro Milanés, das einzige prunkvolle Gebäude in der Stadt. Kostbarste Hölzer wurden für die Inneneinrichtung herbeigeschafft, die besten Theaterkompanien und Opernensembles für Gastspiele verpflichtet.

Sehenswertes

Cityplan: s. S. 239
Die lebendige Hauptstraße von Pinar del Río, die **Calle Martí,** ist eigentlich nichts anderes als eine besonders lang gestreckte Ansammlung überdachter Veranden (ausnahmsweise ohne friedlich wippende Menschen in Schaukelstühlen) und der wichtigsten Ge-

schäfte. Drumherum gibt es zwar auch noch ein paar Straßen, auch einen Friedhof, ein Sanatorium (übrigens nicht für Lungenkranke), ein Musikkonservatorium, eine Tabak- und eine Likörfabrik, doch verlaufen kann man sich dort auch als Fremder nicht – dafür ist die Stadt zu klein.

Palacio Guasch 1

Calle Martí 202, zw. Grajales und Hnos. Saíz, Mo–Fr 9–17, Sa, So 9–13 Uhr, 15 CUP

Zwei Blocks hinter dem Ortseingang und dem ehemaligen Sowjethotel Pinar del Río ist der **Palacio Guasch** eine hinreißende Kuriosität. Sein Erbauer, ein Doktor Francisco Guasch, setzte seinen Ehrgeiz darein, sämtliche Baustile und Mitbringsel aus der ganzen Welt in einem einzigen Gebäude zu vereinen und auf diese Weise eine Art Harmonie des Chaos zu schaffen. So findet man hier ein Potpourri aus griechischen Säulen, ägyptischen Hieroglyphen und mittelalterlichen Wasserspeiern neben surrealistischen oder Art-déco-Fragmenten. Heute ist in dem 1914 erbauten Haus das **Museo de Ciencias Naturales Tranquilino Sandalio de Noda** untergebracht, das die Fauna der Provinz in Form von Fossilien zur Schau stellt, z. B. einen Plesiosaurier, der vor Millionen von Jahren an der Küste lebte. Die Attraktion des Museums ist im Hof zu bewundern: zwei lebensechte Dinosaurier und archaische Korkpalmen aus den Zeiten von Jurassic Park.

Teatro Milanés 2

Calle Martí 160, zw. Colón und Rubio, s. S. 241

Mit seinem Namen erinnert das **Teatro Milanés** an den romantischen Dichter José Jacinto Milanés, der 1863 im Alter von 30 Jahren in geistiger Umnachtung starb. Feinste kubanische Edelhölzer schmücken das Innere des Theaters, in dem fast jeden Abend eine Veranstaltung stattfindet – einen Besuch sollte man sich nicht entgehen lassen.

Pinar del Río

Sehenswert
1. Palacio Guasch
2. Teatro Milanés
3. Museo Provincial de Historia
4. Fábrica de Bebidas Casa Garay
5. Museo de Arte de Pinar del Río
6. Galería Municipal Arturo Regueiro
7. Fábrica de Tabacos Francisco Donatién

Übernachten
1. Vueltabajo
2. Renta Robaina
3. Casa del Parque Colón
4. Villa Aguas Claras

Essen & Trinken
1. El Gallardo
2. Café Ortúzar
3. El Mesón

Einkaufen
1. Tienda Taller La Guille
2. Fondo Cubano de Bienes Culturales
3. Licorería y Bombonera
4. Casa del Tabaco

Abends & Nachts
1. Café Pinar
2. El Centireito
3. Tu Casa Rooftop Bar
4. Espacio Cultural El Portal de Nelson
5. Cabaret Rumayor
6. Azul

Museo Provincial de Historia 3
Calle Martí 58, zw. Colón und Rubio, Mo 12.30–16.30, Di–Sa 8–17, So 9–13 Uhr, 50 CUP
Im frisch renovierten **Museo Provincial de Historia** sind neben interessanten Exponaten der indigenen Kulturen und archäologischen Funden auch einige persönliche Gegenstände und Noten von Enríque Jorrín ausgestellt, dem Erfinder des Chachachá.

Fábrica de Bebidas Casa Garay 4
Calle Isabel Rubio Sur 189, zw. C. Fernández und Frank País, wegen Materialmangel und Sturmschäden zzt. keine Produktion, Führungen auf Nachfrage und Spendenbasis, Tel. 48 75 97 96
Wie flüssiger Bernstein sieht der Guavenlikör oder Guayabita del Pinar aus, wie er in der **Fábrica de Bebidas Casa Garay** hergestellt wird. Auf kurzen Führungen kann man den Prozess verfolgen und den nach 200 Jahre alten Rezepten gebrauten herben *(seco)* oder süßen *(dulce)* Likör probieren.

Museo de Arte de Pinar del Río 5
Calle Martí 9, zw. Isabel Rubio und Gerardo Medina, Di–Sa 9–18 Uhr, Eintritt frei
Zeitgenössische Kunst aus der Provinz zeigt das **Museo de Arte de Pinar del Río**, kurz **MAPRI** genannt. Die ständige Ausstellung wartet mit einem richtigen Highlight auf: Werken des afrokubanischen Künstlers Guido Llinás (www.guidollinasestate.net). Außerdem zu sehen sind Gemälde des Landschaftsmalers Domingo Ramos und ein Querschnitt durch das Schaffen von Pedro Pablo Oliva (www.pedropablooliva.com).

Galería Municipal Arturo Regueiro 6
Calle Martí 65, Ecke Morales, tgl. 7–22 Uhr, Eintritt frei
Die in der **Casa de Cultura Pedro Junco** untergebrachte Galerie zeigt insbesondere Wechselausstellungen von Künstlern der Provinz Pinar del Río. Einige davon haben hier auch ihre Ateliers und freuen sich über interessierte Besucher.

Fábrica de Tabacos Francisco Donatién 7
Calle Maceo 157, bei Redaktionsschluss wegen Renovierung keine Produktion
Pinar del Ríos kleine, aber sehr sehenswerte **Fábrica de Tabacos Francisco Donatién** ist im ehemaligen Gefängnis der Stadt untergebracht und ein Paradies für Raucher und Zigarrenfans: Hier werden die kostbaren Skulpturen mit so klangvollen Namen wie Cohiba, H. Upman, Partagás, Romeo y Julieta etc. gefertigt. Leider wurde die Fabrik durch Hurrikan Ian im September 2022 beschädigt und die Renovierung zieht sich hin.

Pinar del Río

Infos

Im Internet: www.visitarcuba.org (> Pinar del Río).
Infotur: im Hotel Vueltabajo (s. unten), tgl. 9.15–12, 12.30–17.15 Uhr.
Havanatur: Calle O. Arenado 2, zw. Martí und Máximo Gómez, tgl. 8–17 Uhr.
Cubanacán: Calle Martí 109, Ecke Colón, Mo–Fr 9–16.30 Uhr.
Oficina de Reservaciones de Campismo: Calle Isabel Rubio 20, zw. Adela Azcuy und Martí, Mo–Fr 8–12, 13–17, Sa 8–12 Uhr.
Banco Financiero Internacional: Calle Gerardo Medina 44, zw. Antonio Rubio und Isidro de Armas.
Cadeca: Calle Gerardo Medina 41, zw. Antonio Rubio und Isidro de Armas.
Internet: Etecsa, Calle Gerardo Medina 127, Ecke Juan Gualberto Gómez, tgl. 8.30–19 Uhr.

Übernachten

… in Pinar del Río:
In Pinar del Río sind die Jineteros besonders durchtrieben und hartnäckig, Tipps für den Umgang mit ihnen s. S. 117.
Glanz vergangener Zeit – **Vueltabajo** 1 : Calle Martí 103, Ecke Rafael Morales, Tel. 48 75 93 81, www.facebook.com (> Hotel Vueltabajo). Von den beiden staatlichen Unterkünften im Ort ist nur dieses Hotel im Kolonialstil passabel. 39 Zimmer, die lauten zur Straße hin meiden. €€, inkl. Frühstück
Mit Dachterrassenbar – **Renta Robaina** 2 (privat): Calle Colón 106, Ecke M. Grajales, Tel. 59 40 99 36. Über zwei Treppen (davon eine sehr schmal) geht es auf das Dach des Hauses, dem das separate Gästezimmer aufgesetzt wurde. Es gibt zwei Betten, Klimaanlage, Kühlschrank, eine kleine Terrasse mit Schaukelstühlen zur Straße und eine große Terrasse mit Palapa-Bar nach hinten. Mayra ist eine liebenswürdige ältere Dame, die auf Wunsch auch Frühstück und Abendessen zubereitet. €
Rundumsorglospaket – **Casa del Parque Colón** 3 (privat): Calle Colón, Ecke Maceo, Tel. 52 45 32 33. Das gelb gestrichene Stadthaus im Kolonialstil mit den weißen Fenstern und Türen ist nicht zu verfehlen. Vermietet werden die drei komfortable, voll ausgestattete Zimmer. Zum Haus gehören ein begrünter Innenhof mit Hollywoodschaukel und Parkplätze. Auf Wunsch bereiten die Gastgeber Evelio und Lourdes Frühstück und Abendessen zu. €
… außerhalb:
Campismo – **Villa Aguas Claras** 4 : Crta. a Viñales Km 7, Tel. 48 77 84 27. Dieser Campismo ist internationalem Tourismus vorbehalten. Nette Anlage mitten in der Pampa zwischen Pinar del Río und Viñales mit Swimmingpool und großem Aktivitätenangebot, z. B. Reiten. 50 Zi., €

Essen & Trinken

Gemütlicher Patio – **El Gallardo** 1 (privat): Calle Martí 207, zw. Pinares und Pacheco, Tel. 48 77 84 92, tgl. 9.30–23.30 Uhr. Das Lokal gegenüber dem naturwissenschaftlichen Museum bietet *comida criolla* und Pizza, dazu einen professionellen Service. Nur die Cocktails lassen sehr zu wünschen übrig. €€
Klein, aber oho – **Café Ortúzar** 2 (privat): Calle Martí 127, zw. Colón y Nueva, Tel. 53 31 21 76, Di–Do 9–24, Fr–So 9–1 Uhr. Fürs Frühstück oder einen Drink auf der Terrasse, zum Mittagoder Abendessen im klimatisierten, aber alles andere als ›kühlen‹ Restaurant. Raffinierte Küche und sehr freundlicher Service. €–€€
Seit 1995 – **El Mesón** 3 (privat): Calle Martí 205, zw. Pinares und Pacheco, Tel. 48 75 28 67, 53 51 85 22, tgl. 11.30–23.30 Uhr. Der rustikale und günstige Nachbar des El Gallardo, serviert wird seit 1995 kreolische Hausmannskost in großen Portionen. Tische drinnen oder auf der Terrasse an der Straße. €–€€

Einkaufen

In Pinar del Río haben die Geschäfte sonntags geschlossen.
Alles selbst entworfen – **Tienda Taller La Guille** 1 : Calle Martí 161, zw. M. Grajales und Nueva, Tel. 53 71 34 46, www.facebook.com (> Tienda Taller La Guille), Mo–Sa 9–19 Uhr. Fantasievolle, farbenfrohe Ketten, Kleidung, Taschen, Gemälde und noch einiges mehr bietet dieser etwas andere Souvenirladen.
Kunsthandwerk – **Fondo Cubano de Bienes Culturales** 2 : Calle Martí, Ecke Gerardo Medina, Tel. 54 18 94 96, Mo–Sa 9–17 Uhr.

Adressen

Spirituosen & mehr – **Casa Garay** 4: s. S. 239. Guavenlikör vom Produzenten. **Licorería y Bombonera** 3: Calle Maceo 151, Ecke A. Tarafa, Mo–Fr 8–18 Uhr. Rum, Wein, Tequila etc. sowie T-Shirts und CDs.

Zigarren – **Casa del Tabaco** 4: Calle Maceo 162, Ecke Gómez, Mo–Sa 9–18 Uhr. Mit Raucherzimmer und Patio-Bar.

Abends & Nachts

Aktuelle Veranstaltungstipps für Pinar del Río liefert die Seite www.mpinar.pinarte.cult.cu (> Cartelera).

Livemusik – **Café Pinar** 1: Calle Gerardo Medina 34, zw. Martí und Isidro de Armas, tgl. 23–2 Uhr. In-Treff, meist Livemusik. **El Centireito** 2: Martí 36, zw. I. Rubio und G. Medina, tgl. 10–24 Uhr. Im Artex-Kulturzentrum gibt es einen Innenhof zum Sitzen und abends oft Livemusik.

Mit Aussicht – **Tu Casa Rooftop Bar** 3: Calle Maceo, Ecke Gulteras. Im 1. Stock befindet sich eine Cocktailbar und noch ein Stockwerk höher die wohl coolste Dachterrasse der Stadt.

Buntes Programm – **Casa de Cultura Pedro Junco** 6: Calle Martí 65, tgl. 7–22 Uhr. Abends regelmäßig Konzerte, Lesungen etc. **Espacio Cultural El Portal de Nelson** 4: Calle Martí 126, 2. Mi im Monat, 17 Uhr. Das Programm ist außen angeschlagen.

Theater & Konzerte – **Teatro Milanés** 2: s. S. 238, Di–Sa ab 20, So ab 17 Uhr. Bühnenstücke, Shows etc.

Show – **Cabaret Rumayor** 5: Crta. a Viñales Km 1,5, Fr–So ab 21, Show ab 23 Uhr. Sympathisch provinzielle, liebevoll gemachte Show, die vor allem bei Einheimischen sehr beliebt ist, auch Disko und Konzerte.

Disco – **Azul** 6: im Hotel Pinar del Río, östl. Ende der Calle Martí, Mi–So 22–1 Uhr. Abtanzen im gesichtslosen größten Hotel der Stadt.

Verkehr

Züge: Estación de Ferrocarril, Calle Ferrocarril, Ecke Mariana Grajales, Tel. 48 75 57 34. 3 x wöchentl. nach Havanna.

Busse: Terminal de Ómnibus, Calle Adela Azcuy, Tel. 48 75 25 72. Mit Víazul tgl. je 1 x tgl. nach Viñales (6 €) und Havanna (11 €).

Bukolische Szenen entdeckt man in der Provinz Pinar del Río an jeder Ecke

Tabak – historisch

Der Tabak ist neben der Tomate, der Kartoffel, dem Mais, dem Kakao und der Syphilis ein Geschenk Amerikas an die Eroberer. Die Legende will, dass die kubanischen Ureinwohner den weißen Ankömmlingen zum Zeichen ihrer Freundschaft Tabakblätter überreichten. Die Spanier wussten zunächst nicht, was sie mit diesen getrockneten Blättern anstellen sollten, und beobachteten misstrauisch die Taínos und Siboneyes, wie sie diese Blätter rollten, sie anzündeten und den Rauch »tranken«.

Überall auf dem amerikanischen Kontinent wunderten sich die Europäer über die merkwürdige Sitte der Indigenen, sich einzunebeln, wie es der kubanische Autor Guillermo Cabrera Infante in seinem Buch »Rauchzeichen« beschreibt: »Rodrigo de Xerez wurde von Kolumbus ins Landesinnere geschickt, um sich nach Gold umzuschauen. De Xerez kam ohne Nuggets zurück, aber mit einer erstaunlichen Nachricht: er hatte das Land der Schornsteinmänner entdeckt. Der *was*? Männer, die sich für Schornsteine halten; rauchende Menschen. Kolumbus war sehr von de Xerez enttäuscht. Nicht nur war der Mann völlig unfähig, irgendwelches Gold zu finden, (…) nun kam er auch noch mit dieser bizarren Geschichte zurück. (…) Aber de Xerez erklärte ihm ernsthaft, dass die Wilden, die er gesehen hatte, *wirklich* wie die Schornsteine rauchten. Wohin sie auch gingen, überall trugen sie ein braunes Rohr mit sich, das an einem Ende brannte. Das andere Ende steckten sie sich in den Mund, um dann anscheinend eine Weile daraus zu trinken. Anschließend rauchten sie aus Mund und Nasenlöchern. Und es schien ihnen Spaß zu machen!« Es war das erste Mal, dass die Spanier jemanden rauchen sahen. Doch die Konquistadoren wollten nicht dieses brennende Kraut, dessen braune Blätter aussahen wie Dreck, sondern echtes Gold. Den Tabak verachteten sie. Originalton Hernán Cortés: »Rauchen ist eine Angewohnheit für Wilde, nicht für Christen.«

Doch schon im 16. Jh. gab es kaum einen europäischen Reisenden, der nicht begeistert über die wundersamen Wirkungen dieser Pflanze schrieb. Der Jesuitenpater Bernabé Cobo notierte in seiner »Historia del Nuevo Mundo«: »Der Tabakstrauch ist eine Medizin, die unzählige Krankheiten zu heilen in der Lage ist, gleich, ob man seine grünen oder getrockneten Blätter verwendet, oder ob man ihn in Form von Pulver, in Rauch, gekocht oder auf andere Weise zu sich nimmt. Hängt man ein Säckchen mit Tabak gefüllt über den Kopf oder legt es unter das Kopfkissen, so schläft man tief und fest. Der Tabak hat auch eine große Macht über wilde Tiere und giftiges Gewürm: weshalb die Indios des Nachts, wenn sie schlafen, dieses Kraut um sich herum verstreuen, damit kein giftiges Tier sie töte (…) Zu Anfang der Entdeckung dieser Neuen Welt übernahmen einige wenige Spanier von den Indianern diese Sitte, die sich so schnell ausbreitete, dass es heute in Westindien keinen Fleck gibt, wo nicht zahlreiche Personen den Tabak rauchen, und es macht ihnen so viel Genuss, dass viele Männer, sobald sie wach sind, keine Viertelstunde ohne Tabakrauch bleiben und darüber Essen und Trinken vergessen (…) Sicher ist, dass der Tabak jenen, die ihn ohne Maß genießen, viel Übel verursacht, wie Entzündungen der Leber, der Nieren und sehr schweren Typhus. Doch gelegentlich genossen, besiegt der Tabak jegliche Magenverstimmung, er zerlegt die schwer verdaulichen Speisen und hilft der Verdauung.«

Amerikas Ureinwohner haben den Tabak allerdings nicht nur aus medizinischen Gründen angepflanzt. Selbst wenn sie ihn als Heilpflanze verwendeten, war der Tabak immer Bestandteil ihrer religiösen Vorstellungen und Riten. Bei den Taínos, die den Tabakstrauch *cohoba* nannten, war der

Solange man sie nicht raucht, ist die Tabakpflanze eine wundersame Medizin …

Tabakkonsum den Männern vorbehalten, Frauen durften nicht mit ihm in Berührung kommen. Der Tabakanbau lag in den Händen der Priester *(behiques)* – eine logische Vorsichtsmaßnahme, denn wenn der Anbau einer Pflanze, die Trancezustände und Besitzergreifung durch die Geister bewirkt, nicht von den Priestern kontrolliert wird, droht das Chaos. Die mystische Extase, in der ein übermenschliches Wesen spricht, war immer ein gefürchtetes und kontrolliertes Phänomen.

Kein Wunder, dass die europäischen Eroberer den Tabak und seine vielfältigen Verwendungsformen zunächst für ein Machwerk des Teufels und pure Hexerei hielten. Die indigenen Priester waren in ihren Augen infame Zauberer – wie umgekehrt sie selbst den Ureinwohnern ebenfalls als Hexer vorkamen, die das Papier sprechen lassen konnten und es irgendwie schafften, trotz ihrer zahllosen Gräueltaten von keiner Gottheit bestraft zu werden. Allerdings hat bisher noch alles, was im Dunstkreis des Teufels steht, eine heftige Faszination ausgeübt, und beim Tabak war es nicht anders. Die spanischen Soldaten waren einfach neugierig, und wenn die wenigen bekannten christlichen Heilmittel versagten, fragten sie die Priester um Rat – zumindest, so lange es noch Priester gab.

Als die indigene Bevölkerung ausgerottet waren, geriet auch der religiöse Charakter des Tabaks in Vergessenheit. Übrig blieb das Genussrauchen, eine sinnliche Lust, die in vielen karibischen Liedern besungen wird. Etwa von den zehn betagten Herren des Orquesta Super Colosal, die auf einer Holzveranda sitzen, zufrieden an ihren Zigarren nuckeln und ohne Eile auf eine schöne Frau warten, während sie gleichzeitig Musik machen und vor sich hinsingen: »Rauchend warte ich auf die Frau, die ich liebe (…) und während ich rauche, bleibt mein Leben stehen, denn wenn ich den Rauch betrachte, schlummere ich vor mich hin. Ausgestreckt auf meinem Sofa träume ich von meiner Liebsten (…) Gib mir den Rauch aus deinem Mund, den trunken machenden Rauch, der die Flamme der Liebe entfacht.« (Aus dem Lied »Fumando espero«).

✿ Valle de Viñales

Von Pinar del Río führt eine Landstraße über Aguas Claras in das 27 km entfernte Valle de Viñales. Hier wächst der legendäre grün-silbrig schimmernde Tabak auf flachen Feldern zwischen steil aufragenden, schroffen Kegelfelsen, den Mogotes. Die Gegend um das Dörfchen Viñales ist für viele die schönste Landschaft Kubas und gehört in jedes Reiseprogramm.

Mit ihrem Alter von rund 150 Mio. Jahren gelten die Mogotes als älteste geologische Formation Kubas. Bei trübem Wetter oder bei einem heftigen Regenguss kann man ein natürliches Schauspiel beobachten: Dann sieht es so aus, als hätten die Mogotes, die jetzt verstreuten Fingern gleichen, sich die Wolken gekrallt und zu sich heruntergezogen, um sich darin einzuhüllen. Nach dem Regen, wenn die Sonne wieder unerbittlich auf das Tabaktal brennt, dampfen die kleinen, palmgedeckten Holzhäuser der Bauern, als hätte man sie gerade aus einer Waschmaschine gezogen. Die Tabakpflanzen bekommt man jedoch nur zwischen der Aussaat etwa Ende Oktober (die Regenzeit muss zu Ende sein) und der Ernte zu sehen, die zwischen Januar und März stattfindet. Während der Sommermonate werden auf den rot schimmernden Feldern Boniato, Malanga, Mais oder Bananen angepflanzt.

Je näher man dem Tal von Viñales kommt, desto häufiger sieht man kleine, fensterlose Schuppen mit einem Dach aus Palmstroh oder aus Blech. Das sind die *casas de tabaco,* die Trockenschuppen für den Tabak. Die Tabakballen kochen tagsüber in ihrem eigenen Hitzedunst, sie schwitzen ihre Feuchtigkeit aus, und dafür kann es in der *casa de tabaco* gar nicht heiß genug sein. Genau in dem Maß, wie sie ihre Feuchtigkeit verlieren, müssen sie immer höher unter das Dach gehängt werden. Später befeuchtet man die Blätter und fermentiert sie dreimal, um eine gleichmäßige Qualität und Färbung zu erzielen. Allein die erste Fermentation, bei der die Tabakblätter mit Palmblättern abgedeckt werden, dauert zwei Monate. Insgesamt kann die Fermentation bei einigen Tabaksorten bis zu drei Jahren dauern.

Viñales ▶ C 3

Karte: S. 247

Viñales hat sich vom verträumten Dörfchen zu einem der meistbesuchten Orte ganz Kubas entwickelt. Knapp 29 000 Einwohner zählt die Stadt, während der Hochsaison strömt mitunter das Dreifache an Touristen hierher. Auf der Hauptstraße, der Calle Salvador Cisneros, drängen sich dann die Massen, doch nur eine Querstraße entfernt scheint den ganzen Tag lang Feierabendstimmung zu herrschen. Vielleicht liegt es einfach an den Zigarren: Sie hastig zu rauchen wäre ein Verbrechen, das in Viñales niemand begeht, denn jeder weiß, wie viel Mühe es kostet, diese kleinen Kunstwerke herzustellen. Zigarrenrauchen ist eine Kunst, die Konzentration, Ruhe und Geduld erfordert, und die Tabakbauern aus Viñales sind alle Künstler. Sie sind nicht nur Virtuosen im Tabakanbau, sie können sogar mit einer Zigarre im Mund charmant lächeln, außerdem sprechen, essen und singen, ohne sich zu verhaspeln.

Wie ein perfekt komponiertes, reichlich bunt geratenes Gemälde erscheinen Viñales' Straßenzüge. Die zumeist einstöckigen kleinen Häuser haben ausnahmslos eine Säulenveranda, auf der – fast ausnahmslos – die gleichen hölzernen Schaukelstühle stehen, und alles ist knallig angemalt – ein Farbenrausch sondergleichen. Man kann sich des Eindrucks nicht erwehren, in einer Puppenstube gelandet zu sein.

Calle Salvador Cisneros

Flaniermeile des Örtchens ist die Calle Salvador Cisneros und seinen Mittelpunkt bildet die **Plaza José Martí**. Hier stehen die schlichte **Iglesia del Sagrado Corazón de Jesús** 1 aus dem 19. Jh., das unvermeidliche Denkmal für den Freiheitskämpfer José Martí, die **Casa de Cultura** 2 mit einer Gemäldegalerie und das Epizentrum des Nachtlebens, das **Centro Cultural Polo Montañez** 1 (s. S. 253). Noch mehr Kunst hängt in der kleinen **Galería de Arte** 3 (Mo–Sa 8–22 Uhr), wo auch ein Infotisch von Havanatur zu finden ist.

In der Calle Salvador Cisneros 115 macht das **Museo Municipal** 4 mit der lokalen Geschichte von Viñales vertraut (Di–So 9–17 Uhr, 15 CUP). Schräg gegenüber fällt ein romantisches Holzhaus ins Auge, die **Casa de Don Tomás** 5 von 1822. Im ältesten Gebäude des Orts residiert ein Restaurant, das jedoch bestenfalls für den Coctél de Trapiche zu empfehlen ist, ein Drink bestehend aus Ananassaft, Honig, gestoßenem Eis und Rum (tgl. 9–23 Uhr).

Jardín Botánico Carmen y Caridad 6

Tgl. 9–18 Uhr, Eintritt frei, aber Spenden sind gerne gesehen

Durch einen Märchenwald aus exotischen Pflanzen spaziert man in dem privat geführten **Jardín Botánico Carmen y Caridad**. Der botanische Garten im Miniaturformat wurde vor über 100 Jahren mit einfachsten Mitteln angelegt und hat sich zu einem wahren Juwel entwickelt, das man sich keinesfalls entgehen lassen sollte. Leider hat Hurrikan Ian Zerstörungen angerichtet, aber Familie und Helfer pflanzen bereits wieder fleißig an. Es werden auch zwei Zimmer vermietet (s. S. 251). Tipp: den frisch gepressten Saft aus etwa 15 Früchten des Gartens probieren (200 CUP)!

DORADO FÜR OUTDOORFANS

Die spektakulären Landschaften der relativ dünn besiedelten Provinz Pinar del Río lassen sich am besten unmotorisiert, also zu Fuß, auf dem Pferd oder dem Rad erkunden. Ein optimaler Ausgangspunkt für die diversen Exkursionen ist der Ort **Viñales** (s. S. 244). Nur ein paar Hundert Meter sind es vom Ortszentrum bis ›aufs Land‹, wo man auf Feldwegen und vorbei an windschiefen Holzhütten durch die bizarre Kalksteinlandschaft marschieren oder radeln kann (s. S. 252). Ein Führer ist unnötig, denn letztendlich führen alle Wege irgendwann zurück in die Zivilisation. Etwas bequemere Naturen können sich auf einen Pferderücken schwingen – vielerorts werden Ausritte angeboten.

Auf Sportkletterer warten die berühmten **Mogotes** (s. S. 254) und mit der entsprechenden Ausrüstung im Gepäck kann man eine romantische Zeltnacht am blendend weißen Sandstrand von **Cayo Jutías** (s. S. 255) verbringen, in sicherer Obhut der Dienst habenden Aufseher, die nachts das Eiland bewachen.

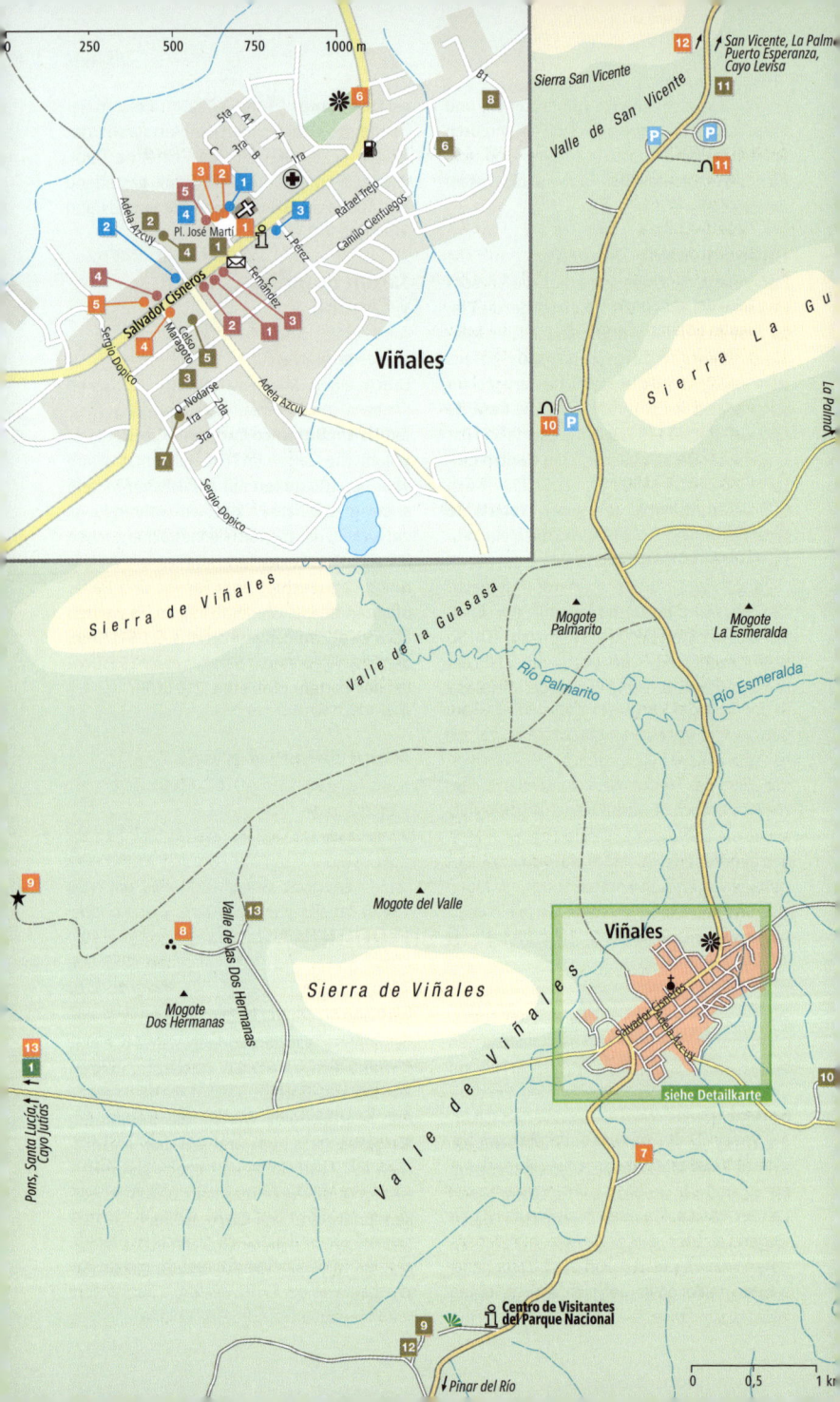

Valle de Viñales

Sehenswert
1. Iglesia del Sagrado Corazón de Jesús
2. Casa de Cultura
3. Galería de Arte
4. Museo Municipal
5. Casa de Don Tomás
6. Jardín Botánico Carmen y Caridad
7. Casa del Verguero
8. Mural de la Prehistoria
9. Comunidad Los Aquáticos
10. Cueva de San Miguel
11. Cueva del Indio
12. Valle Ancón
13. Cueva Santo Tomás

Übernachten
1. Central Viñales
2. Casa de las Sorpresas
3. Casa Ariel y Maykelis
4. Villa Nené
5. Casa Marlene
6. Casa Yanier y Arletys
7. Villa Osviel
8. Casa Campo
9. Los Jazmines
10. La Ermita
11. Rancho San Vicente
12. Buena Vista
13. Campismo Dos Hermanas

Essen & Trinken
1. El Olivo
2. La Cuenca
3. Tareco's
4. La Cocinita del Medio
5. La Plaza

Einkaufen
1. Casa-Taller Raíces

Abends & Nachts
1. Centro Cultural Polo Montañez
2. Patio del Decimista
3. Tres Jotas
4. Mogote Café

Casa del Verguero 7

Crta. a Viñales Km 27, tgl. 10–17 Uhr

Etwa 1 km südlich von Viñales kann man sich in der **Casa del Verguero** über den Tabakanbau und die Verarbeitungsschritte bis hin zur fertigen Zigarre informieren. Sehenswert sind vor allem das Trockenhaus *(secadero)*, in dem die Blätter nach der Ernte aufgehängt werden, sowie die Vorführung im Puro-Drehen. Natürlich gehören zu dem im Stil eines Bauernhofes gehaltenen kleinen Komplex auch ein Zigarren- und Souvenirladen sowie ein (nicht empfehlenswertes) Restaurant.

Die Umgebung von Viñales ▶B/C 3

Karte: links

Auf knapp 22 000 ha vereint der **Parque Nacional Viñales** Kubas schönste Kulturlandschaft und die größten Höhlensysteme des Landes. Man sollte einfach ziellos durch die Gegend streifen, mal den einen, mal den anderen Feldweg testen und die bizarre Landschaft in aller Stille auf sich wirken lassen. Wen es zur Abwechslung nach Meer gelüstet, der findet an der Nordküste die Inselchen Levisa und Jutías, beide mit schneeweißen Stränden und in allen Türkistönen schimmerndem Wasser.

Mural de la Prehistoria 8

Mural tgl. 8.30–18 Uhr, 120 CUP inkl. Getränk; Museum tgl. 9–17 Uhr, 50 CUP

Im **Valle de las Dos Hermanas** (›Tal der zwei Schwestern‹) ca. 2 km westlich von Viñales schuf Leovigildo González Morillo in rund 180 m langes Wandgemälde. Der Kubaner war ein Schüler des mexikanischen Muralisten Diego Rivera und malte zwischen 1959 und 1966 auf die Felswand des **Mogote Dos Hermanas** die Evolutionsgeschichte, von der Schnecke über den Dinosaurier bis zum Homo sapiens. Über ein Megafon dirigierte der Künstler die mit ihm arbeitenden Bauern aus der Umgebung, die an Seilen vor der Felswand baumelten und die riesigen Farbflächen ausmalten. Der ästhetische Wert dieses **Mural de la Prehistoria** mag zweifelhaft sein, doch zu seinen Füßen lässt es sich gut tafeln. In dem nur mit einem Palmdach gedeckten Freiluftrestaurant riecht es verführerisch, und die Küche hält, was der Duft verspricht. Sehr gelobt wird hier außerdem die Piña Colada.

Valle de Viñales

Infos über die Geschichte des Wandgemäldes liefert das **Museum** auf dem benachbarten **Campismo Dos Hermanas** 13. Auch viele in der Gegend gefundene Versteinerungen sind hier zu betrachten.

Comunidad Los Aquáticos 9

In der unwegsamen Landschaft oberhalb der Mural de la Prehistoria hat sich die **Comunidad Los Acuáticos** niedergelassen, eine bäuerliche Gemeinde, die vom Glauben an die heilenden Kräfte des Wassers zusammengehalten wird. Die Begründerin dieser Bewegung in den 1930er-Jahren war Antoñica Izquierdo. In Zeiten, in denen medizinische Versorgung nicht für jeden zugänglich war, bot sie für viele arme Bauern die wichtigste – und teils einzige – Chance auf Heilung. Als ihr Einfluss zu groß zu werden drohte, wurde sie unter der Regierung Batista verhaftet und in Havanna in eine Irrenanstalt gesteckt, wo sie letztlich starb.

Ihr Erbe wird von ein paar Familien hochgehalten, die nach wie vor in dieser Abgeschiedenheit leben. Es sind Selbstversorger, die sich der modernen Medizin auch weiterhin verweigern (den vom Staat verordneten Impfungen können sie nicht entgehen) und ihre Kinder immer noch nicht zur Schule gehen lassen (allerdings akzeptieren sie, dass dreimal pro Woche ein Lehrer zu ihnen kommt). Die Moderne hat in Form von Solarzellen Einzug gehalten, und natürlich ist allen klar: Nicht das Wasser heilt, sondern der Glaube daran. Viele Führer in Viñales bauen die Gemeinde in ihre Wander- bzw. Reitausflüge ein.

Cueva de San Miguel 10

Tgl. 9–17.30 Uhr, Eintritt Höhle 50 CUP

Nördlich von Viñales führt eine Landstraße durch die Täler Richtung San Vicente und zur Küste. Hinter dem **Mogote Robustiano** öffnet sich linker Hand die 140 m² große **Cueva de San Miguel,** in der sich während der Kolonialzeit entflohene Sklaven *(cimarrones)* versteckten. Durch einen düsteren Gang gelangt man auf die andere Bergseite zum **Palenque de los**

Allem Touristenaufkommen zum Trotz: Der lästige Schulalltag will auch in Viñales aufrechterhalten werden

Die Umgebung von Viñales

Cimarrones, einem Restaurant, dessen Dekor einem Wehrdorf *(palenque)* entlaufener Sklaven nachempfunden wurde. Hier kann man mittags etwas essen. In der Bar am Höhleneingang findet samstagabends um 22 Uhr eine Show mit anschließender Disco statt.

Cueva del Indio 11
Tgl. 9–17 Uhr, 150 CUP inkl. Bootsfahrt
Noch ein Stückchen weiter nördlich, ca. 6 km hinter Viñales, liegt die **Cueva del Indio** (›Indianerhöhle‹), die 1920 entdeckt wurde. Sie besteht aus mehreren Sälen, in denen zahlreiche präkolumbische Kunstgegenstände sowie Knochen gefunden wurden, anhand derer man schätzen kann, dass die Gegend schon um 4000 v. Chr. besiedelt war. Von dem insgesamt rund 1600 m langen Höhlensystem ist nur ein kleiner Teil für Besucher erschlossen. Ein 200 m langer Gang führt zu einem unterirdischen Fluss, der auf einer kurzen Bootstour erkundet wird.

Valle Ancón 12
Ca. 15 km sind es von Viñales in dieses Sackgassental, das mit viel Einsamkeit, einer Kaffeekooperative und der Wanderung zu einem Wasserfall lockt. Von der Abzweigung ins **Valle Ancón** windet sich das Sträßchen langsam in die Höhe und führt mitten durch ein Landschaftsgemälde – links und rechts steil aufragende Felswände, im Wind schwankende Flaschenhalspalmen, dazwischen kleine Anbauflächen, auf denen Bauern mit ihren Ochsenkarren zugange sind. Der Weiler am Straßenende ist nicht der Rede wert, doch beginnt hier die ca. 1,5-stündige Wanderung zum Wasserfall, in dessen Pool man baden kann. Da der Weg nur schwer zu finden ist, sollte man den Nationalparkführer anheuern, der im Dorf lebt und Neuankömmlinge automatisch anspricht (10 €/Pers.).

Cueva Santo Tomás 13
Tgl. 9–15.30 Uhr, 5 € inkl. Führung
18 km westlich von Viñales liegt versteckt die **Cueva Santo Tomás,** mit 46 km Länge das größte erschlossene Höhlensystem Kubas und eines der größten Lateinamerikas.

Die über mehrere Ebenen verteilte Höhle mit Stalagmiten, Stalaktiten, kleinen unterirdischen Seen und vielen Fledermäusen wurde 1954 von Antonio Nuñez Jiménez erkundet, nach dem auch die hiesige Ausbildungsstätte für Speläologen benannt ist. Auf der knapp zweistündigen Besichtigung wird man von Experten begleitet, die kaum eine Antwort schuldig bleiben – und noch ist die Höhle beinahe völlig naturbelassen. Für den Besuch sollte man festes Schuhwerk anhaben und einigermaßen gut zu Fuß sein, denn zum Höhleneingang geht es über Stock und Stein etwa 120 Höhenmeter steil aufwärts, nach Regenfällen eine gefährliche Rutschpartie.

Infos
Infotur: Calle Salvador Cisneros 63-C, tgl. 9–18 Uhr.
Centro de Visitantes del Parque Nacional: Crta. a Viñales Km 22, Tel. 48 79 61 44, tgl. 9–17 Uhr. Im Besucherzentrum des Nationalparks kann man sich über die Sehenswürdigkeiten und die Wanderwege informieren sowie Führer anheuern.
Cubanacán: Calle Salvador Cisneros 57, Mo–Sa 9–17 Uhr.
Banco de Crédito y Comercio: Calle Salvador Cisneros 58, Mo–Fr 9–15 Uhr.
Cadeca: Calle Salvador Cisneros 92, Mo–Fr 8.30–15.30 Uhr.
Internet: Etecsa, Calle C. Fernández 3, zw. Rafael Trejo und Salvador Cisneros, gegenüber der Post, tgl. 8.30–17 Uhr.

Übernachten
In Viñales gibt es mehr als 500 Privatquartiere, dennoch ist während der Hauptsaison eine rechtzeitige Reservierung empfehlenswert, so groß ist der Touristenandrang. Die hier aufgeführten Casas liegen größtenteils etwas abseits des Zentrums in ruhiger Umgebung und mit schöner Aussicht.

… in Viñales:
Boutiquehotel – **Central Viñales** 1 **:** Calle Salvador Cisneros, Ecke C. Fernández, Tel. 48 79 64 11, www.hotelescubanacan.com. Das erste – und bislang einzige – Hotel im Ortszentrum gehört zur Encanto-Kette von Cu-

Valle de Viñales

So schön, die schönste Kubas: Das Valle de Viñales toppt alle anderen Landschaften der Insel

banacán und liegt direkt am Hauptplatz. Die 23 Zimmer sind komfortabel ausgestattet, lassen aber ein wenig Flair vermissen. €€

Viel Privatsphäre – **Casa de las Sorpresas** 2 (privat): Adrianna Duartes Lémus, Calle Adela Azcuy Norte 47-A, Tel. 48 69 50 28, 48 69 56 75, 54 18 89 88, www.facebook.com (> Casa de las Sorpresas), casadelassorpresas@nauta.cu. Ein Bungalow mit großem Schlafzimmer, Küche, Bad und zwei eigenen Terrassen sowie drei Zimmer. Die Casa liegt direkt neben einem Tabakfeld mit Trockenschuppen. Dachterrasse mit toller Aussicht und sehr liebe, professionelle Vermieter. Arianna und Juan Carlos besitzen an der Straße Richtung Puerto Esperanza noch eine zweite Unterkunft, das ebenfalls sehr schöne und ruhig gelegene Hostal Buena Aventura. €

Eigenheim – **Casa Ariel y Maykelis** 3 (privat): Calle Camilo Cienfuegos 41-A, zw. Celso Maragoto und Sergio Dopico, Tel. 48 79 60 49, 53 98 98 39, maykelis80@gmail.com. Kolonialhaus in zweiter Reihe, das komplett an Touristen vermietet wird und daher viel Privatsphäre bietet. Zwei lauschige Terrassen sowie schöner Patio mit Mango-, Avocado- und Guavenbäumen. €

Ruhig und erholsam – **Villa Nené** 4 (privat): Calle Adela Azcuy Norte 35-C, Tel. 54 05 55 39. Fünf Minuten vom Zentrum entfernt vermietet Nené, eine sehr herzliche ältere Dame, zwei saubere Zimmer. Das Zimmer zur Straße

Adressen

te Grün des botanischen Gartens ausgiebig genießen möchte, kann hier auch wohnen – noch dazu sagenhaft günstig. Zwei separate Zimmer stehen zur Verfügung. Unter dem Palmendach der Bar im Innenhof kann man wunderbar entspannen. Schließlich unterstützt man durch die Übernachtung auch die Wiederanpflanzung der 500 von Hurrikan Ian zerstörten Arten und trägt so dazu bei, dass der Garten möglichst bald wieder über 900 Pflanzenarten beheimatet. €

In verwunschenem Garten – **Casa Yanier y Arletys** 6 : Salvador Cisnero Este, Pasaje A-1 Nr.7, zw. B-1 und Arroyo el Duelo, Tel. 52 56 80 04, yanier.leon@gmail.com. Das Ehepaar Yanier und Arletys vermieten ein separates, sehr sauberes und voll ausgestattetes Zimmer mit zwei bequemen Betten. Die Gastgeber kochen nicht nur ausgezeichnet und servieren große Portionen, sondern machen auch eine leckere Piña Colada und helfen bei Ausflügen und Fragen. €

Professionell – **Villa Osviel** 7 (privat): Calle Orlando Nodarse 33-A, zw. 2da und Sergio Dopico, Tel. 48 69 53 87, 53 10 12 80, osviel.yudi@gmail.com. Netter, professioneller Vermieter, drei saubere Zimmer und eine tolle Dachterrasse in ruhiger Nebenstraße. €

Mit Hängematte – **Casa Campo** 8 (privat): Gladys Suárez, Calle Salvador Cisneros 12-A, Tel. 48 69 55 72, 53 71 56 94, casacampo@nauta.cu. Ein rumpliger Weg führt zu dieser Casa ca. 400 m außerhalb des Zentrums, vermietet werden vier Zimmer. Vorteile: viel Ruhe, Terrasse mit Hängematte und Blick über Viñales, Parkplatz. €

... außerhalb:

Das Tal zu Füßen – **Los Jazmines** 9 : Crta. de Viñales Km 25, Tel. 48 79 64 11, 48 79 62 05, www.hotelescubanacan.com. Ca. 4 km außerhalb von Viñales auf einen Hügel gebaut – ein Drink in der Abenddämmerung auf der Poolterrasse mit Blick über das Tabaktal und die Mogotes ist ein unvergessliches Erlebnis und auch für Nicht-Gäste ein Muss. Leider sind die Einrichtungen inzwischen etwas in die Jahre gekommen und renovierungsbedürftig; Pool und Terrasse waren bei Redaktionsschluss geschlossen. €€

hin ist etwas größer als das hintere. Das Frühstück ist für kubanische Verhältnisse ausgezeichnet. €

Im Zentrum des Geschehens – **Casa Marlene** 5 (privat): Calle Rafael Trejo 102, zw. Celso Maragoto und Adela Azcuy, Tel. 48 79 60 44, 52 36 40 71, robertoc.alfonso@nauta.cu. (Fast) mittendrin und doch einigermaßen ruhig, da die beiden großen, sehr komfortablen Zimmer in einem Rückgebäude untergebracht sind. Aber auch hier gibt es natürlich eine Veranda zur Straße hin, wo man auf den für Viñales obligatorischen Schaukelstühlen in den Abend wippen kann. €

Umgeben von Pflanzen – **Casa Jardín Botánico** 6 (privat): Wer das märchenhaf-

Valle de Viñales

FAHRRADTOUR DURCH TABAKLAND

Tour-Infos
Start: Radverleihstation oder Unterkunft (s. S. 254)
Dauer: 4–5 Std.
Schwierigkeitsgrad: einfach
Karte: s. S. 247

Auch ohne sportliche Veranlagung lässt sich diese Rundtour per Fahrrad durchführen. Sie lernen die Highlights der Region kennen und bekommen obendrein eine ordentliche Portion Natur und Landleben zu Gesicht.

Von der Verleihstation geht es zunächst auf der Hauptstraße in westliche Richtung bis zur Abzweigung nach Pinar del Río. Hier hält man sich rechts und verlässt das Dorf auf der breiten Landstraße, die durch das Tal zur Cueva de Santo Tomás und nach Pons führt. Gleich links am Ortsrand lebt in einem etwa 50 m von der Straße zurückgesetzten Häuschen der Tabakbauer Benito, der gegen ein kleines Trinkgeld gerne bereit ist, seine Anbauflächen und seine Trockenscheune zu zeigen, und vielleicht auch vorführt, wie man eine Zigarre dreht. Sicher gibt es eine Zigarre und ein Glas Rum oder eine Tasse frisch aufgebrühten Kaffee. Weiter geht es, vorbei an windschiefen bunten Bauernhäuschen, auf der wenig befahrenen Straße durchs Tal. Knapp 3 km hinter Viñales zweigt man an einer kleinen Kreuzung rechts ab und strampelt zwischen zwei Mogotes hindurch in Richtung Mural de la Prehistoria, die man schon aus einiger Entfernung zur Linken erkennt. Kurz darauf passiert man den Campismo Dos Hermanas. Hier endet das Asphaltsträßchen und geht in einen unbefestigten Weg über, der jedoch außer nach Regenfällen problemlos zu befahren ist. Fernab der Touristenströme wähnt man sich plötzlich in einer anderen Welt. Vereinzelte Hütten lehnen sich an die Mogotes, auf den Feldern ziehen Ochsengespanne ihre Furchen. Nach 30 bis 40 Minuten auf diesem Feldweg erreicht man wieder eine Asphaltstraße – rechts geht es direkt zurück nach Viñales, links erreicht man wenig später die Cueva de San Miguel und vorbei an der Cueva del Indio das Restaurant Rancho San Vicente, wo man sich mit knusprigem Spanferkel für die knapp 7 km lange Rückfahrt nach Viñales stärken kann.

In Gehdistanz zum Ort – **La Ermita** 10 : Crta. a La Ermita Km 1,5, Tel. 48 79 60 71, 48 79 62 50, www.hotelescubanacan.com. Auch dieses Hotel besticht durch seine herrliche Aussicht auf das Tal von Viñales, allerdings lassen Zustand, Service und Verpflegung zu wünschen übrig. Mit Pool. 62 Zi., €€, inkl. Frühstück

Am Río San Vicente – **Rancho San Vicente** 11 : Crta. a Puerto Esperanza Km 33, ca. 6,5 km nördl. von Viñales, Tel. 48 79 62 01,

www.hotelescubanacan.com. Ein neueres Gebäude direkt an der Straße sowie ältere, aber komfortabel ausgestattete Bungalows auf romantisch gelegener Grünfläche. Pool. 53 Zi., €€, inkl. Frühstück

XL-Panoramafenster – **Buena Vista** 12 (privat): Crta. a Viñales Km 25, Tel. 48 69 34 30, 53 36 44 34, buenavista@nauta.cu. Keine 100 m vom Hotel Jazmines entfernt steht an einem Hang dieses weiß-blaue Holzhaus mit Palmdach. Die umlaufende Terrasse fungiert als Restaurant. Sechs Zimmer werden vermietet, davon einige mit riesigen Panoramafenstern, durch die man vom Bett aus aufs Tabaktal blickt. €

Campismo – **Dos Hermanas** 13 : Tel. 48 79 32 23, 56 92 67 12. Internationaler Campismo mit 44 Cabañas mitten im Tabakland gegenüber dem Mural de la Prehistoria. Restaurant, Pool, Ausflugsangebote. €

Essen & Trinken

… in Viñales:

Mediterran – **El Olivo** 1 (privat): Calle Salvador Cisneros 89, Tel. 48 69 66 54, tgl. 12–23 Uhr. Von spanischen bis zu italienischen Gerichten reicht das Angebot auf der Speisekarte, Tipps: Meeresfrüchte in Weißweinsoße, Kaninchen mit Kräutern und Bitterschokolade oder Spinatcannelloni mit Trockenfrüchten und Nüssen. Netter Service, große Portionen und vernünftige Preise. €€

Stylisch – **La Cuenca** 2 (privat): Calle Salvador Cisneros 97, Ecke Adela Azcuy, Tel. 52 48 67 07, tgl. 12–22.30 Uhr. Die moderne Aufmachung in Schwarz-Weiß im Inneren sticht heraus, ist jedoch Geschmackssache, sehr hübsch sitzt es sich draußen auf dem Holzdeck. Das Speisenangebot ist teilweise identisch mit dem des El Olivo, die Preise sind es auch. €€

Vegetarisch mit Aussicht – **Tareco's** 3 (privat): Calle Salvador Cisneros 85-C, Tel. 48 79 62 81, tgl. 11–24 Uhr. Das Café-Restaurant wirkt schon unten gemütlich und einladend, das wahre Highlight wartet aber zwei Stockwerke höher. Von der Dachterrasse blickt man auf die Stadt und Mogotes. Da schmecken die vielen vegetarischen Gerichte wie Auberginenpasta und Gemüse-Tacos gleich noch besser. Bezahlung ist auch per PayPal möglich. €€

Kreolische Hausmannskost – **La Cocinita del Medio** 4 (privat): Calle Salvador Cisneros 122, Tel. 48 79 64 14, tgl. 10–23 Uhr. Bei Adela gibt es nur sechs Tische und wenige Gerichte, es herrscht eine herzliche, persönliche Atmosphäre und das Essen wird mit viel Hingabe zubereitet. €–€€

Gute Hamburger – **La Plaza** 5 (privat): Calle C. Fernández N., Tel. 52 51 63 43, tgl. 9–3 Uhr. Direkt an der Plaza José Martí gelegen, bietet dieses Freiluftrestaurant gute Pizzen, Burger, Pasta etc. zu günstigen Preisen sowie die beste Bierauswahl in Viñales. €–€€

Einkaufen

Kunsthandwerk – In der **Calle Joaquín Pérez** werden täglich zahlreiche Souvenirstände aufgebaut.

Holzskulpturen – **Casa-Taller Raíces** 1 : Crta. a Moncada, ca. 5 km von Viñales Richtung Cueva Santo Tomás. Der Bildhauer Noel Díaz Galart schafft hier Holzskulpturen in allen Größen und Formen.

Abends & Nachts

Highlife – **Centro Cultural Polo Montañez** 1 : Plaza José Martí. Ab dem späteren Abend braucht man hier Ohrstöpsel, aber die Stimmung ist entsprechend gut. Das Programm wechselt zwischen Livemusik, Shows und klassischer Disco. Leider wurde das Zentrum durch Hurrikan Ian schwer beschädigt und ist daher bis zum Abschluss der Renovierungsarbeiten geschlossen.

Entspannt – **Patio del Decimista** 2 : Calle Salvador Cisneros 118, tgl. 9–1 Uhr, Eintritt frei. Ein wunderbar entspannter Ort, um kubanischer Musik jeglichen Stils zu lauschen, ab dem späten Nachmittag meist live.

Die Institution – **Tres Jotas** 3 : Calle Salvador Cisneros, Ecke Joaquín Pérez, Tel. 53 31 16 58, tgl. 8–2 Uhr. Diese stylishe Tapasbar hat sich innerhalb kurzer Zeit zur besten Adresse der Stadt für Cocktails und leckere Kleinigkeiten entwickelt. Von der erhöhten Veranda hat man die ganze Hauptstraße im Blick.

Super Blick – **Mogote Café** 4 (privat): Calle Ceferino Fernández, tgl. 10–1 Uhr. Nur ein verwittertes Holzschild weist auf dieses Café am Ende der Sackgasse links neben der Kirche hin, wo in einem verwilderten Garten einige Tische und Stühle stehen – all das würde kaum zum Verweilen einladen, wäre da nicht die fantastische Sicht auf die Mogotes! *Der Spot für einen ruhigen Drink am Abend.*

Show & Disco – **Palenque de los Cimarrones** 10 : s. S. 248. In der Bar am Eingang zur Höhle wird Sa um 22 Uhr eine Show aufgeführt, danach Disco bis 2 Uhr.

Valle de Viñales

Aktiv

Fahrradverleih – Es gibt verschiedene Leihstationen, z. B. Bici Viñales, Calle Salvador Cisneros auf Höhe des Hotels E Central Viñales 8–18 Uhr, Tel. 58 34 29 67 (5 €/Tag) oder Fashion Bici, Tel. 54 86 32 24, die die Räder auf Bestellung zur Unterkunft bringen und auch wieder abholen (8 €/Tag).

Wandern – Im Tal gibt es mehrere Wanderwege, über deren Streckenführung das Besucherzentrum des Nationalparks (s. S. 249) informiert. Hier oder in den Reiseagenturen im Ort kann man auch geführte Touren buchen (ca. 10 €/Pers.). Sehr beliebt sind der 11 km lange **Sendero de Cocosolo Palmarito** durchs Tabakanbaugebiet, der **Sendero del Infierno-Paraíso** (Startpunkt ca. 8 km außerhalb von Viñales Richtung Cueva Santo Tomás, Dauer ca. 6 Std.) sowie der **Sendero Maravillas de Viñales**, der 13 km außerhalb des Ortes nahe der Cueva de Santo Tomás beginnt. Letzterer eignet sich hervorragend zur Vogelbeobachtung.

Reiten – Vielerorts werden Ausritte für meist 5–10 €/Std. angeboten, z. B. am Campismo Dos Hermanas.

Canopy – **Canopy El Fortín**: Crta. a Moncada, ca. 6 km von Viñales Richtung Cueva Santo Tomás, Tel. 48 77 80 23, tgl. 9–17 Uhr. Nicht ganz so spannend wie in Las Terrazas, dafür um einiges günstiger. Die Gesamtstrecke beträgt 1 km, verteilt auf vier Abschnitte, und ist maximal 35 m hoch (200 CUP). Vorsicht: Es wurde wiederholt von stark überhöhten Preisen für Touristen berichtet.

Vogelbeobachtung – Entsprechende Touren können im Centro de Visitantes del Parque Nacional (s. S. 249) oder bei den Reiseagenturen gebucht werden. Um Vögel wie den Vielfarbentody (cartacuba), den Kubatrogon (tocororo) oder das Kubapfäffchen (tomeguín del Pinar) zu sehen, sollte man möglichst früh am Morgen starten.

Ausflüge – In den Büros der Reiseagenturen werden zahlreiche Tagestouren angeboten, z. B. zum Cayo Jutías, zum Cayo Levisa, zur Cueva Santo Tomás, nach María La Gorda und zu weiteren Zielen.

Verkehr

Busse: Mit Víazul 1 x tgl. direkt nach Havanna (12 €) sowie nach Pinar del Río (6 €). Tickets gibt es im Víazul-Büro, Calle Salvador Cisneros 63-A.

Colectivos: Der Haus-zu-Haus-Service mit Sammeltaxis ist nur marginal teurer als die staatlichen Busse und zumeist um einiges schneller. Vermittlung der Fahrten über die Unterkünfte oder über Infotur (s. S. 249).

Transport vor Ort: Die bequemste Art, zu den verstreut liegenden Sehenswürdigkeiten zu gelangen, ist mit der ViñalesBusTour. Für 5 € pro Tag kann man beliebig oft zustei-

---

SPORTKLETTERN

Von Kennern werden die Kalksteinfelsen von Viñales gar mit den berühmten Kletterrevieren in Thailand verglichen. Auf engstem Raum gibt es an die 500 Routen verschiedener Schwierigkeitsgrade, alle mitten im UNESCO-Welterbe gelegen. Viele Infos liefert der E-Book-Kletterführer »Cuba Climbing«, der unter www.cubaclimbing.com bestellt werden kann. Da das Buch allerdings nicht mehr auf dem aktuellen Stand ist, empfiehlt es sich, einen der einheimischen Sportkletterer als Guide anzuheuern (ab 20 €/Tag). Ein guter Ansprechpartner ist **Raikel Reyes Blanco**, Tel. 53 98 98 13, raulantonio14@nauta.cu, der auch über die Casa Marlene kontaktiert werden kann (s. S. 251). Er verfügt über Ausrüstung für zehn Personen – und freut sich wie ein Schneekönig, wenn Kletterer am Schluss ihrer Reise etwas Material erübrigen können, denn in Kuba gibt es nichts derartiges zu kaufen.

gen, u. a. an der Plaza José Martí, am Hotel La Ermita, bei der Casa del Verguero, am Hotel Los Jazmines, am Mural de la Prehistoria, an der Cueva de San Miguel, an der Cueva del Indio und am Rancho San Vicente (9 x tgl., 9–17 Uhr).

Cayo Levisa und Cayo Paraíso ►C3

Auch Strandfans finden in der Provinz Pinar del Río ihr Revier. Runde 50 km nordöstlich von Viñales kann man von **Palma Rubia** zum winzigen **Cayo Levisa** im **Archipiélago Los Colorados** übersetzen, wo es traumhafte Strände sowie sehr gute Wassersport- und Tauchmöglichkeiten gibt. Die von diversen Reiseagenturen durchgeführten Tagesausflüge nach Cayo Levisa und zum benachbarten **Cayo Paraíso** bieten sehr wenig Zeit zum Baden, weshalb man evtl. eine Übernachtung in der Villa Cayo Levisa (s. unten) einplanen sollte.

Übernachten

À la Robinson Crusoe – **Villa Cayo Levisa:** Cayo Levisa, Tel. 48 75 65 01–07, www.hotelescubanacan.com. Auf dem Inselchen stehen 40 schlichte Bungalows, der weiße Strand mit dem kristallklaren, türkisfarbenen Wasser ist der größte Pluspunkt. Das mittelmäßige Restaurant wird oft von Pauschalgruppen besucht, die einen Tagestrip gebucht haben. Achtung: Die Insel bekommt ihr ganzes Süßwasser vom Festland aus angeliefert, Engpässe sind leider die Regel. Schlechtes Preis-Leistungs-Verhältnis. €€€, all inclusive

Aktiv

Tauchen – **Centro de Buceo Diving World:** Cayo Levisa, Tel. 48 75 65 01, comercial@cayolevisa.tur.cu. Vor der Küste liegen in Tiefen zwischen 15 und 35 m etwa 15 Tauchgründe mit spektakulären Unterwasserlandschaften, darunter Bäume aus schwarzer Koralle sowie einige Wracks.

Verkehr

Busse: s. S. 254
Fähren: Die Boote nach Cayo Levisa legen östlich von Puerto Esperanza in Palma Rubia ab (2 x tgl. 10 und 18 Uhr, Rückfahrt um 9 und 17 Uhr, 30 Min., 10 € hin und zurück). Ein organisierter Tagesausflug von Viñales aus ist vergleichsweise günstig (um 30 €).

Cayo Jutías ►B3

Noch einen weißen Puderzuckerstrand findet man gut 55 km nordwestlich von Viñales auf Cayo Jutías. Zur Anreise empfiehlt sich die Strecke vorbei an der Cueva Santo Tomás, denn die Fahrt über **San Cayetano** entlang der Nordküste führt über eine äußerst holprige Straße. Hier wie dort ist die Gegend nur dünn besiedelt und wirkt fast ein wenig abweisend, was vermutlich auch an den Kakteenzäunen liegt, die hier viele Häuser umgeben – mal auf eine Höhe gestutzt, mal wild wuchernd, aber ihren Zweck immer nachdrücklich erfüllend.

Wenig westlich des trostlosen Ortes **Santa Lucía** beginnt der 4 km lange Damm, der **Cayo Jutías** mit dem Festland verbindet. Am Hauptstrand, einem herrlich weißen Sandstreifen in einer türkisfarbenen Bucht mit Restaurant, mehreren Strandbuden und Liegestühlen, kann es mitunter sehr voll werden. Wer auf die Infrastruktur verzichten kann und Lust auf Einsamkeit hat, nimmt einen der gut sichtbaren Wege, die vor Erreichen des Parkplatzes zum Meer abzweigen – allerdings sollte man hier keine Wertsachen im Auto lassen.

Übernachten

… in Puerto Esperanza (5 km nördlich von San Cayetano):

Für Steckengebliebene – **Villa Mar y Esperanza** (privat): Calle Frank País 114, Tel. 48 79 37 56, 53 31 16 96, ruxlan2015@nauta.cu. Weder der Ort noch die knallorange angepinselte Casa laden zum Verweilen ein, aber immerhin findet man hier ein sauberes Bett. Drei Zimmer, davon eins mit eigenem Bad, kostenloser Parkplatz. €

Valle de Viñales

Nur wenige Flossenschläge vom Strand in María La Gorda entfernt fühlt man sich wie in einem großen Aquarium

... in Santa Lucía:
Die beiden Cayo Jutías nächstgelegenen Unterkünfte liegen etwas außerhalb von Santa Lucía. Wer hier nächtigt, ist noch 16 bzw. 18 km von der Insel entfernt.

Farm im Grünen – **Villa Cayo Jutías** (privat): Kurz hinter der Abzweigung nach Cayo Jutías linker Hand, Tel. 53 36 55 77. Wer am nächsten Morgen als Erster am Strand sein möchte, kann in einem der beiden einfachen Zimmer in dieser kleinen Oase übernachten. Giovanni backt regelmäßig Brot im Steinofen, seine Frau Aylén kocht für Gäste mit Zutaten direkt von der Farm. €

Nüchtern, aber freundlich – **Villa Mary** (privat): Entronque La Sabana, Santa Lucía 218, Tel. 48 64 83 13, 52 44 62 05, larce.2004@gmail.com. Zwei riesengroße Wagenräder markieren diese Unterkunft mit drei Zimmern an der Kreuzung der Hauptstraßen nach Santa Lucía, Puerto Esperanza und Pinar del Río. €

... auf Cayo Jutías:
Es gibt hier keine Unterkünfte, aber Zelten ist offiziell erlaubt.

Weiter nach María La Gorda ▶ C 3–B 5

Ein holpriges, aber landschaftlich reizendes Sträßchen schlängelt sich durch dünn besiedeltes Gebiet von Viñales über **Pons, Santa Lucía, Ojo de Agua** (hier wird die Straße richtig schlecht), **Mantua** (hier wird sie wieder besser) und **Guane** nach **Isabel Rubio**, wo man auf die Hauptstraße zur Península de Guanahacabibes bzw. nach Pinar del Río trifft. Alternativ zu dieser Strecke parallel der Küste kann man auch über Pons, **Cabeza** und **Sumidero** durchs hügelige Landesinnere fahren. Beide Routen treffen in Guane wieder aufeinander und eignen sich auch gut für Gepäcktouren mit dem Fahrrad.

Übernachten

Campismo – **Salto de los Portales:** Crta. Luis Lazo Km 69, Finca El Salto, Tel. 48 49 73 47. Für internationalen Tourismus zugelassene Anlage mit 54 Cabañas und Badeplätzen im canyonartigen Rio Los Portales. €

Vuelta Abajo und Península de Guanahacabibes

Die Region südwestlich von Pinar del Río heißt Vuelta Abajo. In dem weltberühmten Tabakanbaugebiet mit den beiden Städtchen San Luis und San Juan y Martínez breitet man während der Sommermonate weiße Gazetücher über die Felder, um die Tabakpflanzen vor dem Sonnenlicht zu schützen. Ganz und gar naturbelassen ist der südwestlichste Zipfel der Insel: das UNESCO-Biosphärenreservat Península de Guanahacabibes.

Vuelta Abajo ▶ C 4

Nur rund 20 km sind es von der Provinzhauptstadt Pinar del Río in die **Vuelta Abajo,** wo der vermutlich beste Tabak der Welt gedeiht. Das Geheimnis liegt in der einzigartigen Kombination von Lage, Mikroklima und Bodenbeschaffenheit: durchschnittliche Temperaturen von 27 °C, durch Wolken abgeschirmte Sonneneinstrahlung, ausreichend Regen, hohe Luftfeuchtigkeit und besonders stickstoffreicher, sandhaltiger Boden. Doch selbst in dieser herausragenden Region dürfen nur ganz wenige Pflanzer Tabakblätter für die berühmten Habanos produzieren – jeder hütet seine Methode wie seinen Augapfel.

Die Zentren des kubanischen Tabakanbaus sind die beiden trostlosen Landstädtchen **San Luis** und **San Juan y Martínez,** in deren Umgebung man die Crème de la Crème der kubanischen Tabakpflanzer findet. Einige davon kann man besuchen, die beste Zeit hierfür ist während der Tabaksaison zwischen Oktober und Februar.

Einen anschaulichen und interessanten Einblick in den gesamten Prozess von der Aussaat bis zur fertigen Zigarre erhält man bei einer der 30-minütigen Führungen auf der **Plantación de Tabaco Alejandro Robaina.** Don Alejandro, der 2010 im Alter von 91 Jahren starb, war der wohl bekannteste Tabakbauer Kubas – ganz sicher aber der einzige kubanische Erzeuger, nach dem eine Zigarrenmarke benannt wurde: die Vegas Robaina. Diese Meriten verdiente er sich durch seine Tabakblätter von unvergleichlicher Qualität und die von ihm kreierten Tabakmischungen, die in Fachkreisen weltweit höchste Anerkennung genießen. Inzwischen leitet Robainas Enkel Hiroshi den Tabakanbau auf der 1895 gegründeten Plantage. Die Anfahrt ist etwas kompliziert: Von Pinar del Río folgt man der Carretera Central ca. 13 km in Richtung San Juan y Martínez und biegt dann gen Süden nach San Luis ab. Runde 3 km später ist die Plantage, zu der eine holprige Piste führt, ausgeschildert (Tel. 48 79 74 70; die Plantage wurde durch Hurrikan Ian fast vollständig zerstört und es wird noch einige Zeit dauern, bis die Wiederaufbauarbeiten abgeschlossen sind).

In den südwestlichen Zipfel Kubas ▶ B/C 4

Knapp 140 km sind es noch von Vuelta Abajo in den äußersten Südwesten der Insel, aber selbst wenn die Strecke gegen Ende hin immer eintöniger wird, lohnt sich die Anfahrt auf alle Fälle.

Vuelta Abajo und Península de Guanahacabibes

Hinter San Juan y Martínez passiert man zunächst die Abzweigungen zur **Playa Boca de Galafre** und zur **Playa Belén,** zwei ›Badeorte‹, an denen man getrost vorbeifahren kann. Die dortigen Strände sind grau und schmutzig, die wenigen Unterkünfte stehen dem in nichts nach. Unter Karibik stellt man sich definitiv etwas anderes vor.

In **Isabel Rubio** zweigt ein Sträßchen Richtung Norden nach **Guane** ab, dem einzigen größeren Ort in dieser Gegend. Zwei wunderschöne Strecken, die sich als Alternative für die Hin- oder Rückfahrt anbieten, führen von hier nach Viñales (s. S. 244).

Je weiter man nun nach Westen fährt, desto flacher wird die Landschaft. Als letztmöglicher Zwischenstopp vor dem Ziel bietet sich **Sandino** an, wo es einige wenige Casas Particulares gibt.

Übernachten
... in Sandino:
Ausflugsbasis – **Villa Edilia** (privat): Zona M 41, nahe der Policlínica, Tel. 48 42 38 43, 52 91 09 26, www.villaedilia.260mb.net. Sieben unabhängige, saubere Zimmer, gutes Essen, nette Gastgeber und 24-Std.-Taxiservice – eine perfekte Basis für die Erkundung der Península de Guanahacabibes, falls man nicht im vollkommen abgelegenen Nationalpark übernachten möchte. €

Península de Guanahacabibes ▶ A/B 4/5

Etwa 95 km südwestlich von Pinar del Río markiert der kleine Ort **La Fé** das Ende der Carretera Central und den Beginn der fast menschenleeren **Península de Guanahacabibes.** Die Abgeschiedenheit der Halbinsel kam schon Kubas Ureinwohnern, den Guanahatabeyes, zugute, die hier vor den spanischen Konquistadoren Zuflucht suchten. Später diente die Gegend Piraten als Unterschlupf (über deren gesunkene Karavellen freuen sich heute die Taucher). Nicht zuletzt aber ist die Halbinsel eines der letzten vom Tourismus noch fast unberührten Paradiese Kubas; dank ihres immensen Artenreichtums hat sie es zum Nationalpark und 1987 auf die Liste der UNESCO-Biosphärenreservate gebracht hat.

Parque Nacional Península de Guanahacabibes
Mit 101 500 ha ist der **Parque Nacional Península de Guanahacabibes** heute eines der größten Schutzgebiete in Kuba. Die Wälder und Mangroven der Halbinsel liegen selbst an ihrer höchsten Stelle nie mehr als 25 m über dem Meeresspiegel und sind nicht nur eine wichtige Station für viele Zugvögel, sondern beheimaten auch seltene Vogelarten wie die Rosenschultertaube *(Patagioenas inornata)* und den Zwergkolibri bzw. Zunzuncito *(Mellisuga minima),* außerdem Wildschweine, Leguane und große Baumratten *(jutías).* Von den an die 600 verschiedenen Pflanzenarten sind 14 endemisch, darunter die vom Aussterben bedrohte *Brougtonia cubensis* aus der Familie der Orchideen. An die Strände der Halbinsel kommen die vom Aussterben bedrohten Meeresschildkröten zur Eiablage.

Die Schutzzone beginnt eigentlich bereits in La Fé, doch der Kontrollpunkt liegt 40 km weiter westlich im Weiler **La Bajada.** Ab diesem Punkt ist die Erkundung des Parks nur mit einem Führer möglich, den man in der Estación Ecológica Guanahacabibes anheuern kann (s. S. 259). Ab La Bajada lassen sich kürzere Wanderungen unternehmen. Für Touren, die weiter in das Schutzgebiet hineinführen, beispielsweise zum **Faro Roncali** am **Cabo de San Antonio,** dem westlichsten Punkt der Insel, wird ein eigenes Auto benötigt.

María La Gorda
Auf ihrer östlichen Seite wird die Bahía de Corrientes (›Bucht der Strömungen‹) vom **Cabo Corrientes** begrenzt. Kurz davor, am Ende der Teerstraße, erstreckt sich ein paradiesischer weißer Palmenstrand, ganz sicher einer der schönsten, die Kuba zu bieten hat. Die **Playa María La Gorda** liegt auf dem Gelände des gleichnamigen Hotels, von dem aus man Tauchtrips zu Korallenriffen und ge-

Península de Guanahacabibes

strandeten Schiffen unternehmen kann. Man erzählt, dass María La Gorda (›die dicke María‹) eine Venezolanerin war, die von Piraten zuerst gefangen genommen und nach einem Schiffsunglück verlassen wurde, woraufhin sie mit großem Erfolg Trinkwasser und ihren umfangreichen Körper an Seeleute zu verkaufen begann, bis sie zufrieden und wohlhabend starb.

Infos
Estación Ecológica Guanahacabibes: La Bajada, Tel. 48 75 03 66, tgl. 9–15 Uhr. Von Fachleuten geführte Touren in den Nationalpark.

Übernachten
Taucherhotel an Traumstrand – **Villa María La Gorda:** Playa María La Gorda, Tel. 48 44 12 43, www.gaviotahotels.com. Zimmer und Atmosphäre lassen in diesem funktionalen Hotel etwas zu wünschen übrig, dafür steht es direkt an einem herrlichen Palmenstrand, vor dem sich ein farbenprächtiges, natürliches Meeresaquarium ausbreitet. Weniger für einen Badeurlaub als für Schnorchler und Taucher geeignet, die die Natur und die absolute Ruhe zu schätzen wissen. Vorwarnung: hellhörige Zimmer, häufig Wasserknappheit, abends viele Stechmücken und schlechtes Restaurant. 71 Zimmer, davon 20 in Holzhäusern. €€–€€€

Mehr Natur geht nicht – **Villa Cabo de San Antonio:** an der Playa Las Tumbas, 61 km westlich von La Bajada, Tel. 48 75 76 55, 48 77 81 31 ext. 204, www.gaviotahotels.com. Völlig abgeschiedene Anlage, ideal für Ruhe suchende Menschen, Taucher und Schnorchler. Auch hier viele Moskitos! 16 ältere Holzbungalows, teils mit Meerblick, Restaurant, Bar. €€–€€€

Essen & Trinken
Weder in der Villa María La Gorda noch in der Villa Cabo de San Antonio wird man zufriedenstellend verpflegt. Leider gibt es vor Ort kein Restaurant zum Ausweichen.

In La Bajada – **Cafetería des Radar Meteorológico:** Schlichtes Essen, aber reichliche Portionen für wenig Geld. €

Tipp
HÖHLENTOUR

Fragen Sie in der Estación Ecológica Guanahacabibes (s. links), ob man eine Exkursion zur **Cueva Guanahacabibes**, auch **Cueva Las Minas** genannt, organisieren kann, einem 700 m langen, unterirdischen Labyrinth, das versteckt im Urwald liegt und 1993 wiederentdeckt wurde. Hier lebten zu Kolonialzeiten verfolgte Indigene und Piraten zusammen – nachzulesen in »Gold und Galeonen« von Bodo Müller (s. S. 140).

Aktiv
Tauchen & Schnorcheln – **Marina Puertosol:** beim Hotel María La Gorda, tgl. 8.30–17.30 Uhr. Ans Hotel angeschlossen ist das Centro Internacional de Buceo María La Gorda. Die Bahía de Corrientes gilt als eines der besten Tauchreviere Kubas und zählt über 50 Tauchspots, darunter El Valle del Coral Negro, die größte Population schwarzer Korallen im kubanischen Archipel, und El Salón de María, eine Höhle in 18 m Tiefe mit unzähligen Fächerkorallen. Auch für Schnorchler ist hier das Paradies: Schon wenige Meter vom Strand entfernt bewegt man sich in einem farbenprächtigen Meeresaquarium. **Marina Cabo de San Antonio:** ca. 4 km entfernt von der Villa Cabo de San Antonio, Tel. 48 75 01 23, 75 01 18. Hochseeangeln, Bootsausflüge, Tauch- und Schnorcheltrips.

Verkehr
Busse: Es gibt keine öffentlichen Verkehrsmittel auf die Halbinsel, man ist auf Mietwagen oder Taxi angewiesen. Der früher von Cubanacán angebotene Busshuttle zw. Viñales, Pinar del Río und María La Gorda ist ausgesetzt.

Kapitel 3

Zentralkuba

Östlich der Provinz La Habana beginnt das Land des grünen Goldes, wie die Spanier das Zuckerrohr nannten, das sie in Monokultur anbauen ließen. In Kubas zentralen Regionen wurde zu Kolonialzeiten auf riesigen Plantagen der sagenhafte Reichtum der Zuckerbarone erwirtschaftet.

Kulturell und von ihrer gesamten Infrastruktur her waren diese Provinzen wenig entwickelt, denn die Herren der Latifundien lebten meistens in den Städten, und Verkehrswege wie Eisenbahnlinien und Straßen entstanden vor allem, um die Zuckermühlen miteinander zu verbinden. Die Monokultur des Zuckers schuf die schier endlos wirkenden grünen Felder, deren sanfte Monotonie in Ciego de Ávila oder Camagüey durch die flache Landschaft verstärkt und nur durch ebenfalls grüne Viehweiden unterbrochen wird. Meist überfliegt man diese Gebiete nur auf dem Weg von Havanna nach Santiago, doch vor allem im westlichen Teil Zentralkubas finden sich eine Reihe interessanter Orte und Landschaften.

Mit knapp bemessenem Zeitbudget sollte man in Zentralkuba unbedingt folgenden Zielen einen Besuch abstatten: der UNESCO-Stadt Cienfuegos, dem kolonialen Schmuckstück Trinidad mit dem nahen Valle de los Ingenios, dem Tal der Zuckermühlen, einem der Postkartenstrände in Varadero oder auf den nördlichen Cayos und natürlich dem Gassengewirr von Camagüey. Längere Aufenthalte lassen sich mit dem Besuch der geschichtsträchtigen Schweinebucht auf der Península de Zapata, einer Wanderung im Gran Parque Natural Topes de Collantes sowie einiger sehr netter, aber weniger frequentierter Städtchen wie Sancti Spíritus, Santa Clara oder Remedios füllen.

Diese Schönheit will erobert werden: Zum Salto El Nicho
in den Topes de Collantes gelangt man nur zu Fuß

Auf einen Blick: Zentralkuba

Sehenswert

Varadero: Weißer Puderzuckerstrand und türkisblaues Wasser – Varadero ist Kubas Badeparadies schlechthin (s. S. 271).

Cienfuegos: Die Perle des Südens lockt mit französischem Flair und einem weitgehend authentischen Stadtleben (s. S. 287).

Trinidad: Kubas schönste Kleinstadt zehrt von Pracht und Pomp der Zuckeraristokratie (s. S. 299).

Topes de Collantes: Nebelverhangene Gipfel, tiefgrüne Berghänge, tosende Wasserfälle und stille Seen laden ein zur Erkundung per pedes (s. S. 310).

Cayo Coco und Cayo Guillermo: Winzige Inselchen mit spektakulären weißen Sandstränden (s. S. 347).

Camagüey: Durch verwinkelte Gassen spazieren, auf beschaulichen Kolonialplätzen verweilen, über Kubas größten Bauernmarkt bummeln (s. S. 350).

Schöne Route

Fahrt übers Wasser: 56 km durchs Meer führt der Damm, der Caibarién an der Nordküste mit dem Cayo Santa María verbindet – schlichtweg traumhaft (s. S. 336).

Unsere Tipps

Jardín Botánico Soledad: Mit allein über 300 Palmenarten zählt Kubas ältester botanischer Garten bei Cienfuegos zu den bedeutendsten Lateinamerikas (s. S. 298).

Hacienda de Guaimaro: Das ehemalige Herrenhaus besticht durch seine fantastischen Wandmalereien (s. S. 314).

El Mejunje: In ganz Kuba gibt es nichts Vergleichbares zu diesem Musikklub in Santa Clara – hingehen und ausprobieren, das Alter spielt keine Rolle (s. S. 330).

Remedios: Nicht nur am 24. Dezember zu den Parrandas Remedianas lohnt sich der Besuch in diesem kolonialen Schmuckstück – Trinidad *en miniature* (s. S. 331).

Playa Los Cocos: Karibikfeeling pur genießt man an diesem Strand mit bunten Holzhütten, einer Bar am Wasser und einem türkisfarbenen Badepool direkt davor (s. S. 363).

Aktiv

Vogelbeobachtung im Gran Parque Natural Montemar: Fast 200 Vogelarten sind in dieser Schutzzone auf der Península de Zapata beheimatet, dessen unzugängliche Sumpfgebiete einen perfekten Rückzugsort für bedrohte Arten bilden (s. S. 282).

Trinidads Musikszene – eine abendliche Kneipentour: Wer einmal auf der Freitreppe der Casa de la Música den kubanischen Livebands gelauscht hat, wird diesen Augenblick nie vergessen (s. S. 307).

Wanderungen im Schutzgebiet Topes de Collantes: Die Wasserfälle, Wälder und Höhlen dieses Bergzugs nördlich von Trinidad lassen sich auf zahlreichen Wegen erkunden (s. S. 311).

Auf den Spuren des Che: Von einem der wichtigsten Siege über das Batista-Regime zeugen das Monumento a la Toma del Tren Blindado und das Museo y Monumento Memorial Comandante Ernesto Che Guevara in Santa Clara (s. S. 324).

Die Provinz Matanzas

Mit Kubas größtem Tourismusmagneten, Varadero und seinen weißen Puderzuckerstränden, dürfte Matanzas die meistbesuchte Provinz des Landes sein. Ausflüge ins Hinterland führen mitten in den kubanischen Alltag: in die unscheinbare Provinzhauptstadt Matanzas, nach Cárdenas mit seinem maroden Charme oder auf die Sumpfhalbinsel Zapata am karibischen Meer, wo eine Schatzlagune, eine Krokodilfarm und die berühmte Schweinebucht auf Besucher warten.

In Kubas zweitgrößter Provinz regieren die Gegensätze. Während die Halbinsel Hicacos an der Nordküste das berühmteste und meistbesuchte All-inclusive-Badeparadies des Landes ist, widmet sich die restliche Provinz fast gänzlich dem Zucker – das war schon im 18. Jh. so und daran hat sich bis heute kaum etwas geändert. An den Bilderbuchstränden im Norden sonnen sich Touristen auf Liegestühlen, in den kleinen Dörfern weiter südlich wippen müde Bauern in verwaschen-blauen Schaukelstühlen auf abgeblätterten Säulenterrassen. Dazwischen liegen Welten, die doch nur wenige Kilometer voneinander entfernt sind.

Wer neugierig genug ist, um dem Touristenghetto einmal den Rücken zu kehren, schnappt sich einen Mietwagen und fährt auf wenig befahrenen Landstraßen durch die winzigen Dörfer – mal mit Eisenbahnlinie und mal ohne. Wenn eine noch funktionierende Zuckermühle in der Nähe ist, muss man mit schnaubenden uralten Lokmonstern rechnen, die scheinbar aus dem Nichts auftauchen und, unzählige mit Zuckerrohr beladene Waggons hinter sich herziehend, die Dorfstraße kreuzen. Die Orte mit ihren einstöckigen Holzhäusern gleichen sich wie ein Ei dem anderen. Früher gab es hier mehr Flöhe als Menschen. In der toten Zeit zwischen den Zuckerrohrernten, in den drei Monaten, in denen man nichts verdiente, litten die Zuckerschneider Hunger. Eigentlich überflüssig in einer Region, deren Boden so fruchtbar war, dass man nur auf die Erde spucken musste, damit die Bananenstauden wuchsen. Doch die Felder gehörten der United Fruit Company und die wollte Zucker, nichts anderes.

Auch heute ist die Armut auf dem Land wieder unübersehbar, doch die *guajiros,* die freien kubanischen Kleinbauern, bewahren ihren Stolz und halten sich mit ein paar Hühnern, Schweinen und Gemüse aus dem Garten über Wasser. Einige wenige sind sogar verhältnismäßig wohlhabend geworden, denn seit einigen Jahren dürfen sie ihre Produkte auf den freien Märkten verkaufen. Allerdings sind auch in der Provinz Matanzas viele brachliegende Felder unter dem Marabú verschwunden, einem Dornenstrauch, der mittlerweile zu einer der schlimmsten Plagen der kubanischen Landwirtschaft geworden ist.

Auf einer der Zuckerplantagen bei Jovellanos arbeitete Esteban Montejo, der wohl berühmteste (entlaufene) Sklave Kubas, dem Miguel Barnet mit seinem Roman »Der Cimarrón« (s. S. 316) ein Denkmal gesetzt hat. In Unión de Reyes lebte der legendäre Rumbatrommler Malanga, der im weißen Anzug und Knopfstiefeln und mit 20 Stockfischkisten in der Kutsche zum Konzert vorfuhr. Malanga machte die Stockfischkistenrumba berühmt, denn er trommelte virtuos auf den *cajones,* und als er starb, herrschte

Die Ermita de Monserrate an sich bewegt kaum jemanden, den Hügel über Matanzas zu erklimmen – wäre da nicht die prächtige Aussicht von hier oben

auf den umliegenden Plantagen eine Woche lang tiefste Trauer – mit endlosen Rumbagelagen ihm zu Ehren, versteht sich.

Matanzas ▶ G 2

Cityplan: S. 267

Die Hauptstadt der gleichnamigen Provinz ist ein liebenswerter Ort, keine ausgesprochene Schönheit zwar, aber ausgestattet mit vielen alten Kolonialgebäuden und einer ganz unverfälschten Atmosphäre, die vom Tourismus (bislang) kaum beeinträchtigt wurde. Das Zentrum von **Matanzas** (163 000 Einwohner) liegt zwischen den Ufern der beiden Flüsse Yumurí und San Juan, die an der weiten Hafenbucht ins Meer münden. Von diesen beiden Flüssen und von den zahlreichen Brücken, die die Ufer miteinander verbinden, ist das Stadtbild geprägt – nicht von ungefähr wird Matanzas auch Stadt der Brücken genannt.

Von Legenden umrankt ist der weniger charmante Name Matanzas, der übersetzt so viel wie ›Schlächterei‹ bedeutet. Wahrscheinlich rührt die Bezeichnung vom Fleischbedarf der spanischen Flotte her. Das Weideland rund um die 1693 entstandene Siedlung wurde zur Viehzucht genutzt, ein großer Schlachthof eingerichtet und das Fleisch im nahen Hafen verschifft, eingepökelt mit dem Salz, das man in den Salinen auf der Halbinsel Hicacos gewann – da, wo heute Varadero liegt. Im 17. Jh. kam der Tabakanbau hinzu, mit dem Handel von Schnupftabak entwickelte sich weiterer Wohlstand.

Doch zum Hauptausfuhrhafen für Zucker und Tabak sowie zum Athen Kubas wurde Matanzas erst gegen Ende des 18. Jh. Reiche Zuckerpflanzer aus Haiti ließen sich hier nieder und mit der Besetzung Havannas durch die Engländer 1762 begann der Zuckerboom. Matanzas wurde zu einem herausragenden Sklavendepot. Hunderttausende Sklaven arbeiteten auf den Plantagen der Provinz. Die Stadt avancierte zum blühenden Handelszentrum und machte Havanna Konkurrenz. Immer wieder kam es zu Sklavenaufständen.

1862 produzierten in der Provinz Matanzas 456 Zuckermühlen unablässig Rohzucker – fast die Hälfte der gesamten kubanischen Zuckerproduktion, die zu diesem Zeitpunkt ein Viertel der Weltproduktion ausmachte. Der Zuckerreichtum verwandelte die Stadt in ein Zentrum der Künste. In dem von den Zuckermagnaten erbauten Teatro Sauto traten Ensembles aus der ganzen Welt auf, sogar die berühmte französische Schauspielerin Sarah Bernhardt gab hier ein Gastspiel. Stadtpaläste und luxuriöse Häuser entstanden, der Zeitgeist ahmte architektonisch die griechische Klassik nach.

Am Anfang des 20. Jh. erlebte Matanzas zu Zeiten des großen Zuckerbooms, dem sogenannten Tanz der Millionen, noch einmal eine große Blüte, doch in der folgenden Depression (1920) wurde es still um die Stadt und den Hafen. Matanzas wird heute ›die schlafende Stadt‹ genannt, *ciudad dormida*. Seit die nahe Halbinsel Varadero vom internationalen Tourismus überschwemmt wird, versucht man, Matanzas aus seinem Dornröschenschlaf zu erwecken. Der Charme dieses Hafenstädtchens besteht jedoch gerade in seiner ruhigen Lebensart und der abgeblätterten Grandezza – zumindest für den durchreisenden Besucher.

Parque René Fraga und Ermita de Monserrate

Für einen ersten Überblick über die Stadt empfiehlt sich der **Parque René Fraga** 1, etwa 1 km westlich des Zentrums am Ende der Calle 79 (Contreras) auf einer Anhöhe gelegen. Noch viel schöner ist die Aussicht von der **Ermita de Monserrate** 2, zu der man vom Parque René Fraga in etwa 15 Minuten über die Calle 312 (Buena Vista) hinaufspazieren kann. Hier bietet sich nicht nur ein fantastischer Blick über Stadt und Bucht, sondern auch über das verwunschene Flusstal Valle de Yumurí mit seinen bis zu 150 m hohen Kalksteinfelsen, die ein klein wenig an die Mogotes im Valle de Viñales erinnern.

Parque Libertad

Ein Stückchen von der ehemaligen kolonialen Pracht ist am **Parque Libertad** erhalten, dem Mittelpunkt von Matanzas mit dem Rathaus und dem beeindruckenden **Museo Farmacéutico** 3. 1882 richtete das aus Haiti stammende Ehepaar Triolet diese luxuriöse Apotheke ein. Die Triolets – Frau Triolet hatte als erste Kubanerin promoviert – waren begeisterte Pharmazeuten, entwickelten über 50 eigene Rezepte und stellten eine umfangreiche Fachbibliothek zusammen.

Matanzas

Sehenswert
1. Parque René Fraga
2. Ermita de Monserrate
3. Museo Farmacéutico
4. Biblioteca Gener y Del Monte
5. Teatro Papalote
6. El Retablo
7. Museo de Arte
8. Museo Histórico Provincial
9. Teatro Sauto
10. Ediciones Vigía
11. Galería-Taller Lolo
12. Catedral de San Carlos Borromeo
13. Callejón de las Tradiciones
14. Cuevas de Bellamar
15. Castillo de San Severino

Übernachten
1. Velasco
2. Río San Juan
3. Villa Soñada
4. Hostal Yumurí
5. Hostal Azul
6. Canimao

Essen & Trinken
1. Mallorca
2. El Bukan
3. Le Fettuccine
4. La Vigía

Einkaufen
1. Afroarte
2. Academia de los Artesanos Artistas

Abends & Nachts
1. Casa de Cultura B. Byrne
2. Kuba
3. Ruinas de Matasiete
4. Tropicana Matanzas

Aktiv
1. Bar Cubamar

Ihre Apotheke, die **Botica Francesa** mit ihren Zedernholzregalen, dem französischen Porzellan, den Schröpfmessern, Waagen und Mörsern, blieb fast genauso erhalten, wie sie 1964 aufgegeben wurde (Calle 83 Nr. 4951, tgl. 10–17 Uhr, 200 CUP inkl. Führung).

Auf der gegenüberliegenden Seite des Parque Libertad zieht das **Hotel Velasco** 1 die Aufmerksamkeit auf sich. Man sollte unbedingt einen Blick in die herrschaftliche Lobby mit ihrem alten Bartresen aus Mahagoni werfen – und vielleicht einen Drink lang verharren.

Im benachbarten Stadtpalast, einst das Casino Español und heute die **Biblioteca Gener y Del Monte** 4, führte der Komponist Miguel Faílde Pérez 1879, mitten im Unabhängigkeitskrieg gegen Spanien, den allerersten Danzón auf. »Die Höhen von Simpson« hieß dieser von zahlreichen Geigen, einem Klavier und der großen Paila-Trommel begleitete Salontanz, aus dem gut 70 Jahre später Mambo und Chachachá entstehen sollten. Simpson ist das traditionelle Schwarzenviertel von Matanzas, dessen Ruf nicht gerade der beste war. Doch Faílde wollte mit diesem Titel den immer noch nicht befreiten Sklaven ein trotzig-tanzbares Denkmal setzen. 1844 waren nur wenige Meter vom Casino entfernt auf der Plaza die Aufständischen der Escalera-Verschwörung (s. S. 53) öffentlich gefoltert und hingerichtet worden.

Museo de Arte und Museo Histórico Provincial

Vor allem afrikanische und afrokubanische Kunst präsentieren die fünf Ausstellungsräume des **Museo de Arte** 7 (Calle 79 Nr. 28007, zw. 282 und 280, Di–Sa 8.30–16.30, So 8.30–12 Uhr, 10 CUP inkl. Führung).

Im **Palacio Junco** macht das **Museo Histórico Provincial** 8 mit der Stadtgeschichte vertraut. Samstagnachmittags gegen 16 Uhr finden hier außerdem häufig Konzerte statt (Calle 83, Ecke 272, Di–Sa 9–16.30, So 9–12 Uhr, 10 CUP, 15 CUP inkl. Führung).

Plaza de la Vigía

Vor der Brücke über den Río San Juan erstreckt sich die **Plaza de la Vigía**, ein schönes Ambiente, um sich an einem der Tische der gleichnamigen Cafetería niederzulassen. Der Platz ist so etwas wie das künstlerische Zentrum von Matanzas und versammelt gleich mehrere spannende Einrichtungen, allen voran das **Teatro Sauto** 9. Das 1863 im neoklassizistischen Stil errichtete Theater war lange Jahre glanzvoller kultureller Mittelpunkt von Ma-

Die Provinz Matanzas

Tipp

MARIONETTENTHEATER

Ein buntes Spektakel nicht nur für die Kleinen bietet sich jeden Samstag und Sonntag um 10 Uhr im **Teatro Papalote** 5 . Hier treten die Schauspieler ausnahmsweise in den Hintergrund, stattdessen haben fantasievolle, selbst gemachte Marionetten das Sagen (Calle 75 Nr. 83, zw. 288 und 290). Ein weiteres erwähnenswertes Puppentheater, das gleichzeitig als Galerie für kollektive Theaterkunst fungiert, ist das **El Retablo** 6 (Calle Ayuntamiento, zw. 83 und 85, Aufführungen Sa/So 11 Uhr).

Malecón

Schön sitzen lässt es sich auch am **Río San Juan,** der im Bereich der Plaza de la Vigía durch eine Promenade aufgehübscht wurde. Doch nur wenige Schritte flussaufwärts scheint die Atmosphäre einem Roman von García Márquez entnommen zu sein: verfallene und von Kletterpflanzen überwucherte Lagerhäuser, fragile Holzhütten, löchrige Straßen. Eine Handvoll große, moderne Eisenskulpturen weist den Weg zur überragenden **Galería-Taller Lolo** 11 , die den Künstlernamen eines der bekanntesten Bildhauer Kubas trägt, Osmany Betancourt Falcón (www.osmanybetancourt.com). In dem Atelier haben sich drei Kunstschaffende zusammengeschlossen, die vor Ort arbeiten und ihre ganz unterschiedlichen Werke ausstellen. Neben Skulpturen findet man auch Gemälde sowie Glas- und Keramikarbeiten, darunter ansprechende Gebrauchskeramik (Calle 97, zw. 282 und 280, tgl. 9.30–19 Uhr, Eintritt frei).

Catedral de San Carlos Borromeo 12

Calle 282, zw. 85 und 83, tgl. 8–12 Uhr
Über die **Calle 91** oder Calle del Río, in der die ältesten Gebäude von Matanzas stehen, geht es nun wieder zurück ins Zentrum. An der Ecke der Calles 85 und 282 fällt ein riesiges, an einen knorrigen Baum gelehntes Zahnrad ins Auge. Wie bei der in den Ästen hängenden Glocke handelt es sich dabei um das Überbleibsel einer Zuckerplantage. Dahinter erhebt sich die 1693 errichtete **Catedral de San Carlos Borromeo** mit fantastischen Deckenfresken. Vor der Kathedrale erinnert ein Denkmal an den romantischen Dichter José Jacinto Milanés.

Callejón de las Tradiciones 13

Calle 119, Ecke 284, Facebook (> Afroatenas)
Ein kurzer Straßenabschnitt, Graffitis an den Mauerwänden, Skulpturen und regelmäßig Tanzaufführungen mit Livemusik – natürlich Rumba, wie könnte es anders sein. Der **Callejón de las Tradiciones** ist Matanzas' Zentrum der afrokubanischen Gemeinde, die

tanzas und eine von Kubas Top-Bühnen, ehe es im 20. Jh. zunehmend verfiel und schließlich nur noch als Kino fungierte. Benannt wurde es nach seinem Geldgeber, dem reichen Ambrosio de la Concepción Sauto. Von ihm wird berichtet, dass er nicht nur der Kunst, sondern auch den heilkundigen Babalawos (s. S. 76) zugetan war: mit einem Sud aus Sarsaparillakraut soll er den Herpes der spanischen Königin Isabella II. geheilt haben. Sie gehörte gegen Ende des 19. Jh. zum aristokratischen Publikum des Theaters, auf dessen Bühne die berühmtesten Künstler ihrer Zeit auftraten, etwa Sarah Bernhardt oder Enrico Caruso (Tel. 45 24 27 21, Aufführungen meist Fr, Sa Abend, So Nachmittag).

Auch die Bildende Kunst kommt auf der Plaza nicht zu kurz. Nebeneinander liegen die **Galería de Arte Pedro Esquerré** (tgl. 8–16 Uhr) und die Buchbinderei **Ediciones Vigía** 10 . Vom Papier bis zum fertigen Buch ist hier alles handgemacht, jede Seite ein kleines Kunstwerk für sich (Ecke 91, Mo–Sa 8.30–16.30 Uhr und nach Vereinbarung, Tel. 45 24 48 45).

Außenstehenden hier einen Einblick in ihre Geschichte, ihre Religion und ihre Bräuche ermöglicht.

Cuevas de Bellamar 14

Von der Vía Blanca Richtung Varadero ausgeschildert, tgl. 9–17 Uhr, Führungen stdl. ab 9.30 Uhr, 5 €, Fotografiererlaubnis 5 €

Matanzas größte Touristenattraktion, die **Cuevas de Bellamar** etwa 8 km südöstlich der Stadt, wurden 1861 per Zufall von chinesischen Steinbrucharbeitern entdeckt. Weil man sich in dieser Gegend aber heftig vor Dämonen fürchtete, blieb der aus mehreren Sälen bestehende Höhlenkomplex fast 100 Jahre lang unberührt. Erst 1948 wagte sich eine Expedition von Wissenschaftlern hinein. Heute kann man gut 3 km des insgesamt rund 23 km langen Höhlensystems auf Führungen besichtigen und natürlich fehlen weder ein Restaurant noch ein Souvenirladen.

Castillo de San Severino 15

Di–Sa 9–16, So 9–12 Uhr, 200 CUP inkl. Guide

Die 1736 von Sklaven fertiggestellte **Festung,** die einst die Bucht von Matanzas überwachte, wurde im Laufe ihrer Geschichte schon ganz unterschiedlich genutzt. So diente sie von 1774 bis 1793 als Zollstation und ab 1821 als Militärgefängnis. Hier wurden auch die Aufständischen der Escalera-Verschwörung (s. S. 53) vor ihrer Hinrichtung inhaftiert. Heute beherbergt die eindrucksvolle Anlage das **Museo de la Ruta del Esclavo,** in dem man einiges über die leidvolle Geschichte und die Kultur der afrokubanischen Bevölkerung erfährt.

Infos

Infotur: Calle 85, Ecke 288, Mo–Sa 9–16, So 9–12 Uhr.
Havanatur: Calle 85, zw. 280 und 282, Mo–Fr 8–17, Sa 8–15 Uhr.
Banco Popular de Ahorro (mit ATM): Calle 85, Ecke 282, Mo–Fr 8.30–16 Uhr.
Cadeca: Calle 85, zw. 282 und 280, Mo–Sa 8–16 Uhr.
Internet: Etecsa, Calle 282, Ecke 83, Mo–Sa 9–19 Uhr.

Übernachten

... in Matanzas:

Mittendrin – **Velasco** 1 : Calle 79, Parque Libertad, Tel. 45 25 38 80, www.hotelescubanacan.com. Hübsches Kolonialhotel am Hauptplatz (s. S. 267). Tipp: Keines der fensterlosen Standardzimmer buchen, sondern eine Suite mit Balkon zum Parque Libertad nehmen. 17 Zi., €€–€€€

Nah am Wasser gebaut – **Río San Juan** 2 : Calle 282, zw. 83 und Río, www.hotelriosanjuanmatanzas.com-website.com. Kürzlich renoviertes Hotel; verglichen mit anderen staatlichen Häusern ist das Preis-Leistungs-Verhältnis gut. €€

Beste Dachterrasse – **Villa Soñada** 3 (privat): Armando Machado Vega, Calle 290 Nr. 6701, Ecke 67, Tel. 45 24 27 61, 52 90 21 68, mandy_rent_habitaciones@yahoo.com, www.facebook.com (La Villa Soñada Cuba). Eine zentrumsnahe und dennoch sehr ruhig gelegene Unterkunft mit insgesamt vier Zimmern und Matanzas' wohl schönster Dachterrasse mit Blick bis zum Meer. Unser Tipp: Das riesige, lichtdurchflutete Zimmer im 1. Stock buchen. €

Geräumig und zentral – **Hostal Yumurí** 4 (privat): Calle 85 Nr. 29016, zw. 290 und 292, Tel. 52 82 13 83. Privatsphäre und Platz bietet diese gut ausgestattete Wohnung, die Gastgeber Ivan einen Block entfernt vom Parque Libertad vermietet. €

Mit Lobby-Bar – **Hostal Azul** 5 (privat): Aylín Hernández, Calle 83 Nr. 29012, zw. 290 und 292, Tel. 45 24 24 49, 52 73 79 03, hostalazul.cu@gmail.com. Toll renoviertes Gebäude mit alten Holzdecken, alles ist blau-weiß gestrichen, dazwischen hängen als Farbtupfer viele Gemälde einheimischer Künstler an den Wänden. Zwei der vier Zimmer teilen sich einen Balkon. Nicht ganz ausblenden lässt sich der Verkehr vor der Tür. €

... außerhalb:

Stilschreck – **Canimao** 6 : Crta. a Varadero Km 4,5, vor der Hochbrücke über den Río Canímar und neben dem Cabaret Tropicana, Tel. 45 26 10 14, www.islazulhotels.com. Vor allem an den Wochenenden übernachten hier viele Kubaner. 160 Zi., €

Die Provinz Matanzas

Essen & Trinken

Überraschung im Wohngebiet – **Mallorca** 1 (privat): Calle 334 Nr. 7705, zw. 79 und 77, Tel. 45 28 32 82, Di–So 12–22 Uhr. Das derzeit wohl beste Lokal in Matanzas – hervorragendes, schön präsentiertes Essen, professioneller Service, außerordentlich freundliche Atmosphäre und angemessene Preise. €€

Hausgemachte Pasta – **Le Fettuccine** 2 (privat): Calle 83 Nr. 29018, zw. 290 und 292, Tel. 54 12 25 53, www.facebook.com (> Le Fettucine Matanzas), Fr–Mi 12–20.30 Uhr. Der Ingenieurslohn war ihnen zu mager, also wurden Computer gegen Kochlöffel getauscht, aus Wassereimern und Farbdosen neue Lampen kreiert und drei Tische gezimmert. Das Ergebnis ist fantastisch, denn die drei jungen Inhaber gehen engagiert ans Werk und überzeugen durch ihre italienischen Speisen und ihr sympathisches Auftreten. Störend ist allein die viel befahrene Straße davor. Reservieren! €€

Gut versteckt – **Jardín Centro Pelusín del Monte** 3 (privat): Calle 85, zw. 288 und 290, tgl. 9 –22 Uhr. In einem versteckten Innenhof auf der Rückseite des Puppentheaters El Retablo (s. S. 268) werden einfache, aber leckere Gerichte wie Pizza und Pasta serviert. Sehr guter Service – perfekt! €–€€

Im Freien sitzen – **La Vigía** 4 : Plaza de la Vigía, tgl. ab 10 Uhr. Stimmungsvolles Lokal mit großen Fenstern, Holzfußboden und Säulen, Tische auch auf der Veranda. Das Essen ist kaum der Rede wert, aber ein angenehmer Ort für einen Kaffee oder ein Bier. Am Wochenende trifft sich hier schon nachmittags ein trinkfestes Volk. €

Einkaufen

Hauptgeschäftsstraße ist die **Calle 85.**

Souvenirs, Postkarten & Co. – **Afroarte** 1 : Calle 288, Ecke 83. **Academia de los Artesanos Artistas** 2 : Calle 285, zw. 280 und 282, Mo–Sa 9–18, So 9–12 Uhr.

Buchkunst – **Ediciones Vigía** 10 : s. S. 268

Abends & Nachts

Matanzas ist Kubas Epizentrum der Rumba – zwei berühmte Ensembles kommen von hier: Muñequitos de Matanzas und Columbia del Puerto. Informieren Sie sich, ob gerade ein Konzert ins Haus steht, z. B. auf www.atenas.cult.cu.

Künstlertreff – **Academía de los Artesanos Artistas** 2 : s. oben, www.acaa.cult.cu. Im Patiocafé und in der klimatisierten Bar der Kunsthandwerkervereinigung trifft man garantiert auf interessante Menschen, Fr und Sa ab etwa 20 Uhr wird Livemusik geboten.

Lobby-Bar – **Salón Velasco** 1 : im gleichnamigen Hotel, s. S. 269, tgl. 7–24 Uhr. Prächtiger alter Tresen, extrem freundlicher Service und absolut köstliche Drinks.

Buntes Programm – **Casa de Cultura Bonifacio Byrne** 1 : Calle 272 Nr. 11916, zw. 119 (San Francisco) und 121 (La Merced), Pueblo Nuevo. Häufig gegen 21 Uhr Livemusik, viele afrokubanische Gruppen.

Bistro, Bar, Café – **Kuba** 2 : Calle 83 Nr. 29014, zw. 290 und 292, tgl. 12–2 Uhr. Hypermoderne – und hyperkalte – Bar, die in erster Linie junges Publikum anzieht.

Tanz in der Ruine – **Ruinas de Matasiete** 3 : nahe der Schnellstraße Richtung Varadero, tgl. ab 10 Uhr bis früh morgens. Die nach einem siebenfachen Mörder benannte Ruine beherbergt eine Cafetería sowie einen Nachtklub der etwas raueren Art.

Cabaret – **Tropicana Matanzas** 4 : Crta. a Varadero Km 4,5, neben dem Hotel Canimao, Tel. 45 26 53 80. Der Ableger vom Tropicana in Havanna bietet eine glänzende Show, wird aber schon seit Längerem renoviert. Aktuelle Auskünfte erteilt Infotur (s. S. 269).

Aktiv

Bootsfahrten auf dem Río Canímar – **Bar Cubamar** 1 : 8 km östlich von Matanzas unterhalb der Brücke über den Fluss (nach Brücke links abbiegen), tgl. 9–17 Uhr. Die Flussufer sind dschungelüberzogene Steilwände, man fühlt sich wie im Urwald.

Termine

Carnaval: Febr. und Aug. Der Karneval wird hier mit viel Prunk und Pomp gefeiert.

Festival Internacional de Rumba Timbalaye: Aug. Aufführungen von Tanzgruppen und Workshops.

Verkehr

Züge: Estación de Ferrocarril, Calle 181, ca. 3 km südlich vom Zentrum, Tel. 45 29 92 44. In Matanzas halten fast alle Züge zwischen Havanna und Santiago, allerdings muss man mit erheblichen Verspätungen rechnen, einige Züge fallen auch ganz aus. Verbindungen nach Camagüey, Havanna, Holguín, Santa Clara, Sancti Spíritus und Santiago de Cuba. Sehr zu empfehlen ist die Fahrt mit der elektrifizierten Hershey-Bahn (s. S. 210) nach Havanna, die an einem kleinen Bahnhof ca. 1 km nördlich des Zentrums im Vorort Versalles startet (Tel. 45 24 48 05). Bei Redaktionsschluss war die Strecke nach Sturmschäden noch nicht wieder befahrbar.

Busse: Estación de Ómnibus, Calle 272, Ecke 171, Pueblo Nuevo, gut 1 km südlich des Zentrums, Tel. 45 29 14 73. Mit Víazul 2 x tgl. Verbindungen nach Varadero (6 €) und 2 x tgl. nach Havanna (7 €).

 Varadero ▶ H 2

Cityplan: S. 277

Varadero auf der **Península de Hicacos** besitzt den mit 20 km längsten Traumstrand auf Kuba, mit weißem Sand und hellblauem bis smaragdgrünem Meer. Das Wasser hat fast immer Badewannentemperatur. Allerdings ist dies Kubas größter zusammenhängender Tourismuskomplex, sodass man wirklich ruhige Strandabschnitte vergebens sucht. Knapp 10 000 Kubaner leben auf der Halbinsel, mindestens 50-mal so viele Touristen zieht es jährlich hierher. Einheimischen begegnet man außer an ihren Arbeitsstellen eher selten, denn die hohen Preise sorgen dafür, dass die Ausländer mehr oder weniger unter sich bleiben. Um Lokalkolorit ist es in Varadero also schlecht bestellt, desgleichen um Sehenswürdigkeiten. Dafür gibt es ein großes Angebot an (sportlichen) Aktivitäten, Restaurants, Cafés und Shoppingmöglichkeiten und auch nachts muss sich niemand langweilen: Abgesehen von den Hotelshows kann man sich in unzähligen Cabarets, Kneipen und Diskotheken, meist bei Livemusik, amüsieren.

Geschichte

Die Halbinsel Hicacos war schon früh von Indigenen bewohnt, die von den reichen Fischgründen lebten. In Höhlen an der Nordküste fand man Felszeichnungen, Muscheln und Keramik. Zu dieser Zeit war Hicacos von einem dichten Wald überzogen, der von den Spaniern abgeholzt wurde, denn sie brauchten Holz für den Schiffsbau. Auch die Piraten interessierten sich sehr für die Halbinsel, deren Höhlen sicheren Unterschlupf boten. Außerdem wurde auf Hicacos das zur Konservierung von Fleisch benötigte Salz gewonnen.

Treffpunkt der Hautevolee

Gegen Ende des 19. Jh. entdeckten reiche Haciendabesitzer aus Matanzas und Cárdenas die Freizeitqualitäten des Strands und begannen mit dem Bau einiger Sommerhäuser. In den 1920er-Jahren folgte ihnen eine Handvoll amerikanischer Millionäre auf die idyllische Halbinsel zum Überwintern. Angefangen hatte es mit dem Chemie- und Waffenfabrikanten DuPont, der sich hier einen prächtigen Sommersitz mit Golfplatz, Flughafen und Privatpark bauen ließ. Heute ist die Mansión Xanadú dort eingezogen, ein exklusives kleines Hotel mit einem ebensolchen Restaurant. Nebenbei kaufte DuPont zum Spottpreis das umliegende Land auf und verkaufte es mit erheblichem Gewinn an seine Millionärsfreunde. DuPont gehörte auch der Boden, auf dem in den 1950er-Jahren das US-amerikanische Hotel Varadero Internacional gebaut wurde.

Die Hautevolee der kubanischen Politik und Gesellschaft folgte den Amerikanern nach Varadero. Diktator Batista baute sich eine Villa am Privatstrand, der Mafiaboss Al Capone ebenfalls. Schließlich wurde Varadero das Mallorca der Amerikaner – Ströme von Touristen zogen jeden Sommer hierher und die Millionäre zogen sich etwas zurück.

Sonne und Strand für alle

Nach der Revolution 1959 wurden sehr viele Strandvillen und Hotels enteignet und der endlose Sandstrand für Kubaner aus dem Volk geöffnet. Als Kubas schwarzer Nationaldichter Nicolás Guillén in den 1960er-Jahren vol-

Für jeden Souvenirgeschmack gewappnet ist dieser Strandverkäufer in Varadero

ler Stolz sein berühmtes Gedicht »Ich habe« schrieb, hatte er auch Varadero im Sinn: »Ich habe / schaun wir uns das an / erreicht, dass mich, den Neger / keiner zurückhalten kann / an der Tür eines Dancing oder einer Bar / oder auf dem Teppich eines Hotels / mich anschreien kann, es gäbe kein Zimmer / weder ein winziges noch ein sehr großes / ein kleines Zimmer, wo ich mich ausruhen kann. / Ich habe, wie ich das Land habe, auch das Meer / kein country / kein highlife / kein Tennis und keine Jacht / sondern von Strand zu Strand und von Welle zu Welle / gigantisches Blau, demokratisch geöffnet / endlich, das Meer.«.

Ende der 1980er-Jahre wurde Varadero mit großem Aufwand zum Tourismuszentrum ausgebaut. Ein internationaler Flughafen, immer mehr Luxushotels und der fantastische Strand sorgten für einen Boom, der bis heute nicht abreißt.

Orientierung

Auf der lang gestreckten Halbinsel fällt die Orientierung leicht. Der Ort Varadero selbst erstreckt sich über das untere Ende und wird der Länge nach von der Hauptstraße **Avenida Primera** (Av. 1ra) durchkreuzt. In ihrer Verlängerung, der **Avenida Las Américas,** liegen die ersten großen Hotels. Parallel dazu führt die **Autopista del Sur** am südlichen Rand der Halbinsel entlang bis an die Spitze. Die besseren Hotels stehen im Norden und die preiswerteren und weniger renommierten im Süden.

Varadero

aber spannende Stadtgeschichte. Die Exponate reichen von einer indigenen Begräbnisstätte bis zu Fotografien von Fidel Castro und Che Guevara, die es sich in Varadero gut gehen ließen.

Espacio 34 [3]
Av.1ra, Ecke 34, Mo–Sa 9–18 Uhr, Eintritt frei
Der **Espacio 34** ist eine Mischung aus Museum und Kunstgalerie. Der Schwerpunkt liegt auf kubanischer Kunst; neben Gemälden werden auch Fotografien und Skulpturen gezeigt. Die ausgestellten Objekte können in der Regel gekauft werden.

Mansión Xanadú [4]
Autopista del Sur, s. S. 275
Um die ehemalige Villa des milliardenschweren Waffenproduzenten DuPont, die **Mansión Xanadú,** zu besichtigen, muss man entweder Hotelgast sein, im exklusiven Restaurant Las Américas dinieren oder sich einen Drink in der Bar auf dem Dach genehmigen. Selbst eine Stippvisite in dem beeindruckenden Gebäude lässt den Luxus erahnen, in dem die Amerikaner und die oberen Zehntausend der kubanischen Gesellschaft in den Jahren vor der Revolution schwelgten.

Reserva Ecológica Varahicacos [5]
Autopista del Sur Km 2, Cueva del Ambrosio tgl. 9– 17, Wanderungen tgl. 9–16.30 Uhr, 2–5 €
Kurz vor der Nordspitze der Halbinsel konnten 2 km² Strand- und Waldgebiet vor den Investoren und Planierraupen gerettet werden. Die winzige **Reserva Ecológica Varahicacos** vermittelt einen ungefähren Eindruck davon, wie die Halbinsel vor ihrer Erschließung ausgesehen haben mag. Es können zwei kurze Naturpfade begangen werden, auf denen man mit der hiesigen Flora und Fauna bekannt gemacht wird und neben einem Riesenkaktus (*Cactus gigante* oder *Aguacate cimarrón*), der schon zu Kolumbus' Zeiten hier stand, auch einige Grotten zu sehen bekommt, in denen sich früher Schmuggler versteckten.

Sehenswertes
Parque Josone [1]
Av. 1ra, zw. 56 und 59, tgl. 9–23 Uhr, Eintritt frei
Wo sich einst Diktator Batista und sein Gefolge erholten, kann man heute eine Auszeit vom Strand nehmen. Der gepflegte **Parque Josone** bietet hübsche Spazierwege, einen kleinen See mit Tretbooten (300 CUP/30 Min.), einen Swimmingpool, eine Freilichtbühne, auf der afrokubanische Shows aufgeführt werden, und natürlich diverse Restaurants und Cafés.

Museo Municipal Varadero [2]
Calle 57, Mo–Sa 9–15, 200 CUP
In einem schmucken, blau-weiß angepinselten Kolonialhaus am Strand dokumentiert das **Museo Municipal Varadero** die kurze,

Die Provinz Matanzas

Der meistbesuchte Ort im Naturreservat ist die **Cueva de Ambrosio**. In der Höhle hat man 72 geometrische Zeichnungen, bearbeitete Muscheln und Gegenstände aus Keramik entdeckt, die von den Ureinwohnern stammen könnten, vielleicht aber auch von entflohenen Sklaven.

Infos

Im Internet: www.varaderoguide.net.
Infotur: Calle 64, Ecke Av. 2da, tgl. 9–19 Uhr.
Havanatur: Av. 1ra, zw. Av. 2da und 64, tgl. 8–18 Uhr.
Cubatur: Av. 1ra, Ecke 33, tgl. 8–17 Uhr.
Banco Financiero Internacional: Av. 1ra, Ecke 32.
Cadeca: Av. Playa, zw. 41 und 42, Mo–Sa 8.30–20 Uhr.
Internet: Etecsa, Av. 1ra, zw. 41 und 42, Mo–Sa 10–18 Uhr.

Übernachten

Das Unterkunftsangebot in Varadero konzentriert sich auf große All-inclusive-Anlagen. Hier sollte man ein Zimmer über einen Reiseveranstalter buchen, am besten als Pauschalarrangement von Europa aus, weil die Preise sonst meist exorbitant hoch sind. Eine wesentlich persönlichere und darüber hinaus wesentlich günstigere Alternative sind die Casas Particulares.

Edelherberge nur für Erwachsene – **Royalton Hicacos Varadero Resort & Spa** 1 : Autopista del Sur Km 15, Tel. 45 66 88 44, www.royaltonresorts.com. Eines der besten All-inclusive-Hotels in Varadero. Sehr schön im karibischen Stil gestaltete Anlage an einem der schönsten Strandabschnitte der Halbinsel mit riesiger Poollandschaft, Jacuzzis, Sauna, Dampfbad, Schönheitssalon und allen anderen Einrichtungen einer Unterkunft der Fünf-Sterne-Kategorie. 404 Zi., €€€, all inclusive

Mit Jachthafen – **Meliá Marina Varadero** 2 : Autopista del Sur y final, Tel. 45 66 73 30, www.meliacuba.com. Ganz am Ende der Halbinsel, erbaut rund um einen Jachthafen mit ca. 1000 Liegeplätzen, 1000 m² großer Spabereich, allerdings 300 m vom Strand entfernt. Zimmer zum Pool hin wegen Animationsprogramm recht laut. 757 Zi., €€€, all inclusive

Stimmiges Preis-Leistungs-Verhältnis – **Starfish Cuatro Palmas** 3 : Av. 1ra, zw. Calles 60 und 64, Tel. 45 66 70 40, www.starfishresorts.com. Diese familiäre All-inclusive-Anlage vereint Varaderos beste Seiten: Sie liegt an einem schönen Strandabschnitt und dennoch in Laufweite zum Zentrum, sodass man dem Hotelleben sehr flexibel und ohne Taxikosten entweichen kann, perfekt für Nachtschwärmer also. Tipp: Ein Zimmer im Haupthaus zur Meerseite hin verlangen. 160 Zi., €€–€€€, all inclusive

Wie im Hotel – **Casa Klein** 4 (privat): Calle 32 Nr. 102, zw. Av. 1ra und 3ra, Tel. 52 44 07 64, pedroklein57@gmail.com. Bei der teilweise deutschstämmigen, aber nicht Deutsch sprechenden Familie Klein wohnt man in angenehm zurückhaltendem Ambiente in einem von zwei Zimmern im 1. Stock, jeweils mit eigenem Aufgang, ein Zimmer besitzt eine eigene Terrasse. €, inkl. Frühstück und drei Getränken

Hier passt einfach alles – **El Ranchón de Orlando** 5 (privat): Orlando Amechazurra, Calle 27 Nr. 202, zw. Av. 2da und 3ra, Tel. 45 61 24 43, 58 20 69 81, amecha2443@yahoo.es. Eine der Top-Casas in Varadero – die drei Zimmer teilen sich einen eigenen Eingang und einen fantastischen Patio, das nette junge Besitzerehepaar sorgt für eine äußerst stilvolle und angenehme Atmosphäre. €

Makellos – **Casa Mary y Angel** 6 (privat): Calle 43 Nr. 4309, zw. Av. 1ra und 2da, Tel. 52 70 88 27, www.casamaryyangel.com. Auf einem riesigen Grundstück steht ein nüchternes Haus, in dem drei ohne viel Chichi eingerichtete Zimmer vermietet werden. Der Pluspunkt auch hier: sehr nette und kultivierte Gastgeber. €

Viel Privatsphäre – **Casa Betty y Jorge** 7 (privat): Betty Sánchez, Calle 31 Nr. 108-A, zw. Av. 1ra und 3ra, Tel. 45 61 25 53, 52 89 04 01, bettylisbet@yahoo.es. Hier wohnen die niveauvollen Vermieter im 1. Stock, für Gäste stehen zwei Zimmer im Erdgeschoss zur Verfügung, die über einen eigenen Eingang von einer ruhigen Seitenstraße aus zu erreichen sind. €

Familiär – **Casa Marlén y Javier** 8 (privat): Calle 2da Nr. 4608, zw. Calles 46 und 47, Tel. 45 61 32 86, 52 44 25 03, marlen.huerta@nauta.cu. Im Vergleich zu den anderen Unterkünften etwas beengtere Räumlichkeiten und weniger sophisticated, dafür bekommt man hier mehr vom Familienleben mit. Extrem schön ist das Apartment im 1. Stock mit eigenem Balkon, aber auch die Dachterrasse bietet eine gute Rückzugsmöglichkeit. Nebenan vermietet die Schwester drei weitere Zimmer. €

Essen & Trinken

Viel Chichi – **Varadero 60** 1 (privat): Calle 60, Ecke Av. 3ra, Tel. 45 61 39 86, www.facebook.com (> Varadero 60), Di–So 17–23 Uhr. Die mondäne Variante der Paladares – drinnen ist alles edel auf schwarz-weiß getrimmt, auf der großen Terrasse geht es legerer zu. Gekocht wird auf Holzkohle, daher gibt es auch viel Gegrilltes. €€

Europäischer Standard – **Salsa Suárez** 2 (privat): Calle 31 Nr. 103, zw. Av. 1ra und 3ra, Tel. 53 28 76 78, www.facebook.com (> Salsa Suárez), Mi–Mo 12–22 Uhr. Was hier aus der Küche hervorgezaubert wird, kann sich sehen lassen – der Paladar gilt als eines der besten Restaurants von Varadero. Zum Drinnen- und Draußensitzen, täglich wechselnde Karte mit breitem Angebot, auch exzellente Cocktails. €€

Besuch bei der ›Rosa Kuh‹ – **La Vaca Rosada** 3 (privat): Calle 21, zw. Av. 1ra und 2da, Tel. 45 61 23 07, www.facebook.com (> La Vaca Rosada), tgl. 18.30–23 Uhr. Auf der Terrasse im 1. Stock fühlt man sich durch die Mosaiktische und Eisenstühle stilistisch fast ein wenig nach Marokko versetzt. Die Atmosphäre ist lässig, das Essen schmeckt hervorragend, nur der Service dürfte weniger behäbig sein. Bei schlechtem Wetter nicht zu empfehlen, da als Dach allein der Sternenhimmel fungiert. €€

Käsefondue – **La Fondue** 4 : Av. 1ra, Ecke 61, Tel. 45 66 77 47, tgl. 12–23 Uhr. Hier gibt's Schweizer Käsefondue und dazu die passenden Weine, aber natürlich hat die Karte auch anderes zu bieten. €€

Tipp

FÜR INDIVIDUALISTEN

Eine Fluchtburg im All-inclusive-Einerlei von Varadero ist die **Mansión Xanadú** 4 , ein exklusives Hotel mit gerade einmal acht Zimmern, das in der ehemaligen Villa des amerikanischen Chemiemilliardärs DuPont residiert (s. S. 273) und direkt an den Golfplatz angrenzt – für Reisende mit Anspruch und dickerer Brieftasche wärmstens zu empfehlen (Av. Las Américas Km 8,5, Tel. 45 66 84 82, www.varaderogolfclub.com. €€€, inkl. Frühstück, 3-gängiges Abendessen und Greenfee für den Golfplatz).

Klein & gemütlich – **Don Alex** 5 : Calle 31 Nr. 106, zw. Av. 1ra und Av. 3ra, Tel. 45 61 32 07, www.facebook.com (> Don Alex), Di–So 12.30–22.30 Uhr. Terrassenrestaurant mit gutem Essen; die Bedienung ist schnell und freundlich. €€

Tropisches Italien – **Nonna Tina** 6 (privat): Calle 49 Nr. 207, Tel. 58 11 74 15, www.facebook.com (> Nonna Tina), Di–So 18–23 Uhr. Man sitzt gemütlich im begrünten Innenhof und lässt sich knusprige Pizzas und andere italienische Gerichte schmecken – alles ganz authentisch, denn der Besitzer stammt vom Stiefel. Unbedingt rechtzeitig reservieren! €

Einkaufen

Kunsthandwerk – An fast jeder Straßenecke im Zentrum von Varadero gibt es einen größeren oder kleineren Souvenirmarkt.

Keramik – **Taller de Cerámica** 1 : Av. 1ra, zw. 59 und 60, Mo–Sa 10–19 Uhr. Die Galerie bietet hochwertige Keramikarbeiten an – teuer, aber eine wohltuende Abwechslung im Souvenirdschungel.

Zigarren – **Casa del Habano** 2 : Av. 1ra, Ecke 63, tgl. 9–19 Uhr. Große Auswahl an Zigarren aller bekannten Marken.

Einkaufszentrum – **Plaza América** 3 : am gleichnamigen Platz, tgl. 9–21 Uhr. Architektonisch eher hässlich, aber praktikabel, u. a. mit Apotheke, Optiker, Zigarrengeschäft, Souvenirläden etc.

Abends & Nachts

Auch außerhalb der All-inclusive-Hotels wird nachts wenig geschlafen. In vielen Locations bilden eine Show oder ein Livekonzert den Auftakt zu einer langen Disconacht.

Für den Sundowner – **Mansión Xanadú** 4 : Av. Las Américas Km 8,5, tgl. 10–24 Uhr. Wer sich einmal etwas Besonderes gönnen möchte, liegt hier richtig, denn in der exquisiten Bar mit Blick aufs Meer fühlt man sich wie ein König.

Traditionell – **Factoria Varadero 43 Cervecería** 1 : Calle 43, Ecke Av. Playa, tgl. 12–24 Uhr. Kleines Brauereirestaurant, die angebotenen Biere variieren je nach Rohstoffverfügbarkeit.
La Bodeguita del Medio 2 : Calle 40, zw. Av. 1ra und Playa, tgl. 11.30–23.30 Uhr. Auch in Varaderos Ableger des berühmten Originals in Havanna darf man sich mit seinem Schriftzug an den Wänden verewigen.

Livemusik & Discos – **Bar de los Beatles** 3 : Av. 1ra, Ecke 59. In der Themenkneipe spielen jeden Abend Livebands. **Calle 62** 4 : Av. 1ra, Ecke 62, tgl. ab 9 Uhr. Eigentlich eine Cafetería, die sich abends jedoch zum Hotspot des Nachtlebens wandelt. Viel Salsa. **Casa de la Música** 5 : Av. Playa, Ecke 42, tgl. ab 23 Uhr, 10 €. **La Comparsita** 6 : Calle 60, zw. 2da und 3ra, Mi–Mo 21 Uhr, 250 CUP. Artex-Kulturzentrum, in dem man viele Einheimische trifft. **Club Mambo** 7 : Av. Las Américas Km 14, Di–So 23–3 Uhr, 10 €. Ein Dauerbrenner. **Hotel Pullman Dos Mares** 8 : Av. 1ra, zw. 49 und 50, tgl. ab ca. 21 Uhr Livemusik, meist Rock und Blues. **La Bamba** 9 : im Hotel Tuxpán, Av. Las Américas, tgl. ab 22 Uhr, 10 €. Exzellente Disco. **Havana Club** 10 : Av. 3ra, Ecke Calle 62, tgl. ab 22 Uhr, 240 CUP. Tanzen bis zum Umfallen – gut geeignet zum Anbahnen zwischenmenschlicher Beziehungen …

Varadero

Sehenswert
1. Parque Josone
2. Museo Municipal Varadero
3. Espacio 34
4. Mansión Xanadú
5. Reserva Ecológica Varahicacos

Übernachten
1. Royalton Hicacos Varadero Resort & Spa
2. Meliã Marina Varadero
3. Starfish Cuatro Palmas
4. Casa Klein
5. El Ranchón de Orlando
6. Casa Mary y Angel
7. Casa Betty y Jorge
8. Casa Marlén y Javier

Essen & Trinken
1. Varadero 60
2. Salsa Suárez
3. La Vaca Rosada
4. La Fondue
5. Don Alex
6. Nonna Tina

Einkaufen
1. Taller de Cerámica
2. Casa del Habano
3. Plaza América

Abends & Nachts
1. Factoria Varadero 43 Cerveceria
2. La Bodeguita del Medio
3. Bar de los Beatles
4. Calle 62
5. Casa de la Música
6. La Comparsita
7. Club Mambo
8. Hotel Pullman Dos Mares
9. La Bamba
10. Havana Club
11. Continental
12. Habana Café

Aktiv
1. Marina Chapelín
2. Marina Gaviota Varadero
3. Marina Dársena
4. Atlantis Varadero Scuba Diving Center
5. Caribbean Riders
6. Varadero Skydiving Club
7. Varadero Golf Club

Cabarets & Discos – **Continental** 11 : Av. Las Américas Km 1, Tel. 45 66 70 38. Exzellente Show, schon Ernest Hemingway war in diesem 1950 gegründeten Cabaret zu Gast. 10 €. **Habana Café** 12 : Av. Las Américas, Ecke Calle K, Tel. 78 33 36 36, tgl. 22–2 Uhr. Eine gute Kopie des Originals in Havanna mit hochkarätiger Show. **Tropicana Matanzas:** s. S. 270. Kann bei allen Reiseveranstaltern gebucht werden.

Aktiv

Tanzkurse – **ABC Academía de Baile** 3 : Espacio 34, s. S. 273, Tel. 45 61 26 23, www.varaderoguide.net. Auf dem Lehrplan stehen u. a. Salsa, Rumba und Chachachá.

Bootstouren & Angeln – Das Angebot ist riesig und reicht von Segeltörns über Jetskiverleih bis zu Schnorcheltrips. Fündig wird man in den Reiseagenturen oder direkt in den Jachthäfen. **Marina Chapelín** 1 : Autopista del Sur Km 12,5, Tel. 45 66 75 65, tgl. 9–20 Uhr. U. a. Motorbootverleih für Touren auf eigene Faust durch die Mangrovenwälder. **Marina Gaviota Varadero** 2 : Autopista del Sur y final, Tel. 45 66 41 15. Der größte Jachthafen der Karibik. **Marina Dársena de Varadero** 3 : Vía Blanca Km 31, Tel. 45 66 70 93. Anlaufpunkt für Hochseeangler.

Tauchen – **Atlantis Varadero Scuba Diving Center** 4 : im Hotel Blau Varadero. Cam. Milián, Tel. 52 63 77 32. Nur eine von mehreren Tauchschulen in Varadero. Ein großartiges Revier ist der Parque Marino Cayo Piedras mit versunkenen Schiffen und Flugzeugen.

Kiten – **Caribbean Riders** 5 : Av. Playa, Ecke Calle 38, Tel. 52 77 23 88, www.varaderokiteschool.com. Ein 3-stündiger Kurs inkl. Equipment schlägt mit 150 USD zu Buche.

Fallschirmspringen – **Varadero Skydiving Club** 6 : Vía Blanca Km 1,5, Tel. 52 83 83 35, www.skydivingvaradero.com. Ein Tandemsprung kostet 220 USD.

Golfen – **Varadero Golf Club** 7 : Av. Las Américas Km 8,5, Tel. 45 66 84 82, www.varaderogolfclub.com, tgl. 7–19 Uhr. Greenfee 110 USD pro Spiel, auch Unterricht.

Ausflüge – **Varadero Tour Taxi:** Tel. 55 72 93 51, www.varaderotourtaxi.com. Touren im Oldtimer nach Matanzas, Havanna etc.

Termine
Carnaval: Febr. Eher touristisch als traditionell, aber auch hier Umzüge mit viel Musik.
Festival Internacional de Salsa: Juli. Eine Woche lang Konzerte, Shows, Workshops etc.

Verkehr
Flüge: Aeropuerto Internacional Juan G. Gómez, Tel. 45 24 70 15, www.varadero-airport.com. Varadero wird von vielen internationalen Fluglinien angeflogen, u. a. von Condor direkt ab Frankfurt/Main. Nationale Flüge waren bei Redaktionsschluss auf unbestimmte Zeit ausgesetzt. Taxi nach Havanna ca. 80 €.
Busse: Terminal de Ómnibus, Calle 36, Ecke Autopista del Sur, Tel. 45 61 26 26. Mit Víazul 2 x tgl. nach Matanzas (6 €) und Havanna (9 €) sowie 1 x tgl. nach Trinidad (17 €), Holguín (42 €) und Santiago de Cuba (51 €), jeweils mit Stopps in den dazwischenliegenden Städten. Der Ticketschalter, Tel. 45 61 48 86, www.viazul.wetransp.com, ist tgl. 10–18 Uhr geöffnet. Ohne Reservierung kann man in die Lokalbusse nach Matanzas und Cárdenas steigen. Die Víazul-Busse halten auch am Flughafen von Varadero.
Mietwagen: Am Flughafen und in allen größeren Hotels bieten Mietwagenfirmen ihre Autos an. Bei der Anreise nach Varadero aus Richtung Matanzas sind an einer Mautstelle 50 CUP pro Fahrzeug zu entrichten.

Transport vor Ort
VaraderoBeachTour: Die Cabrio-Doppeldeckerbusse fahren etwa im Stundentakt die gesamte Halbinsel ab und haben Haltestellen nahe vieler Hotels. Für 5 €/Tag kann man ein- und aussteigen, so oft man will (tgl. 9–21 Uhr, Tickets beim Fahrer, nur Kreditkartenzahlung).
Cocotaxis: Auch die knallgelben Motorrollertaxis bieten eine luftige Art der Fortbewegung (keine Grundgebühr, ca. 1 €/km).
Oldtimertaxis: Klappern auf der Suche nach Kunden die Hotels ab. Der Preis ist Verhandlungssache und richtet sich nach der Distanz und nach der Dauer der Fahrt.
Pferdekutschen: An vielen Hotels und Straßenecken zu finden (10 €/1 Std.).
Motorroller: Verleihstationen findet man in den meisten Hotels und an der Avenida 1ra (ca. 25 €/Tag).

Cárdenas ▶ H 2/3

Auf der vierspurigen Autobahn ist es von Varadero aus nur ein Katzensprung in das Städtchen **Cárdenas** (95 000 Einwohner), das 1828 am Rand der gleichnamigen Bucht gegründet wurde. Mitten im Zuckeranbaugebiet gelegen, avancierte die Stadt bald zu einem bedeutenden weiterverarbeitenden Zentrum und ihr Hafen zu einem der wichtigsten des Landes. Lange vorbei ist jedoch die Zeit, in der Cárdenas seinem Beinamen Perle des Nordens gerecht wurde, denn wie viele andere touristisch unbedeutende Orte in Kuba ist auch dieser dem mehr oder weniger sanften Verfall preisgegeben. Die Einwohner versuchen mit viel List und Einfallsreichtum, den allmählichen Niedergang wenigstens pittoresk aussehen zu lassen. Was im Stadtzentrum noch gelingen mag, äußert sich im Industriegelände um den Hafen in mächtigen Häuserruinen – das gesamte Viertel macht den Eindruck, als hätte es gerade eben einen Krieg überstanden.

Hafenviertel
Für Neugierige lohnt sich eine schnelle Runde durchs Hafenviertel, die auf jeden Fall auch an der **Fábrica de Ron,** kurz Ronera, vorbeiführen sollte. Besucher sind in der Rumfabrik zwar nicht willkommen, aber schon ein Spaziergang entlang des Gebäudes macht high und vermittelt einen Eindruck davon, wie es im Inneren aussehen mag. Es prustet und spritzt aus Fenstern und Wänden, abenteuerliche Rohrkonstruktionen ziehen sich entlang der Mauern, deren einstiges Grün einem dreckigen Schwarz gewichen ist. Man fragt sich unweigerlich, wie ein solches Fabrikungetüm überhaupt funktionieren, geschweige denn einen so guten Tropfen wie den Ron Cubay hervorbringen kann (Calle Pinillo, Ecke 13ra Av., an der Straße Richtung Playa Larga).

Am Ende der Hauptstraße von Cárdenas, der **Avenida Céspedes,** strebt ein Fahnenmast stolz in den Himmel. Das Monument erinnert an den 19. Mai 1850, den Tag, an dem hier erstmalig auf der Insel die kubanische Nationalflagge gehisst wurde, weshalb Cárdenas auch Ciudad Bandera (›Flaggenstadt‹) genannt wird. Von diesem und anderen Ereignissen im Verlauf der Geschichte von Cárdenas berichtet das Stadtmuseum.

Museo Oscar María de Rojas

Parque José Antonio Echeverría, Di–Sa 10–18, So 10–12 Uhr, 15 CUP

Am schönsten Fleck der Stadt, dem von gut erhaltenen Kolonialbauten umgebenen **Parque José Antonio Echeverría,** liegen gleich drei Museen. Das Stadtmuseum mit dem Namen **Museo Oscar María de Rojas** war eines der ersten Kubas (Einweihung am 19. März 1900) und hat neben Geschichtsdokumenten auch ein buntes Sammelsurium anderer Dinge zu bieten, z. B. eine beeindruckende Sammlung von Muscheln und Schneckenhäusern aus der ganzen Welt, Artefakte präkolumbischer Kulturen von Mexiko über Kuba bis Peru, Mineralien, Münzen – darunter eine aus Hamburg –, Waffen und nicht zuletzt die üblichen Gemälde und Möbel aus dem 19. Jh.

Museo a la Batalla de Ideas

Av. 6 (Vives), zw. Calles 12 (Verdugo) und 11 (Industria), Di–Sa 9–17, So 9–12 Uhr, 15 CUP

An der Ostseite des Parks informiert das **Museo a la Batalla de Ideas** propagandaträchtig über die Geschichte der amerikanisch-kubanischen Beziehungen. Ein ganzer Raum ist dem Kampf um die Wiederkehr von Elián González gewidmet, der seine Heimatstadt Cárdenas weltweit in die Schlagzeilen brachte. Bei einem Fluchtversuch am 22. November 1999 ertrank seine Mutter in der Floridastraße. Der damals 5-jährige Elián wurde von amerikanischen Fischern gerettet und kam zu seinen Verwandten in Miami. Ein Jahr dauerte der Streit zwischen seinem Vater und der kubanischen Regierung auf der einen und den Verwandten und der US-Regierung auf der anderen Seite, bis der Junge im Juni 2000 zu seinem Vater nach Hause zurückkehrte – eine Auseinandersetzung, bei der es weniger um persönliche als um ideologische Werte zweier verfeindeter Staaten ging. Vom Dach des Hauses bietet sich ein prächtiger Blick bis nach Varadero.

Museo Casa Natal de José Antonio Echeverría

Av. 4 (Génez) 560, zw. 13 (Calzada) und 12 (Verdugo), Di–Sa 9–17, So 9–12 Uhr, 10 CUP

Das letzte Museum im Reigen am Platz ist das **Museo Casa Natal de José Antonio Echeverría** im Geburtshaus des gleichnamigen Studentenführers, der 1957 von Batistas Schergen erschossen wurde. Ein Großteil der Ausstellung beschäftigt sich indes nicht mit dem Leben von Echeverría, sondern mit den beiden Unabhängigkeitskriegen im 19. Jh. und der Revolution im 20. Jh.

Übernachten

Mit Pool – **Hostal Angelo's** (privat): Av. 14 (Spríu) 656, zw. 15 (Cristina) und 14 (Velázquez), Tel. 45 52 24 51, +1 30 58 12 92 80 (USA/WhatsApp), estangel01@yahoo.es. Die Unterkunft ist auch bekannt unter dem Namen Retiro Estangel und bietet drei gut ausgestattete Doppelzimmer sowie einen begrünten Innenhof mit einem gar nicht so kleinen Pool, allerdings geht es hier manchmal etwas kauzig zu. €

Zentral – **Villa Centro** (privat): Calle 11 (Industria), zw. Céspedes (Real) und 2 (Laborde), Tel. 45 52 88 21, 52 48 17 66. Auch diese Unterkunft sprüht nicht gerade vor Charme, liegt aber sehr zentral. Von den vier Zimmern sollte man das im Erdgeschoss meiden, die drei anderen sind völlig in Ordnung und haben sogar eine kleine Terrasse. €

Essen & Trinken

Nicht von dieser Welt – **Studio 55** (privat): Calle 12 (Verdugo), zw. 6 (Vives) und 4 (Jénez), tgl. 12–24 Uhr. Was an vielen anderen Orten der Welt gar nicht auffallen würde, kommt in Kuba einem Wunder gleich, so dieses Café mit chilliger Musik und einer fantasievollen, künstlerisch angehauchten Einrichtung. Anschauen und ausprobieren, v. a. die leckeren dickflüssi-

Die Provinz Matanzas

gen Batidos. Zum Essen gibt's u. a. Salate, Sandwiches, Hamburger etc. €€

Wandel-Bar – **Don Ramón** (privat): Av. 4 (Jénez), zw. 13 (Calzada) und 12 (Verdugo), Restaurant tgl. 11–22.30, Bar 23.30–3 Uhr. Eine beige-weiße Wandtapete, silberne Lampen im marokkanischen Stil und eine coole Theke – tagsüber kann man hier in modern gestyltem, aber recht gemütlichem Ambiente essen gehen, spätabends wandelt sich das Lokal in eine Bar. €–€€

Verkehr
Busse: Mit Linie 236 ab Av. 13 Oeste, Ecke 13 nach Varadero.

Península de Zapata
▶ F–H 4

Mit dem Auto kommt man von Havanna aus über die Autopista Nacional – Abfahrt **Jagüey Grande** (eine angenehme, herrlich untouristische Stadt!) – auf die **Península de Zapata,** von Varadero bzw. Cárdenas aus fährt man über Landstraßen und die Orte **Máximo Gómez** und **Perico** zur Halbinsel mit der **Bahía de Cochinos,** der berühmten Schweinebucht (s. S. 60). In jedem Fall durchquert man dünn besiedelte, von Obst- und Zuckeranbau geprägte Landstriche. Hier und da ragen die hohen Schlote der Zuckermühlen, der *ingenios,* aus den endlosen Zuckerrohrfeldern, die je nach Jahreszeit abgefackelt werden.

Ihren Besuchern hat die Halbinsel viel zu bieten. Erholungsuchende können sich an kleinen, aber feinen Stränden entspannen. Unmittelbar vor der Küste, d. h. zumeist ohne Bootstransfer erreichbar, liegen Tauchreviere, die zu den besten der Karibik zählen, darunter mehrere Höhlen. Auch die Schnorchelmöglichkeiten sind sehr gut. Mit insgesamt vier internationalen Tauchzentren (Playa Larga, Cueva de los Peces, Playa Girón und Caleta Buena) mangelt es auch nicht an diesbezüglichen Angeboten. Das Gleiche gilt fürs Angeln, besonders unter Fliegenfischern genießt die Península de Zapata einen guten Ruf. Und zu guter Letzt rühmt sich das Schutzgebiet als Kubas bestes Ziel für Vogelbeobachtung.

Infos
La Finquita: an der Kreuzung der Autopista Nacional, Km 142, mit der Straße nach Jagüey Grande bzw. Playa Larga, Tel. 45 91 32 24. In dieser Raststätte kann man sich an einem Infotisch über die Attraktionen der Halbinsel erkundigen und diese teilweise auch gleich buchen, z. B. die Fahrt mit einer alten Dampflokomotive ab Central Australia zu den Überresten einer alten Zuckerfabrik mit Stopp bei einer Zuckerrohrplantage und Erklärungen zu dessen Weiterverarbeitung (ca. 10 €/Pers.)
Geld: Es gibt auf der ganzen Halbinsel nur eine einzige Bank (Playa Larga). Allerdings kann man fast alles in Euro oder Dollar zahlen.

Verkehr
Anreise: Am einfachsten ist es, die z. B. von Havanna oder Varadero aus angebotenen Tagesausflüge wahrzunehmen. Ab Cienfuegos fährt der Bus nach Havanna 1 x tgl. über Playa Girón. Sonst kann man sich von den Langstreckenbussen an der Autopista Nacional bei La Finquita (s. oben) absetzen klassen.

Central Australia
Die letzte Zuckermühle auf festem Boden steht kurz hinter Jagüey Grande in **Central Australia.** In dieser *ingenio* befand sich das Hauptquartier Fidel Castros und der revolutionären Armee, als exilkubanische Söldner 1961 in der Schweinebucht landeten. Heute ist dort das **Museo Memorial Comandancia de las FAR** eingerichtet, das unter anderem über dieses Ereignis informiert (Di–Sa 9–17, So 9–12 Uhr, 15 CUP). Auch entlang der Straße erinnern Felsbrocken mit Namen sowie Minidenkmäler an die Opfer der Invasion.

Übernachten
Hütten mit Palmdach – **Batey Don Pedro:** ca. 300 m südl. der Abzweigung von der Autopista Nacional bzw. 2,5 km nördlich von Central Australia, Tel. 45 91 28 25, www.hotelescubanacan.com. In einem großen Garten

Península de Zapata

Traute Zweisamkeit ist nicht ihr Ding – die endemischen Vielfarbentodys stehen eher auf zweckgebundene Kurzzeitbeziehungen während der Paarungszeit

stehen 17 äußerst rustikale Holzhäuschen mit offenem Giebel und Veranda. Ruhig, mit Restaurant. €€, inkl. Frühstück

Mitten im Leben – **Casa de Ileana:** Calle 15 Nr. 5831, zw. Calles 58 und 60, Jagüey Grande, Tel. 52 44 21 17. In der Hauptstraße, nur zwei Blocks vom Park entfernt, werden zwei Zimmer im unabhängigen 1. Stock vermietet. €

Essen

Fast wie auf einem Bauernhof – **Finca Fiesta Campesina:** am Zufahrtsweg zum Batey Don Pedro, tgl. 9–16 Uhr, nur Mittagessen. Auf dem einer Farm nachempfundenen Gelände kann man sich im Bullenreiten versuchen, in einem Minizoo u. a. Jutías bestaunen, Souvenirs shoppen, frisch gepressten Zuckerrohrsaft *(guarapo)* probieren und sich mit Sandwiches stärken. €

Riesiger Rancho – **Pio Cuá:** gut 2 km südlich von Central Australia, tgl. 11.30–16 Uhr. Klassisches Touristenlokal, hier halten die Víazul- und andere Reisebusse. Früher gab es hier ein Büfett, aber momentan beschränkt sich das Speisenangebot auch hier auf belegte Sandwiches. €

Gran Parque Natural Montemar

Von Central Australia Richtung Süden wird es immer einsamer. Die Straße führt schnurgerade durch flaches Land, dann beginnt das unwegsame, fast menschenleere Sumpfgebiet der 285 650 ha großen Zapata-Halbinsel, auf der früher nur einige Köhler und Krokodiljäger lebten. Über die Hälfte des Areals gehört zum **Gran Parque Natural Montemar** und wurde von der UNESCO zum Biosphärenreservat erklärt. Das riesige Gebiet gilt als eines von Kubas artenreichsten Ökosystemen. Moskitoresistente Naturliebhaber können die Schutzzone im Rahmen organisierter Touren erkunden.

Infos

Oficina Parque Nacional: Nationalparkbüro am Ortseingang von Playa Larga (s. S. 284), hier Tourbuchung.

VOGELBEOBACHTUNG IM GRAN PARQUE NATURAL MONTEMAR

Tour-Infos
Start: Oficina Parque Nacional (s. S. 284)
Dauer: jeweils ca. 2–3 Std.
Touren: Das Schutzgebiet darf nur im Rahmen geführter Exkursionen erkundet werden, die in der Oficina Parque Nacional zu buchen sind. Die Kosten liegen bei jeweils 10 €/Pers. plus 5 €/Gruppe für den Guide. Sofern man als Transportmittel zum eigentlichen Startpunkt der Touren nicht seinen eigenen Mietwagen zur Verfügung stellen kann, muss zusätzlich ein Taxi bezahlt werden. Eine rechtzeitige Reservierung ist unbedingt erforderlich, da die Anzahl der Tagesbesucher im Schutzgebiet begrenzt ist und die Touren schnell ausgebucht sind.

Die Zapata-Halbinsel ist nicht nur das größte zusammenhängende Sumpfgebiet *(ciénaga)* Kubas, sondern der gesamten Inselwelt der Karibik. Auf einer Fläche von 4230 km^2 leben nur mehr rund 8000 Menschen, was die Halbinsel zur dünntsbesiedelten Region des Landes macht. In den von der Außenwelt fast völlig unberührten Mangrovenwäldern und Marschen konnte sich eine Flora und Fauna entwickeln, deren Vielfalt schier unglaublich scheint: Über 1000 Pflanzen- sowie 259 der 380 in Kuba vorkommenden Vogelarten wurden hier gezählt, darunter viele Zugvögel aus nordamerikanischen Gefilden (Nov.–April).

Für Ornithologen ist dies das reinste Paradies, denn in dem international bedeutsamen Schutzgebiet leben 20 der 22 endemischen Vogelarten des Landes, u. a. der Kubaspecht *(Colaptes fernandinae)*, die Kubaralle *(Cyanolimnas cerverai)*, der Kubazaunkönig *(Ferminia cerverai)*, der Zapatasperling *(Torreornis inexpectata)* und die Bienenelfe *(Mellisuga helenae)* aus der Familie der Kolibris, die kleinste der rund 9000 Vogelarten der Welt – von der Schnabelspitze bis zum Schwanzende misst sie gerade einmal 7 cm. Auf jeden Fall beobachtet werden können Waldsänger, von denen zahlreiche Spezies hier beheimatet sind, z. B. Goldkehl-, Palm- und Blaurückenwaldsänger oder sogar die endemischen Forns- und Gelbkopfwaldsänger. Mit etwas Geduld und vor allem Glück erspäht man außerdem Gürtelfischer, Amerikanische Schlangenhalsvögel, Schwarzkopfruderenten, Blauflügelenten, Gelbstirnblatthühnchen und, und, und.

Die Oficina Parque Nacional veranstaltet diverse Exkursionen zur Vogelbeobachtung. Im Nordwesten der Halbinsel werden Bootsfahrten durch das Sumpfgebiet auf dem **Río Hatiguanico** angeboten, wo man neben Vögeln manchmal auch Krokodile und Schildkröten zu Gesicht bekommt. Westlich von Playa Larga führen Touren zu Fuß und/oder per Boot in das Waldareal **Santo Tomás** mit einer großen Varietät endemischer Arten und südlich von Playa Larga können bei **Las Salinas** zwischen November und April u. a. Tausende Kubaflamingos *(Phoenicopterus ruber)* und Kormorane erspäht werden. Nummer eins auf der Hitliste von Ornithologen ist ein Spaziergang durch den **Refugio de Aves Bermejas** östlich von Playa Larga, wo auf einem Areal von rund 1 km^2 16 endemische Vogelarten Kubas leben.

Península de Zapata

Boca de Guamá

18 km südlich der Autobahn, etwa auf halbem Weg nach Playa Larga, liegt **Boca de Guamá,** ein aus der ›geheimnisvollen‹ Schatzlagune, zwei Krokodilfarmen, Souvenirläden und Restaurants bestehender Touristikkomplex, der schon in den ersten Jahren nach der Revolution geschaffen wurde und auf kaum einer organisierten Rundreise durch Kuba ausgelassen wird. Authentische Eindrücke vom Land sind hier nicht zu erwarten.

Größte Attraktion von Guamá sind die beiden **Criaderos de Cocodrilos,** wo insgesamt über 4000 Kubanische Krokodile *(Crocodylus rhombifer)* in ummauerten Teichen leben. Bei einem Rundgang kann man die Tiere aus nächster Nähe beobachten – angeblich stammen alle aus den endlosen Kanälen der Halbinsel. Während die Krokodilfarm ca. 100 m vor Boca de Guamá der Aufzucht und Forschung gewidmet ist (tgl. 9–18 Uhr, 250 CUP), wird in dem moderneren und gepflegteren Criadero unmittelbar neben dem Touristenkomplex auf Unterhaltung gesetzt. Hier bekommt man u. a. vorgeführt, wie die Krokodiljäger eine solche Kreatur mit dem Lasso einfangen und ihm das Maul zubinden. Das hiesige Restaurant bietet natürlich Krokodilfleisch an. Die kubanischen Reiseführer versichern, die Tiere würden in erster Linie vor dem Aussterben bewahrt und nur ein kontrolliert geringer Prozentsatz von ihnen werde zu Handtaschen, Schuhen und Steaks verarbeitet.

Vom Touristmuszentrum neben der Krokodilfarm fahren Boote durch Mangrovenkanäle zur etwa 8 km entfernten **Laguna del Tesoro** (›Schatzlagune‹). Der Überlieferung nach versenkten die Ureinwohner ihren Besitz im See, um ihn vor den goldgierigen Spaniern zu retten. Auf Pfählen in dem Gewässer erheben sich mehrere künstliche Inseln, die durch kleine Stege und Brücken miteinander verbunden sind. Die palmgedeckten Bungalows aus Holz stellen Nachbauten präkolumbischer Hütten dar und bilden die Unterkünfte der Villa Guamá. Tagestouristen haben die **Aldea Taína** zum Ziel, ein reichlich kitschiges Freilichtmuseum mit Skulpturen, die von der bekannten kubanischen Bildhauerin Rita Longa stammen und Indigene bei der Verrichtung ihrer alltäglichen Arbeiten darstellen (300 CUP/Pers. inkl. Bootsfahrt ab Boca de Guamá). Auch die Sportfischerei macht die Lagune zu einer Attraktion. Entsprechende Aktivitäten können über das Nationalparkbüro gebucht werden.

Übernachten

Schlafen auf Stelzen – **Villa Guamá:** Crta. Playa Larga Km 19, Laguna del Tesoro, Tel. 45 91 55 51, www.hotelescubanacan.com. Renovierungsbedürftige Bungalows, auf Pfählen in die Lagune gebaut und nur per Boot von Boca de Guamá erreichbar. Restaurant und Pool. 44 Zi., €–€€, inkl. Frühstück

Einkaufen

Krokodilleder und Keramik – In der Ladengalerie werden Keramikprodukte sowie Artikel aus artengeschütztem Krokodilleder verkauft, dessen Einfuhr nach Europa verboten ist!

Verkehr

Busse: Zwischen Boca de Guamá, Playa Larga, Playa Girón und Caleta Buena verkehrt 2 x tgl. ein Shuttlebus der GuamáBusTour. Das Tagesticket kostet 3 €.

Boote: tgl. 9–16 Uhr nach Bedarf zur Villa Guamá (10 € hin und zurück).

Playa Larga

Etwa 12 km südlich von Boca de Guamá liegt mitten in der **Bahía de Cochinos** (›Schweinebucht‹) das verschlafene **Playa Larga.** Der Ort selbst wird nie eine Schönheitsmedaille erhalten, doch besitzt er einen wunderbaren schmalen Strandabschnitt mit Palmen und feinstem weißen Sand sowie eine Menge hübscher Privatunterkünfte im Ortsteil **Caletón.** In Verbindung mit den wichtigsten Einrichtungen wie einer Krankenstation, ein paar Miniläden, einer Bank und einigen Restaurants eignet sich Playa Larga perfekt als Basis für die Erkundung der Zapata-Halbinsel in Verbindung mit ein paar erholsamen Stunden am Meer. Einzige Mankos: In den Abendstunden muss man verstärkt mit dem Angriff blutsaugender Mücken, den *jejenes,* rechnen, einer besonders quälenden Variante der kubanischen Moskitos, und nach

Die Provinz Matanzas

intensiven Regenfällen kann sich das Meerwasser rot färben. Diese ›Verschmutzung‹ ist allerdings natürlichen Ursprungs und auf die organischen Teilchen zurückzuführen, die von den in die Bucht mündenden Flüssen angeschwemmt werden.

Infos
Oficina Parque Nacional: von Central Australia kommend am Ortseingang von Playa Larga rechts ausgeschildert, Tel. 45 98 72 49, uso publico@eficz.co.cu, Mo–Sa 8–16.30 Uhr. Infos und Buchung von Touren (s. S. 282), die aufgrund der teilweise langen Anfahrten spätestens um ca. 14 Uhr starten.

Übernachten
In Playa Larga gibt es rund 80 Casas Particulares – wie überall in Kuba: Tendenz steigend.
Bungalowanlage – **Horizontes Playa Larga:** Tel. 45 98 72 94, www.hotelescubanacan.com. Das einzige staatliche Hotel in Playa Larga hat schon bessere Tage gesehen. 59 Zimmer in Bungalows, viele Wassersportmöglichkeiten, u. a. Tauchschule. €–€€
Traum am Strand – **Casa de Zuleyda y Viñola** (privat): Caletón, Tel. 45 98 75 99, 58 78 29 86, info@casazuleyda.com. So schön kann das Leben sein – das Haus von Zuleyda und Lázaro, der als Angelguide für den Nationalpark arbeitet, steht in vorderster Reihe am palmenbestandenen Strand, nur ein paar Meter vom türkisfarbenen Meer entfernt. Fünf Zimmer mit Bad, große Terrasse mit Hängematten und Liegestühlen sowie sehr gutes Essen. €
Zimmer mit Meerblick – **Casa Sol y Caribe** (privat): Caletón, Tel. 45 98 75 12. Auch das Nachbarhaus der Casa de Zuleyda y Viñola besticht durch seine Strandlage – und seine große Terrasse mit Holzdeck, aus dem eine Palme herausragt. Sechs Zimmer, drei davon mit Meerblick. €
Tolle Dachterrasse – **Hostal Casa Mesa** (privat): Caletón, Tel. 45 98 73 07, 52 47 87 82, ca samesa@gmail.com. Und noch eine Unterkunft direkt am Strand … Weshalb sollte man sich hier auch woanders einquartieren wollen? Vermietet werden vier Zimmer, zwei davon mit Meerblick. €

Essen & Trinken
Mit schönem Blick auf die Bucht – **El Tiki** (privat): in der Hauptstraße von Caletón, Tel. 45 98 72 85, www.facebook.com (> Tiki Bahía de Cochinos), tgl. 10–22 Uhr. Nettes Sitzen in einem zur Seite hin offenen, rustikalen Lokal. Wenn abends eine laue Brise vom Meer hereinweht, schmeckt der gegrillte Fisch gleich nochmal so gut. Vorher nach den Preisen erkundigen und CUP mitnehmen! €€

Aktiv
Angeln – Die Halbinsel ist ein Dorado für Angler, insbesondere für Fliegenfischer, wobei v. a. Jagd auf Tarpune und Grätenfische gemacht wird. Touren werden von der Oficina Parque Nacional (s. links) organisiert, ein empfehlenswerter Begleiter ist der offizielle Guide Lázaro Viñola von der Casa de Zuleyda y Viñola.
Tauchen & Schnorcheln – **Playa Larga International Diving Center:** neben der Villa Playa Larga, Tel. 45 98 72 84, 45 98 72 94. Der Küste vorgelagert ist ein tiefer Meeresgraben mit rund 20 Tauchspots an interessanten Korallenriffen. Außerdem gibt es exzellente Möglichkeiten zum Höhlentauchen, beispielsweise in der Cueva de los Peces (s. unten). Die schönsten Stellen zum Schnorcheln findet man an der Punta Perdíz (s. unten).

Verkehr
Busse: s. S. 280, 283

Cueva de los Peces und Punta Perdíz
Auf der Küstenstraße gelangt man nach ca. 15 km in Richtung Playa Girón zur **Cueva de los Peces.** Will man den Broschüren glauben, handelt es sich um Kubas größte mit Salzwasser gefüllte Höhle, die eine Verbindung zum Meer hat. Ein Zugang befindet sich unter dem Wasserspiegel im Meer, doch auch von Land aus ist die Höhle zugängig – cenotes nennt man die Lagunen, die entstehen, wenn Teile der Decke von unterirdischen Höhlensystemen einstürzen. Der Naturpool liegt nur wenige Meter vom Parkplatz an der Straße entfernt im Wald. In dem mit tiefblauem Wasser gefüllten Schlund erspäht man bereits vom Rand

Península de Zapata

aus tropische Fische, noch schöner und erlebnisreicher ist ein Schnorchel- oder Tauchgang in der Lagune.

Perfekt zum Schnorcheln und Tauchen ist auch die **Punta Perdíz** ca. 6 km weiter, ebenfalls ausgestattet mit Sonnenliegen, einem kleinen Lokal und Ausrüstungsverleih (Zutritt 2400 CUP).

Essen

Am Strand – **Punta Perdíz:** Tgl. 10–17 Uhr. Der Eintritt zur Punta Perdíz beinhaltet auch ein Mittagsbüfett mit einfachen Speisen und unbegrenzte Getränke während der Dauer des Aufenthaltes.

Aktiv

Tauchen & Schnorcheln – **Dive Center Cueva de los Peces:** Tel. 54 22 06 90. Hier kann man Schnorchelausrüstung leihen (5 €/ 2 Std.) und sogar ohne Tauchschein die Unterwasserwelt erkunden, allerdings nur bis zu einer Tiefe von 6 bis 8 m (ohne/mit Zertifikat 35/25 € inkl. Ausrüstung).

Playa Girón

Nach nochmals gut 15 km erreicht man den Ort **Playa Girón.** Hier, am südlichen Ende der Schweinebucht, landeten am 17. April 1961 rund 1500 Exilkubaner. Sie rechneten damit, auf wenig Widerstand bei den zu befreienden Inselkubanern zu stoßen und innerhalb weniger Tage eine Gegenregierung zu Fidel Castro installieren zu können. Die Invasion wurde von der amerikanischen Regierung unter Kennedy und vom CIA unterstützt, begleitet wurden die Söldner von 24 Flugzeugen und 14 Kriegsschiffen. Kuba befand sich zu diesem Zeitpunkt auf dem Höhepunkt der Alphabetisierungskampagne. Die Luftwaffe konnte nur auf zwölf Maschinen zurückgreifen und das Land war im Wesentlichen auf Bodenverteidigung angewiesen. So mobilisierte man innerhalb weniger Stunden rund 20 000 kubanische Soldaten und Freiwillige, Fidel Castro selbst führte die Verteidigungsguerilla an. 72 Stunden dauerten die Kämpfe zwischen Exil- und Inselkubanern, von denen 150 bei dem An-

Dientes de perro, ›Hundezähne‹, nennen Kubaner die scharfkantigen Küstenfelsen in der Schweinebucht – vor ›Bisswunden‹ schützen Badeschuhe

Die Provinz Matanzas

griff starben. Dann hatte man die Invasoren zurückgeschlagen. Am Morgen des 19. April war die große Mehrheit der Söldner gefangen genommen.

Im **Museo Playa Girón** an der Zufahrtsstraße zum gleichnamigen Hotel werden die Hintergründe des Angriffs sowie natürlich die Kämpfe und der Sieg über die Invasion dokumentiert. Neben Fotos von Sabotageakten der USA in Kuba, einer Darstellung vom Prozess gegen die gefangenen Söldner, Fotos von den gefallenen Kubanern und der minutiösen Rekonstruktion der Kämpfe sind ein von den kubanischen Bodentruppen abgeschossenes Flugzeug und Fidels Panzer zu betrachten (tgl. 9–17 Uhr, Erw. 200 CUP, Kin. bis 12 J. frei).

Der Ort selbst liegt ein paar Hundert Meter entfernt vom Meer und entbehrt nicht einer gewissen Trostlosigkeit. Zum (Sonnen-)Baden gibt es neben dem Hotel Villa Playa Girón einen recht wilden, lang gestreckten Strand, an dem Palmen für ein bisschen Schatten sorgen. Ein schöner Ausflug führt auf dem am Ortsrand beginnenden **Sendero Enigma de las Rocas** etwa 3 Std. zu Fuß durch ein Waldgebiet, in dem man Vögel, Termitennester, exotische Pflanzen, einen *cenote* und vieles mehr zu sehen bekommt. Den erforderlichen Führer besorgen die Unterkünfte, im Preis inbegriffen ist der Transport per Pferdekutsche von der Unterkunft zum Startpunkt (10 €/Pers.).

Von Playa Girón aus sind es noch knapp 90 km nach Cienfuegos (s. S. 287). Die gut befahrbare Landstraße führt über die Orte **Horquitas** und **Yaguaramas.**

Übernachten

Das einzige staatliche Hotel – **Horizontes Playa Girón:** Tel. 45 98 41 48, www.hotelescubanacan.com. Dieses Hotel wurde nach dem Motto »hässlicher geht nicht mehr« errichtet – der Clou ist ein Wellenbrecher aus Beton direkt vor dem Hotelstrand. Wer in Playa Girón übernachten will, sollte lieber auf eines der Privatquartiere zurückgreifen. Die angeschlossene Tauchschule mag manchen versöhnen. 191 Zi., €€

Gute Tippgeber – **Hostal Mario G. R. ›Mayito‹** (privat): Mario García Rodríguez, Hausnummer 346, westlich der Ausfallstraße Richtung Cienfuegos, Tel. 45 98 44 44, 52 27 96 06, mayito.giron1@nauta.cu. Drei Zimmer und Ranchón zum Draußensitzen bei einem sehr netten Lehrerehepaar, das auch ein paar Brocken Englisch spricht. €

Mit Pool – **Hostal Duniel ›El Barbero‹:** an der Straße nach Cienfuegos, Tel. 45 98 41 62, 52 71 01 30, dunielbarbero@nauta.cu. In der von der Straße zurückgesetzten Casa gibt es zwei Zimmer, eine große überdachte Sitzecke und einen gar nicht mal so kleinen Pool – dass dafür die Pflanzenwelt etwas zu kurz kommt, lässt sich verschmerzen. Kostenloser Radverleih, Garage. €

Essen & Trinken

Fangfrisch – **El Butty:** am Ortsausgang in Richtung Cienfuegos, tgl. 10–23 Uhr. In dem einfachen Restaurant gibt es fangfrischen Fisch und anderes Meeresgetier. €€

Verkehr

Busse: s. S. 280, 283

Caleta Buena

Wassersportler sollten von Playa Girón noch 8 km auf einer holprigen Piste in östliche Richtung nach **Caleta Buena** fahren, einem felsigen Küstenabschnitt mit glasklarem türkisfarbenem Wasser und einem Korallenriff unmittelbar davor, das die besten Konditionen zum Schnorcheln und Tauchen bietet (mit Tauchbasis). Großer Wermutstropfen: Um sich die Unterwasserwelt anzuschauen, muss man tief in die Tasche greifen – 1200 CUP kostet der Zugang zur Caleta Buena. Dass in dem Betrag Essen und Trinken inbegriffen sind, tröstet über diesen Wucher kaum hinweg, zumal die Anlage überhaupt nicht gepflegt wird.

Essen & Trinken

All you can eat – **Rancho Benito:** Caleta Buena, tgl. 10–17, Mittagessen 12–15 Uhr. Nicht sonderlich empfehlenswertes Büfettrestaurant direkt am Wasser (im Eintrittspreis zum Strand inbegriffen, s. oben).

Cienfuegos und Umgebung

Obwohl Cienfuegos einer der wichtigsten Industriestandorte Kubas ist, bekommt man im Stadtzentrum davon rein gar nichts zu spüren – im Gegenteil: Die breiten Boulevards versprühen französisches Flair und die herrliche Lage an der Bucht sorgt für ein außerordentlich großzügiges Ambiente.

Cienfuegos ▶ J 4

Cityplan: S. 291

Die Perle des Südens trägt ihren Namen zu Recht: **Cienfuegos** (ca. 177 000 Einwohner), Hauptstadt der gleichnamigen Miniprovinz, blieb von den Zerstörungen der beiden Unabhängigkeitskriege weitgehend verschont und konnte fast alle kolonialen Bauten bewahren – immer noch einige renovierungsbedürftig, doch durch die Aufnahme des historischen Zentrums in die UNESCO-Welterbeliste 2005 schreitet die Stadtverschönerung mit großen Schritten voran. Das umtriebige charmante Cienfuegos mit seinem wunderbaren Malecón und seinen netten Unterkünften empfiehlt sich für ein oder zwei erholsame Tage, bevor man sich in den Touristenrummel von Trinidad oder Havanna stürzt.

Geschichte

Cienfuegos liegt am nördlichen Ende der Bahía de Cienfuegos, die Kolumbus 1494 bei seiner zweiten Reise entdeckte. Die 21 km lange Bucht bildet einen tiefen, natürlichen Hafen, drei Flussmündungen liefern hervorragendes Süßwasser – kein Wunder, dass die Bucht über Jahrhunderte ein ideales Versteck für Piraten und Schmuggler abgab. Um sich vor den Angriffen der Engländer zu schützen, ließ Gouverneur Horacitas im 18. Jh. ein Kastell bauen: das heutige Castillo de Jagua am Südwestrand der Bucht (s. S. 296).

Um 1650 lebten Siedler hier friedlich mit den Indigenen, der spanische Pater Bartolomé de Las Casas soll von seinem Wohnort am Río Arimao die Ureinwohner vor Übergriffen der spanischen Soldateska geschützt haben. Damals hieß die Bucht nach Jagua, der indigenen Göttin des Ackerbaus, des Fischfangs und der Fruchtbarkeit, Enkelin der Sonne und des Monds.

Cienfuegos entstand erst 1819. Die ersten weißen Siedler kamen aus der ehemals französischen Kolonie Louisiana und ihre Hinterlassenschaft prägt noch heute das Bild der Stadt. Obwohl Cienfuegos nur rund 1000 Einwohner zählte, baute man den Ort nach einem wie mit dem Lineal gezogenen Schachbrettmuster auf. Zunächst gruppierten sich palmstrohgedeckte Hütten rund um den heutigen Parque Martí, in der zweiten Hälfte des 19. Jh. kamen Steinhäuser dazu. Fast alle Gebäude und Installationen wurden wenige Jahre später durch einen Hurrikan verwüstet, trotzdem verlieh man der gebeutelten Stadt 1882 den Titel *ciudad* und damit Stadtrechte.

Im 20. Jh. avancierte Cienfuegos zu einer bedeutenden Hafenstadt und einem wichtigen Industriezentrum. Anfang des Jahrhunderts brachten Zucker, Tabak und das fruchtbare Agrarland einen Reichtum, der sich auch architektonisch niederschlug: Neoklassizistische Prachtbauten wie das Teatro Terry entstanden, elegante Stadtvillen, die Säulengänge des Prado. Man umgab sich mit französischer Lebensart, feinstem Porzellan und edelsten kubanischen Hölzern und holte die Welt in die mittlerweile zur Perle des Südens aufgestiegene Stadt: Caruso und andere Berühmtheiten gaben Konzerte im Teatro Terry.

Der Prozentsatz der Schwarzen war in Cienfuegos wegen der umliegenden Zuckerplanta-

Cienfuegos und Umgebung

gen sehr hoch. Bis zur Revolution 1959 herrschte Rassentrennung – auf dem Prado flanierten die Weißen des Abends auf der einen Seite, die Schwarzen auf der anderen. Schwarze Musiker durften nicht vor weißem Publikum spielen und bei Tanzveranstaltungen trennte ein Seil die Tanzfläche in eine Abteilung für Weiße und eine für Schwarze.

Die Bewegung des 26. Juli (s. S. 58) war auch in Cienfuegos gegenwärtig: Am 5. September 1957 rebellierten 28 Marineoffiziere gegen den Diktator Batista und besetzten mit 150 Kämpfern Fidel Castros die Marinebasis. Doch schon am Mittag des nächsten Tages wurde der Aufstand von Batistas Armee niedergeschlagen, die auf die Unterstützung amerikanischer Bomber zählen durfte. Gegen die Übermacht standen auch die kämpfenden Studenten am Parque Martí auf verlorenem Posten. Es war die erste größere Schlacht der revolutionären Guerilla, die dafür ohne Ausnahme exekutiert wurde.

Orientierung

Die Hauptachse der Stadt bildet der den Champs Elysées nachempfundene **Prado** (Calle 37) und ihr Zentrum der **Parque Martí.** Als eine der Hauptgeschäftsstraßen wurde die **Avenida 54** zwischen Prado und Park zur Fußgängerzone umfunktioniert. Ebenfalls für Autos gesperrt ist der südliche Abschnitt der **Calle 29** vom Parque Martí bis zur Mole. Südlich des Zentrums geht der Prado in den **Malecón** über. Die Uferpromenade endet nach etwa 3 km an der Spitze der Halbinsel im ehemaligen Villenviertel **Punta Gorda.**

Das Zentrum

Halb Cienfuegos trifft sich zum abendlichen Flanieren rund um den prächtigen Musikpavillon am **Parque Martí.** Eine Statue erinnert an den Namensgeber, den kubanischen Nationalhelden José Martí, ein Triumphbogen von 1902 an die Unabhängigkeit Kubas. Dank seines Ensembles gut erhaltener Kolonialbauten gilt der Parque Martí als einer der schönsten Plätze des Landes.

Teatro Terry [1]

Av. 56, Parque Martí, www.azurina.cult.cu
(> Teatro Terry), Besichtigung tgl. 10–18 Uhr,
250/300 CUP ohne/mit Führung, Vorstellungen
ab 110 CUP

Der Parque Martí wird beherrscht vom prachtvollen Gebäude des **Teatro Terry.** Der Zuckermillionär Don Tomás Terry ließ es 1889 zu Ehren seines Vaters bauen und setzte diesem mit einer Statue in der Eingangshalle ein Denkmal. 1895 wurde das Theater mit einer prunkvollen Aufführung der Aida eingeweiht. Die Innenausstattung mit kostbaren kubanischen Edelhölzern und Deckenfresken ist absolut sehenswert, auch wenn sich

Der Kathedrale von Cienfuegos mag es an Gleichgewichtssinn fehlen, nicht aber an Charme

der Besuch nicht mit einer Vorstellung verbinden lässt. Das Programm ist außen angeschlagen oder im Internet nachzulesen.

Catedral de la Purísima Concepción 2
Calle 29, Parque Martí

An der Ostseite des Platzes wurde 1819 mit dem Bau der **Catedral de la Purísima Concepción** begonnen. Fast 50 Jahre dauerte es, bis die Kirche mit ihren zwei unterschiedlich hohen Türmen fertiggestellt war. Einen Blick lohnen die Buntglasfenster, die um 1871 aus Frankreich importiert wurden und die zwölf Apostel zeigen. Freigelegte chinesische Schriftzeichen im Inneren zeugen davon, dass in Cienfuegos einst eine größere chinesische Gemeinde lebte. Die meisten schufteten als Kontraktarbeiter im Hafen und lebten in dem Viertel westlich der Kirche.

Museo Histórico Provincial 3
Av. 54, Parque Martí, Di–Sa 10–17.30, So 10–13 Uhr, 150 CUP

Einen Hauch des Savoir-vivre der feinen Gesellschaft von Cienfuegos lernt man im **Museo Histórico Provincial** kennen, das passenderweise im Gebäude des ehemaligen Casino Español residiert, früher der Treffpunkt eben jener Oberschicht. Zu sehen sind antike Mö-

Cienfuegos

Sehenswert
1. Teatro Terry
2. Catedral de la Purísima Concepción
3. Museo Histórico Provincial
4. Palacio Ferrer
5. Museo Histórico Naval Nacional
6. Cementerio La Reina
7. Palacio del Valle

Übernachten
1. La Unión
2. Palacio Barón & Balbín
3. Casa Bella Perla Marina
4. Casa Auténtica Perla
5. Casa Las Golondrinas
6. Jagua
7. Palacio Azul
8. Angel e Isabel
9. Hostal La Marina

Essen & Trinken
1. Brisas del Mar
2. El Aché
3. Casa Prado
4. Restaurante 40&41
5. Villa Lagarto
6. Club Cienfuegos

Einkaufen
1. Workshop Poco Bonito
2. Galería Maroya
3. El Fundador

Abends & Nachts
1. El Palatino
2. Los Jardines de la UNEAC
3. Centro Cultural Benny Moré
4. Los Pinitos
5. Café Centro Mercantil
6. Cabaret Costa Sur
7. Club El Benny

Aktiv
1. Marina Puertosol Cienfuegos

---

bel, Porzellan, Gemälde und allerhand andere Einrichtungsgegenstände. Eine Ausstellung macht mit der Stadtgeschichte vertraut.

Palacio Ferrer 4
Calle 25, Parque Martí, tgl. 8–19 Uhr, Turmbesteigung zzt. nicht möglich
Der Art-nouveau-Palast an der südwestlichen Seite des Platzes gehörte ursprünglich einem anderen Zuckermillionär der Stadt, Don José Ferrer, und beherbergt heute die **Casa de Cultura Benjamín Duarte.** Vom Turm genießt man schöne Ausblicke über Cienfuegos. Abends finden in der Casa de Cultura häufig Konzerte und andere Veranstaltungen statt.

Museo Histórico Naval Nacional 5
Av. 60, Ecke 21, Di–Sa 10–18, So 10–13 Uhr, 15 CUP
Fünf Blocks nordwestlich vom Parque Martí erreicht man die winzige **Península de Cayo Loco** mit dem **Museo Histórico Naval Nacional,** wo man Exponate aus der Archäologie, der Naturgeschichte, der Seefahrt und der Kunst besichtigen kann. Interessant ist vor allem die Ausstellung über die Marinerevolte gegen Batista, die 1957 in Cienfuegos stattfand.

Cementerio La Reina 6
Av. 50, Ecke 7, tgl. 8–18 Uhr
Die Avenida 48 führt durch die ehemalige Chinatown hindurch und endet im Westen einen Block südlich des **Cementerio La Reina.** Hier liegen viele spanische Soldaten begraben, die im Unabhängigkeitskrieg fielen. Berühmt ist die Marmorstatue der Bella Durmiente (›Die schöne Schläferin‹) auf dem Grab einer jungen Frau, die 1907 an gebrochenem Herzen gestorben sein soll.

Punta Gorda

Vom Stadtzentrum aus führt der Prado (Calle 37) schnurgerade auf die karibisch-charmante Halbinsel **Punta Gorda** mit ihren verwaschenen Holzhäuschen und den ehemals prachtvollen Villen. Die Touristenbusse halten meistens vor dem **Hotel Jagua** 6 , einst ein hoch elegantes Etablissement, in dem die Hautevolee ihre Hochzeiten zu feiern pflegte.

Gegenüber vom Hotel Jagua steht das wohl bizarrste Gebäude von Cienfuegos, eine Art rosafarbene maurische Hochzeitstorte: der **Palacio del Valle** 7 . 1,5 Mio. Dollar gab Don Ciscle del Valle y Blanco 1913 aus, um das ursprünglich ›normale‹ kreolische Landhaus

Cienfuegos und Umgebung

in einen Palast zu verwandeln. Und da Don del Valle Spanier war, wollte er die maurische Pracht der Alhambra an die Bahía de Cienfuegos bringen. Das Ergebnis ist ein kurioses Ensemble mit vielen dekorativen Details. Der Bruder des Diktators Batista kaufte in den 1950er-Jahren den Palast und richtete hier ein ebenso elegantes wie profitables Spielkasino ein. Heute rollen hier keine Roulettekugeln mehr, stattdessen wird in einem Restaurant kreolische Küche serviert. Doch man kann auch einfach so durch das Haus streifen, die kitschige Inneneinrichtung betrachten und den herrlichen Blick von der Dachgartenbar genießen (Calle 37, Ecke 0, tgl. 10–19.30 Uhr).

Noch ein paar Schritte weiter und man befindet sich an der Spitze der Halbinsel. Der kurze Spaziergang dorthin lohnt sich unbedingt, denn hier stehen noch einige schöne alte Holzhäuser und in dem kleinen Park am Ende der Landzunge lässt es sich ganz wunderbar picknicken.

Infos

Infotur: Av. 54 Nr. 2908, zw. 29 und 31, Mo–Sa 9–18 Uhr.
Havanatur: Av. 54 Nr. 2906, zw. 29 und 31, Mo–Fr 8.30–12, 13.30–16.30, Sa 8.30–12 Uhr.
Cubatur: Calle 37 Nr. 5399, zw. 54 und 56, Mo–Sa 8–12, 13–17 Uhr.
Oficina de Reservaciones de Campismo: Calle 37, zw. 54 und 56, Mo–Fr 8.30–12, 13–16, Sa 8.30–12 Uhr.
Banco Financiero Internacional: Av. 54, Ecke 29, Mo–Fr 8–15 Uhr.
Cadeca: Av. 56 Nr. 3314, zw. 33 und 35, Mo–Sa 9–17 Uhr.
Internet: Etecsa, Calle 31, zw. 54 und 56, tgl. 9–17 Uhr.

Übernachten

... im Zentrum:

Neoklassizistisch – **La Unión** 1 : Calle 31, Ecke 54, Tel. 43 55 10 20, www.melia.com. Gepflegtes Hotel aus dem Jahr 1869 mitten in

Sie hat es nicht ganz geschafft, den Kreis zu schließen, der aus der Bahía de Jagua eine Lagune machen würde – immerhin schiebt sich die Punta Gorda weit in die Meeresbucht hinaus

Cienfuegos

Cienfuegos mit schönem Swimmingpool im ruhigen Innenhof (Nicht-Gäste 200 CUP/Tag ohne Verzehr, 600 CUP/Tag mit Verzehr), schönem Restaurant und schöner Dachterrassenbar. 46 Zi., €€–€€€

Sehr zentral – **Palacio Barón & Balbín** 2 (privat): Av. 52 Nr. 2706, zw. 27 und 29, Tel. 53 81 10 09. Der Aufenthalt in diesem sorgfältig renovierten und mit passendem Mobiliar ausgestatteten Stadtpalast aus dem Jahre 1912 ist eine Zeitreise ins vergangene Jahrhundert. Fünf große Zimmer und eine Dachterrasse mit Blick über Stadt und Bucht. €€

Hoch hinaus – **Casa Bella Perla Marina** 3 (privat): Waldo Rodríguez del Rey, Calle 39 Nr. 5818, Ecke 60, Tel. 43 51 89 91, 52 40 61 70, bellaperlamarina@yahoo.es. Zwei unspektakuläre Zimmer im Ergeschoss sowie eine knapp 70 m² große, hochmoderne, chromblitzende Suite im Maisonnettestil. Die hervorragenden Mahlzeiten werden auf der überdachten Terrasse serviert, der absolute Hit ist jedoch Waldos umgesetzter Traum eines Mirador, der architektonisch verwegen auf der doppelstöckigen Suite thront und einen Panoramablick über die gesamte Stadt und die Bucht bietet. Die Casa liegt sehr zentral und wird geführt von Waldo und Amileidis, einem stilvollen und außergewöhnlich hilfsbereiten Ehepaar, das mit aktuellsten Infos über die Stadt und ihre Umgebung dienen kann. €

Waldos zweiter Streich – **Casa Auténtica Perla** 4 (privat): Calle 45 Nr. 5401, zw. 54 und 56, Tel. 43 51 89 91, 52 40 61 70, bella perlamarina@yahoo.es. Der Besitzer der Casa Bella Perla Marina hat einen mutigen Schritt getan und ein ruinöses Kolonialgebäude erstanden, das bislang vier komfortable Zimmer beherbergt, alle auf dem modernsten Stand. Über dem antiken Brunnen im großen Patio wacht ein Engelchen über die Gäste, auf dem riesigen Dach entsteht derzeit eine Terrasse. Sehr ruhige Lage, ca. 200 m vom Víazul-Terminal und gut 300 m von der zentralen Plaza entfernt. €

Im Schwalbenhaus – **Casa Las Golondrinas** 5 (privat): Víctor M. Sosa Rodríguez del Rey, Calle 39 Nr. 5816, zw. 58 und 60, Tel. 43 51 57 88, drvictor61@yahoo.es. Gleich neben der Casa Bella Perla Marina hat Waldo's Bruder sein ›Schwalbenhaus‹ mit prächtiger kolonialer Empfangshalle, drei Zimmern sowie einer großen begrünten Dachterrasse. Die Familie wohnt im Nebenhaus, wo nochmals drei Zimmer zur Verfügung stehen. Überaus liebe und fürsorgliche Gastgeber. €

... in Punta Gorda:

Nicht schön, aber komfortabel – **Jagua** 6 : Calle 37 Nr. 1, zw. 0 und 2, Tel. 43 55 10 03, www.melia.com. Klotziges Hotel in allerbester Lage an der Bucht. Mit Swimmingpool und Diskothek. Derzeit wird renoviert, die Neueröffnung soll voraussichtlich im Januar 2024 erfolgen. €€–€€€

Der blaue Palast – **Palacio Azul** 7 : Calle 37 Nr. 1201, zw. 12 und 14, Tel. 43 55 10 20. Familiäre, sehr charmante Unterkunft mit sieben Zimmern in einer alten Villa am Meer. Vom Türmchen aus bietet sich ein herrlicher Blick auf die Bucht und das Escambray-Gebirge. €€–€€€

Feines Haus am Meer – **Angel e Isabel** 8 (privat): Calle 35 Nr. 24, Tel. 52 68 31 91, angeleisabel2015@gmail.com. Schönes Haus im Kolonialstil mit vier recht schlichten Zimmern, dafür aber mit Meerblick, direktem Zugang zur Lagune, Dachterrasse, Hängematten und Bar. Ideal für alle, die die direkte Nähe zum Wasser lieben. Einziger Nachteil: es werden keine CUP akzeptiert. €€

4 x Meerblick – **Hostal La Marina** 9 (privat): Av. 6 Nr. 3509-A, zw. 35 und 37, Tel. 43 52 45 85, 52 64 70 97, patati@nauta.cu. Matos und Neisy bieten zwei Zimmer im 1. Stock und gleich vier Terrassen mit Blick bis zum Meer – für Romantik und Privatsphäre ist also gesorgt. €

Essen & Trinken
... im Zentrum:

Direkt am Wasser – **Brisas del Mar** 1 (privat): Calle 35 Nr. 4211, zw. 42 und 44, Tel. 43 52 15 96, tgl. 12–24 Uhr. Schönes Sitzen auf einer Terrasse im 1. Stock mit Blick über die Bucht, die Küche ist spezialisiert auf Fisch und Meeresfrüchte, für das Gebotene etwas zu teuer. €€–€€€

Cienfuegos und Umgebung

Umgeben von Pflanzen – **El Aché** 2 (privat): Av. 38 Nr. 4106, zw. 41 und 43, Tel. 43 52 61 73, Mo–Sa 12–22 Uhr. Cienfuegos' ältester Paladar ist noch immer einer der schönsten Orte in der Stadt, um essen zu gehen – umgeben von vielen Pflanzen speist man im überdachten Patio. Die Karte hat wenig Neues zu bieten, doch das Essen ist schmackhaft zubereitet und kommt in großen Portionen auf den Tisch. Auch hervorragende Cocktails, Tipp: der Mulata. €€

Tiefgekühlt – **Casa Prado** 3 (privat): Calle 37 Nr. 4626, zw. 46 und 48, Tel. 52 62 38 58, tgl. 11–22.30 Uhr. In dunklem Rot gehaltenes, edles Privatrestaurant mit mehreren kleinen Räumen, in dem eine Armee von Kellnern eine große Auswahl hervorragender Speisen serviert. Unbedingt einen leichten Pulli mitnehmen! €€

Versteckt – **Restaurante 40&41** 4 (privat): Av. 40, Ecke 41, tgl. 12–24 Uhr. Hinter einer unscheinbaren Tür verbirgt sich dieses kleine Eckrestaurant, das mit einer für kubanische Verhältnisse umfangreichen Speisekarte und leckeren Gerichten zu überzeugen weiß. Auch gute Cocktails. €€

… in Punta Gorda:

Logenplatz am Meer – **Villa Lagarto** 5 (privat): Calle 35 Nr. 4-B, Tel. 43 51 99 66, tgl. 8.30–22 Uhr. Luftiges Restaurant im letzten Haus an der Landspitze von Punta Gorda, den Aperitif kann man auf einem Holzsteg zu sich nehmen. Für das lauschige Setting muss man schon ein paar Federn lassen, auch das Preis-Leistungs-Verhältnis lässt zu wünschen übrig, aber dennoch ein prima Ort für ein romantisches Tête-à-tête. €€–€€€

Kurios – **Palacio del Valle** 7 : Calle 37, zw. 0 und 2, Tel. 43 55 20 03, tgl. 8–21 Uhr. Im Erdgeschoss speist man übertreuerte kreolische Gerichte in maurischem Ambiente zu Pianomusik. Die fantastische Bar auf der Dachterrasse hingegen ist wie geschaffen für einen Drink zum Sonnenuntergang (s. S. 291). Viele Reisegruppen. €€–€€€

Im Jachtklub – **Club Cienfuegos** 6 : Calle 37, zw. 10 und 12, Tel. 43 52 65 10, tgl. 18–23.30 Uhr. In dem eleganten Gebäude direkt am Meer isst man in einem sozialistisch angehauchten, aber deswegen nicht unangenehmen Ambiente. Es gibt den typischen Mix kubanischer Küche und das Preis-Leistungs-Verhältnis ist auch nicht sonderlich gut, aber das schöne Ambiente direkt am Wasser macht einiges wett. €€

Einkaufen

Kunsthandwerk – In der **Calle 29** zwischen dem Parque Martí und der Mole werden jeden Tag Souvenirstände aufgebaut, außerdem befinden sich in diesem Straßenabschnitt viele Galerien. Besonders hervorzuheben ist der **Workshop Poco Bonito** 1 : Calle 29 Nr. 5008, zw. 50 und 52, tgl. 12–21 Uhr (wenn geschlossen, einfach an die Türe klopfen). Unter dieser Adresse befindet sich ein spannendes Künstlerkollektiv, das hier arbeitet, seine Werke ausstellt und natürlich auch verkauft. Osmany Caro beispielsweise kreiert aus Schrottteilen fantasievolle Plastiken aller Größen, die zumeist mit dem Thema Fische und Umwelt zu tun haben – man kann sich gar nicht sattsehen. **Galería Maroya** 2 : Av. 54 Nr. 2506, Parque Martí, Mo–Sa 9–18.30, So 9–13 Uhr. Riesige Auswahl an Gemälden, Pappmascheeobjekten, Schmuck, Batikkleidung etc. **Artex** 1 : im Teatro Terry, Parque Martí, Mo–Sa 9–18, So 9–12 Uhr. CDs, Souvenirs, Instrumente etc.

Zigarren, Rum & mehr – **El Fundador** 3 : Calle 29, Ecke 54, tgl. 9.30–19 Uhr.

Abends & Nachts

Über aktuelle Events informiert die Website www.azurina.cult.cu.

Urige Bar – **El Palatino** 1 : Av. 54, Ecke 27, tgl. 10–22 Uhr. Wunderschöner alter Bartresen und Tische unter den Arkaden am Parque Martí – ein prima Ort für einen Drink und zum Leute beobachten.

Livemusik – **Los Jardines de la UNEAC** 2 : Calle 25, zw. 56 und 54, Parque Martí, tgl. 10–1 Uhr, abends 100 CUP. In dem Patio ist am Wochenende immer *peña* mit traditionellen Livebands. **Centro Cultural Benny Moré** 3 : Av. 56, zw. 25 und 27, tgl. 8–19.30 Uhr. Schönes Patio-Café, am Wochenende regelmäßig kulturelle Veranstaltungen. **Los Pinitos** 4 : Av. 35, Ecke 22, Punta Gorda, Sa, So ab ca. 17 Uhr. Eigentlich ein Spielplatz, doch an den Wochenenden spielen Livebands zum Tänzchen für ein überwiegend älteres Publikum auf. **Café Teatro Terry 1**: rechts neben dem Theater, tgl. 10.30–1 Uhr. Hübscher Patio zum Sitzen mit Blick auf den Platz, fast tgl. ab 17 und 22.30 Uhr Livemusik, abends 100 CUP Eintritt. **Café Centro Mercantil 5**: Calle 31, Ecke 50, Mo–Do 9–21, Fr–So 9–24 Uhr. Gute Drinks und jedes Wochenende Livemusik.

Shows & Disco – **Cabaret Costa Sur 6**: Av. 40, Ecke 35, schon seit Längerem ›vorübergehend‹ kein Kabarett, unregelmäßig Disko. Unprofessionelle, aber klasse Show, danach Open-Air-Disco mit Blick auf die Bucht. Viele Kubaner und entsprechend ausgelassene Stimmung. **Club El Benny 7**: Av. 54, zw. 31 und 29, tgl. 21–2 Uhr, 1200 CUP. Besonders bei jungen Kubanern beliebter Liveklub, der mit seinem Namensgeber herzlich wenig zu tun hat. **Cabaret Guanacoca 6**: im Hotel Jagua, tgl. ab 22 Uhr. Tolles Interieur, hochwertige, auf Touristen zugeschnittene Shows und lange Tanznächte.

Aktiv

Schwimmen – **Club Cienfuegos 6**: s. S. 294, 5 €. Zum Jachtklub gehört ein großer Pool (tgl. 10–17 Uhr). **Hotel La Unión 1**: s. S. 292.

Wassersport, Hochseefischen etc. – **Marina Puertosol Cienfuegos 1**: Calle 35, zw. 6 und 8, Punta Gorda.

Termine

Festival de la Música Popular Cubana Benny Moré: Ende Nov., alle zwei Jahre (2025, …) in Cienfuegos und Santa Isabel de las Lajas. Livekonzerte der besten kubanischen Bands zu Ehren des Musikers (s. S. 297, www.azurina.cult.cu).

Verkehr

Flüge: Aeropuerto Jaime González, Crta. de Conao, 5 km östl., Tel. 43 55 22 67. Verbindungen u. a. nach Havanna und Kanada, bei Redaktionsschluss war der Flugverkehr bis auf Weiteres ausgesetzt.

Züge: Estación de Trenes, Calle 49, Tel. 43 52 54 95. 1 x tgl. nach Santa Clara, Mi, Fr und So nach Sancti Spíritus, 2 x wöchentl. nach Havanna. Kein zuverlässiger Fahrplan, Züge fallen oft aus.

Busse: Terminal de Ómnibus, Calle 49, zw. 56 und 58, Tel. 43 51 57 20. Víazul-Busse 1 x tgl. nach Havanna (16 €), 1 x tgl. nach Playa Girón und Playa Larga, 1 x tgl. nach Trinidad (6 €), 1 x tgl. nach Varadero (12 €), 1 x tgl. nach Santa Clara. Vom Fährterminal in der Av. 46, Ecke 25, fahren mehrmals tgl. Busse zur Playa Rancho Luna (100 CUP). Taxis Colectivos: Jeden Tag morgens Verbindungen u. a. nach Trinidad (15 €) und Havanna (20 €). Buchung über die Unterkunft oder bei Infotur (s. S. 292).

Fähren: Vom Fährterminal, Av. 46, Ecke 25, verkehren Schiffe zum Castillo de Jagua (45 Min.), bei Redaktionsschluss war die Verbindung allerdings ausgesetzt.

Transport innerhalb der Stadt: Taxis können über die Unterkünfte bestellt oder auf der Straße herangewunken werden. Bicitaxis verlangen für eine Fahrt nach Punta Gorda 250 CUP. Zwischen dem Zentrum und Punta Gorda pendeln entlang dem Prado Stadtbusse.

SONNENUNTERGANG MAL CHIC, MAL LEGER

Für einen Drink zum Sonnenuntergang gibt es kaum einen außergewöhnlicheren Ort als die Dachterrassenbar des bizarren **Palacio del Valle** (s. S. 291). Wer es weniger gediegen mag, sollte die Mole am südlichen Ende der Calle 29 aufsuchen. Hier versorgt die **Cafetería Piña Colada** die Kundschaft mit Getränken, die man auch auf einer der Parkbänke direkt am Wasser schlürfen kann – mit Blick auf den Malecón und das abendliche Cienfuegos.

Die Umgebung von Cienfuegos ▶ J 4/5

Castillo de Jagua
Tgl. 9–18 Uhr, 300 CUP
Der zwischen 1738 und 1745 am Westufer der Einfahrt zur Bahía de Cienfuegos erbaute **Castillo de Jagua,** mit korrektem Namen Fortaleza Nuestra Señora de los Ángeles de Jagua, gilt als Wahrzeichen der Stadt. Über mehrere Ebenen angelegt und mit einer Zugbrücke ausgestattet, war dies nach Havanna und Santiago die dritte große Befestigungsanlage des Landes, die Cienfuegos zum Schutz vor Piraten diente. Heute beherbergt sie ein mittelmäßiges Restaurant und ein Museum mit Exponaten zu ihrer Historie, darunter Waffen und Fußeisen. Überaus lohnend ist die 45-minütige Fährfahrt ab Cienfuegos quer über die Bucht ins Fischerdorf **Perché** am Fuß der Festung (s. S. 295). Es fährt auch eine Fähre unterhalb des Hotels Pasacaballo zur Festung (s. S. 298).

Cementerio Tomás Acea
Av. 5 de Septiembre, tgl. 8–18 Uhr
Knapp 4 km östlich des Stadtzentrums auf dem Weg zur Playa Rancho Luna liegt der **Cementerio Tomás Acea,** ein weiterer sehenswerter Friedhof mit neoklassizistischem Pavillon (1926), der nach dem Vorbild des griechischen Parthenon von 65 Dolmen umgeben ist. Unter den vielen interessanten Gräbern befinden sich auch diejenigen der in Cienfuegos getöteten Rebellen und aufständischen Marinesoldaten.

Laguna de Guanaroca
Crta. a Rancho Luna, tgl. 8–16 Uhr,
10 € inkl. Bootsfahrt
Weitere 10 km in Richtung Playa Rancho Luna, erstreckt sich über mehr als 3000 ha die **Área Protegida de Refugio Laguna de Guanaroca-Gavilán,** Kubas zweitbedeutendstes Vogelschutzgebiet mit 190 verschiedenen Arten. Am meisten Aufmerksamkeit zieht die gut 1500 Exemplare umfassende Kolonie an Kubaflamingos (*Phoenicopterus ruber*) auf sich, doch von den Beobachtungsplattformen aus erspäht man auch den Nationalvogel des Landes, den Tocororo (*Priotelus temnurus*) sowie den vom Aussterben bedrohten Kubatodi (*cartacuba*). Weiterhin leben in dem Schutzgebiet sieben Säugetier-, drei Amphibien- und neun Reptilienarten. Sie alle bevölkern das Areal mit Süß- und Salzwasser, in dem auch eine Vielfalt an Flora gedeiht, u. a. Mahagonibäume (*caoba*), Jenipapobäume (*Genipa americana, jagua*) und Rote Mangroven (*Rhizophora mangle*), darunter 70 endemische Arten.

Playa Rancho Luna
Cienfuegos Badewanne ist die **Playa Rancho Luna** gut 17 km südlich der Stadt. Am Strand spenden Palmschirme Schatten, daneben liegt ein hässlicher Betonkomplex mit Restaurants und Cafeterías, aus denen vor allem am Wochenende laute Musik dröhnt. Ein lang gestrecktes Korallenriff vor der Küste in Kombination mit einer Tauchbasis bietet optimale Bedingungen für Unterwasserexpeditionen. Die Playa Rancho gehört definitiv nicht zu den schönsten Stränden des Landes, ist aber für ein paar erholsame Stunden zwischendrin mehr als in Ordnung.

Vor allem auf Kinder übt das **Delfinario** magische Anziehungskraft aus. Über solche Einrichtungen lässt sich trefflich streiten – dieses hier ist bei Reisenden sehr beliebt, weshalb es hier Erwähnung findet. Es ist relativ klein und bietet eine weitgehend natürliche Umgebung. Die Tiere schwimmen nicht in Betonbecken, sondern in einer durch eine Sandbank abgegrenzten Meeresbucht. Wer also unbedingt einmal mit Delfinen schwimmen möchte, dem bietet sich hier eine halbwegs vernünftige und günstige Gelegenheit dazu (Crta. Pasacaballo Km 17, Tel. 43 54 81 20, Do–Di 8.30–15, Shows 10, 14 Uhr, Erw. 75 CUP, Kin. 25 CUP, Schwimmen mit Delfinen 2500 CUP).

Die Straße zieht sich in westlicher Richtung, vorbei an einem Leuchtturm, bis an die Mündung der **Bahía de Jagua.** Auf der gegenüberliegenden Seite wird die Bucht vom gleichnamigen Castillo (s. links) bewacht, zu

Benny Moré – der größte Sonero aller Zeiten

Anfang der 1940er-Jahre stieg ein junger schlaksiger Mulatte in Havanna aus dem Zug, um in der Hauptstadt Karriere zu machen. Er kam aus dem Dörfchen Santa Isabel de las Lajas in der Provinz Las Villas, wo es mehr Flöhe als Menschen gab. Dort war Bartolomé Maximiliano Moré 1919 geboren worden. Den Namen fand er zu umständlich, deshalb taufte er sich um in Benny Moré.

Außer seiner Gitarre hatte Benny Moré kein Gepäck und seine Referenzen waren nicht gerade umwerfend: Die vierte Klasse der Grundschule hatte er abgeschlossen und als Hilfsarbeiter in der Landwirtschaft hatte er ein paar Pesos verdient. Benny Moré nahm seine Gitarre und zog durch die Kneipen, Bars und Restaurants, am liebsten in der Hafengegend. Dann wurde er von Miguel Matamoros entdeckt, der ihn gleich auf eine Tournee nach Mexiko mitnahm. Später drängelten sich die besten Musiker Kubas, um in Benny Morés Banda Gigante zu spielen. Man nannte ihn den »größten Sonero aller Zeiten«, und obwohl Benny Moré mit unzähligen Skandalen in die Schlagzeilen kam, war seine Popularität in Kuba ungebrochen. Kein anderer sang wie er die Sones, Mambos und melodramatischen Boleros, die man nur schreiben und interpretieren kann, wenn das Leben einen nicht mit Samthandschuhen anfasst.

Benny Moré war nicht nur ein fähiger Bandleader, ein charismatischer Sänger und ein Komponist, der mit viel Witz und Charme in der Sprache der einfachen Leute schrieb. Er war musikalisch ein Neuerer, z. B. in seiner Gesangstechnik: Wenn er zum improvisierten Teil der Sones überging, zog er die Melodie so langsam, dass sie einen Gegenrhythmus zum Orchester bildete – eine Technik, die man heutzutage auf jeder guten Salsa-CD hört. Außerdem hat er die Spezialität des *rubateo* entwickelt: Das Tempo der Orchesterbegleitung beschleunigte oder verlangsamte sich, während Benny improvisierte, und wenn beide wieder zusammentrafen, dann natürlich auf Schlag eins des nächsten Taktes – wegen dieser rhythmischen Achterbahnfahrt nannte man ihn auch el *bárbaro del ritmo*. Doch diese trockenen Erklärungen können kaum vermitteln, welches rhythmische und melodische Feuerwerk Benny Moré jedesmal auf der Bühne entfachte, wie er stundenlang auf der Bühne tanzte, den Tänzern die kompliziertesten und schnellsten Schritte vorführte, bei denen seine Beine in den gestreiften Hosen in einem von ihm selbst vorangetriebenen Stakkato auf den Bühnenbrettern trommelten.

Am 19. Februar 1963 starb Benny Moré in Havanna, und die ganze Insel erstarrte in nationaler Trauer, die niemand verordnet hatte. Kaum jemand ging zur Arbeit. Zehntausende Menschen säumten die 200 km lange Eisenbahnlinie zwischen Havanna und Santa Clara, als der Sarg in Benny Morés Heimatdorf Santa Isabel de las Lajas überführt wurde. 24 Stunden lang spielten alle Radiosender ausschließlich seine Lieder. Sein Markenzeichen, den Hut, den jedes Kind kannte, bekam die Musikergewerkschaft als Geschenk. Das alljährliche Internationale Musikfestival im November in Cienfuegos ist dem größten Sonero aller Zeiten gewidmet.

Cienfuegos und Umgebung

dem von einer Mole unterhalb des – nicht empfehlenswerten – Hotels Pasacaballo in unregelmäßigen Abständen Boote hinübertuckern. Der Name des Hotels geht auf eine Stelle im Mündungskanal zurück, an der die Spanier mit ihren Pferden *(caballos)* das Wasser durchqueren, um nicht die ganze Bucht umrunden zu müssen.

Jardín Botánico Soledad
Tgl. 8–16.30 Uhr, 200 CUP

Ca. 14 km südöstlich von Cienfuegos liegt an der Straße nach Trinidad der **Jardín Botánico Soledad,** der reichhaltigste der ganzen Insel. Hier wachsen auf 94 ha knapp 2000 Pflanzenarten aus Lateinamerika, Afrika und Asien, darunter 89 Gummibaum-, 23 Bambus-, 400 Kaktus- und über 300 verschiedene Palmenarten. Begründet wurde der Botanische Garten 1901 von einem Mr. Atkins, der eine große Zuckerfabrik besaß und hier mit der Zucht besonders widerstandsfähiger Sorten experimentierte. 1919 übernahm die Harvard University die Aufsicht über die Anlage, heute wird sie von der Akademie der Wissenschaften betrieben. Da die Wege schlecht ausgeschildert und die Pflanzen kaum beschriftet sind, sollte man den Garten mit einem der mehrsprachigen Führer erkunden.

Salto El Nicho
Tgl. 9–19 Uhr, 10 €

Am Rand der Sierra del Escambray, ca. 45 km östlich von Cienfuegos, findet man den herrlichen **Salto El Nicho.** Die Straße zum Wasserfall über **Crucecitas** kann mit einem normalen Pkw befahren werden, alternativ gibt es ab Cienfuegos organisierte Ausflüge hierher. Wer auf eigene Faust anreist und nur ein Bad nehmen will, kann in den Pool nahe dem Eingang springen und spart so die Eintrittsgebühr. Vor Ort werden Ausritte angeboten, ein Restaurant serviert kreolische Küche. An Wochenenden ist meist ziemlich viel los.

Übernachten
… an der Playa Rancho Luna:
In dem kleinen Ort gibt es etwa zehn Privatunterkünfte.

Gänzlich charmefrei – **Rancho Luna:** Crta. a Rancho Luna Km 16, Tel. 43 54 80 12, www.grancaribehotels.com. Unattraktives, dafür relativ günstiges Resort mit den üblichen Einrichtungen, Disko, viele Wassersportangebote. 225 Zi., €€, all inclusive

All inclusive familiär – **Faro Luna:** Crta. Pasacaballo Km 18, Tel. 43 54 80 30, www.grancaribehotels.com. Überschaubares, einfaches Hotel am Meer, großer Pool, viele Wassersportangebote, Tauchbasis in unmittelbarer Nähe. 48 Zi., €, all inclusive

Grüne Wohlfühloase – **Casa Larabi** (privat): Crta. Pasacaballo Km 18, Tel. 53 92 19 66. An der Zufahrtsstraße zum Hotel Faro Luna liegt rechter Hand diese kleine grüne Oase. Saubere Zimmer mit komfortablen Betten, eine schattige Terrasse mit Meerblick, ein Mangobaum vor der Tür und leckeres Essen mit marrokanischem Einschlag. €

Mit Meerblick – **El Farito** (privat): Crta. Pasacaballo, Tel. 58 11 12 00. Die Gastgeber Normita und Juanchy vermieten hier drei großzügige Zimmer in einem erst kürzlich gebauten, modernen Haus. Die himmlische Dachterrasse bietet Ausblick auf den Leuchtturm und das Meer. €

… an der Straße Richtung Trinidad:
Campismo – **Villa Guajímico:** Crta. a Trinidad Km 42, Cumanayagua, Tel. 43 42 06 46, 42 54 09 47/48, guajimico@enet.cu. 54 gut ausgestattete Cabañas mitten im Grünen, der Campismo ist auf internationalen Tourismus ausgelegt. Mit eigenem kleinen Strand, Pool, Restaurant, Laden und Tauchbasis. €–€€, inkl. Frühstück

Einfach, aber gemütlich – **Villa Yaguanabo:** Crta. a Trinidad Km 55, Tel. 42 54 19 05, www.islazulhotels.com. Nett gestaltete Bungalowanlage an einem kleinen Sandstrand zwischen Cienfuegos und Trinidad. Zweckmäßige Zimmer, Restaurant, Bar, sehr ruhig. 56 Zi., €–€€, inkl. Frühstück

Aktiv
Tauchen – **Centro Internacional de Buceo Faro Luna:** im Hotel Club Amigo Faro Luna. Tauchgänge an über 40 verschiedenen Spots, auch Wrack- und Höhlentauchen.

Trinidad und die Provinz Sancti Spíritus

Wie ein lebendiges Freilichtmuseum wirkt der historische Kern von Trinidad, das Juwel unter den kubanischen Kleinstädten und eine der Hauptattraktionen des Landes. Der immense Reichtum wurde von Sklaven auf den Zuckerplantagen des Valle de los Ingenios erarbeitet, eines der lohnendsten Ziele in der Umgebung, ebenso wie die Sierra del Escambray und die Provinzhauptstadt Sancti Spíritus.

 Trinidad ▶ K 5

Cityplan: S. 303
In **Trinidad** (etwa 78 00 Einwohner) wandelt man auf den Spuren der Zuckeraristokraten, deren Vermögen eine Bilderbuchstadt entstehen ließ, wie es sie in Kuba kein zweites Mal gibt. Bonbonfarbene Kolonialhäuser mit kunstvoll geschmiedeten Fenstergittern säumen die groben Pflastersteingassen, durch die mal ein Cowboy auf dem Pferderücken effektvoll seine Runden dreht, mal ein Trinitario dekorativ einen verzierten Vogelbauer spazieren trägt. Die UNESCO erklärte Trinidad zum Welterbe, denn neben der Altstadt von Havanna besitzt die Stadt das größte zusammenhängende Ensemble kolonialer Bauwerke in Kuba. Für Fotografen gibt es hier kein Halten mehr, besonders im weichen Morgen- und Abendlicht, wenn sich die Gassen rund um die Plaza Mayor in ein pastellfarbenes Gemälde verwandeln.

Geschichte

Gegründet wurde Trinidad 1514 von Diego Velázquez, dem ersten spanischen Gouverneur der Insel. Die Gründungsmesse las Pater Bartolomé de Las Casas, der später als Fürsprecher indigener Völker bekannt wurde. Die Spanier interessierten sich für diese Gegend, weil in den kleinen Flüssen, die dort ins Meer münden, Goldfunde auftauchten. Der Goldrausch währte jedoch nur kurz, denn die Vorkommen waren minimal und im Vergleich zu den Goldschätzen von Mexiko die Mühe nicht wert. Also machten sich viele Siedler mit Hernán Cortés vom nahen Hafen Casilda aus nach Mexiko auf.

Im 16. und 17. Jh. lebte Trinidad ziemlich ungestört und wohlhabend vom Schmuggel. 1704 plünderte der jamaikanische Pirat Charles Gant die Stadt. Die Antwort der Trinitarios bestand im Aufbau einer eigenen Seeräuberflotte unter der Führung berühmt gewordener Piraten wie Inocentes, Nepomuceno und Armenteros.

Etwa seit Mitte des 18. Jh. erlebte Trinidad durch Sklavenhandel, Zuckerrohranbau und Zuckerhandel sowie Viehwirtschaft eine Blütezeit, die es zum wichtigsten Kultur- und Handelszentrum von ganz Kuba machte. Es entstanden zahlreiche Prachtbauten, ein koloniales Kleinod, das u. a. aufgrund seiner abgeschiedenen Lage zwischen der Sierra del Escambray und dem Karibischem Meer erhalten geblieben ist.

Doch schon zu Beginn des 19. Jh. verlor die Stadt ihre überregionale Bedeutung, vor allem, weil sich der Hafen des benachbarten Cienfuegos als strategisch günstiger erwies. Der Unabhängigkeitskrieg mit seinen Verwüstungen und die Befreiung der Sklaven brach-

Trinidad und die Provinz Sancti Spíritus

ten die Wirtschaft Trinidads schließlich zum Erliegen: Fast alle Zuckerfabriken wurden im Krieg niedergebrannt.

Zu Beginn des 20. Jh. hielten Armut und Elend Einzug in Trinidad, ehe man in den 1950er-Jahren seine historische Bedeutung erkannte und die gesamte Stadt zum Kulturdenkmal ernannt wurde. Die eigentlichen Restaurierungen begannen nach der Revolution in den 1960er-Jahren. Heute lebt das einst so beschauliche Trinidad in erster Linie vom Tourismus, was vielleicht der Atmosphäre, doch keinesfalls seiner kolonialen Pracht geschadet hat.

Sehenswertes

Der historische Kern von Trinidad mit den hellbunt gestrichenen Häusern und dem wuchtigen Kopfsteinpflaster erstreckt sich im etwas höher gelegenen nördlichen Teil der Stadt, der für den Autoverkehr gesperrt ist. An vielen Straßen fallen in den Boden eingelassene Kanonenrohre auf – sie kamen als Schiffsballast aus Neuengland und sollten Fußgänger und Gebäude vor den schweren Kutschen der Zuckeraristokraten schützen.

Bei einem Bummel durch die Straßen rund um die Plaza Mayor kann man viele architektonische Details der kolonialen Lebensweise beobachten. Berühmt sind die hohen Fenster mit ihren kunstvoll gedrechselten Holzgittern, die im 19. Jh. von fantasievoll geschmiedeten Eisengittern abgelöst wurden. Diese *rejas* haben weniger die Funktion, das Leben im Inneren des Hauses von der Straße abzuschirmen, als im Gegenteil das Leben auf der Straße mit dem im Haus zu verbinden. Dass die Trinitarios schon immer sehr gesellig waren, sieht man auch an den Luken, die in die hohen, schweren Holztüren eingearbeitet wurden: Sie sind leichter zu öffnen als die ganze Tür und bieten Gelegenheit für ein kurzes Schwätzchen.

Dreh- und Angelpunkt des historischen Kerns ist die **Plaza Mayor,** der mit Abstand eleganteste koloniale Platz ganz Kubas, um den sich die Stadtresidenzen der reichsten Fa-

Hüte flechten ist nur eine der Möglichkeiten, die Kubaner nutzen, um ihr mageres Einkommen aufzubessern – in Trinidad sieht man solche ›fliegenden‹ Verkaufsflächen an allen Ecken

milien Trinidads gruppieren: der Iznagas, der Ortíz und der Brunets. Heute sind ihre Paläste in Museen umgewandelt.

Von der Plaza Mayor ziehen sich die Gassen in alle Richtungen, ein Großteil der Gebäude erstrahlt im Glanz neuer Renovierungen. Viele Hauseigentümer investieren ihre Einnahmen aus dem Tourismus in die Erhaltung und den Ausbau ihrer Besitztümer, was nicht nur den Besuchern, sondern auch der Regierung zugute kommt – Trinidads Altstadtkern wird immer hübscher, ohne dass man dafür großartig ins Staatssäckel greifen müsste.

Trinidads zweiter großer Platz, der **Parque Céspedes,** macht einen wesentlich alltäglicheren Eindruck und wird vor allem von Einheimischen frequentiert, die die WLAN-Verbindung nutzen. Drumherum findet man die großen Hotels, eine Etecsa-Filiale und Geschäfte mit Waren des täglichen Bedarfs.

Museo Romántico 1

Plaza Mayor, Di–Sa 9–16, So 9–13 Uhr, 120 CUP
Das gelbe Gebäude an der Nordwestseite des Platzes ist das **Museo Romántico** bzw. der **Palacio Brunet,** benannt nach seinem einstigen Besitzer Nicolás Brunet y Muñoz. 1740 wurde das Haus zunächst aus Holz erbaut und mit Palmblättern abgedeckt. Später erhielt es ein festes Mauerwerk und Dachziegel. Die starke Krümmung der Ziegel erklärt sich angeblich dadurch, dass sie von Sklaven auf den Oberschenkeln geformt wurden. Im Museum ist eine kostbare Sammlung von Mobiliar, Gläsern und Hausgerät aus dem 19. Jh. zu sehen, die aus allen Teilen der Insel zusammengetragen wurde. Von der zweiten Etage hat man einen weiten Blick über die Stadt.

Iglesia Santísima Trinidad 2

Plaza Mayor, tgl. 9.30–13, Messe Mo–Fr 9, Sa 16, So 10 Uhr
Auf der anderen Straßenseite erhebt sich die **Iglesia Santísima Trinidad** (1884–92). Ihre besondere Attraktion ist der Cristo de Veracruz, eine Christusfigur, die eigentlich für die Stadt Veracruz in Mexiko bestimmt war. Aus Spanien kommend hatte der Christus Trinidad heil erreicht, doch die Weiterfahrt nach Veracruz gestaltete sich schwierig: Dreimal lief das Schiff mit der Holzfigur an Bord aus dem Hafen Casilda aus, dreimal schlugen Wirbelstürme das Schiff zurück, und man gelangte zu der Überzeugung, dass dies ein göttlicher Fingerzeig sei, den Christus in Trinidad zu lassen.

Museo de la Arquitectura Colonial 3

Plaza Mayor, Sa–Do und an jedem ungeraden So 9–16.45 Uhr, 100 CUP
Ein anderer Wirbelsturm sorgte dafür, dass das **Museo de la Arquitectura Colonial** in der **Casa Sánchez Iznaga** an der Ostseite des Platzes seines mächtigen, über 200 Jahre alten Mangobaumes im Patio beraubt wurde. Glücklicherweise blieben das Museum und seine Exponate unbeschädigt, sodass man sich hier einen interessanten Überblick über die Wohnarchitektur des 18. und 19. Jh. verschaffen kann. Zu den Ausstellungsstücken gehören einige besonders schöne Fenstergitter sowie eine Kapellenbrause aus dem 19. Jh., die aussieht wie ein übergroßer Vogelkäfig.

Galería de Arte Universal Benito Ortíz 4

Plaza Mayor, Mo–Sa 9–16 Uhr, Eintritt frei
An der Südseite der Plaza liegt die elegante **Casa Ortíz,** die zwischen 1800 und 1809 für den Zuckerbaron Don José Rafael Ortíz erbaut wurde. Die hier beheimatete Galerie zeigt Werke vornehmlich regionaler Künstler, die auch erworben werden können.

Museo de Arqueología Guamuhaya 5

Plaza Mayor, Di–So 9–16 Uhr, 80 CUP
Das letzte Museum an der Plaza Mayor, das **Museo de Arqueología Guamuhaya** im **Palacio Padrón** an der Westseite, zeigt Funde aus präkolumbischer und präkeramischer Zeit. Hier wird außerdem ein mehr als 2000 Jahre altes Grab aus den Bergen samt Felszeichnungen und einem Schädel aufbewahrt. Die Fußketten der Sklaven – und die Zahnbürsten der Kolonisatoren – demons-

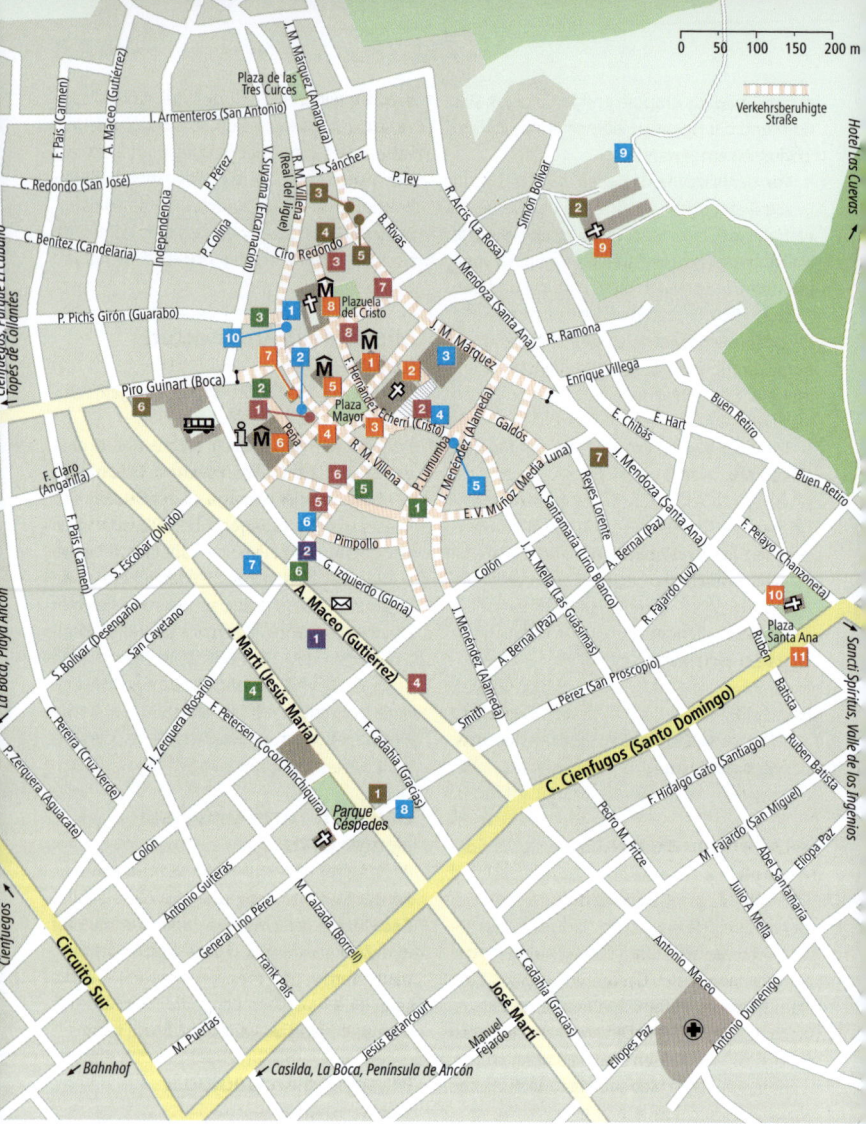

trieren anschaulich den oft mühseligen Alltag vergangener Jahrhunderte.

Museo Histórico Municipal 6

Calle S. Bolívar 423, Ecke Peña, Sa–Do 9–16.30 Uhr, 120 CUP inkl. Turm
Südlich der Plaza Mayor wurde im Palast des Zuckermagnaten Cantero das **Museo Histórico Municipal** (›Stadtmuseum‹) untergebracht. Cantero war nicht nur reich und gebildet, sondern auch äußerst fantasievoll: In seinem marmorgetäfelten Bad spendete ein Engelchen Gin, ein anderes Eau de Toilette. Heute ist in den Räumen um den großen Patio die Geschichte Trinidads seit 1514 dargestellt. Eine Wendeltreppe führt zu einem Ausguck hinauf, der einen Rundblick über die ganze Stadt bis hin zum Meer eröffnet.

Trinidad

Sehenswert
1. Museo Romántico
2. Iglesia Santísima Trinidad
3. Museo de la Arquitectura Colonial
4. Galería de Arte Universal Benito Ortíz
5. Museo de Arqueología Guamuhaya
6. Museo Histórico Municipal
7. Casa-Templo de Santería Yemayá
8. Museo de la Lucha Contra Bandidos
9. Ermita de Nuestra Señora de la Candelaria de la Popa
10. Iglesia de Santa Ana
11. Cárcel Real

Übernachten
1. Iberostar Grand Hotel Trinidad
2. Mystique Trinidad
3. Hostal Lili
4. Casa Amigos del Mundo
5. Casa Laura y Ruben
6. Casa Marisela y Gustavo Cañedo
7. Hostal Perla Negra

Essen & Trinken
1. Sol Ananda
2. Los Conspiradores
3. Café El Mago
4. San José
5. La Esquina 373
6. Giroud
7. Taberna La Botija
8. Café Don Pepe

Einkaufen
1 – 3 Kunsthandwerksmärkte
4. Galería Comercial Universo

Abends & Nachts
1. Taberna Canchánchara
2. La Parranda
3. Casa de la Música
4. Palenque de los Congos Reales
5. Casa de la Trova
6. Jazz Café Trinidad
7. Casa de la Cerveza
8. Complejo Cultural Casa Artex
9. Ayala
10. La Bodeguita del Medio

Aktiv
1. Rent a Bici
2. Escuela de Baile Aché Okan

Casa-Templo de Santería Yemayá 7
Calle R. M. Villena 59, zw. S. Bolívar und Piro Guinart

Einblick in die afrokubanische Glaubensweise erhält man in der **Casa-Templo de Santería Yemayá,** einem Santería-Tempel mit verschiedenen Altären. Die anwesenden Santeros geben auf Wunsch eine *consulta,* d. h. sie weissagen mit verschiedenen Techniken nicht nur die Zukunft, sondern analysieren vor allem die Gegenwart (wenn sie seriös sind). Hier feiert man den Tag der Meeresgöttin Yemayá am 19. März mit einem Trommelfest. Das Gebäude ist fast durchgehend geöffnet, um eine Spende wird gebeten.

Museo de la Lucha Contra Bandidos 8
Calle F. H. Echerrí 67-A, Ecke Piro Guinart, Di–So 9–16.45 Uhr, 50 CUP

Die postrevolutionären Kämpfe im Land und besonders in der Sierra del Escambray, wo sich zwischen 1959 und 1965 bewaffnete konterrevolutionäre Gruppen *(bandidos)* aufhielten, werden im **Museo de la Lucha Contra Bandidos** dokumentiert. Allein das Gebäude lohnt einen Blick: Das Museum ist im ehemaligen **Convento de San Francisco de Asís** untergebracht, das 1730 erbaut, 1926 abgerissen und 1930 nach altem Vorbild neu errichtet wurde. Original erhalten blieb allein der Glockenturm, heute eines der Wahrzeichen und meistfotografierten Bauwerke der Stadt.

Ermita de Nuestra Señora de la Candelaria de la Popa 9
Fünf Blocks bergauf von der Plaza Mayor führen die Stufen der ›Straße der Ernüchterung‹ (Calle del Desengaño), unter denen einmal ein Friedhof lag, zur Ruine der ältes-

Trinidad und die Provinz Sancti Spíritus

Sinfonie in Gelb und Türkis: Die Plaza Mayor, der wohl schönste Platz des Landes, wird Sie unzählige Male auf den Kameraauslöser drücken lassen – genügend Speicherchips mitnehmen!

ten Kirche Trinidads hinauf, der **Ermita de Nuestra Señora de la Candelaria de la Popa.** Leider ist die Kirche derzeit von einem hässlichen Metallzaun umgeben. Der Aufstieg lohnt dennoch, denn auch hier wird man mit einem weiten Panoramablick bis zum Meer belohnt.

Plaza de Santa Ana

Am nordöstlichen Altstadtrand lohnt die **Plaza de Santa Ana** einen Abstecher. Hier trotzt die ruinöse **Iglesia de Santa Ana** 10 aus dem Jahr 1812 ihrem endgültigen Niedergang, denn ob die nur aus einer Fassade und den Seitenwänden bestehende Kiche jemals

Trinidad

trums ein paar Momente lang zu entfliehen. Das Riesengebäude an der Ostseite ist das **Cárcel Real** 11, ein ehemaliges Gefängnis, das nun eine Pizzeria und ein Brauerei-Restaurant (mit leider unsäglich lauter Musik) beherbergt (tgl. 12–24 Uhr).

Infos

Infotur: Calle Gustavo Izquierdo 101, zw. S. Bolivar und Piro Guinart, Mo–Sa 8.30–17 Uhr.
Cubatur: Calle A. Maceo 447, Ecke F. J. Zerquera, tgl. 8.30–19 Uhr.
Havanatur: Calle L. Pérez 368, zw. F. Cadahía und J. Martí, Di–Fr 8.30–12.30, 13.30–17.30, Sa 8.30–12.30 Uhr.
Gaviotatur: Calle A. Maceo, Ecke F. J. Zerquera, gegenüber von Cubatur, tgl. 9–18 Uhr.
Cubanacán: Calle José Martí 279, tgl. 10–12, 15–18.20 Uhr.
Paradiso: Calle L. Pérez 306, zw. J. Martí und F. Cadahía, tgl. 9–18 Uhr.
Banco Financiero Internacional: Calle J. Martí, Ecke C. Cienfuegos, Mo–Fr 8–15 Uhr.
Cadeca: Calle J. Martí 166, zw. L. Pérez und C. Cienfuegos.
Internet: Etecsa, Calle L. Pérez 272, Parque Céspedes, Mo–Sa 8–18 Uhr.

Übernachten

… in Trinidad:

In Trinidad gibt es außerordentlich viele und vor allem sehr aparte Privatquartiere, sodass man nicht auf die teuren Hotels angewiesen ist. Aufgrund der hohen Zahl an Privatrestaurants versuchen einige Vermieter, ihren Gästen eine Vollpension aufzuzwingen – darauf sollte man prinzipiell nicht eingehen.

Für höchste Ansprüche – **Iberostar Grand Hotel Trinidad** 1 **:** Calle J. Martí, Ecke L. Pérez, Parque Céspedes, Tel. 41 99 60 73–75, www.iberostar.com. Fünf Sterne hinter einer Kolonialfassade, alle Zimmer mit Balkon oder Terrasse, toller Service und viel Charme. Nur für Gäste ab 15 Jahren. 37 Zi., €€€

Mit Ausblick – **Mystique Trinidad** 2 **:** Calle del Desengaño, Tel. 41 90 40 00, www.mystiqueresorts.com. Das neue Luxushotel der Royalton-Gruppe befindet sich direkt neben der Ermita de Nuestra Señora de la Candela-

wieder aufgebaut werden wird, steht in den Sternen. Allerdings stellt das Gebäude mit dem weiten, kopfsteingepflasterten Platz davor ein schönes Fotomotiv dar.

Die Plaza de Santa Ana selbst ist wie geschaffen, um sich auf eine der schattigen Bänke zu setzen und dem Trubel des Zen-

Trinidad und die Provinz Sancti Spíritus

ria de la Popa (s. S. 303) und bietet neben Komfort und tollem Service eine wunderschöne Aussicht auf Stadt, Berge und das Meer. €€€

Mit Hängematten – **Hostal Lili** 3 (privat): Calle J. M. Márquez 108, zw. Ciro Redondo und S. Sánchez, Tel. 41 99 44 44, 52 71 15 20, www.hostal-lili.com. Vier Zimmer, eines mit eigener kleiner Terrasse und Hängematte, in einer ruhigen Ecke des historischen Zentrums. Innenhof und drei Terrassen inkl. Liegestühlen. €

Stilsicher & niveauvoll – **Casa Amigos del Mundo** 4 (privat): Elena María Pérez Hernández, Calle Ciro Redondo 269, zw. R. M. Villena und J. M. Márquez, Tel. 41 99 47 80, 53 59 22 06, mariaelenatrinidad@yahoo.com. Zwei geräumige, zum kleinen Innenhof ausgerichtete Zimmer in einem Kolonialhaus, das mit außergewöhnlich viel Geschmack renoviert wurde. Von einer der beiden Dachterrassen bietet sich ein Blick über das Ziegeldach- bis zum wahrhaftigen Meer. Die Gastgeberin ist ausgebildete Finanzbuchhalterin und versteht ein wenig Deutsch. Jeder Gast erhält als Willkommensdrink einen Canchánchara, den traditionellen Cocktail Trinidads, auf der Dachterrasse. Darüber hinaus bereitet Elena auf Wunsch köstliche Gerichte zu (auch vegetarisch/vegan). Ein Traum! €

Sinfonie in Blau-Gelb – **Casa Laura y Ruben** 5 (privat): Calle Ciro Redondo 279, zw. J. M. Márquez und B. Rivas, Tel. 41 99 63 37, 52 77 54 45. Es bleibt einem nicht verborgen, dass diese Unterkunft im Besitz eines Architektenehepaars ist. Unbedingt eines der beiden Zimmer im 1. Stock buchen, das schönere hat einen kleinen Privatbalkon und vom Bett aus sieht man die Berge. 4 Zi., €

Oase im Zentrum – **Casa Marisela y Gustavo Cañedo** 6 (privat): Calle Piro Guinart 216, zw. Maceo und Izquierdo, Tel. 41 99 66 16, 52 64 13 82, gustavo2@nauta.cu. Die Gastgeber Marisela und Gustavo vermieten fünf große Zimmer in einem wunderschönen Kolonialhaus, ausgestattet mit antikem Mobiliar und einem riesigen begrünten Innenhof. €

Stilvoll – **Hostal Perla Negra** 7 (privat): Calle Santa Ana 579, Tel. 54 12 78 67, 58 66 04 07, hostalperlanegratrinidad@gmail.com. Zwei geräumige Zimmer, eine riesige Küche, ein Salon voller Schaukelstühle und Decken bis zum Himmel. Was will man mehr? Ach ja, die gemütliche Dachterrasse gibt es natürlich auch noch on top. €

Essen & Trinken

Speisen im Schlafzimmer – **Sol Ananda** 1 (privat): Calle R. M. Villena 45, Plaza Mayor, Tel. 41 99 82 81, tgl. 12–24 Uhr. Im Haus eines ehemaligen Bürgermeisters von Trinidad, Don Martín de Oliveira, hat der Restaurantbesitzer und Architekt Lázaro Morgado Orellana eine so detailverliebte Renovierung durchgeführt, dass er dafür mit einem französischen Preis ausgezeichnet wurde. Es gibt so viel zu schauen, dass man darüber beinahe das Essen vergisst, das einen leichten indischen Einschlag hat und ebenfalls über jeden Zweifel erhaben ist. Das Lokal verteilt sich auf mehrere Räume, die ihrem ursprünglichen Nutzen entsprechend eingerichtet sind, wobei auch das Schlafzimmer nicht ausgespart wurde. €€

Die Verschwörer – **Los Conspiradores** 2 (privat): Calle Christo 38, Tel. 50 46 79 30, tgl. 10–22 Uhr. Für kubanische Verhältnisse recht teuer, man bezahlt die Lage mit. Dafür ist das Essen abwechslungsreich und man kann auf dem kleinen Balkon im 1. Stock mit wunderschönem Blick auf die Plaza Mayor essen. €€

Alternativ – **Café El Mago** 3 (privat): Calle Ciro Redondo 266, Tel. 53 37 68 69, tgl. 10–23, Fr, Sa 10–24 Uhr. Kleines, gemütliches Café mit alternativ-kreativem Touch; große Auswahl an Kaffeespezialitäten am Morgen und große Auswahl an Cocktails am Abend. Für Gäste liegen ein paar Brettspiele bereit, abends legen oft DJs auf. €€

Warten lohnt – **San José** 4 (privat): Calle Maceo 382, zw. Colón und Smith, Tel. 41 99 47 02, tgl. 11–24 Uhr. Ein schickes Restaurant mit gutem Essen (u. a. knusprige Pizzen). Sehr gemütlich sitzt es sich auch auf der Terrasse im 1. Stock. Auch gute Cocktails. €€

Mit Dachterrasse – **La Esquina 373** 5 (privat): Calle F. J. Zerquera, Ecke E. V. Muñoz, tgl. 9–24 Uhr. Ein großes Restaurant mit für diese Kategorie typischen, lecker zubereiteten Gerichten (u. a. Fisch, Pizza) und guten Drinks.

TRINIDADS MUSIKSZENE – EINE ABENDLICHE KNEIPENTOUR

Tour-Infos
Start: Taberna Canchánchara
Ende: Las Ruinas de Sagarte

Dauer: Je nach Durchhaltevermögen vom frühen Abend bis open end …
Karte: s. S. 303

Trinidad hat ein lebendiges Nachtleben. Die meisten Lokalitäten liegen nur einen Katzensprung voneinander entfernt rund um die Plaza Mayor, sodass einer Kneipentour zu Fuß nichts im Wege steht.

Beginnen sollte man mit der **Taberna Canchánchara** 1, weil der hier ausgeschenkte Spezialdrink aus Schnaps, Limonensaft, Bienenhonig und Eis einen perfekten Auftakt für den Abend bildet. Kenner gehen so weit zu sagen, dass nicht wirklich in Trinidad war, wer *canchánchara* nicht probiert hat – schließlich gibt es diesen Cocktail seit Beginn des Unabhängigkeitskrieges 1895 und erfunden haben soll ihn kein anderer als der Freiheitskämpfer Antonio Maceo. Ab 15 Uhr kann man hier auch Livebands lauschen (Calle R. M. Villena, Ecke P. Pichs Girón, tgl. 9–24 Uhr).

Um für den weiteren Abend gerüstet zu sein, empfiehlt sich gleichfalls in der Calle R. M. Villena das Restaurant **La Parranda** 2, eines der urigeren Etablissements in Trinidad. Der große malerische Innenhof, der mit seinen Ackergeräten, gackernden Hühnern und rustikalen Holztischen eher an einen Landgasthof denken lässt, dient als Kulisse für Showeinlagen und Bands im Stil des Buena Vista Social Club (tgl. 11–23 Uhr, €€).

Jetzt aber auf ins Nachtleben. Einer der stimmungsvollsten Orte des Landes, um bei einem Drink kubanischen Klängen zu lauschen, ist ganz sicherlich die **Casa de la Música** 3. Auf der breiten Steintreppe neben der Pfarrkirche an der Plaza Mayor wird fast jeden Abend Musik gemacht – hier trifft sich halb Trinidad und die ganze Touristengemeinde (tgl. 10–24 Uhr, Livemusik ab 21 Uhr, dann ab 100 CUP).

Nur wenige Häuser weiter dringen aus dem **Palenque de los Congos Reales** 4 allabendlich gegen 22 Uhr afrokubanische Rhythmen, effektvoll in Szene gesetzt vom Conjunto Folclórico de Trinidad, einer professionellen Tanztruppe. Zu anderen Zeiten wird auch hier viel Salsa gespielt (Calle Echerrí, tgl. 10–24 Uhr, tagsüber frei, abends 50 CUP, Monatsprogramm außen angeschlagen).

Schräg gegenüber befindet sich die **Casa de la Trova** 5, in der routinierte *trovadores* allabendlich ab 21 Uhr ihr Programm zum Besten geben (Calle Echerrí 29, Ecke J. Menéndez, tgl. 10–24 Uhr, tagsüber kostenlos, abends 50 CUP).

Wie wäre es zum Abschluss noch mit einem guten Mojito bei ebenso guter Jazzmusik? Das **Jazz Café Trinidad** 6 bietet beides (Calle F. J. Zerquera 361, zw. C. Gloria und C. Media Luna, www.jazzcafetrinidad.com, tgl. 12–24 Uhr).

Abends gibt es die für Trinidad obligatorische Livemusik. Von der oberen der beiden Dachterrassen blickt man über die ganze Stadt bis zum Meer. €€

Cooler Touch – **Giroud** 6 (privat): Calle F. J. Zerquera, Ecke E. V. Muñoz, tgl. 10–23 Uhr. Zum Wohlfühlen, egal ob auf einen Drink oder zum Essen. Das Lokal ist leger mit viel Holz eingerichtet, als Hocker dienen Weinkisten. Der Hunger wird gestillt mit Pizzas und täglich wechselnden Gerichten. Schön sitzt man auch auf der offenen Terrasse im hinteren Teil des Gebäudes (separater Eingang um die Ecke). €€

Rustikal – **Taberna La Botija** 7 (privat): Calle J. M. Márquez, Ecke Piro Guinart, tgl. 12–22 Uhr. Schwere Holzbänke und -tische, Fässer als Barstühle, Tonbecher statt Gläser, Sklavenketten an den Wänden – in der Taverne ›Zum Krug‹ geht's lässig zu. Die Spezialität sind Spieße *(brochetas)* mit Fleisch oder Fisch, Tipp: Spaghetti mit Hummer. €€

Grün, kühl, schattig – **Café Don Pepe** 8 (privat): Calle Piro Guinart, Ecke F. Hernández Echerrí, tgl. 8–24 Uhr. Lauschiges Café in einer dachlosen Ruine. Zum Essen gibt's nur Kleinigkeiten wie Sandwiches, Kuchen etc., dafür eine Myriade von Kaffeevariationen und leckere Säfte. €

Einkaufen

Kunsthandwerk – Lokal gefertigte Produkte und andere Souvenirs werden in praktisch jedem zweiten Hauseingang sowie auf mehreren **Kunsthandwerksmärkten** 1 – 3 verkauft, u. a. zwei Blocks südöstlich der Plaza Mayor an der Ecke P. Lumumba und E. Valdés Muñoz, im Callejón de Peña sowie in der Calle P. Pichs Girón. **Galería Comercial Universo** 4 : Calle José Martí 279, tgl. 9–19 Uhr.

Kunst – **Casa de Cultura Julio Cuevas** 5 : Calle F. J. Zerquera, zw. R. M. Villena und E. Valdés Muñoz, tgl. 8.30–20 Uhr. Kleine Galerie mit bezahlbaren Gemälden auch kleinerer Formate, oft sind die Künstler anwesend.

Musik – **Tienda Egrem** 3 : in der Casa de la Música, s. S. 307, tgl. 10–20 Uhr. CDs und mehr.

Zigarren – **Casa del Tabaco** 6 : Calle A. Maceo, Ecke F. J. Zerquera, tgl. 9–19 Uhr.

Abends & Nachts

Livemusik – 1 – 6 s. S. 307

Trinken, trinken, trinken – **Casa de la Cerveza** 7 : Calle Maceo 461, zw. S. Bolívar und F. J. Zerquera, tgl. 15–24 Uhr. Rustikale Trinkkneipe in Ruinenambiente, abends Musik aus der Dose, viel Reggaetón.

Buntes Programm – **Complejo Cultural Casa Artex** 8 : Calle L. Pérez 312, zw. J. Martí und F. Cadahía, tgl. 10–24 Uhr. **La Botija** 7 : s. links, tgl. 22–2 Uhr. Unterhalb des Restaurants Taberna La Botija. Disko-Bar, die bei Einheimischen sehr beliebt ist.

Disco – **Ayala** 9 : beim Motel Las Cuevas, tgl. 23–3 Uhr, 350 CUP inkl. 1 Getränk. Kuriose Location in einer großen Höhle mit mehreren Tanzflächen.

Plagiat – **La Bodeguita del Medio** 10 : Calle R. M. Villena, zw. Piro Guinart und Ciro Redondo, tgl. 12–23.30 Uhr. Wie im Original in Havanna zieren auch hier Sprüche die Wände. Nettes Sitzen im Patio, weniger empfehlenswert zum Essen als auf einen Drink.

Aktiv

Radverleih – **Rent a Bici** 1 : Calle Maceo 433, zw. F. J. Zerquera und Colón, Tel. 58 25 53 86, 52 99 33 18. Ordentliche Mountainbikes für 8 €/Tag. Eine schöne Rundtour führt nach La Boca, zur Playa Ancón und über Casilda zurück nach Trinidad (ca. 25 km).

Reiten – Ziel fast aller von den Reisebüros angebotenen Touren ist der Parque El Cubano (s. S. 309, 4 Std. um 20 €).

Ausflüge – Sehr schön ist der von allen Reiseagenturen angebotene Tagestrip auf einem Katamaran zum Cayo Iguana (50 €/Pers. inkl. Schnorcheln und Mittagessen).

Tanz- und Trommelkurse – **Casa de la Música** 3 : s. S. 307. **Complejo Cultural Casa Artex** 8 : s. S. 308. **Escuela de Baile Aché Okan** 2 : Calle F. J. Zerquera 352, Tel. 53 11 04 94, 55 22 34 65. Salsa, Son, Rumba und sogar Franco Haitiano. 10 €/Std.

Termine

Semana de la Cultura Trinitaria: 1. Januarhälfte. Bei dem Kulturfestival wird das ganze Zentrum zur Bühne.

Die Umgebung von Trinidad

Treffpunkt für Touristen und Einheimische gleichermaßen: die Freitreppe der Casa de la Música

Fiesta de San Juan (hl. Johannes): 24. Juni. Straßenkarneval – wie in Sancti Spíritus sitzen viele der Musiker hoch zu Ross.

Verkehr

Flüge: Trinidads Aeropuerto Alberto Delgado wird nur von kleinen Chartermaschinen im Rahmen organisierter Ausflüge angeflogen.

Züge: Trinidad ist nicht an das Schienennetz angeschlossen, aber vom Bahnhof am südlichen Ende der Calle Lino Pérez fährt ein Zug ins Valle de los Ingenios (s. S. 314). Bei Redaktionsschluss war er allerdings schon seit Längerem kaputt und nicht einsetzbar.

Busse: Terminal de Ómnibus, Calle Piro Guinart 224, zw. Maceo und Izquierdo, Tel. 41 99 24 48. Verbindungen 1 x tgl. nach Sancti Spíritus (6 €), 1 x tgl. nach Santa Clara (7 €), 2 x tgl. nach Cienfuegos (6 €), 1 x tgl. nach Varadero (17 €), 1 x tgl. nach Havanna (21 €). Wer in den Osten Kubas weiterreisen möchte, bucht die Fahrt nach Sancti Spíritus und ein Anschlussticket von dort z. B. nach Holguín (25 €) oder Santiago de Cuba (33 €). Das Cubanacán-Busunternehmen Conectando verkauft Restplätze nach Havanna (Infos bei Cubanacán, s. S. 305).

Transport vor Ort: In der Calle Simón Bolívar, Ecke Antonio Maceo fährt jeden Morgen um 9 Uhr ein Shuttle über La Boca zur Playa Ancón (Rückfahrt vom Strand 18 Uhr, Hin- und Rückfahrt 5 €).

Die Umgebung von Trinidad ▶ K 5

Parque El Cubano
Tgl. 8–16 Uhr, 10 €

Das erfrischende Bad im glasklaren Pool eines Wasserfalls, das Besucher des ca. 6 km nordwestlich von Trinidad gelegenen **Parque El Cubano** erwartet, muss man sich erst erwandern. Vom Parkplatz aus sind es 3,6 km bzw. rund 45 Min. über Stock und Stein an einem Flusslauf entlang bis zum **Salto Javira.**

Das Naturschwimmbecken ist von üppiger Natur und Felsen umgeben, die Sprünge aus bis zu 10 m Höhe ermöglichen. Hinter dem Wasserfall verbirgt sich eine kleine Höhle, in der man manchmal Fledermäuse erspäht. Tipp: Nicht am Wochenende kommen, denn dann füllt sich der Minipark mit Picknickern.

Playa Ancón

Auch auf ein Bad in den lauwarmen Wellen der Karibischen See muss man in Trinidad nicht verzichten. Über den Ort **Casilda** erreicht man nach nur 10 km die breite, weiße **Playa Ancón.** Hier landeten die Karavellen des Eroberers und späteren Stadtgründers und Gouverneurs Velázquez, später sollen Piraten hier ihre Schätze vergraben haben. Die Playa Ancón gilt zu Recht als der schönste Südküstenstrand, weswegen sich hier drei All-inclusive-Resorts angesiedelt haben. Entlang der Küste kann man bis in den Fischerort La Boca (s. unten) fahren. Unterwegs verführen noch ein paar kleinere, zumeist von Kubanern frequentierte Badebuchten zum Stopp – und sei es nur, um in einer der Strandbars einen kühles Getränk zu schlürfen.

La Boca

Ein schmales Landsträßchen führt von Trinidad zum knapp 6 km entfernten **La Boca,** das sich immer mehr mausert und von Ruheliebenden längst als alternative Übernachtungsmöglichkeit entdeckt wurde. Zwar ist der Strand hier nicht so schön weiß wie an der Playa Ancón, aber dafür befindet man sich (noch) in einem ursprünglichen Ort, wo die Einheimischen in der Überzahl sind.

Übernachten

... an der Playa Ancón:

All inclusive am Meer – **Memories Trinidad del Mar:** Tel. 41 99 65 00–07, www.memoriestrinidaddelmar.com. Von den drei All-inclusive-Hotels an der Playa Ancón ist dies die schönste Anlage. Sie wurde – zumindest teilweise – erst kürzlich renoviert. Viele Zimmer mit Balkon und Meerblick, große Poollandschaft, breites Wassersportangebot etc. 241 Zi., €€, all inclusive

... in La Boca:

Urlaub im Eigenheim – **Hospedaje Vista al Mar** (privat): Manolo Menéndez, Calle Real 47, Tel. 41 98 42 16, 52 61 78 21, hostalvistalmartri@gmail.com. Hier haben die Gäste ein Haus für sich alleine, die netten und unterhaltsamen Vermieter wohnen gleich hintendran. Von der rundumlaufenden Veranda mit Hängematten und Schaukelstühlen bietet sich ein unverstellter Blick auf den Strand, die perfekte Kulisse für Silvias leckeres Frühstück. 1 Zi., €

Mit Garten – **Hostal Sol y Mar** (privat): Olga Santos Sosa, Av. del Mar 87, Tel. 41 98 43 65, 52 64 55 30, jjpomesf6401@nauta.cu. Zwei Zimmer in einem moderneren Haus an der Uferstraße gegenüber dem Hauptstrand. Großer Garten mit Sitzgelegenheiten. €

Essen & Trinken

Am Strand – An der Playa Ancón und in La Boca gibt es mehrere einfache Strandrestaurants und -bars.

Aktiv

Wassersport – **Marina Trinidad:** Península de Ancón, Tel. 41 99 62 05. Segeltörns, Hochseefischen, Tauchen, Schnorcheln etc.

Verkehr

Busse: s. S. 309

Topes de Collantes
▶ K 5

Karte: rechts

Dschungelähnliche Vegetation, Wasserfälle mit natürlichen Pools zum Planschen, Höhlen und eine ganze Reihe von Wanderwegen (s. S. 311) machen die **Sierra del Escambray** zu einem der Top-Ziele in Kuba für Naturliebhaber. Der Gebirgszug erstreckt sich über knapp 100 km zwischen Cienfuegos und Sancti Spíritus und erreicht mit dem 1156 m hohen Pico de San Juan seine größte Erhebung. Für den Tourismus erschlossen ist insbesondere der

Topes de Collantes

WANDERUNGEN IM SCHUTZGEBIET TOPES DE COLLANTES

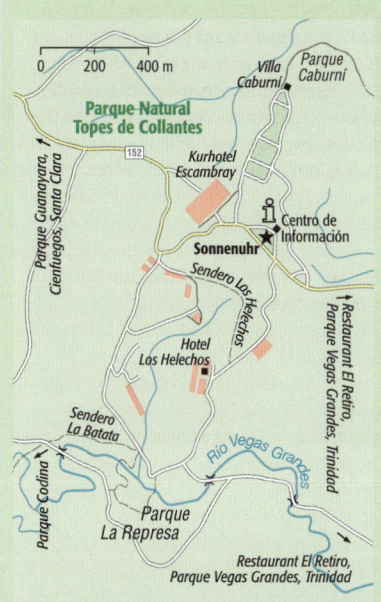

Tour-Infos
Start: Alle Wanderwege des Naturschutzgebiets beginnen im Umkreis von 15 km des Centro de Información Topes de Collantes (s. S. 312)
Länge: zwischen 4 und 10 km
Schwierigkeitsgrad: einfach bis mittelschwer
Wichtige Hinweise: Das rund 110 km² große Schutzgebiet ist in verschiedene touristische Zonen unterteilt, die alle durch Wanderwege erschlossen sind. Wegen der teils mangelhaften Ausschilderung macht sich ein Führer bezahlt, den man im Centro de Información anheuern kann. Der Zutritt zu den einzelnen Arealen kostet pro Person zwischen 4 und 10 €. Je nach Wetter können die Pfade sehr rutschig sein, weshalb man festes Schuhwerk tragen sollte. Da die Region zu den regenreichsten in ganz Kuba zählt, gehört auch eine wasserdichte Jacke ins Gepäck.
Routeninfos: www.wikiloc.com

Der meistbegangene Wanderweg führt durch den **Parque Caburní** (ca. 6 km hin und zurück). Er startet an der Villa Caburní nordöstlich des Kurhotels und ist zugleich eine der anstrengenderen Strecken. Von Aussichtspunkten entlang der Route, die den 65 m hohen **Salto de Caburní** zum Ziel hat, bieten sich weite Blicke auf die wilde Berglandschaft. Der steile Pfad hinunter an den Fuß des Wasserfalls ist nach Regenfällen ziemlich rutschig, für den Rückweg braucht man etwas Kondition und sollte ausreichend Zeit einplanen. Über mehrere kleine Pools und eine rutschbahnähnliche Felsrinne ergießt sich Kubas höchster Wasserfall in ein glasklares Naturbecken, in dem man wunderbar schwimmen kann.

Einige Hundert Meter südwestlich des Hotels Los Helechos erstreckt sich der **Parque Vegas Grandes** mit einem kurzen Wanderweg (ca. 4 km hin und zurück), der zum **Salto de Vegas Grandes** führt. Auch hier lädt ein türkisfarbener Pool zum Bad ein. Die Wanderwege in den Parques Caburní und Vegas Grandes können miteinander kombiniert werden (ca. 8 km einfach). Startpunkt ist das Restaurant El Retiro, von Trinidad kommend ca. 3 km vor dem Kurhotel. Über den Salto Vegas Grandes erreicht man den Badepool des Salto de Caburní und steigt dann steil hinauf zur Villa Caburní.

Westlich vom Parque Vegas Grandes liegt der **Parque La Represa** mit dem **Sendero La Batata** (ca. 6 km hin und zurück) zum gleichnamigen Höhlensystem. Hier verläuft ein unterirdischer Fluss, doch nur ganz Mutige werden in dem – für kubanische Verhältnisse – eiskalten Wasser abtauchen wollen. Der Hinweg führt relativ einfach bergab, für den Rückweg braucht man wesentlich mehr Zeit und Kraft.

Etwa 7 km südlich vom Kurhotel bildet die **Hacienda Codina,** eine ehemalige Kaffeeplantage, den Mittelpunkt des **Parque Codina,** der zu einer Art botanischer Garten ausgebaut wurde. Man kann hier sehr gut Vögel beobachten, durch einen Orchideengarten oder Bambushain schlendern und sogar medizinische Schlammbäder nehmen. Verschiedene sehr kurze Wege führen zu Wasserfällen, Aussichtspunkten und Höhlen, z. B. zur **Cueva del Altar** mit einem ›Geheimgang‹, der zu einer Stelle mit tollem Blick bis nach Trinidad und ins Valle de los Ingenios führt.

Einer der anspruchsvolleren Wanderwege im Schutzgebiet, der **Sendero Centinelas del Río Melidioso,** führt durch den 15 km nordwestlich von Topes de Collantes gelegenen **Parque Guanayara** zur **Cascada El Rocío** (ca. 10 km hin und zurück). Startpunkt ist das Restaurant La Gallega, man kann aber auch eine lange Tagestour daraus machen und bereits von Topes de Collantes aus starten. Vorbei an Kaffeeplantagen und am Ufer des ›Wohlklingenden Flusses‹ entlang geht es mit schönen Ausblicken auf den Pico San Juan mitten durch den Regenwald zum Wasserfall.

Gran Parque Natural Topes de Collantes, den man von Trinidad aus über eine kurvenreiche Straße nach rund 20 km erreicht. Unterwegs passiert man den Aussichtspunkt **Mirador de Caribe,** der einen Blick bis hinunter zur Península de Ancón freigibt.

Im Herzen des Schutzgebiets auf 800 m Höhe ließ Diktator Batista 1954 ein monströses Lungensanatorium errichten, das sich wie ein im Wald gestrandetes Schlachtschiff ausnimmt – so kalt und unpersönlich, dass man sich nur schwerlich vorstellen kann, wie Menschen hier zu ihrer Gesundheit zurückfinden sollen. Doch das Kurhotel Escambray ist, obwohl wenig attraktiv, in ganz Lateinamerika als bezahlbares und effizientes Behandlungszentrum bekannt.

Die eigentliche Attraktion von Topes de Collantes ist jedoch die umgebende Natur. In dem feuchten Mikroklima dieser abgeschiedenen Region gedeiht eine üppige Pflanzenwelt, darunter Zierpflanzen wie Orchideen und Kubas Nationalblume, die weiß blühende *mariposa,* sowie über 300 Farn- und Baumspezies. Die Fauna ist vertreten mit geschätzten 45 % aller endemischen Vögel Kubas, zahlreichen Frosch- und Eidechsenarten, Hirschen, Baumratten *(jutías),* und auch die Kubanische Schlankboa lebt hier, ist aber nur selten zu sehen.

Infos

Centro de Información: unterhalb des Kurhotels Escambray, Tel. 42 54 01 17, 42 54 02 31, tgl. 9–17 Uhr.

Übernachten

Ost-Charme – **Los Helechos:** Tel. 42 54 03 30/35, www.gaviotahotels.com. Schön gelegen, aber alles andere als heimelig. 105 Zi., €€, inkl. Frühstück

Paradies im Regenwald – **Hakuna Matata Eco Retreat:** aus Richtung Trinidad ca. 6 km vor Topes de Collantes, Tel. +32 47 60 47 962 (Spanien), info@hakunamatata.com. Ein Haus im Adobe-Stil mit vier Zimmern und viel Holz, drumherum dichtes Grün, ein kleiner Pool. Auf Wunsch werden regionale Speisen (auch vegan) zubereitet. €€

Verkehr

Es gibt keine Busverbindung hierher. Agenturen in Trinidad bieten organisierte Touren an. Ein Taxi kostet ca. 25 € hin und zurück.

Wandern Sie einfach mal los, dann lernen Sie auch das ›andere‹ Kuba kennen, das ohne Devisen

Valle de los Ingenios
▶ K 5

Knapp 10 km östlich von Trinidad, auf dem Weg nach Sancti Spíritus, liegt das **Valle San Luís**, in dem die Ruinen mehrerer Zuckermühlen stehen, inklusive Sklavenbaracken und Herrenhäusern. Ein 45 m hoher Turm überragt das ganze Tal, das früher **Valle de los Ingenios** (›Tal der Zuckermühlen‹) genannt wurde. Während des 18. und 19. Jh. schufteten hier Zehntausende Sklaven auf rund 50 Mühlen. In dieser Gegend wurde der Reichtum erarbeitet, der die Kolonialpaläste Trinidads und das luxuriöse Leben der Zuckerbarone finanzierte.

Schon 4 km hinter Trinidad eröffnet sich vom **Mirador Loma del Puerto** ein wunderbarer Blick über das Tal.

San Isidro de los Destiladeros
Tgl. 8–17 Uhr, 85 CUP inkl. Führung
Eine der archäologisch bedeutendsten, weil am vollständigsten erhaltenen Zuckermühlen im Tal, **San Isidro de los Destiladeros**, liegt verborgen am Ende eines 2 km langen, schlechten Asphaltsträßchens, das ca. 6 km nach dem Mirador rechts abzweigt. Auf einer weiten Rasenfläche erhebt sich der bereits restaurierte dreistöckige Glockenturm im neoklassizisitischen Stil, der den Beginn und das Ende der Arbeitszeit für die Sklaven einläutete. Er diente zugleich als Beobachtungsposten für die Aufseher, die hier oben alles im Blick hatten. Das Herrenhaus aus dem Jahr 1838 lässt trotz seines (noch) schlechten Zustands den Reichtum erahnen, in dem die Plantagenbesitzer lebten.

Bei den Arbeiten auf dem Gelände stieß man auf Zisternen sowie Reste von Sklavenunterkünften. Im Gegensatz zu anderen Plantagen waren die Sklaven hier paarweise untergebracht – die Gutsherren hatten jedoch keineswegs philanthrophische Anwandlungen, sondern versuchten auf diese Weise, die ›Nachzucht‹ weiterer Arbeitskräfte zu fördern. In ihrer Hochzeit beschäftigte die Zuckermühle rund 100 Sklaven, die im Zuge der ›Industrialisierung‹ auf die Hälfte reduziert wurden. Eine der Maßnahmen zur

EINMAL TRINIDAD–MANACA IZNAGA BITTE

Besonders schön ist die Anreise ins **Valle de los Ingenios** mit der Bahn ab Trinidad. Leider ist der Zug schon seit mehreren Jahren kaputt und fährt nicht. Wie lange die Reparaturarbeiten noch andauern, konnte bei Redaktionsschluss niemand sagen. Es lohnt sich aber, bei der Ankunft in Trinidad in der Unterkunft nachzufragen, ob die Strecke wieder bedient wird. Gleiches gilt für den regulären Verkehrszug, der bis nach Meyer fährt. Die übliche Ausstiegshaltestelle heißt Manaca Iznaga, aber wer gerne ein Stückchen zu Fuß geht, kann die Bahn auch eine Station später an der Casa Guachinango (s. S. 314) verlassen und entlang der Gleise in rund 30 Minuten über die Felder zurück nach Manaca Iznaga laufen.

Einsparung von Arbeitskräften und Kosten war der Einsatz des sogenannten Jamaikanischen Zuges *(tren jamaiquino),* von dem ebenfalls Überreste zu sehen sind. Diese ursprünglich französische Erfindung diente dazu, mit einem einzigen Ofenfeuer gleichzeitig fünf Kessel mit Zuckerrohrsaft zu erhitzen, um daraus Melasse zu gewinnen. Befeuert wird nur mehr der letzte Kessel ›im Zug‹, der dem Verarbeitungsprozess entsprechend die höchste Temperatur benötigt. Ein Tonnengewölbe leitet die Wärme weiter. Als Brennstoff setzte man Bagasse statt Holz ein, das aufgrund der zunehmenden Abholzung immer knapper und teurer geworden war. Die Einsparungen waren erheblich, doch auch diese präindustrielle Phase kam in der Zuckerkrise an ihre Grenzen – 1890 wurde die hiesige Zuckerproduktion aufgegeben, weil sie nicht mehr rentabel war.

Torre Manaca Iznaga
Tgl. 9–17 Uhr, Turm 70 CUP
Nächste Station ist der siebenstöckige, 45 m hohe **Torre Manaca Iznaga,** ein beredtes Denkmal der Angst der Plantagenbesitzer vor Sklavenrebellionen. Ein Sohn der Familie Manacas aus dem Iznaga-Clan ließ ihn 1816 anlässlich einer Wette bauen: Sein Bruder wollte den tiefsten Brunnen graben lassen, er setzte den höchsten Turm daneben. Auch hier riefen die Glocken des Turms die Sklaven zur Arbeit, ein Wächter überblickte das gesamte Tal und meldete unverzüglich Brände oder Aufstände. Der Aufstieg lohnt sich, um den weiten Ausblick über das Zuckerrohrtal zu genießen.

Auf dem Gelände preisen Frauen ihre Häkelarbeiten und Stickereien an, man kann frischgepressten Zuckerrohrsaft verkosten, im ehemaligen Herrenhaus der Familie Iznaga wurde ein Restaurant eingerichtet. Innen sieht man Mobiliar aus dem Besitz der Iznagas, aber auch Fußeisen, Sklavenketten und Strafboxen, die vom Leid vieler Sklavengenerationen künden. Im Verlauf des Unabhängigkeitskriegs brannten die Heere der freigelassenen oder entlaufenen Sklaven *(mambises)* alle Zuckermühlen und Plantagen im Valle San Luís nieder.

Casa Guachinango
Tgl. 9–17 Uhr
Schöner zum Einkehren ist die **Casa Guachinango** (s. S. 315) 4 km nördlich von Manaca Iznaga in Richtung **Condado**. Die Hacienda wurde 1806 erstmals urkundlich erwähnt und hatte bis zum Verkauf an den kubanischen Staat 1989 mehrere Besitzer. Heute beherbergt das einsam stehende Holzhaus ein Restaurant, auch Reittouren sind im Angebot.

Hacienda de Guáimaro
Crta. Trinidad–Sancti Spíritus (ausgeschildert), tgl. 9–17 Uhr, 100 CUP
Von der Hauptstraße in Richtung Sancti Spíritus sollte man etwa ca. 6 km östlich von Manaca Iznaga unbedingt den 2 km langen Ab-

Valle de los Ingenios

stecher zur **Hacienda de Guáimaro** machen. Das auf einem kleinen Hügel erbaute Herrenhaus mit seinem imposanten Arkadengang beeindruckt schon von Weitem, wirklich faszinierend sind jedoch die großen, außerordentlich gut erhaltenen Wandmalereien im Inneren. Sie zeigen idyllisch verklärte Szenen von Burgen und Landschaften Europas, ein Erbe der aus Übersee stammenden Plantagenbesitzer. Angeschlossen ist ein schlichtes archäologisches **Museum** mit Fundstücken vom Haciendagelände, z. B. einem Tonkrug *(botija)*, in dem man Geld aufbewahrte.

Weiter nach Sancti Spíritus

Richtung Sancti Spíritus steigt die schmale Landstraße bald etwas an und führt durch eine sanfte Hügellandschaft mit Viehweiden und Tabakfeldern. Wem es hier gefällt, der findet unter Umständen auf dem Campismo Planta Cantú bei **Banao** ein Dach über dem Kopf (s. rechts). Von hier aus kann man zu einem ehemaligen Unterschlupf von Che Guevara in den Bergen wandern (11 km) oder auch nur zur hübschen **Cascada de Silencio** (1,5 km). Vor Ort findet sich meist jemand, der gegen ein Trinkgeld die Führung übernimmt.

Übernachten

Campismo – **Planta Cantú:** Crta. a Cacahual, ca. 5,5 km nördl. der Hauptstraße, 3 km hinter Banao ausgeschildert, Tel. 41 32 96 98. Landschaftlich sehr reizvoll gelegener Platz mit 32 äußerst einfachen Hütten, die eigentlich nur für Kubaner bestimmt sind, aber Ausnahmen werden gemacht. Bademöglichkeiten im Pool und im Fluss. €

Essen & Trinken

Holzhaus auf Hügel – **Casa Guachinango:** Crta. a Condado Km 4, Tel. 41 99 63 04, tgl. 9–17 Uhr. Im rustikalen Innenraum oder draußen auf der überdachten Holzterrasse werden kreolische Spezialitäten serviert, oft begleitet von *música campesina* live. €€

Als Zuckerbaron ließ man die Wände seines Häuschens nicht von Anstreichern, sondern von hochkarätigen Künstlern verzieren – ein exzellentes Beispiel ist die Hacienda de Guáimaro

Über das Leben in den Sklavenbaracken

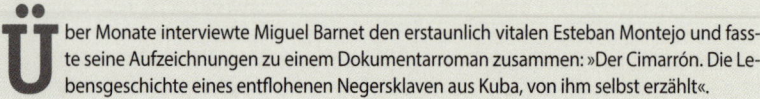

1963 wurde der kubanische Schriftsteller und Ethnologe Miguel Barnet durch eine Zeitungsnotiz auf einen 104 Jahre alten Schwarzen aufmerksam. Esteban Montejo hatte während der Kolonialzeit als Sklave auf den Zuckerplantagen geschuftet, war schließlich geflohen und hatte als *cimarrón* jahrelang versteckt in den Wäldern gelebt, bis er sich als Partisan *(mambí)* der Unabhängigkeitsbewegung gegen Spanien anschloss.

Über Monate interviewte Miguel Barnet den erstaunlich vitalen Esteban Montejo und fasste seine Aufzeichnungen zu einem Dokumentarroman zusammen: »Der Cimarrón. Die Lebensgeschichte eines entflohenen Negersklaven aus Kuba, von ihm selbst erzählt«.

»Alle Sklaven lebten in Baracken. Diese Häuser gibt es jetzt nicht mehr, niemand kann sie mehr sehen. Aber ich habe sie gesehen und habe nie gut darüber gedacht. Die Herrschaft, ja, die sagte, die Baracken seien Schmuckkästchen. Aber die Sklaven lebten nicht gern unter diesen Bedingungen, denn das Eingeschlossensein schnitt ihnen die Luft ab.

Die Glocke der Plantage war am Ausgang. Die läutete der Aufseher. Um vier Uhr dreißig morgens wurde das Ave Maria geläutet. Ich glaube, das waren neun Glockenschläge. Man musste sofort aufstehen. Um sechs Uhr läuteten sie eine andere Glocke, die nannte man Gänsemarschglocke: Da musste man auf einem Platz außerhalb der Baracke antreten. Die Männer auf der einen Seite, die Frauen auf der anderen. Dann bis elf aufs Feld, dann aßen wir Dörrfleisch, gekochtes Gemüse und Brot. Dann, bei Sonnenuntergang, kam das Abendgebet. Um acht Uhr dreißig läuteten sie das letzte Mal zum Schlafengehen. Das hieß Schweigen. Der Aufseher schlief in der Baracke und passte auf. Im Hof war ein weißer Nachtwächter, ein Spanier, der wachte auch. Alles war auf der Grundlage von Prügeln und Bewachung.

Ich habe viele Gräuel bei den Strafen in der Sklaverei gesehen. Deswegen passte mir dieses Leben auch nicht. Im Kesselhaus war der Block, das war das Grausamste. Es gab Blöcke zum Liegen und zum Stehen. Sie wurden aus großen Brettern mit Löchern gemacht, da zwangen sie den Sklaven, die Füße, die Hände und den Kopf hineinzustecken. So hielten sie sie zwei oder drei Monate lang eingesperrt, wegen irgendeiner unbedeutenden Schlechtigkeit. (…) Die üblichste Strafe war das Auspeitschen. (…) Ich habe viele kräftige Neger mit roten Rücken gesehen. Nachher legten sie ihnen auf die Wunden Kompressen aus Tabakblättern mit Urin und Salz.

Das Leben war hart und die Körper nutzten sich ab. Wer nicht jung als Cimarrón in die Berge ging, musste sich mit der Sklaverei abfinden. Jeder bekam dieses Leben satt. Wer sich daran gewöhnte, dessen Geist wurde kraftlos. Das Leben in den Wäldern war gesünder.«

Aktiv

Canopy – **Canopy Valle de los Ingenios:** beim Mirador Loma del Puerto (s. S. 313), 10 €. Das Tal der Zuckermühlen aus ›fliegender‹ Perspektive erleben – die Strecke misst 1200 m, verteilt sich auf fünf Abschnitte und ist max. 50 m hoch.

Sancti Spíritus ▶ L 5

Cityplan: S. 319

Von Trinidad liegt **Sancti Spíritus** (143 000 Einwohner) nur 67 km entfernt. Das Provinzhauptstädtchen wird von vielen Reisenden links liegen gelassen – fälschlicherweise, denn der winzige historische Kern lohnt auf jeden Fall einen Bummel und mit gleich drei netten Kolonialhotels lässt sich sogar eine Übernachtung in Erwägung ziehen.

Sancti Spíritus ist eine der sieben ältesten Siedlungen Kubas. 1514 wurde sie in der Nähe eines indigenen Dorfs am Río Tuinicú gegründet, eine Stelle, die sich wegen Ameisenplagen als ungünstig herausstellte. Obwohl es im Landesinneren liegt, wurde Sancti Spíritus häufig von Piraten überfallen. Der Umzug an den Río Yayabo befreite die Siedler von den Ameisen, nicht aber von den Piraten.

Zuckermühlen und Papierfabriken in der Umgebung beeinträchtigen den Charme von Sancti Spíritus auf den ersten Blick, hat man jedoch erst einmal das Zentrum erreicht, sind diese Eindrücke wie weggeblasen.

Parque Serafín Sánchez

Dreh- und Angelpunkt des städtischen Lebens ist der **Parque Serafín Sánchez** oder Parque Central, eigentlich ein recht hübscher Platz, der jedoch ziemlich unter dem Verkehr zu leiden hat. Die meisten Gebäude hier sind inzwischen renoviert, darunter das ehemalige, einst prächtige Hotel Perla de Cuba an der Nordostseite, das nun das kleine Einkaufszentrum **La Perla** 1 beherbergt.

Dokumente und Requisiten der Sklavenhaltergesellschaft sind im **Museo Provincial** 1 ausgestellt, ferner Münzen, dekorative Kunst und natürlich reichlich Material über die Geschichte der Stadt (Calle Máximo Gómez 3, Mo–Do, Sa 9–17, So 8–12 Uhr, 15 CUP).

Nur wenige Häuser entfernt beheimatet das **Museo de Historia Natural** 2 über 400 Tierpräparate sowie Mineralien, Muscheln und ein kleines Planetarium, neben Havanna das einzige der Insel (Calle Máximo Gómez Sur 2, Mo–Do, Sa 9–16, So 8–12 Uhr, 50 CUP).

Plaza Honorato

Über die Calle Máximo Gómez geht es an der Casa de la Trova vorbei zum schönsten Platz von Sancti Spíritus, der **Plaza Honorato**. Hier residiert das mit viel Liebe restaurierte **Hostal del Rijo** 1 (s. S. 320), ein kleines, aber feines Hotel. Davor und auf der vom Plaza abgehenden Calle Honorato werden täglich zahlreiche Kunsthandwerkstände aufgebaut.

An der Südseite ragt die **Iglesia Parroquial Mayor del Espíritu Santo** 3 in die Höhe, die als älteste Kirche Kubas (1680) gilt. Baubeginn war 1522, allerdings wurde das Gotteshaus immer wieder zerstört und neu errichtet, sodass von der ursprünglichen Konstruktion kaum noch etwas übrig ist. Der Turm aus dem 18. Jh. hat eine schöne Holzdecke, die man auch besichtigen kann – falls die Kirche geschlossen ist: Der nebenan wohnende Pfarrer öffnet interessierten Besuchern gerne die Pforten. Sowohl die Kirche wie auch die steinerne Bogenbrücke über den Yayabo und die Kolonialbauten in der Calle N. del Llano sind zum nationalen Kulturdenkmal erklärt worden (Calle Agramonte Oeste 58, Messe Di–Sa 17.30, So 9 Uhr).

Richtung Fluss

Einen Block weiter südlich ist in einem Palais der Zuckerdynastie Valle-Iznaga das **Museo de Arte Colonial** 4 untergekommen, eines der lohnendsten Museen der Stadt. Kostbare Möbel, Bilder und Porzellan zeugen von der Wohnkultur der Aristokratie und dem Luxus, in dem die Sklavenhaltergesellschaft lebte (Calle Plácido 74, Ecke Jesús Menéndez, Di–Fr 9.30–17, Sa 14–17, So 8–12 Uhr, 15 CUP).

Vorbei am **Teatro Principal** 5 aus dem Jahr 1876 geht es zur **Puente Yayabo** 6, einer steinernen Bogenbrücke, die 1815 von den Spaniern gebaut wurde. Den schönsten

Blick auf die Brücke genießt man vom Balkon des Lokals **Taberna Yayabo** 3 (s. S. 321), das bereits mitten im historischen Stadtkern liegt. Dies ist zweifellos die malerischste Ecke von Sancti Spíritus, zwar renoviert, aber im Vergleich zu Trinidad mit einem ganz normalen Alltagsleben. In den Kopfsteinpflastergassen reihen sich Häuser mit in kräftigen Farben angemalten Fassaden aneinander, Kinder spielen *béisbol*, es wird an Autos geschraubt, Katzen und Hunde streifen um die Ecken und ab und zu holpert ein Fahrradfahrer vorbei. Man findet hier mehr als genug Fotomotive. Über die **Calle N. del Llano** gelangt man zurück zur Calle Honorato, die in östlicher Richtung in die Fußgängerzone Calle Independencia mündet.

Calle Independencia

Die wichtigste Einkaufsstraße von Sancti Spíritus hat nicht nur Geschäfte zu bieten. In der **Galería de Arte UNEAC** 7 bekommt alle zwei Monate ein kubanischer Künstler die Gelegenheit, seine Werke auszustellen. Der Patio fungiert als Veranstaltungsraum, wo samstags und sonntags Literaturlesungen, Musik- und Tanzdarbietungen stattfinden. Das aktuelle Programm ist ausge-

Sancti Spíritus

Sehenswert
1. Museo Provincial
2. Museo de Historia Natural
3. Iglesia Parroquial Mayor del Espíritu Santo
4. Museo de Arte Colonial
5. Teatro Principal
6. Puente Yayabo
7. Galería de Arte UNEAC
8. Casa del Teatro
9. Galería de Arte Oscar Fernández Morera
10. Museo Casa Natal de Serafín Sánchez
11. Iglesia de Nuestra Señora de la Caridad
12. Fundación Antonio Núñez Jiménez de la Naturaleza y el Hombre
13. Embalse Zaza

Übernachten
1. Hostal del Rijo
2. Plaza
3. Don Florencio
4. Hostal Paraíso
5. Hostal Calle Real
6. Hostal D'Mati

Essen & Trinken
1. Mesón de la Plaza
2. Al Medio
3. Taberna Yayabo
4. Los 500 Años

Einkaufen
1. La Perla
2. Galería Las Arcadas

Abends & Nachts
1. Casa de la Trova Miguel Companioni
2. Café Sandunga
3. Quinta Santa Elena

---

hängt (Calle Independencia 10, tgl. 8–12, 13.30–17 Uhr, Eintritt frei).

Selbst gemachte Marionetten stehen in der **Casa del Teatro** 8 im Mittelpunkt. Vor allem für Familien mit Kindern sind die kostenlosen Vorstellungen ein Vergnügen (Calle Independencia 33, Sa, So 10 Uhr).

In der Calle Independencia Nr. 35 lebte der Landschaftsmaler Oscar Fernández Morera (1890–1946). Einige seiner Werke sind in der heute hier untergebrachten **Galería de Arte Oscar Fernández Morera** 9 zu sehen (Di–Sa 8.30–12, 13–17, So 8–12 Uhr, Eintritt frei).

Museo Casa Natal de Serafín Sánchez 10
Calle Céspedes Norte 112, Di–Sa 9–17, So 9–12 Uhr, 15 CUP

In diesem Haus wurde am 2. Juli 1846 Serafín Sánchez geboren, der an beiden Unabhängigkeitskriegen gegen Spanien teilnahm und 1896 fiel. Ihm zu Ehren wurde das **Museo Casa Natal de Serafín Sánchez** gegründet, das jedoch nur für wirklich Geschichtsinteressierte einen Blick lohnt.

Parque Maceo
Zwei Blocks weiter nördlich stößt man auf den beschaulichen Parque Maceo mit der hübschen **Iglesia de Nuestra Señora de la Caridad** 11 und der **Fundación Antonio Núñez Jiménez de la Naturaleza y el Hombre** 12, einem originellen Museum, das eine spektakuläre Expedition dokumentiert: Der kubanische Schriftsteller Antonio Núñez Jiménez (1923–90) fuhr 1987 in dem Kanu Simón Bolívar 17 442 km vom Amazonas in die Karibik und durchquerte zehn Länder. Ziel seiner Unternehmung war es, die Reise der ersten indigenen Siedler Kubas, der Guanahatabeyes, nachzuvollziehen, die 3000 v. Chr. auf vermutlich genau diesem Weg eingewandert waren. Im Museum ist das riesige Holzkanu zu sehen, das am Río Napo in Ecuador eigens für die Expedition geschnitzt wurde. Gezeigt werden weiterhin eine faszinierende Muschelsammlung und Artefakte der Ureinwohner wie Speere, Pfeile und Bögen (Calle Cruz Pérez 1, Mo–Fr 10–17 Uhr, 125 CUP).

Embalse Zaza 13
Am südöstlichen Stadtrand liegt der **Embalse Zaza**. Der Stausee ist vor allem beliebt bei Anglern, die hier optimale Bedingungen vorfinden. Direkt am Ufer können anspruchslose, moskitoresistente Menschen im Hotel Zaza (Tel. 41 32 70 15, www.islazulhotels.com) übernachten und sich vom Gequake der Frösche in den Schlaf wiegen lassen.

Trinidad und die Provinz Sancti Spíritus

Domino ist des Kubaners liebste Freizeitbeschäftigung und wird gerne auf der Straße geklopft

Infos
Cubatur: Calle Máximo Gómez, Parque Serafín Sánchez, Mo–Sa 9–12, 14–18 Uhr.
Banco Financiero Internacional: Calle Independencia Sur 2, Parque Serafín Sánchez.
Cadeca: Calle Independencia Sur 31.
Internet: Etecsa, Calle Independencia Sur 14, Mo–Fr 9–18, Sa 9–13 Uhr.

Übernachten
... im Zentrum:
Koloniales Kleinod – **Hostal del Rijo** 1 : Calle Honorato 12, Ecke Máximo Gómez, Tel. 41 32 85 88, www.islazulhotels.com. Boutiquehotel an der lauschigen Plaza Honorato im ehemaligen Herrenhaus des Arztes Don García Rijo. Der winzige Patio beherbergt ein Restaurant mit nur vier Tischen, die sich um einen Brunnen gruppieren. 16 Zi., €€, inkl. Frühstück
Am Hauptplatz – **Plaza** 2 : Calle Independencia 2, Ecke Av. de los Mártires, Parque Serafín Sánchez, Tel. 41 32 71 02, www.islazulhotels.com. Die Zimmer sind epochengetreu mit Eisenbetten eingerichtet. Sehr schöne Lobby-Bar. 27 Zi., €€
In der Fußgängerzone – **Don Florencio** 3 : Calle Independencia 63, zw. Honorato und Agramonte, Tel. 41 32 85 88, www.islazulhotels.com. Das dritte der Encanto-Hotels ist schon ein wenig abgewohnt und im Vergleich dazu am wenigsten schöne. 12 Zi., €€, inkl. Frühstück
Sehr zentral – **Hostal Paraíso** 4 (privat): Héctor Luis Fiallo Rodríguez, Calle Máximo Gómez 11 Sur, zw. Parque Serafín Sánchez und Plaza Honorato, Tel. 41 33 46 58, 52 71 12 57. Von den vier Zimmern sind die beiden im 1. Stock, die sich eine Terrasse teilen, am schönsten. Grüner Patio, trotz Hauptstraße recht ruhig. €
Viel Privatsphäre – **Hostal Calle Real** 5 (privat): Landys López Corujo, Calle Independencia 76 Norte, zw. Frank País und Comandante Fajardo, Tel. 41 32 31 29, 52 40 82 96. Das stilneutral eingerichtete Kolonialhaus wird nur

von den Gästen genutzt, die Besitzer wohnen nebenan. Mit großem Patio. 3 Zi., €

Einfach super – **Hostal D' Mati** 6 (privat): Calle Independencia Sur 9, Tel. 52 71 13 00, dmati1514@gmail.com. Zwei blitzblanke Zimmer, beide mit Balkon, die hilfsbereite Gastgeberin Matilde und die Lage mitten im Zentrum der Stadt wären so schon genug für eine Empfehlung. Der Blick von der Dachterrasse auf den Parque Serafín Sánchez und die Fußgängerzone setzen dem Ganzen die Krone auf. €

Essen & Trinken

Zünftig – **Mesón de la Plaza** 1 : Calle Máximo Gómez 34, Plaza Honorato, Tel. 41 32 85 46, Fr–Mi 11–24, Do 10–23 Uhr. Nettes Lokal mit rustikaler Einrichtung, Spezialität: *ternera de la villa*, ein deftiger Fleischeintopf, der in Tonschüsseln serviert wird. €€

Zentral – **Al Medio** 2 (privat): Calle Máximo Gómez 15, zw. Parque Serafín Sánchez und Plaza Honorato, tgl. 11.30–24 Uhr. Kleines, schlichtes, aber gemütliches Restaurant mit Tapas und den üblichen Gerichten (Pizza, Pasta); gute Cocktailauswahl. €€

Mit Balkon über dem Fluss – **Taberna Yayabo** 3 : Calle Jesús Menéndez 106, neben der Brücke, tgl. 9–22.30 Uhr. Drinnen bietet das Lokal rustikale Gemütlichkeit und von seiner Terrasse bzw. seinem Balkon einen tollen Blick auf Fluss und Brücke. Weinliebhaber sollten in den Keller hinabsteigen, in dem feine Tropfen aus aller Welt lagern. Zum Essen gibt's vor allem Tapas sowie einige Hauptgerichte. €€

Frauenpower – **Los 500 Años** 4 (privat): Calle Dolores 63, tgl. 9–22.30 Uhr. Drei Frauen managen dieses Privatrestaurant, das weniger durch seine Atmosphäre als durch sein solides kubanisches Essen besticht. Auch die Preise können sich sehen lassen. €–€€

Einkaufen

Fast alle Geschäfte und Banken liegen in der **Calle Independencia Sur.**

Einkaufsgalerie – **La Perla** 1 : s. S. 317, Mo–Sa 9–18, So 9–12 Uhr.

Kunsthandwerk – In der **Calle Honorato** werden an Ständen handgemachte Schuhe, Panamahüte und andere nette Dinge verkauft. **Galería Las Arcadas** 2 : Calle Independencia Sur 55, Mo–Sa 9–17, So 9–12 Uhr. Große Auswahl, z. B. Armbänder und Ketten aus bunten Samenkörnern.

Abends & Nachts

Livemusik – **Casa de la Trova Miguel Companioni** 1 : Calle Máximo Gómez 30, Parque Honorato, tgl. 9–24 Uhr, abends 50 CUP. Tgl. ab etwa 21 Uhr Livemusik, am Wochenende schon tagsüber. **Café Sandunga** 2 : Parque Serafín Sánchez, Di–Fr 10–1.30, Sa/So 10–2 Uhr, 250 CUP. Weniger Café als Nachtklub, das Angebot reicht von Konzerten über Disco und Reggaetón-Nächte bis zu Karaoke.

Drink mit Flussblick – **Quinta Santa Elena** 3 : Calle Padre Quintero 60, zw. Llano und Manuel Díaz, tgl. 10–24 Uhr. Von der riesigen Terrasse aus genießt man einen herrlichen Blick auf den Fluss und die Brücke. Gelegentlich werden Shows aufgeführt.

Aktiv

Angeln & Bootstouren – Auf dem **Embalse Zaza** (s. S. 319). Organisation über Reiseagenturen in Sancti Spíritus oder direkt im Hotel Zaza. Die beste Zeit zum Angeln sind die Monate Nov.–April, dann kann man bis zu 8 kg schwere Forellen aus dem Wasser ziehen.

Termine

Carnaval: Mitte/Ende Juli. Hier findet das Spektakel zu Pferd statt, Hunderte von Conga-Trommlern sitzen hoch zu Ross.

Verkehr

Züge: Estación de Ferrocarril, Av. 26 de Julio (Verlängerung der Av. Jesús Menéndez), Tel. 41 32 92 28. Bei Redaktionsschluss gab es keine Verbindungen nach Sancti Spíritus.

Busse: Terminal de Ómnibus, Crta. Central, zw. Circunvalación Norte und Crta. Jíbaro, 2 km östl. der Stadt, Tel. 41 32 41 42. Mit Víazul 3 x tgl. nach Santa Clara (6 €), 1 x tgl. nach Trinidad (6 €), 3 x tgl. nach Havanna (23 €), 1 x tgl. nach Varadero (18 €), 3 x tgl. nach Ciego de Ávila (6 €), 2 x tgl. nach Holguín (25 €), 3 x tgl. nach Santiago de Cuba (33 €).

Die Provinz Villa Clara

Nur wenige Reisende machen sich bislang die Mühe, die Provinz Villa Clara näher anzusehen – eigentlich ein Jammer, denn sowohl die freundliche Provinzhauptadt Santa Clara als auch das koloniale Kleinod Remedios und die weißen Traumstrände des Cayo Santa María sind einen Besuch wert.

Santa Clara ▶K 4

Cityplan: S. 327
Von Sancti Spíritus führt die Landstraße über **Cabaiguán** auf die Autopista Nacional Richtung **Santa Clara** (230 000 Einwohner). Die Hauptstadt der Provinz Villa Clara liegt ziemlich unbeachtet abseits der Touristenpfade, dabei ist dies eine äußerst liebenswerte und vor allem sehr lebendige Universitätsstadt mit offenen, gastfreundlichen Menschen.

Geschichte

Die Entstehung von Santa Clara im Jahr 1689 ist eng mit der Flucht vor Piratenangriffen an der Nord- und Südküste Kubas verbunden. Sowohl aus dem nördlichen Remedios wie aus dem südlicheren Sancti Spíritus wanderten Siedlerfamilien ins Landesinnere, weil sie die ständigen Überfälle leid waren.

Die Gegend um Santa Clara hat nach Pinar del Río die besten Tabakböden der Insel, weshalb die Stadt zunächst im Wesentlichen von der Tabakproduktion lebte. Später kam die Viehwirtschaft hinzu und wie fast überall in Kuba war die Haupteinnahmequelle im 19. Jh. der Zucker.

Nach der Revolution begründete der damalige Industrieminister Che Guevara die Haushaltsgerätefabrik Inpud, lange Zeit ein Renommierobjekt. Zwischen dem Comandante Che Guevara und der Stadt Santa Clara bestand schon seit Längerem eine enge Beziehung. 1958 war der Comandante mit seinen Truppen nach Santa Clara gezogen und hatte die Stadt eingenommen.

Die Einschüsse im Hotel Santa Clara Libre (s. S. 325) am Parque Vidal, dem Hauptplatz, zeugen von den erbitterten Gefechten mit regierungstreuen Soldaten. Batista hatte zur Verstärkung seiner Truppen schwere Waffen und Munition in gepanzerten Eisenbahnwaggons geschickt, doch den Rebellen gelang es, die Gleise mit einem Bulldozer zu zerstören und den Zug zu stoppen – ein wesentlicher militärischer Sieg. Auf diese Weise schnitten sie die Waffenlieferung in den Ostteil der Insel ab und konnten mit den erbeuteten Waffen schließlich die Batista-Armee überwältigen.

Che Guevara ist es auch zu verdanken, dass die Stadt fest im Reiseplan eines jeden historisch interessierten Kubabesuchers integriert ist: 39 Jahre nach seinem Einmarsch in Santa Clara hielt der Freiheitskämpfer erneut Einzug in der Stadt und fand in einem gigantischen Mausoleum (s. S. 324) seine letzte Ruhestätte – ob es in seinem Sinne ist, bleibt zu bezweifeln.

Sehenswertes

Parque Vidal

Rund um den **Parque Vidal** spielt sich das Leben ab. Neben Autos zirkulieren hier – zumindest sonntags – von Ziegen gezogene Minikutschen, die eine Schar begeisterter Kinder befördern. Ambulante Händler verkaufen Eis, Blumen und Kunsthandwerk, vor dem herrlichen neoklassizistischen Gebäude der **Biblioteca José Martí** 1 diskutieren Studenten, schattige Bänke laden zum Verweilen ein. Wenn dann noch am Sonntagnachmit-

Santa Clara

tag aus der **Casa de Cultura** 5 kubanische Schnulzen aus den 1960er-Jahren dringen und man betagten Herrschaften beim Tanz zusehen kann, glaubt man sich endgültig in einem Filmstreifen. Einen zweiten Soundtrack liefert das intensive Gezwitscher einer riesigen Vogelschar, die mit großer Zuverlässigkeit gegen 16 Uhr eintrifft und (aus unerfindlichen Gründen) bis zum Sonnenaufgang wieder verschwindet. Dieser Platz, nicht mehr oder minder schön als manch anderer in Kuba, strahlt eine ganz besondere Atmosphäre aus, der man sich kaum entziehen kann.

Teatro de la Caridad 2
Calle Marta Abreu, Parque Vidal, s. S. 330
Die Nordwestseite des Parque Vidal nimmt das 1885 erbaute **Teatro de la Caridad** ein, gestiftet von derselben Dame, an die die Statue auf der Mitte des Platzes erinnert: Doña Marta Abreu, eine ebenso beliebte wie reiche Philanthropin. Im Inneren des prächtig ausgestatteten Theaters ist vor allem das Deckengemälde des kubanischen Malers Camilo Zalaya interessant. Offizielle Besichtigungszeiten gibt es nicht, aber manchmal wird man spontan eingelassen oder man verbindet den Kunstgenuss mit dem Besuch einer der abendlichen Vorstellungen.

Museo de Artes Decorativas 3
Calle Marta Abreu, Parque Vidal, Di–Do 9–17, Fr 13–17, Sa 9–16, 18–22 Uhr, 50 CUP
Auch das obligate Museum mit kolonialem Mobiliar fehlt in Santa Clara nicht: das **Museo de Artes Decorativas**, untergebracht in einem wundervollen Kolonialpalast, der allein einen Besuch wert ist. Am Wochenende finden im Innenhof häufig Theateraufführungen und Konzerte statt.

Galería de Arte Visuales Máximo Gómez 4
Calle Máximo Gómez, Ecke Marta Abreu, Di–Do 8–17, Fr, Sa 14–21, So 17–21 Uhr, Eintritt frei
Wie alle anderen Provinzhauptstädte fördert auch Santa Clara einheimische Künstler, indem sie ihnen die Möglichkeit für Ausstellungen bietet. Etwa monatlich wechseln die Werke, die das gesamte Spektrum der modernen Kunst abdecken, auch Keramik und Skulpturen.

Iglesia de Nuestra Señora del Buen Viaje 5
Calle Pedro Estévez, Ecke R. Pardo
Zwei Straßenblocks nordöstlich des Parque Vidal ist die **Iglesia de Nuestra Señora del Buen Viaje** (1765) ein besonders kurioses Monument der Rassentrennung. Die schwarzen Sklaven verfolgten die Messe von einem zu diesem Zweck gebauten Hof, damit sie nicht sehen konnten, wie ihre Herren niederknieten. Mit dem Rassismus lassen sich auch die überbreiten Gehwege um den Hauptplatz erklären: In der Mitte verlief ein Gitter, damit sich Weiße und Schwarze nicht in die Quere kamen.

Tipp

SPEISEN IM GRÜNEN

Mitten im Stadtzentrum liegt die wunderschön renovierte und stilvoll geführte Casa Particular **Suite Florencia** 6 . Gloria und Daniele sind aber nicht nur herzliche Gastgeber, sondern bieten auch vorzügliches Essen an. Daniele ist Italiener und kocht mit viel Hingabe leckerste 4-Gänge-Menüs mit Gerichten aus seiner Heimat. Bessere Nudelgerichte wird man in ganz Kuba nicht finden. Gegessen wird inmitten tropischer Pflanzen auf der rundum begrünten Dachterrasse, auf der man frühmorgens Kolibris beobachten kann. Man kann hier auch essen, ohne in der Suite Florencia zu übernachten (Reservierung unter Tel. 42 29 34 84), auch wenn es eigentlich keinen Grund gibt, das nicht zu tun. Ein besonderes Erlebnis auf einer Kubareise!

Die Provinz Villa Clara

AUF DEN SPUREN DES CHE

Tour-Infos
Start/Ziel: Parque Vidal
Länge: insgesamt ca. 6 km hin und zurück
Dauer: 4–5 Std. mit Museumsbesuchen
Karte: s. S. 327

In entgegengesetzter Himmelsrichtung, aber historisch eng miteinander verbunden, liegen Santa Claras bedeutendste Sehenswürdigkeiten, die man auf diesen beiden Spaziergängen kennenlernt. Nur knapp 1 km ist es vom Parque Vidal über die Calles Luis Estévez und Independencia zur Brücke über den Río Cubanicay, wo mit dem **Monumento a la Toma del Tren Blindado** 7 der erfolgreichen Kaperung des Munitionszugs der Batista-Armee durch Che Guevara und seine Truppe gedacht wird. Zu sehen sind ein massives Betondenkmal sowie einige der entgleisten Waggons und der Bulldozer, mit dem die Rebellen die Eisenbahnlinie lahmlegten. Zwei Waggons dienen als Museum und beherbergen persönliche Gegenstände der Soldaten und Guerilleros (mindestens Di–So 9–13.30 Uhr, unregelmäßige Öffnungszeiten, Eintritt frei, Führung gegen Spende).
Biegt man am Parque Vidal beim Hotel Santa Clara Libre in die Calle Rafael Tristá ein und geht ca. 2 km immer geradeaus, gelangt man zu einer ganz besonderen historischen Stätte: dem

Museo y Monumento Memorial Comandante Ernesto Che Guevara 8 . Schon von Weitem sieht man die gigantische Bronzestatue des Che, der mit Mütze und Gewehr in der rechten und eingegipster linker Hand (diese hatte er sich in der entscheidenden Schlacht um Santa Clara gebrochen) über die triste Betonfläche der **Plaza de la Revolución** wacht. Ihm zu Füßen wurde sein bekannter Satz »*Hasta la victoria siempre*« (›Immer bis zum Sieg‹) eingraviert. Ein riesiges Flachrelief links daneben zeigt Szenen verschiedener Schlachten der Revolution. Auf einem Betonsockel rechts der Statue wurden Zitate aus Ches Abschiedsbrief an Fidel eingraviert, den er bei seiner Abreise nach Bolivien hinterließ. Das Original befindet sich zusammen mit weiteren persönlichen Gegenständen des berühmten Revolutionärs im Museum auf der Rückseite des Monuments. Hier liegt auch das gruftähnliche Mausoleum, in dem Che 1997 zusammen mit 38 seiner kubanischen Kampfgefährten beigesetzt wurde. Eine ewige Flamme, von Fidel Castro persönlich entzündet, erinnert an den Guerillero (Av. de los Desfiles, Di–So 9–17 Uhr, Eintritt frei).

Fábrica de Tabacos Constantino Pérez Carrodegua 6

Calle Maceo 181, zw. Julio Jover und Berenguer, Mo–Fr 9–11, 13–15 Uhr, 5 €

Wer einmal eine Tabakfabrik von innen sehen, aber dafür kein Vermögen ausgeben möchte, sollte die **Fábrica de Tabacos Constantino Pérez Carrodegua** besuchen, wo u. a. Zigarren der Marke Romeo y Julieta und Montecristo gerollt werden. Oft ist man der einzige Besucher und erhält eine halbstündige Privatführung, auf der man viel Interessantes über die Entstehung der kostbaren Glimmstängel erfährt. Achtung: Die Eintrittskarten werden nur in den Reiseagenturen (s. unten), nicht aber direkt in der Fabrik verkauft, und können nur mit Kreditkarte bezahlt werden.

Infos

Infotur: Calle Cuba 68, zw. Machado und Maestra Nicolasa, Mo–Fr 9–12.30, 13–18 Uhr.
Cubatur: Calle Marta Abreu 10, zw. Máximo Gómez und Villuendas, Mo–Fr 9–12, 13–18, Sa 9–12 Uhr.
Havanatur: Calle Máximo Gómez, Ecke Independencia, Mo–Fr 8.30–12, 13–17.30, Sa 9–12 Uhr.
Oficina de Reservaciones de Campismo: Calle Maceo, zw. 9 de Abril und Serafín García, Mo–Fr 8–12, 13–16.30, Sa 8–12 Uhr.
Banco Financiero Internacional: Calle Cuba 8, zw. Tristá und Machado.
Cadeca: Calle R. Tristá, Ecke Cuba, Parque Vidal, Mo–Sa 8.30–20, So 9–18 Uhr.
Internet: Etecsa, Calle Marta Abreu 57, zw. Parque Vidal und Villuendas, Mo–Fr 8–16 Uhr.

Übernachten

Kolonial – **Central Villa Clara** 1 : Calle Cuba, zw. Padre Chao und Marta Abreu, Parque Vidal, Tel. 42 20 15 85–87, www.hotelescubanacan.com. Das beste staatliche Hotel im Zentrum. 23 Zi., €€
Modern – **América** 2 : Calle Mujica 9, zw. Colón und Maceo, Tel. 42 20 15 85/86, www.hotelescubanacan.com. Mit Pool (Benutzung auch für Nicht-Gäste) und Terrasse, Achtung: einige Zimmer haben kein Fenster. 27 Zi, €€
Mit revolutionärem Charme – **Santa Clara Libre** 3 : Calle Cuba, zw. Tristá und Padre Chao, Parque Vidal, Tel. 42 20 75 48/50, www.hotelescubanacan.com. Das zehngeschossige Hotel mit den sorgfältig restaurierten Einschusslöchern aus Revolutionszeiten kann nur aus nostalgischen Gründen empfohlen werden, hat aber eine schöne Dachterrassenbar. 124 Zi., €€
Direkt am Platz – **Vista Park** 4 (privat): Calle I. Vidal 1, Ecke Colón, Tel. 42 21 97 27, 52 76 81 41, www.hostalvistapark-cuba.com. Zentraler geht es nicht: drei große Zimmer mit Platz für bis zu fünf Personen, davon zwei mit eigenem Balkon zum Park und eines mit Zugang zur Terrasse, die auch von den anderen Gästen genutzt werden kann und von der

man den gesamten Parque Vidal im Blick hat. Platz für Fahrräder ist auch vorhanden und es gibt die Möglichkeit, hier zu essen (morgens und abends). Auf Wunsch organisieren die Gastgeber die Abholung vom Busbahnhof und sind bei der Organisation von Ausflügen behilflich. €

Mit toller Dachterrasse – **Hostal Amalia** 5 (privat): Calle Lorda 61, zw. Martí und Independencia, Tel. 54 77 29 34, hostalamalia61@gmail.com. Hier wird zwar im großen Stil vermietet (ganze acht Zimmer stehen zur Auswahl!), aber das Hostal hat seine Gemütlichkeit dadurch nicht verloren. Besonderes Highlight ist die schöne Terrasse mit Blick über die Dächer der Innenstadt, auf der man auch frühstücken kann. €

Für Genießer – **Suite Florencia** 6 (privat): Calle Maestra Nicolasa 8, zw. Cuba und Colón, Tel. 42 29 34 84, 55 17 42 27, www.suiteflorencia.com. Das Hostal befindet sich in einem schön renovierten und gut gepflegten, in den 1930er-Jahren erbauten Stadthaus im Kolonialstil. Marmortreppe, bunte Originalböden, extra hohe Decken – hier fällt es leicht, sich in vergangene Zeiten zurückzudenken. Die drei klimatisierten Zimmer sind schlicht, aber gemütlich und komfortabel, mit großen hellen Fenstern zur Straße hin. Die mit etlichen Pflanzen bestückte Gartenterrasse lädt mit Sitzgelegenheiten und Hängematten zum Erholen ein und dient als Hausrestaurant (s. Tipp S. 323). €

20 Schritte zum Hauptplatz – **Hostal Giselle y Daniel** 7 (privat): Juan Bruno Zayas 257-A, zw. Berenguer und Padre Tudur, Tel. 53 94 03 48. Giselle und Daniel sind Professoren an der Universität von Santa Clara und sehr herzliche Gastgeber, die ihre Gäste mit vielen guten Tipps versorgen. Das angebotene Zimmer ist schlicht, aber blitzblank. Die Terrasse bietet eine schöne Aussicht auf die Stadt und auch das Frühstück ist für kubanische Verhältnisse üppig. €

Santa Clara

Sehenswert
1. Biblioteca José Martí
2. Teatro de la Caridad
3. Museo de Artes Decorativas
4. Galería de Arte Visuales Máximo Gómez
5. Iglesia de Nuestra Señora del Buen Viaje
6. Fábrica de Tabacos Constantino Pérez Carrodegua
7. Monumento a la Toma del Tren Blindado
8. Museo y Monumento Memorial Comandante Ernesto Che Guevara

Übernachten
1. Central Villa Clara
2. América
3. Santa Clara Libre
4. Vista Park
5. Hostal Amalia
6. Suite Florencia
7. Hostal Giselle y Daniel

Essen & Trinken
1. El Sol
2. La Turam
3. La Casa del Gobernador
4. Pernilucho
5. Café Europa
6. Coppelia

Einkaufen
1. Fondo Cubano de Bienes Culturales
2. La Veguita

Abends & Nachts
1. El Mejunje
2. La Marquesina
3. Santa Rosalia
4. Bodeguita del Medio
5. Casa de Cultura

Essen & Trinken

Gepflegt speisen – **El Sol** 1 (privat): Calle Maceo 52, zw. Buen Viaje und Vidal, Tel. 42 27 14 63, tgl. 11–22 Uhr. Sonnige oder auch sternklare Stunden kann man auf der Terrasse im 1. Stock dieses beliebten Restaurants verbringen. Die Speisekarte ist vielfältig, die Portionen sind groß und das Essen schmeckt ausgezeichnet. €€

Einfach & beliebt – **La Turam** 2 (privat): Calle Luis Estévez 60, zw. Martí und Independencia, Tel. 42 28 11 88, tgl. 9–23.30. Ein kleines Lokal mit der Aura eines Schnellrestaurants. Hier gibt es seit Jahren Pizzen, Pasta und Bier. Großartige kulinarische Highlights darf man hier nicht erwarten, aber dafür wird man für sehr wenig Geld satt. Am Wochenende bilden sich oft Warteschlangen. €

Kubanisch bodenständig – **La Casa del Gobernador** 3 : Calle Independencia, Ecke Zayas, tgl. 11–22 Uhr. Freundliches Restaurant mit großen Fenstern zur Fußgängerzone hin, netter Atmosphäre und sehr günstigen – allerdings nicht weltbewegenden – Speisen. €

Günstig – **Pernilucho** 4 (privat): Valle Maceo 52, zw. Buen Viaje und Vidal, Tel. 42 28 33 94, tgl. 11–22.30 Uhr. Akzeptables Essen zu sehr günstigen Preisen. Allerdings ist es recht dunkel (schummrige Beleuchtung) und kühl (Klimaanlage) hier und die Musik ist definitiv zu laut. €

In-Treff – **Café Europa** 5 : Calle Independencia, Ecke L. Estévez, tgl. 10.30–22 Uhr. Die Sitzgelegenheiten unter einer Marquise in der Fußgängerzone sind perfekt zum Leute beobachten und daher meist gut besetzt. €

Im Eishimmel – **Coppelia** 6 : Calle Mujica, Ecke Colón, tgl. 10–24 Uhr. Das beste Eis der Insel, wie mancherorts immer noch gemunkelt wird, gibt es hier zwar sicher nicht (das gibt es in Santiago de Cuba), ein Besuch des Ablegers der berühmtesten Eisdiele Kubas lohnt dennoch. €

Ernesto ›Che‹ Guevara

Das Bild vom schwarz gelockten Revolutionär mit dem roten Stern auf der Militärmütze und dem in die revolutionäre Zukunft schweifenden Blick hing in den 1970er-Jahren wohl in jeder WG – der Che war weltweit ein Symbol für den Freiheitskampf unterdrückter Völker. Heute ist dieses Foto, das Alberto Díaz 1960 schoss, das meistgedruckte des Erdballs und ziert T-Shirts und Zigarettenpackungen.

In Kuba ist die Ikone Che Guevara allgegenwärtig – der Che lächelt als jugendlicher Held von riesigen Plakatwänden, rollt auf Postern eine dicke Havanna zwischen den Zähnen, beugt sich über ein Schachbrett, erscheint als heilig gesprochener Märtyrer und lianenbekränzter Jesus auf schrillen Kitschpostkarten. Eine tote Ikone ist eben auch ein Joker, den man in Krisenzeiten gut für Durchhalteparolen einsetzen kann. So skandieren Schulkinder pflichtgemäß beim Morgenappell »Wir werden sein wie Che«, und das soll bedeuten: bescheiden, aufopferungsvoll und revolutionär – ›Neue Menschen‹, die sich nicht von materiellen, sondern ausschließlich von ethischen Überzeugungen leiten lassen und mit Selbstverleugnung für das Wohl der Gemeinschaft arbeiten, eine geradezu übermenschliche, fleischgewordene Utopie, aus der nicht nur in Kuba nichts geworden ist.

Ernesto Guevara de la Serna wird am 14. Juni 1928 im argentinischen Rosario geboren. Als Kind leidet er unter Asthmaanfällen, die ihn jedoch nicht daran hindern, ein hervorragender Sportler zu werden und als Erwachsener unablässig dicke Zigarren zu rauchen. Er studiert Medizin und bereist zusammen mit einem Freund den gesamten lateinamerikanischen Kontinent auf einem altersschwachen Motorrad, er promoviert zum Dr. med. und geht 1953 nach Guatemala und Mexiko, wo er auf die kubanischen Rebellen um Fidel Castro trifft und sich ihnen anschließt.

Che, wie ihn die Kubaner wegen seines argentinischen Akzents nennen, kämpft als Comandante mit der Bewegung des 26. Juli in der Sierra Maestra, befreit mit seiner Einheit Santa Clara und zieht mit der siegreichen Rebellenarmee in Havanna ein. Aus den Erfahrungen, die er während dieser Zeit sammelt, entstehen später die Schriften zur Strategie und Taktik des Guerillakampfs. Che Guevara wird Chef der Industrieabteilung am Nationalen Institut der Agrarreform und Präsident der kubanischen Nationalbank. Mit seiner Wirtschaftspolitik versucht er, die radikale Landreform zu beschleunigen, die Monokultur des Zuckers einzuschränken, das Land zu industrialisieren und die Rohstoffeinfuhren zu beschränken. Als charismatischer Comandante mobilisiert er die Bevölkerung zu freiwilligen Arbeitseinsätzen und geht selbst mit gutem Beispiel voran – soweit die offizielle Legende.

Doch das Bild vom edlen Guerrillero Che Guevara hat auch einige sehr dunkle Seiten. Gleich nach der Revolution (die, wie man sich leicht vorstellen kann, nicht gerade gewaltfrei ablief und viele Kleinbauern und Unbeteiligte das Leben kostete) war Che Guevara für die Militärtribunale gegen ›konterrevolutionäre‹ Gefangene zuständig, die in der Festung La Cabaña in Havanna festgehalten wurden. Mindestens 216 Menschen, alle namentlich bekannt, ließ Che Guevara standrechtlich erschießen und verteidigte dies 1964 vor der UNO mit dem Argument, Kuba befinde sich in einem Krieg auf Leben und Tod. In sein Tagebuch notierte er, Erschießungen seien »eine Notwendigkeit für das kubanische Volk«.

Das Bild »Immer Che« von Raúl Martínez (1970) ist in Havannas Museo Nacional de Bellas Artes live zu bewundern

Für jene Kubaner, die dem Ideal des revolutionären Neuen Menschen nicht entsprechen wollten oder es an revolutionärer Moral fehlen ließen, richtete Che Guevara als Industrieminister das erste Zwangsarbeitslager (UMAP) ein, dem Hunderte weitere folgen sollten. In seiner Schrift »Der Sozialismus und der Mensch in Kuba« aus dem Jahr 1965 erklärt er die aktive Beteiligung an der Revolution und dem Aufbau des Sozialismus sowie den Kampf gegen alle Angriffe auf das revolutionäre Kuba zur Pflicht eines jeden Kubaners. Und aus einem Interview, das Che Guevara der kommunistischen britischen Zeitung Daily Worker nach der Kubakrise 1962 gab, sprechen weder Menschenfreundlichkeit noch politische Weitsicht: »Wenn die Raketen unter kubanischem Kommando gestanden hätten«, sagte Guevara, »so hätten wir sie abgefeuert«.

Infolge grundlegender politischer Divergenzen mit den Castro-Brüdern (die einen Schulterschluss mit der Sowjetunion anstrebten, während Che Guevara mit dem chinesischen Modell sympathisierte und eigene, zutiefst radikale Überzeugungen propagierte) trat er 1965 von allen öffentlichen Ämtern zurück und verließ Kuba. Zunächst ging er in den Kongo, um die dortigen Rebellen zu unterstützen, und 1966 mit 44 Kämpfern nach Bolivien, wo eine Revolution nach kubanischem Muster geplant war. Am 8. Oktober 1967 wurde Che Guevara vom bolivianischen Militär gefangen genommen und einen Tag später im Auftrag des Präsidenten Boliviens vom Feldwebel Mario Terán erschossen. Wenige Monate zuvor hatte Che Guevara sein letztes politisches Vermächtnis verbreitet. In »Schafft zwei, drei, viele Vietnams« (»Mensaje a la Tricontinental«) beschreibt er den idealen Kämpfer als »effektive, gewaltsame, selektive und kalte Tötungsmaschine. So müssen unsere Soldaten sein; ein Volk ohne Hass kann einen brutalen Feind nicht besiegen.«

Die Provinz Villa Clara

Einkaufen

Die meisten Geschäfte liegen im Fußgängerbereich der **Calle Independencia** zwischen den Calles Maceo und Zayas.

Kunsthandwerk – Souvenirstände findet man in der **Calle Lorda** zwischen dem Theater und dem Museo de Artes Decorativas.

Fondo Cubano de Bienes Culturales 1: Calle Independencia, gegenüber Monumento a la Toma del Tren Blindado, Mo–Fr 9–13, 13.30–17, Sa 9–13 Uhr. Holzskulpturen, Musikinstrumente, Hüte, Basttaschen, Ledersandalen, Schmuck etc.

Zigarren & Spirituosen – **La Veguita 2:** Calle Maceo 176-A, zw. J. Jover und Berenguer, Mo–Sa 9–17 Uhr. Sehr schöner Laden mit kleiner Zigarren-, Rum- und Whiskyauswahl, Café-Bar und Rauchersalon.

Abends & Nachts

Unikum – **El Mejunje 1:** Calle M. Abreu 107, zw. Zayas und Lubián, tgl. ab 10 Uhr, abends häufig Eintritt. Ein in jeder Hinsicht einzigartiges Etablissement, das in ganz Kuba seinesgleichen sucht. Ort des Geschehens ist eine Ruine ohne Dach, aber mit Türen, drei Bäumen, ein paar Hühnern, einer Bühne und groben Holzbänken. Eine Treppe führt hinauf zu einer Galerie, von der sich alles perfekt überblicken lässt. Das Publikum wechselt je nach Tag(-eszeit): Sa und So vormittags wird ein Kinderprogramm geboten, am Sonntagnachmittag versammelt sich ein tanzfreudiges Volk meist älteren Semestern, sogar über 80-Jährige schwingen hier die Hüften, ab 17 Uhr zu Livemusik. Etwas ganz Besonderes am Wochenende sind die Transvestitenshows (ab 22 Uhr), die es bereits zu einer Zeit gab, als Homosexualität in Kuba offiziell unter Strafe stand. An den übrigen Abenden wird zumeist Musik aus der Dose gespielt, ab etwa 22 Uhr kocht die Stimmung. Zum Mejunje gehören auch das rustikale Lokal und die Kunstgalerie im Nebenhaus. Bei Regen fallen die Veranstaltungen naturgemäß aus.

Bars – **La Marquesina 2:** Calle Marta Abreu, Ecke M. Gómez. Draußen sitzt sich's sehr nett mit Blick auf den Platz, für drinnen sollte man eine gewisse Trinkfestigkeit mitbringen. **Santa Rosalia 3:** Calle M. Gómez, zw. M. Abreu und Independencia, Restaurant tgl. 11–21 Uhr, Bar häufig länger. Das Restaurant im ehemaligen Wohnhaus von Marta Abreu ist weniger empfehlenswert, aber der Patio ein angesagter Ort für einen Drink. Häufig Livemusik. **Bodeguita del Medio 4:** Calle L. Vidal 1, zw. Colón und Maceo, tgl. 11–23 Uhr. Der Ableger des Kultlokals aus Havanna bietet kreolische Küche, Livemusik und natürlich Mojitos.

Livemusik, Comedy und mehr – **Casa de Cultura 5:** Parque Vidal Nr. 5. Vielfältiges Programm.

Theater – **Teatro de la Caridad 2:** s. S. 323, wechselnde Aufführungszeiten, ab 150 CUP. Das Programm ist außen angeschlagen.

Verkehr

Flüge: Aeropuerto Internacional Abel Santamaría, Crta. Maleza Km 11, Tel. 42 20 91 38, 42 22 75 25, 42 22 75 51.

Züge: Estación de Ferrocarril, 1 km nördlich vom Parque Vidal, Tel. 42 20 28 95, 42 20 08 54. Reservierungsbüro in der Calle Pedro Estévez Norte 323 (gegenüber). Jeden vierten ungeraden Tag Züge nach Santiago de Cuba mit Halt in Camagüey und Ciego de Ávila. Jeden vierten geraden Tag nach Havanna mit Halt in Matanzas. Abfahrtszeiten und Verbindungen ändern sich derzeit häufig.

Busse: Terminal de Ómnibus Interprovincial, Crta. Central, zw. Independencia und Oquendo, Tel. 42 29 21 14, 42 22 25 23. Der Busbahnhof für überregionale Verbindungen liegt 3 km westlich vom Parque Vidal, ein Taxi ins Zentrum kostet ca. 500 CUP. Mit Víazul 3 x tgl. nach Sancti Spíritus (6 €), 3 x tgl. nach Ciego de Ávila (10 €), 3 x tgl. nach Camagüey (18 €), 2 x tgl. nach Holguín (30 €), 3 x tgl. nach Santiago de Cuba (38 €), 1 x tgl. nach Trinidad (7 €), 2 x tgl. nach Varadero (12 bzw. 13 €), 3 x tgl. nach Havanna (18 €). Provinzbusse, u. a. tgl. nach Remedios und Caibarién, starten am Terminal de Ómnibus Intermunicipal, Crta. Central, Ecke C. Pichardo, ca. 1 km südwestlich vom Parque Vidal, Tel. 42 20 34 70.

Transport innerhalb der Stadt: Pferdekutschen fahren u. a. entlang der Calle Marta Abreu bis zum Busbahnhof (300 CUP). Bicitaxis verlangen für Fahrten innerhalb des Zentrums 150–350 CUP. Einen Taxistand findet man in der Calle Máximo Gómez am Parque Vidal.

Lago Hanabanilla ▶ K 4

Durch Tabakland, Viehweiden und Zuckerrohrfelder führt eine Landstraße von Santa Clara aus in südlicher Richtung über das Örtchen **Manicaragua** zum 50 km entfernten **Lago Hanabanilla.** Der künstlich gestaute See liegt idyllisch im Herzen der Sierra del Escambray (s. S. 310) und erstreckt sich über fast 32 km. Von hier aus werden die Städte Santa Clara und Cienfuegos mit Wasser versorgt und ein kleines Kraftwerk liefert Strom für die Gegend von Hanabanilla. Die umliegenden Berge und Anhöhen eignen sich gut zum Wandern (von weiter oben hat man einen sehr schönen Blick über den wie einen Spiegel zwischen den Bergen eingelassenen See), passionierte Angler machen Jagd auf Forellen und Barsche, man kann aber auch auf dem See rudern oder an einem Bootsausflug teilnehmen.

Übernachten

Schlafen am See – **Hanabanilla:** am Lago Hanabanilla, Tel. 42 20 85 50, 42 20 84 61, www.islazulhotels.com. Nicht gerade eine architektonische Meisterleistung, dennoch ein freundliches Hotel mit Pool und Ausflugsangeboten. 125 Zi., €, inkl. Frühstück
Campismo – **Río Seibabo:** Crta. a Condado, ca. 25 km südöstlich von Manicaragua kurz hinter Güinía de Miranda, Tel. 42 34 98 32. 35 Häuschen für 2–8 Pers., ausländische Gäste sind willkommen. Tolle Basis für Wanderungen und Ausritte in die Sierra del Escambray. Mit Restaurant. €

Aktiv

Wandern – In der Umgebung lassen sich herrliche Touren unternehmen, stets kombiniert mit einer Bootsfahrt, z. B. zum Río Negro, zu einer Kaffeeplantage oder zum Wasserfall El Nicho (s. S. 298). Die Ausflüge können im Hotel gebucht werden.
Angeln – Das Hotel organisiert auch Angeltouren.

Remedios ▶ L 4

Cityplan: S. 334

Knapp 50 km liegt das pittoreske Kolonialstädtchen **Remedios** (50 000 Einwohner) von Santa Clara entfernt und kann daher gut als Tagesausflug eingeplant werden. In Anbetracht der stimmungsvollen Atmosphäre und Unterkünfte allerdings sollte man vielleicht eine Übernachtung in Betracht ziehen. Remedios ist eine der sieben ältesten Städte Kubas und vor allem für seine alljährlich im Dezember stattfindenden **Parrandas Remedianas** berühmt: Geschmückte Umzugswagen (carrozas) fahren durch die Stadt, begleitet von Musikbands und congas, die außer Musik auch jeden erdenklichen Lärm machen – wer den lautesten Krach schlägt, hat gewonnen. Dieser Brauch entstand 1820, als ein Priester sich darüber ärgerte, dass die Remedianer zu bequem waren, in die Weihnachtsmesse zu kommen. Er schickte eine Gruppe von Kindern durch die Stadt, die auf Töpfen schlugen und lärmten, um seine faulen Schäfchen aus ihren Häusern und in die Kirche zu locken. Noch weiter zurückliegende historische Wurzeln der Parrandas in Remedios sind lärmende Prozessionen, die seit dem 15. Jh. Geistliche der Stadt gegen Pest und Krankheiten verbreitende Dämonen durchführen ließen.

Museo de las Parrandas Remedianas 1

Calle Alejandro del Río 74, zw. M. Gómez und E. Malaré, Di-Sa 9–18, So 9–13 Uhr, 50 CUP
Die fantasievollen Kostüme und Instrumente des karnevalesken Spektakels sind im **Museo de las Parrandas Remedianas** ausgestellt. Wer im Dezember nicht live dabei sein kann, bekommt dank der vielen hier ausgestellten Fotos zumindest einen Eindruck von dem Geschehen.

Die Provinz Villa Clara

Zur Regenzeit können sich die Straßen schon mal in seengleiche Pools verwandeln

Galería de Arte Carlos Enríquez Gómez 2

Balmaceda 2, Plaza Martí, Di–Sa 9–17, So 9–12 Uhr, Eintritt frei

Die nach dem bekannten, aus der Provinz Villa Clara stammenden Maler benannte Galerie zeigt monatlich wechselnde Ausstellungen von Künstlern aus der Region.

Plaza Martí

Remedios zentrale **Plaza Martí** wird – einzigartig in Kuba – gleich von zwei katholischen Kirchen flankiert: der aus dem 18. Jh. stammenden **Iglesia de Nuestra Señora del Buen Viaje** 3 und der sehenswerten **Iglesia Parroquia de San Juan Bautista de Remedios** 4 von 1692 mit einem vergoldeten Zedernholzaltar und Mudéjardecke.

Die Geschichte von Remedios wurde ähnlich wie die von Trinidad über Jahrhunderte vom Zuckerhandel bestimmt, wovon die zahlreichen Prachtbauten rund um den Platz zeugen. Anders als Trinidad ist die Stadt jedoch (noch) kein viel frequentiertes Touristenziel und hat ihren verträumten Charme weitgehend bewahrt. Um so schöner, dass man auf dem nur mäßig befahrenen Platz gleich mehrere ansprechende Cafés zur Auswahl hat, die ihre Tische ins Freie stellen.

Museo de la Música Alejandro García Caturla 5

Plaza Martí 5, vorübergehend geschl.

Musikliebhaber sollten noch einen Blick in das **Museo de la Música Alejandro García Caturla** werfen, das Wohnhaus dieses kubani-

aus kolonialen und modernen Elementen, so leuchten die Wände des Säulenpatios in knalligen Farben und die Treppe hat eine Glasbalustrade. Achtung: Nicht alle Zimmer haben ein Fenster! 26 Zi., €€. **Mascotte** 2 **:** Calle Máximo Gómez 114, Plaza Martí, Tel. 42 39 51 44, www.hotelescubanacan.com. Das hübsche Kolonialgebäude fungiert mit einigen Unterbrechungen seit 1876 als Hotel. Die Hälfte der Zimmer hat einen Balkon, am schönsten ist die Nr. 1. Restaurant und einladender Patio mit Bar. 10 Zi., €€. **Barcelona** 3 **:** Calle José A. Peña 67, zw. La Pastora und Antonio Maceo, Tel. 42 39 51 44/45, www.hotelescubanacan.com. Die große Schwester des Hotels Mascotte ist nicht minder attraktiv und verfügt über 24 gut ausgestattete, allerdings teils fensterlose Zimmer rund um einen Patio. €€

Die beste Wahl – **Villa Colonial** 4 (privat): Calle Maceo 43, Ecke Av. General Carillo, Tel. 42 39 62 74, 52 47 57 26, villacolonial.frank@nauta.cu, www.cubavillacolonial.com. Frank und Arelys haben zwei Häuser miteinander verbunden und über die Jahre ein wahres Schmuckstück von einer Casa erschaffen – eine Kolonialunterkunft durch und durch mit sechs Zimmern, liebevoll mit Antiquitäten eingerichteten Ess- und Aufenthaltsräumen, großem Säulenpatio und fantastischer Dachterrasse. Den Gästen wird eine diskrete, aber aufmerksame Rundumbetreuung durch das Lehrerehepaar zuteil, das mit viel Herz bei der Sache ist. Besser als jedes Hotel! Frank spricht sehr gut Englisch. €

Musikerhaushalt – **Hostal Casa Richard** 5 (privat): Ricardo Rondón del Río, Calle Maceo 52, zw. Av. General Carrillo und Fe del Valle, Tel. 42 39 66 49, 52 94 02 85, r.richard.rondon@gmail.com. Hier ist alles ebenerdig – die drei architektonisch unterschiedlich gestalteten Zimmer (eines mit Mezzanin) haben Türen zu einem großen lichten Patio, in dem ein stattlicher Avocadobaum für etwas Schatten sorgt und Schaukelstühle zum Verweilen einladen. Der Besitzer Ricardo ist Musiker. €

Nah am Hauptplatz – **Hostal San Carlos** 6 (privat): Ania González Lozano, Calle José A. Peña 75-C, zw. Maceo und La Pastora, Tel. 42 39 56 24, +34 61 73 91 185 (Spanien), happy

schen Komponisten, in dem er 20 Jahre lang bis zu seinem gewaltsamen Tod 1940 lebte. Caturla war nicht nur ein innovativer Komponist und Musiker, er erregte auch großes Aufsehen, weil er die Kultur der ›ungebildeten Leute‹ schätzte und eine schwarze Frau heiratete.

Infos

Infotur: Calle Margalis, Ecke Brigadier González, Mo–Fr 8–17, Sa 8–12 Uhr.
Cadeca: Calle Máximo Gómez 77, zw. Balmaceda und Alejandro del Río.

Übernachten

Charmante Boutiquehotels – **Camino del Príncipe** 1 **:** Calle C. Cienfuegos 9, Ecke Montalván, Plaza Martí, Tel. 42 39 51 44, www.hotelescubanacan.com. Hier gibt's einen Stilmix

Remedios

Übernachten
1. Camino del Príncipe
2. Mascotte
3. Barcelona
4. Villa Colonial
5. Hostal Casa Richard
6. Hostal San Carlos

Essen & Trinken
1. La Salsita
2. Taberna los 7 Juanes
3. El Louvre
4. Restaurante Ebenezer

Einkaufen
1. Artex
2. Tres Reyes

Sehenswert
1. Museo de las Parrandas Remedianas
2. Galería de Arte Carlos Enríquez Gómez
3. Iglesia de Nuestra Señora del Buen Viaje
4. Iglesia Parroquia de San Juan Bautista de Remedios
5. Museo de la Música Alejandro García Caturla

Abends & Nachts
1. Portales de la Plaza
2. Casa de Cultura Agustín Jiménez Crespo
3. Las Leyendas
4. El Golazo

---

flis.obc@gmail.com, www.hostal-san-carlos-remedios.maxicuba.com. Außer der ungewöhnlichen Fensterposition in den Zimmern – von Bauchhöhe bis zum Boden – gibt es stilistisch nichts Besonderes zu vermerken, aber die Atmosphäre ist sehr herzlich, von den beiden Terrassen blickt man bis zur Kathedrale und es wird kostenlos Schnorchelausrüstung verliehen. 3 Zi., €

Essen & Trinken

Klein, aber fein – **La Salsita** 1 (privat): Av. General Carillo, zw. Maceo und La Pastora, Tel. 52 02 35 43, tgl. 12–20 Uhr. Kleines privates Restaurant in einem schönen Kolonialhaus. Alles sehr schlicht gehalten, es fühlt sich an, als säße man bei jemandem im Wohnzimmer. Die Speisekarte ist klein und typisch kubanisch, die Preise sind vergleichsweise niedrig. €–€€

Platzhirsch – **Taberna los 7 Juanes** 2 : Calle Balmaceda, Ecke M. Gómez, tgl. 10–24 Uhr. Backsteinwände, auf Hochglanz getrimmtes Holzmobiliar, eine moderne Bar, Kleinigkeiten zum Essen wie Oliven, Sandwiches oder Käseteller sowie eine beeindruckende Auswahl an Weinen von chilenischer bis zu französischer Provenienz machen diese Taverne an der Plaza Martí zu einem beliebten Lokal für den Aperitif oder einen Drink nach dem Essen. Tische drinnen und draußen auf der Plaza. €–€€

Seit 1886 in Betrieb – **El Louvre** 3 : Máximo Gómez 122, Plaza Martí, tgl. 9–24 Uhr. Kubas älteste noch existierende Cafetería ihrer Art wurde 1886 eröffnet und nach dem Bürgersteig benannt, an dem sie sich befindet: der Acera del Louvre. Inzwischen breitet sie sich bis auf den Platz hinaus aus. Kleine Gerichte und Barbetrieb. €–€€

Etwas außerhalb – **Restaurante Ebenezer** 4 (privat): Circunvalación, Ecke Ctra. Zulueta, Tel. 58 21 79 69, Do–Di 11.30–22 Uhr. Knapp 1,5 km südwestlich von der Plaza Martí liegt der Paladar Ebenezer, ein schönes Palapa-Restaurant im Grünen mit guter kreolischer Küche. €€

Einkaufen

Kunsthandwerk & Co. – In der **Calle Máximo Gómez,** zwischen Alejandro del Río und Balmaceda, findet man Souvenirstände. **Artex** 1 : Calle Máximo Gómez, zw. Alejandro del Río und Balmaceda, tgl. 9–18 Uhr. Hier werden u. a. CDs und Bücher verkauft.
Zigarren & Rum – **Tres Reyes** 2 : Calle Margalis, Ecke Máximo Gómez, Plaza Martí, Mo–Sa 10–17 Uhr.

Abends & Nachts

Mit Kirchenblick – **Portales de la Plaza** 1 : Calle C. Cienfuegos, Ostseite der Plaza Martí, tgl. 10–22 Uhr. Schönes Sitzen unter Arkaden, aber man sollte es bei einem Drink belassen und nicht zum Essen hierherkommen.
Livemusik & mehr – **Casa de Cultura Agustín Jiménez Crespo** 2 : Calle José A. Peña 67, etwas vom Platz zurückgesetzt, tgl. 8–23 Uhr, Eintritt frei. Fr, Sa, So gelegentlich abends Konzerte. **Las Leyendas** 3 : Calle Máximo Gómez 124, Plaza Martí. Kulturzentrum mit Bar, ab 22 Uhr Livemusik, Tanzaufführungen, Comedy etc.
Open-Air-Klub – **El Golazo** 4 : Calle A. Maceo, Ecke Independencia, Di–Do 18–24, Fr–So bis 2 Uhr, ca. 150 CUP. Im Innenhof eines alten Kolonialhauses, bei gutem Wetter tgl. Programm, z. B. Noche de Salsa und Shows.

Aktiv

Stadttouren & Tanzen – **Paradiso** 1 : bei Artex, s. oben, tgl. 9–13, 15–18 Uhr. Geführte Rundgänge durch Remedios, Tanzunterricht, Jeep-Safaris etc.

Termine

Parrandas Remedianas: Dez. Jedes Wochenende Umzüge, Höhepunkt der Aktivitäten ist am 24. Dez.

Verkehr

Busse: Von der Busstation am südlichen Stadtrand an der Straße nach Santa Clara fahren unregelmäßig Nahverkehrsbusse nach Caibarién und Santa Clara. Víazul fährt Remedios bis auf Weiteres nicht mehr an. Die Unterkünfte von Infotur (s. S. 333) können Taxis (und je nach Zahl der Mitfahrer auch Taxis Colectivos) zu allen touristischen Orten in Zentral- und Westkuba organisieren.

Caibarién ▶ L 4

Auf der Weiterfahrt Richtung Caibarién ist ca. 2 km hinter Remedios linker Hand die **Finca La Cabaña** ausgeschildert. Auf der Schaufarm inmitten eines Palmenhains erhält man einen touristischen Einblick in das Leben kubanischer Bauern und kann im dazugehörigen Rancho deftige kreolische Küche probieren. Auch Reittouren stehen auf dem Programm (tgl. 10–17 Uhr).

Nach weiteren 7 km kommt die Hafenstadt **Caibarién** (39 000 Einwohner) in Sicht, deren Dornröschenschlaf irgendwann beendet sein dürfte, denn der nahe Cayo Santa María wird immer mehr zu einem Tourismuszentrum ausgebaut. Doch noch dümpeln die bunten Fischerboote im Hafen vor sich hin. Die sehr breiten Straßen werden gesäumt von verblichenen Holzhäusern, auf den überdachten Veranden davor schaukeln sich die *cangrejeros* (›Krebsfänger‹) durch den Tag. Ihren Spitznamen verdanken die Einwohner von Caibarién den vielen Krebsen, die hier aus dem Meer gezogen und – gerne auch illegal – verspeist werden. Caibarién lebt in erster Linie vom Fischfang, wenngleich es hier auch eine stattliche Anzahl von Industrieunternehmen gibt: Ganz wichtig ist die Langustenverarbeitung, doch es werden auch Schwämme präpariert, Fahrräder hergestellt und in den beiden größten Lederfabriken des Landes Tierhäute gegerbt. Insgesamt macht der Ort einen eher verwahrlosten Eindruck und verführt nicht unbedingt zu einem längeren Aufenthalt, es sei denn, man will sich die hohen Übernachtungspreise auf den Cayos Las Brujas und Santa María sparen und von hier zu den dortigen Stränden pendeln.

Je nach Reiseziel kann man von Caibarién entweder auf direktem Weg nach Santa Clara und zur Autopista Nacional zurückkehren, oder man nimmt die gut ausgebaute Landstraße, die parallel zur Nordküste über **Yaguajay** und **Chambas** nach Morón (s. S. 342) führt, optimalerweise unterbrochen durch einen Abstecher nach Florencia (s. S. 345).

Infos
Havanatur: Av. 9, zw. 8 und 10.

Übernachten
Direkt am Wasser – **Hostal El Malecón** (privat): Avenida 21 Nr. 621, zw. 6 und 8, Tel. 52 48 88 83. Drei Zimmer, alle sauber und mit Klimaanlage. Terrasse mit Blick auf die Bucht. Gutes Essen. Zum Hostal gehört auch eine Bar, die leckere Cocktails serviert. €

Mit Hängematten – **Villa Virginia** (privat): Ciudad Pesquera 73, Tel. 42 36 33 03, 53 12 39 84, villavirginia@gmail.com. Am östlichen Ortsrand in Caibariéns Fischersiedlung liegt das gastfreundliche Haus von Virginia und Osmani. Zwei funktionelle Zimmer und erstklassiges Essen. €

Zentral – **Hostal la Nena** (privat): Av. 13, Nr. 1415, zw. 14 und 16, Tel. 42 36 44 63, 53 80 27 55, hostallanena@gmail.com. Nur drei Blocks vom zentralen Platz, dem Parque Libertad, entfernt. Zwei Zimmer im 1. Stock mit gemeinsamem Balkon und Dachterrasse. €

Essen & Trinken
Unvermutetes Kleinod – **En Familia** (privat): Av. 9, zw. 28 und 30, am Ortseingang von Caibarién nahe der Tankstelle, Tel. 42 35 13 51, tgl. 11–23 Uhr. Hier wird die ganze Bandbreite kreolischer Kost serviert, natürlich auch Krebs und Languste, all das sehr gut zubereitet, nett angerichtet und zu unschlagbar günstigen Preisen. €–€€

Aktiv
Baden – Der Hausstrand von Caibarién liegt am nördlichen Ortsende und gehört zu einem Freizeitzentrum. Am Wochenende ist hier die Hölle los, dann kommen die Menschen lastwagenweise angefahren und bevölkern den goldgelben, palmenbestandenen Sandstreifen.

Termine
Parrandas de Caibarién: 26.–28. Dez. In Caibarién spielt sich ein ähnliches Spektakel ab wie in Remedios (s. S. 331).

Verkehr
Über die Unterkünfte können Taxis (Colectivos) auf die Cayos oder nach Santa Clara organisiert werden. Busse verkehren zzt. nicht.

Cayo Las Brujas, Cayo Santa María ▶ L/M 3

Allein die Fahrt von Caibarién über den 56 km langen Pedraplén (›Damm‹) ist ein Erlebnis: Man scheint geradewegs durch die türkisfarbene See zu fahren, vorbei an Kormoranen, Flamingos und vielen winzigen Mangroveninselchen, deren grüne Blätterköpfe wie Pilze aus dem Meer ragen. 45 Brücken sollen den Wasseraustausch ermöglichen und die Umweltschäden vermeiden, die beim Bau des Straßendamms nach Cayo Coco (s. S. 347) gemacht wurden.

Festen Boden unter die Füße bekommt man erstmals wieder nach 38 km auf **Cayo Las Brujas**. Individualisten können hier im kleinsten – und günstigsten – Hotel auf den Inseln unterkommen. Am Strand, der über einen Zufahrtsweg nach dem Flughafen erreichbar ist, ließe sich sogar ein Zelt aufstellen, doch schon eine Bucht weiter steht das erste der zahlreichen Luxusresorts auf den Eilanden.

Das Inselhüpfen geht weiter. Nächste Station ist das winzige **Cayo Ensenachos** mit einer weiteren Hotelanlage und Kubas größtem Delfinarium, dem **Acuario Delfinario Cayo Santa María** (tgl. 1 oder 2 Shows, Eintritt 5 USD, Schwimmen mit Delfinen 79 USD).

Die größte Insel des Archipels ist **Cayo Santa María.** Trotz seiner rasanten Erschließung und aktuell rund 12 000 Hotelzimmern findet man hier noch ausreichend unerschlossene Strände, um lange Spaziergänge zu unternehmen, Muscheln zu suchen und an einigen Stellen sogar (offiziell) hüllenlos zu baden. Erholung und Einsamkeit stehen auf Cayo Santa María an erster Stelle. Damit die Unterhaltung nicht zu kurz kommt, wurden zwei Dörfer im Kolonialstil errichtet, das **Pueblo La Estrella** und das **Pueblo Las Dunas,** im Grunde genommen nichts weiter als Shoppingkomplexe mit dem entsprechenden Angebot.

Infos
Im Internet: www.cayosantamaria.info.

Übernachten
Nur für Erwachsene – **Meliá Buenavista:** Cayo Santo Maria, Tel. 42 35 07 00, www.meliacuba.com. Fünf-Sterne-Luxushotel überschaubarer Größe direkt am Strand mit allen Einrichtungen einer Anlage dieses Stils. Sehr gutes Preis-Leistungs-Verhältnis. €€€, all inclusive

One-Hotel-Show – **Iberostar Selection Ensenachos:** Cayo Ensenachos, Tel. 42 35 03 01, www.iberostar.com. Auf dem Eiland gibt es nur dieses eine Resort mit 506 Zimmern unterschiedlicher Kategorien, darunter 46 Villen. €€€, all inclusive

Die bezahlbare Alternative – **Starfish Cayo Santa María:** Cayo Santa María, Tel. 42 35 04 00, www.starfishresorts.com. Riesige, an einem herrlichen Strandabschnitt gelegene Anlage mit 1368 Zimmern, die auf zweistöckige Wohneinheiten verteilt sind. €€, all inclusive

Holzbungalows – **Villa Las Brujas:** Cayo Las Brujas, Tel. 42 20 91 38, www.gaviotahotels.com. Durch Plankenwege miteinander verbundene, schlichte Bungalows im Grünen an einer Felsküste, fast alle mit Terrasse und Meerblick. Nebenan erstreckt sich ein langer schmaler Sandstreifen, der allerdings steil ins Meer abfällt. 24 Zi., €€, inkl. Frühstück

Essen, Einkaufen, Ausgehen
Alles in einem – In den beiden für Touristen aus dem Boden gestampften Retortendörfern Pueblo La Estrella und Pueblo Las Dunas auf Cayo Santa María findet man zahlreiche Geschäfte und Restaurants, einen Friseur, Banken und eine Disco.

Aktiv
Wassersport – **Marina Cayo Las Brujas:** Cayo Las Brujas, Tel. 42 35 00 13, 42 35 01 13. Hochseefischen, Segeltörns, Schnorcheln, Tauchen etc. Alles über die Hotels zu buchen.

Verkehr
Selbstfahrer bezahlen an einer Mautstelle vor dem Pedraplén 4 USD hin und zurück.
Flüge: Vom Las Brujas International Airport, Tel. 42 35 00 09, Flüge nach Havanna.
Busse: Die Víazul-Verbindung nach Santa Clara wurde eingestellt. Bei besserer Versorgungslage wird sie vermutlich wieder aufgenommen. Vorab informieren (s. S. 110)!
Transport vor Ort: Ein Touristenbus pendelt zwischen den Hotels, dem Delfinarium und den beiden Pueblos (5 €).

HAUS AM MEER

Flitterwöchner, Romantiker oder Luxusfanatiker mit ein klein wenig Restgeld in der Tasche finden auf Cayo Santa María eine ganz besondere Unterkunft. Die **Villa Zaida del Río,** ein nach einer Malerin aus Caibarién benanntes und mit Originalwerken von ihr dekoriertes Holzhaus im Kolonialstil, steht abseits der Hotelresorts und bietet Komfort pur. Zur Ausstattung gehören ein elegantes Schlafzimmer, ein Pool plus Jacuzzi sowie ein Privatstrand. Doch damit nicht genug, denn fürs Frühstück steht ein eigener Butler zur Verfügung (Buchung über das Meliá Buenavista, www.melia.com, €€€, all inclusive).

Die Provinz Ciego de Ávila

Die fast tischflache Provinz Ciego de Ávila liegt in einer weiten Ebene und ist von Viehzucht, Zitrusplantagen und dem allgegenwärtigen Zuckerrohr geprägt. Wenig anziehend, möchte man meinen, derweil versteckt sich ihr größter Trumpf vor der Nordküste: die sagenhaften Sandstrände des Inselparadieses Jardines del Rey, die ›Gärten des Königs‹.

Das unscheinbare, aber sehr nette Provinzstädtchen Morón ist Durchgangsstation zu einem der größten Pauschalreiseziele Kubas, den Cayos Coco und Guillermo, wo sich zahlreiche All-inclusive-Resorts angesiedelt haben. Kilometerlange blütenweiße Strände erwarten hier die Touristen, denen der Sinn weniger nach ausuferndem Nachtleben als nach Erholung steht. Vor der Küste erstreckt sich eines der größten Korallenriffe der Welt, was die Inseln zur perfekten Destination für Schnorchler, Taucher und Hochseefischer macht. Die übrige Provinz Ciego de Ávila wird erst nach und nach für den Tourismus erschlossen und bietet vor allem mit der hügeligen Gegend westlich von Morón wunderschöne ländliche Landstriche.

Geschichte

Eine wesentlich größere Rolle als heute spielte die Provinz in den Befreiungskriegen des 19. Jh. Um den Vormarsch der Rebellen von Osten nach Westen in der Mitte Kubas zu stoppen, bauten die Spanier eine 50 km lange Befestigungslinie durch die Provinz, von Júcaro im Süden bis San Fernando beim nördlichen Morón. Doch die Befreiungskämpfer unter General Antonio Maceo und General Máximo Gómez ließen sich von den 43 Befestigungstürmen und der doppelten Holzbarriere nicht abhalten – sie durchbrachen die spanische Linie im Januar 1875 und setzten ihren Vormarsch auf die Hauptstadt Havanna ungehindert fort.

Beim zweiten Unabhängigkeitskrieg reparierten die Spanier den Verteidigungswall und stellten 20 000 Mann starke Truppen auf, allerdings wieder vergeblich. Ende 1895 wurde die Barriere erneut von den Rebellen zerstört. In der Stadt Ciego de Ávila schlug General Máximo Gómez sein Versorgungslager auf, denn Ciego, wie die Stadt verkürzt genannt wird, gehörte schon zu den mehrheitlich gegen Spanien eingestellten Städten.

Ciego de Ávila ▶ M 5

Cityplan: S. 341

Nachdem die Autobahn kurz hinter Sancti Spíritus bei **Jatibonico** endet, fährt man über die schnurgerade Carretera Central und kreuzt mehrere kleine Orte. Ananasfelder und Zitrusplantagen kündigen die Nähe der Provinzhauptstadt an.

Das erst Mitte des 19. Jh. entstandene, stark ländlich geprägte **Ciego de Ávila** (165 000 Einwohner), ein Zentrum der Holz- und Nahrungsmittelverarbeitung, lässt sich, selbst mit viel Wohlwollen, nicht als attraktiv bezeichnen. Den Mittelpunkt der Stadt bildet der **Parque Martí,** der einen Stilmix zur Schau stellt, den man nur als lieblos bezeichnen kann. Supermarkt und Rathaus befinden sich in palastartigen, überladen verzierten Gebäuden und werden von einem überaus klotzigen, zehngeschossigen Wohnblock überragt. Weder die Stadt noch ihre Einrichtungen ermuntern zu einem längeren Aufenthalt. Ciego de Ávila dient allenfalls als

Ciego de Ávila

Zwischenstation auf dem Weg zum paradiesischen Archipiélago Jardines de la Reina (s. S. 341) oder zu den Cayos Coco und Guillermo (s. S. 347).

Museo de Arte Decorativo 1

Calle M. Gómez 2, Ecke Independencia, Mo–Fr 8–17, Sa 13–21, So 8–12 Uhr, 15 CUP

In einem prächtigen Gebäude am Parque Martí vermittelt das **Museo de Arte Decorativo** Einblicke in das Leben der reichen Kreolen. Verteilt auf zwei Stockwerke werden bunt gemischte Einrichtungsgegenstände der Kolonialepoche gezeigt – Möbel, Uhren, Keramik und Porzellan, Glaswaren und Silberbestecke. Viel Bewunderung zieht ein Himmelbett auf sich, das handgemalte Medaillons und Perlmuttintarsien schmücken. Ein kleiner Raum ist der Musik gewidmet; hier gibt es ein Grammofon und eine Sammlung historischer Schallplatten, die von Zeit zu Zeit abgespielt werden.

Museo de Historia Simón Reyes 2

Calle H. del Castillo, Ecke M. Gómez, Di–Sa 9–17, So 8–12 Uhr, 100 CUP

Mit einem Preis für hervorragende Renovierung wurde das Kolonialgebäude ausgezeichnet, welches das **Museo de Historia Simón Reyes** beherbergt. Allein der Architekturgenuss lohnt den Besuch, weiterhin kann man sich hier in fünf Abteilungen über die Geschichte der Provinz informieren. Schwerpunkte sind die frühe Besiedlung, die Unabhängigkeitskriege und die Errungenschaften der Revolution. Die spannende Religionsabteilung beschäftigt sich mit der Vermischung des Katholizismus mit afrikanischen Glaubensrichtungen.

Infos

Infotur: Calle Libertad, Ecke H. del Castillo, Mo–So 8.15–16.30 Uhr.
Havanatur: Calle Libertad 54, zw. Maceo und H. del Castillo, Mo–Sa 9–16 Uhr.
Oficina de Reservaciones de Campismo: Crta. Central (Chicho Valdés) 111, zw. Maceo und S. Reyes, Mo–Fr 8–17 Uhr.
Banco Financiero Internacional: Calle H. del Castillo, Ecke J. Agüero, Mo–Fr 9–15 Uhr.
Cadeca: Calle Independencia 118, zw. Maceo und S. Reyes.
Internet: Etecsa, Calle J. Agüero 64, zw. H. del Castillo und Maceo, tgl. 8–17.30 Uhr.

Übernachten

Kolonialstil – **Hotel Rueda** 1 : Calle Independencia, Ecke Simón Reyes, Tel. 33 30 12 16, www.hotelescubanacan.com. Das beste Hotel der Stadt, sehr zentral gelegen. Großzügige Zimmer, Restaurant, Lounge-Bar. €€

Hell und freundlich – **Hostal Billy's House** 2 (privat): Calle Candelario Agüero 206, zw. Onelio Hernández und Arnaldo Ramírez, Tel. 53 03 89 32. Zwei saubere, große Zimmer mit Doppelbett, Terrasse, Garten, Frühstücksservice. Zentral gelegen, ideal für eine Zwischenübernachtung in der Stadt. €

Nostalgisch – **Hostal Méndez** 3 (privat): Calle Fe del Valle 55, zw. Abraham Delgado und Narciso Lopez, Tel. 33 22 76 54, 52 45 17 01. Drei saubere und geräumige Zimmer mit einer ordentlichen Portion Einrichtungsnostalgie, eins davon im Erdgeschoss und zwei im 1. Stock. Zu jedem Zimmer gehört ein Garagenstellplatz. €

Essen & Trinken

Ganz in Rot – **El Molino Rojo** 1 (privat): Calle Marcial Gómez 55, zw. Joaquín de Agüero und Ctra. Central de Cuba, Tel. 33 22 38 88, tgl. 12.30–1 Uhr. Über die kitschige rote Einrichtung lässt sich streiten, das Essen ist aber kreativ und gut; die Preise sind fair. €€

Grillspieße – **Don Ávila** 3 (privat): Calle M. Gómez, zw. Independencia und Libertad, tgl. 12–22 Uhr. Altmodisch-elegantes Ambiente, Plätschermusik und recht gute kreolische Küche. €–€€

Guter Mittagsstopp – **Casa Añejo** 2 (privat): Crta. Central, zw. 3 und 4, Tel. 33 20 88 27, Fr–Mi 10.30–20.30 Uhr. Mehr Einheimische als Touristen trifft man in diesem, günstig an der Hauptdurchgangsstraße gelegenen Paladar. In zwei kleinen, angenehm AC-gekühlten Räumen wird kubanische Küche mit dem gewissen Etwas serviert, das

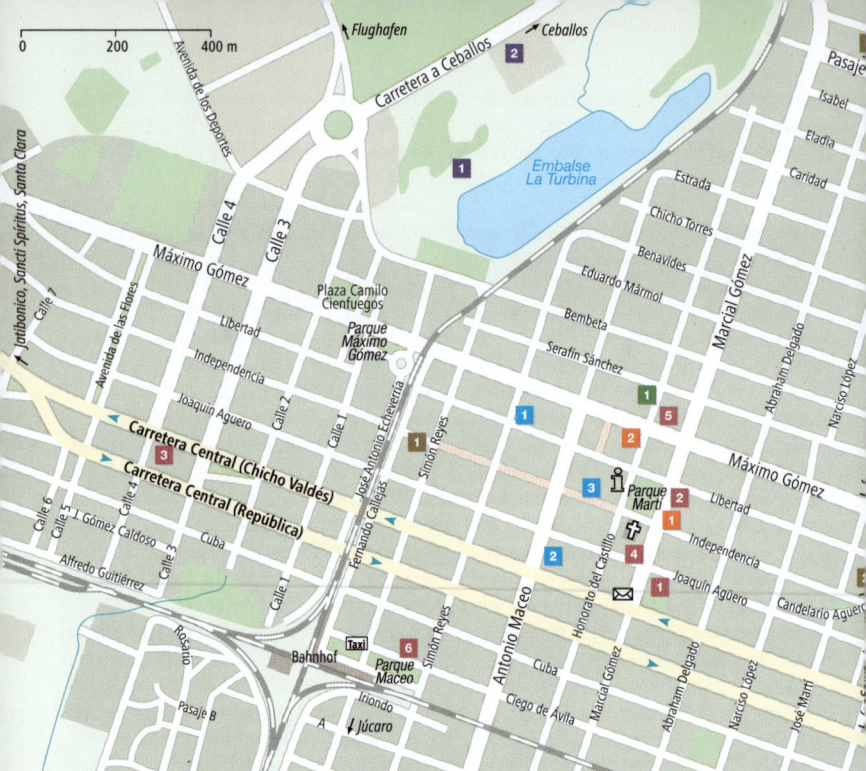

Personal ist aufmerksam und schnell. Äußerst moderate Preise. €

Mit viel Geschichte – **La Confronta** 4 : Calle M. Gómez, Ecke Agüero, bei Redaktionsschluss vorübergehend geschl. Seine lange Historie sieht man diesem 1915 eröffneten Lokal gar nicht an. Die Legende will es, dass der Musiker Benny Moré 1936 als Zuckerrohrschneider in der Umgebung von Ciego arbeitete und eines Tages völlig pleite in dieses Lokal kam. Der Besitzer Anacleto Martínez ließ ihn kostenlos speisen, woraufhin Benny hier Jahre später, als er bereits berühmt war, spontan ein Konzert zu Ehren des edlen Spenders gab. Bilder des Musikers schmücken die Wände dieses AC-gekühlten Restaurants, das nicht hübsch, aber günstig ist. €

Holzveranda – **La Fonda** 5 : Calle H. del Castillo, Ecke M. Gómez, tgl. 12–22 Uhr. Stimmungsvolles altes Holzhaus mit Tischen drinnen und draußen, sehr rustikal und sehr preiswert. €

Eiscafé – **Icy Sparks** 6 : Calle Ciego de Ávila, zw. Simón Reyes und C. Simón Reyes, tgl. 10.30–20 Uhr. Hier gibt es gutes Eis und einen ebenso guten Kaffee, ganz in der Nähe des Bahnhofs der Stadt. €

Einkaufen

Die Shoppingmeile ist der autofreie Abschnitt der **Calle Independencia** zwischen dem Parque Martí und der Calle Simón Reyes.

Schmuck & Skulpturen – **Galería-Taller Pauyet** 1 : Calle H. del Castillo 115, zw. M. Gómez und S. Sánchez, www.facebook.com (> Galería Pauyet), Mo–Sa 9–17 Uhr. Skulpturen im Kleinstformat, hergestellt aus altem Besteck, sowie Schmuck.

Abends & Nachts

Livemusik – **Casa de la Trova Miguel Ángel Luna** 1 : Calle Libertad, Ecke S. Reyes, tgl. ab 21 Uhr, Eintritt frei. Das Programm ist dasselbe wie anderswo, doch man wird selten

Ciego de Ávila

Sehenswert
1. Museo de Arte Decorativo
2. Museo de Historia Simón Reyes

Übernachten
1. Hotel Rueda
2. Hostal Billy's House
3. Hostal Méndez

Essen & Trinken
1. El Molino Rojo
2. Don Avila
3. Casa Añejo
4. La Confronta
5. La Fonda
6. Icy Sparks

Einkaufen
1. Galería-Taller Pauyet

Abends & Nachts
1. Casa de la Trova Miguel Ángel Luna
2. Patio El Mulato Acelerao
3. Casa de Cultura

Aktiv
1. Complejo Parque de la Ciudad
2. Hotel Ciego de Ávila

---

enttäuscht. **Patio El Mulato Acelerao 2**: Calle Antonio Maceo, Ecke Carretera Central, Mo–Do 9–22, Fr–So 21.30–5 Uhr. Unter der Woche eine unspektakuläre Bar, am Wochenende geht hier aber die Post ab. Viele Konzerte und lange Diskonächte für ein vorwiegend junges Publikum.

Von allem etwas – **Casa de Cultura 3**: Calle Independencia 76, zw. Maceo und H. del Castillo, Mo–Fr 8–22, Sa, So 8–12 Uhr.

Aktiv

Freizeitanlage – **Complejo Parque de la Ciudad 1** (Las Turbinas): Crta. a Ceballos, nahe Hotel Ciego de Ávila, Di–So ab 10 Uhr. Der Komplex umfasst u. a. ein paar ganz nette Restaurants, einen Bootsverleih und einen Vergnügungspark für Kinder. Am Wochenende werden Rundfahrten in einer Dampfeisenbahn geboten.

Schwimmen – **Hotel Ciego de Ávila 2**: Crta. de Ceballos km 1,5. Das Gebäude wird zwar momentan nicht als Hotel genutzt, aber der Pool ist (unregelmäßig) geöffnet.

Verkehr

Flüge: Aeropuerto Máximo Gómez, bei Ciro Redondo, ca. 25 km nördl., Tel. 33 26 60 03. Cubana, Crta. Central 83, zw. Maceo und Honorato del Castillo, Tel. 33 20 11 17.

Züge: Estación de Ferrocarril, Av. Iriondo, sieben Blocks südwestlich vom Zentrum, Tel. 33 22 33 13. Verbindungen jeden vierten ungeraden Tag über Santa Clara und Matanzas nach Havanna sowie jeden vierten geraden Tag über Camagüey und Bayamo nach Santiago de Cuba.

Busse: Terminal de Ómnibus, Crta. Central, 1 km östl., Tel. 33 22 51 09. Mit Víazul u. a. 3 x tgl. nach Camagüey (7 €), 3 x tgl. nach Las Tunas (15 €), 2 x tgl. nach Holguín (20 €), 2 x tgl. nach Bayamo (20 €), 3 x tgl. Santiago de Cuba (28 €), 4 x tgl. nach Sancti Spíritus (6 €), 4 x tgl. über Santa Clara (10 €) nach Havanna (28 €), 1 x tgl. nach Varadero (22 €). Von einer Haltestelle neben dem Bahnhof fahren hoffnungslos überfüllte Nahverkehrsbusse bzw. Lastwagen nach Morón.

Taxis: Für die Fahrt nach Morón bezahlt man 10–15 €.

Archipiélago Jardines de la Reina ▶ L 6–N 7

Rund 600 Koralleneilande umfasst der **Archipiélago Jardines de la Reina** vor der Südküste der Provinz Ciego de Ávila. Die unberührte Inselwelt der ›Gärten der Königin‹ wird vorsichtig für den Tourismus erschlossen und überrascht Tauchfans mit einem intakten Unterwasserparadies, das in der Karibik seinesgleichen sucht. Auch für Anhänger der Hochseefischerei sind die Cayos zu einem Topspot avanciert. Touren zu den Inseln starten von Trinidad oder **Júcaro** aus, einem kleinen Ort ca. 35 km südlich von Ciego de Ávila, der bis vor einigen Jahren nur durch seinen Zuckerexporthafen bekannt war.

Die Provinz Ciego de Ávila

Tipp

AUSFLUG ZUR MILCHLAGUNE

Am Nordrand von Morón beginnt ein wenig befahrenes Landsträßchen, das geradewegs zur **Laguna de la Leche** 4 (›Milchlagune‹) führt, das letzte Stück im Schatten von Bäumen an einem Kanal entlang. Die knapp 8 km lange Strecke ist völlig flach und eignet sich daher prima für einen Ausflug mit dem Rad. Wem die Hitze zu sehr zusetzt, der kann auf einen Motorroller oder in eine Pferdekutsche steigen.

Kubas größtes Süßwasserreservoir ist ein beliebtes Naherholungsgebiet und besitzt entsprechende Einrichtungen. Im **Complejo Náutico** werden Tretboote und Kajaks verliehen, man kann eine Fahrt im Motorboot unternehmen, angeln gehen, schwimmen oder sich einfach nur in eines der Restaurants setzen und fangfrischen Fisch genießen. Sehr hübsch sind das **Atarraya,** das auf Stelzen im See erbaut wurde (tgl. 10–22 Uhr), oder der rustikale **Ranchón La Boca,** auch bekannt als El Pescado Frito, auf der anderen Seite der Holzbrücke (Di–So 12–18 Uhr). Beide bieten gutes Essen zu spottbilligen Preisen. Für Abendunterhaltung mit Livemusik und Disco sorgt das **Centro Nocturno La Cueva** (Mi–So 22–2 Uhr, ab 100 CUP).

Einen offiziellen Radverleih gibt es in Morón nicht, aber die Besitzer der Privatunterkünfte wissen in solchen Fällen zu helfen – Im Alojamiento Maite (s. S. 343) beispielsweise stehen Drahtesel für Gäste zur Verfügung. Motorroller werden im Hotel Morón vermietet. Pferdekutschen warten am Bahnhof auf Kunden, die Fahrt zur Lagune kostet etwa 1500 CUP.

Übernachten

Auf dem Wasser schlafen – Die einzige Übernachtungsmöglichkeit vor Ort bietet das **Hotelschiff Tortuga,** das 87 km vor der Küste verankert liegt. Buchung über https://cubanfishingcenters.com, www.cuba-diving.de. €€

Aktiv

Tauchen, Hochseeangeln, Segeln – Angebote findet man u. a. auf www.cuba-diving.de (Tauchreisen), https://cubanfishingcenters.com (Hochseeangeln), www.windward-islands.net (Segelboote).

Morón ▶ M 4

Cityplan: rechts

Rund 45 km nördlich von Ciego de Ávila bildet **Morón** (74 000 Einwohner) das Tor zu den Jardines del Rey, dem Inselarchipel der Nordküste. Selbst wenn man das nette Städtchen nur kurz durchquert, fallen die allgegenwärtigen Hahnskulpturen auf. Das größte Exemplar steht an der südöstlichen Einfallstraße, der Avenida de Tarafa: der **Gallo de Morón** 1 , geschaffen von der Bildhauerin Rita Longa. Der Hahn als Symbol des Mutes und der Stärke stammt ursprünglich von spanischen Einwanderern als Morón de la Frontera, das auch als Namensgeber für das kubanische Morón diente. 1956 tauchte der Hahn erstmals als Wahrzeichen von Morón auf – auf Betreiben des damaligen Bürgermeisters, der damit die Bedeutung seines Heimatorts unterstreichen wollte: Als eine der ersten Städte Kubas besaß Morón einen Eisenbahnanschluss und hatte es vor der Revolution zu gewissem Wohlstand gebracht. Den Guerilleros war der Hahn ein Dorn im Auge und so wurde er nach dem Sieg der Rebellenarmee 1959 als Symbol des Kapitalismus entfernt. Erst seit 1979 darf er wieder als Stadtmaskottchen fungieren.

Sehenswürdigkeiten sind in Morón dünn gesät. Es handelt sich um eine ganz normale Kleinstadt, die nur wegen ihrer – relativen – Nähe zu Cayo Coco und Cayo Guillermo auf den touristischen Landkarten auftaucht. Architekturinteressierte sollten einen Blick auf

Morón

Sehenswert
1. Gallo de Morón
2. Estación Central
3. Museo Canoabo
4. Laguna de la Leche

Übernachten
1. Morón
2. Alojamiento Maite
3. Hostal Vista al Parque
4. Hostal Martha y Beto

Essen & Trinken
1. Maite La Qbana
2. Don Papa

Einkaufen
1. Gallería-Taller Pauyet
2. Plaza de los Artesanos

Abends & Nachts
1. Casa de la Trova Pablo Bernal
2. Patio El Gallo
3. Casa de Cultura Haydée Santamaría Cuadrado
4. Buena Vista Social Club
5. La Casona de Morón

---

die **Estación Central** 2 am Südende der Calle Martí werfen, der nach Havanna zweitälteste Bahnhof des Landes. Das 1923 errichtete Gebäude überrascht mit Buntglasfenstern und Holzarbeiten im französischen Stil. Über die Historie von Morón informiert das **Museo Canoabo** 3, das auch einige archäologische Funde aus präkolumbischer Zeit zeigt (Calle Martí 374, Di–Fr 9–17, Sa 9–13 Uhr, 75 CUP).

Infos

Cubatur: Calle Martí 169, zw. Libertad und Agramonte, tgl. 9–17 Uhr. Ausflüge zur Zuckerfabrik (s. S. 346) etc.
Cubanacán: im Hotel Morón (s. rechts).
Havanatur: Av. de Tarafa, zw. 5 und 6, Mo–Fr 8–12, 13–17, Sa 8–13 Uhr.
Ecotur: im Hotel Morón (s. rechts). Spezialisiert auf Angeltrips, auch Hochseefischen.

Cadeca: Calle Martí 346, zw. S. Sánchez und G. Arena, Mo–Fr 8–17.30, Sa 8–12 Uhr.
Internet: Etecsa, Calle Céspedes 5, zw. Martí und Tarafa, Parque Martí, tgl. 8.30–19 Uhr.

Übernachten

Wer nicht in einer der All-inclusive-Anlagen auf den Cayos wohnen möchte, findet in Morón sehr gute Privatquartiere.

Stark sozialistisch inspiriert – **Morón** 1: Av. de Tarafa, Tel. 33 50 22 30, www.islazulhotels.com. Einer der hässlichen Betonklötze … Schon sehr abgewohnte, aber komfortable, saubere Zimmer, außerdem Restaurant, Diskothek, Bars, Autoverleih, Reiseagentur und Internet. 144 Zi. und 8 Cabañas, €–€€

Professionelle Frauenpower – **Alojamiento Maite** 2 (privat): Maite Valor Morales, Luz Caballero 40-B, zw. Libertad und Agramonte, Tel. 33 50 41 81, 52 81 33 74, alojamientomai te@gmail.com, www.maiteaccommodation.blogspot.com. Maite führt ein stilvolles Haus und vermietet zwei gigantisch große Apartments sowie drei marginal kleinere Zimmer, alle komfortabelst eingerichtet und mit sehr geräumigen Bädern. Außerdem im Angebot: großer Pool, Dachterrasse, Garage, Wäscheservice, Restaurant (s. unten), Bar, Radverleih (5 €/Tag) und viele Infos über die gesamte Region – es gibt kaum etwas, bei dem die umtriebige Maite nicht weiterhelfen könnte. Sehr zu empfehlen. €

Auch hier ist eine Frau am Werk – **Hostal Vista al Parque 3** (privat): Idolka María González Rizo, Calle Luz Caballero 49-D, zw. Libertad und Agramonte, Tel. 33 50 41 81, 53 13 33 42. Mehr als 20 Jahre Erfahrung in der Zimmervermietung haben Idolka ein Gespür für die Wünsche ihrer Gäste entwickeln lassen, die sich hier wie daheim fühlen können, zumal die Hausherrin gegenüber wohnt. Ein Apartment im Erdgeschoss sowie zwei Zimmer im 1. Stock mit Terrasse und Parkblick. €

Gepflegt – **Hostal Martha y Beto 4** (privat): Calle Callejas 99, zw. Castillo und Luz Caballero, Tel. 33 50 35 07, 53 77 56 56, www.hostalmarthaybeto.com. Zwei Zimmer, jeweils mit nagelneuem Bad und eigener Terrasse, im Haus eines gebildeten älteren Ehepaars. €

Essen & Trinken

Frisch auf den Tisch – **Maite La Qbana 1** (privat): neben dem Alojamiento Maite (s. S. 343), Tel. 33 50 41 81, tgl. 7.30–10, 18–22 Uhr. Was Maite auf den Teller zaubert, ist sterneverdächtig. Die auf internationale Gaumen ausgerichteten Speisen werden nur nach Voranmeldung (mind. 2–3 Std.) serviert, sind auf die Wünsche der Gäste zugeschnitten und definitiv frisch zubereitet, ob Kaninchen, Languste, Krebs oder Huhn. Auch vegetarische Paella, köstliche Desserts und opulentes Frühstück mit selbst gebackenen süßen Teilchen (die *tarta de coco*, ein Gedicht). Riesige Portionen, netter Innenhof zum Sitzen. €€

Kuba à la carte – **Don Papa 2** (privat): Calle E. Varona 56, zw. 5 und 6, tgl. 12–24 Uhr. Der rustikal-touristische Gegenentwurf zu Maite La Qbana – wacklige Holzstühle, deftige kubanische Kost und ein trällerndes Musikduo. Allerdings stimmt das Preis-Leistungs-Verhältnis. €

Einkaufen

In der Hauptgeschäftsstraße **Calle Martí** findet man alle wichtigen Läden.

Schmuck & Skulpturen – **Galería-Taller Pauyet 1** : Av. de Tarafa 7, zw. D. Daniel und Coronel Cervantes, Mo–Sa 9–17 Uhr. Ein Ableger der bekannten Werkstatt in Ciego de Ávila (s. S. 340).

Souvenirs – **Plaza de los Artesanos 2** : Calle Céspedes, Ecke Parque Martí, tgl. 9–16 Uhr. Kunsthandwerk.

Abends & Nachts

Livemusik – **Casa de la Trova Pablo Bernal 1** : Calle Libertad 74, zw. Martí und N. López, Do–So 22–2 Uhr, 100 CUP. Ein Treff der Troubadoure, Livemusik ab 21 Uhr. **Patio El Gallo 2** : Calle N. López 272, Ecke Libertad, Mo–Do 8–24, Fr, So 8–1, Sa bis 2 Uhr, 150 CUP. Vor allem am Wochenende ab ca. 21.30 Uhr Konzerte oder Shows. **Casa de Cultura Haydée Santamaría Cuadrado 3** : Calle Martí 218, zw. Libertad und Agramonte, tgl. 7–23 Uhr. Täglich Programm, u. a. Livemusik und Tanzstunden. **Buena Vista Social Club 4** : Calle Martí 382, zw. D. Daniel und S. Antuña, tgl. 18–2 Uhr. Der Name dieses gekühlten Musikklubs kommt nicht von ungefähr – aus Morón stammt der wunderbare BVSC-Sänger Pío Leyva (1917–2006).

Discos – **DisCoral 1** : im Hotel Morón (s. S. 343). **La Casona de Morón 5** : Calle C. Colón 41, nahe Bahnhof. **Centro Nocturno La Cueva 4** : an der Laguna de la Leche. Alle etwa 22–2 Uhr.

Termine

Semana de la Cultura: Anfang Mai. Die Kulturwoche wartet mit vielen verschiedenen Veranstaltungen auf.

Festival Internacional del Bolero: 1. Junihälfe. Jedes Jahr steht bei diesem Musikfestival das Werk eines anderen Interpreten im Mittelpunkt.

Lichte Tunnel, auch so was gibt's in Kuba – an der Küste vor Morón und den Cayos kann man per Boot in die geheimnisvolle Welt der Mangroven eintauchen

Carnaval Acuático: Anfang Sept. In Morón findet der Karnevalsumzug auf dem Wasser statt, dafür werden Boote zu *carrozas* (›Festwagen‹) hergerichtet. Außerdem gibt es Kubas größte Paella für rund 3000 Leute.

Aktiv

Angeln – Hervorragende Reviere sind die Laguna de la Leche (s. S. 342) und die Laguna Redonda (s. S. 346). Buchung von Ausflügen über Ecotur (s. S. 343).

Motorrollerverleih – Im **Hotel Morón** 1: s. S. 343, 25 €/Tag.

Verkehr

Flüge: Der nächste größere Flughafen befindet sich auf Cayo Coco (s. S. 349).

Züge: Von der Estación Central am südlichen Ende der Calle Martí unregelmäßige Verbindungen nach Nuevitas, Ciego de Ávila, Santa Clara und Camagüey (jeweils mit Anschluss nach Havanna und Santiago).

Busse: Nahverkehrsbusse u. a. 2 x tgl. nach Florencia, mehrmals tgl. nach Ciego de Ávila.

Die Umgebung von Morón ▶ M/N 4

Die Umgebung von Morón ist vor allem für Angler von Interesse, auf die zwei Seen voller Fische warten: die 68 km² große Laguna de la Leche (s. S. 342) und die kleinere Laguna Redonda (s. S. 346). Auch Wassersport kann hier betrieben werden.

Florencia

Etwa 40 km westlich von Morón verkörpert **Florencia** das Klischee eines trägen Wildweststädtchens. Potenzielle Besucher seien gleich vorgewarnt: Bedeutende Sehenswürdigkeiten gibt es nicht – die Atmosphäre und die Umgebung sind es, die hier verzaubern. Florencia liegt am Rand eines niedrigen Gebirgszugs, den **Alturas del Nordeste,** in einer Hügellandschaft, die vom Ackerbau geprägt ist. Im Ort sieht man mehr Männer stolz durch die Straßen reiten als Autos. Mitten durch Florencia führen grasüberwucherte Eisenbahnschienen. Neben den Gleisen stehen ein verwittertes blaues Holzgebäude, der Bahnhof, sowie eine ganze Reihe von Essensständen, alle mit mehr oder weniger dem gleichen Angebot.

Die Umgebung erkundet man am besten auf dem Pferderücken. In der Cafetería La Esquinita (s. unten) werden solche Touren nach vorheriger Anmeldung organisiert, sei es zum nahen Stausee oder zu einer der zahlreichen Höhlen in der Umgebung, z. B. den mehr als 5000 m langen **Cavernas de Boquerón** beim gleichnamigen Campismo. Die etwas beschwerliche Anfahrt lässt sich mit einem Mietwagen auf eigene Faust meistern und lohnt sich in jedem Fall, auch wenn man hier nicht übernachtet: auf der Hauptstraße von Florencia Richtung Perea fahren, an der ersten größeren Kreuzung (mit Bushaltestelle) rechts abbiegen, der Piste bis zur Bahnlinie folgen und gleich danach wieder rechts abbiegen; nach ein paar Hundert Metern an der Teerstraße links, dieser 2,5 km folgen, dann die letzten 2 km auf guter Schotterstraße bis zum Campismo. Der Platz liegt paradiesisch, umgeben von Felswänden in einem palmenbestandenen Flusstal, das zu einem Bad einlädt. Auf dem Campismo findet man in der Regel einen Führer, der durch die wild-romantische Landschaft geleitet.

Übernachten
Campismo – **Boquerón:** Poblado Boquerón, ca. 8 km nordwestl. von Florencia, Tel. 33 55 93 18. 20 herrlich gelegene, rustikale Hütten, in denen auch ausländische Gäste absteigen dürfen. €/2 Pers.

Aktiv
Reiten & mehr – **La Esquinita:** Calle Martí, gegenüber vom Bahnhof, tgl. 9–17 Uhr. Ausritte, Bootstouren etc.

Central Azucarero Patria o Muerte
Crta. del Poblado de Patria, tgl. 8–16 Uhr, 300 CUP

Gut 4 km südöstlich des Zentrums von Morón wurde in der ehemaligen Zuckerfabrik **Central Azucarero Patria o Muerte** ein Museum eingerichtet, das über den Prozess der Zuckergewinnung informiert. Auf dem Gelände stehen auch zwei gut erhaltene Baldwin-Dampfloks von 1920, mit denen Rundfahrten durch die Zuckerrohrfelder der Gegend unternommen werden können, allerdings nur im Rahmen einer organisierten Tour (z. B. mit Cubatur, s. S. 343). Das Museum hingegen steht auch Individualtouristen offen.

Centro de Conservación de Cocodrilos
Tgl. 9–17 Uhr, 3 USD

Der Aufzucht des gefährdeten Spitzkrokodils *(Crocodylus acutus)* widmet sich das **Centro de Conservación de Cocodrilos** ca. 7 km östlich von Morón. Insgesamt leben hier um die 1000 Exemplare, doch nur knapp 200 davon werden zur Fortpflanzung gehalten. Ein Besuch lohnt sich vor allem vormittags zur Fütterungszeit.

Loma de Cunagua
Tgl. 9–16 Uhr, 70 CUP

Nochmals knapp 15 km weiter östlich bietet sich von der 338 m hohen **Loma de Cunagua** ein toller Blick über die Küstenebene bis hinüber zum Archipiélago de Camagüey. Der Hügel gehört zu einem rund 27 km² großen Naturschutzgebiet, das zahlreiche Vogel- und Reptilienarten beherbergt, darunter der Nationalvogel Tocororo und die endemische Santa-María-Schlange. Für die Erkundung des Parks stehen Führer bereit.

Essen
Bauernhofambiente – **Rancho Palma:** 8 km außerhalb von Morón an der Straße Richtung Loma de Cunagua bzw. Bolivia, tgl. 10–16 Uhr. Kreolische Kost auf einer Schaufarm.

Laguna Redonda und Pueblo Holandés
Auf dem Weg von Morón zu den nördlichen Cayos liegt nach gut 12 km rechter Hand die ca. 5 km² große **Laguna Redonda** (›Runde Lagune‹), eines der beiden Zentren in der Umgebung für Sportangler, deren begehrteste Beute die riesig großen Forellen im See

sind. Zum Freizeitkomplex gehört ein nettes Rancho-Restaurant direkt am Wasser, außerdem kann man an Bootsausflügen teilnehmen und Jetski fahren.

Kurz darauf passiert man ein im holländischen Stil gebautes Viehzüchterdorf, den **Pueblo Holandés.** Dieser wahrhaft exotische Ort entstand in den 1960er-Jahren auf Initiative von Celia Sánchez, der damaligen Lebensgefährtin Fidel Castros. Auch heute noch werden hier Rinder der Rasse Santa Gertrudis gezüchtet, deren Fleisch überwiegend für den Verzehr in den Hotels auf den Cayos bestimmt ist.

Aktiv
Angeln & Wassersport – **Centro Náutico La Redonda:** Laguna La Redonda, Tel. 33 30 24 89, tgl. 9–17 Uhr. Forellenangeln (4 Std./50 €), Bootsausflüge, Verleih von Jetski.

Cayo Coco und Cayo Guillermo ▶ M/N 3/4

Bevor man auf den 1988 eröffneten Pedraplén fahren darf, der rund 25 km nördlich von Morón auf die idyllischen Cayos führt, muss man an einem Kontrollpunkt halten, wo ein Obolus von 2 USD (einfach) zu entrichten ist. Dann braust man mehrere Kilometer übers blaugrün schillernde Meer. Leider wurden in den Damm nicht genügend Rohre eingebaut, um einen ausreichenden Wasseraustausch zu garantieren, weshalb das Wasser östlich des Pedraplén ungesund dümpelt. Insgesamt 34 km lang ist der Straßendamm, der einen winzigen Teil der Inselchen des **Archipiélago de Camagüey** – auch **Cayería del Norte** oder **Jardines del Rey** (›Gärten des Königs‹) genannt – miteinander verbindet. Der gesamte Archipel steht unter Naturschutz, doch die kubanische Akademie der Wissenschaften erstellte vor etlichen Jahren ein erstaunliches Gutachten, demzufolge selbst 16 000 Hotelzimmer das Ökosystem des Naturparks nicht aus dem Gleichgewicht bringen würden. Auch der Flughafen auf Cayo Coco scheint keinen geschützten Wasservogel aus der Ruhe zu bringen …

Cayo Coco lockt ebenso wie der westlich gelegene **Cayo Guillermo** mit einigen Hotelresorts und unwirklichen Traumstränden – insgesamt 38 km feinster weißer Sand, türkisfarbenes Wasser, eine Hand voll Palmen. Eine weitere Attraktion ist das vorgelagerte, lang gestreckte Korallenriff, eines der größten der Welt. Besonders vor Cayo Guillermo werden Taucher ins Schwärmen geraten, denn hier ist die Unterwasserwelt mit ihren Seehechten, den Makrelen, Flundern, Marlinen und Macabís besonders faszinierend. Selbst die kostbare (artengeschützte) schwarze Koralle wächst hier.

Noch weiter draußen im Meer, auf dem **Cayo Media Luna,** hatte Ex-Diktator Batista ein kleines Sommerversteck und Ernest Hemingway fischte hier. Nach seiner Jacht wurde die **Playa Pilar** am äußersten Westzipfel von Cayo Guillermo benannt, der vermutlich spektakulärste Strand der Inseln. Das ist auch Investoren nicht verborgen geblieben und so steht auch hier eine Hotelanlage.

Von Cayo Coco aus gelangt man auf weiteren Pedrapléns über den **Cayo Romano** zum Leuchtturm Diego Velázquez auf **Cayo Paredón Grande.** Keine der beiden Inseln ist erschlossen, ringsum liegen einsame Strände, worunter die **Playa Los Pinos** auf Cayo Romano am schönsten ist.

Die einzigen Alternativen zum Strandleben bieten drei touristische Einrichtungen, einen Ort gibt es auf keinem der Eilande. Im Zentrum von Cayo Coco liegt der **Sitio La Güira,** ein winziges Museumsdorf, welches das kubanische Landleben vor 100 Jahren lebendig machen soll. Individualisten können sich in einem der *bohíos* (palmstrohgedeckte Hütten) einquartieren. Den Sitio La Güira besucht man am besten im Rahmen einer Inseltour mit dem Touristenbus, im Ticketpreis von 5 € ist der Eintritt bereits enthalten (tgl. 9–18 Uhr). Das Gleiche gilt für den **Parque Natural El Bagá** weiter westlich, ein gut 700 ha großer Naturpark mit Wanderpfaden, Tiergehegen, einem nachgebauten Taíno-Dorf etc. (Crta. a Cayo Guillermo Km 17,

Die Provinz Ciego de Ávila

tgl. 9.30–17 Uhr). Auf Cayo Guillermo kann man im **Delfinario** mit Delfinen schwimmen und bei Shows zusehen, wie die Tiere ihre Kunststücke vorführen (tgl. 10–17 Uhr, Eintritt 5 €, Schwimmen mit Delfinen 55 €, nur Kartenzahlung).

Infos
Reiseagenturen und Internet gibt es in den Hotels. Nützliche Informationen bietet die private Website www.cayocococuba.net.

Übernachten
Mit wenigen Ausnahmen arbeiten die Hotelanlagen nach dem All-inclusive-System und sind meist wesentlich günstiger, wenn man sie von Europa aus bucht.

… auf Cayo Coco:
Schlafen auf Stelzen – **Meliã Cayo Coco:** Playa Las Coloradas, Tel. 33 30 11 80, www.meliacuba.com. Größenmäßig überschaubares Fünf-Sterne-Hotel mit 250 Zimmern, davon 74 auf Stelzen in einer Lagune erbaut. Viele Sportaktivitäten. €€€, all inclusive

Riesenkomplex – **Tryp Cayo Coco:** Playa Larga, Tel. 33 30 13 00, www.meliacuba.com. 508 Zimmer, verteilt auf mehrere pastellfarbene, dreigeschossige Häuser am Strand. €€–€€€, all inclusive

Im spanischen Kolonialstil – **Colonial Cayo Coco:** Playa Larga, Tel. 33 30 13 11, www.hotelescubanacan.com. Angenehmes Resort mit 342 Zimmern. €€, all inclusive

Günstige Alternative – **Aparthotel Azul:** Crta. a Cayo Guillermo Km 1,5, Tel. 33 30 12 78/79, 33 30 81 21, www.islazulhotels.com. Eine der billigen Übernachtungsoptionen auf der Insel. Schlecht geführt und weit vom Strand entfernt – nicht für einen längeren Aufenthalt zu empfehlen. €€, inkl. Frühstück

Rustikal – **Sitio La Güira:** Crta. a Cayo Guillermo Km 5,5, Tel. 33 30 12 08. Vier Zimmer in rustikalen Holzhütten, Restaurant und Bar. Achtung: Die Stechmücken können den Aufenthalt zur Hölle machen. €

Campismo – **Cayo Coco:** Crta. a Cayo Guillermo Km 14, Tel. 33 30 11 05. Das absolute Gegenteil zur All-inclusive-Welt – 70 Hütten zweifelhafter Qualität, die eigentlich nur für Kubaner gedacht sind, aber Ausnahmen werden gemacht. €

… auf Cayo Guillermo:
Wo Hemingway fischte – **Iberostar Playa Pilar:** Crta. a Playa Pilar Km 55, Tel. 33 30 63 00, www.iberostar.com. Noch recht neu, fünf Sterne und am schönsten Strand der Inseln. 482 Zi., €€€

Guter Kitespot – **Sol Cayo Guillermo:** Playa del Medio, Tel. 33 30 17 60, www.meliacuba.com. In ein- bis zweigeschossigen Bungalows mit Terrasse oder Balkon wohnt man inmitten eines tropischen Gartens. 268 Zi., €€€, all inclusive

Idyllische Lage – **Gran Caribe Club Cayo Guillermo:** Playa del Medio, Tel. 33 30 17 12, www.grancaribehotels.com. Das älteste Hotel auf Cayo Guillermo. Tauchbasis und Boote zur Playa Pilar. 280 Zi., €€, all inclusive

Super Preis-Leistungs-Verhältnis – **Villa Gregorio:** bei der Marina Marlin, Tel. 33 30 16 11, www.islazulhotels.com. 15 schnörkellose Zimmer ganz nah am Meer. Mit Restaurant und Pool. €, inkl. Frühstück

Abends & Nachts
Show in einer Korallensteinhöhle – **Cueva del Jabalí:** Crta. a Cayo Guillermo Km 5, Cayo Coco, Mo–Sa ab 22 Uhr, Eintritt je nach Event, jeweils inkl. aller Getränke. Der einzige Nightlifespot außerhalb der Hotels. Ab 22.30 Uhr Show, danach Disco, Di spielt eine Liveband, Do legt ein DJ auf.

Aktiv
Alle Hotels haben ein großes Aktivitäten- und Ausflugsangebot, z. B. Wassersport, Reiten, Jeepsafaris auf Nachbarinseln, Flamingobeobachtung und vieles mehr.

Fallschirmspringen – **Aeroclub Cayo Coco:** im Hotel Sol Cayo Coco, Tel. 33 30 10 54. Tandemsprünge für 120 €.

Kitesurfen – Auf dem Hotelgelände des Sol Cayo Guillermo (s. oben) gibt es eine Kitesurfschule, Kurse kosten ab 160 € aufwärts. Infos unter www.kite-cuba.com.

Bootsausflüge, Hochseefischen – **Marina Marlin Aguas Tranquilas:** nahe Hotel Meliã Cayo Coco, Tel. 33 30 14 11, 33 30 13 23; **Marina**

Marlin Cayo Guillermo: Tel. 33 30 17 38. Beide mit einem großen Angebot an Wassersport, z. B. Bootstouren in das Mangrovenlabyrinth, Segeltörns mit Katamaranen inkl. Schnorcheln am Korallenriff, Fliegen- und Hochseefischen. **Jungle Tours,** Tel. 33 30 15 15, in den meisten Hotels vertreten, verleiht Motorboote, mit denen man selbst durch die Mangrovenwälder der Inseln fahren kann.

Tauchen & Schnorcheln – Vor den Jardines del Rey gibt es über 30 Tauchspots mit Tiefen zwischen 4 und 30 m. Fast jedem Hotel ist eine Tauchschule angeschlossen, z. B. **Centro Internacional de Buceo Blue Diving,** im Hotel Meliã Cayo Coco, Tel. 33 30 81 79, und **Centro Internacional de Buceo Green Moray,** im Hotel Meliã Cayo Guillermo, Tel. 33 30 16 80.

Klettern – **Rocarena:** in Laufdistanz zum Hotel Sol Cayo Coco, tgl. 9–21 Uhr, ab 16 €. Hochseilgarten mit deutschem TÜV-Siegel, ein Spaß für alle Alterklassen.

Termin
Torneo Internacional de Pesca Cayo Guillermo: Mitte Okt. Angelwettbewerb.

Verkehr
Die Inseln sind nur per Flugzeug, Mietwagen oder Taxi erreichbar.

Flüge: Aeropuerto Internacional Jardines del Rey, Cayo Coco, Tel. 33 30 91 61/62. Tgl. nach Havanna, viele Flüge nach Kanada, in der Hauptsaison auch direkt nach Europa.

Taxis: Je nach Lage des Hotels kostet die Fahrt zum Flughafen 15–35 € und nach Morón 40–60 €.

Transport auf den Inseln: Die einzigen öffentlichen Transportmittel sind ein **Touristenbus** und ein **Minizug** auf Rädern, die an den Hotels und Sehenswürdigkeiten halten. Für 5 € darf man ein- und aussteigen, sooft man will. In den Hotels kann man **Motorroller** mieten.

Braucht der Mensch mehr? Türkisfarbene See, Palmen und dazwischen ein weißer Strand

Camagüey und Provinz

Das fruchtbare Umland hat Camagüey einen gewissen Reichtum beschert, der Kubas drittwichtigste Stadt und Kapitale der gleichnamigen Provinz zu einer der schönsten im ganzen Land macht. Viele alte Bauwerke wurden liebevoll restauriert und schmale, verwinkelte Sträßchen öffnen sich zu malerischen Plätzen, auf denen es nicht viel Vorstellungskraft bedarf, um sich in koloniale Zeiten zurückzuversetzen.

Camagüey ▶ O 6

Die Provinzhauptstadt **Camagüey** (335 000 Einwohner), 2008 zum UNESCO-Welterbe erklärt, ist eine der sieben ältesten Städte der Insel – und eine der wenigen, deren Straßen nicht im Schachbrettmuster angelegt sind. Mit den vielen kreuz und quer verlaufenden Gassen wollten die Einwohner ursprünglich potenzielle Angreifer verwirren, heute fällt den Touristen die Orientierung schwer …

Geschichte

Fluch der Freibeuter

Am 2. Februar 1514 gründete Diego Velázquez die Siedlung Santa María del Puerto Príncipe, allerdings nicht, wo sich heute Camagüey befindet, sondern an der Nordküste in der Nähe des Hafens Nuevitas. Zweimal zog die gesamte Siedlung wegen Piratenüberfällen um: 1516 an das Ufer des Río Caonao und 1528 an den heutigen Ort. Ausschlaggebend war das gute Weideland rund um die Stadt. Der florierende Wohlstand der Viehzüchter erregte allerdings selbst noch im Binnenland das Interesse der Freibeuter: 1668 brannte der englische Pirat Henry Morgan die Stadt nieder und zog als reicher Mann aus Camagüey ab. Er sperrte die reichsten Bürger kurzerhand ohne Lebensmittel in die Kathedrale, bis der Hunger sie mürbe gemacht hatte und sie ihm freiwillig ihre Schätze überließen. Da auf den Zuckerplantagen Zehntausende Sklaven arbeiteten, lebte das Bürgertum auch in beständiger Angst vor Sklavenaufständen – zu Recht, wie sich im 17. Jh. herausstellte, als rebellische Sklaven die Stadt niederbrannten.

Helden der Unabhängigkeit

Im Verlauf der Unabhängigkeitskriege wurden mehrere Bürger der Stadt als Befreiungskämpfer berühmt. Am 4. November 1868 begründeten 76 junge Patrioten auf der Finca Las Clavellinas das erste Befreiungsheer, ein Jahr später zog Ignacio Agramonte, der heute als Befreiungsheld verehrt wird, als Chef der aufständischen Division Camagüey siegreich in die Stadt ein. Andere berühmte Namen aus Camagüey sind Ana Betancourt (1832–1901), eine der ersten Frauen, die für die Unabhängigkeit kämpften, sowie der Patriot Enrique José Varona (1849–1933), der für ein autonomes Kuba plädierte.

Auch beim zweiten Befreiungskrieg spielte Camagüey eine wichtige Rolle. Nur acht Monate nach Kriegsbeginn bezogen die Generäle Máximo Gómez und Antonio Maceo mitsamt ihren Armeen Quartier in Camagüey, und am 2. November 1898 reiste das geschlagene spanische Bataillon aus Cádiz per Zug von Camagüey nach Nuevitas, um sich für die Heimkehr nach Spanien einzuschiffen.

Unruhige Zeiten

Die Spanier gingen, die Amerikaner kamen: Am selben Tag gab der noch von den Spaniern eingesetzte Bürgermeister der Stadt die Hoheitsgewalt an General L. H. Carpenter weiter, Chef der US-amerikanischen Interventionstruppen. Es war nicht das letzte Mal, dass US-Truppen Camagüey besuchten. Als sich im fernen Havanna das Präsidentenkarussell drehte, die United Fruit Company das Land übernahm und Wirtschaftskrisen für Hunger sorgten, streikten die Zuckerarbeiter in Camagüey und die Studenten rebellierten. Mit dem Ergebnis, dass 1917 sowie erneut 1921 die US-Marines landeten und die Stadt besetzten.

Während der Batista-Ära erlebte Camagüey mehrere Aufstände, mit denen die Studenten den Guerillakrieg in der Sierra Maestra unterstützen wollten. 1958 zogen Camilo Cienfuegos und Che Guevara in die Provinz ein.

Stadt der Tinajones

Bei einem Spaziergang durch den historischen Kern fallen auch die riesigen Tonkrüge auf, die neben den Eingangstüren der Häuser oder in Patios stehen. Da die Stadt beständig mit Wassermangel kämpfte, fingen die Camagüeyanos das Regenwasser auf und konstruierten für diesen Zweck enorm große Tonkrüge, *tinajones* genannt, die schnell zu einem kolonialen Statussymbol wurden: Je mehr dieser bauchigen Gefäße eine Familie besaß, desto reicher war sie. Bis zu 4 m Umfang können die *tinajones* haben, die früher auch für die Verschiffung von Flüssigkeiten genutzt wurden. Irgendwer machte sich einmal den Spaß, die *tinajones* in Camagüey zu zählen – es waren 18 000, die meisten davon aus dem 19. Jh. Heute versucht man, die Kunst der Tonkrugfabrikation wiederzubeleben.

Sehenswertes

Cityplan: S. 353
Camagüeys wichtigster Platz ist der **Parque Agramonte,** benannt nach dem Befreiungskämpfer, der im ersten Unabhängigkeitskrieg gegen die Spanier sein Leben ließ. Die Palmen an jeder Ecke des Platzes erinnern an vier kubanische Patrioten, die 1851 von den Spaniern hingerichtet wurden. Zu der List, harmlose Palmen zu pflanzen und sich in ihren Schatten zu setzen, mussten die Camagüeyanos greifen, weil die Kolonialbehörden selbstverständlich keine Denkmäler für von ihnen ermordete Patrioten duldeten.

Catedral de Nuestra Señora de la Candelaria 1
Parque Agramonte, Turmaufstieg 1 CUP
Die **Catedral de Nuestra Señora de la Candelaria** wurde schon 1530 errichtet, doch in den zahlreichen Kämpfen um die Stadt immer wieder zerstört und neu aufgebaut, was ihre schlichte Architektur erklären mag. Während der Unabhängigkeitskriege fungierte sie als Militärquartier, doch selbst in jenen Tagen entfernte man die Statue der Heiligen Jungfrau der Candelaria neben dem Altar nicht – denn sie ist niemand anderes als die afrokubanische Göttin Oyá, die Königin der Toten.

Galería Julián Morales 2
Calle Cisneros 159, zw. Cristo und Rosa La Bayamesa, Parque Agramonte, Eintritt frei
Im Gebäude des Schriftsteller- und Künstlerverbandes UNEAC zeigt die **Galería Julián Morales** Wechselausstellungen von Künstlern aus der Region. Samstagabends werden in den Räumlichkeiten häufig Lesungen veranstaltet oder Konzerte gegeben.

Casa de la Diversidad Cultural Camagüeyana 3
Calle Cisneros 169, links neben der Casa de la Trova, Parque Agramonte, Mo–Fr 10–17, Sa 9–19, So 8–12 Uhr, 15 CUP
Nur wenige Schritte von der UNEAC entfernt stößt man auf eine weitere Galerie. Auch wenn der Kunstbedarf bereits gedeckt ist,

Hochburg der Schlepper
Camagüey ist einer der Orte Kubas mit dem höchsten Aufkommen an Jineteros. Hier bleiben sie wie Kletten an einem kleben, zirkeln Autofahrer mit ihren Drahteseln ein und drängen sie in die von ihnen gewünschte Richtung ab, tauschen Straßenschilder etc. – der Fantasie sind keine Grenzen gesetzt. Tipps zu adäquaten Verhaltensweisen s. S. 117.

sollte man einen Blick ins Innere dieses Kolonialgebäudes werfen, das mit mehreren Preisen für seine Restaurierung ausgezeichnet wurde. Das Gebäude gilt als erstklassiges Beispiel für die eklektizistische Bauweise, die Ende des 19. Jh. den Neoklassizismus abgelöst hat – bereits die Fassade mit ihren Arabesken ist eine pure Augenweide. Neben Ausstellungsräumen befindet sich hier auch das Büro des Stadthistorikers, die Oficina del Historiador de la Ciudad (OHCC).

Maqueta de la Ciudad 4
Calle Martí 160, Parque Agramonte, Mo–Sa 9–16, So 9–13 Uhr, vorübergehend geschl.
Santiago hat eins, Bayamo hat eins, Havanna sowieso, warum nicht auch Camagüey: ein Altstadtmodell *en miniature*. Lohnend ist der Besuch aber nicht nur wegen der aufwendigen Nachbauten, sondern wegen des Überblicks über das Stadtzentrum, den man von der umlaufenden Galerie im 1. Stock erhält – danach ist die Orientierung in Camagüey ein Kinderspiel.

Plaza San Juan de Dios
Südlich des Parque Agramonte taucht man auf der kopfsteingepflasterten **Plaza San Juan de Dios** aus dem 18. Jh. in koloniale Atmosphäre ein. Einstöckige, hell getünchte Gebäude, teils mit Holzbalkonen, gruppieren sich um den Platz mit der 1728 erbauten **Iglesia San Juan de Dios** 5 und dem benachbarten alten Krankenhaus hinter maurischer Fassade. Das **Hospital San Juan de Dios** wurde lange Zeit als Kinderklinik ge-

Camagüey

Sehenswert
1. Catedral de Nuestra Señora de la Candelaria
2. Galería Julián Morales
3. Casa de la Diversidad Cultural Camagüeyana
4. Maqueta de la Ciudad
5. Iglesia San Juan de Dios
6. Museo San Juan de Dios
7. Mercado Agropecuario El Río
8. Cementerio Raúl Lamar
9. Iglesia Nuestra Señora del Carmen
10. Casa Natal de Nicolás Guillén
11. Casa Natal de Ignacio Agramonte
12. Iglesia de Nuestra Señora de la Merced
13. Teatro Principal
14. Galería República 289
15. Sala Internacional de la Cerámica de Arte
16. Museo Provincial Ignacio Agramonte
17. Museo Ferroviario

Übernachten
1. Santa María
2. La Avellaneda
3. Camino de Hierro
4. Gran Hotel
5. Hotel Plaza
6. Casa Maria y David
7. Hostal Flores
8. Casa Caridad

Essen & Trinken
1. Casa Austria
2. 1800
3. El Paso
4. El Ovejito
5. Café Ciudad
6. Restaurant 1514
7. La Isabella
8. Las Ruinas
9. La Perla de Cuba

Einkaufen
1. Estudio-Galería Magdiel García Almanza
2. Casa-Estudio Ileana y Joel
3. Galería Iris
4. Estudio-Taller Martha P. Jiménez
5. Casa del Tabaco La Estrella
6. Librería Viet Nam-Ateneo
7. Casa de los Santos

Abends & Nachts
1. Casa de la Trova Patricio Ballagas
2. El Cambio
3. Colón
4. Yesterday
5. Bodegón Don Cayetano
6. Caribe
7. Tradi Cuba

---

nutzt, zwischen 1971 und 1991 diente es als Krankenschwesternschule und jetzt ist hier das **Museo San Juan de Dios** 6 untergebracht, das mit Camagüeys Geschichte vertraut macht und dekorative Kunst ausstellt. Allein der Patio von 1840 mit seinen Palmen und *tinajones* lohnt der Besuch, vom Turm bietet sich ein schöner Blick über die Stadt (Di–Sa 9–17, So 9–12 Uhr, 3 CUP).

An der Nordseite der Plaza haben sich Restaurants niedergelassen, alle mit Tischen unter Sonnenschirmen auf dem verkehrsberuhigten Platz. Außerdem finden sich mehrere Kunstgalerien in direkter Nachbarschaft.

Mercado Agropecuario El Río 7
Crta. Central Oeste Km 2,5, geg. Fábrica de Refrescos, Mo–Sa 7–19, So 7–14 Uhr
Lebhaftes Markttreiben kennzeichnet Kubas größten Bauernmarkt, den **Mercado Agropecuario El Río** südlich des historischen Zentrums. Hier herrscht ungewohnter Überfluss: An unzähligen Ständen türmt sich Obst und Gemüse aller Art, lautstark werden selbstgemachte Tomatensoßen angepriesen, lange Knoblauchzöpfe und fette Schweinshaxen baumeln von den Decken der Holzbuden herunter und es gibt sogar eine Marktecke, in der allerlei seltsame Naturheilmittel verkauft werden. Blutrünstige Zeitgenossen können dem *matadero* (›Schlächter‹) bei seiner Arbeit zusehen.

Cementerio Raúl Lamar 8
Calle Desengaño, Ecke Cristo, tgl. 7–18 Uhr, Eintritt frei
Am Westrand des historischen Zentrums befindet sich der **Cementerio Raúl Lamar** von 1814, Kubas ältester Friedhof – und der einzige, der um eine Kirche herum angelegt wurde. Die **Iglesia Santo Cristo del Buen Viaje** bewacht eine kleine Totenstadt mit marmor-

Camagüey und Provinz

geschmückten Häusern, in denen u. a. Salvador Cisneros Betancourt begraben liegt, der Marquis von Santa Lucía und spätere Präsident der Zivilregierung, die zur Zeit des Zehnjährigen Krieges von den Revolutionären eingerichtet worden war.

Plaza del Carmen

Ein schöner Spaziergang führt vom Friedhof in nördlicher Richtung durch das Gassengewirr auf einen weiteren von Camagüeys Vorzeigeplätzen. Lebensgroße Skulpturen von drei ›Klatschtanten‹ *(las chismosas)*, einem Liebespaar und einem Zeitungsleser, auf Bänken oder Stühlen sitzend, schmücken die **Plaza del Carmen,** die ähnlich wie die Plaza San Juan de Dios von einer Kirche überragt wird und von hübschen Kolonialgebäuden umgeben ist. Auch hier findet man ein paar nette Einkehrmöglichkeiten sowie mehrere Galerien, darunter diejenige der auch im Ausland bekannten Bildhauerin und Kera-

Farbenflash: Zumindest von außen lebt es sich in Camagüeys Gebäuden wie in einem Museum

mikkünstlerin Martha Jiménez, von der die Bronzefiguren auf dem Platz stammen.

An der Westseite der Plaza ist die **Iglesia Nuestra Señora del Carmen** 9 Camagüeys einziges Gotteshaus mit zwei Türmen. Die Fassade mit ihren drei Eingängen suggeriert eine dreischiffige Kirche, doch tatsächlich verbirgt sich dahinter ein verhältnismäßig schlichtes einschiffiges Inneres. Zu der zwischen 1823 und 1825 erbauten Kirche gesellte sich 1829 der **Convento de las Madres Ursulinas** hinzu, Camagüeys erste Lehranstalt für katholische Mädchen. Wenn das Tor geöffnet ist, kann man einen Blick in den weiten Patio werfen, in dem besonders die fächerförmigen Buntglasfenster über den Türen ins Auge fallen (Calle Carmen 7, Kirche: Di–Sa 8–12, 13–17 Uhr).

Casa Natal de Nicolás Guillén 10

Calle Hermanos Agüero 58, zw. Cisneros und Príncipe, Di–Sa 9–16, So 9–12 Uhr, 5 CUP

Auf dem Rückweg ins Zentrum kann man in die **Casa Natal de Nicolás Guillén** hineinspicken, das Geburtshaus von Kubas Nationaldichter, in dem persönliche Dinge und Bücher des Poeten aufbewahrt werden. Nicolás Guillén (1902–85) wurde als Sohn eines gebildeten Mulatten geboren, der am Unabhängigkeitskrieg gegen Spanien teilgenommen hatte, eine Tageszeitung herausgab und 1917 bei einem Aufstand gegen das korrupte Regime des damaligen Präsidenten Menocal erschossen wurde. Da die Soldaten auch die Druckmaschinen des Vaters zerstört hatten, verarmte die Familie. Nicolás Guillén, der erfolglos versucht hatte, in Havanna Jura zu studieren, hielt sich mit Gelegenheitsarbeiten über Wasser. Er müsse schon die Hautfarbe wechseln, bekam er zu hören, wenn er sich um besser bezahlte Jobs bewarb. In Camagüey war es trotz der heroischen Vergangenheit nicht besser als in anderen Städten Kubas: Die Rassendiskriminierung beherrschte Alltag und Gesellschaftsleben der Stadt.

Nicolás Guillén war der erste moderne kubanische Dichter, der afrokubanische Elemente in seiner Lyrik – bekannt als *poesía negra* – verarbeitete. Vor ihm hatte es niemand gewagt, etwa in der Sprache der ›dicklippigen Neger‹ (*negros bembones* – so auch der Titel eines seiner Gedichte) zu schreiben. Die Anknüpfung an die verachteten Formen der Lieder, Tänze, Sprache und Dichtungen der Afrokubaner war für Guillén ein Akt der Befreiung. Viele seiner Gedichte flossen wieder in die Anonymität der Folklore zurück, was er als die größte Ehre empfand, die ihm zuteil werden konnte.

Camagüey und Provinz

Casa Natal de Ignacio Agramonte 11
Av. Agramonte 459, Ecke Independencia, Di–Sa 9–16, So 9–12 Uhr, 5 CUP

An der **Plaza de los Trabajadores** lohnt die **Casa Natal de Ignacio Agramonte** einen Besuch. Im Geburtshaus des Unabhängigkeitskämpfers befindet sich ein Museum, das den Befreiungskriegen gewidmet ist.

Der 1841 in Camagüey geborene Ignacio Agramonte kam bereits während seiner Schulzeit in Havanna mit dem patriotischen Gedankengut von Félix Varela und José Agustín Caballero in Kontakt (s. S. 170). Nach dem von Carlos Manuel de Céspedes initiierten Freiheitskampf gegen die spanische Kolonialmacht (s. S. 55) schloss sich Agramonte mit anderen Sprösslingen reicher Rinderzüchterfamilien zusammen, um Céspedes zu unterstützen. Innerhalb kürzester Zeit entwickelte sich seine schlagkräftige Truppe zu einer bedeutenden Stütze im Kampf gegen die Spanier. Ignacio Agramonte starb am 11. Mai 1873 durch eine spanische Kugel und wurde schon am darauffolgenden Tag auf Anweisung des spanischen Gouverneurs öffentlich verbrannt.

Iglesia de Nuestra Señora de la Merced 12
Plaza de los Trabajadores, Mo–Sa 9–11, 15–17, Messe Mo–Sa 17, So 10 und 18 Uhr

Im inselweiten Städtevergleich besitzt Camagüey die größte Anzahl katholischer Kirchen und natürlich ist auch die Plaza de los Trabajadores mit einer solchen geschmückt. Die barocke **Iglesia de Nuestra Señora de la Merced** – 1748 erbaut und nach einem Brand Anfang des 19. Jh. neu errichtet – sowie das angrenzende Kloster gelten als eines der beeindruckendsten Bauwerke Camagüeys, auch wenn es von außen nicht unbedingt den Anschein hat. Sehenswert sind vor allem der Klosterhof mit seinem Kreuzgang und den vielen originalen *tinajones* sowie im Kircheninneren der Hauptaltar und der Santo Sepulcro, ein Sarg, der 1762 aus Tausenden eingeschmolzener Silbermünzen gegossen wurde.

Teatro Principal 13
Calle Padre Valencia 64, s. S. 360

Das **Teatro Principal** mit seinen schmiedeeisernen Gittern, Buntglasfenstern und der breiten Marmortreppe lohnt vor allem dann einen Besuch, wenn eine Aufführung des Balletts von Camagüey auf dem Programm steht – neben Alicia Alonsos ehemaliger Kompanie in Havanna das berühmteste Ensemble auf Kuba. Es wurde 1967 gegründet und ist weltberühmt, weshalb es oft auf Tournee ist.

Plaza del Gallo
Dort, wo Camagüeys Hauptstraßen República, Maceo und Agramonte aufeinandertreffen und die drei besten Hotels der Stadt vereinigt sind, das **Santa María** 1, das **Avellaneda** 2 und das **Camino de Hierro** 3, hat sich die neu gestaltete **Plaza del Gallo** zu einem der Lieblingstreffpunkte der Camagüeyanos entwickelt. Besonders seit Freigabe des Internetzugangs in Kuba sind die breiten Treppen und Mäuerchen dicht bepackt mit Menschen, die alle ganz angestrengt auf ihren Laptop oder ihr Smartphone schauen.

Galería República 289 14
Calle República 289, zw. Finlay und Oscar Primelles, www.facebook.com/cmgcpap, Mo–Fr 9–19, Sa, So 9–22 Uhr, Eintritt frei

Alle 30 Tage wechseln die Ausstellungen in dieser modernen und ansprechenden Galerie, die gleichzeitig der Sitz des Consejo Provincial de las Artes Plásticas ist, also der Verwaltungseinheit, die sich um die Kreativschaffenden der Provinz bemüht. Zu sehen sind moderne Kunst verschiedener Sparten sowie immer wieder spannende Fotoarbeiten.

Sala Internacional de la Céramica de Arte 15
Calle República 382, zw. Oscar Primelles und El Solitario, tgl. 9.30– ca. 13.30 Uhr, Eintritt frei

In der **Sala Internacional de la Céramica de Arte** werden Arbeiten gezeigt, die das gesamte Spektrum abdecken – von Gebrauchskeramik bis zu Plastiken. Ein Bereich fungiert als Verkaufsausstellung, in der sich durchaus bezahlbare Mitbringsel finden lassen.

Camagüey

Museo Provincial Ignacio Agramonte 16
Av. de los Mártires 2, Ecke Ignacio Sánchez, Di–So 8–16 Uhr, vorübergehend geschl.
In der Verlängerung der Calle República, unmittelbar nördlich der Bahngleise, befindet sich in einer ehemaligen spanischen Kaserne das **Museo Provincial Ignacio Agramonte**. Gezeigt werden naturkundliche und historische Exponate, antikes Mobiliar sowie Gemälde einheimischer Künstler aus dem 19. und 20. Jh.

Museo Ferroviario 17
Calle Van Horne, zw. Avellaneda und República, Di–Sa 9–17, So 9–12 Uhr, 100 CUP
Das alte Bahnhofsgebäude Camagüeys gegenüber dem historischen Plaza Hotel wurde mit finanzieller Unterstützung der Schweiz aufwendig renoviert und beherbergt nun ein modernes und interaktives **Museum,** das sich mit der Geschichte der Eisenbahn in Kuba auseinandersetzt. Toll ist auch das authentisch renovierte Uhrenreparaturgeschäft am Nordostende des Gebäudes, in

KUNST SHOPPEN

Camagüey besitzt eine sehr lebendige Kreativszene, einige der bekanntesten Künstler Kubas stammen von hier. Das macht sich auch an der Zahl kleiner Privatgalerien bemerkbar, deren Werke sich erheblich vom kubanischen Souvenirmarkteinerlei absetzen, zum Beispiel:

Estudio-Galería Magdiel García Almanza 1 : Calle San Juan de Dios 26-B, an der gleichnamigen Plaza, Tel. 54 93 04 04, tgl. 9–18 Uhr, falls die Tür verschlossen ist, einfach durchs geöffnete Fenster rufen. Aus bis zu 200 Jahre altem Holz schafft Magdiel fantasievolle, mit dem Betrachter ›interagierende‹ Skulpturen, die zumeist in ihre Einzelteile zerlegbar sind und somit in (fast) jeden Koffer passen. Als Mitbringsel noch besser geeignet sind kolorierte Originalskizzen des Künstlers. Obwohl Magdiel inzwischen international bekannt ist und sogar schon in Deutschland ausgestellt hat, steht er mit beiden Beinen auf dem Boden und lässt sich bei seiner Arbeit im Atelier hinter der Galerie über die Schulter schauen.

Casa-Estudio Ileana y Joel 2 : Calle Martí 154, Parque Agramonte, Tel. 32 29 23 05, tgl. 10–12, 13–17 Uhr, auch hier durchs Fenster rufen, falls geschl. Moderne Malerei made in Camagüey. In einem der ältesten Gebäude am Platz, das als Wohnhaus und Galerie zugleich dient, stellt das Künstlerpaar Ileana Sánchez und Joel Jover seine Werke aus, die in spannendem Gegensatz zu den alten Fresken und Antiquitäten stehen.

Galería Iris 3 : Calle Ignacio Agramonte 438, Ecke López Recío, tgl. 10–18 Uhr. Hier findet man Arbeiten des renommierten Malers und Keramikkünstlers Oscar Rodríguez Lasseria, einem führenden Kopf der afrokubanischen Kunstbewegung der 1980er-Jahre.

Estudio-Taller Martha P. Jiménez 4 : Plaza del Carmen, Tel. 52 47 05 18, www.martha-jimenez.es, tgl. 8–18 Uhr. Die international bekannte Keramikkünstlerin schuf die Bronzefiguren auf der Plaza del Carmen und verkauft in ihrer Galerie neben Tonobjekten auch Gemälde aus eigener Hand, Grafiken und bedruckte T-Shirts.

dem man sich heute wie vor 100 Jahren seinen kaputten Zeitmesser wieder instand setzen lassen kann.

Infos

Infotur: Av. Agramonte, im Callejón de los Milagros neben dem Cine Encanto.
Cubatur: Av. Agramonte 421, im Callejón de los Milagros, Mo–Fr 9–13, 14–16.30, Sa 9–11.30 Uhr.
Havanatur: Calle República 272, Ecke Finlay, Mo–Fr 8.15–16.20, Sa 8.15–12 Uhr.
Paradiso: Av. Agramonte 413, zw. Maceo und Independencia.
Banco Financiero Internacional: Calle Independencia 221, zw. Martí und Hnos. Agüero.
Cadeca: Calle República 388, zw. Oscar Primelles und Finlay, Mo–Fr 8.30–16, Sa bis 11.30 Uhr.
Internet: Etecsa, Calle República 453, zw. San Martín und El Solitario; Av. Ignacio Agramonte 442; beide tgl. 8.30–16 Uhr.

Übernachten

Koloniales Dreigestirn – **Santa María** **1** : Calle República, Ecke Agramonte, Tel. 32 24 49 44, www.hotelescubanacan.com. Das größte der drei Hotels an der Plaza del Gallo zeichnet sich durch seinen fantastischen Mirador sowie sehr freundliches und hilfsbereites Personal aus. Wie bei den anderen beiden Hotels am Platz kann es auch hier abends ein wenig dauern, bis man in den Schlaf findet. 31 Zi., €€, inkl. Frühstück.
La Avellaneda **2** : Calle República 226, Plaza del Gallo, Tel. 53 32 24 49, www.hotelescubanacan.com. Neun große Zimmer mit ebenso großen Bädern, bis auf die Nr. 8 und 9 alle mit direktem Zugang zum Patio des einstöckigen Kolonialbaus. €€, inkl. Frühstück. **Camino de Hierro** **3** : Plaza del Gallo, zw. Maceo und República, Tel. 32 28 72 64, www.hotelescubanacan.com. In einem toll renovierten Gebäude aus dem 18. Jh. ist dieses Zehn-Zimmer-Hotel untergebracht. Vom Balkon im 1. Stock aus kann man das Leben auf der Plaza beobachten. €€, inkl. Frühstück
Mit fantastischer Dachterrasse – **Gran Hotel** **4** : Calle Maceo 67, zw. Agramonte und General Gómez, Tel. 32 29 20 93/94, www.melia.com. Das ›Gran‹ im Namen ist nicht gerechtfertigt, aber das Hotel hat viel Charme, einen Pool und eine Dachterrassenbar, wo recht ordentliche Cocktails gemixt werden. 72 Zi., €€, inkl. Frühstück
Direkt am Bahnhof – **Hotel Plaza** **5** Calle Van Horne 1, zw. Avellaneda und República, Tel. 32 28 24 57, www.islazulhotels.com. Ein einfacheres Hotel mit sehr angenehmer Atmosphäre in einem schön renovierten Kolonialgebäude direkt gegenüber des Bahnhofsmuseums und des Bahnhofes. 67 Zi., €€, inkl. Frühstück
Familiäre Atmosphäre – **Casa Maria y David** **6** (privat): Calle General Gómez 257, zw. San Ramón und Príncipe, Tel. 56 24 69 99. Maria Antonia und Jorge David und ihr Sohn Juan David bieten zwei einfache, saubere Zimmer mit Zugang zum gemütlichen Patio in einer sehr familiären Atmosphäre an. Auf Wunsch gibt es Kaffee, Frühstück, Tipps und Geschichten zur Übernachtung dazu. Sehr zentral im Stadtzentrum gelegen. €
Sehr zentral – **Hostal Flores** **7** (privat): Calle Padre Valencia 68, zw. Tatán Méndez und Lugareño, Tel. 55 27 80 91. Zwei schlichte, aber saubere Zimmer direkt neben dem Teatro Principal. Gastgeber Eusebio war früher Dekan der Pädagogischen Fakultät der Universität von Camagüey und ist ein sehr hilfsbereiter Mensch. Üppiges Frühstück. €
Drinks in der Hollywoodschaukel – **Casa Caridad** **8** (privat): Caridad García Valera, Calle Oscar Primelles 310-A, zw. Bartolomé Masó und Padre Olallo, Tel. 32 29 15 54, 53 93 27 23, www.hostalescaridad.com. Drei Zimmer, alle mit Fenster zum Gang, in schönem Haus mit riesigem, hübsch bepflanzten Patio. €

Essen & Trinken

Erste Wahl – **Casa Austria** **1** (privat): Calle Lugareño 121, zw. San Rafael und San Clemente, Tel. 32 28 55 80, Mo–Sa 9.30–17 Uhr. Hier hat sich der Innviertler Josef verwirklicht – vorne ein Wiener Kaffeehaus mit dem vermutlich köstlichsten Kuchen ganz Kubas (dringender Probiertipp: *bosque negro* nach Art einer Schwarzwälderkirschtorte … zum Reinlegen gut), und hinten ein teilüberdach-

Camagüey

Aus olfaktorischen Gründen kein empfehlenswertes Mitbringsel, aber sehr fotogen: die ellenlangen Knoblauchzöpfe auf dem Mercado Agropecuario del Río

ter Patio mit Teich inkl. Springbrunnen und hervorragenden Gerichten, die das Beste der beiden Kulturen vereinen (ein Gedicht: das Lamm in Rotweinsoße). €€

Am schönsten Platz der Stadt – **1800** 2 (privat): Plaza San Juan de Dios, Tel. 32 28 36 19, tgl. 12–24 Uhr. Edle Einrichtung, große Speisenauswahl (auch vegetarisch), gutes Essen und guter Service sowie superschöne Sitzgelegenheiten auf dem Platz. €€

Beste Lage – **El Paso** 3 (privat): Calle Hermanos Agüero 261, Plaza del Carmen, Tel. 52 38 09 39, tgl. 9–23 Uhr. Das kleine Lokal besticht durch seine Lage an der idyllischen Plaza del Carmen, seine schmackhaften Gerichte und seinen exzellenten Service. Spezialität: *ropa vieja*. €€

Spezialität Lamm – **El Ovejito** 4 : Calle Hermanos Agüero 280, Plaza del Carmen, Tel. 32 24 24 98, tgl. 12–20 Uhr. Geschmackvoll mit antiken Möbeln und Werken von Oscar Lasseria eingerichtetes Lokal, das sich auf Lammgerich-

te spezialisiert hat. Tipp: *paleta de cordero rellena* (mit Speck und Möhren gefülltes überbackenes Lamm). €€

Für Kaffeefans – **Café Ciudad** 5 : Calle Martí, Ecke Cisneros, eigentlich tgl. 9–23 Uhr, aber immer mal wieder spontan geschlossen. Snacks und große Auswahl an Kaffeespezialitäten, z. B. der mit Honig gesüßte Café Mambí, zu dem ein Stück kreolischer Käse gereicht wird – so, wie ihn schon die *mambises* (s. S. 55) getrunken haben –, oder der Café Ruso mit Schokoladeneis. €€

Abwechslungsreich – **Restaurant 1514** 6 : Calle General Gómez, Ecke Maceo, Tel. 59 92 86 52, tgl. 12–15, 18–21 Uhr. Leckeres und vielseitiges Essen, stets gut besucht. €–€€

In einem alten Kino – **La Isabella** 7 : Av. Agramonte 447, zw. Maceo und Independencia, Tel. 32 22 15 40, tgl. 12–22 Uhr. Filmrollen, alte Projektoren, Plakate kubanischer Streifen etc. bilden die Deko dieses Lokals, das im ersten Lichtspielhaus der Stadt beheimatet ist.

Gutes Preis-Leistungs-Verhältnis. Pizza, Nudelgerichte etc. €

Ruinös & schattig – **Las Ruinas** 8 : Calle Independencia, Ecke Hermanos Agüero, tgl. 9–24 Uhr. Auf der Terrasse dieser Cafetería kann man sich mit kalten Getränken und kleinen Gerichten stärken. €

Blick auf den Parque Agramonte – **La Perla de Cuba** 9 : Calle Independencia, Ecke Martí, tgl. 10–23 Uhr. Das Essen ist nicht erwähnenswert und der Service schleppend, aber der Blick durch die hohen Fenster auf die hübsche Plaza unübertrefflich – ein guter Ort für einen spottbilligen Snack oder ein Erfrischungsgetränk zwischendurch. €

Einkaufen

Die traditionellen Einkaufsstraßen in Camagüey sind die **Calle Maceo** sowie der nördliche Abschnitt der **Calle República.**

Kunst – 1 – 4 s. S. 357

Kunsthandwerk – Auf der **Plaza San Juan de Dios** findet man Stände mit Kunsthandwerk.

Zigarren – **Casa del Tabaco La Estrella** 5 : Av. Agramonte 435, Ecke López Recio, tgl. 10–22 Uhr. Mit Raucherlounge.

Bücher – **Librería Viet Nam-Ateneo** 6 : Calle República 404, Mo–Sa 9–21, So 9–13 Uhr.

Heiligenfiguren – **Casa de los Santos** 7 : Calle Oscar Primelles 407, zw. República und Avellaneda, tgl. 8–22 Uhr. Handbemalte, wunderbar kitschige Heiligenfiguren, davor ein winziges Stehcafé mit Säften und Sandwiches.

Abends & Nachts

Aktuelle Veranstaltungstipps bietet www.pprincipe.cult.cu.

Künstlertreff – **Casa de la Trova Patricio Ballagas** 1 : Calle Salvador Cisneros 171, Parque Agramonte, Mo–Do 12–24, Fr, Sa 12–2, So 21–2 Uhr, ab 50 CUP. Ein Besuch lohnt sich, denn die Livemusik (ab 21 Uhr) ist sehr gut, die Bar ausnehmend gemütlich und das Publikum spannend. Später am Abend Disco.

Theater – **Teatro Principal** 13 : Calle Padre Valencia 64, Tel. 32 29 30 48, Fr 17, Sa/So 10 Uhr, 50 CUP.

Bars – **El Cambio** 2 : Calle Martí 152, Ecke Independencia, So–Do 12–24, Fr/Sa 12–2 Uhr. Ein Dauerbrenner unter den Kneipen. Früher wurden in diesem Gebäude Lotterielose verkauft und die Gewinne in Bargeld umgetauscht – daher der Name. **Colón** 3 : Calle República 472, zw. San José und San Martín. Der Weg in die Lobby-Bar des gleichnamigen Hotels lohnt sich allein wegen des fantastischen Holztresens aus den 1920er-Jahren, der besichtigt werden kann, auch wenn die dazugehörige Bar bei Redaktionsschluss auf unbestimmte Zeit geschlossen war. **Yesterday** 4 : Calle República 222, zw. Agramonte und Callejón del Castellano, Mo–Fr 12–24, Sa 12–2 Uhr. Das Dekor dieser Themenbar widmet sich den vier Pilzköpfen, inkl. lebensgroßer Statuen, die einen am Eingang begrüßen. Großer Innenhof, gelegentlich Livemusik. **Bodegón Don Cayetano** 5 : Calle República 79, Ecke Callejón de la Soledad, tgl. 14–23 Uhr. Man sitzt schön in einer Gasse neben der Kirche, vor sich ein paar Tapas und ein Drink.

Cabarets – **Caribe** 6 : Calle Narciso Montreal, Ecke Freyre, tgl. ab 22 Uhr. Absolut sehenswerte Show. **Tradi Cuba** 7 : Crta. Central Km 4,5, im Hotel Camagüey, Fr–So 21–1 Uhr. Nach beiden Shows ist eine lange Disconacht angesagt.

Termine

Semana de la Cultura Camagüeyana: Anfang Febr. Stadtfest.

Procesión de la Semana Santa: März/April. Eine der wenigen Osterprozessionen, die in Kuba erlaubt sind.

San Juan Camagüeyano: Ende Juni. Der hiesige Karneval mit farbenprächtigen Umzügen, Trommlern, hüpfenden *diablitos* (›Teufelchen‹) und phonstarken Bands.

Fiesta del Tinajón: Nov. Das Fest lässt die Geschichte und Traditionen der Stadt aufleben.

Verkehr

Flüge: Aeropuerto Ignacio Agramonte, 7 km nördl. der Stadt, Tel. 32 26 10 10, 32 26 71 50. Jeden Sa Flugverbindung nach Havanna sowie Direktflüge nach Santo Domingo/Dominikanische Republik und Cancún/Mexiko. Ein Taxi in die Stadt kostet ca. 10 €. Das Büro von

Cubana befindet sich in der Calle República 400, Mo–Fr 8.15–16 Uhr. Tel. 32 29 13 38, www.cubana.cu.
Züge: Estación Central Ferrocarril, Calle Van Horne, zw. República und Avellaneda, Tel. 32 28 94 19, 32 29 26 33. Jeden vierten ungeraden Tag nach Havanna mit Halt in Ciego de Ávila, Santa Clara und Matanzas und jeden vierten geraden Tag nach Santiago de Cuba. Abfahrtszeiten verändern sich ständig oder Züge fallen ganz aus.
Busse: Terminal de Ómnibus, Crta. Central, 3 km südl. des Zentrums, Tel. 32 27 03 94, 32 27 16 68. Mit Víazul 3 x tgl. nach Holguín (13 €), 3 x tgl. über Bayamo (13 €) nach Santiago (21 €), 4 x tgl. über Sancti Spíritus (12 €) und Santa Clara (18 €) nach Havanna (35 €), 1 x tgl. nach Varadero (29 €). Vom regionalen Busbahnhof, Av. Carlos J. Finlay, nahe dem Bahnhof gibt es Verbindungen u. a. nach Nuevitas, Playa Santa Lucía und nach Santa Cruz del Sur.
Transport vor Ort: Fahrradrikschas findet man u. a. am Parque Agramonte sowie an der Ecke Av. Ignacio Agramonte und Avellaneda.

Die Provinz Camagüey

Kubas größte Provinz hat außer seiner hübschen Hauptstadt nur wenig zu bieten. Die meisten Besucher zieht es in den Norden ans Meer, wo Playa Santa Lucía für den Pauschaltourismus erschlossen ist.

Bosque de Fósiles de Najasa ▶ O 6

Knapp 80 km südöstlich von Camagüey erstreckt sich die **Sierra del Chorrillo,** an deren Südrand Reste eines um die 3 Mio. Jahre alten versteinerten Waldes gefunden wurden. Über eine Fläche von etwa 1000 ha verteilt gibt es vier erschlossene Fundstätten *(yacimientos),* alle in der Umgebung des Ortes **Najasa.**

Etwa fußballfeldgroß ist das Areal des **Yacimiento San José,** wo aus der Umgebung zusammengetragene Kieselhölzer zu kleinen Pyramiden aufgeschichtet wurden. Auf dem **Yacimiento Santa Rosa** und dem **Yacimiento Las Clotildas** kann man bis zu 6 m lange Kieselholzstämme betrachten. Das größte Einzelvorkommen befindet sich auf dem Gelände einer Bananenplantage, dem **Yacimiento La Estrella.** Hier fallen besonders die leicht gelb bis hellbraun gefärbten fossilierten Palmenbasen ins Auge.

Obwohl Teile des Areals zum kubanischen Nationalmonument erklärt wurden, lässt die touristische Erschließung auf sich warten. Da die Fundorte nur schlecht bis gar nicht ausgeschildert sind, sollte man sich einer organisierten Tour von Camagüey aus anschließen oder direkt die **Finca La Belén** (s. unten) ansteuern, ein von Ecotur verwaltetes Landgut, von dem aus geführte Wanderungen, Vogelbeobachtungstouren und Ausritte angeboten werden.

Übernachten

Rinderfarm mt Pool – **Finca La Belén:** ca. 70 km südöstlich von Camagüey beim Ort Najasa, Tel. 32 24 36 93, www.facebook.com/ecoturcuba. Zehn schlichte Zimmer auf einer Hacienda mitten im Nirgendwo. Mit Restaurant. €, inkl. Frühstück

Von Camagüey nach Nuevitas ▶ O 6–P 5

Durch pampaartiges Cowboyland führt der Weg von Camagüey Richtung Norden zur Hafenstadt Nuevitas. Unterwegs passiert man das Agrarstädtchen **Minas** (25 000 Einwohner) am Ostrand der **Sierra de Cubitas,** mit knapp über 300 m die einzige größere Erhebung der Provinz. Für Musikliebhaber lohnt sich hier ein Stopp in der 1976 gegründeten **Fábrica de Violines e Instrumentos Musicales,** wo man bei der Entstehung von Violinen und Gitarren zusehen kann. Eventuell bietet sich die Gelegenheit, ein Instrument zu erwerben (Crta. Camilo Cienfuegos, an dem großen, roten Schriftzug ›Minas‹ links abbiegen, die Fabrik liegt nach ca. 600 m auf der rechten Straßenseite, Fabrikbesichtigung 150 CUP).

Weitere 40 km später ist **Nuevitas** erreicht, ein nicht uncharmantes Industriestädtchen an der Atlantikküste. An Karneval im November ist hier die Hölle los, wenn farbenprächtige carrozas (›Festwagen‹), begleitet von zahlreichen Comparsas, durch die Straßen ziehen und spektakuläre Machetentänze aufgeführt werden. Vielleicht hat man Glück und sieht die berühmte Folkloregruppe Caidije, Nachfahren der haitianischen und jamaikanischen Zuckerrohrschneider, die im 20. Jh. nach Kuba eingewandert sind.

Übernachten
... in der Sierra de Cubitas:
Campismo – **Los Cangilones:** Terraplén Las Américas a Caidije Km 14. Nur 22 Bungalows in schönster Natur nahe dem Río Máximo, der wunderbare Steinpools zum Baden bietet. Ganz in der Nähe liegt der Ort Caidije, Heimat der gleichnamigen Folkloregruppe (s. oben). €

... in Nuevitas:
Beim Englischlehrer – **Eduardo Seijido Cabilla** (privat): Calle Céspedes 6, zw. Martí und Agramonte, gegenüber der Polizei, Tel. 32 41 21 15. Zwei Zimmer im Haus einer sehr netten Familie, schön ist das große Zimmer im 1. Stock mit Terrasse und Blick aufs Meer. €

Nicht zu übersehen – **Caonaba:** Calle Albaisa, Ecke Martí, Tel. 32 41 48 03, www.islazulhotels.com. Das einzige Hotel der Stadt thront auf einem Hügel südlich des Zentrums. 48 Zi., €

Abends & Nachts
Potpourri – **Casa de Cultura:** Calle Máximo Gómez, Ecke J. Agüero, Nuevitas, tgl. 7–23 Uhr. Jeden Abend Veranstaltungen, oft Livekonzerte regionaler Bands.

Termin
Carnaval: 14.–18. Nov. s. oben.

Cayo Sabinal ▶ P 5

Nördlich von Nuevitas bildet der lang gestreckte **Cayo Sabinal** die schützende Westseite der Bahía de Nuevitas. Hierher verirren sich nur wenige Menschen, allenfalls aus Playa Santa Lucía (s. S. 363) werden Touristen herübergeschippert. Von Nuevitas aus erreicht man die Insel über einen holprigen, von Schlaglöchern übersäten Pedraplén, der selbst bei trockenem Wetter nur mit einem Geländewagen befahren werden sollte. Für die Zufahrt zur Insel müssen an einem Kontrollhäuschen 5 € Mautgebühr pro Person bezahlt werden.

An der wilden **Playa Los Pinos** (43 km ab Nuevitas) ist man meist ganz alleine, die **Playa Bonita** (62 km ab Nuevitas) hingegen ist das Ziel der Bootsausflügler. Maximal 200 m vor der Küste erstreckt sich hier das zweitlängste Korallenriff der Welt, beste Bedingungen also zum Schnorcheln und

Die Provinz Camagüey

Tauchen. Verköstigt wird man in einem baufälligen Restaurant, das einzige auf der gesamten Insel.

Playa Santa Lucía ▶ P 5

Ein feinkörniger, 25 km langer Sandstrand mit kristallklarem Wasser und für Taucher überaus lohnende Korallenriffe sind die größten Attraktionen des ansonsten sehr tristen Ferienortes **Playa Santa Lucía** (ca. 1000 Einwohner). Mit Ausnahme von einigen größeren Strandhotels und ein paar Privatunterkünften besitzt Playa Santa Lucía keine nennenswerte touristische Infrastruktur.

Um so richtig karibisches Flair zu schnuppern, nimmt man die 7 km lange Schlaglochpiste zur **Playa Los Cocos** an der Einfahrt zur Hafenbucht von Nuevitas in Angriff. Hier stehen auf einer kleinen Landzunge bunte Holzhütten, im türkisfarbenen Wasser schaukeln die Fischerboote und der strahlend weiße Strand verlockt dazu, mit Blick aufs Meer selig vor sich hinzudösen. Zur Stärkung zwischendrin laden mehrere nette Restaurants sowie eine Snackbar mit Tischen unter Palmen ein. Hier kann man kubanisches Strandleben par excellence genießen, denn am Wochenende bevölkern auch viele Einheimische den Sandstreifen. In der Lagune hinter

Wochenend und Sonnenschein an der Playa Santa Lucía

dem Strand sind meist Hunderte von rosafarbenen Flamingos zu sehen.

Von Playa Santa Lucía bieten sich drei Möglichkeiten zur Weiterfahrt: entweder auf dem gleichen Weg zurück nach Camagüey, ins etwa 80 km entfernte Las Tunas (s. S. 365) oder parallel zur Küste über Puerto Padre nach Holguín (s. S. 374). Der gut 15 km lange Straßenabschnitt zwischen den Abzweigungen nach Santa Lucía und Manatí ist in einem erbärmlichen Zustand.

Infos

Infotische der Reiseagenturen findet man in den Hotels. Das Servicezentrum mit Bank und Etecsa-Büro liegt westlich der Resorts.

Übernachten

Überschaubar – **Gran Club Santa Lucía:** Tel. 32 33 61 09, www.hotelescubanacan.com. Keine der vier All-inclusive-Anlagen von Santa Lucía spielt in der Oberliga, dies dürfte die wohl beste Wahl sein. 252 Zi., €€, all inclusive

Günstige Hotelalternative – **Hotel Escuela Santa Lucía:** Tel. 32 33 63 10, 32 33 64 10, www.islazulhotels.com. Motelähnliche Unterkunft mit nüchterner Einrichtung und einem Speisesaal wie einer Bahnhofshalle, aber extrem freundlicher Service, direkt am Strand gelegen und alle Zimmer mit kleiner Terrasse und Meerblick. 31 Zi., €, inkl. Frühstück

Hell und freundlich – **Casa Playa Lunamar** (privat): Zona Amigos del Mar, Barrio Obrero, Tel. 32 36 54 44. Gute 100 m vom Strand entfernt liegt diese hübsche, von einer Wiese umgebene Casa. Die drei Zimmer sind sehr geräumig, im Rancho wird vorzügliches Essen serviert. €

Am Strand – **Casa Miriam** (privat): Playa Santa Lucía, Calle E, Tel. 54 05 16 02. Nette, saubere Unterkunft. Gastgeberin Miriam bereitet auch Frühstück zu und hilft bei Fragen und Reiseorganisation. €

Ferienhaus – **Casa Doña Barbara** (privat): Zona La Feem, Barrio Obrero, Tel. 54 04 41 44, 52 89 59 95. Da die Besitzerin des Hauses in Camagüey lebt, kann man sich hier überall ausbreiten und hat auch eine Küche zur Verfügung. Am (Essens-)Service mangelt es dennoch nicht, den übernimmt eine Nachbarin. 2 Zi., €

Essen & Trinken

Essen unter Palmen – **Ranchón Bucanero:** Playa Los Cocos, tgl. 10–20 Uhr. Das auf Meeresfrüchte spezialisierte Restaurant liegt unmittelbar am weißen Strand und ist an Romantik kaum zu überbieten. €€

Füße im Sand – **Los Cocos:** Playa Santa Lucía, Calle Martínez, Ecke 48, Tel. 32 33 64 16, tgl. 12–21 Uhr. Auch hier gibt es hauptsächlich Meeresfrüchte und Reis, gut zubereitet und freundlich serviert. €€

Abends & Nachts

Bar mit Liveunterhaltung – **Centro Cultural Marverde:** neben dem Club Amigo Caracol, Tel. 32 33 62 05, tgl. ab ca. 22 Uhr.

Aktiv

Ausflüge – Angeboten werden beispielsweise Touren zum Cayo Sabinal (s. S. 362), nach Camagüey oder zum Rancho King, einer Schaufarm mit Restaurant zwischen Camagüey und Playa Santa Lucía (Crta. a Santa Lucía Km 35, Cafetal Guaimaro, tgl. 10–22 Uhr).

Bootstouren, Angeln etc. – **Centro Náutico Tararaco:** neben dem Hotel Escuela Santa Lucía, Tel. 32 33 64 04. Segeltörns zur Playa Bonita auf Cayo Sabinal, Hochseefischen, Schnorchelausflüge und vieles mehr.

Tauchen – **Shark's Friends:** zwischen dem Hotel Brisas und dem Gran Club Santa Lucía am Strand, Tel. 32 36 51 82. Neben dem normalen Programm werden auch fragwürdige Haishows angeboten (nur für erfahrene Taucher, 65 €). Vor der Küste liegen 35 Tauchgründe, darunter eine in 32 m Tiefe liegende Höhle und spanische Wracks.

Verkehr

Busse: Mit Nahverkehrsbussen etwa 2 x tgl. nach Nuevitas und 1 x tgl. nach Camagüey. Von den Hotels fährt ein Shuttle zur Playa Los Cocos.

Kutschen: Die Fahrt zur Playa Los Cocos kostet ca. 20 € hin und zurück.

Die Provinz Las Tunas

Auf der Touristenkarte führen die Provinz Las Tunas und ihre gleichnamige Hauptstadt ein sehr stiefmütterliches Dasein. Natürlich hat das seinen Grund, denn bedeutende Sehenswürdigkeiten sucht man vergeblich. Wer sich jedoch für ein verschlafenes Provinzstädtchen und Strände mit viel Lokalkolorit begeistern kann, liegt hier genau richtig.

Las Tunas ▶ P 6/7

Cityplan: S. 367
Das beschauliche **Las Tunas** (210 000 Einwohner) fungiert als Handelszentrum für die ländliche Provinz, die überwiegend vom Zucker lebt. Mit Tourismus hat man hier kaum etwas am Hut, umso herzlicher werden die wenigen Besucher aufgenommen. Auf dem zentralen **Parque Vicente García** kann es schon mal passieren, dass man neugierig über das Woher und Wohin ausgefragt wird. Ein Rundgang durch die Stadt ist schnell beendet. Mit ihrem Hotel und einigen Privatunterkünften dient die Provinzkapitale jedoch als angenehme Übernachtungsstation auf dem langen Weg von West nach Ost.

In Las Tunas teilen sich die Wege: Die Carretera Central führt weiter nach Holguín im Osten und eine gute Landstraße direkt nach Bayamo im Süden. Reisende mit Ziel Holguín können die Stadt auch via Puerto Padre über eine passable Landstraße erreichen.

Museo Provincial Vicente García González [1]

Calle F. Varona, Parque Vicente García, Di–Sa 9–17, So 8–12 Uhr, 10 CUP
Im schönsten Gebäude am Hauptplatz, dem ehemaligen Rathaus, informiert das **Museo Provincial Vicente García González** über die Geschichte der Stadt und der Provinz. Ferner sind in den sieben Ausstellungsräumen alte Münzen, naturwissenschaftliche Exponate sowie antikes Mobiliar zu sehen.

Galería de Arte UNEAC [2]

Calle C. Orive 7, zw. A. Maceo und A. Villamar, tgl. 9–17 Uhr, Eintritt frei
Nur einen Block vom Hauptplatz entfernt in nördlicher Richtung liegt der beschauliche **Parque Maceo,** beliebter Treffpunkt der älteren Herrschaften, die sich hier gerne zu einem Schwatz im Schatten der Bäume niederlassen. In der **Galería de Arte UNEAC** stellen Künstler aus dem gesamten Karibikraum ihre Werke aus, darunter immer wieder interessante Fotoarbeiten.

Infos

Infotur: Calle F. Varona 298, Parque Vicente García, Mo–Fr 9–16 Uhr.
Havanatur: Calle F. Varona, zw. L. Ortíz und V. García, Mo–Fr 9–12, 13–17 Uhr.
Banco Financiero Internacional: Calle V. García, Ecke 24 de Febrero, Mo–Fr 8–15 Uhr.
Cadeca: Calle Colón 141, zw. F. Vega und F. Varona, Mo–Sa 9–16 Uhr.
Internet: Etecsa, Calle F. Vega, zw. V. García und L. Ortíz, tgl. 8.30–17 Uhr.

Übernachten

Persönlich – **Cadillac** [1] : Calle Colón, Ecke F. Vega, Tel. 31 37 27 85, www.islazulhotels.com. Das zentrale Hotel verfügt über acht Zimmer und eine große Caféterrasse mit Blick auf den Platz. €–€€, inkl. Frühstück
Schöner Schlafen – **Casa Karen y Roger** [2] (privat): Calle Lico Cruz 93, zw. Villalón und J. G. Gómez, Tel. 31 34 28 73, 52 45 49 04. Das junge, mehrsprachige Ehepaar lebt im 1. Stock eines neuen, modernen Hauses

JORNADA CUCALAMBEANA

Jährlich gegen Ende Juni/Anfang Juli steigt auf dem Gelände des Hotels El Cornito etwa 5 km westlich von Las Tunas die **Jornada Cucalambeana,** ein riesiges Folklorespektakel zu Ehren des Dichters Cristóbal Nápoles Fajardo alias El Cucalambé, der durch seine *décimas* (gesungene zehnzeilige Strophen) zu Berühmtheit gelangte. Anfang des 19. Jh. war es eine Art Volkssport, Klatsch und Tratsch, Liebeserklärungen, Lobeshymnen oder Hasstiraden in Verse zu verpacken und beispielsweise auf Märkten zu verbreiten. Damit hat das Festival zwar nichts mehr am Hut, aber es wird gute traditionelle Musik geboten, zu der die Menschen aus der ganzen Umgebung in das kleine Bambuswäldchen strömen. An Buden gibt es fettige Snacks und Zuckerwatte zu kaufen, das Bier fließt eimerweise – eine Veranstaltung, die man nicht verpassen sollte. Der Eintritt ist frei.

te vom Holzkohlegrill und kreolische Küche. Zum Nachtisch muss es dann ein Eis nach Art des Hauses sein. Man sitzt gemütlich im überdachten, begrünten Innenhof, lässt den kleinen Fluss an sich vorbeifließen und die Gedanken ziellos schweifen. €€

Langusten für den kleinen Geldbeutel – **La Bodeguita** 2 : Calle F. Varona 303, zw. Lucas Ortíz und V. García, Tel. 31 37 15 36, tgl. 10–22 Uhr. Sehr hübsches Lokal mit Natursteinwänden und großen Weinregalen, nur das Essen könnte besser sein. Immerhin kosten die Langusten hier nicht viel. €

Sitzen unter einem Palmdach – **Patrona** 3 (privat): Calle C. Orive 94, Parque Maceo, Tel. 31 34 05 11, tgl. 9–23 Uhr. Gemütliches, schlichtes Lokal, das typisch cubanische Kost zu Spottpreisen – und Stoffservietten – bietet. €

Umfangreiche Speisekarte – **Ranchón La Rotonda** 4 : Circunvalación Sur, am Kreisverkehr aus Bayamo kommend, tgl. 7–2 Uhr. Nicht unbedingt lauschig zum Sitzen, aber sauber und passables Essen. Mit Infotur-Ableger. €

Einkaufen

Die Haupteinkaufsstraße von Las Tunas ist die **Calle Vicente García.**

Kunsthandwerk & mehr – **Fondo Cubano de Bienes Culturales** 1 : Calle F. Varona, Ecke Ángel Guardia, tgl. 9.30–18 Uhr. Auch Postkarten.

und hat seine doppelstöckige Wohnung mit selbst entworfenen Möbeln und in fröhlichen Farben eingerichtet. Zwei der drei Zimmer verfügen über eine Badewanne. Im Erdgeschoss vermietet die Mutter. €

In ruhiger Lage – **Violet House** 3 (privat): Gonzalo de Quesada 46, Ecke Nicolás Heredia, Tel. 58 08 40 84, rudycarralero@nauta.cu. Nur fünf Blocks vom Hauptplatz entfernt findet man dieses freundlich gestaltete, stilvolle Haus mit ebensolchen Gastgebern. €

Essen & Trinken

Grillrestaurant – **Río Chico** 1 (privat): Antonio Maceo 2, zw. Joaquín Agüero und Nicolás Heredia, tgl. 9–23 Uhr. Deftige Gerich-

Abends & Nachts

Informationen über kulturelle Events bietet die Website www.tunet.cult.cu.

Trendig – **Caché** 1 : Calle F. Varona 293, zw. J. de Agüero und N. Heredia, tgl. 12–2 Uhr. Rot bezogene Sitzgelegenheiten, eine indirekt beleuchtete Bar und amerikanische Popmusik machen das Caché zur beliebten Disco-Bar. Nur mit Pullover zu betreten! Neben Bier und Cocktails wird auch mittelmäßiges Essen angeboten.

Afrokubanisch – **Cabildo San Pedro Lucumi** 2 : Calle F. Varona, zw. L. Ortíz und V. García. Sitz der Compañía Folklórica Onilé, die hier fast täglich übt, oft schon ab 8 Uhr morgens. Besucher sind gerne gesehen.

Las Tunas

Sehenswert
1. Museo Provincial Vicente García González
2. Galería de Arte UNEAC

Übernachten
1. Cadillac
2. Casa Karen y Roger
3. Violet House

Essen & Trinken
1. Río Chico
2. La Bodeguita
3. Patrona
4. Ranchón La Rotonda

Einkaufen
1. Fondo Cubano de Bienes Culturales

Abends & Nachts
1. Caché
2. Cabildo San Pedro Lucumi
3. Casa de Cultura
4. Patio de los Tamarindos

Kulturhaus – **Casa de Cultura** 3 : Calle V. García 8, zw. F. Vega und F. Varona, tgl. 9–22.30 Uhr. Im hübschen Säulenpatio finden abends regelmäßig Veranstaltungen statt.

Livemusik – **Patio de los Tamarindos** 4 : im Centro Cultural Huellas, Calle F. Vega 229, zw. Lucas Ortíz und V. García, Di–Fr 15–19, 21–24, Sa, So 21–2 Uhr. Do–So ab 21 Uhr spielen Bands.

Verkehr

Flüge: Aeropuerto Hermanos Ameijeiras, ca. 5 km nordöstl., Tel. 31 34 68 73. Bei Redaktionsschluss waren die früher etwa 4 x wöchentl. stattfindenden Flüge nach Havanna auf unbestimmte Zeit ausgesetzt.

Züge: Terminal de Trenes, Calle Lucas Ortíz, Ecke Frank País, ca. 2 km nordöstl., Tel. 31 34 81 46. Bei Redaktionsschluss waren die Zugverbindungen (normalerweise Holguín, Santiago de Cuba, Camagüey, Matanzas und Havanna) ausgesetzt.

Busse: Terminal de Ómnibus, Calle F. Varona 240 (Crta. Central, gut 500 m südlich des Zentrums), Tel. 31 37 42 95. Mit Víazul 3 x tgl. nach Holguín (6 €), 3 x tgl. über Bayamo (6 €) nach Santiago de Cuba (13 €), 4 x tgl. über Camagüey (8 €), Ciego de Ávila (15 €), Sancti Spíritus (20 €) und Santa Clara (26 €) nach Havanna (43 €), 1 x tgl. nach Varadero (38 €) und Matanzas (39 €). Vom Bahnhof verkehren Nahverkehrsbusse u. a. 2 x tgl. nach Puerto Padre.

Die Nordküste

Puerto Padre ▶ Q 6

Etwa 55 km nördlich von Las Tunas liegt die ehemals bedeutende Hafenstadt **Puerto Padre** (ca. 40 000 Einwohner), die von den meisten Touristen auf dem Weg zu den abgelegenen Stränden weiter westlich und östlich davon nur durchfahren wird. Durch die zunehmende Zahl guter Privatquartiere empfiehlt sich der angenehme Ort allerdings auch als Basis für Tagesausflüge dorthin.

In Puerto Padre gibt es alles, was das Herz begehrt, u. a. eine Casa de Cultura mit Live-veranstaltungen, ein Kino, eine Kunstgalerie sowie eine kleine Festung, den **Fuerte de la Loma** oder Castillo de Salcedo. Ende des 19. Jh. von den Spaniern auf dem höchsten Punkt des Ortes erbaut, unterstreicht das Bauwerk die einstige Stellung von Puerto Padre. Nun ist hier ein Museum untergebracht. Der Aufstieg lohnt aber vor allem wegen des weiten Blicks über die Ebene zwischen Puerto Padre und Las Tunas (Di–Sa 9–16 Uhr, 10 CUP).

Die Hauptachse der Stadt bildet die breite **Avenida Libertad**, die durch ihren grünen Mittelstreifen den Anstrich eines Boulevards erhält und an ihrem Ende geradewegs ins Meer zu plumpsen scheint. So unspektakulär und lethargisch Puerto Padre auf den ersten Anblick wirkt – man kann sich hier richtig wohl fühlen.

Übernachten

An der Uferpromenade – **Casa Elbis y Dalia:** Malecón 5, zw. Maceo und Céspedes, Tel. 31 51 21 34, 58 34 64 19. Die beiden Zimmer im 1. Stock dieses Hauses aus den 1950er-Jahren haben einen direkten Zugang zu einer Terrasse mit Blick aufs Meer. €

Mit Pool im Patio – **Casa Maricela Palomino:** Calle Martí 85, zw. Playa Girón und Donato Mármol, Tel. 31 51 74 18, 52 77 26 68, marice lapalomino@nauta.cu. Bei der sympathischen Biologin Maricela fühlt man sich gleich wie daheim! Den Balkon ersetzt hier ein großer, sehr grüner Innenhof. 1 Zi., €

Balkon mit Meerblick – **Casa Rosario Abraham Iglesias:** Calle F. V. Aguilera 27, zw. Playa Girón und Salvador Cisneros, Tel. 31 51 23 10, 58 15 76 35, rochajose95@ltu.sld.cu. Rosario hat drei Jahre lang als Zahnärztin in Venezuela gearbeitet und mit dem Ersparten ihr Haus auf Vordermann gebracht. Geboten werden ein Apartment im 1. Stock mit Balkon, ein großer Pool im Innenhof und ein kostenloser Parkplatz. €

Essen & Trinken

Einfach und gut – **Pizzeria Casa Nuova:** Jesús Menéndez, zw. 24 de Febrero und Angel Ameijeira, tgl. 12–22 Uhr. Gute Pizza und Pasta direkt am Parque José Martí im Zentrum von Puerto Padre. €–€€

Verkehr

Busse: Von der Avenida Libertad gibt es 2 x tgl. Verbindungen nach Las Tunas sowie über Jesús Menéndez (Chaparra) und Lora nach Holguín. In den Sommermonaten fährt ein Bus nach El Socucho (s. Fähren).
Fähren: Vom 15 km nördl. von Puerto Padre gelegenen El Socucho setzen Boote in 3–4 Min. nach Playa La Boca über.

Playa Covarrubias ▶ Q 6

Ein idealer Ort zum Ausspannen: Der lange weiße Sandstrand fällt sanft ins grünblaue Meer ab, rundherum ist nichts außer endlosen Zuckerrohrfeldern. Covarrubias ist einer von rund 30 Stränden der Region und der einzige, der für den Pauschaltourismus erschlossen wurde. Hochbetrieb herrscht deswegen aber noch lange nicht, denn bislang steht hier nur ein Hotel mit knapp 200 Betten. Die meisten Besucher kommen wegen des wilden, einsamen Strandes und des rund 3 km langen Korallenriffes, das sich schüt-

Die Nordküste

zend vor die Bucht legt und ideale Bade- und Tauchbedingungen schafft. In der **Laguna Real** neben dem Hotel sind Tölpel und rosafarbene Flamingos zu beobachten.

Übernachten

In der Mitte von Nirgendwo – **Brisas Covarrubias:** 45 km nordwestl. von Puerto Padre, Tel. 31 51 55 30, 31 51 53 76, www.hotelescubanacan.cu. Offizielle, jedoch sehr in die Jahre gekommene Vier-Sterne-Anlage, jeweils mehrere Zimmer in doppelstöckigen Bungalows am Strand. Disco, großes Sportangebot, internationale Tauchschule. 180 Zi., €€, all inclusive

Playa Herradura und Playa La Boca ▶ Q/R 6

Die Playas Herradura und La Boca gehören zu den wenigen Orten Cubas, wo man wirklich herrliche Sandstrände ohne jegliche Form von organisiertem Tourismus genießen kann.

Ländliche Strandatmosphäre findet man in **Playa Herradura,** ungefähr 35 km nordöstlich von Puerto Padre. Der winzige Ort gruppiert sich um eine ebenso winzige halbrunde Bucht, die flankiert wird von einem weißen, mit Sonnenschirmen bestückten Strand sowie einigen Paladares und Bars, aus denen gerne lautstark Musik dröhnt. Hier badet man inmitten der Dorfgemeinschaft und bekommt garantiert die eine oder andere Chance, sein Spanisch aufzufrischen. Wen es nach mehr Ruhe verlangt, der kann sich an die lang gestreckten Strände östlich und westlich der Bucht zurückziehen.

Entlang kilometerlanger, zumeist absolut menschenleerer Strände führt die Fahrt weiter nach **Playa La Boca** – Ende der Straße und Ende der Welt. Wie in Playa Herradura hört auch hier die Teerstraße am Ortseingang abrupt auf. Ein paar staubige Holperpisten ziehen sich durch die wenigen Häuserreihen und zum Strand, der sich in einem langen Bogen um die Bucht zieht. Goldfarbener Sand, türkisblaues Wasser – und so gut wie keine Menschen.

Übernachten

... in Playa Herradura:

Mit Himmelbett – **Hostal Hispania** (privat): Calle Jesús Menéndez, Tel. 54 22 82 73. Drei Straßen (oder vielmehr Wege) vom Strand entfernt steht dieses kleine Traumhaus mit drei Zimmern, einem wildgrünen Garten und Veranda mit Schaukelstühlen. Es wird auch sehr leckeres Essen angeboten. Tipp: Das Zimmer mit Himmelbett buchen. €

Großes Haus in Gelb – **Villa Carolina** (privat): am Ortseingang links an der Hauptstraße, Tel. 52 38 72 72, yanetlandrove@nauta.cu. Hier wohnt man 200 m vom Strand entfernt, die drei farbenfrohen Zimmer liegen alle im 1. Stock und haben einen unabhängigen Eingang, der Besitzer ist Italiener. Nicht so heimelig wie andere Casas, aber dafür modern und großzügig. €

... in Playa La Boca:

Nette Vermieter – **Raul Balmaceda Peña** (privat): Calle 4 Nr. 16, Tel. 31 54 71 80, 31 54 25 50, bocaraoul@gmail.com. Vermietet werden ein Zimmer sowie ein unabhängiges Apartment mit Bad und Küche ganz in der Nähe des Strandes. €

Essen & Trinken

... in Playa Herradura:

Fangfrischer Fisch – **Paladar Neptuno:** am Ostende der Bucht, tgl. ab 12 Uhr geöffnet. In dem kleinen, gemütlichen und liebevoll geführten Familienrestaurant gibt es frisch gegrillten Fisch und andere Meerestiere, die man auf der Terrasse vor dem Haus genießen kann – ein Ort zum Verweilen. €–€€

Verkehr

Busse: Um an die Playas Herradura und La Boca zu gelangen, nimmt man den Bus nach Holguín und steigt entweder in Jesús Menéndez (Chaparra) oder in Lora aus. Von Jesús Menéndez gibt es unregelmäßig Busse in die Orte, die in Lora häufig bereits voll sind. Allerdings kann man sich hier auch an die Kreuzung stellen und auf eine private Mitfahrgelegenheit warten.

Fähren: Nach La Boca gibt es eine Bootsverbindung ab El Socucho (s. S. 368, Verkehr).

Kapitel 4

Kubas Osten

Vier Provinzen – Holguín, Granma, Santiago de Cuba und Guantánamo – teilen sich den wilden Osten Kubas, kurz Oriente genannt. Die urwüchsigste aller kubanischen Landschaften bietet zugleich die spannendsten Reisewege, was in Anbetracht der vielen unzugänglichen Gebirgsregionen nicht weiter überrascht.

Drei große Bergketten durchziehen das Gebiet: im Süden die Sierra Maestra mit Kubas höchstem Gipfel, dem Pico Turquino (1974 m), im Norden die Sierra de Cristal und die scharfzackigen Cuchillas de Baracoa (›Messer von Baracoa‹). Das Bild wird bestimmt von landwirtschaftlichen Anbauflächen in den Ebenen und Kaffeeplantagen in den Mittellagen, idyllischen Flusstälern und Palmenhainen, während die Berge mit dichten Regen- und Kiefernwäldern bedeckt sind. An die Küste schmiegen sich mal längere, mal kürzere, mal tiefschwarze und mal blendend weiße Strände.

Von Letzteren profitiert insbesondere die Region um Guardalavaca, Kubas wichtigstes Strandresort im Osten. Die nahe gelegene Provinzmetropole Holguín gilt als eine der (gast-)freundlichsten Städte des Landes und bildet das Tor zum architektonischen Kleinod Gibara und zur gesamten Nordküste, deren nächstes städtisches Highlight erst wieder mit Baracoa am äußersten Ostzipfel der Insel erreicht wird.

An der Südküste liegt mit Santiago de Cuba die Wiege der afrokubanischen Musik – das hört sich idyllisch an, doch spätestens wenn sich die Stadt zur Karnevalszeit im Juli in einen akustischen Hexenkessel verwandelt, wird man das Temperament der karibischen Kultur kennenlernen.

Das propere Bayamo schließlich dient als Ausgangspunkt für die Sierra Maestra, wo mit einer Handvoll Rebellen die kubanische Revolution begann. Denn nicht zuletzt ist der Oriente auch eine sehr geschichtsträchtige Region.

Himmlischer Bewacher: Der Engel auf Santiagos Kathedrale
überblickt das Geschehen am Parque Céspedes

Auf einen Blick: Kubas Osten

Sehenswert

⭐ **Gibara:** Klein, aber oho – ein intaktes Ensemble kolonialer iberischer Baukunst am Meer (s. S. 381).

🍀 **Parque Nacional Turquino:** Nicht jeder wird Kubas höchsten Gipfel erklimmen wollen, doch allein die Wanderung zu Fidels Hauptquartier während der Revolution lohnt den Abstecher in die Berge (s. S. 404).

🍀 **Küstenstraße nach Santiago de Cuba:** Spektakuläre Aussichten sind auf dieser kaum befahrenen Strecke zwischen Pilón und Santiago garantiert (s. S. 410).

⭐ **Santiago de Cuba:** Die heimliche Hauptstadt der Insel ist zugleich die Kapitale der Musik und des Karnevals (s. S. 414).

⭐ **Baracoa:** Verträumtes Paradies mit Suchtpotenzial am äußersten Ostzipfel der Insel (s. S. 443).

Schöne Routen

Entlang der Nordküste von Guardalavaca nach Baracoa: Öffentliche Verkehrsmittel sind hier Mangelware, wer jedoch per Auto oder Rad unterwegs ist, kann auf dieser Strecke fernab des Massentourismus das ländliche Kuba kennenlernen (s. S. 393).

Passstraße La Farola: Erst seit den 1960er-Jahren existiert diese Verbindung von der Südküste nach Baracoa, die von Kubas trockenster in die feuchteste Region führt – quer durch eine grüne Gebirgslandschaft mit fantastischen Ausblicken über beide Küsten (s. S. 442).

Unsere Tipps

Museo Arqueológico Chorro de Maita und Aldea Taína: Dieses Museum bei Guardalavaca beherbergt den größten indigene Friedhof der Karibik (s. S. 389).

Cafetal La Isabélica: Die alte Kaffeeplantage ist fast original erhalten und liegt in einer aussichtsreichen Gebirgslandschaft (s. S. 432).

Strandbasis: Nette Privatquartiere an der Playa Siboney laden dazu ein, tagsüber die Sehenswürdigkeiten im schwül-heißen Santiago zu erkunden und nachts eine frische Meeresbrise zu genießen (s. S. 432).

Aktiv

Wanderung zum Balcón de Iberia im Parque Nacional Alejandro de Humboldt: In dem riesigen, zum UNESCO-Welterbe gehörenden Nationalpark gibt es eine der weltweit höchsten Konzentrationen endemischer Flora und Fauna, darunter einige von Kubas meistbedrohten Tierarten (s. S. 396).

Besteigung des Pico Turquino: Die Wanderung auf Kubas höchsten Gipfel gehört im wahrsten Sinne des Wortes zu den Höhepunkten einer Kubareise (s. S. 406).

Spaziergang durch El Tivolí: Französische Einwanderer aus Haiti ließen sich in diesem Stadtviertel von Santiago de Cuba nieder, das zu den malerischsten Ecken der Provinzhauptstadt gehört (s. S. 421).

Bootsfahrt auf dem Río Toa: Durch tropischen Regenwald führt die Fahrt in einem traditionellen Holzboot bis fast ins Meer – einer der schönsten Ausflüge, die man in der Region Baracoa unternehmen kann (s. S. 453).

Holguín und Provinz

Die Stadt der Parks zählt zu den charmantesten Orten des Landes und die Provinz verdankt ihren Platz in der Geschichte Kubas der ersten Landung von Kolumbus auf der Insel. Mit Gibara, der Villa Blanca, besitzt die Region die besterhaltene Kolonialstadt iberischen Stils in Kuba und mit der Strandregion von Guardalavaca das bedeutendste Pauschalreiseziel im Oriente.

In der Provinz Holguín bewegt man sich auf dem Terrain der kubanischen Ureinwohner. Zur Zeit der Entdeckung lebten hier vor allem Maniabón, die zur Gruppe der Taínos gehörten. Bei Banes und Guardalavaca stieß man auf die meisten und die größten Funde präkolumbischer Kulturen Kubas. Die Ausgrabungen belegen, dass in dieser Gegend seit 6000 Jahren Menschen siedelten, womit es sich um Zeugnisse der ältesten indigenen Kultur in der Karibik handelt.

Die Provinz Holguín war seit dem 19. Jh. ein reiches landwirtschaftliches Zentrum. Außer Zuckerrohr wurden hier Tabak und Obst angebaut und die Spanier betrieben Rinderzucht im großen Maßstab. Anfang des 20. Jh. geriet die Gegend zwischen Banes und der Bahía de Nipe unter die Herrschaft der amerikanischen United Fruit Company. Sie verwandelte einen Teil der Provinz Holguín in eine gigantische Zuckerrohrplantage, auf der sklavereiähnliche Arbeitsbedingungen herrschten.

Nach der Unabhängigkeit Kubas entwickelten die USA ein heftiges Interesse an der Provinz. Minengesellschaften entdeckten bei der Stadt Moa erhebliche Nickelreserven und legten ein Bergwerk an, das amerikanische Arbeiter beschäftigte. Bananenplantagen, Zuckerrohrfelder, Zuckermühlen und die Transportwege befanden sich ausschließlich in US-amerikanischen Händen. Die vertraute Nachbarschaft brachte amerikanische Militärstrategen auf die Idee, einen Marinestützpunkt in der Bahía de Nipe anzulegen, doch schließlich entschieden sie sich für Guantánamo. Heute sind die Traumstrände rund um Guardalavaca an der Nordküste der größte Joker der Provinz Holguín.

Holguín ▶ R 7

Cityplan: S. 377

Die Provinzkapitale **Holguín** (355 000 Einwohner) kann nicht gerade als Schmuckstück kolonialer Baukunst bezeichnet werden, doch kaum eine andere Stadt des Landes ist auf angenehme Art so geschäftig und trotzdem so entspannt. Größere Bedeutung erlangte Holguín erst wegen seines internationalen Flughafens, auf dem man landet, wenn man Urlaub in Guardalavaca macht.

Jahrhundertelang war Holguín nicht mehr als ein Dorf, das noch 1726 aus nur 60 Häusern bestand. 1525 gehörte die Gegend einem spanischen Kapitän namens García Holguín. Er gründete den Ort exakt an der Stelle, wo vorher die Taíno-Siedlung Maguanes gestanden hatte, und taufte ihn San Isidro de Holguín.

Wie auch die anderen Städte des Oriente ist Holguín stolz darauf, im 19. Jh. eine Wiege der Rebellion gewesen zu sein. General Calixto García, ein führender General des ersten Unabhängigkeitskrieges gegen Spanien (1868) wurde hier geboren. Nur wenige Tage nach dem Grito de Yara (der die kubanischen Patrioten aufrief, zu den Waffen zu greifen) belagerte Calixto García zwei Monate lang eine spanische Militäreinheit, die sich in einem Stadthaus in Holguín verschanzt hatte. 1878 gelang es Calixto García und seinen Truppen, das spanische Militär vorübergehend aus der Stadt zu vertreiben.

Parque Calixto García

Holguíns zentraler Platz, der **Parque Calixto García,** wurde nach diesem populären General benannt, an den eine Statue erinnert. Zu den Zeiten Calixto Garcías nahm man es mit den Sitten übrigens etwas genauer: Der Platz war durch gespannte Seile in zwei Hälften getrennt: Die Männer flanierten auf der einen, die Frauen auf der anderen Seite.

Der Parque Calixto García ist das kulturelle und geschäftliche Zentrum von Holguín. Hier findet man das **Teatro Eddy Suñol** 1 , das **Centro de Arte** 2 mit Werken zeitgenössischer Künstler aus ganz Kuba (Calle Martí 180, tgl. ab 13 Uhr bis nachts, Eintritt frei), das nette Café La Begonia, die **Casa de la Trova El Guayabero** 3 , die **Casa de Cultura** 9 und das türmchenverzierte **Cine Martí** 3 . Fast jeden Abend und häufig auch tagsüber treffen sich auf dem Platz junge und alte Troubadoure aus Holguín, um ihre Sones und Guarachas zu spielen. Der berühmteste Musiker der Stadt war El Guayabero, ein verschmitzter Herr im weißen Anzug mit einem eleganten Strohhut, der eigentlich Faustino Oramas hieß und witzig-pikante Guarachas sang. Er starb 2007 mit 96 Jahren und besitzt spätestens seitdem Legendenstatus in der Stadt.

Museo Provincial La Periquera 4

Calle Frexes 198, Parque Calixto García,
Di–Sa 8.30–12, 12.30–17, So 8.30–12 Uhr,
Eintritt frei

An der Nordwestseite des Platzes steht jenes Stadtpalais, das Calixto García 1868 belagerte. Der reiche Großgrundbesitzer Francisco Rondán y Rodríguez hatte 1860 damit begonnen, sich ein ebenso elegantes wie trutziges Wohn- und Geschäftshaus bauen zu lassen, doch noch bevor alles fertig war, begann der Unabhängigkeitskrieg Kubas gegen Spanien und Señor Rondán vermietete das Haus dem spanischen Militär als Quar-

Stadt ohne Chichi: Trotz der Nähe zur Touristenhochburg Guardalavaca geht das Leben in Holguín seinen normalen Gang

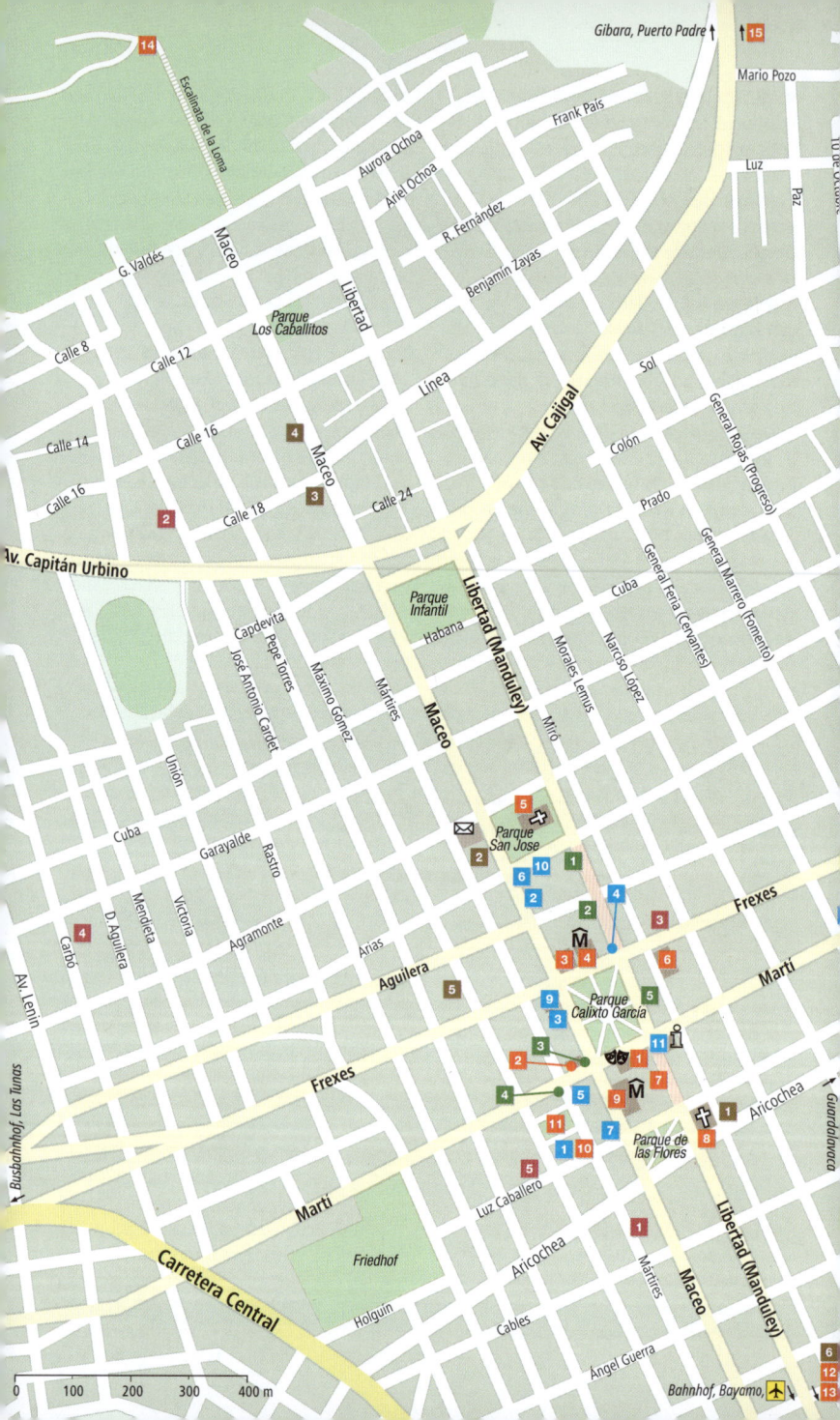

Holguín

Sehenswert
1. Teatro Eddy Suñol
2. Centro de Arte
3. Cine Martí
4. Museo Provincial La Periquera
5. Iglesia de San José
6. Casa Natal de Calixto García
7. Galería Fausto
8. Catedral de San Isidro
9. Museo de Historia Natural
10. Taller y Galería de Grabado
11. Plaza de la Marqueta
12. Fábrica de Tabacos Jesús Feliú Leiva
13. Valle de Mayabe
14. Loma de la Cruz
15. Fábrica de Órganos

Übernachten
1. Caballeriza
2. Hotel Esmeralda
3. Villa Liba
4. Hospedaje La Palma
5. Hostal la Casona
6. Villa Mirador de Mayabe

Essen & Trinken
1. 1910 Restaurante & Bar
2. Ranchón Los Almendros
3. Avilés
4. Maragato
5. Mirador Aurora

Einkaufen
1. Bazar de Artesanía
2. Fondo Cubano de Bienes Culturales
3. Pentagrama
4. La Librería
5. Librería Pedro Rogena

Abends & Nachts
1. Benjuly Bar
2. Caverna de los Beatles
3. Casa de la Trova El Guayabero
4. Casa de la Música
5. Bodeguita del Medio
6. Ilé de la Rumba
7. Salón Benny Moré
8. Centro Cultural Bariay
9. Casa de Cultura
10. Casa de Iberoamérica
11. Cristal

---

tier. Offensichtlich trugen die spanischen Soldaten eigenwillig bunte Uniformen, weshalb die Leute aus Holguín sie als ›Wellensittiche‹ (periquitos) verspotteten, und das klassizistische Stadthaus lebt bis heute mit dem Spitznamen La Periquera (›Wellensittichkäfig‹). Seit 1978 ist das Gebäude ein nationales Monument. Heute befindet sich das **Museo Provincial La Periquera** darin, wo man u. a. Dokumente aus den Unabhängigkeitskriegen bestaunen kann, darunter José Martís Schwert, und einen Vorgeschmack auf die archäologischen Funde der Umgebung bekommt. Sehr anschaulich wird die präkolumbische Geschichte dargestellt. Kostbarstes Exponat ist eine verzierte zeremonielle Steinaxt, die Hacha de Holguín, Symbol des indigenen Widerstandes gegen die Spanier.

Parque Céspedes

Vom Parque Calixto García gelangt man über die Calle Maceo zum einem der schönsten Plätze Holguíns, dem **Parque Céspedes**. Die baumbestandene und von gut erhaltenen Kolonialbauten umgebene Plaza wird überragt vom Glockenturm der **Iglesia de San José** 5 (Mo–Sa 7.30–12, Messe um 17 Uhr) aus dem Jahr 1842. Und natürlich findet sich auf dem Platz auch eine Statue von Manuel de Céspedes, dem Vater der Nation.

Casa Natal de Calixto García
Calle Miró 145, zw. Frexes und Martí,
tgl. 8.30–17 Uhr, Eintritt frei
Östlich des Parque Calixto García liegt die schlichte **Casa Natal de Calixto García.** Das Geburtshaus des Generals ist heute ein Museum, in dem man einige seiner persönlichen Gegenstände betrachten kann und Informationen über die langwierige Loslösung von Spanien bekommt.

Galería Fausto 7
Calle Libertad 148, zw. Martí und Luz Caballero,
tgl. 8 bis etwa 14 Uhr, Eintritt frei
In der **Casa Moyua,** einem der schönsten Gebäude Holguíns, das einst einer der reichsten Familien der Stadt gehörte, residiert die kubanische Künstler- und Schriftstellervereinigung UNEAC. Die großzügigen Räumlichkei-

Tipp

DREHORGELMUSIK

Kubas Osten besitzt zwei Fabriken, in denen die für die Region typischen Drehorgeln hergestellt werden – eine davon steht in Holguín (die andere in Manzanillo). Runde zwei Monate dauert es, bis ein solches klingendes Ungetüm zusammengebaut und bemalt ist. Interessierte können in der **Fábrica de Órganos** 15 an der Straße nach Gibara hineinschauen oder mit etwas Glück am Parque Céspedes einem Straßenkonzert lauschen: Do um 16 und So um 10 Uhr ist hier manchmal eine der großen traditionellen Drehorgeln zu hören (Fabrik: Crta. a Gibara 301, Mo–Fr 8–12, 12.30–15.30 Uhr, Eintritt frei, Spende erbeten).

---

ten werden u. a. als Kunstgalerie genutzt, im Patio mit einem alten Ziehbrunnen und einer Cafetería trifft sich die Intelektuellenszene der Stadt und im rundumlaufenden Säulengang hängen Schwarz-Weiß-Fotografien, die das alte Holguín zeigen. Hier finden auch viele spannende Veranstaltungen statt.

Catedral de San Isidro 8
Calle Libertad, Parque Peralta, tgl. 8–12, Messe um 17 Uhr
Eine Kuriosität ist die **Catedral de San Isidro** am **Parque Peralta.** 1720 baute man die Kirche als liebevolles Durcheinander aller möglichen architektonischen Stile, doch die eigentliche Merkwürdigkeit ist ihr Altar: Er ist dem Heiligen Isidor geweiht, dem Schutzpatron der Stadt. Ursprünglich stand er in einer Kirche im 72 km entfernten Bayamo, und nachdem diese niedergebrannt worden war, schleppten Sklaven den Altar freiwillig und zu Fuß nach Holguín. Als Gegenpol dazu steht auf dem Platz vor der Kirche ein Denkmal für den Befreiungskämpfer Julio Grave de Peralta.

Museo de Historia Natural 9
Calle Maceo 129, zw. Martí und Luz Caballero, Di–Sa 9–16, So 9–14 Uhr, Eintritt frei
Holguíns spektakulärstes Museum ist zweifellos das **Museo de Historia Natural Carlos de la Torre y Huerta.** Im Naturkundemuseum findet man die umfangreichste und schönste Sammlung der farbenprächtigen Polymita-Schneckenhäuser der Insel sowie präparierte Exemplare mehrerer Hundert Vogelarten und schier unzählige Mineralien.

Taller y Galería de Grabado 10
Calle Luz Caballero 12, Ecke Mártires, Mo–Fr 9–17 Uhr, Eintritt frei
Die Räume werden derzeit von einer Gesellschaft für die Entwicklung von Kunstprojekten genutzt; von der bisher hier ansässigen **Gravurwerkstatt** können nur noch die Werkzeuge besichtigt werden. Für die Zukunft ist die Schaffung von Räumlichkeiten für die Druckkunst angestrebt.

Plaza de la Marqueta 11
Die Auszeichnung für den schönsten Platz der Stadt geht an die winzige **Plaza de la Marqueta,** die geduldigst eine jahrelange Restaurierung über sich ergehen ließ, um als Shopping- und Ausgehzentrum wieder aufzuerstehen. Sowohl die ehemalige Markthalle in der Platzmitte als auch die Häuser drumherum laden ein zum Souvenirkauf oder zur Einkehr in einer der zahlreichen netten Lokalitäten. Abends finden auf dem lauschigen Kolonialplatz häufig Veranstaltungen statt.

Fábrica de Tabacos Jesús Feliú Leiva 12
Calle Coliseo, Ecke 3ra, Reparto Peralta, Laden Mo–Sa 8–16 Uhr
Südlich des Zentrums kann man in der **Fábrica de Tabacos Jesús Feliú Leiva** den Weg vom Tabakblatt bis zur fertigen Zigarre verfolgen und die Produkte auch gleich vor Ort er-

stehen. Ein Besuch der Fabrik ist derzeit nur im Rahmen von organisierten Gruppenführungen von Guardalavaca aus möglich.

Valle de Mayabe 13

10 km südöstlich von Holguín erstreckt sich das enorm fruchtbare **Valle de Mayabe** mit Obstplantagen, Gemüsepflanzungen und einem kleinen Stausee. Doch nicht deshalb fahren die Touristenbusse hierher, sie wollen vielmehr zum **Mirador de Mayabe,** einem Hügel, von dem aus man das gesamte Tal überblickt. Vom improvisierten Aussichtspunkt hat sich der Mirador längst zu einer Touristenattraktion mit Hotel, Restaurant, Pool, Folklore, einem kleinen Freilichtmuseum, vielen Tieren und hübschem Garten gemausert. Nur eines hat sich nicht geändert: Nach wie vor muss ein armer Esel namens Pancho einmal täglich um 16 Uhr eimerweise Bier trinken, während ihn die Touristen dabei fotografieren, denn was wäre Mayabe ohne diesen berühmten burro de Mayabe?

Loma de la Cruz 14

Am Ende der Calle Maceo, ca. 20 Gehminuten vom Stadtzentrum entfernt, führen 461 Stufen auf die **Loma de la Cruz** (›Kreuzeshügel‹). Das Kreuz stellten die Bürger von Holguín 1790 hier auf – um sicherzustellen, dass die Sklaven von Holguín nicht dem Beispiel ihrer haitianischen Brüder folgten, die im selben Jahr die Herrschaft der Weißen abgeschüttelt hatten. Noch heute zieht alljährlich am 3. Mai, dem Tag des Kreuzes, eine Prozession auf den Hügel, wenn auch aus anderen Gründen. Touristen spazieren wegen der fantastischen Aussicht hinauf.

Infos

Infotur: Calle Libertad, Ecke Martí, im Pico de Cristal, Mo–Fr 8–12, 13–16 Uhr, Sa nur sporadisch geöffnet.
Cubatur: Calle Libertad, Ecke Martí, im Pico de Cristal, Mo–Fr 9–17, Sa 9–12 Uhr.
Oficina de Reservaciones de Campismo: Calle Miró 181, zw. Martí und Luz Caballero.
Banco Financiero Internacional: Calle Libertad 167, zw. Frexes und Aguilera.
Cadeca: Calle Libertad 205, zw. Martí und Luz Caballero, Mo–Sa 8–16 Uhr.
Internet: Etecsa, Calle Martí 122, zw. Mártires und Máximo Gómez, Mo–Sa 8.30–19 Uhr.

Übernachten

… in Holguín:

Minihotel – **Caballeriza** 1 : Calle Miró 203, zw. Luz Caballero und Aricochea, Tel. 24 47 19 87, www.hotelescubanacan.com. 21 um einen Patio angeordnete, geschmacksneutrale Zimmer in zentraler Lage. Das Gebäude von 1810 war Teil einer Reiterkaserne – was u. a. die Pferdestatur im Innenhof erklärt. €€

Charmant – **Hotel Esmeralda** 2 : Calle Maceo 107, zw. Arias und Agramonte, Tel. 24 47 43 01, www.hotelescubanacan.com. Fünf saubere, eher schlicht gehaltene Zimmer in einem charmanten Kolonialstilhaus aus dem Jahre 1864 machen dieses smaragdgrüne Hotel zu einem der schönsten der Stadt. €€, inkl. Frühstück

Im Look der 1950er-Jahre – **Villa Liba** 3 (privat): Jorge A. Mezerene, Calle Maceo 46, Ecke 18 (Línea), Tel. 24 42 38 23, 52 89 69 31, villaliba@nauta.cu. Hausherr Jorge ist libanesischer Abstammung und ein Herz von einem Menschen, seine Frau Mariela eine anerkannte Reiki- und Yoga-Meisterin (s. S. 381), das Haus und sein Interieur klassisch 50er-Jahre – diese Kombination verspricht einen spannenden Aufenthalt in einem ungewöhnlichen Quartier. Es wird auch viel Wert aufs Essen gelegt, dessen Zutaten streng biologisch sind, Vegetarier welcome! €

Toller Gastgeber – **Hospedaje La Palma** 4 (privat): Enrique Interián Salermo, Calle Maceo 52-A, zw. 16 und 18 (Línea), Tel. 24 42 46 83, 52 06 78 76, lapalmaenrique@nauta.cu. Zwei sehr großzügige Zimmer, viel Kunst an den Wänden, eine aufgeschlossene, ungezwungene Atmosphäre und ein riesiger Patio mit Tischtennisplatte. €

Mit Minipool – **Hostal La Casona** 5 (privat): Calle Máximo Gómez 270, zw. Frexes und Aguilera, Tel. 53 40 72 86. Zwei Zimmer und ein schöner Innenhof mit kleinem Pool. Gastgeber Mario ist ein sehr freundlicher und hilfsbereiter Mensch. €

Holguín und Provinz

... außerhalb:
Aussichtsreich – **Villa Mirador de Mayabe** 6 : Loma de Mayabe, ca. 10 km südöstlich von Holguín, Tel. 24 42 21 60, 24 42 54 98, www.islazulhotels.com. Hotel am bekannten Aussichtspunkt (s. S. 379). 24 Zi., €€, inkl. Frühstück

Essen & Trinken

Das Auge isst mit – **1910 Restaurante & Bar** 1 (privat): Calle Mártires 143, zw. Aricochea und Cables, Tel. 24 42 39 94, tgl. 10–24 Uhr. Unter Kronleuchtern werden wunderschön angerichtete Speisen serviert, die genauso schmecken wie sie aussehen. Eines der besten Restaurants in Kuba. €€

Hübsche Deko – **Ranchón Los Almendros** 2 (privat): Calle José A. Cardet 68-F, zw. 16 und 18, Tel. 24 42 96 52, tgl. 12–24 Uhr. Das Eingangstor aus Metall sieht wie die Zufahrt zu einer Garage aus. Umso überraschter ist man beim Anblick der beiden gemütlich ausgestalteten Räume (das sind keine Holzwände, sondern Zementimitationen!), in denen hervorragendes Essen zu fairen Preisen serviert wird. €€

Immer voll – **Avilés** 3 (privat): Frexes 182, zw. Miró und Morales Lemus, Tel. 24 45 43 73, tgl. 12–23 Uhr. Ein kulinarischer Dauerbrenner mit schmackhaften und preislich mehr als angemessenen Gerichten, weswegen das Lokal konstant gut besucht ist. Auch Tische im Freien. €€

An Holguíns Durchgangsstraße – **Maragato** 4 (privat): Calle Carbó 54-G, Tel. 52 46 68 02, tgl. 12–22.30 Uhr. Eine umfangreiche Speisekarte, gutes Essen, feine Drinks in einer sehr familiären und herzlichen Atmosphäre – das Ganze gekrönt von einem aufmerksamen Service. Was will man mehr? €€

Mit Aussicht und Brise – **Mirador Aurora** 5 (privat): 132, zw. Máximo Gómez und Pepe Torres, Tel. 51 52 92 82, tgl. 11–23 Uhr. Kubanische Küche mit internationalem Touch gibt es in dem überdachten und hübsch gestalteten Dachterrassenrestaurant im 3. Stock. Die Aussicht auf die Stadt und die leichte Brise, die hier stets weht, machen den Besuch besonders angenehm. €€

Einkaufen

Kunsthandwerk – **Bazar de Artesanía** 1 : Calle Libertad 120, zw. Arias und Aguilera, tgl. 8.30–17 Uhr. **Fondo Cubano de Bienes Culturales** 2 : Calle Libertad 167, Mo–Sa 9–17 Uhr.

Musik – **Pentagrama** 3 : Calle Maceo, Ecke Martí, Parque Calixto García, Mo–Sa 9–18 Uhr.

Zigarren – **Fábrica de Tabacos Jesús Feliú Leiva** 12 : s. S. 378

Bücher – **La Librería** 4 : Calle Martí, Ecke Mártires, Mo–Sa 9–17 Uhr. **Librería Pedro Rogena** 5 : Calle Libertad, Parque Calixto García, Mo–Sa 9–17 Uhr. Souvenirs, Schreibwaren, Postkarten sowie Bücher, größtenteils über Kuba.

Abends & Nachts

Infos über aktuelle Veranstaltungen unter www.baibrama.cult.cu (> Cartelera Cultural).

Bars – **Benjuly Bar** 1 : 11 Cjón. del Mercado 1, tgl. 12–24 Uhr. Direkt gegenüber der Markthalle auf der Plaza de la Marqueta hat sich diese bei Einheimischen und Besuchern beliebte Bar niedergelassen. Das Essen ist nur mäßig, aber die Drinks sind gut und häufig spielt abends eine Band. **Caverna de los Beatles** 2 : Calle Maceo, Ecke Aguilera, Mo–Do 13–23, Fr–So 16–2 Uhr. Dem Auftrittsort der Beatles in Liverpool nachempfundene Kneipe mit lebensgroßen Figuren der Bandmitglieder und Musik aus den 60ern.

Livemusik – **Casa de la Trova El Guayabero** 3 : Calle Maceo 174, Parque Calixto García, Mi–Sa 15–19 Uhr. Sehr schöne Räumlichkeiten mit Innenhof und Cafetería. Fast täglich Livemusik. **Casa de la Música** 4 : Calle Libertad, Ecke Frexes, tgl. 22–3 Uhr. Vor Mitternacht ist in dem Tanztempel kaum etwas los, aber auf der Dachterrasse kann man schön sitzen. Die dazugehörige Cafetería in der Fußgängerzone ist ein beliebter Treffpunkt und schon ab dem Vormittag geöffnet. **Bodeguita del Medio** 5 : Calle Marti 129, Ecke Martires, tgl. 11.30–23 Uhr. Und noch ein Plagiat des Originals in Havanna. Man kann hier auch essen, aber eigentlich lockt die tolle Atmosphäre in der Bar. **Ilé de la Rumba** 6 : Calle Maceo 101, zw. Arias und Aguilera, tgl. ab 21, Sa, So ab

17 Uhr. In der Ruine eines alten Kinos wird unter freiem Himmel der Rumba gehuldigt. Hier probt auch der Conjunto Folklórico La Campana. **Salón Benny Moré** 7 : Calle Maceo, Ecke Luz Caballero, tgl. 20–24 Uhr. Auch dies eine Freiluftlocation.

Bunt – **Centro Cultural Bariay** 8 : Calle Frexes, beim Baseballstadion, Fr 20.30–3, sonst tgl. 22–3 Uhr. Verschiedene Shows, LBGTIQ+ friendly.

Kleinkunst & mehr – **Casa de Cultura** 9 : Calle Maceo 172, Parque Calixto García, tgl. 9–17 Uhr, bei Veranstaltungen länger. Konzerte, Lesungen etc. **Casa de Iberoamérica** 10 : Calle Arias 161, Parque Céspedes, Mo–Fr 8–16.30 Uhr. Fr und Sa ab 21 Uhr Lateinamerikanische Peñas, teils mit Livemusik, sowie andere Veranstaltungen.

Discos – **Cristal** 11 : im Pico de Cristal, Calle Martí, Ecke Libertad, Do–So ab 22 Uhr.

Aktiv

Wellness für die Seele – **Mariela Góngora Marero** 4 : in der Villa Liba (s. S. 379). Mariela ist eine faszinierende Persönlichkeit, die bereits vier Bücher über Psychotherapie und Yoga publiziert hat. Nach vorheriger Anmeldung gibt sie Reiki-Behandlungen und Massagen (1 Std./20–25 €).

Termine

Romerías de Mayo: 3.–8. Mai. Den Auftakt zu diesem einst rein christlich inspirierten Fest bildet ein mitternächtlicher Autokorso vom Parque Calixto García zum Bosque de los Héroes. Am nächsten Morgen findet eine Prozession zur Loma de la Cruz statt und danach ist eine Woche lang Volksfest (www.romeriasdemayo.cult.cu).

Festival de la Cultura Iberoamericana: Ende Okt. Theater- und Tanzaufführungen, Konzerte etc.

Verkehr

Flüge: Aeropuerto Internacional Frank País, ca. 10 km südlich der Stadt, Tel. 24 46 85 56, www.holguin.airportcuba.net. Mi und So Verbindung nach Havanna, Direktflüge nach Europa (auch Deutschland mit Condor) und Kanada. Ein Taxi von Holguín zum Flughafen kostet um 15 €. Gegen 14 Uhr fährt ein öffentlicher Bus von der Calle General Rodríguez 84 nahe dem Bahnhof zum Flughafen. Die Víazul-Busse fahren den Flughafen 3 x tgl. an. Cubana, im Pico de Cristal, Calle Libertad, Ecke Martí, Tel. 24 42 57 07.

Züge: Terminal de Ferrocarril, Calle Vidal Pita 3, zw. Libertad und Maceo, Tel. 24 42 23 31. Zugtickets für Touristen werden im Ladis-Büro gegenüber vom Bahnhof verkauft (Schild: U/B Ferrocuba Provincia Holguín). Bei Redaktionsschluss auf unbestimmte Zeit keine Verbindungen.

Busse: Terminal de Ómnibus Nacionales Holguín, Crta. Central, 51, Ciudad Jardin, Tel. 24 42 68 22. Mit Víazul 2 x tgl. nach Santiago de Cuba (9 €), 3 x tgl. nach Camagüey (13 €), 3 x tgl. nach Sancti Spíritus (25 €), 3 x tgl. über Santa Clara (30 €) nach Havanna (48 €), 1 x tgl. nach Varadero (42 €) und Matanzas (42 €). Tgl. morgens vom Busbahnhof Taxi Colectivo nach Havanna (2000 CUP, Abfahrt wenn voll, Fahrtzeit ca. 10 Std.). Die Colectivos nach Gibara haben ihre Haltestelle an der Av. Cajigal, Ecke Luz. Für die Fahrt nach Guardalavaca s. S. 392.

Taxis: Ein Taxi nach Gibara sollte nicht mehr als 20 €, nach Guardalavaca 30 € kosten.

Transport vor Ort: Bicitaxis oder E-Roller-Taxis sind praktisch innerhalb der Stadt. Zwei nette Fahrer sind Abel Sanz (Tel. 52 05 37 45) und José (Tel. 51 44 26 20). Fahrt vom Busbahnhof in die Stadt ca. 500 CUP.

⭐ Gibara

Cityplan: S. 385

Rund 40 Autominuten nordöstlich von Holguín liegt in der Bahía de Gibara das zauberhafte Hafenstädtchen Gibara. Auf dem Weg dorthin sieht man schon von Weitem die **Silla de Gibara,** einen eigenartig geformten, steilen Karstfelsen, der entfernt an einen Sattel erinnert. Über einen anderen kuppelartigen Felsen hatte sich bereits Kolumbus gewundert, weshalb der Felsen heute **Mezquita de Colón** heißt. Selbst von der Hafenpromenade in Gibara aus kann man diese beiden markanten Steinformationen im Dunst erkennen.

Als wichtigster Hafen an der Nordküste des Oriente hat es **Gibara** (16 000 Einwohner) schon früh zu erheblichem Reichtum gebracht. Davon zeugt das – gut erhaltene – Ensemble kolonialer Gebäude im Zentrum, dem der Ort seinen Status als Monumento Nacional verdankt. Und verglichen mit seiner Größe besitzt Gibara reichlich Kultur: Gleich drei Museen findet man hier. Seinen Beinamen *ciudad blanca* (›weiße Stadt‹) erhielt die Stadt wegen ihrer vielen weiß getünchten Häuser.

Parque Calixto García

Im Mittelpunkt des kleinstädtischen Lebens steht der **Parque Calixto García,** ein hübscher Platz mit mächtigen, Schatten spendenden Afrikanischen Eichen, einer eigenwilligen Miniaturausgabe der New Yorker Freiheitsstatue und der **Iglesia de San Fulgencio** 1 . Die Kirche ist zwar häufig verschlossen, doch auch von außen hübsch anzusehen.

In der Calle Luz Caballero 23 an der Westseite des Parks residiert das überschaubare **Museo de Historia Natural** 2 , das mit den üblichen Exponaten zur lokalen Flora und Fauna aufwartet (Di–Sa 9–12, 13–16, So 9–12 Uhr, 15 CUP).

Zigarren für den nationalen Markt entstehen in der **Fábrica de Tabaco Pedro González Camilo** 3 an der Südseite des Parks in der Calle Independencia 11-A. Eine offizielle Besichtigung wird nicht angeboten, doch durch die großen Fenster lässt sich das Geschehen gut beobachten.

Batería Fernando VII 4

Ein Block östlich des Parque Calixto García erhebt sich auf einer kleinen Felszunge am Eingang zur Bahía de Gibara die **Batería Fernando VII,** deren Innenhof tagsüber als Cafetería dient und abends zur Open-Air-Bühne umfunktioniert wird (s. S. 386). Ursprünglich war auch diese 1817 errichtete Festung dazu ausersehen, die lästigen Angriffe der Piraten abzuwehren.

Auf dem **Parque de las Madres** davor findet jeden Samstagmorgen ein Bauernmarkt statt. Neben dem üblichen spärlichen Obst- und Gemüseangebot gibt es leckere Sandwiches mit Fleisch vom Spanferkel und für die Kinder knallrosafarbene Zuckerwatte.

Museo Municipal de Historia und Museo de Arte Colonial 5

Calle Independencia 19, zw. Luz Caballero und J. Peralta, Di–So 9–16 Uhr, 15 CUP

Einen weiteren Stopp auf der Besichtigungstour sollte man in dem prachtvollen Stadtpalast der Calle Independencia 19 einlegen, von 1905 bis 1959 das Wohnhaus der Familie von José Homobono Beola y Valenzuela, einem der reichsten Einwohner Gibaras. Im Erdgeschoss informiert das **Museo Muni-**

Gibara

Das sanfte Abendlicht legt einen Weichzeichner über Gibara, die (tagsüber) strahlende weiße Stadt

cipal de Historia** über die Stadtgeschichte und im 1. Stock zeigt das sehenswerte **Museo de Arte Colonial** in 15 Räumen eine exquisite Gemäldesammlung sowie wertvolle koloniale Möbel. Fast alle Exponate entstammen dem Besitz des Aristokratenclans, der sein Geld mit Zucker machte.

Loma Los Caneyes
Zum Schutz des Hafens erbaute man nicht nur die Batería Fernando VII am Meer, sondern auch die Festung **El Cuartelón** 6 auf dem **Loma Los Caneyes** – Gibara war nach Havanna die zweite befestigte Stadt in Kuba.

Mehr als ein paar Mauerreste sind von El Cuartelón nicht erhalten, doch der Aufstieg lohnt sich wegen des herrlichen Blicks über Gibara und seine Bucht bis hin zum sattelförmigen Silla de Gibara. Außerdem weht hier oben fast immer eine erfrischende Brise, das Übrige tut ein kühles Bier in der hiesigen Rancho-Bar, einem beliebten Treffpunkt der Einheimischen.

Cuevas de los Panaderos 7
Hobbyspeläologen finden ihr Revier 2 km außerhalb in den **Cuevas de los Panaderos.** Das riesige Höhlensystem umfasst mehr als 15 Räume, die über glitschige Gänge miteinander verbunden sind. Aus Sicherheitsgründen sollte man die unbeleuchteten Höhlen nur mit einem Führer besichtigen. Die beste

Adresse hierfür ist José Corella alias Joselín, der für etwa 10 € pro Person vierstündige Touren anbietet und über die Privatquartiere oder direkt unter den Telefonnummern 24 84 45 88 bzw. 52 22 31 62 kontaktiert werden kann.

Playa Caletones

18 km nordwestlich von Gibara, erreichbar über eine Piste, liegt die **Playa Caletones**, die aus mehreren kleinen, weißen Stränden mit flachem, badewannenwarmem Wasser besteht. Sonnenschirme sorgen für Schatten, schlichte Restaurants für Verpflegung. Eine ganz besondere Attraktion der Gegend sind die **Tanques Azules,** natürliche Salzwasserpools im felsigen Untergrund hinter dem Strand. Sie bilden den Zugang zu Kubas größter unterirdischer Grotte – und geben ein prima Sprungbecken ab. Weitere, noch schönere Pools liegen ca. 3 km entfernt, gegen einen Obolus spielen die Einheimischen gerne Führer.

Wer ein eigenes Vehikel besitzt und mit ein wenig Abenteuerlust ausgestattet ist, kann von der Playa Caletones bis zur Playa Herradura (s. S. 369) weiterholpern. Die Fahrt lässt sich mit einem normalen Pkw bewerkstelligen, allerdings nur zur Trockenzeit.

Playa Blanca

Vom Hafen in Gibara pendelt die Nussschale Cachimba zur gegenüberliegenden Seite der Bucht nach **San Antonio,** wo es ein paar Privatunterkünfte gibt (s. S. 385). Von hier sind es knapp 2 km zu Fuß bis zur paradiesischen **Playa Blanca** (nicht zu verwechseln mit der Playa Blanca westlich von Guardalavaca). Für diesen Ausflug gehören neben Schnorchelzeug auch ausreichend Sonnenschutz und Wasser ins Gepäck, denn am Strand gibt es keine Versorgungsmöglichkeiten. Die Boote pendeln ab dem frühen Morgen bis spätnachmittags nach Bedarf (20 Min. einfach, 100 CUP).

Infos

Havanatur: im Hotel Ordoño (s. unten).
Banco de Crédito y Comercio: Calle Independencia 26, Mo–Fr 8–12, 13–15.30 Uhr.
Internet: ETECSA, Calle Independencia, zw. Maceo und Cuba.

Übernachten

... in Gibara:
Boutiquehotels – **Arsenita** : Calle Sartorio 22, Parque Calixto García, Tel. 24 84 44 00, www.hotelescubanacan.com. Stilsicher renoviertes Kolonialgebäude mit 12 Zimmern. €€, inkl. Frühstück. **Ordoño** : Cal-

Gibara

Sehenswert
1. Iglesia de San Fulgencio
2. Museo de Historia Natural
3. Fábrica de Tabaco Pedro González Camilo
4. Batería Fernando VII
5. Museo Municipal de Historia, Museo de Arte Colonial
6. El Cuartelón
7. Cuevas de los Panaderos
8. Playa Caletones
9. Playa Blanca

Übernachten
1. Arsenita
2. Ordoño
3. Plaza Colón
4. Hostal El Patio
5. Villa Boquerón
6. Hostal Las Brisas
7. Silla de Gibara
8. Villa Coral

Essen & Trinken
1. Villa Caney
2. Los Hermanos
3. Las Terrazas
4. La Cueva Taína
5. La Fortaleza

Einkaufen
1. Asociación de Artesanos Artistas
2. Galería de Arte Florencia

Abends & Nachts
1. La Loja
2. Siglo XX
3. La Villa de las Rosas
4. Casa de Cultura Raúl Gómez García

Aktiv
1. Cubacar

---

le J. Peralta, Ecke Donato Mármol, Tel. 24 84 44 48, www.hotelescubanacan.com. Auch dieses Hotel logiert in einem fantastisch renovierten Gebäude. Es verfügt über 27 riesige, modern eingerichtete Zimmer mit Stuckdecken sowie eine schöne Dachterrasse mit Sonnenliegen und Blick aufs Meer. €€, inkl. Frühstück. **Plaza Colón** 3 : Calle J. Agüero 42, Plaza de la Cultura, Tel. 24 84 41 11, www.hotelescubanacan.com. Der jüngste Neuzugang unter den staatlichen Hotels vor Ort. 14 Zi., €€, inkl. Frühstück.

Erste Wahl – **Hostal El Patio** 4 (privat): Lily Merino Gurry, Calle J. Mora 19, zw. Cuba und J. Agüero, Tel. 24 84 42 69, 52 82 72 79, ocae nomg@nauta.cu. Dass Lily schon häufig ihre in Deutschland lebenden Brüder besucht hat, merkt man nicht nur an der Farbgebung einer Sitzgarnitur, sondern auch am aufmerksamen, aber zurückhaltenden Service. Drei große Zimmer (traumhaft das helle und luftige im 1. Stock!) und zwei lauschige, teils überdachte Patios. €

Dem Meer ganz nah – **Villa Boquerón** 5 (privat): Isidro Rodríguez López, Av. Rabí 53, zw. Peralta und Luz Caballero, Tel. 24 84 40 87, 53 13 94 21, isidroramon@nauta.cu. Zwei hübsche Zimmer, eines mit Meerblick und einem Wandgemälde von Gibara, sehr liebenswerte, hilfsbereite Gastgeber und eine Muscheltreppe zur Dachterrasse mit unverstelltem Blick aufs Meer. €

Deutscher Chef – **Hostal Las Brisas** 6 (privat): Calle J. Peralta 61, zw. J. Mora und M. Grajales, Tel. 24 84 51 34, 53 97 50 75, www.kuba-hostel-casa.com. Hochprofessionelle Unterkunft, die allerdings nicht – wie eines der Bilder auf der Website glauben machen will – an einem Strand, sondern an der Uferstraße liegt. Auf der Dachterrasse gerät das jedoch in Vergessenheit. 4 Zi. €

... außerhalb:

Campismo – **Silla de Gibara** 7 : ca. 25 km südöstl. von Gibara rechter Hand der Piste nach Fray Benito, Tel. 24 42 15 86. Hier stehen 42 Cabañas unterschiedlicher Ausstattung in einer lieblichen Weidelandschaft. Offiziell für Ausländer zugelassen, mit Pool und Restaurant. €

Wie Robinson Crusoe – **Villa Coral** 8 (privat): Calle 1ra 7, San Antonio, Tel. 53 08 07 74, isla-caribe01@yahoo.es. Vivian und Daniel leben in Holguín, haben aber in San Antonio auf der anderen Seite der Bahía de Gibara ein schnuckliges Strandhaus mit Reetdach, das ca. 50 m von der Bootsanlegestelle und keine 10 m vom Meer entfernt liegt. Da überrascht es auch nicht, das der Fisch praktisch noch zappelnd

Essen & Trinken

Languste für wenig Geld – **Villa Caney** [1] (privat): Calle Sartorio 36, zw. Peralta und Luz Caballero, Tel. 24 84 45 52, 53 40 65 22, tleticia@nauta.cu, tgl. 12–23 Uhr. Der bezaubernd ausstaffierte Patio bildet die perfekte Kulisse für köstliche Gerichte, die weit über das übliche kubanische Geschmacksmaß hinausgehen. Täglich wechselnde Tagesgerichte. Die Gastgeber Ramiro und Tahiana vermieten unter dieser Adresse auch zwei hübsche Zimmer (€). €€

Üppig – **Los Hermanos** [2] (privat): Calle Céspedes 13, zw. Peralta und Luz Caballero, Tel. 24 84 45 42, tgl. 11–23 Uhr. Im großen Innenhof eines Kolonialhauses werden üppige kreolische Mahlzeiten serviert. Auch Zimmervermietung. €€

Hausmannskost – **Las Terrazas** [3] (privat): Calle Calixto García 40, Ecke Céspedes, tgl. 12–23 Uhr. Auch in diesem Paladar gibt es typisch kreolische Kost, gespeist wird je nach Wetter drinnen oder draußen auf der Terrasse. €–€€

Ohne Höhle – **La Cueva Taína** [4] (privat): Calle 2da 131, Pueblo Nuevo, Tel. 24 84 53 33, Di–So 12–19 Uhr. Mitten in einem wenig ansprechenden Wohnviertel bilden mehrere Ranchos mit Backsteinwänden, ein Kräutergarten und ein Minizoo das Ambiente für dieses missverständlich benannte Lokal – immerhin steht vor der Türe eine lebensgroße Taíno-Statue. Legere Atmosphäre und sehr gutes Essen, das auf Tontellern serviert wird. Anfahrt: Straße in Richtung Playa Caletones, nach den Plattenbauten 90°-Linksknick, kurz darauf 90-Grad-Rechtsknick, an der Fahrradwerkstatt nicht der Hauptstraße nach links folgen, sondern geradeaus in das Wohngebiet, nach ca. 50 m markiert die Skulptur den Eingang. €–€€

Günstig – **La Fortaleza** [5] (privat): Calle Céspedes 62, zw. Cuba und J. Agüero, tgl. 12–23 Uhr. In der Provinz Holguín scheint es Mode zu sein, mithilfe von Zement natürliche Materialien wie Holz oder Bambus nachzubilden – so auch hier, wiederum auf sehr gekonnte Weise. Die Korbstühle tragen zum netten Ambiente bei, der freundliche Service allemal. €–€€

Einkaufen

Kunsthandwerk – **Asociación de Artesanos Artistas** [1]: Calle Independencia 53, Ecke Agüero, Mo–Fr 8–17, Sa 8–12 Uhr. Kunsthandwerk, Schmuck, Kleidung etc.

Kunst – **Galería de Arte Florencia** [2]: Calle Martí, Ecke Independencia, Mo–Sa 9–18, So 9–12 Uhr. Gemälde und Skulpturen.

Abends & Nachts

Bars mit Programm – **La Loja** [1]: Calle Joaquin Agüero, Plaza de la Cultura, Di–So 10–23.20 Uhr. Gibaras aktuell beliebtester Treffpunkt für einen Drink. Im großen Innenhof gelegentlich Shows mit traditioneller Musik. **Siglo XX** [2]: Calle José Martí, Parque Calixto García, Di–So 10–23.30 Uhr. Zum Platz hin offener Patio, in dem man zu jeder Tageszeit sehr schön sitzt. Livemusik am Wochenende. **Batería Fernando VII** [4]: Parque de las Madres, tgl. 10–22 Uhr. Von Artex gemanagtes Kulturzentrum im Innenhof der Festung, auch hier am Wochenende Livemusik, danach Disco.

Treff der Jugend – **La Villa de las Rosas** [3]: Calle Joaquín Agüero 69, zw. Donato Marmol und Narciso López, Fr/Sa 20–2, So 17–2 Uhr. Häufig Livemusik.

Kulturhaus – **Casa de Cultura Raúl Gómez García** [4]: Calle J. Agüero 103, Plaza de la Cultura. Fast abendlich ab 21 Uhr Programm mit Events unterschiedlicher Sparten.

Aktiv

Auflüge, Tanzkurse und mehr – **Siglo XX** [2]: s. oben. Die staatliche Reiseagentur im Kulturzentrum hat viele kulturelle Angebote im Programm, auch Touren zu den Cuevas de los Panaderos.

Motorrollerverleih – **Cubacar** [1]: im Hostal Buenavista, Parque de las Madres, Tel. 24 46 82 17.

Termine
Festival de Cine de las Cavernas: Ende Jan./ Anfang Febr. Drei Tage lang werden in den zu einem Kinosaal umgemodelten Cuevas de los Panaderos Filme lateinamerikanischer Regisseure gezeigt.
Festival internacional de Cine de Gibara: Anfang Juli. Das Filmfestival hat eine lange Tradition, gezeigt werden zumeist Independentstreifen (www.facebook.com > ficgibara).
Carnaval: Ende Juni. Improvisierte Congas und vier Tage Ausnahmezustand.
Festival del Tango: Anfang Nov. Internationales Treffen tangobegeisterter Menschen.

Verkehr
Busse: Die kleine Busstation liegt 1 km außerhalb an der Landstraße nach Holguín. Verbindungen nach Holguín bestehen nur unregelmäßig mit Sammeltaxis oder Trucks.
Fähren: je nach Bedarf zur Playa Blanca (s. S. 384) und nach El Caliche, von wo aus man mit Pferdekutschen über Potrerillo bis Fray Benito und Santa Lucía (Rafael Freyre) fahren kann (s. S. 388).

Bahía de Bariay ▶ R 6

Im Jahr 1514 war ganz Kuba mit eiserner Hand von den Spaniern ›befriedet‹ – die verbliebenen Indigenen lehnten sich kaum noch gegen die europäische Herrschaft auf. Knapp ein Jahrzehnt später lebten nur noch wenige Tausend Ureinwohner auf Kuba. Die harte Fronarbeit in den Bergwerken, Massaker und europäische Krankheiten hatten sie fast vollständig ausgerottet. Trotzdem ist die Provinz Holguín, besonders im Nordosten, deutlicher als andere Gegenden Kubas von der indigenen Vergangenheit geprägt. Hier wurden bei Ausgrabungen die meisten Artefakte und der größte indigene Friedhof der Karibik gefunden.

Geschichte
Seinen Anfang nahm alles am 12. Oktober 1492 in der **Bahía de Bariay** nordöstlich der Provinzhauptstadt Holguín. In Kuba machen sich mehrere Orte an der östlichen Nordküste die historische Ehre streitig, Schauplatz der Entdeckung durch Kolumbus gewesen zu sein. Historiker haben mittlerweile festgestellt, dass Kolumbus in dieser Bucht und nirgendwo sonst eingelaufen ist. Als seine Karavellen hier landeten, lebten zwischen 100 000 und 300 000 Ureinwohner auf der Insel – »die schönste, die Menschenaugen je gesehen haben«, notierte Kolumbus in sein Bordbuch. Die kubanischen Indigenen (Taínos und Siboneyes) glaubten, die Fremden seien geradewegs vom Himmel gekommen, um sie vor den ständigen Angriffen der kriegerischen Aruak von den Nachbarinseln zu schützen. Sie küssten den in ihren schimmernden Rüstungen göttergleichen Spaniern Hände und Füße und boten ihnen Speisen an. Unglücklicherweise trugen einige Taínos bei der Begegnung etwas Goldschmuck, was in Kolumbus und den Spaniern die Habgier entfachte, die zur Auslöschung ganzer Völker führen sollte.

Parque Monumento Nacional Bariay
Tgl. 9–17 Uhr, 5 €
Auf einer in die Bucht ragenden Halbinsel erstreckt sich der **Parque Monumento Nacional Bariay** mit einem Denkmal, das 1992 anlässlich der 500-Jahr-Feier von der Künstlerin Caridad Ramos Mosquera geschaffen wurde. Ihr Werk konfrontiert – zumindest andeutungsweise – die Macht und die Euphorie der Entdecker mit den tragischen Konsequenzen für die Entdeckten: 16 indigene Götterstatuen werden von griechischen Säulen, die in Form eines Schiffsrumpfs angeordnet sind, geradezu eingekreist und zusammengetrieben.

Die Bahía de Bariay kann mit dem Touristenbus ab Guardalavaca (s. S. 392) oder natürlich mit dem eigenen Wagen erreicht werden: entweder über die Teerstraße von Holguín bzw. Guardalavaca via Santa Lucía (Rafael Freyre), nach ca. 4 km Richtung Fray Benito rechts ausgeschildert; oder von Gibara über Floro Pérez und Fray Benito. Die Strecke zwischen Floro Pérez und Fray Benito ist ungeteert und in einem sehr desolaten Zu-

Holguín und Provinz

stand. Bei Regen sollte man sie unbedingt meiden und auch sonst mit äußerster Vorsicht befahren.

Essen & Trinken
Im Stil einer spanischen Taverne – **Colombo:** im Parque Monumento Nacional Bariay, tgl. 9–16.30 Uhr. Mit herrlicher Aussicht über die Bucht. €€

Guardalavaca und Umgebung ▶ R/S 6

Die Strandregion
40 km nordöstlich von Holguín beginnt die paradiesische Strandlandschaft von Guardalavaca (›Hüte die Kuh‹), das größte Ferienzentrum des Oriente, das sich über mehrere Buchten verteilt.

Von **Santa Lucía** (Rafael Freyre) führt eine gute Teerstraße zur pittoresken **Playa Don Lino,** wo sich eines der günstigeren Hotels an dieser Küste befindet (s. S. 390). Vor allem bei Einheimischen sehr beliebt ist die 2 km entfernte **Playa Blanca,** ein weitgehend unerschlossener weißer Sandstreifen, an dem nur einige Meertraubenbäume etwas Schatten spenden. Man findet hier ein einfaches Restaurant sowie ein nüchternes Denkmal, dessen verwitterte Tafel darüber informiert, dass an diesem Ort einst Christoph Kolumbus in Kuba landete.

In Richtung Guardalavaca zweigt kurz hinter Santa Lucía die Zufahrtsstraße zur **Playa Pesquero** ab, ein Puderzuckerstrand mit den drei Ferienresorts Playa Pesquero, Playa Costa Verde und Blau Costa Verde. Die nächste Bucht weiter östlich mit der bezaubernden **Playa Yuraguanal** hat das Hotel Memories Holguín in Beschlag genommen, das sich u. a. durch seine kinderspezifischen Einrichtungen hervorhebt und deshalb gerne von Familien gebucht wird. Ein weiterer Pluspunkt ist der nahe gelegene **Bioparque Rocazul,**

Mal ne Auszeit nehmen – dafür sind die Strände von Guardalavaca wie geschaffen

Guardalavaca und Umgebung

ein knapp 150 ha großer Naturpark am Ufer der Bahía de Naranjo. Als Abwechslung zum Strandleben kann man hier reiten, an geführten Wanderungen mit Vogelbeobachtung teilnehmen, angeln etc. Einige der Führer sprechen sehr gut Deutsch (tgl. 9–17 Uhr).

Zurück auf der Hauptstraße umrundet man die **Bahía de Naranjo**. Von der hiesigen Marina aus werden kurze Bootsausflüge zum **Cayo Naranjo** angeboten, das zu dem einige Tausend Hektar großen **Parque Natural Bahía de Naranjo** gehört. Auf dem Inselchen befinden sich ein Meeresaquarium sowie zwei große Pools, in denen man mit Delfinen schwimmen kann (tgl. 9–11 Uhr, Bootstransfer hin 9–11, zurück ca. 13 Uhr, Eintritt Aquarium inkl. Bootstransfer und Show Erw. 50 USD, Kin. bis 12 J. 25 USD, inkl. Schwimmen mit Delfinen Erw. 79 USD, Kin. 35 USD).

Ca. 1 km später zweigt die Stichstraße zur **Playa Esmeralda** (auch Estero Ciego) ab, einem Küstenstreifen mit romantischen Badebuchten, Felsen und smaragdfarbenem Meer. Zwei sehr schöne Hotels haben sich hier niedergelassen: das Sol Club Río de Luna y Mares und das Paradisus Río de Oro.

Nach nochmals etwa 2 km auf der Hauptstraße erreicht man **Guardalavaca** (etwa 5000 Einwohner), ein nichtssagender Ort, dessen größter (und einziger) Joker seine weite Bucht mit feinkörnigem Sand ist, an der man das Strandleben unter blühenden Bäumen genießen kann. Auch hier ist das Wasser grünblau schimmernd und der Sand makellos weiß – ein hübscher Kontrast zur farbenprächtigen Vegetation, die bis an den Strand reicht. Im Vergleich zu den Unterkünften an den weiter westlich gelegenen Stränden sind die hiesigen Hotels schlichter und preiswerter, außerdem gibt es Privatunterkünfte.

Museo Arqueológico Chorro de Maita

Di–Sa 9–17, So 9–13 Uhr, 200 CUP

Geradewegs in die Welt der Taínos führt die Landstraße von Guardalavaca Richtung Banes. Sattgrüne Hügel wellen sich rechts und links der Straße, in sanften Tälern blitzen zwischen Palmenhainen hier und da palmstrohgedeckte *bohíos* heraus, umgeben von üppigen Bananenstauden und blühenden Bäumen. Man fährt durch eine scheinbar unberührte Idylle, die die Begeisterung der Spanier über die eben entdeckte Insel noch heute nachempfinden lässt.

Etwa 7 km hinter Guardalavaca folgt man der Beschilderung zum **Museo Arqueológico Chorro de Maita** und steht nach weiteren 2 km vor dem größten indigenen Friedhof der Karibik. Über 60 Taíno-Skelette wurden hier gefunden. Wahrscheinlich entstand die Grabstätte zwischen 1490 und 1540, also bereits nach Landung der Spanier – so ist auch zu erklären, wie ein toter Europäer auf den Friedhof geriet. Er ist nicht der Einzige, der mit gefalteten Händen beigesetzt wurde, auch viele Taínos wurden, nachdem die Spanier sie umgebracht hatten, nach dieser christlichen Sitte begraben. Hier bekommt man auch Requisiten zu sehen, mit denen die Taínos ihre Toten für die lange Reise ins Jenseits ausstatteten, sowie Darstellungen der umfangreichen Beerdigungsriten. Besonders auffällig sind die deformierten Köpfe einiger Taínos: Dem damaligen Schönheitsideal entsprechend flachte man sich künstlich die Stirn ab.

Aldea Taína

Tgl. 9–17 Uhr, 5 € inkl. Show

Gegenüber dem Museum befindet sich ein nach archäologischen Vorgaben rekonstruiertes Taíno-Dorf, das in einer etwas kitschigen Atmosphäre versucht, den Alltag und die Lebensweise der Taínos darzustellen. Der Rundgang durch die **Aldea Taína** informiert Besucher über die Ernährung, Landwirtschaft und Riten der Ureinwohner. Nachdem Kolumbus die ersten Taíno-Dörfer gesehen hatte, schrieb er: »Meiner Meinung nach waren diese Wohnplätze bedeutend schöner als jene, die wir bisher gesehen hatten. (…) Die Behausungen waren in Hüttenform gebaut, sehr geräumig und erweckten den Eindruck eines militärischen Feldlagers. Allein waren sie nicht reihenweise angeordnet, sodass sie keine Straßen bildeten, sondern wuchsen bald hier, bald da aus dem Boden. Im In-

Holguín und Provinz

nern sind sie fein säuberlich ausgekehrt; ihre Einrichtungsgegenstände sind reich verziert. Man fand viele Plastiken, weibliche Gestalten darstellend, und zahlreiche Gesichtsmasken, die wundervoll ausgearbeitet waren. Ich weiß nicht recht, ob die Inselbewohner diese Gegenstände als Zierrat oder zu religiösen Kulthandlungen verwenden. In jenen Behausungen gab es auch Hunde, die niemals bellten; ferner wilde und gezähmte Vögel, erstaunlich gut verfertigte Netze, Waffen und Fischergeräte.«

Infos

Cubanacán: im Club Amigo Atlántico, Guardalavaca.
Cubatur: beim Einkaufszentrum Los Flamboyanes in Guardalavaca, tgl. 9–17 Uhr.
Cadeca: im Club Amigo Atlántico, Guardalavaca, tgl. 8–19 Uhr.

Übernachten

Fast alle Hotels in Guardalavaca arbeiten nach dem All-inclusive-System und sind entsprechend teuer. Wer individuell vor Ort auf Zimmersuche geht, muss mit erheblich höheren Preisen rechnen als bei der Buchung eines Pauschalpaketes von zu Hause aus. Aber seitdem es auf Kuba mobiles Internet gibt, kann man mitunter auch noch kurzfristig ein gutes Angebot online finden.

All inclusive ins Paradies – **Paradisus Río de Oro:** Playa Esmeralda, Tel. 24 43 00 90, www.meliacuba.com. Sehr stilvolles Resort für Gäste ab 18 Jahren mit Spa und allen anderen Einrichtungen einer Anlage dieses Stils – sogar einen kleinen hoteleigenen Strand gibt es, die romantische Playa Caleticas. 354 Zi., €€€, all inclusive

Das größte Resort – **Playa Pesquero:** am gleichnamigen Strand, Tel. 24 43 35 30, www.gaviotahotels.com. Riesige Anlage, u. a. mit Tennisplätzen, Bogenschießen, Fitnesscenter, Kinderklub, elf Restaurants, darunter ein vegetarisches, mehreren Bars und großem Ausflugsangebot. 912 Zi., €€€, all inclusive

Direkt am herrlichen Strand – **Sol Club Río de Luna y Mares:** Playa Esmeralda, Tel. 24 43 00 60, www.meliacuba.com. Für sämtliche Wassersportarten ist gesorgt: Windsurfen, Segelschule, Schnorcheln, Tauchen. Service und Komfort sind den Preisen angemessen. 464 Zi., €€, all inclusive

Guter Service – **Las Brisas:** am östl. Ende der Playa Guardalavaca, Tel. 24 43 02 18, www.hotelescubanacan.com. Achitektonisch recht gelungene Anlage, im Pauschalarrangement enthalten ist das Kid's Camp für 2- bis 11-Jährige. Beauty-Salon, Tennisplätze mit Flutlicht, großes Wassersportangebot, Disco etc. In den kleineren Bungalows ist man schöner untergebracht als im klotzigen Hauptgebäude. 437 Zi., €€, all inclusive

Auch beliebt bei Einheimischen – **Villa Don Lino:** Playa Don Lino, ca. 10 km nördlich von Santa Lucía, Tel. 24 43 03 08, www.islazulhotels.com. Nette Anlage mit kleinem Pool, Restaurant und Bar direkt an einem von Felsen und Palmen eingerahmten Ministrand. Hier sollte man ein Zimmer in einem der neueren Bungalows verlangen. 100 Zi., €€, all inclusive

Günstige Alternative – **Club Amigo Atlántico-Guardalavaca:** Playa Guardalavaca, Tel. 24 43 01 80, www.hotelescubanacan.com. Keinen Schönheitspreis gewinnt diese Anlage aus den 1980er-Jahren, dafür bietet sie ein gutes Preis-Leistungs-Verhältnis. Tipp: ein Zimmer in einer der Villas mit eigener Terrasse buchen. 742 Zi., €€, all inclusive

Wohnen auf einer Bananenplantage – **Casa El Cayuelo** (privat): Casa Nr. 5, an der östlichsten Zufahrt zur Playa Guardalavaca, Tel. 52 90 77 49, casa.renta@nauta.cu. Bananenstauden säumen die Auffahrt zum Haus, dahinter befindet sich eine lauschige Terrasse mitten im Grünen, Muschelgehänge klappern im Wind, eine Katze streift herum – der Ort gleicht einem Paradies, leider sind die Zimmer (eins ohne Fenster) recht klein und dafür etwas zu teuer, aber die Umgebung und die netten Vermieter José und Zenaida lohnen die Mehrausgabe. Ca. 100 m von einem ruhigen Strandabschnitt entfernt. €

Apartment mit grünem Balkon – **Casa Bellamar** (privat): Av Guardalavaca, Edificio 11, Apto. 6, Tel. 55 09 01 94. Wer in Guardalavaca

Guardalavaca und Umgebung

günstig unterkommen möchte, ist hier an der richtigen Adresse. Die Gastgeber Zenaida und David vermieten in ihrem Apartment zwei einfache, aber saubere Zimmer und bieten auch einen Frühstücksservice an. Zum Strand sind es fünf Minuten zu Fuß. €

Tolle Aussicht – **Raiza Velásquez Ricardo** (privat): Edificio 11, Apto. 20, Tel. 24 43 06 51, 52 71 85 38. Hier muss man zwar in den 4. Stock eines Plattenbaus klettern und hat nur ein kleines Zimmer, dafür aber einen Balkon mit Meerblick und eine Deutsch sprechende Meeresbiologin als Gastgeberin, die vor Ort als Fremdenführerin arbeitet. €

Schicke Villa – **Villa Bely** (privat): Los Pozos 262, Guardalavaca, Tel. 52 61 41 92. Eines der ganz wenigen alleinstehenden Häuser in Guardalavaca mit Privatzimmern. Der hübsch hergerichtete Patio mit Bar lädt zum Verweilen ein, eines der drei schönen Zimmer hat sogar einen eigenen Balkon. €

Essen & Trinken

Da Guardalavaca auf All-inclusive-Tourismus setzt, ist das kulinarische Angebot außerhalb der Hotels überschaubar.

... in Guardalavaca:

Am Meer – **El Ancla:** am westlichen Ende der Playa Guardalavaca, Tel. 24 43 03 81, tgl. 11–22 Uhr. Hübscher Ort für ein Abendessen mit Blick auf den Strand, was sich jedoch im schlechten Preis-Leistungs-Verhältnis niederschlägt. €€

Im Grünen – **La Uva** (privat): neben der Casa El Cayuelo (s. S. 390), tgl. 12–22 Uhr. Herrlich ungezwungenes Lokal mit Sitzplätzen drinnen, unter einem Vordach oder lauschig unter Palmschirmen auf dem Rasen. Probiertipp: Meeresfrüchteeintopf *(zarzuela de mariscos)*. €€

... in Cuatro Caminos (Yaguajay):

Rustikal – **El Uvero** (privat): ca. 4 km östlich von Guardalavaca, Tel. 52 39 35 71, www.facebook.com (> Restaurante El Uvero), tgl. 11–22 Uhr. In diesem halboffenen Palapa-Restaurant mitten im Grünen isst man ganz vorzüglich. Die Speisekarte ist für kubanische Verhältnisse vielseitig und das Essen gut zubereitet. Es gibt auch eine Auswahl an Weinen. €€

Einkaufen

In den beiden heruntergekommenen Einkaufszentren **Los Flamboyanes** und **3D** an der Playa Guardalavaca befinden sich u. a. Souvenirläden, ein Fast-Food-Lokal, ein Fotogeschäft, ein Friseur, eine Filiale von Havanatur und eine Bank.

Kunsthandwerk – Neben dem Club Amigo Atlántico in Guardalavaca findet täglich ein Kunsthandwerksmarkt statt (9–17 Uhr).

Abends & Nachts

Das Nachtleben beschränkt sich fast ausschließlich auf die Hotels. Immerhin gibt es an der Playa Guardalavaca einige Strandbuden, in denen abends auch mal getanzt wird oder eine Liveband auftritt. Alle Hotels bieten abendliche Ausflüge in die Provinzhauptstadt an, ›Holguín de Noche‹, meist geht es ins Cabaret Nocturno, ein Nachtklub mit Show ca. 2,5 km außerhalb der Stadt an der Straße nach Las Tunas.

Aktiv

Bootstouren, Hochseeangeln etc. – **Marina Gaviota Oriente:** Bahía de Naranjo, Tel. 24 43 01 32, 24 43 04 46. Motorbootsausflüge, Segeltörns, Hochseeangeln etc. **Marina Internacional Puerto de Vita:** Crta. Guardalavaca Km 38, Tel. 24 43 04 45. U. a. Katamarantörns zum Meeresaquarium in der Bahía de Naranjo und nach Cayo Satía.

Tauchen & Schnorcheln – Die meisten Resorts verfügen über ein eigenes Tauchzentrum, das größte ist das **Centro Internacional de Buceo Eagle Ray,** Tel. 24 43 03 16, an der Playa Guardalavaca. Schnorchelzeug kann meist für etwa 5 € geliehen werden.

Reiten – Alle Hotels organisieren Ausritte. In Guardalavaca wartet ein privater Verleiher mit seinen Pferden an der kleinen Brücke östlich des Hotels Las Brisas auf Kunden (etwa 10 €/Std.).

Ausflüge – Organisierte Touren in die Umgebung können in allen Hotels gebucht werden.

Verkehr

Flüge: Der nächste Flughafen befindet sich in Holguín (s. S. 381).

Holguín und Provinz

Busse: Vom Ort Guardalavaca fährt mit Stopps bei den meisten Resorts die Holguín-BusTour zum Parque Calixto García nach Holguín (8.15–18 Uhr, 15 €).
Sammeltaxis: Sowohl nach Holguín als auch nach Banes verkehren Colectivos, die an der Hauptstraße starten, aber meist mit Einheimischen voll besetzt sind.
Taxis: Die Fahrt nach Holguín kostet um die 30 €. Bei diesem Preis lohnt es sich, einen Oldtimer zu wählen. Besitzer solcher hochglanzpolierter Wagen, oft Cabrios, sind zumeist in der Nähe der Hotels zu finden und verlangen für eine Rundfahrt je nach Entfernung ab 50 €/Tag.
Mietwagen: Verleiher in allen Hotels.
Transport vor Ort: Mehrmals tgl. pendelt der Doppeldeckerbus der Guardalavaca-BusTour zwischen den Playas Guardalavaca, Esmeralda und Pesquero sowie der Aldea Taína (Tagesticket 5 €). Die gleichen Ziele kann man auch mit Pferdekutschen erreichen. Motorroller werden in den Hotels für ca. 25 €/Tag vermietet, auch Fahrräder kann man in vielen Unterkünften leihen.

Banes ▶ S 6

In über 100 Ausgrabungsstätten rund um **Banes** (45 000 Einwohner), ca. 36 km südöstlich von Guardalavaca, wird die indigene Vergangenheit Kubas erforscht.

Museo Arqueológico Indocubano
Calle General Marrero 305, Di–Sa 8–17, So 8–12 Uhr, 100 CUP

Die interessantesten Fundstücke hat man im **Museo Arqueológico Indocubano** zusammengestellt. Sie belegen, dass in der Region eine hoch entwickelte indigene Kultur vorhanden war, und geben einen guten Überblick über die Geschichte und die Lebensweise der kubanischen Ureinwohner. Sorgfältig gearbeitete Schmuckstücke, Keramik, Steinwerkzeuge, Statuen, Gebrauchsgegenstände sowie Musikinstrumente aus Muscheln gehören zu den mehr als 1000 Exponaten des Museums und stellen nur einen Bruchteil der Fundstücke dar. Die beiden Hauptattraktionen sind ein goldener Fetisch – der erste, den man in der Gegend fand – und der Schädel eines Indigenen mit einem kreisrunden Loch an der Stirn – es kann eigentlich nur von einer spanischen Kugel stammen.

Iglesia de Nuestra Señora de la Caridad
Parque Martí

Ist man schon einmal in Banes, sollte man auch der **Iglesia de Nuestra Señora de la Caridad** einen Besuch abstatten. In der Art-déco-Kirche heirateten am 12. Oktober 1948 Fidel Castro und Birta Díaz Balart. Die Ehe, aus der Sohn Fidelito hervorging, wurde 1954 geschieden. Familie Díaz Balart gehörte unter der Diktatur Batistas zur einflussreichen Oberschicht. Kurioserweise stammen die wichtigsten Kontrahenten der jüngeren kubanischen Geschichte aus Banes und Umgebung: 1901 wurde Fulgencio Batista hier geboren, und das Dorf Birán, aus dem Fidel und Raúl Castro stammen, liegt nur etwa 80 km südlich (s. S. 393).

Playa Puerto Rico und Playa de Morales

18 km östlich von Banes erstrecken sich völlig abgeschieden zwei hellsandige Strände, die vor allem von Einheimischen frequentiert werden. An der schöneren **Playa Puerto Rico** gibt es einen Campismo (s. S. 393), an der **Playa de Morales** etwas zum Essen und Trinken.

Übernachten
… in Banes:
Zentrumsnah und freundlich – **Villa Bella** (privat): Sonia Díaz Abalen, Calle Céspedes 119, zw. Flor Crombet und Augusto Blanca, Tel. 24 80 23 58, 54 08 95 67, sagrario@banes.hlg.sld.cu. Ein Zimmer bei sehr angenehmen Vermietern in einem geschmackvoll eingerichteten Haus. Mit Garage. €
Unspektakulär – **Casa Marcia** (privat): Calle Thelmo Esperance 1119, zw. Bayamo und Máximo Gómez, Tel. 24 80 39 13, 58 10 49 00,

marciapupo@nauta.cu. Eine weitere Option in Banes – zwei Zimmer im Erdgeschoss und eine Veranda zum Draußensitzen. €

… an der Playa Puerto Rico:
Campismo – **Puerto Rico Libre:** ca. 18 km östlich, Tel. 24 969 18. 31 Cabañas direkt am Meer, ausländische Touristen sind willkommen. €

Essen & Trinken
Hübsch zum Sitzen – **Don Carlos** (privat): Crta. de Veguitas, Ecke H, Tel. 24 80 21 76, tgl. 12–22 Uhr. Aus Guardalavaca kommend kurz vor dem Zentrum linker Hand der Hauptstraße liegt dieser Paladar, in dem man die üblichen Verdächtigen serviert bekommt – für Banes etwas überteuert, aber dafür in nettem Ambiente. €€

Verkehr
Busse: Von der Calle Tráfico, Ecke Los Angeles fahren Lkws und Sammeltaxis nach Guardalavaca, Holguín und Mayarí.

An der Nordküste nach Baracoa

Die meisten Touristen wählen für die Anreise in die östlichste Stadt Kubas, Baracoa (s. S. 443), die Strecke entlang der Südküste über Guantánamo, wo im Gegensatz zur Nordküste gute öffentliche Verkehrsverbindungen bestehen. Wer jedoch mit dem Mietwagen oder mit dem Fahrrad unterwegs ist und schlechte Wegabschnitte nicht scheut, kann den Oriente und seine gegensätzlichen Landschaften auch auf einer fantastischen Rundtour entlang der Küste kennenlernen. Die Fahrtzeiten sollte man allerdings großzügig berechnen, denn viele Straßenabschnitte befinden sich in einem äußerst desolaten Zustand.

Auf dem Weg von Banes gen Süden in die Sierra de Cristal durchfährt man exakt die Gegend, die Compay Segundo in seinem Welthit »Chan Chan« besingt – die Stationen sind die Örtchen Cueto und Mayarí. Nicht abschrecken lassen sollte man sich von den ersten Kilometern bis **Santa Isabel de Nipe,** denn auf diesem Teilstück wird die Teerstraße immer wieder von holprigen Schotterpisten unterbrochen. In Santa Isabel de Nipe teilt sich die Straße gen Osten nach Mayarí und gen Westen nach Cueto.

Sitio Histórico de Birán
▶ R 7

Mo–Sa 9–16, So 9–12 Uhr, 5 €
Für historisch Interessierte bietet sich ein Abstecher über **Cueto** Richtung Süden ins Dorf **Birán** an, rund 80 km von Banes entfernt. Hier liegt die **Finca Manacas,** auf der Fidel und Raúl Castro geboren wurden und ihre Kindheit verbrachten. Das riesige Anwesen nennt sich heute **Sitio Histórico de Birán,** eine Art Freilichtmuseum mit mehreren Gebäuden, die sich um das ehemalige (abgebrannte und neu aufgebaute) Wohnhaus der Familie Castro gruppieren. Zu sehen sind Fidels Wohnhaus, in dem er lebte, nachdem er sein Studium der Rechtswissenschaften absolviert hatte und als Jurist tätig war, eine Schule, Unterkünfte für die Lehrerin und Arbeiter sowie eine Kampfarena für Hähne. Das doppelstöckige Holzgebäude der Familie zeigt Möbel, Kleidung und viele Fotos aus Fidels Jugend, auch sein Geburtszimmer kann besichtigt werden.

Sierra de Cristal ▶ S 7

Von Santa Isabel de Nipe erreicht man innerhalb kürzester Zeit das verschlafene Provinzstädtchen **Mayarí,** Ausgangspunkt für einen abenteuerlichen Ausflug in die **Sierra de Cristal.** Für Naturliebhaber ist dieser Gebirgszug mit dem 1231 m hohen Pico de Cristal ein Paradies, denn hier findet man tropischen Regenwald mit Farnen, Moosen und wilden Orchideen ebenso vor wie ausgedehnte Kiefernwälder, in deren Schatten Bananen und Kaffee gedeihen – die Gegend zählt zu den bedeutendsten Kaffeeanbaugebieten Kubas. Die Bergwelt erkundet man entweder wandernd oder auf dem Pferde-

Die liebste Beschäftigung der Ritteranolis (Anolis baracoae): Sonnenbaden. Sie ist eine der endemischen Arten, die man im Osten Kubas antrifft – Wo? Siehe oben!

rücken. Führer und Reittiere vermittelt das 26 km südlich von Mayarí gelegene Ökoresort **Pinares de Mayarí** (s. S. 395), das von den meisten Reiseagenturen auch als Exkursionsziel angeboten wird.

Besondere Attraktionen in der Umgebung des Hotels sind der über 100 m hohe Wasserfall **Salto Guayabo** (tgl. 7–16 Uhr, Eintritt Aussichtspunkt 200 CUP, geführter Spaziergang zum Wasserfall 5 €) sowie das Höhlensystem **Farallones de Seboruco**, in dem 5000 Jahre alte Artefakte der indigenen Bevölkerung gefunden wurden.

Die Straße – oder besser Piste – von Mayarí zum Hotel ist extrem schlecht und teilweise sehr steil. Sie kann mit einem normalen Pkw gemeistert werden, aber nur bei absoluter Trockenheit und von einem geübten Fahrer. Für die 12 km bis zum Salto Guayabo sollte man 40 Minuten Autofahrt einplanen.

Übernachten
... in Mayarí:
Großzügig – **Hostal Kasalta** (privat): Calle Valenzuela 6, nahe Restaurante El Puente, Tel. 24 50 26 03, 54 67 31 51, israel.pichy@gmail.com.

An der Nordküste nach Baracoa

len Zimmer im 1. Stock. Im Rancho, umgeben von Bananenstauden und viel anderem Grünzeug, lässt es sich in der Hängematte gut entpannen, die beiden Gastgeber Karina und Raúl sorgen für eine äußerst angenehme Atmosphäre. €

... in der Sierra de Cristal:
In den Bergen – **Villa Pinares de Mayarí:** Tel. 24 50 33 08, www.gaviotahotels.com. 29 Zimmer in renovierungsbedürftigen Holzhütten, man kann im Pool schwimmen, Basketball, Tennis und Baseball spielen – Letzteres weist darauf hin, dass dies jahrelang ein Resort der Regierung war. €–€€, inkl. Frühstück

Essen
... in Mayarí:
Mit schöner Terrasse – **Jardines del Bosque** (privat): Av. Carlos Manuel de Cespedes 136, zw. Caballo und Gómez, Tel. 53 01 40 76, tgl. 9–23 Uhr. Typisch kreolische Küche in netter Atmosphäre. Auf der schönen, überdachten Terrasse sitzt man sehr gut. €€

Cayo Saetia ▶ S 7

Knapp 30 km nordöstlich von Mayarí liegt in der **Bahía de Nipe** das nur 42 km^2 große Inselchen **Cayo Saetia,** ein nahezu unberührtes Naturparadies mit weißen Sandstränden, Mangrovenwäldern und zum Teil savannenartiger Vegetation. Man sieht hier nicht nur *jabalíes* (›Wildschweine‹), sondern auch importierte Exoten wie Strauß, Zebra, Antilope und Wasserbüffel. Cayo Saetia war jahrzehntelang das Jagd- und Urlaubsparadies der kubanischen Elite, die das Safariabenteuer liebte. Später wurde das Reservat für den Tourismus geöffnet. Für 10 € Eintritt darf man auf Cayo Saetia baden und schnorcheln, im Angebot sind außerdem Jeepsafaris und Ausritte. Ein traumhaft ruhiges Hotel gibt es auf Cayo Saetia auch und das Restaurant ist bekannt für seine Fischgerichte und Meeresfrüchte. Wegen der schlechten öffentlichen Verkehrsverbindungen an der Nordküste empfiehlt es sich, die Insel im Rahmen eines organisierten Ausflugs, beispielsweise von Guardalavaca aus, zu besuchen.

Unter den rund zehn Privatquartieren direkt in Mayarí die sicherlich beste Option, denn das Ärzteehepaar Israel und Sonia ist sehr aufgeschlossen und kann auch viele hilfreiche Tipps geben. Das Apartment im 1. Stock hat drei Schlafzimmer und ist daher auch für größere Gruppen geeignet, außerdem gibt es eine hübsche Dachterrasse. €
Landleben – **Casa Don Vicente** (privat): Crta. Central, aus Banes kommend 3 km vor Mayarí, Tel. 24 50 13 16, 52 45 40 50, www.juanvicente.webs.com. Supernette Unterkunft mit zwei Holzbungalows und einem freundlichen, hel-

Holguín und Provinz

WANDERUNG ZUM BALCÓN DE IBERIA
IM PARQUE NACIONAL ALEJANDRO DE HUMBOLDT

Tour-Infos
Start: am Besucherzentrum des Nationalparks (s. S. 397) oder aber im 35 km entfernten Baracoa (s. S. 443), dem Ausgangspunkt für organisierte Touren hierher

Länge: ca. 7 km
Dauer: ca. 5 Std. mit Pausen
Schwierigkeitsgrad: mittelschwer
Hinweis: unbedingt feste Schuhe anziehen und Badezeug einpacken

Die Wandertour beginnt wenig westlich des Besucherzentrums am Río Santa María. Zunächst geht es etwa 1,5 km auf einem ebenen Pfad durch üppige Vegetation. Orangen-, Mandarinen- und Mangobäume gedeihen hier, Kokospalmen, so weit das Auge reicht. Vom Guide erfährt man Interessantes über die verschiedenen Nutzhölzer und medizinischen Pflanzen. Dann beginnt der Aufstieg zu einer der wichtigsten Erhebungen in dieser Gegend, dem 740 m hohen Monte Iberia mit seinem Aussichtspunkt **Balcón de Iberia.** Allmählich wandelt sich die Vegetation in submontanen Regenwald mit einer Vielzahl besonderer Baumarten und riesiger Farne. Schließlich erreicht man die Quelle des **Río Santa María,** wo – zumindest während der Regenzeit – ein Wasserfall 25 m in die Tiefe stürzt, in dessen Pool man ein erfrischendes Bad nehmen kann. Als Pausenstopp auf dem Rückweg sollte man den Sprung ins kühle Nass des glasklaren Río Santa María wagen.

Auf der Tour hat man die Chance, ein paar der in dieser Region beheimateten Tier- und Pflanzenarten kennenzulernen, darunter zwei der kleinsten Spezies der Welt: das Monte-Iberia-Fröschchen *(Eleutherodactylus iberia),* mit rund 1 cm Körperlänge die weltweit kleinste bekannte Amphibie, oder den hier bzw. Zunzuncito genannten Zwergkolibri *(Mellisuga helenae),* den kleinsten Vogel der Welt.

Übernachten
Inselunterkunft – **Villa Cayo Saetia:** Tel. 24 51 69 00, www.gaviotahotels.com. Rustikale Holzhütten und luxuriösere Chalets im Alpenstil. 12 Zi., €€, inkl. Frühstück

Weiter nach Moa ▶ S/T 7

Gute 15 km sind es auf der Hauptstraße zur Abzweigung an die **Playa Corinthia,** ein völlig unberührter Strand, der sich über nahezu 10 km erstreckt und ideal für eine längere Pause ist. Eine nächste Übernachtungsmöglichkeit bietet sich in **Sagua de Tánamo.**

Ginge es darum, einen Orden für die hässlichste kubanische Stadt zu vergeben, hätte **Moa** (ca. 73 000 Einwohner) die allerbesten Chancen auf den Titel. Der vom Nickelabbau gezeichnete Ort und seine Umgebung lassen den Fuß auf dem Gaspedal nach unten treten, um die Industrieanlagen schnellstmöglich hinter sich zu bringen – Naturliebhabern und Umweltschützern sträuben sich hier die Haare. Allerdings gibt es in Moa das einzige

An der Nordküste nach Baracoa

größere Hotel entlang dieser Strecke, weshalb die Stadt gerne als Übernachtungsstation genutzt wird.

Übernachten

... in Sagua de Tánamo:
Zimmer mit Flussblick – **Villa Doña Mercy** (privat): Calle Los Maceos 280, Tel. 58 20 61 05. Am westlichen Ortseingang gelegenes Haus, mit vier großen, sauberen Zimmern, drei davon haben einen Balkon mit herrlichem Flussblick. €

... in Moa:
Passabel als Übernachtungsstopp – **Miraflores:** Av. Calixto García, Reparto Miraflores, Tel. 24 60 61 25, www.islazulhotels.com. Ein hässlicher Betonklotz auf einem Hügel oberhalb des Zentrums, aber mit Hallenbad und freundlichem Service. 148 Zi., €, inkl. Frühstück

Parque Nacional Alejandro de Humboldt ▶ T/U 7

Tgl. 7.30–17 Uhr, geführte Wanderungen bis 15 Uhr, Eintritt Besucherzentrum 100 CUP, geführte Wanderungen 10 €, Bootstouren ca. 15 €

Auch die trockene Gegend hinter Moa kann keinen Schönheitspreis gewinnen. Erst nach weiteren rund 30 km taucht man plötzlich ein in üppiges Grün und dichte Palmenhaine. Diese zauberhafte und unerwartete Landschaftsveränderung wird mit einer massiven Verschlechterung der Straße bezahlt, lohnt die Mühen aber allemal.

Wenig später kommt linker Hand das Besucherzentrum des **Parque Nacional Alejandro de Humboldt** in Sicht, der seit 2001 auf der Liste des UNESCO-Welterbes steht. Der riesige Nationalpark umfasst insgesamt 700 km², wovon 20 641 ha für Besucher erschlossen sind. Je nach Ausdauer kann man in Begleitung eines Führers zwei verschiedene Wege begehen, den **Sendero Balcón de Iberia** (s. S. 396) sowie den **Sendero El Recreo** (ca. 3 Std.), und bekommt dabei eine Fülle an Informationen über Flora und Fauna. Der Park beheimatet 928 Pflanzenarten, die nur in Kuba vorkommen, 366 davon allein in dieser Region. Außerdem ist er einer der letzten Zufluchtsorte für einige von Kubas meistbedrohten Tierarten, darunter der nachtaktive Kubanische Schlitzrüssler *(almiquí)*, eines der wenigen Säugetiere mit giftigem Speichel.

Auf eine gemütlichere Art lässt sich der Park auf einer Bootstour durch die von Mangroven umgebene **Bahía de Taco** kennenlernen (1,5–2 Std.). Zwischen Oktober und Dezember zeigt sich vielleicht eines der äußerst seltenen Manatís (Seekühe), die in der warmen Bucht ihr Winterquartier ›aufschlagen‹.

Playa Maguana ▶ U 7

Die Piste setzt sich fort bis zur gut 10 km entfernten **Playa Maguana,** ein eigentlich hübscher weißer Sandstrand, der allerdings recht ungepflegt daherkommt und von lästigen Jineteros heimgesucht wird. Von hier sind es noch ca. 22 km auf einer absolut miserablen (Teer-)Straße bis nach Baracoa.

Übernachten

Mit kleinem Privatstrand – **Villa Maguana:** Crta. de Moa Km 20, Tel. 21 64 12 04/05, www.gaviotahotels.com. Idyllischer kann eine Unterkunft kaum sein, denn der Minikomplex aus drei doppelstöckigen Holzbungalows und einem weiteren Gebäude liegt in einer winzigen Bucht nur wenige Meter entfernt vom weißen Sandstrand – dies ist ein wunderbarer Ort für ein romantisches *tête-à-tête,* ungestört von jeglichen Einflüssen der Zivilisation und doch mit (fast) allen Annehmlichkeiten, allein das Preis-Leistungs-Verhältnis dürfte besser ausfallen und die nachmittäglichen Touristenbusse stören die Ruhe für ein paar Stunden erheblich. Mit Restaurant. 16 Zi., €€, inkl. Frühstück

Mitten in der Pampa – **Casa Marlín** (privat): Crta. de Moa Km 21, Tel. 53 46 85 60. An der Playa Maguana lässt es sich auch um einiges billiger übernachten, und zwar in einer schlichten, aber sehr netten Privatunterkunft, die zurückgesetzt von der Hauptstraße nahe der Einmündung zum etwa 800 m entfernten Strand liegt. 2 Zi., €

Bayamo und die Provinz Granma

Erst seit 1975 heißt diese Provinz Granma, getauft nach der gleichnamigen Jacht, mit der Fidel Castro und 80 Rebellen im Jahr 1956 südlich von Niquero landeten, um den Guerillakampf zu beginnen. Die Hauptstadt Bayamo hat für Besucher kaum etwas zu bieten, dient jedoch als sehr angenehme Basis für die Erforschung der Sierra Maestra und für Ausflüge an die Küste.

Die geschichtsträchtige **Provinz Granma** ist stolz darauf, Ausgangsort vieler Rebellionen und zweier Unabhängigkeitskriege gewesen zu sein, und weiß dies auch zu vermarkten. Drei der bedeutendsten Sehenswürdigkeiten sind historischer Natur: La Demajagua (das Gut von Carlos Manuel de Céspedes), der Parque Nacional Desembarco del Granma (wo Fidel und seine Truppe 1956 an Land gingen) sowie die Comandancia de la Plata (Fidel Castros Hauptquartier während der Revolution), mitten in der atemberaubenden Sierra Maestra gelegen, ein fantastisches Reiseziel für Wanderer.

Bayamo ▶ Q 8

Geschichte

Bayamo ist die zweite Stadt, die Diego Velázquez in Kuba gründete (1514). Auch in dieser Region lebten viele Indigene – ihre Dörfer wurden zerstört und sie selbst versklavt, was zu einer raschen Dezimierung führte. Doch Kubas Ureinwohner wehrten sich. Das Beispiel des unbeugsamen Kaziken Hatuey, der nach langer Verfolgung in der Nähe von Yara von den Spaniern auf dem Scheiterhaufen verbrannt worden war, wirkte offensichtlich fort. Schon 1533 rebellierten die ersten Sklaven der Provinz in den Goldminen von Jobabo.

Über Jahrhunderte war der Schmuggel das einträglichste Geschäft der Bayameses. 1602 versuchten die Kolonialbehörden den Tabak- und Sklavenschmuggel zu unterbinden: Sie verhafteten acht führende Persönlichkeiten der Stadt und verurteilten sie zum Tod. Das war der Auftakt zur ersten Kubanischen Revolte gegen die spanische Krone, denn die gesamte Stadt bewaffnete sich, stürmte das Gefängnis und besetzte die Unterkunft des spanischen Abgesandten, bis dieser kapitulierte und wieder abzog.

Auch die erste überlieferte Geiselnahme fand in Bayamo statt. Der französische Pirat Gilberto Girón hatte den Bischof Fray Juan de las Cabezas y Altamirano im Hafen von Manzanillo gefangen genommen und stellte Lösegeldforderungen an die Honoratioren von Bayamo. Doch statt für die Freilassung ihres Bischofs zu zahlen, überfiel eine Abordnung von kampferprobten Bürgern und Sklaven den Piraten. Dem Sklaven Salvador Golomón gelang es, Girón im Zweikampf zu töten. Der Kopf des Piraten wurde zur Abschreckung auf dem Hauptplatz von Bayamo ausgestellt und der befreite Bischof kehrte im Triumphzug nach Bayamo zurück. Über dieses Ereignis schrieb der Kanarier Silvestre de Balboa Troya y Quesada sein Epos »Spiegel der Geduld«, das erste literarische Werk, das in Kuba erhalten ist (1608), eine lebendige Darstellung der kolonialen Gesellschaft auf der Insel.

Kreolisches Selbstbewusstsein, materieller Wohlstand und die große Entfernung zur Kolonialmetropole Havanna führten dazu, dass in Bayamo eine besonders fortschrittliche und lebendige kulturelle und intellektuelle Atmosphäre entstand. Auch die Freimaurerlogen waren in Bayamo stark vertreten, einer der berühmtesten Freimaurer war der in Europa ausgebildete Grundbesitzer **Carlos Manuel de Céspedes.** Er befreite am 10. Oktober 1868 die Sklaven seines Guts La Demajagua, stellte sich an die Spitze des aus Schwarzen und Weißen zusammengesetzten Heeres und rief zusammen mit einigen Verbündeten die erste große Rebellion gegen die spanischen Kolonialherren aus: »Gleichheit und Unabhängigkeit oder der Tod«. Dieses Ereignis wird heute als **Grito de Yara** (›Kampfruf von Yara‹) gefeiert – der 10. Oktober ist Nationalfeiertag.

Mit 147 Männern zog Carlos Manuel de Céspedes auf Bayamo und nahm schon am 20. Oktober die Stadt ein. Bei der Siegesfeier sang man die gerade von dem Patrioten Perucho Figueredo komponierte Hymne La Bayamesa. Sie wurde zur Nationalhymne von Kuba, die vier letzten, spanienfeindlichen Strophen werden angesichts der wirtschaftlichen und politischen Verbindungen mit Spanien allerdings nicht mehr gesungen …

Im Januar 1869 rückte die spanische Kolonialarmee bedrohlich auf Bayamo zu, doch die Bayameses zogen es vor, ihre Stadt niederzubrennen und sie nicht in die Hände der Spanier fallen zu lassen. Seit dieser Tat nennt man Bayamo auch La Heróica, ›die Heldenhafte‹, was sogar auf dem Ortsschild vermerkt ist. Trotz allen Heldentums ist Bayamo zugleich eine lebendige, bunte Stadt, deren Straßen viele restaurierte Kolonialhäuser aufweisen.

Sehenswertes

Cityplan: S. 401
Im Vergleich zu anderen kubanischen Städten macht **Bayamo** (240 000 Einwohner) einen sehr aufgeräumten Eindruck und besticht durch seine entspannte Atmosphäre.

Parque Céspedes

Getreu der Geschichte von Bayamo heißt der Hauptplatz **Parque Céspedes** – dies war der erste Platz in Kuba, der so genannt wurde. Natürlich steht hier ein Denkmal für den Befreiungshelden, außerdem sein Geburtshaus, eines der wenigen Gebäude, das beim ›Unabhängigkeitsbrand‹ von 1868 nicht zerstört wurde. Es beheimatet das liebevoll auf-

Jeder kann etwas, das sich zu Geld machen und dank der flexibleren Gesetze inzwischen auch umsetzen lässt – für den Verkauf von Limonade braucht es wenig mehr als ein gutes Rezept, ein paar Flaschen und einen fix zusammengebauten Stand

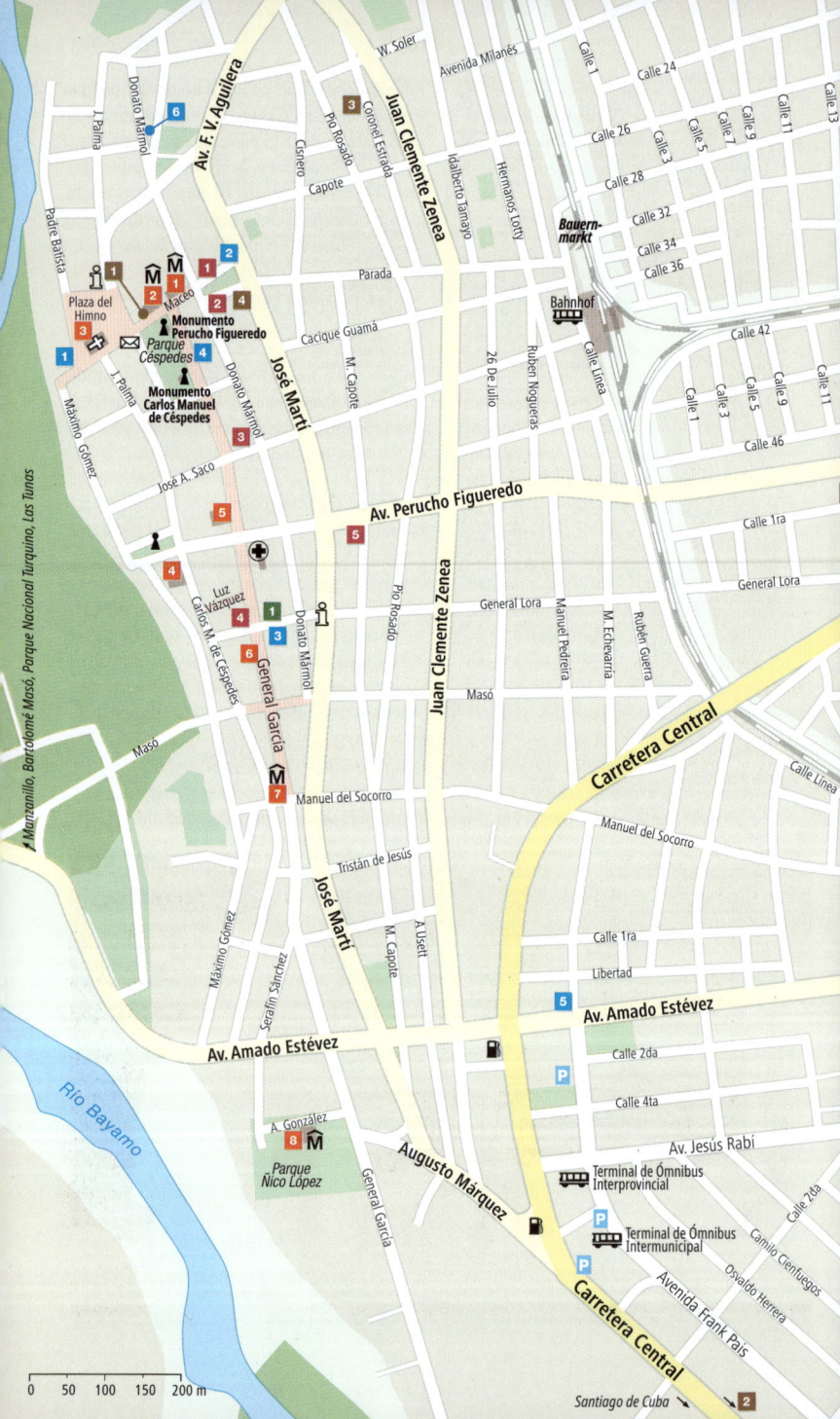

Bayamo

Sehenswert
1. Museo Casa Natal Carlos Manuel de Céspedes
2. Museo Provincial
3. Iglesia del Santísimo Salvador
4. Ventana de Luz Vázquez
5. Asociación Cubana de Artesanos
6. Centro de Desarollo de Artes Visuales
7. Museo de Cera
8. Parque Museo Ñico López

Übernachten
1. Royalton
2. Sierra Maestra
3. Villa Pupi & Villa América
4. Balcón de Bayamo

Essen & Trinken
1. San Salvador de Bayamo
2. Meson La Cuchipapa
3. La Filarmónica
4. 1513
5. Panadería Doña Neli

Einkaufen
1. Fondo Cubano de Bienes Culturales

Abends & Nachts
1. La Bodega
2. Casa de la Trova
3. Piano Bar
4. Casa de Cultura
5. Centro Cultural Mi Tumbao
6. Elga's Bar

---

gemachte **Museo Casa Natal Carlos Manuel de Céspedes** 1 (Calle Maceo 57, Di–Sa 10–15 Uhr, 15 CUP).

Gleich daneben liegen das **Museo Provincial** 2 mit einem Abriss der Provinzgeschichte seit Gründung von Bayamo bis zum Unabhängigkeitskrieg (Calle Maceo 55, Di–Fr 8–12, 13–17 Uhr, Eintritt frei) und das **Hotel Royalton** 1 (s. S. 402), ein prachtvoller Kolonialbau. Im heutigen Gebäude der Poder Popular an der Südseite des Platzes unterzeichnete Céspedes 1869 das Dokument zur Abschaffung der Sklaverei im befreiten Kuba.

Plaza del Himno

Nur ein paar Schritte sind es zur malerischen, kopfsteingepflasterten **Plaza del Himno,** so benannt nach der dort am 8. November 1868 erstmals öffentlich vorgetragenen Nationalhymne La Bayamesa. Am Platz steht Kubas zweitälteste Kirche, die **Iglesia del Santísimo Salvador** 3 aus dem Jahr 1516. Das Gotteshaus selbst wurde vom Feuer 1869 zerstört, doch die kleine **Capilla La Dolorosa** (›Kapelle der Schmerzensreichen Jungfrau‹) von 1733 blieb erhalten. Hauptaltar und Statue der schwarzhäutigen Jungfrau stammen von 1740 (Mo–Fr 9–12, 15–17, Sa 9–12 Uhr).

Einen schönen Ausblick auf den Río Bayamo genießt man von der **Calle Padre Batista,** die in der Nordwestecke der Plaza del Himno abzweigt. Hier entstand ein netter Platz mit Bänken und Bäumen, der von den Einheimischen euphorisch Malecón genannt wird – auch wenn das Meer weit weg ist.

Ventana de Luz Vázquez 4

Calle Céspedes 160, zw. Figueredo und Luz Vázquez

Eine Hauswand, ein Fenster und ein Schild – dieses unspektakuläre Trio erinnert daran, dass hier das Ehepaar Luz Vázquez y Moreno und Francisco del Castillo wohnten, die beide aktiv am kubanischen Freiheitskampf beteiligt waren, und dass hier am 27. März 1851 erstmals die spätere kubanische Nationalhymne gesungen wurde. Castillo hatte das Lied aus Liebe zu seiner Frau komponieren lassen und an jenem Tag wurde es ihr vor diesem Fenster von dem Tenor Carlos Pérez dargebracht.

Calle General García

Bayamos Fußgängerzone und Einkaufsstraße mit einem Architekturpreis auszuzeichnen, wäre vermessen. Zwar wurde nach der Feuersbrunst von 1869 ein Teil der Gebäude im kolonialen Stil wieder aufgebaut, aber insgesamt regiert hier die Nüchternheit. Allerdings befinden sich in der Calle General García einige günstige Restaurants, spannende Galerien sowie Kubas einziges Wachsmuseum.

Die erste Anlaufstelle für Kunstliebhaber sollte die Hausnummer 118 sein, wo die **Asociación Cubana de Artesanos** 5 (ACAA) in einem schönen Raum monatlich wechselnde Ausstellungen einheimischer Künstler zeigt. Desgleichen das **Centro de Desarollo de Artes Visuales** 6 in der Nr. 204, das seinen Schwerpunkt auf Fotoarbeiten legt (beide Mo–Fr 9–17, Sa 9–13, 19–22 Uhr).

In dem Gebäude mit der Nr. 254 zeigt das **Museo de Cera** 7 nicht nur wächserne Abbildungen bekannter Persönlichkeiten wie Jose Martí, Carlos Manuel de Céspedes, Ernest Hemingway oder Musiker wie Benny Moré, sondern auch Beispiele der Flora und Fauna Kubas. Alle Skulpturen stammen von einer einzigen Familie, die in der Nähe von Bayamo lebt (Di–Sa 9–17, So 9–12 Uhr, 100 CUP)

Parque Museo Ñico López 8
Calle A. González 57, zw. General García und Serafín Sánchez, Di–Sa 9–12, 13–17, So 9–13 Uhr, Eintritt frei

Auch im 20. Jh. waren Stadt und Provinz Ausgangspunkt für Rebellionen. Nicht nur in Santiago de Cuba überfielen junge Revolutionäre am 26. Juli 1953 eine Kaserne des Diktators Batista, zeitgleich fand auch in Bayamo ein Angriff statt. Doch ebenso wie in Santiago scheiterte der erste Versuch, die Batista-Diktatur zu stürzen: Die 25 Rebellen wurden größtenteils erschossen und die meisten brutal gefoltert. Ihre Geschichte kann man im **Parque Museo Ñico López** verfolgen, einer ehemaligen Kaserne, in deren Offizierskasino ein Museum über den Aufstand erzählt. Park und Museum wurden nach einem der Männer benannt, Ñico López, der den Angriff überlebte, nach Mexiko floh und drei Jahre später mit Fidel Castro, 80 Guerilleros und der Jacht Granma an der Playa Las Coloradas (s. S. 409) landete.

Infos
Infotur: Plaza del Himno, Ecke J. Palma, Mo–Fr 8.30–17.30 Uhr.
Cubanacán: Calle José A. Saco, Ecke Donato Mármol, tgl. 9–12, 13.30–18 Uhr.
Ecotur: im Hotel Sierra Maestra (s. rechts).
Oficina de Reservaciones de Campismo: Calle General García 112, zw. Saco und Figueredo, Mo–Fr 8–13, 14–17 Uhr.
Banco Financiero Internacional: Crta. Central Km 1, Ecke 2da, nahe Busbahnhof.
Cadeca: Calle José A. Saco 109, zw. General García und Donato Mármol.
Internet: Etecsa, Calle General García 109, zw. Saco und Figueredo, tgl. 8.30–18.30 Uhr.

Übernachten
Mittendrin – **Royalton** 1 : Calle Maceo 53, Parque Céspedes, Tel. 23 42 22 46, 23 42 47 92, www.islazul.cu. Angejahrtes koloniales Stadthotel. Mit umlaufender Veranda, von der aus man das Treiben auf dem Platz beobachten kann, und angenehmer Dachterrasse. 33 Zi., €€, inkl. Frühstück

Sozialistisches Flair – **Sierra Maestra** 2 : Crta. Central Km 1,5 (Richtung Santiago), Tel. 23 42 79 70, www.islazulhotels.com. Wenn man ein Zimmer fernab vom dauerbeschallten Pool und der Disco ergattert, lässt es sich hier aushalten. 132 Zi., €, inkl. Frühstück

Gut vernetzt – **Villa Pupi & Villa América** 3 (privat): Calle Coronel Estrada 76–78, zw. Capote und W. Soler, Tel. 23 42 30 29, 58 01 31 35, yuri21504@gmail.com. Eine Familie, zwei Häuser und drei Zimmer, dazu eine toll begrünte Dachterrasse und unendlich viele Infos. Die Besitzer arbeiten eng mit Führern zusammen, die maßgeschneiderte Touren in den Nationalpark Turquino anbieten. €

Gegenüber der Casa de la Trova – **Balcón de Bayamo** 4 (privat): Olga Celeiro Rizo, Calle Parada 16, 1. Stock, zw. José Martí und Donato Mármol, Tel. 23 42 38 59, 53 78 66 52, olgacr@nauta.cu. Ein kleineres Zimmer nach vorne zum Platz und ein größeres, ruhigeres nach hinten, Gemeinschaftsbalkon mit Blick auf die Casa de la Trova, sehr hilfsbereite Gastgeber. €

Essen & Trinken
In der **Calle Luz Vázquez** gibt es an Essensständen Pizzas, Sandwiches, Churros etc.

Schönes Ambiente – **San Salvador de Bayamo** 1 (privat): Calle Maceo 107, zw. José Martí und Donato Mármol, Tel. 23 42 69 42, tgl. 11–23 Uhr. Hier kochen ehemalige Lehrer der Hotelfachschule und das Ergebnis kann sich schmecken lassen, z. B. *lomo de cordero Mayombé con salsa de uvas pasas y jengibre* (Lamm mit Rosinen und Ingwer). Gutes Preis-Leistungs-Verhältnis. €€

Traditionell – **Meson La Cuchipapa** 2 (privat): Calle Parada, zw. Martí und Mármol, Tel. 23 41 19 92, tgl. 11–23.30. Hier werden traditionelle regionale Rezepte der Region gekocht, die großen Einfluss auf die Entwicklung der kubanischen Küche hatte. Dazu kommen gute Cocktails, ein uriges Ambiente und ein freundlicher Service – klare Empfehlung! €€

Günstige kreolische Küche – **La Filarmónica** 3 : Calle General García, Ecke José A Saco, Tel. 23 41 15 19, tgl. 11–23 Uhr. Einen Block südlich des Parque Céspedes liegt diese gute Restaurant, das kreolische Küche zu sehr fairen Preisen in einem kolonialen Ambiente anbietet. €. **1513** 4 : Calle General García 180, Ecke Lora, Tel. 23 42 29 39, tgl. 10–23 Uhr. Kreolische Gerichte zu Schleuderpreisen. Besonders gut: der traditionelle *congrí*-Reis und das geräucherte Hühnchen. €

Snacks vom Bäcker – **Panadería Doña Neli** 5 : Calle M. Capote, Ecke Figueredo, tgl. 8–19 Uhr.

Einkaufen

Souvenirs aller Art – **Fondo Cubano de Bienes Culturales** 1 : Calle General García 171, zw. Figueredo und Lora, Mo–Fr 9–17, Sa 10–14 Uhr. CDs, T-Shirts, Kunstgewerbe etc.

Abends & Nachts

Flussterrasse – **La Bodega** 1 : Plaza del Himno 34, Restaurant tgl. 10–21, Bar 21–1 Uhr. Hier genießt man einen prächtigen Blick auf den Río Bayamo, durchschnittliches Essen und starke Drinks.

Livemusik – **Casa de la Trova La Bayamesa** 2 : Calle Maceo 111, Ecke Martí, Di–So 9–17, 21–2 Uhr, abends 100 CUP. Traditionelle Musik. **Piano Bar** 3 : Calle General García 205, zw. Lora und Masó, Mo–Fr 12–24, Sa, So 14–2 Uhr. Livemusik meist ab 22 Uhr. **Casa de Cultura** 4 : Calle General García 15, tgl. 8–23 Uhr. Ein sicherer Termin für Konzerte ist Sa ab 21 Uhr. **Centro Cultural Mi Tumbao** 5 : Amado Estévez, zw. Crta. Central und Frank País, Fr–So 21–2 Uhr. Artex-Kulturzentrum mit vielen Veranstaltungen. **Elga's Bar** 6 : Calle Donato Mármol, zw. Hermanos Marcano und Av. Francisco Vicente Aguilera, Do 18–2, Fr–So 12–3.30 Uhr. Gute Drinks in gemütlicher Atmosphäre.

Disco – **A Bayamo en Coche** 2 : im Hotel Sierra Maestra (s. S. 402), Sa, So 22–2 Uhr. Show und anschließend Disco.

Aktiv

Ausflüge & Wandern – Bayamo ist die klassische Basis für Besuche der Nationalparks Turquino (s. S. 404) und Desembarco del Granma (s. S. 409). Touren mit guten englischsprachigen Führern, z. B. mit Alejandro Ponce Reyes, bietet das private Unternehmen von Anley Rosales Benítez: **Bayamo Travels,** Tel. 52 92 22 09, www.bayamotravelagent.com. Im Programm sind u. a. Ausflüge zur Comandancia de la Plata (85 € für 1 Pers., 57 € ab 2 Pers.) und Wanderungen auf den Pico Turquino (154 € für 1 Pers., 102 € ab 2 Pers., s. S. 406). Die Ausflüge können nur mit Kreditkarte bezahlt werden, inbegriffen sind immer der Transfer sowie die Eintrittsgebühren, teilweise auch die Verpflegung (s. Website).

Termine

Festival de Música Popular Sindo Garay: Anfang April, alle zwei Jahre (2024, …). Musikfest zu Ehren eines der bekanntesten kubanischen Trovadores.

Verkehr

Flüge: Aeropuerto Carlos Manuel de Céspedes, ca. 8 km nordöstl., Tel. 23 42 75 14. Bei Redaktionsschluss gab es keine Inlandsflüge nach Havanna.

Züge: Estación de Ferrocarril, Calle Línea, zw. José A. Saco und Parada, Tel. 23 42 30 12. Unregelmäßige Verbindungen nach Manzanillo und Santiago.

Busse: Terminal de Ómnibus, Crta. Central, Ecke Jesús Rabí, 1 km südl. vom Zentrum. Mit Víazul 3 x tgl. nach Santiago de Cuba (8 €), 4 x tgl. nach Holguín (6 €), 1 x tgl. nach Varadero (43 €) und Matanzas (44 €), 3 x tgl. nach Havanna (48 €). Sammeltaxis *(colectivos)* starten am Bahnhof.

Bayamo und die Provinz Granma

🌺 Parque Nacional Turquino ▶ P 8/9

Karte: s. S. 406

Zwischen Bayamo und der Südküste liegt in der Sierra Maestra der 23 200 ha große **Parque Nacional Turquino** mit Kubas höchstem Berg, dem 1974 m hohen **Pico Turquino**. Der Ausflug in den Nationalpark lohnt sich für Naturliebhaber und historisch Interessierte gleichermaßen, denn die dschungelbewachsenen Berge sind ebenso spektakulär wie ein Besuch in der Comandancia de la Plata, dem Hauptquartier Fidel Castros während der Revolutionskämpfe.

Von Bayamo aus fährt man in den rund 50 km südwestlich gelegenen Ort **Bartolomé Masó**. Dort folgt man den Schildern nach Santo Domingo und gelangt über steile Serpentinen ins Gebirge. Der Campismo La Sierrita und die Villa Santo Domingo sind ideale Ausgangspunkte für Touren durch den Nationalpark, den man auf kurzen Wanderwegen durchstreifen kann. Sehr anspruchsvoll, aber alle Mühe wert ist die Besteigung des Pico Turquino (s. S. 406). Für den Besuch des Nationalparks muss ein Führer engagiert werden, den die Parkverwaltung in **Santo Domingo** organisiert.

Comandancia de la Plata

Über Kubas steilste Straße erreicht man von der Schranke in Santo Domingo nach knapp 5 km den Aussichtspunkt **Alto del Naranjo** (950 m), nach weiteren 3 km zu Fuß über Dschungelpfade steht man vor der **Comandancia de la Plata** (1200 m). Hier hatte Fidel Castro nach der verunglückten Landung der Granma im Dezember 1956 mit einer Handvoll Rebellen sein Hauptquartier aufgeschlagen und hier interviewte ihn Herbert Matthews von der New York Times.

Für diese Tour sollten hin und zurück 3 bis 3,5 Stunden eingeplant werden. Wer kein eigenes Auto zur Verfügung hat und auch die Strecke bis zum Aussichtspunkt per pedes zurücklegt (ca. 1,5–2 Std. einfach), muss bis 8 Uhr vom Parkeingang starten. Der letztmögliche Aufbruch von Alto del Naranjo ist um 11 Uhr (20 €/Pers., maximale Gruppengröße 20 Pers.).

Durch die Berge ans Meer

Mit sehr viel übriger Zeit im Gepäck und einem zuverlässigen Geländewagen als fahrbarem Untersatz empfiehlt sich die landschaftlich äußerst reizvolle Strecke von Bartolomé Masó über **Las Mercedes** nach **Marea del Portillo** (s. S. 411) an der Süd-

Parque Nacional Turquino

küste. Bis San Lorenzo ist die Straße geteert, danach geht es auf einer teils haarsträubenden (Geröll-)Piste mit heftigen Anstiegen durch die Sierra Maestra bis ans türkisfarbene Meer. Die rund 70 km lange Strecke sollte nur von mutigen Autofahrern und auch nur in der trockenen Jahreszeit befahren werden, selbst dann gestalten sich einige der Flussdurchquerungen recht schwierig. Tipp: Vor der Tour die Autoreifen checken und nicht vergessen, einen Ersatzreifen einzupacken.

Infos
Oficina Parque Nacional: in Santo Domingo, Tel. 23 56 58 34, tgl. 7–16 Uhr. Die Parkverwaltung ist leider nicht immer zu erreichen.

Übernachten
Bungalows am Fluss – **Villa Santo Domingo:** Santo Domingo, Tel. 23 52 64 10, www.islazul hotels.com. Auf einem knapp bemessenen Gelände stehen 40 Bungalows unterschiedlichen Alters. Mit Restaurant. €–€€, inkl. Frühstück

Hoch hinauf: Der Pico Turquino ist im wahrsten Sinne des Wortes der Höhepunkt einer Kubareise

Bayamo und die Provinz Granma

BESTEIGUNG DES PICO TURQUINO

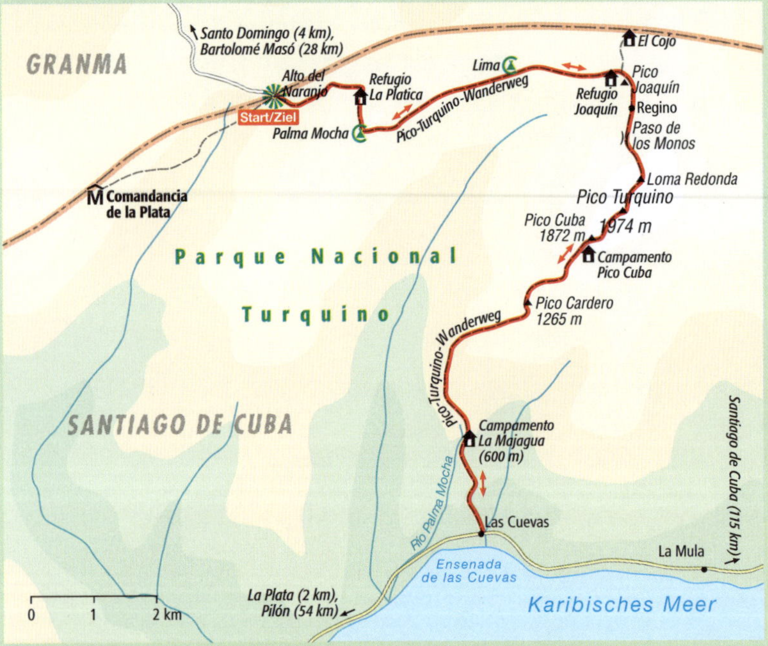

Tour-Infos
Start: am Parkeingang in Santo Domingo
Länge: ca. 36 km hin und zurück
Dauer: 2 Tage
Schwierigkeitsgrad: anspruchsvolle, körperlich sehr anstrengende Wanderung
Infos: Oficina Parque Nacional (s. S. 405). Die Tour kann vor Ort mit Führern des Nationalparks organisiert werden, allerdings ist damit zu rechnen, dass man mehrere Tage lang auf einen freien Platz warten muss. Die Erlaubnis zur Besteigung des Pico beträgt inkl. Übernachtung 33€/Pers., der obligatorische Führer kostet zusätzlich 10 €/Tag, Abendessen und Frühstück im Refugio müssen extra bezahlt werden.

Organisierte Touren: z. B. bei Bayamo Travels (s. S. 403). Ab einer Mindestteilnehmerzahl von 4 Pers. kostet der Trip ab 145 €/Pers. inkl. Parkeintritt, Transfer von Santo Domingo nach Alto del Naranjo, Führer, Unterkunft im Refugio Joaquín, Mittag- und Abendessen sowie Frühstück. Da die Refugios im Nationalpark nur jeweils 20 Schlafplätze haben, sollte man die Tour mindestens eine Woche im Voraus buchen, zumindest während der Hauptsaison. Während der Regenzeit finden die Touren nur eingeschränkt statt.

Für Natur- und Wanderfreaks das Nonplusultra ist die Besteigung des Pico Turquino. Unter gigantischen Baumfarnen und einem noch viel höheren Blätterdach marschiert man wie durch einen Urwald, in dem hier und da bunte Orchideen hervorblitzen. Vom höchsten Punkt Kubas schließlich bietet sich ein majestätischer Blick in alle Richtungen – zumindest wenn der Gipfel nicht, wie so oft, in Nebelschwaden gehüllt ist.

Ab dem Parkeingang beträgt die Strecke ganz nach oben 18 km. Fast alle Gipfelstürmer verbringen eine Nacht im recht komfortablen **Refugio Joaquín** 8 km hinter Alto del Naranjo (s. S. 404, 3–3,5 Std.), zugleich die einzige Stelle zwischen dem Aussichtspunkt und dem Gipfel, wo man seine Wasservorräte auffüllen kann. Von hier erklimmt man am nächsten Tag den **Pico Turquino** (4–4,5 Std.) und geht dann üblicherweise die gesamte Strecke zum Ausgangspunkt zurück. Alternativ dazu kann man auf der anderen Seite des Pico zum Meer absteigen und eventuell noch eine Nacht auf dem **Campamento La Majagua** (19 km hinter Alto del Naranjo) verbringen, bevor man sich an die letzten sehr steilen 3 km nach **Las Cuevas** macht (6–7 Std. ab dem Pico). Hier besteht eine – äußerst rustikale – Übernachtungsmöglichkeit im Centro de Visitantes, aber man tut besser daran, den ca. 15 km entfernten Campismo in La Mula (s. S. 412) aufzusuchen. Wer die Querung mit der Agentur Bayamo Travels unternimmt, bekommt sein zurückgelassenes Gepäck auf Wunsch nach Las Cuevas geliefert. Für den Rücktransport nach Santo Domingo fallen zusätzlich 35 € an. Es besteht auch die Möglichkeit eines direkten Transfers von Las Cuevas nach Santiago (plus ca. 100 €).

Die beste Zeit für eine Besteigung des Pico Turquino sind die trockene(re)n Monate Dezember bis April – auf dem Gipfel kann es zu jeder Jahreszeit regnen oder gar hageln –, wobei selbst dann die Temperaturen plötzlich auf bis zu 10 °C fallen können. Eine entsprechende Ausrüstung, d. h. feste, schlammerprobte Schuhe, ein warmer Fleece und gute Regenbekleidung wird daher im eigenen Interesse vorausgesetzt.

Bergblick – **Balcón de la Sierra:** Av. Masó, Bartolomé Masó, Tel. 23 56 55 35, 23 59 51 80, www.islazulhotels.com. 21 passable Zimmer, Restaurant. €€, inkl. Frühstück

Campismo – **La Sierrita:** Crta. Santo Domingo Km 8, Bartolomé Masó, Tel. 23 59 33 26. Einfache, aber sympathische Anlage mit insgesamt 27 Cabañas, nettem Restaurant und schönen Bademöglichkeiten im Fluss. €

Aktiv

Organisierte Touren – **Bayamo Travels:** s. S. 403

Verkehr

Wer keinen Mietwagen hat, muss mit einem Taxi nach Santo Domingo fahren. Ab Bayamo kostet der Trip hin und zurück ca. 60 €. Wer ein Taxi an zwei aufeinanderfolgenden Tagen benötigt, weil vor Ort eine Übernachtung eingeplant ist, zahlt ca. 80 €.

Manzanillo ▶ P 8

Über **Yara** (hier begann der Unabhängigkeitskrieg gegen Spanien) gelangt man von Bayamo aus nach etwa 60 km durch flaches Land in die Küstenstadt **Manzanillo** (ca. 104 000 Einwohner), die über mehrere Hügel verteilt am Golfo de Guacanayabo liegt. Zwar künden einige herrschaftliche Gebäude und der Konzertpavillon Glorieta auf dem zentralen **Parque Céspedes** noch von besseren Zeiten, doch insgesamt wirkt Manzanillo recht vernachlässigt. Man spürt deut-

Museo Histórico Municipal
Di–Fr 9–12, 14–18, Sa/So 9–12, 18–20 Uhr, Eintritt frei

In einem der wenigen renovierten Gebäude am zentralen Parque Céspedes hat das **Museo Histórico Municipal** eine Heimat gefunden. Die Ausstellung beschäftigt sich mit der Stadtgeschichte und den vergangenen sozialen Kämpfen, im Innenhof finden abends manchmal Veranstaltungen statt.

Calle Caridad und Monumento y Museo Celia Sánchez
Mo–Fr 8–12, 13–17, Sa 8–12 Uhr, Eintritt frei

Besuchern zeigt man gern die **Calle Caridad,** eine hübsche Treppenstraße sieben Blocks südwestlich des Parque Céspedes. Einige schmucke Häuschen mit Blumenreliefs erinnern an Celia Sánchez, die im nahen Örtchen Media Luna geboren wurde und in Manzanillo ihre revolutionären Pläne schmiedete. Als Fidel Castro mit der Jacht Granma an der nahen Playa Las Coloradas landete, waren sie und ihre Vertrauten die Ersten, die ihm hilfreich zur Seite standen. Der verstorbenen Lebensgefährtin Fidel Castros hat man mit dem **Monumento y Museo Celia Sánchez** am oberen Ende der Straße ein Denkmal gesetzt.

Infos
Cadeca: Calle Martí 188, Mo–Sa 9–16 Uhr.
Internet: Etecsa, Calle Martí, Ecke Codina, tgl. 9–17 Uhr.

Übernachten
Hässliches Entlein – **Guacanayabo:** Circunvalación Camilo Cienfuegos, Tel. 23 57 40 12, www.islazulhotels.com. 3 km südwestlich des Zentrums liegt dieses nüchterne, Ende der 1970er-Jahre gebaute Hotel mit Pool. 108 Zi., €–€€, inkl. Frühstück

Das gelbe Haus – **The Yellow House** (privat): Calle 12 de Agosta, zw. Purísima und San Salvador, Tel. 53 48 25 33, jerez7606@gmail.com. Zwei unspektakuläre, aber saubere Zimmer und die sehr herzlichen Gastgeber Yanet und Arnaldo machen diese Casa empfehlenswert. €

An der Calle Caridad – **Casa Adrián y Tonia** (privat): Calle Mártires de Vietnam 49, Ecke Caridad, Tel. 23 57 30 28, 52 90 96 01. Mit Blick auf die Treppenstraße Caridad schmeckt der Drink auf der Dachterrasse noch mal so gut. Ein helles Zimmer mit eigener kleiner Küche und eigenem Eingang. €

Unterkunft mit Ausblick – **Hostal Mercy y Marcel** (privat): Mártires de Vietnam, zw. Martí und Caridad, Tel. 23 57 79 80. Zwei funktionale, saubere Zimmer mit Klimaanlage. Die beiden Gastgeber sind hilfsbereit und bereiten ein gutes Frühstück zu. Vom Haus aus hat man einen schönen Blick auf das Meer und das Stadtzentrum. €

Essen & Trinken
Angesagt – **The Brother's** (privat): Calle Codina, zw. Santa Teresa und Libertad, Tel. 58 15 16 10, tgl. 8.30–20.30. Fragt man die Einheimischen nach dem derzeit besten Restaurant, wird das Brother's immer wieder genannt. Einfallsreiche Gerichte, lecker zubereitet. €€

Nette Deko – **Rancho Luna** (privat): Calle José Miguel Gómez 169, zw. Narciso López und Aguilera, tgl.11–22 Uhr. Natursteinwände, hohe Fenster zur Straße hin und die Deko aus dicken Bambusstäben bereiten ein nettes Ambiente. Das Essen ist für das Gebotene etwas zu teuer. €€

Fischspezialitäten – **El Cangrejo Loco** (privat): Malecón de Manzanillo, Tel. 58 57 62 54, tgl. 11–23 Uhr. Nettes kleines Familienrestaurant direkt am Wasser. Man sitzt draußen auf einer Terrasse und genießt bei einem eiskalten Drink die frische Brise. €€

Abends & Nachts
In Form eines Schiffs – **Complejo Cultural Costa Azul:** Av. 1ro de Mayo, zw. Aguilera und Narciso López, Restaurant tgl. ab 10 Uhr,

Nachtklub Di–So 20–2 Uhr. Kulturzentrum mit Fischrestaurant, Cabaret und Disco.
Livemusik – **Casa de la Trova Carlos Puebla:** Calle Masó, Ecke Merchán.

Verkehr

Flüge: Aeropuerto Sierra Maestra, Crta. a Cayo Espino Km 7, Tel. 23 57 74 01.
Züge: Terminal de Trenes, am nördlichen Ende der Av. Marchán, Tel. 23 57 75 12. 2 x wöchentl. über Yara und Bayamo nach Havanna.
Busse: Terminal de Ómnibus, Crta. a Bayamo Km 2, Tel. 23 57 47 20. Keine Verbindungen mit Víazul. Mit Nahverkehrsbussen und Sammeltaxis nach Bayamo, Pilón und Niquero.

Sitio Histórico La Demajagua ▶ P 8

Mo–Sa 8–17, So 8–12 Uhr, 50 CUP

Gut 10 km südlich von Manzanillo Richtung Media Luna wurde das Gelände der ehemaligen Zuckermühle und des Guts von Carlos Manuel de Céspedes zum **Sitio Histórico La Demajagua** ernannt. Eine Woche, nachdem Céspedes am Morgen des 10. Oktober 1868 seine Sklaven freigelassen und zum Krieg gegen die spanischen Kolonialherren aufgerufen hatte, zerstörten deren Soldaten die Plantage. 1969 baute man an dieser Stelle ein Museum, in dem Gegenstände vom Gut und Erinnerungsstücke an Céspedes verwahrt sind. Draußen wacht ein großer steinerner Kaiman über die Freiheit – in seinem Auge ist die berühmte Glocke angebracht, mit der der Unabhängigkeitskrieg eingeläutet wurde.

PN Desembarco del Granma ▶ O 9

Wer weiter auf den Spuren der kubanischen Rebellionen reisen möchte, fährt über **Media Luna** und Niquero (s. S. 410) in das noch rund 60 km entfernte Örtchen **Las Coloradas** und befindet sich fast schon dort, wo die Revolution von 1959 begann. Am 2. Dezember 1956 landeten, übers Meer aus dem mexikanischen Exil kommend, an der Playa Las Coloradas Fidel Castro, Che Guevara und 80 Rebellen mit der Jacht Granma – so zumindest heißt es in der offiziellen Geschichtsschreibung. Tatsächlich strandete die ›Großmutter‹ mehr, als dass sie landete, denn das Schiffchen war hoffnungslos überladen, keiner der Passagiere hatte seemännische Kenntnisse und zu allem Überfluss warteten ein Sturm sowie die Luftwaffe Batistas auf die Rebellen. Heute gehört diese historische Gegend zum **Parque Nacional Desembarco del Granma,** der knapp 28 000 ha unberührtes Waldland an der Südspitze Kubas umfasst und seit 1999 auf der Liste des UNESCO-Welterbes steht.

Monumento Portada de la Libertad

Tgl. 8–18 Uhr, Eintritt Nationalpark und Museum 850 CUP

Kurz hinter dem Parkeingang beginnt der Weg zur **Playa Las Coloradas** mit dem **Monumento Portada de la Libertad,** einem kleinen Museum und einer Kopie der Jacht (das Original steht neben dem Museo de la Revolución in Havanna, s. S. 183). Der betonierte Steg, der vom Museum durch die Mangrovensümpfe ins Meer führt, wurde selbstverständlich nachträglich gebaut. Man kann sich lebhaft vorstellen, in welch auswegslos scheinender Situation die Rebellen waren – tagelang irrten sie in den Sümpfen umher, bis sie wieder festen Boden unter den Füßen hatten. Die meisten von ihnen überlebten die Landung nicht.

Sendero Arqueológico Natural El Guafe und Cabo Cruz

Ein schmales Sträßchen führt weiter ins 10 km südlich gelegene **Cabo Cruz.** Kurz vor dem idyllischen Fischerdörfchen kann man dem Wegweiser **Sendero Arqueológico Natural El Guafe** folgen, einem ca. 2 km langen Lehrpfad, der durch ein Karstgebiet führt. Mehr als 20 Höhlen sind über die Jahrtausende nach

Das Meer auf der einen, die Sierra Maestra auf der anderen Seite – auf der Küstenstraße von Pilón nach Santiago de Cuba fühlt man sich (fast) wie am Ende der bewohnten Welt

und nach von einem unterirdischen Fluss ausgewaschen worden. Die hier lebenden Indigenen haben in einer davon aus Stalagmiten den berühmten Wassergott gemeißelt. Auf der etwa 1,5-stündigen Rundwanderung bekommt man außerdem unzählige Schmetterlinge und Vogelarten sowie über 400 Jahre alte Riesenkakteen, Orchideen und andere Pflanzen zu sehen, viele davon endemisch (5 € inkl. Führer). Zur Stärkung danach empfiehlt sich das goldige Restaurant am Leuchtturm in Cabo Cruz, auch ein paar wenige Privatquartiere gibt es hier.

Da das Kap eine Sackgasse ist, muss man zurück nach Niquero und wenig später Richtung Pilón abbiegen, wenn man über die Küstenstraße Santiago de Cuba erreichen will – eine landschaftlich atemberaubende Strecke, die jedes Schlagloch wert ist (s. rechts).

Übernachten

Campismo – **Las Coloradas:** Crta. de Niquero Km 17, Tel. 23 90 11 47. 28 einfachste Bungalows für 4–6 Pers., die offiziell auch an ausländische Touristen vermietet werden. Schmaler Strand und Restaurant. €

Niquero ▶ O 8

Auf dem Rückweg kann man im verträumten Städtchen **Niquero** dem **Museo Municipal** einen Besuch abstatten, in dem indigene Exponate aus der Umgebung zusammengetragen sind (Di–So 9–17 Uhr, 15 CUP), und sich danach mit einem der himmlischen Früchteshakes erfrischen, die an Ständen vor dem Busbahnhof verkauft werden.

Übernachten

Zweckmäßig – **Niquero:** Calle Martí 100, Niquero, Tel. 23 59 23 67, www.islazulhotels.com. Sehr einfach, aber sehr freundlich. 26 Zi., €–€€, inkl. Frühstück

❋ Küstenstraße nach Santiago ▶ P 9–S 8

Zwischen den Örtchen Niquero und Media Luna zweigt die Küstenstraße nach **Pilón** und ins gut 200 km entfernte Santiago de Cuba ab.

Küstenstraße nach Santiago

Das schmale Asphaltband schlängelt sich zwischen der hoch aufragenden Sierra Maestra auf der einen und dem tiefblauen karibischen Meer auf der anderen Seite dahin und eröffnet immer wieder spektakuläre Ausblicke. In ganz Kuba gibt es keine zweite so schöne Panoramastraße, und auch wenn der Teerbelag häufiger, als einem lieb ist, zu tiefen Löchern mutiert, sollte man sich diese Strecke auf keinen Fall entgehen lassen.

Malerisch zwischen den Bergen und der See liegt der ruhige Badeort **Marea del Portillo** (ca. 500 Einwohner), der in erster Linie durch seinen schwarzen Sandstrand und seine idyllische Lage besticht: Man wohnt in direkter Nachbarschaft mit Kubas höchstem Berg, dem Pico Turquino. Für einen reinen Badeurlaub gibt es schönere Strände und Hotels in Kuba, dafür sind die Unterkünfte recht günstig, die vor allem von Senioren und Familien mit Kindern gebucht werden.

Erneut auf den Spuren der Revolution wandelt man im 35 km östlich gelegenen **La Plata** und in **Uvero** 70 km östlich. In La Plata (nicht zu verwechseln mit der Comandancia de la Plata, s. S. 404) gewannen Fidel Castros Rebellen das erste Gefecht – dargestellt im **Museo de la Plata** (Di–So 8–12, 14–16 Uhr, 10 CUP) – und in Uvero überwältigten sie am 28. Mai 1957 ein Militärlager sowie die beiden roten Lastwagen am Straßenrand. Eine palmengesäumte Straße führt zu einem Denkmal, mit dem an dieses Ereignis erinnert wird.

Das zweite und letzte Hotelresort an diesem Küstenabschnitt befindet sich in **Chivirico**. Doch auch außerhalb dieser Zentren passiert man immer wieder kleine, einsame Buchten mit manchmal weißen Sandstränden, die zu einem Sprung ins badewannenwarme Nass verlocken.

Übernachten

... in Pilón:

Gut für einen Zwischenstopp – **Casa Sonia y Mayumy:** Calle 2da (von Westen kommend nach der Tankstelle die 2. Straße rechts ab), Tel. 54 23 17 72, milkac.reyes@nauta.cu. Zwei Zimmer, ein begrünter Hof zum Draußensitzen und eine nette Atmosphäre. €

... in Marea del Portillo:

All inclusive – **Club Amigo Marea del Portillo:** Crta. Granma Km 12,5, Tel. 23 59 70 80–83,

Bayamo und die Provinz Granma

> **Achtung: Straßenschäden**
>
> Mehrere Hurrikane haben die Küstenstraße schwer in Mitleidenschaft gezogen, insbesondere die knapp 80 km zwischen Pilón und Uvero: Felsbrocken auf der Fahrbahn und vom Meer weggespülte Straßenabschnitte zwingen zu teils akrobatischer Fahrweise, außerdem sind ein paar Flussbetten zu queren, da manche Brücken nicht mehr befahrbar sind. In Trockenzeiten kann die Straße auch in einem normalen Pkw mit viel Bodenfreiheit bewältigt werden, besser geeignet ist ein Geländewagen. Auf jeden Fall sollte man für die Befahrung Zeit und Geduld mitbringen. Die Strecke zwischen Pilón und Santiago de Cuba hingegen hat einen bereits neuen Teerbelag bekommen und ist gut befahrbar.

www.hotelescubanacan.com. Fantastisch auf einem Hügel gelegenes, aber sehr schlichtes Resorthotel. 70 Zi., €€, all inclusive. **Villa Punta Piedra:** 5 km westl. von Marea del Portillo, Tel. 23 59 70 62, www.hotelescubanacan.com. Kleines, freundliches Hotel mit Restaurant, Pool und Privatstrand. Gehört zum Club Amigo Marea del Portillo, dessen Einrichtungen mitbenutzt werden dürfen, kostenloser Shuttle. 13 Zi., €€, all inclusive

Ferienwohnung – **Casa Barbara:** Casa Nr. 14, im Zentrum, Tel. 23 59 71 62, 53 40 11 23. Hier hat man ein ganzes Apartment für sich – eigener Eingang, zwei Schlafzimmer und Terrasse. €

… in La Mula:

Campismo – **La Mula:** Crta. Granma Km 120, ca. 125 km vor Santiago, Tel. 22 32 62 62. Die 32 Cabañas an der Mündung des Río La Mula ins Meer stehen auch für den internationalen Tourismus zur Verfügung. Mit kleinem Kiesstrand und Rancho-Restaurant. €

… in Chivirico:

In toller Lage – **Brisas Sierra Mar:** Playa Sevilla, Tel. 22 32 91 10, www.hotelescubanacan.com. Resort mit der entsprechenden Ausstattung und Tauchzentrum. Tagesgäste können für 35 € pro Person und Tag alle Hoteleinrichtungen benutzen. 200 Zi., €€, all inclusive

Nur für Erwachsene – **Brisas Los Galeones:** Playa Chivirico, Tel. 22 32 61 60, www.hotelescubanacan.com. Kleine Hotelanlage mit hübschem Pool und fantastischer Aussicht übers Meer und die Berge. 34 Zi., €€, all inclusive

… in Caletón Blanco:

Campismo – **Caletón Blanco:** Crta. Caletón Blanco Km 30, knapp 30 km vor Santiago, Tel. 22 62 55 15. Für internationalen Tourismus zugelassener Campismo mit 22 Cabañas am Meer. €

Essen & Trinken

Entlang der Strecke trifft man immer wieder auf nette Privatrestaurants.

Aktiv

Tauchen – **Scuba Cuba Albacora,** Marea del Portillo, Tel. 23 59 71 39, www.scubacuba.ca/albacora. **Scuba Cuba Sierra Mar:** im gleichnamigen Hotel in Chivirico (s. links), Tel. 22 69 14 46, mercado@marlin.scu.tur.cu. Vor der Küste liegen mehrere Wracks, außerdem gibt es eindrucksvolle Korallenriffe und Unterwasserhöhlen.

Verkehr

Die Strecke ist nicht auf dem Víazul-Fahrplan verankert. Öffentliche Busse fahren nur sporadisch, die Einheimischen sind meist mit Lastwagen unterwegs (die aber nur selten Touristen mitnehmen). Wer ein enges Zeitbudget hat, sollte sich einer Tour anschließen oder einen Mietwagen nehmen, z. B. im Hotel Marea del Portillo (s. auch Kasten oben).

Von Bayamo nach Santiago ▶ Q/R 8

Auch die knapp 130 km lange Strecke zwischen Bayamo und Santiago auf der Carretera Central ist außerordentlich reizvoll. Die Straße schlängelt sich über grüne Berghänge und durch Täler mit Königspalmen, durch Kaffeeplantagen und an palmstrohgedeckten Hütten vorbei.

El Saltón

Ein erster Abstecher nach Süden lohnt sich gut 37 km hinter Bayamo in **Baire,** wo eine Straße in die Ausläufer der Sierra Maestra nach **Filé** und zum Wasserfall **El Saltón** abgeht, dessen Pool wie geschaffen für einen erholsamen Badetag ist. Der kurze Pfad dorthin beginnt beim gleichnamigen Hotel (s. rechts). An der Bar gibt's kühle Drinks und die tischflachen Felsen geben eine prima Sonnenbank ab. Aktivere Naturen können die herrliche Landschaft auf geführten Wanderungen oder Ausritten erkunden.

Die Weiterfahrt von hier Richtung Santiago auf der kleinen Landstraße über **Las Minas** und **Dos Palmas** kann nur unerschütterlichen Autofahrern empfohlen werden, zur Regenzeit ist die miserable Piste überhaupt nicht passierbar. Besser fährt man zur Carretera Central zurück und dort weiter nach **Contramaestre** und **Palma Soriano.**

Basílica de Nuestra Señora del Cobre

Tgl. 9–17 Uhr, Messen Mo, Di, Do–So 8, So auch 16 Uhr

Bei **Melgarejo,** knapp 30 km hinter Palma Soriano, sollte man erneut die Hauptstraße verlassen und die **Basílica de Nuestra Señora del Cobre** besuchen. Man kann die Abzweigung gar nicht verpassen, denn schon hier werden am Straßenrand kleine Madonnen, Kerzen, Blumen und Kränze feilgeboten.

Im **Valle El Cobre** liegt die Kupfermine, der ein Gutteil des ehemaligen Reichtums von Santiago zu verdanken ist. Bis ins 19. Jh. hinein war sie eines der größten Kupferbergwerke der Welt. Auch das dazugehörige Dörfchen heißt nach der Mine (*cobre* = Kupfer). Beherrscht wird das abgelegene Tal jedoch von den großen weißen Türmen der Basilika. Die Kirche vom Ende des 19. Jh. ist der Barmherzigen Jungfrau des Kupfers gewidmet, der Nationalheiligen Kubas, der Papst Benedikt XVI. bei seinem Besuch im März 2012 seine Reverenz erwies.

Vor 400 Jahren sollen drei kleine Jungen an der Nordküste die hölzerne Statue der Schwarzen Jungfrau aus dem Wasser gefischt und nach El Cobre gebracht haben. Damals lebten dort sehr viele Sklaven, von denen die meisten aus Nigeria kamen und dem Volk der Yoruba angehörten. Sie und ihre Nachfahren, die Kreolen, setzten die Virgen del Cobre mit Ochún gleich, der Aphrodite des afrokubanischen Götterhimmels. Der Volkskult, der sich durch die Jahrhunderte um die Virgen del Cobre entwickelte, basiert auf dem afrikanischen Charakter der Göttin bzw. der wundertätigen Heiligen (s. S. 78). Ernest Hemingway stiftete der Virgen del Cobre seine Nobelpreismedaille. Jahrzehntelang wurde sie zusammen mit unzähligen Votivgaben in der kleinen Kapelle der Basilika ausgestellt. Nachdem die Medaille gestohlen (und wiedergebracht!) wurde, bewahrt man sie nun an einem sicheren Ort auf. Die anderen Votivgaben sind aber auch sehr interessant: Da stiftet die Mutter eines gewissen Fidel Castro eine Plakette, damit die Jungfrau ihren Sohn in der Guerilla beschütze, und Bauern aus der Umgebung bringen Geschenke und Votivtafeln, oft auch nur Zettel, auf denen sie die Jungfrau darum bitten, die Rebellen siegen zu lassen – als Jahreszahlen sind 1868, 1895 oder 1957 vermerkt. Wahre Pilgerscharen ziehen am 8. September, dem Día de la Virgen del Cobre, und am 25. Dezember zur Kirche.

Einen Ausflug hierher kann man auch von Santiago de Cuba aus unternehmen. Es gibt Busverbindungen nach El Cobre und Reiseagenturen bieten organisierte Ausflüge an.

Übernachten

Für Ruhesuchende – **Villa El Saltón:** etwa 3 km südlich von Filé, Tel. 22 56 63 26, 22 56 64 95, www.hotelescubanacan.com. 22 Zimmer mit Balkon, verteilt auf vier Gebäude, die mitten im Regenwald stehen. Restaurant. €€, inkl. Frühstück

Für Pilger – **Hospedería de la Caridad:** neben der Basilika in El Cobre, Tel. 22 34 62 46. Einfaches Gästehaus mit 15 Zimmern, auch Betten im Schlafsaal. €

Farmstay – **Hostal La Purísima:** Crta. Central Km 21, Melgarejo, Tel. 53 48 38 37, alina.vals@nauta.cu. Ein Haus im Grünen, umgeben von Obstplantagen – einfach herrlich. 2 Zi., €

Santiago de Cuba und Umgebung

Malerisch räkelt sich die heimliche Hauptstadt Santiago de Cuba zwischen den grünen Ausläufern der Sierra Maestra und dem kobaltblauen karibischen Meer. Eine Stadt voller Charme und Musik – man denke nur an die legendären Musiker aus der Casa de la Trova und an den rauschenden Straßenkarneval im Juli, der ganz Santiago in den Ausnahmezustand versetzt.

✪ Santiago de Cuba

▶ R/S 8

Cityplan: S. 423

Wenn **Santiago** (450 000 Einwohner) heute die heimliche Hauptstadt Kubas genannt wird, hat das auch historische Gründe. Denn abgesehen davon, dass Santiago die unumstrittene Hauptstadt der Rebellion und der Musik ist, war es ein Vierteljahrhundert lang – von 1524 bis 1549 – auch die politische Hauptstadt des Landes.

Geschichte

Zentrum des Sklavenhandels

Gegründet wurde die Stadt 1514. 1524 verlegte Gouverneur Diego Velázquez seinen Sitz von Baracoa nach Santiago, damals eine kleine Siedlung mit einem idealen natürlichen Hafen. Die Idylle trog allerdings, denn die Siedlung war heiß, feucht und stickig. Die Sümpfe zwischen den Hügeln bewirkten Mückenplagen und Gelbfieberepidemien, frische Winde werden von den Bergen der Sierra Maestra abgehalten und immer wieder drohten Erdbeben die allmählich wachsende Stadt zu zerstören. Die Hoffnungen der Spanier, in den Bergen auf reiche Goldvorkommen zu stoßen, erfüllten sich nicht. Dafür entdeckten sie westlich der Stadt Kupferminen, die möglicherweise schon von den Ureinwohnern Kubas genutzt worden waren. Um die Minen systematisch auszubeuten, importierte man immer mehr Sklaven.

Schnell avancierte Santiago zum wichtigsten Zentrum des Sklavenhandels in Kuba, von hier aus wurden die Afrikaner in alle anderen Teile Kubas und der Neuen Welt weitertransportiert. Doch nicht nur für den Sklavenhandel bedeutete Santiago eine wichtige Drehscheibe. Die spanischen Konquistadoren Diego Velázquez, Hernán Cortés (der erste Bürgermeister Santiagos) und Francisco Pizarro starteten von hier aus ihre Eroberungsfahrten nach Mexiko.

Die Engländer an der Macht

Zwar musste die Stadt 1549 ihre Stellung als Hauptstadt an Havanna abtreten, doch wegen der außerordentlich ergiebigen Kupfermine und dem florierenden Sklavenhandel versank Santiago nicht in Bedeutungslosigkeit, obwohl die Stadt unter den zahlreichen Attacken französischer, englischer, niederländischer, deutscher und spanischer Freibeuter und Piraten erheblich zu leiden hatte. Doch die Santiagueros waren schlau genug, sich ihre Scheibe vom großen Schmuggelkuchen abzuschneiden. Sie galten selbst in der ganzen Karibik als gewitzte Korsaren und wurden deshalb auch von der spanischen Krone besonders geschätzt. Erst 1640 versuchte die Stadtverwaltung Santiagos, die Stadt mit einer imposanten Festung vor Piraten und anderen Mächten zu schützen, und ließ auf einem hohen Felsen an der Hafeneinfahrt El Morro bauen – von demselben Architekten, Bautista Antonelli, der auch schon das gleichnamige Pendant in Havanna entworfen hatte.

Santiago de Cuba

1662 erfolgte der lange erwartete Angriff der Engländer, die 1655 die Nachbarinsel Jamaika erobert hatten. El Morro hielt zwar stand, doch die Briten konnten über einen Angriff östlich der Stadt Santiago schließlich einnehmen. Brände und Verwüstungen in der ganzen Stadt waren die Folge. Die Casa del Té, das ›Teehaus‹ am Parque Céspedes, ist eine der angenehmeren Hinterlassenschaften der Engländer in Santiago, die von Mücken und Krankheiten aus der sumpfigen Gegend bald vertrieben wurden.

Die Haitianer und der Kaffee

Gut 100 Jahre später kamen erneut Gäste über das Meer nach Santiago, jedoch nicht mit kriegerischen Absichten. 30 000 französische Pflanzer und ihre Sklaven waren vor der blutigen Revolution in Haiti nach Kuba geflohen, wo die Santiagueros sie freundlich aufnahmen. Die Haitianer brachten Kaffeepflanzen mit und begründeten den Kaffeeanbau in den Tälern der Sierra Maestra. In diesen Jahrzehnten erlebte Santiago eine nie gekannte Blüte.

Da die haitianische Konkurrenz weggefallen war, boomte der Zuckerhandel. Hinzu kamen die Gewinne aus dem Kupferbergbau, dem Sklavenhandel und den neuen *cafetales*. Großzügige, aber wegen der Erdbebengefahr nicht allzu große Paläste entstanden, außerdem ein prächtiges Theater und andere reich geschmückte Bauten. Die Franzosen, wie die ehemaligen Bootsflüchtlinge genannt wurden, hatten außer den Kaffeepflanzen auch ihr *savoir vivre* mitgebracht, was sich in Kleidung, Küche, Musik, Tänzen und Lebensart niederschlug.

Mittlerweile lebte es sich auch ein bisschen ruhiger in Santiago, denn zum Morro waren noch fünf weitere Festungsanlagen hinzugekommen. Gefahr drohte der eleganten Lebensart eher von innen als von außen. Immer wieder flackerten Sklavenaufstände auf, und die Erfahrungen auf der Nachbarinsel Haiti waren nicht dazu angetan, die Sklavenhalter zu beruhigen. Mit drakonischen Strafen versuchten sie, auch die kleinste Aufmüpfigkeit der Afrikaner zu unterdrücken.

Doch es gab auch ein liberales Bürgertum in Santiago: Pflanzer und Intellektuelle, die mit den Ideen der Französischen Revolution sympathisierten, forderten die Abschaffung der Sklaverei und die Loslösung von Spanien. Viele von ihnen folgten Carlos Manuel de Céspedes aus Manzanillo und kämpften für die Unabhängigkeit von Spanien. 1872 betrug die Zahl der Aufständischen in der heutigen Provinz Santiago 12 000 Mann, davon 4000 Weiße und 8000 Schwarze. Um die Bevölkerung von weiteren Kämpfen abzuhalten, stellten die Spanier 1874 die Leiche des gefallenen Céspedes öffentlich zur Schau.

Intervention der USA

Auch im zweiten Unabhängigkeitskrieg spielten die Stadt Santiago und die Provinz Oriente eine bedeutende Rolle. José Martí, geistiger Vater des letzten und siegreichen Befreiungskriegs, ist in Santiago begraben. Nachdem die meisten spanischen Truppen um Santiago – und in anderen Gebieten Kubas – geschlagen waren, griffen die USA in den letzten Kriegstagen ein. Im Hafen von Santiago blockierten sie die spanische Marine, die darauf wartete, zurück nach Europa zu kommen. Einige Schiffe wurden versenkt, die Soldaten versuchten, sich an Land zu retten, und der US-Generalstab forderte von den letzten spanischen Militärs, die Kapitulation zu unterzeichnen. Nach einigem Hin und Her geschah dies auch. Am 17. Juli 1898 wurde die spanische Flagge über Santiago eingeholt und nicht die kubanische Fahne, sondern das Sternenbanner aufgezogen – zur Empörung der Santiagueros und der Mambí-Kämpfer.

Vorsicht!

Santiago ist nicht gewalttätiger als andere Städte, aber aggressiver. Die Schlepper bleiben wie Kletten an einem kleben und allein reisende Frauen müssen sich auf penetrante Anmache einstellen. Am besten ignoriert man sowohl die *jineteros* wie auch das Gebalze – auf keinen Fall in irgendwelche Diskussionen darüber verstricken lassen.

Die ›Franzosen‹, die Tumba Francesa und der Karneval

Im 18. Jh. kamen wieder einmal Fremde über das Meer nach Santiago, diesmal jedoch nicht mit kriegerischen Absichten. Es waren Boatpeople aus Haiti: 30 000 französische Plantagenbesitzer und ihre (freigelassenen) Sklaven waren vor der Revolution nach Kuba geflohen, wo die Santiagueros sie freundlich aufnahmen.

Die Franzosen, wie die Einwanderer genannt wurden, hatten außer den Kaffeepflanzen auch ihr *savoir vivre* mitgebracht, was sich in Kleidung, Küche, Musik, Tänzen und Lebensart niederschlug. Vor allem die Musik der ehemaligen Sklaven, *negros franceses* (›französische Schwarze‹) genannt, klang in den Ohren der Santiagueros reichlich merkwürdig: Sie schlugen auf paukenartige Trommeln, zupften Marimbas, bliesen in Muscheltrompeten und tanzten dazu den Cocoyé, eine Art französisches Menuett – *à la cubaine* allerdings: mit weiß gepuderten Allongeperücken auf dem Kopf.

Alles, was vor 200 Jahren von der Nachbarinsel kam, wird in Santiago als französisch bezeichnet, so auch die große Trommel der haitianischen Einwanderer, die *tumba francesa*. Der Einfachheit halber erhielten ihre Vereine denselben Namen. Die Tumbas Francesas ziehen an Feiertagen, am Karneval und beim Festival del Caribe durch die Straßen und präsentieren ihre Tänze – den Masón, den Yuba und den Frente. Dann wird der Platz vor der Kathedrale zum Schauplatz einer Parodie auf den französischen Königshof. In bunten Fantasieuniformen und -kostümen tanzen bis zu 100-köpfige Ensembles tropische Menuette und Kontertänze.

Beim Karneval von Santiago gibt es keine Zuschauer – jeder tanzt, trommelt oder trötet auf der *corneta china,* der ›chinesischen Trompete‹. Auf die Idee, deren etwas quäkenden Klang mit den dumpferen Schlägen der Congas (die wichtigsten Instrumente der Festzüge, gleichzeitig heißen die Trommelgruppen sowie der Tanz Conga) zu verbinden, hatten chinesische Kontraktarbeiter die Santiagueros gebracht. Sechs Conga-Formationen ringen beim Karneval in Santiago um die beste Prämierung. Die kurzen, schnellen Schritte der getanzten Congas entstanden während der Sklavenzeit: Die Sklaven durften an Karneval zwar auf der Straße tanzen, sie mussten jedoch Fußketten tragen, die ihren Tanz auf kurze rhythmische Schritte begrenzten. Die berühmteste der sechs offiziellen Congas aus Santiago heißt Conga Paso Franco. Meist eröffnet diese Formation das Hauptspektakel des Karnevals, den Rumbón Mayor.

Neben den Congas gibt es noch die Comparsas. Jedes Stadtviertel besitzt eine solche Comparsa, eine aus 200 bis 500 Menschen bestehende Karnevalsformation, die jeweils eine bestimmte Choreografie hat. Und jedes Viertel will gewinnen, denn auch die besten Kostüme und die besten Songs der Comparsas werden jedes Jahr von einer Jury preisgekrönt. Alle zusammen toben dann zur Karnevalszeit durch Santiago. Mal geht es schneller, mal langsamer, aber es geht immer vorwärts durch die schmalen Straßen.

Santiago de Cuba

Stadt der Rebellen

Seine rebellischen Traditionen setzte Santiago im 20. Jh. fort. Bis 1959 war die Stadt Schauplatz zahlreicher bewaffneter Aufstände gegen die verschiedenen Diktaturen und auch die kubanische Revolution nahm mit dem Sturm auf die Moncada-Kaserne 1953 ihren Anfang in Santiago.

In den folgenden Jahren forderte der Kampf gegen die Diktatur in Santiago Tausende von Opfern. Fast jede Familie war auf die eine oder andere Art in die Auseinandersetzungen verwickelt. Die Bauern und die Santiagueros unterstützten mehrheitlich die Guerilla in der Sierra Maestra. Am 1. Januar 1959 schließlich zog die Rebellenarmee als Sieger in Santiago ein und Fidel Castro hielt seine erste öffentliche Rede vom Balkon des Rathauses der Stadt, gefeiert von jubelnden Menschenmengen.

Orientierung

Ein Großteil der Sehenswürdigkeiten Santiagos liegt in der Altstadt zwischen dem **Parque Céspedes** und der **Plaza de Marte**. Im Südwesten grenzt der hübsche Stadtteil **El Tivolí** mit der Uferpromenade ans Zentrum, etwa 2 km östlich der Altstadt liegt das großzügig angelegte Wohnviertel **Vista Alegre** mit einigen Museen, netten Unterkünften und empfehlenswerten Restaurants.

Die Altstadt

Seit über 500 Jahren ist der **Parque Céspedes** der Mittelpunkt und das Herz Santiagos, ein außerordentlich beliebter Treffpunkt aller Bürger. Auf den Bänken im Schatten sitzen Menschen mit Einkaufstaschen, alte Männer halten ein Schwätzchen und kauen auf ihren Zigarrenstumpen, und fast meint man, die Rufe der Straßenhändler zu hören, die noch bis in die 1950er-Jahre ihre Waren mit Liedern anpriesen (s. S. 431). Doch nach wie vor organisiert sich ein Großteil der Santiagueros seinen Lebensunterhalt nur mühsam und meistens ›links herum‹ – und auf dem Schwarzmarkt wird nicht gesungen.

Flaniermeile und wichtigste Einkaufsstraße in der Altstadt ist die zur Fußgängerzone umfunktionierte **Avenida José A. Saco**. In der nördlichen Parallelstraße, der **Calle Tamayo Fleites,** findet man viele Souvenirstände. Hier lässt es sich auch in großer Hitze entspannt bummeln, da die Gasse mit bunten, Schatten werfenden Plastikstreifen überspannt ist.

Catedral de Nuestra Señora de la Asunción [1]

Calle Heredia, Parque Céspedes, Di–So 9–12, 17–19, Messen Mo–Sa 17, So 9 und 17 Uhr

Über das Treiben auf dem Platz wacht die mächtige, gelb getünchte **Catedral de Nuestra Señora de la Asunción.** Die erste Kirche wurde hier schon im Jahr 1516 errichtet. Sie brannte nieder, wurde etwas größer wieder aufgebaut, ein Erdbeben zerstörte sie, man baute eine größere Kirche und so fort. Die Kathedrale in ihrer jetzigen Form wurde 1922 fertiggestellt, der Grundbau stammt von 1810. Das Hauptportal mündet oberhalb des Parque Céspedes auf eine große Terrasse, die sozusagen die zweite Etage des Platzes darstellt. Von der Balustrade aus kann man wie der Trompete spielende steinerne Engel zwischen den Zwillingstürmen das Hin und Her auf dem Platz beobachten.

Ayuntamiento [2]

Calle Aguilera, Parque Céspedes

Gegenüber der Kathedrale liegt das **Ayuntamiento,** von dessen Balkon Fidel Castro am 1. Januar 1959 den Sieg der Revolution verkündete. Es ist eine Nachbildung aus den 1940er-Jahren des früheren Rathauses, das von einem Erdbeben zerstört wurde.

Museo de Ambiente Histórico Cubano [3]

Calle Félix Peña 612, Ecke Aguilera, Sa–Do 9–17, Fr 13.30–17 Uhr, 100 CUP, mit Guide 120 CUP

Links vom Rathaus steht das älteste Gebäude Kubas, die **Casa Diego Velázquez** aus dem Jahr 1516. Das Wohnhaus des ersten Gouverneurs der Insel ist heute das **Museo de Ambiente Histórico Cubano.** Kostbares Mobi-

Santiago de Cuba und Umgebung

liar aus kubanischen Edelhölzern, wertvolles Geschirr und Gläser sind hier ausgestellt. Interessant ist auch der Goldschmelzofen, in dem ein Teil der geraubten Goldschätze der Azteken eingeschmolzen wurde, bevor man das kostbare Gut nach Spanien brachte.

Balcón de Velázquez 4
Calle B. Masó, Ecke M. Corona
Nach dem Gouverneur ist auch der **Balcón de Velázquez** hinter der Kathedrale benannt. Von der Aussichtsterrasse, die über einem spanischen Fort errichtet wurde, genießt man einen herrlichen Blick über das Hafenviertel und die Bucht mit der Sierra Maestra im Hintergrund. In letzter Zeit ist das Tor zur Terrasse allerdings leider öfter verschlossen.

Casa de la Trova 5
Calle Heredia 206, zw. General Lacret und Hartmann, tgl. ab 11 Uhr, s. S. 429
Seit Jahrzehnten treffen sich hier die Santiagueros, um der allgemeinen Leidenschaft zu frönen: der Musik. Sones, Boleros und Guarachas werden hier nicht einfach nur gesungen, sondern gelebt. An den Wänden hängen Porträts der legendären Trovadores Miguel Matamoros, Manuel Corona und Sindo Garay.

Casa Natal de José María Heredia 6
Calle Heredia 260, zw. Hartmann und Pío Rosado, tgl. 8–16.30 Uhr, Eintritt frei
Nur wenige Meter entfernt steht das Geburtshaus des rebellischen Dichters José María Heredia (1803–39), nach dem Santiagos bekannteste Straße benannt ist. Heredias patriotische Verse stießen bei den Zuckeraristokraten auf wenig Gegenliebe. Er beteiligte sich an Verschwörungen für die Unabhängigkeit und floh vor der Verfolgung in die USA und später nach Mexiko, wo er als Richter, Steuerbeamter, Unterrichtsminister, Professor für Literatur und Geschichte und als Rektor des Mexikanischen Instituts von Toluca tätig war. Heute lernen die Schulkinder seine hoffnungsvolle Hymne auf das freie Kuba auswendig. Bei einem Rundgang durch die **Casa Natal de José María Heredia** bekommt man u. a. einige Familienfotos und Erstausgaben seiner Veröffentlichungen zu sehen.

Galería de Arte La Confronta 7
Calle Heredia 266, Ecke Pío Rosado, Mo–Sa 9–16.30 Uhr, Eintritt frei
An der Ecke Pío Rosado lohnt die **Galería de Arte La Confronta** der kubanischen Schriftsteller- und Künstlervereinigung UNEAC einen Besuch. Das Haus im Kolonialstil besitzt wunderschöne Räumlichkeiten und einen ebensolchen Innenhof. Neben Wechselausstellungen

zeitgenössischer Künstler finden hier regelmäßig Lesungen, Podiumsdiskussionen, Konzerte, Workshops etc. statt.

Museo Emilio Bacardí 8
Calle Pío Rosado, Ecke Aguilera, Mo–Sa 9–17, So 9–12.30 Uhr, letzter Einlass 30 Min. vor Schließung, 6 CUP
Einen Block weiter nördlich befindet sich der schneeweiße Palast des 1922 verstorbenen Rummillionärs und Dynastiebegründers Emilio Bacardí. Hochprozentiges in Gläsern bekommt man an diesem Ort zwar nicht, aber im hier untergebrachten **Museo Emilio Bacardí** kann man die eindrucksvolle Kunstsammlung Bacardís, einige persönliche Gegenstände der Bacardí-Familie sowie exotische Mitbringsel von zahlreichen seiner Reisen betrachten. Weiterhin gibt es Ausstellungen zu Kunst, Geschichte und Ethnologie. Ein Führer (u. a. auch englischsprachig) lohnt sich.

Museo del Carnaval 9
Calle Heredia 303, zw. Pío Rosado und P. Valiente, tgl. 9–17 Uhr, 3 CUP
Im **Museo del Carnaval** stellen drei afrokubanische Cabildos ihre schönsten Kostüme und Requisiten aus: die Carabalí Izuama, die Carabalí Olugo und die französisch-haitianische Tumba Francesa (s. S. 416). Wer mon-

Topspot des Nachtlebens für traditionelle Musik: die Casa de las Tradiciones

Santiago de Cuba und Umgebung

tags bis samstags gegen 16 Uhr kommt, kann eine Vorstellung erleben – ein eindrucksvoller, wenn auch nicht hinreichender Ersatz für den legendären Karneval Santiagos, der im Juli nach der Fiesta del Caribe gefeiert wird.

Plaza Dolores

Einen Block weiter gelangt man auf die schattige **Plaza Dolores,** die nach der 1962 bei einem Brand zerstörten **Iglesia de Nuestra Señora de los Dolores** 10 an der Ostseite benannt wurde. In der wieder aufgebauten Kirche hat man einen Konzertsaal eingerichtet, die **Sala Dolores,** in der alljährlich im Dezember ein großes Chorfestival sowie regelmäßig klassische Konzerte stattfinden. Der Raum hat eine wunderbare Akustik. Wegen Baufälligkeit ist der Saal zzt. geschlossen, die notwendige Renovierung blieb bislang aus.

Schräg gegenüber beherbergt ein ehemaliges Lagerhaus die **Taberna de Dolores** 1 (s. S. 429), deren hübscher Patio zu einem abendlichen Mojito bei Livemusik einlädt. Rund um den lauschigen Platz haben sich zahlreiche weitere Cafés und Restaurants angesiedelt.

Museo Ciencias Naturales Tomás Romay 11

Calle José A. Saco 601, Ecke Barnada, Di–Fr 9–16, Sa 9–16.30, So 9–16 Uhr, 10 CUP, Shows im Planetarium Di–So 9.30, 10.30, 11.30 Uhr

Eine reichlich verstaubte Aura umgibt das **Museo Ciencias Naturales Tomás Romay.** Das überwiegend auf Zoologie spezialisierte Museum zeigt fast die gesamte Bandbreite der Fauna des Oriente sowie Kubas größte Sammlung an Säugetierknochen. Weitere Ausstellungsräume befassen sich mit der Entstehung des Lebens auf der Erde, der Seismografie, kubanischer Flora, der Archäologie und vielem mehr.

Plaza de Marte

Den östlichen Abschluss der Altstadt bildet die **Plaza de Marte,** ein großer verkehrsumbrauster Platz, auf dem zu Kolonialzeiten das Militär exerzierte und öffentliche Hinrichtungen stattfanden.

Im traditionsreichen **Hotel Rex** 12 an der Nordostecke des Platzes wohnte in Zimmer Nr. 34 einst Abel Santamaría, ein junger Revolutionär aus Santiago, der mit Fidel Castro den Angriff am 26. Juli 1953 auf die Moncada-Kaserne plante. Bei der Aktion wurde er verhaftet und später im Gefängnis ermordet, weil er die Namen seiner Gefährten nicht preisgeben wollte. Abel Santamaría gilt als einer der bedeutendsten Helden der Revolution und wird als Märtyrer verehrt (Av. V. Garzón 10, Ecke F. Pérez Carbó).

Nördlich des Zentrums

Museo del Ron Santiago de Cuba 17

Av. Jesús Menéndez 703, zw. Narciso López und Gonzalo de Quesada, Mo–Sa 9–17.20, So 9–11.40 Uhr, 5 €

Nicht nur für Rumliebhaber, sondern auch für Geschichtsinteressierte ist eine Führung durch die **Fabrik,** in der bis 1960 »Bacardí« hergestellt wurde, ein Pflichtstopp in Santiago. Seit der Verstaatlichung der Produktion wird hier nun Rum der bekannten Marken »Santiago de Cuba« und »Caney« abgefüllt. Bei der Führung durch einen Teil des riesigen Geländes erfährt man Interessantes über die Geschichte der Rumproduktion auf Kuba und über den Herstellungsprozess. Zum Schluss kann man einige Rumsorten verkosten und im hauseigenen Shop ein authentisches Souvenir erwerben.

Casa Natal de Antonio Maceo

Calle Los Maceos 207, Ecke M. Corona, tgl. 9–17 Uhr, 10 CUP

Tief in die kubanische Geschichte verstrickt ist ein weiterer Sohn der Stadt, dessen Geburtshaus besichtigt werden kann. In der **Casa Natal de Antonio Maceo** kam am 14. Juni 1845 einer der berühmtesten Kämpfer für die Unabhängigkeit des Landes zur Welt. Zusammen mit Máximo Gómez übernahm der Mulatte die militärische Führung im Krieg gegen die spanische Kolonialmacht (1868–1898) und setzte diesen auch noch fort, als er wegen rassistischer Angriffe gegen ihn ins Exil nach Mexiko gehen musste.

Santiago de Cuba

SPAZIERGANG DURCH EL TIVOLÍ

Tour-Infos
Start: Mercado Municipal
Länge: ca. 1,5–2 km

Dauer: je nach Aufenthaltsdauer an den einzelnen Stationen 2–3 Std.
Karte: s. S. 423

Im Südwesten des Parque Céspedes liegt einer der malerischsten Winkel Santiagos, das Stadtviertel **El Tivolí**. Seinen Namen verdankt es französischen Einwanderern, die im 18. Jh. aus Haiti geflüchtet waren. Die verwinkelten Sträßchen des Viertels ziehen sich bis hinunter zur Bucht und laden ein zu einem Rundgang, der an Santiagos neuer Uferpromenade in einem einfachen Fischrestaurant oder in einer Mikrobrauerei beschlossen werden kann.

Eine gebührende Annäherung an El Tivolí bietet die **Calle Padre Pico**, die beim **Mercado Municipal** 13 (›Markt‹) an der Ecke der Calle Aguilera beginnt. Vom oberen Ende der pittoresken Treppenstraße, ein beliebtes Fotomotiv, liegt einem die Stadt zu Füßen. Die westliche Parallelstraße der Padre Pico, die **Calle Jesús Rabí**, war eine bei vielen Santiagueros verhasste Adresse. Hier steht das ehemals berüchtigte Polizeikommissariat, in dem unter Batista zahlreiche Regimegegner verhört und gefoltert wurden. Am 30. November 1956 griff unter der Führung des damals 22 Jahre alten Frank País (s. S. 424) eine bewaffnete Gruppe junger Leute aus Santiago das Polizeiquartier an, um von der Landung der Jacht Granma in der Nachbarprovinz abzulenken. Heute beherbergt das Gebäude das **Museo de la Lucha Clandestina** 14 und zeigt handfeste Details aus der rebellischen Geschichte der Stadt (Calle Jesús Rabí 1, Mo–Sa 9–16.30 Uhr, 3 CUP).

Zwei Querstraßen weiter führt auf der rechten Seite eine steile Treppe zum Eingang der **Casa de las Tradiciones** 3 hinauf, Treffpunkt von Intellektuellen und Künstlern und einer der besten Orte in Santiago, um afrokubanische Musik zu hören. Unter der Woche fangen die Musiker gegen 20.30 Uhr an zu spielen, am Wochenende bereits am späteren Vormittag (Calle Jesús Rabí 154, zw. José de Diego und Calixto García, tgl. 11.30–24 Uhr, 100 CUP).

Einen schönen Ausblick über den tiefer gelegenen Teil des Viertels und die Bucht von Santiago bietet sich vom **Balcón de Tivolí** 15 an der Ecke José de Diego und Santiago. Über Treppen geht es nun hinunter Richtung Uferpromenade, der Avenida Jesús Menéndez, auch Alameda genannt. Auf einer der Molen beim **Parque Alameda** hat sich das sehr günstige und herrlich luftige **Restaurant Naútico** niedergelassen.

Wer meint, sich nun ein frisch gezapftes Bier verdient zu haben, sollte die **Cervecería Puerto del Rey** 8 ansteuern. Zwar lässt die Lagerhalle keine Gemütlichkeit aufkommen, aber das Hausgebraute mundet prima und kommt eiskalt auf den Tisch (Av. Jesús Menéndez 705, Mo 16–24, Di–So 12–24 Uhr, €). Leider ist die benachbarte Zigarrenfabrik **Fábrica de Tabacos César Escalante** 16 derzeit geschlossen, sodass man sich dort nicht mehr den passenden Glimmstängel zum Bier besorgen kann. Paffen kann man im Brauhaus ohne größere Bedenken – die hohe Decke und die großen Fenster lassen den Qualm gleich wieder abziehen.

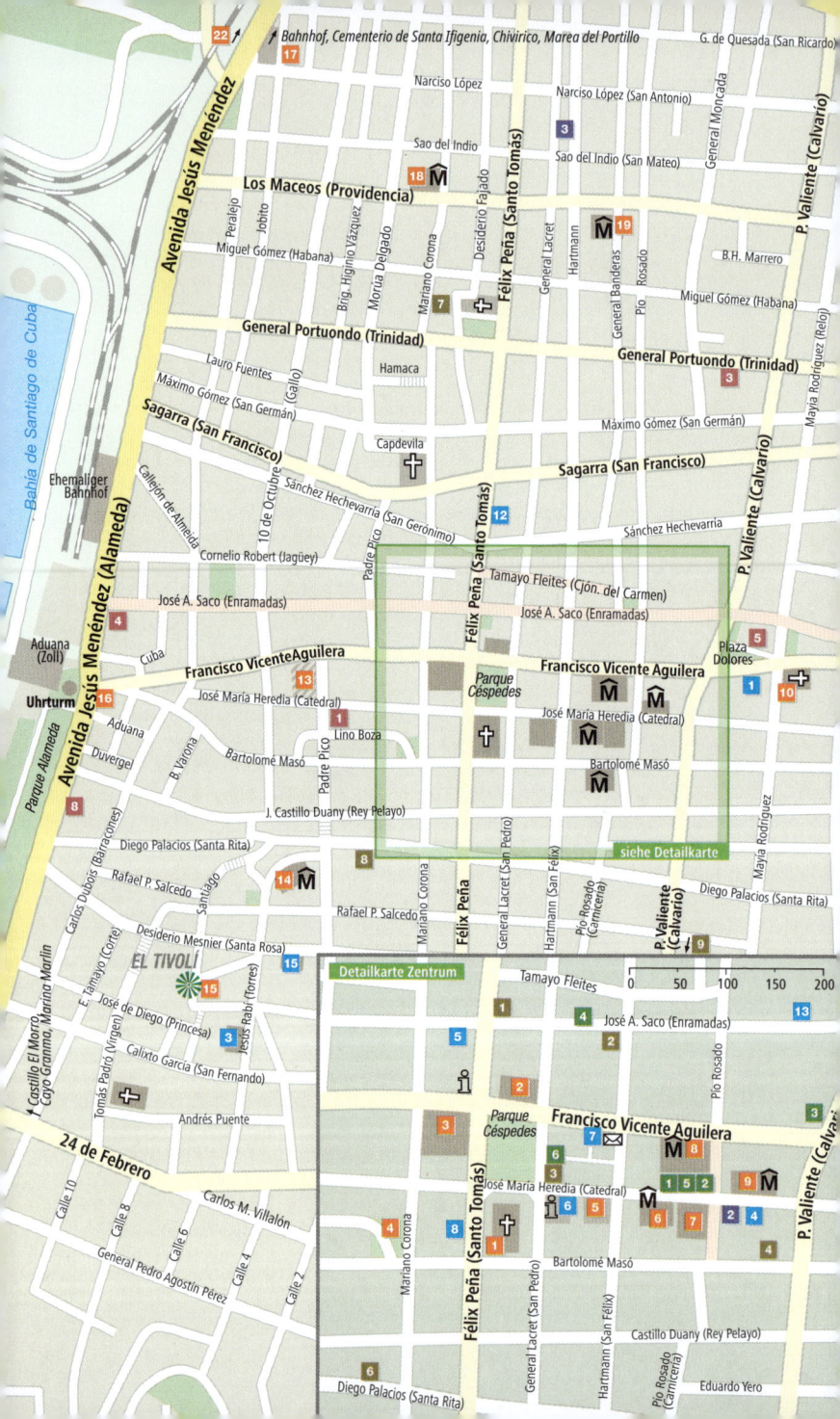

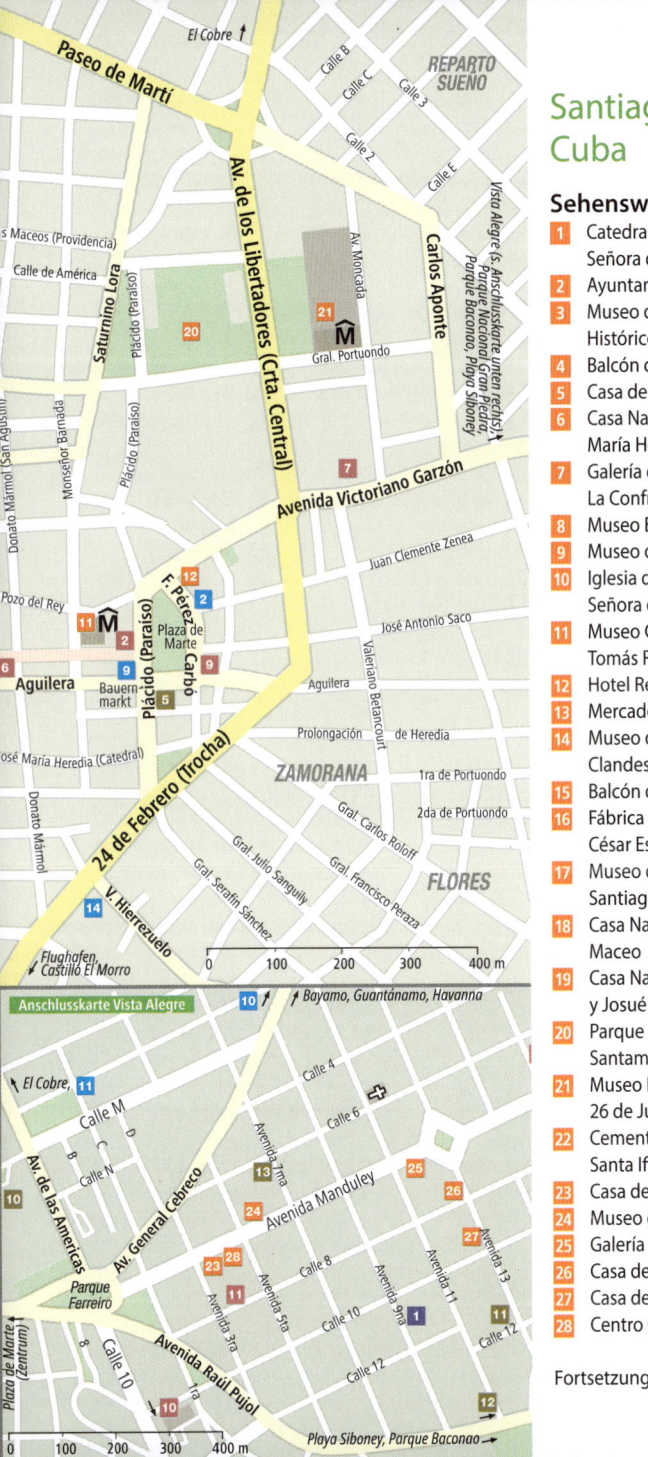

Santiago de Cuba

Sehenswert

1. Catedral de Nuestra Señora de la Asunción
2. Ayuntamiento
3. Museo de Ambiente Histórico Cubano
4. Balcón de Velázquez
5. Casa de la Trova
6. Casa Natal de José María Heredia
7. Galería de Arte La Confronta
8. Museo Emilio Bacardí
9. Museo del Carnaval
10. Iglesia de Nuestra Señora de los Dolores
11. Museo Ciencias Naturales Tomás Romay
12. Hotel Rex
13. Mercado Municipal
14. Museo de la Lucha Clandestina
15. Balcón de Tivolí
16. Fábrica de Tabacos César Escalante
17. Museo del Ron Santiago de Cuba
18. Casa Natal de Antonio Maceo
19. Casa Natal de Frank y Josué País
20. Parque Histórico Abel Santamaría
21. Museo Histórico 26 de Julio
22. Cementerio de Santa Ifigenia
23. Casa de la Cerámica
24. Museo de la Música
25. Galería René Valdés
26. Casa del Caribe
27. Casa de las Religiones
28. Centro Cultural Africano

Fortsetzung S. 424

Santiago de Cuba und Umgebung

Übernachten
1. Imperial
2. Gran Hotel
3. Casa Granda
4. San Basilio
5. Libertad
6. Roy's Terrace Inn
7. Casa Lola
8. La Casona de Santa Rita
9. Casa Haddad
10. Meliã Santiago de Cuba
11. Casa La Hiedra
12. San Juan
13. Villa Paraíso

Essen & Trinken
1. 351 Sabor y Arte
2. St. Pauli
3. Aurora
4. M'ka
5. Don Antonio etc.
6. Helados Cheny
7. Coppelia
8. Cervecería Puerto del Rey
9. Chocolatería Fraternidad
10. Salón Tropical
11. El Madrileño
12. El Palenquito

Einkaufen
1. Fondo Cubano de Bienes Culturales
2. Casa del Abanico
3. Tienda Matamoros
4. Egrem
5. Librería La Escalera
6. Galería Oriente

Abends & Nachts
1. Taberna de Dolores
2. Patio de la Música Los Dos Abuelos
3. Casa de las Tradiciones
4. Patio Artex Sandunga
5. La Bodeguita
6. Casa de Cultura Josué País García
7. Club 300
8. La Claqueta
9. Iris Jazz Club
10. Tropicana
11. Teatro Heredia
12. Don Chago
13. Cabildo Teatral Santiago
14. Teatro Galaxía
15. Foco Cultural El Tivolí

Aktiv
1. Centro de Lingüística Aplicada
2. Paradiso
3. Sandunga Dance School

Casa Natal de Frank y Josué País [19]
Calle General Banderas 226, zw. Los Maceos und M. Gómez, Mo–Sa 9–16 Uhr, 20 CUP
Die **Casa Natal de Frank y Josué País** ist das Geburtshaus zweier Brüder, die beide für die Bewegung des 26. Juli gegen die Diktatur Batistas aktiv waren. Frank País führte 1956 den Angriff auf das Polizeikommissariat (s. S. 421) und wurde wie sein Bruder 1957 von der Batista-Polizei ermordet.

Parque Histórico Abel Santamaría [20]
Av. de los Libertadores, tgl. 9–17 Uhr, 2 CUP
Dem Volkshelden Abel Santamaría (s. S. 420) ist der **Parque Histórico Abel Santamaría** gewidmet. Der betondominierte Platz befindet sich genau an der Stelle, wo früher einmal das Hospital Civil Saturnino Lora stand – eines der Angriffsziele der Revolutionäre am 26. Juli 1953 unter Führung von Abel Santamaría. Ein **Museum** informiert über die sozioökonomischen Bedingungen Kubas vor der Revolution und beherbergt den Raum, in dem Fidel Castro 1953 seine legendäre Verteidigungsrede »Die Geschichte wird mich freisprechen«, hielt.

Museo Histórico 26 de Julio [21]
Av. Moncada, Ecke General Portuondo, zzt. wegen Renovierung geschl.
Das **Cuartel Moncada** war vor der Revolution das zweitgrößte militärische Quartier von Diktator Fulgencio Batista und dient nun als Schulzentrum und **Museo Histórico 26 de Julio**. Wer sich für die Details des Angriffs auf die Kaserne und für den langen Unabhängigkeitskampf der Kubaner interessiert, findet hier eine Fülle von Informationen.

Cementerio de Santa Ifigenia [22]
Av. Crombet (Patria), vorübergehend geschl.
Der **Cementerio de Santa Ifigenia** etwa 1,5 km nordwestlich des Zentrums ist mindestens ebenso interessant wie der Cementerio de Colón in Havanna. Unter anderem befinden sich hier die Grabmäler des großen kubanischen Musikers Compay Segundo und des Unternehmers Emilio Bacardí. Für Kubas Na-

tionaldichter und Freiheitshelden José Martí wurde ein kreisrundes Mausoleum errichtet. Martí wollte mit dem Gesicht zur Sonne begraben werden und dieser Wunsch ist ihm hier erfüllt worden. Daneben nimmt sich Fidel Castros Grabstätte, ein Felsblock monumentaler Ausmaße, sehr bescheiden aus. Alle 30 Minuten findet vor seinem Grabmal in Begleitung pompöser Musik eine Wachablösung statt. Auch viele Freiheitskämpfer gegen Spanien, darunter Carlos Manuel de Céspedes, Aufständische jeder Couleur, Rebellen und die Brüder País liegen auf dem Friedhof begraben – ein Spaziergang über das Gelände ist wie ein Gang durch die gewaltgeprägte kubanische Geschichte.

Vista Alegre

2 km östlich des Zentrums erstreckt sich das Stadtviertel **Vista Alegre**. Um dem heißen und stickigen Zentrum zu entfliehen, ließen sich die oberen Zehntausend hier Anfang des 20. Jh. repräsentative Villen – einige davon beherbergen heute sehenswerte Museen und Galerien.

Casa de la Cerámica 23
Av. Manduley 102, zwischen 3 und 5, wechselnde Öffnungszeiten, Eintritt frei
In den Ausstellungsräumen der **Casa de la Cerámica** wird eine große Bandbreite an Keramikarbeiten präsentiert und man kann den Künstlern bei ihrer Arbeit zusehen. Die Direktorin Xiomara Gutiérrez Valera töpfert fantasievoll bemalte Gebrauchskeramik, andere widmen sich der Bildhauerei. Auch Kurse ganz unterschiedlicher Dauer kann man hier belegen. An jedem letzten Samstag im Monat findet eine sogenannte *feria* statt, an der es Objekte zu reduzierten Preisen gibt.

Museo de la Música 24
Av. Manduley 155, zw. 5 und 7, tgl. 9–17 Uhr, Eintritt frei
Das **Museo de la Música** ist in einer prächtigen Kolonialvilla untergebracht und vermittelt anhand von Instrumenten, Notenblättern, Dokumenten und Fotos einen interessanten Einblick in Santiagos Musikgeschichte. Ein großer Bereich ist natürlich dem Son und dessen ›Erschaffer‹ Miguel Matamoros (s. S. 88) gewidmet. Im Patio wurde eine Cafetería eingerichtet, in der am Wochenende ab 20 Uhr häufig Livemusik gespielt wird.

Galería René Valdés 25
Av. Manduley, zw. 11 und 13, tgl. 9.30–17 Uhr
Die hochmoderne **Galería René Valdés** – benannt nach dem Bildhauer, der zwar in Havanna geboren wurde, aber sein ganzes Leben in Santiago lebte und arbeitete – zeigt in ihren imposanten Räumlichkeiten zeitgenössische Werke insbesondere lokaler Künstler. Dazu gehören ein Laden, in dem u. a. anspruchsvolle Skizzen, kleinformatige Bilder, Keramik etc. verkauft werden, und eine Cafetería mit Sitzgelegenheiten im gemütlichen Patio.

Infos
Infotur: Calle Francisco Vicente Aguilera, Ecke Félix Peña, Parque Céspedes, tgl. 8–18 Uhr.
Cubatur: Calle General Lacret 701, Ecke Heredia, Parque Céspedes, Mo–Fr 9–12, 13–16.30, Sa 9–12 Uhr.
Cubanacán: im Hotel Casa Granda (s. unten).
Oficina de Reservaciones de Campismo: Calle Cornelio Robert 163, zw. Padre Pico und M. Corona, Mo–Fr 8–12, 13–15 Uhr.
Banco Nacional de Cuba: Calle Félix Peña, 565, Ecke Heredia, Mo–Fr 8–16 Uhr.
Cadeca: Calle Aguilera 508, zw. Mayía Rodríguez und Padre Quiroga, Mo–Sa 8–18 Uhr.
Internet: Etecsa, Calle Heredia, Ecke Félix Peña, Parque Céspedes, und Calle Hartman, Ecke Tamayo Fleites, beide Mo–Sa 8.30–16 Uhr.

Übernachten
... im Zentrum:
In der Haupteinkaufsstraße – **Imperial** 1 : Av. José A. Saco, Ecke Félix Peña, Tel. 22 68 71 71, www.hotelescubanacan.com. 39 kürzlich renovierte, über drei Etagen verteilte Zimmer und eine tolle Dachterrasse. €€, inkl. Frühstück.
Gran Hotel 2 : Av. José A. Saco, Ecke Hartmann, Tel. 22 68 71 62, www.hotelescubanacan.com. In einem Gebäude von 1910 mit hübscher Lobby. 42 Zi., €€, inkl. Frühstück

Santiago de Cuba und Umgebung

Traditionsreich – Casa Granda 3 **:** Calle Heredia 201, Ecke General Lacret, Parque Céspedes, Tel. 22 65 30 21–24, www.hotelescubanacan.com. Am Hauptplatz von Santiago mit herrlicher Terrasse – nichts für Ruhesuchende, aber gut geeignet für Nachtschwärmer. 58 Zi., €€, inkl. Frühstück

Charmant – San Basilio 4 **:** Calle Bartolomé Masó 403, zw. P. Valiente und Pío Rosado, Tel. 22 65 17 02, www.hotelescubanacan.com. Winziges Kolonialhotel mit nur acht Zimmern und hübschem Patio mitten im Zentrum. €€, inkl. Frühstück

Zweckmäßig – Libertad 5 **:** Calle Aguilera 568, Plaza de Marte, Tel. 22 62 30 80, www.islazulhotels.com. Schlichtes, aber sauberes Hotel mit aussichtsreicher Bar auf der Dachterrasse. 17 Zi., €€, inkl. Frühstück

Santiagos schönste Dachterrasse – Roy's Terrace Inn 6 (privat): Calle Diego Palacios 177, zw. M. Corona und Padre Pico, Tel. 22 62 05 22, 50 02 62 47, roysterraceinn@gmail.com. 17 Jahre lang lebte Roy im Ausland, arbeitete auf Kreuzfahrtschiffen und führte ein Hotel in London, bis ihn das Heimweh wieder zurückkehren ließ. Muss erwähnt werden, das hier alles tiptop ist? Jedem der drei Zimmer liegt ein anderes, durch Wandgemälde dargestelltes Thema zugrunde. Die Dachterrasse im 3. Stock gleicht einem gepflegten Dschungelgarten und bietet eine atemberaubende Aussicht über die Stadt und das Meer. €

Verwunschener Garten – Casa Lola 7 (privat): Leonor Laffita Gimeno, Calle M. Corona 309, zw. General Portuondo und José Miguel Gómez, Tel. 22 65 41 20, 53 65 41 20, sabine_p70@hotmail.com. Auf den ersten Blick nicht umwerfend, doch hat man erst einmal das hübsche Zimmer im 1. Stock und den großen Garten mit Teich inkl. Fischen und Brücke gesehen, schwinden alle Zweifel. Dazu kommt eine liebenswerte Gastgeberin. €

Großzügig – La Casona de Santa Rita 8 (privat): Calle Diego Palacios 162, zw. M. Corona und Padre Pico, Tel. 22 62 08 22, 53 21 55 08, pabellaserret@gmail.com. Hier wurde ein kleines Wunder wahr, denn die einst durch die Regierung enteignete Villa ist wieder im Besitz der Arztfamilie. Zwei Zimmer mit Türen zum sonnigen Patio mit Bananenstauden. Auf der Terrasse mit wunderschönem Ausblick wachsen Weinreben. €

Herzliche Gastgeberin – Casa Haddad 9 (privat): Calle Desiderio Mesnier 518, Tel. 22 65 86 99, 52 51 43 81, yhaddad@nauta.cu. Vermietet wird ein separates Zimmer im 2. Stock, das zwar etwas in die Jahre gekommen ist, aber gemütlich und sehr sauber. Vom Zimmer gehen zwei Dachterrassen mit Blick auf Bucht und Berge ab. Gastgeberin Maribel empfängt seit 1998 Gäste und ist eine Seele von einem Menschen. Sehr leckeres Frühstück. €

… in Vista Alegre und anderen Vororten:

Moderner Glaskasten – Meliã Santiago de Cuba 10 **:** Av. de las Américas, Ecke M, Reparto Sueño, Tel. 22 64 77 77, www.melia.com. Santiagos luxuriösestes Hotel ist innen definitiv schöner als von außen. Mit drei Pools (auch für Nicht-Gäste nutzbar), Sauna, Fitnesscenter, Restaurants und dem angenehmen Santiago Café. 268 Zi., 34 Suiten, €€€, inkl. Frühstück

Privater Luxus – Casa La Hiedra 11 (privat): Calle 12 Nr. 258, zw. 11 und 13, Tel. 53 04 90 80, www.lahiedradecuba.com. Eine ganz besondere Unterkunft, die mehr einem Boutiquehotel als einer gängigen Casa Particular entspricht. Drei riesige Zimmer, ein noch größerer, wunderschöner Garten, zuvorkommende Gastgeber und ein vorzügliches gastronomisches Angebot, das die meisten kubanischen Restaurants in den Schatten stellt. €€

Löwengebrüll als Wecker – San Juan 12 **:** Crta. de Siboney Km 1,5, Ecke 14, Tel. 22 68 72 00/01, www.islazulhotels.com. 110 Zimmer, die meisten davon in Bungalows, die schon ziemlich angestaubt sind. Ein Teil der Hotelanlage grenzt an den Zoo, weshalb man schon mal von unerwarteten Tierlauten geweckt werden kann. €–€€, inkl. Frühstück

Alles neu – Villa Paraíso 13 (privat): Calle 7 Nr. 104, zw. Av. Manduley und 6, Vista Alegre, Tel. 22 64 41 46, 53 55 27 66, madelins@nauta.cu. Das knallgelbe Haus aus den 1950er-Jahren ist nicht zu verfehlen. Der 1. Stock mit den zwei großzügigen Zimmern und ebensolchen Bädern wurde 2015 errichtet und besitzt eine riesige Terrasse; im hinteren Patio kann man gemütlich sitzen. Freundliche Gastgeberin. €

Adressen

Essen & Trinken
... im Zentrum:

Klein und sehr fein – 351 Sabor y Arte 1 (privat): Calle Padre Pico 351, Ecke Bartolomé Masó, Tel. 53 40 30 14, Mo–Sa 17–22 Uhr. Kleines, gemütliches Eckrestaurant mit viel Holz und kunstvollem Dekor. Man merkt auch beim Essen, dass in diesem Lokal viel Herzblut steckt. Die Speisekarte wird fast täglich aktualisiert und bietet eine Handvoll Gerichte, die liebevoll angerichtet werden und auch geschmacklich voll und ganz überzeugen. Das Sahnehäubchen ist die äußerst freundliche und schnelle Bedienung. Ein wahres Juwel unter Santiagos Restaurants. €€

Aufmerksamer Service – St. Pauli 2 (privat): Av. José A. Saco 605, zw. Barnada und Plaza de Marte, Tel. 22 65 22 92, Mo–Do 13–23, Fr–So 12–24 Uhr. Die Besitzer huldigen mit ihrem Restaurant und der Diskothek dem Hamburger Stadtteil St. Pauli, in den sie sich bei einem Deutschlandbesuch verliebt haben. Die liebevoll angerichteten Speisen schmecken hervorragend und sind überdies recht günstig. Um dem Dröhnen des dazugehörigen Nachtklubs zu entgehen, sollte man möglichst vor 22 Uhr gegessen haben. €€

Familiär – Aurora 3 (privat): Calle General Portuondo 662, zw. General Moncada und P. Valiente, Tel. 53 65 73 86, tgl. 12–23 Uhr. Das familiäre Ambiente beginnt gleich hinter der Eingangstüre, denn vor dem Essen steht die Durchquerung der Wohnräume der Restaurantbesitzer. Dann aber sitzt man nett im begrünten Hinterhof, wird gut umsorgt und bekommt lecker zubereitete Hausmannskost serviert. Auch das Preis-Leistungs-Verhältnis stimmt. €€

Lässig-modern – M'ka 4 (privat): Av. Jesús Ménendez, Ecke José Antonio Saco, Tel. 53 48 39 33, So–Do 10–23, Fr, Sa 10–5 Uhr. Hauptsächlich ist das M'ka als Bar bekannt, in der sich allabendlich ein junges, bunt gemischtes Publikum einfindet. Allerdings hat der Laden auch tagsüber geöffnet und bietet eine für kubanische Verhältnisse recht umfangreiche Speisekarte. Man kann draußen zur Alameda hin sitzen und das Leben auf der Straße an sich vorbeiziehen lassen. €€

Logenplatz – Casa Granda 1 : im gleichnamigen Hotel (s. S. 426), tgl. 9–23 Uhr. Für einen Snack, einen Kaffee oder einen Drink ist die Hotelterrasse die beste Adresse in der Innenstadt: flinker Service, gute Snacks (u. a. Sandwiches) und ein Logenplatz am Parque Céspedes. €€

Dreigestirn – Don Antonio, La Terressina und **La Perla del Dragón** 5 : Plaza de Dolores, tgl. 12–23 Uhr. Im eleganten Stadtpalais der Grafen Candelarias speist man in antikem Ambiente. Don Antonio ist bekannt für seine Meeresfrüchte, im La Teressina wird italienisch gekocht, die ›Drachenperle‹ serviert Chinesisches. €–€€

Beste Eisdiele der Stadt – Helados Cheny 6 (privat): Calle José Antonio Saco 532, Ecke Donato Mármol, Tel. 22 65 63 75, tgl. 9–22 Uhr. Mit an Sicherheit grenzender Wahrscheinlichkeit ist dies die beste Eisdiele Kubas. Meist nur wenige Sorten, dafür wunderbar cremig und feinste knusprige, frisch gebackene Waffeln. Ein Traum ... €

Noch mehr Eis – Coppelia 7 : Av. Victoriano de Garzón, Ecke Av. de los Liberadores, tgl. 10–22 Uhr. Santiagos Ableger der berühmten kubanischen Eisdiele. Das Prinzip ist das glei-

Tipp

STADTRUNDFAHRT MIT STRASSENKREUZER

Vor der Kathedrale am Parque Céspedes warten meist ein paar coole Chevrolets inklusive Chauffeur, um Touristen auf kürzeren oder längeren Spazierfahrten die Stadt und ihre Umgebung zu zeigen. Zur Festung El Morro sollte man auf keinen Fall mehr als 30 € hin und zurück bezahlen, ein Tagesausflug in den Parque Baconao kostet etwa 50 €.

Santiago de Cuba und Umgebung

AFROKUBANISCHE KULTUR IN SANTIAGO

Santiago ist eine Hochburg der afrokubanischen Kultur. Hier sind nicht nur die Santería und die Regla Conga lebendig, wie man sie aus anderen Teilen Kubas kennt. Durch die starke Präsenz der Haitianer ist in Santiago ein deutlich vom Voodoo beeinflusstes Mischprodukt entstanden, denn die haitianischen Sklaven brachten ihre Götter, ihre Kulte, ihre Instrumente und Tänze mit nach Kuba.

So ist etwa der haitianische Baron Samdi, der mächtige Totengott des Voodoo, nach Santiago gereist, ebenso wie die zahlreichen Geister – die *iwa* und *mystè* (die Geheimnisvollen), die *envizib* (die Unsichtbaren) und die *zanj* (die Engel). Auch die Stocktänzer *(majo jonks)* mit ihren bunten Tüchern gehören dazu.

Basisadressen für afrokubanische Kultur sind die **Casa de las Tradiciones** 3 (s. S. 421) und die **Casa del Caribe** 26, ein Studienzentrum für karibische Kultur und ein bedeutender Veranstalter, der u. a. das Festival del Caribe im Juli organisiert. Interessierte können hier Tanz- oder Trommelkurse belegen und fast jeden Tag ab 17 Uhr finden kulturelle Veranstaltungen statt, u. a. probt hier regelmäßig das Conjunto Folclórico Kokoyé (Calle 13 Nr. 154, Ecke 8, Vista Alegre). Bei beiden Adressen bekommt man Informationen über die Karnevalscomparsas und -congas, Termine von Auftritten etc. Fragen Sie vor allem nach den Congas Los Hoyos, Paso Franco und El Guayabito, der Comparsa El Tivolí und der Tumba Francesa (s. S. 416).

Im **Museo del Carnaval** 9 (s. S. 419) sind aufwendige Kostüme, Instrumente und Requisiten der berühmtesten Karnevalcomparsas aus Santiago zu bewundern.

Unbedingt einen Besuch wert ist die **Casa de Cultura** 6 (s. S. 430), wo die traditionelle Rumba in ihren drei Varianten getanzt wird: Columbia, Yambú und Guaguancó.

Wer sich für die Volksreligionen Santería und Vodú (kubanisch für Voodoo) interessiert, wird in der **Casa de las Religiones** 27 fündig. In mehreren Räumen sind Altäre aufgebaut und kundige Führer erklären die wichtigsten Details der verschiedenen Glaubensrichtungen. Sehr interessant ist ein Besuch am Día de la Caridad del Cobre (8. Sept.), am Día de Santa Bárbara (4. Dez.) oder am Día de San Lázaro (17. Dez.), wenn zahlreiche Aktivitäten stattfinden (Calle 13 Nr. 206, zw. 8 und 10, Vista Alegre, tgl. 9 bis ca. 17 Uhr, 300 CUP inkl. Führung).

Ein weiteres afrokubanisches Zentrum mit Ausstellungen und Veranstaltungen ist das **Centro Cultural Africano** 28. Im Patio wird sonntags ab etwa 17 Uhr häufig Livemusik afrikanischen Ursprungs gespielt (Av. Manduley 106, Ecke 5, Vista Alegre, keine festen Öffnungszeiten). Theaterstücken afrokubanischer Autoren und Auftritten afrokubanischer Musik- und Tanzgruppen kann man im **Cabildo Teatral Santiago** 13 beiwohnen (Calle J. A. Saco 415, Do–So 20.30 Uhr). Zuschauer sind auch willkommen bei den Proben der Folkloregruppe Conjunto Folclórico Cutumba im **Teatro Galaxía** 14 (Av. 24 de Febrero, Ecke V. Hierrezuelo, Mo–Fr ab 9 Uhr). Im **Teatro Heredia** 11 (s. S. 430) üben die Gruppen Conjunto Folclórico del Oriente und Danza del Caribe und im **Foco Cultural El Tivolí** 15 gibt das Conjunto Folclórico Sarabanda Mayombé Kostproben seines Könnens (Calle D. Mesnier 208, zw. Jesús Rabí und Padre Pico, tgl. ab ca. 17 Uhr).

che wie in Havanna: anstehen und mit Freunden in der Warteschlange quatschen, dann als Belohnung für die Geduld einen bunten Eisbecher zum selbst für Kubaner spottbilligem Preis im schönen Garten genießen. €

Brauerei in Lagerhalle – **Cervecería Puerto del Rey** 8 : s. S. 421

Schokoladig – **Chocolatería Fraternidad** 9 : Calle F. Pérez Carbó, Ecke Aguilera, Mo–Fr 9–21, Sa, So 10–22 Uhr. Im Patio kann man köstliche heiße Schokolade trinken und dazu Pralinen knabbern.

... in Vista Alegre und anderen Vororten:

Eine Institution – **Salón Tropical** 10 (privat): Calle F. Marcané 310, zw. 9 und 10, Santa Bárbara, Tel. 22 64 11 61, tgl. 12–23.30 Uhr. Eine begrünte Terrasse mit schönem Ausblick, freundlicher Service und exzellentes Essen in großen Portionen – schon seit vielen Jahren spielt der Salón Tropical in der kulinarischen Oberliga. Achtung: An der Straßenkreuzung beim Restaurant wartet immer eine ganze Traube von Schleppern, die einen auf die Frage nach dem Weg zu anderen Privatrestaurants zu führen versuchen. €€

Spezialität BBQ – **El Madrileño** 11 (privat): Av. 8 Nr. 105, zw. 3 und 5, Vista Alegre, Tel. 22 64 41 38, tgl. 12–23 Uhr. Dieser Paladar liegt versteckt im Villenvorort und wird gerne von Einheimischen aufgesucht. Schicke, aber legere Atmosphäre, sehr aufmerksamer Service und hübscher Patio mit plätscherndem Brunnen. €€

Der Weg lohnt – **El Palenquito** 12 : Palapa-Restaurant, am Stadtrand wunderschön im Grünen gelegen. Umgeben von Einheimischen, isst man hier für kleines Geld typisch kubanisch. €–€€

Einkaufen

Santiagos Einkaufsstraße ist die **Avenida José A. Saco** (Enramada).

Souvenirs – In der **Calle Tamayo Fleites** (s. S. 417) findet man Kunsthandwerksstände.
Fondo Cubano de Bienes Culturales 1 : Calle Heredia 265, direkt neben der Librería La Escalera (s. rechts), zw. Hartmann und Pío Rosado, Mo–Sa 9–18 Uhr. Postkarten, Gemälde etc.
Casa del Abanico 2 : Calle Heredia, Ecke Pío Rosado, tgl. 9–18 Uhr. Fächer und Hüte. **Tienda Matamoros** 3 : Calle P. Valiente, Plaza Dolores, Mo–Sa 9–19.30, So 9–17 Uhr. Zigarren, Rum, Kaffee, Gitarren, T-Shirts etc.

Musik – **Patio Artex** 4 : s. unten, tgl. 9–18 Uhr. CDs diverser Musikrichtungen, viel alte Trova. **Egrem** 4 : Av. José A. Saco 309, zw. Lacret und Hartmann, Mo–Sa 9–18 Uhr. Sehr gute Auswahl an CDs aus Santiago.

Antiquarische Bücher – **Librería La Escalera** 5 : Calle Heredia 265, zw. Hartmann und Pío Rosado, tgl. 10–18 Uhr. Uriges Buchantiquariat mit zauberhafter Atmosphäre und gelegentlicher Livemusik.

Kunst – **Galería Oriente** 6 : Calle General Lacret 656, Parque Céspedes, Mo 8–12, Di–Sa 9–21 Uhr. Werke kubanischer Künstler (mit Ausfuhrstempel).

Rum – **Tienda Museo del Ron** 17 : Av. Jesús Menéndez 703, Ecke Narciso López, Mo–Sa 9–17.20, So 9–11.40 Uhr. Rum aller Jahrgänge direkt vom Erzeuger.

Zigarren – **Fábrica de Tabacos César Escalante** 16 : s. S. 421

Abends & Nachts

Infos über aktuelle Veranstaltungen bietet www.noticiasdesantiagodecuba.com (> Cartelera Cultural).

Auf einen Drink – **Casa Granda** 1 : im gleichnamigen Hotel (s. S. 426), tgl. 9–23 Uhr. Von der Bar auf der Dachterrasse genießt man eine fantastische Aussicht. **Taberna de Dolores** 1 : Calle Aguilera 468, Plaza de Dolores, tgl. 12–23 Uhr. Im Innenhof scheinen die Blumen vom Himmel zu baumeln – gut, um bei einem Drink zu entspannen, das Essen ist weniger empfehlenswert.

Livemusik – **Casa de la Trova** 5 : s. S. 418, tgl. 12–1 Uhr, tagsüber 100 CUP, ab 21 Uhr 300 CUP. Die wohl berühmteste Casa ihrer Art in Kuba (s. S. 90) – junge und ältere Troubadoure aus Santiago, auch gut zum Tanzen. **Patio de la Música Los Dos Abuelos** 2 : Calle F. Pérez Carbó 5, Plaza de Marte, unregelmäßig abends ab ca. 21.30 Uhr Livemusik. **Casa de las Tradiciones** 3 : s. S. 421. **Patio Artex Sandunga** 4 : Calle Heredia 304, zw. P. Valiente und Pío Rosado, tgl. ab 11 Uhr. Auftritte von Cracks der Musikszene Santiagos, auch regelmäßig Folkloreaufführungen, angenehme lockere Atmosphäre. **La Bodeguita** 5: Calle José Antonio Saco, zw. M. Corona und Santo Tomás, tgl. 12–23 Uhr. Ableger der berühmten Bar in Havanna. Ab mittags Livemusik. **Casa de Cultura Josué País García** 6: Calle Heredia 204, zw. General Lacret und Hartmann. Unter der Woche ab 20 Uhr, Sa und So bereits vormittags traditionelle Musik und Tanz. Abends 500 CUP.

Nachtklubs – **St. Pauli** 2: s. S. 427, tgl. 22–5.30 Uhr. Kleiner privater Club mit großartiger Stimmung. Aktuell eine der In-Locations. **M'ka** 4: s. S. 427. Jeden Abend ein anderes Programm, junges, buntes Publikum. **Club 300** 7: Calle Aguilera 302, zw. General Lacret und Hartmann, Di–So ab 22 Uhr, 125 CUP, davon 75 CUP Getränkegutschein. Etwas düsterer Klub, der vor allem von Einheimischen frequentiert wird. **La Claqueta** 8: Calle Félix Peña, zw. Heredia und Masó, Do–So 21–2 Uhr. Gut zum Anbahnen zwischenmenschlicher Beziehungen.

Jazz – **Iris Jazz Club** 9: Calle Plácido, Ecke Aguilera, Plaza de Marte, Fr und Sa ab 21 Uhr, der Eintritt variiert je nach Veranstaltung. Treffpunkt der lebendigen Jazzszene Santiagos, das aktuelle Programm ist außen angeschlagen.

Klassik – **Sala Dolores** 11: Calle Mayía Rodríguez, Ecke Aguilera, Plaza Dolores, s. S. 420. Der Konzertsaal in einer alten Kirche wird zur Aufführung klassischer Konzerte genutzt. Er ist allerdings baufällig und wartet derzeit auf die dringend notwendige Renovierung.

Cabaret – **Tropicana** 10: Autopista Nacional Km 1,5, Do–So ab 22 Uhr, ab 20 €. Nicht ganz so berühmt wie sein Zwilling in Havanna, doch eine tänzerisch hervorragende Show, danach geht auf der Tanzfläche die Post ab.

Theater – **Teatro Heredia** 11: Av. de las Américas, Ecke Av. de los Desfiles, Plaza de la Revolución. Wichtigster Veranstaltungsort des Oriente, im großen Saal Theater, Ballett etc., im dazugehörigen Café Cantante Niágara Kleinkunst. Das Programm hängt aus.

Gay – **Don Chago** 12 (privat): Calle Félix Peña, zw. Sagarra und Sánchez Hechevarría, Do–Sa ab 22 Uhr. Regelmäßig Gay Nights mit Drag-Queen-Shows.

Tisch nach draußen gestellt, Dominosteine ausgepackt: In Kuba wird der Begriff ›Wohnstraße‹ wörtlich genommen, auch auf der – meist mit Touristen vollgepackten – Calle Padre Pico

Aktiv

Sprach-, Tanz- & Trommelkurse – **Centro de Lingüística Aplicada** 1 **:** Calle 9 Nr. 253, zw. 10 und 12, Vista Alegre, Tel. 22 64 63 90, 52 85 75 59, www.cla.cu/simposio/index.php. Anmeldung im Voraus bei Direktor Leonel Ruiz Miyas per Telefon oder unter leonelruiz miyas@gmail.com (15 €/Std.). Die Schule ist auch bei der Beschaffung des nötigen Visums behilflich. **Paradiso** 2 **:** Calle Heredia 302, zw. Pío Rosado und P. Valiente, Tel. 22 62 70 37, 22 65 48 14, www.facebook.com (> Paradiso Santiago). Sprach-, Percussion-, Tanzkurse etc. ab 8 €/Std. **Sandunga Dance School** 3 **:** Calle Hartmann 154, zw. Sao del Indio und Narciso López, Tel. 22 62 11 10, 54 80 66 93, www.sandungadanceschool.com.

Baden – **Meliá Santiago de Cuba** 10 **:** s. S. 426 und **San Juan** 12**,** s. S. 426. Strände findet man in Playa Siboney und im Parque Baconao (s. S. 433).

Termine

Infos und Termine zu Santiagos wichtigsten Festen s. S. 127.
Festival de la Trova: März. Stelldichein bekannter Musiker des traditionellen Genres.
Festival del Pregón: Mitte Juni. Verkaufsfördernde Gesänge der Straßenhändler haben in Santiago eine lange Tradition – hier treten sie in Wettbewerben gegeneinander an.
Fiesta de San Juan: 24. Juni. Prozessionen und karnevalsähnliche Umzüge mit Congas.
Festival del Bolero: Juni. Bolerofestival.

Verkehr

Flüge: Aeropuerto Antonio Maceo, ca. 8 km südl., Tel. 22 69 10 53, 22 69 86 12. Die Fahrt mit dem Taxi ins Zentrum kostet ca. 10 €. Cubana, Av. José A. Saco, Ecke General Lacret, Tel. 22 65 15 77–79, und im Flughafen, Tel. 22 69 12 14. Aerogaviota, Calle 17 Nr. 53, Vista Alegre, Tel. 22 64 12 43. Verbindungen u. a. nach Havanna und Spanien.
Züge: Terminal Central de Ferrocarriles, Av. Jesús Menéndez, Ecke Paseo de Martí, Tel. 22 62 28 36. Züge nach Bayamo, Manzanillo, Holguín, Camagüey, Matanzas, Havanna. Zzt. Abfahrten an jedem 4. ungeraden Tag 1 x tgl.
Busse: Av. Jesús Menéndez, Ecke Paseo de Martí, direkt neben dem Bahnhof, Tel. 22 62 84 84. Mit Víazul 1 x tgl. nach Baracoa (15 €), 2 x tgl. nach Holguín (9 €), 3 x tgl. über Bayamo (8 €), Las Tunas (13 €), Camagüey (21 €), Ciego de Ávila (28 €) nach Sancti Spíritus (33 €), nach Santa Clara (38 €) und nach Havanna (56 €). 1 x tgl. nach Varadero (51 €) und Matanzas (52 €). Vom Terminal Intermunicipal, Av. de los Libertadores, Ecke 4, mind. 2 x tgl. nach El Cobre.
Transport vor Ort: Santiago ist die Stadt der Mototaxis. Man erkennt die Motorradfahrer, die in offizieller Mission unterwegs sind, an einem zweiten, rechts oder links unterhalb des Tanks baumelnden Helm. Die Strecke Vista Alegre–Parque Céspedes kostet 150 CUP, ein normales Taxi verlangt das Doppelte. Standplätze der Mototaxis befinden sich z. B. vor der Kathedrale und an der Plaza de Marte. Hier starten auch die meisten Stadtbusse, z. B. zum Parque Ferreiro, der Haltestelle für Vista Alegre sowie die Hotels Meliá und América. Vom Parque Ferreiro aus fährt die Buslinie 214 etwa alle 30 Min. nach Playa Siboney.

Ausflüge in die Umgebung ▶ R/S 8/9

Cayo Granma

Ein Halbtagesausflug führt entlang der Küste zur Ostseite von Santiagos Hafeneinfahrt. In stetem Auf und Ab schlängelt sich die Straße am Meer entlang, anfänglich durch eine hässliche Industriezone und dann durch eine grüne Küstenlandschaft, bis sie nach etwa 6 km zunächst die Marina Marlin in **Punta Gorda** erreicht. Von hier kann man per Boot zum kleinen **Cayo Granma** in der Bucht von Santiago übersetzen (s. S. 435). Zu Kolonialzeiten war die Insel Residenz eines Sklavenhändlers und Zwischenstation für die Sklaven, bevor sie in andere Städte und Länder Amerikas verschifft wurden. Heute leben auf dem Eiland rund 1500 Menschen in pastellfarbenen Holzhäuschen, viele davon auf Stelzen über dem Wasser gebaut.

Santiago de Cuba und Umgebung

In gut 20 Minuten hat man das Inselchen zu Fuß umrundet. Typischerweise genehmigen sich die meisten Besucher danach noch ein Fischessen im romantischen Restaurant der Insel (s. S. 434).

Castillo El Morro
Tgl. 9–19 Uhr, 100 CUP
10 km außerhalb des Zentrums thront auf einem hohen Felsen die 1640 erbaute Festung **El Morro,** mit vollständigem Namen **Castillo de San Pedro de la Roca.** Von hier aus hat man einen spektakulären Blick über die Bahía de Santiago, die Berge der Sierra Maestra und die Karibische See – an klaren Tagen kann man (fast) bis Haiti sehen. Es braucht nicht viel Vorstellungskraft, um sich auszumalen, welche ruhm- und leidvollen Erfahrungen die Stadt mit den Piraten machen musste. Im Inneren der Festung, die seit 1997 zum UNESCO-Welterbe gehört, befindet sich das **Museo de la Piratería.**

Zurück ins Zentrum von Santiago geht es ganz schnell über die Carretera del Morro, vorbei am Hotel Balcón del Caribe, dem Cabaret San Pedro del Mar und dem Flughafen.

Parque Nacional Gran Piedra
Den mit 1234 m höchsten Berg der östlichen Sierra Maestra, die **Gran Piedra,** erreicht man von Santiago aus über die Straße in Richtung Parque Baconao (s. rechts). Nach etwa 14 km ist die Abzweigung zum ›Großen Stein‹ ausgeschildert. Die Teerstraße endet am Hotel **Gran Piedra** (s. S. 433). Kletterfreudige Menschen steigen vom Hotel die 452 Stufen bis zum Gipfel hinauf – die spektakuläre Panoramasicht bis Haiti und Jamaika entschädigt für alle Mühen. Das schlichte Hotel empfiehlt sich für Ruhe suchende Menschen und Naturliebhaber, die ihre Umgebung auch gerne zu Fuß kennenlernen. Zusammen mit einem Führer kann man Wandertouren unternehmen und passiert dabei mindestens eine der 77 verfallenen Kaffeeplantagen am Berg.

Das Vorzeigeexemplar ist der **Cafetal La Isabélica,** früher im Besitz des französischen Pflanzers Victor Constantín, der hier mit seiner Sklavin Isabel María in eheähnlichen Verhältnissen lebte. Heute befindet sich auf der restaurierten, zum UNESCO-Welterbe gehörenden Hacienda ein **Museum,** das den Kaffeeanbau, die Produktionsweisen und das Leben auf der Plantage plastisch vor Augen führt. Es handelt sich um die einzige Plantage Kubas, die weitgehend in ihrem Originalzustand erhalten blieb und obendrein besichtigt werden kann. Autofahrer gelangen über einen 2 km langen Fahrweg dorthin, der am Hotel Villa Gran Piedra beginnt (bei Redaktionsschluss war die Kaffeeplantage geschlossen, eine baldige Wiedereröffnung ist aber geplant).

Museo Histórico Granjita Siboney
Crta. de Siboney Km 3,5, Mo 9–13, Di–So 9–17 Uhr, 10 CUP
Nahe dem Dörfchen Playa Siboney am Fuß der Cordillera de la Gran Piedra versteckten sich Fidel Castro und die Rebellen der Bewegung des 26. Juli, bevor sie 1953 die Moncada-Kaserne überfielen. Ihre Tarnung war eine Hühnerfarm *(granjita),* deren Brunnen als Waffenlager herhalten musste. In den acht Zimmern der **Granjita Siboney** kann man anhand von Dokumenten, Zeitungsausschnitten, Uniformen und persönlichen Gegenständen den Hergang dieses Auftakts zur Revolution verfolgen. An die vielen dabei getöteten Revolutionäre erinnern jeweils kleine Denkmäler, die die Straße zwischen Santiago und Siboney säumen.

Playa Siboney
Das winzige **Playa Siboney** beheimatet Santiagos nächstgelegenen Strand in dieser Himmelsrichtung, ein breiter gelber Sandstreifen im Schatten von Palmen. Bars verkaufen gekühlte Getränke, Essensstände billige belegte Brötchen und das Restaurant La Rueda mit schöner Terrasse am Hang frischen Fisch – was will man mehr. Wegen seiner relativen Nähe zu Santiago (20 km) und ein paar netten Privatquartieren eignet sich Siboney auch gut als Basis für die Erkundung der Stadt.

Ausflüge in die Umgebung

Parque Baconao

Lange Zeit waren die fehlenden Strände der wunde Punkt Santiagos. Hätte die heimliche Hauptstadt wenigstens einen kleinen Traumstrand in ihrer Nähe gehabt, wäre die Konkurrenz zu Havanna perfekt gewesen. Inzwischen hat man immerhin einen annehmbaren Ersatz gefunden: Die Strände zwischen Santiago und der Laguna Baconao sind so gut ausgebaut, teils künstlich aufgeschüttet, und erschlossen, dass Santiago nun auch Strandurlauber – zumindest einigermaßen – befriedigen kann. Die gesamte Küstenzone wurde zum **Parque Baconao** ernannt, ein 52 km langer und 80 000 ha großer Freizeitpark mit Hotels, Restaurants, Museen und zahlreichen anderen Attraktionen.

4 km hinter der Abzweigung nach Playa Siboney liegt linker Hand der **Complejo Recreativo Fiesta Guajira**, eine kleine Farm, auf der gelegentlich ein Rodeo stattfindet. Ansonsten kann man hier Ausritte unternehmen und im rustikalen Restaurant kreolische Küche probieren (Crta. de Baconao Km 2,5).

Wer lieber in Süß- als in Salzwasser badet, sollte die **Finca El Porvenir** besuchen. Vom bewachten Parkplatz geht es über eine Treppe hinunter in ein idyllisches kleines Tal mit einem Fluss, der ein großes Schwimmbad speist. Im Restaurant kann man sich mit Gegrilltem stärken oder einfach nur einen Drink zu sich nehmen (Crta. de Baconao Km 4, ca. 1,5 km abseits der Hauptstraße, Restaurant und Freizeitanlage tgl. 10–17 Uhr, Erw. 300 CUP, Kinder 150 CUP).

Insbesondere Familien mit Kindern dürfte das **Valle de la Prehistoria** interessieren, ein grünes Tal, in dem man überrascht und vielleicht amüsiert auf einen lebensgroßen Dinosaurier stößt, dann auf einen zweiten und einen dritten – 227 lebensgroße und täuschend echte Nachbildungen dieser Urzeittiere, aber auch von Mammuts und prähistorischen Menschen stehen in dem Tal herum und alle sehen aus wie mitten in einer Bewegung eingefroren – Jurassic Parc auf Kubanisch (Crta. de Baconao Km 6,5, tgl. 8–18 Uhr, 50 CUP).

Ein Stück weiter kann man im **Museo Nacional de Transporte Terrestre por Carretera** Uraltautos und als besonderes Highlight den Cadillac des legendären Sängers Benny Moré bewundern. Oldtimerfans werden jubilieren: Das älteste Modell stammt aus dem Jahr 1912. 36 Original- und ca. 2500 Modellautos demonstrieren die Entwicklung des Automobils von den Anfängen bis heute (Crta. de Baconao Km 8,5, La Punta, Di–So 8–17 Uhr, 15 CUP).

Einer der beliebtesten Strände des Parque Baconao, die **Playa Verraco,** folgt nach weiteren 10 km. Kurz davor liegt in einem Waldstück die **Comunidad Artística Verraco,** wo man Künstlern bei der Arbeit zusehen und ihre Werke – Skulpturen, Bilder und Tonwaren – auch kaufen kann.

Dressierte Delfine, Haie, Seelöwen und viele andere Meeresbewohner beheimatet das **Acuario Baconao,** das allerdings nach Sturmschäden stark renovierungsbedürftig ist. Viel schöner ist es ohnehin, auf der **Laguna Baconao** eine Bootsfahrt zu unternehmen und darauf zu hoffen, dass die hier wild lebenden Delfine eine freiwillige Show abziehen.

Übernachten

… am Castillo El Morro:
Auf einer Steilklippe über dem Meer – **Balcón del Caribe:** Crta. del Morro Km 7,5, Tel. 22 69 15 06, www.islazulhotels.com. Die Bungalows sind zwar in die Jahre gekommen, haben aber alle eine Terrasse und einen traumhaften Meerblick. Gemächlicher Service – trotzdem oder gerade deswegen gut geeignet zum Ausspannen. Pool, Restaurant, Cafetería, Bar. 94 Zi., 22 Bungalows, €€, inkl. Frühstück

… im Parque Nacional Gran Piedra:
Für Naturliebhaber – **Gran Piedra:** Crta. de la Gran Piedra Km 14, Tel. 22 68 61 47, 22 68 63 95, www.islazulhotels.com. Die rustikalen Bungalows, die inmitten von Baumfarnen, Kaffeestauden, Orangen-, Mango- und Zitronenbäumen am Berghang stehen, bieten eine Aussicht vom Feinsten. €, inkl. Frühstück

… in Playa Siboney:
Casa am Strand – **Guillermo González Soto** (privat): Malecón, zw. 4 und 5, Tel. 22 39 95 18. Schönes Privatquartier mit zwei Zimmern und riesiger Sonnenterrasse mit Liegestühlen und Meerblick. Auch sehr gutes Essen. €

Santiago de Cuba und Umgebung

Mit Zoo im Garten – **Andres Ruíz** (privat): Av. Serrano s/n, neben der Kirche, Tel. 53 08 74 53. 200 m vom Strand entfernt, aber dafür mit großem Pool, herrlichem Garten und Minizoo bestehend aus Hühnern, Enten, Schildkröten, Hasen und sogar *jutías* (Baumratten). Parkplatz. 2 Zi., €

… im Parque Baconao:

Im karibischen Stil – **Club Amigo Carisol-Los Corales:** Crta. de Baconao Km 31, Playa Cazonal, Tel. 22 35 61 21/22, www.hotelescubanacan.com. Zwei Hotelresorts mit insgesamt rund 300 Zimmern, die direkt an einem schmalen, mit Steinen durchsetzten Sandstrand liegen. Mit angeschlossener Tauchbasis. €€, all inclusive

Essen & Trinken
… auf Cayo Granma:

Inselrestaurant – **El Cayo:** Tel. 22 69 01 09, tgl. 12–17 Uhr. Die Spezialität ist *mariscada*, gemischte Meeresfrüchteplatte. Toller Blick auf die Stadt, die Morro-Festung und die Bucht. €€

… am Castillo El Morro:

Blick (fast) bis Haiti – **El Morro:** neben der Festung, Tel. 22 69 15 76, tgl. 10–17 Uhr, in der Hochsaison auch länger. Gartenrestaurant auf den Klippen über dem Karibischen Meer. €

… im Parque Baconao:

Mit Blick auf die Laguna Baconao – **La Casa de Rolando:** Crta. de Baconao Km 58, Di-So 10.30–17 Uhr. Gut gewürzte kubanische Gerichte werden auf einer Terrasse mit Blick auf die Lagune serviert. Auch Bootsverleih und -touren. €–€€

Abends & Nachts
Tanz- und Musikshow – **Cabaret San Pedro del Mar:** Crta. del Morro Km 8, Tel. 22 69 10 11, Do–So ab 21 Uhr, Eintritt 10 €. Ab 22 Uhr Aufführung, danach Disco.

Aktiv
Baden – In puncto Breite und Sandqualität können sich die Strände im Parque Baconao nicht mit jenen der Nordküste messen, sie sind aber feinsandig und hell und die karibischen Wellen verwöhnen mit noch höheren Temperaturen als der Golf an der Nordküste. Da es hier stellenweise Seeigel gibt, sollte man Badeschuhe tragen.

Hochseefischen, Bootstouren – **Marina Marlin Santiago de Cuba:** Punta Gorda, Tel. 22 69 14 46. Bootsausflüge, Hochseefischen etc. Mit Terrassenrestaurant.

Tauchen – **Centro de Buceo Marina Internacional de Santiago de Cuba:** in der Marina Marlin Santiago de Cuba (s. S. 434), Tel.

Ausflüge in die Umgebung

22 69 14 46. **Centro Internacional de Buceo Carisol Los Corales:** im Club Amigo Carisol-Los Corales (s. S. 434).

Wandern – Viele Möglichkeiten bietet der Parque Nacional Gran Piedra. Da die Wege unmarkiert sind, sollte man in der Villa Gran Piedra (s. S. 433) einen ortskundigen Führer anheuern. Nach Regenfällen sind die größtenteils schattigen Wege oft schlammig und es besteht Rutschgefahr.

Verkehr
Busse: Bus Nr. 214 fährt von der Playa Siboney zum Parque Ferreiro in Santiago.
Fähre: Zum Cayo Granma ab der Marina Marlin in Punta Gorda (8.30–17 Uhr) oder ab einer kleinen Mole zwischen Punta Gorda und El Morro (*embarcadero* ausgeschildert, 6–23 Uhr, ca. alle 90 Min.).
Taxis: Die Fahrt von Playa Siboney nach Santiago kostet ca. 25 €.

Für Piraten war das Castillo El Morro uneinnehmbar, nicht aber für Touristen – kein Wunder bei diesem Ausblick

Die Provinz Guantánamo

Kubas östlichste Provinz dürfte gleichzeitig die in aller Welt bekannteste sein: Fast jeder kennt das Lied »Guajira Guantanamera« und fast jeder hat schon einmal vom US-Stützpunkt Guantánamo gehört. Dass die gleichnamige Hauptstadt dabei zum Nebenschauplatz wird, kommt nicht von ungefähr. Sie ist lediglich eine Zwischenstation auf dem Weg ins malerische Baracoa, das in einer der schönsten Gegenden Kubas liegt.

Guantánamo ▶T8

Cityplan: rechts
Von Santiago aus führt die Carretera Central nach **Guantánamo** (280 000 Einwohner), Hauptstadt der gleichnamigen Provinz am äußersten Südostzipfel Kubas.

Geschichte

Nur 40 Jahre vor Ankunft der Spanier hatten sich hier Indigene niedergelassen, daher auch der Name: Guantánamo bedeutet ›zwischen den Flüssen liegend‹, womit der Río Bano, der Río Guaso und der Río Jaibo gemeint sind, die in der Bucht ins Meer münden. Im 18. Jh. legten französische Kaffeepflanzer, die von Haiti nach Kuba geflüchtet waren, in den Bergen um Guantánamo Plantagen an, im 19. Jh. kam der Zuckerrohranbau dazu. Weltbekannt wurde Guantánamo aber vor allem durch das Lied »Guajira Guantanamera« (s. S. 438) und die Marinebasis der Vereinigten Staaten.

Das Recht auf einen Stützpunkt erhielten die USA durch das Platt Amendment, einen Zusatzartikel der ersten ›freien‹ Verfassung, der den USA zudem jegliches Interventionsrecht zugestand (s. S. 56). Am 10. Dezember 1903 übernahmen die Vereinigten Staaten das Territorium, das sie für 2000 Golddollar jährlich gepachtet hatten. 1965 starteten die US-amerikanischen Marines von Guantánamo, um einen Aufstand in der Dominikanischen Republik niederzuschlagen. Schon 1960 hatten die USA begonnen, in Guantánamo Minen zu legen. An dem 24 Meilen langen Stacheldrahtzaun, der den Stützpunkt umgibt, liegen heute beiderseits insgesamt 70 000 Tret- und Panzerminen, damit gehört dieses Gebiet zu den größten Minenfeldern der Welt. Der Stützpunkt verfügt u. a. über einen Schießplatz für die Luftwaffe, zwei Flughäfen, einen Artillerieschießplatz, einen Gefechtsstand, Radarstationen, Beobachtungsstände, ein Krankenhaus, Munitions- und Truppenlager, Hindernisbahnen, Infanterie- und Panzerschießplätze sowie eine Meerwasserentsalzungsanlage – 1964 hatte Kuba nach der Entführung von 34 kubanischen Fischern die Militärbasis von der Wasserversorgung abgeschnitten. Sogar einen McDonald's gibt es dort. Auf dem Stützpunkt leben etwa 7000 Personen, davon 3000 Militärs. Hinzu kommt eine wechselnde Anzahl von Flüchtlingen (*boat-people* aus Kuba und Haiti) und Gefangenen (seit 2002 über 700 mutmaßliche Taliban- und Al-Qaida-Kämpfer), die hier auf skandalöse Weise in Lagern festgehalten werden. 2023 waren noch 31 namentlich bekannte Personen in Guantánamo inhaftiert.

Das Zentrum

Die Militärbasis scheint bis nach Guantánamo auszustrahlen. Schon vor Erreichen der Stadt sind mehrere Polizeikontrollen zu passieren und im Stadtzentrum herrscht eine gedrückte, beinahe aggressive Atmosphäre, die schwer zu greifen ist. Auf jeden Fall möchte man an diesem Ort nicht länger als nötig verweilen.

Guantánamo

Sehenswert
1. Museo Provincial
2. Museo de Artes Decorativas
3. Plaza del Mercado

Übernachten
1. Martí
2. Lissett Foster Lara

3. Osmaida Blanco Castillo
4. Caimanera

Essen & Trinken
1. Sabor Melián
2. Restaurante 1870

Einkaufen
1. Fondo Cubano de Bienes Culturales

Abends & Nachts
1. Casa de la Música
2. Casa de la Trova
3. Casa del Changüí
4. Sede de la Tumba Francesa

Alle wichtigen Einrichtungen der Stadt scharen sich um den **Parque Martí**. Zum Beine vertreten während eines Pausenstopps kann man eine kleine Runde zu Fuß in nördlicher Richtung drehen und dabei auch gleich seine Neugierde in puncto Guantánamo Bay befriedigen. Im **Museo Provincial** 1 befindet sich ein realistisches Landschaftsmodell der amerikanischen Militärbasis, das zumindest einen klitzekleinen Eindruck vom US-Stützpunkt verschafft. Passenderweise – und mit wohl dosierter Ironie – wurde das Museum in Guantánamos ehemaligem Gefängnis eingerichtet. Sehr interessant ist auch der Ausstellungsbereich über die entlaufenen Sklaven *(cimarrónes)*, die in den Bergen um die Stadt in Wehrdörfern lebten (Av. José Martí, Ecke Prado, Di–Sa 8.30–12, 15–17 Uhr, 10 CUP).

Nur einen Block weiter östlich zeigt das **Museo de Artes Decorativas** 2 das übliche antike Mobiliar, Porzellan etc. Viel spannender ist das Gebäude selbst, das als pracht-

»Guantanamera« – wie ein Ohrwurm entsteht

»Ich bin ein einfacher Mensch und komme von da, wo die Palmen wachsen; bevor ich sterbe, möchte meine Seele das besingen, was sie quält./Mein Lied ist von hellem Grün, aber auch blutrot wie die Flamme; mein Lied ist wie ein verwundeter Hirsch, der Schutz sucht in den Bergen./Mit den Allerärmsten möchte ich mein Los teilen; nicht das Meer lockt mich, sondern der Wildbach der Berge.« (José Martí, »Guantanamera«)

Der Musiker, dessen Name untrennbar mit der Guajira und der verwandten Guaracha verbunden ist, heißt Joseíto Fernández. 1908 wurde der Rey de las Melodías ›König der Melodien‹ in Havanna geboren. Zunächst schlug er sich als Schuster, Zeitungsverkäufer und Straßenmusiker durch. Schon damals sah er so aus, wie er auf späteren Plattencovern abgebildet ist: ein schlaksiger Mulatte, der zerstreut und melancholisch unter seinem Strohhut hervorblickte, eine Art tropischer Don Quijote, immer von Kopf bis Fuß in makelloses Weiß gekleidet.

Mitte der 1920er-Jahre sang Joseíto regelmäßig bei einem der zahllosen Radiosender in Havanna – live, wie es damals üblich war, ein paar Minuten pro Woche. Geld bekam er dafür nicht, aber immerhin wurde er etwas bekannter. Für dieses Programm hatte er 1928 eine Guajira geschrieben, eine Liedform, die ihm viel Platz zum Improvisieren ließ. »Guajira Guantanamera« hatte er sie genannt, und von Woche zu Woche schrieben ihm immer mehr Leute aus dem ganzen Land und machten ihm Vorschläge, über welche Themen er beim nächsten Mal improvisieren könnte.

Die Melodie ermöglichte es, alle nur denkbaren Verse dazu zu singen, vierzeilige, zehnzeilige oder durchkomponierte Gedichte – oder alles hintereinander. Auf diese Musik konnte man einem Fräulein aus Villa Clara zum Geburtstag gratulieren oder um Gnade für einen Busfahrer bitten, der einen Unfall hatte und den Schaden nicht bezahlen konnte. Die Sendung wurde immer populärer und man taufte sie schließlich Guantanamera. 20 Jahre lang war Joseíto Fernández der Star des Senders CMQ und Guajira Guantanamera die beliebteste Sendung des Landes, unter anderem deshalb, weil sie eine Art gesungene Klatschspalte war.

Eines Tages kam Joseíto Fernández auf die Idee, Verse von José Martí, dem kubanischen Freiheitskämpfer und Dichter, zu dieser Musik zu singen. Zwischendurch nahm er mit seinem mittlerweile gegründeten Orchester neue Versionen seiner Guajira Guantanamera auf, unter anderem auch die mit den Versen von José Martí. Eine dieser Aufnahmen gelangte in den 1960er-Jahren durch einen Zufall in die USA. Dort hörte Pete Seeger das Lied, nannte es »Guantanamera« und nahm es auf. Einen Hinweis auf Joseíto Fernández sucht man auf der Platte vergeblich. Auch von den anderen Versionen seines Lieds erhielt Joseíto Fernández niemals einen Cent. Meist ist als Hinweis auf den Komponisten nur ›kubanische Folklore‹ vermerkt.

vollstes der Stadt gilt. Es wurde zwischen 1914 und 1919 von dem lokalen Architekten José Lecticio Salcines Morlote im eklektizistischen Stil erbaut und diente ihm sebst als Wohnstatt, weshalb es bis heute seinen Namen trägt: **Palacio Salcines**. Im Erdgeschoss zeigt die **Galería de Arte Salcines** zeitgenössische Kunst (Calle Pedro A. Pérez, Ecke Prado, Di–Fr 8.30–17, Sa 8–12 Uhr, 10 CUP).

Ein weiteres beachtenswertes Gebäude des Baumeisters ist die kuppelbekrönte **Plaza del Mercado** 3 an der Ecke Prado und Los Maceos, Guantánamos alte Markthalle, die erst vor wenigen Jahren umfassend renoviert wurde.

Base Naval de la Bahía de Guantánamo

Bis vor einigen Jahren war es möglich, von einem sehr nahe an der Militärbasis gelegenen Aussichtspunkt auf der Ostseite der Bucht einen Blick auf die Base Naval zu werfen. Dieser Mirador wurde an die Hauptstraße nach Baracoa verlegt (s. S. 441). Die einzige Möglichkeit, näher an Guantánamo Bay heranzukommen, ist eine Übernachtung im Hotel Caimanera an der Westseite der Bucht, was allerdings einiges an Organisation erfordert (s. rechts).

Infos

Infotur: Calle Calixto García, zw. Emilio Giró und Flor Crombet, tgl. 8.30–12, 13–16.45 Uhr.
Havanatur: Calle Aguilera, zw. Calixto García und Los Maceos.
Buró de Reservaciones de Campismo: Calle Flor Crombet 410, zw. Pedro A. Pérez und José Martí, Mo–Fr 9–12, 14–16 Uhr.
Banco de Crédito y Comercio: Calle Calixto García, zw. Emilio Giró und Bartolomé Masó.
Cadeca: Calle Pedro A. Pérez, zw. Giro und Maso.
Internet: Etecsa, Calle Los Maceos, Ecke Aguilera, Mo–Sa 8.30–17 Uhr.

Übernachten

… im Zentrum:

Am Hauptplatz – **Martí** 1 : Calle Calixto García, Ecke Aguilera, Tel. 21 32 95 00, www.islazulhotels.com. In einem Art-déco-Gebäude am Parque Martí, alle Zimmer mit Balkon, Dachterrassenbar, Restaurant. 21 Zi., €€, inkl. Frühstück

Schick – **Lissett Foster Lara** 2 (privat): Calle Pedro A. Pérez 761, zw. Jesús del Sol und Prado, Tel. 21 32 59 70, 52 83 02 15, lisset128@gmail.com. Drei Zimmer im schicken Apartment und eines auf der Dachterrasse, wo man auch sitzen und kochen kann. €

Liebenswerte Gastgeberin – **Osmaida Blanco Castillo** 3 (privat): Calle Carlos Manuel de Céspedes 811, zw. Prado und Aguilera, Tel. 21 32 51 93, 52 89 01 89, osmaidablanco@nauta.cu. Die lustige ältere Dame vermietet drei Zimmer, das größte und schönste hat riesige Fenster zum begrünten Patio hin, der nur von den Gästen genutzt wird. €

… außerhalb:

Mit Blick auf die Militärbasis – **Caimanera** 4 : in Caimanera, ca. 20 km südlich von Guantánamo, Tel. 21 49 94 14, www.islazulhotels.com. Diese Unterkunft kann nur mit Führer und einem speziellen Erlaubnisschein aufgesucht werden. Beides lässt sich – mit viel Glück – kurzfristig bei Infotur in Guantánamo organisieren. Besser ist es, schon von zu Hause aus eine Buchung vorzunehmen, z. B. über www.cubaism.com. Das Hotel selbst liegt auf einem kleinen Hügel mit Blick über die Bucht. €, inkl. Frühstück

Essen & Trinken

Familiär & fein – **Sabor Melián** 1 (privat): Av. Camilo Cienfuegos, zw. Pedro A. Peréz und Martí, Tel. 21 32 44 22, www.facebook.com (› Sabor Melián Restaurante), tgl. 12–24 Uhr. Sehr netter und gemütlicher Paladar mit wenigen Tischen und überschaubarer Speisekarte, aber köstlichem Essen – das *chilindrón de ovejo* (›Lammgulasch‹) verdient mindestens einen Stern! €–€€

Typisch kubanisch – **Restaurante 1870** 2 Flor Crombet, zw. Pérez und García, Tel. 21 32 05 40, tgl. 10–23 Uhr. Auch wenn die Karte keine Überraschungen zu bieten hat, ist das Essen solide und kommt in ordentlichen Portionen auf den Tisch. Zudem sind die Preise günstig und das Restaurant liegt sehr zentral am Parque Martí. €

Die Provinz Guantánamo

Die Gegensätze des Oriente: Von der wüstenhaften Südküste …

Einkaufen

Kunsthandwerk – **Fondo Cubano de Bienes Culturales** 1 : Calle Flor Crombet, zw. Calixto García und Pedro A. Pérez, Mo–Sa 9–18 Uhr.

Abends & Nachts

Vielseitiges Programm – **Casa de la Música** 1 : Calle Calixto García, zw. Flor Crombet und Emilio Giro, tgl. ab ca. 17 Uhr, am Wochenende auch öfter früher. Das schöne Haus der Musik dient als Bar und Veranstaltungsort, wobei das Programm sehr vielseitig ist. So gibt es hier neben traditioneller und moderner Musik an manchen Abenden auch Stand-up-Comedy.

Livemusik – **Casa de la Trova** 2 : Calle Pedro A. Pérez, Ecke Flor Crombet. Regelmäßig Auftritte der besten traditionellen Bands der Stadt. **Casa del Changüí** 3 : Calle Serafín Sánchez 706, zw. Jesús del Sol und Narciso López, www.changui.cubava.cu. Hier wird mit Liveauftritten der aus der Region Guantánamo stammende Musikstil Changüí gefeiert, eine temporeichere Variante des Son.

Haitianische Kultur – **Sede de la Tumba Francesa** 4 : Calle Serafín Sánchez 715, zw. Jesús del Sol und Narciso López. Folkloristische Vorführungen (s. S. 416).

Aktiv

Ausflug in den Steinzoo – Nicht nur für Familien mit Kindern lohnt sich der Besuch im 25 km nördlich gelegenen **Zoológico de Piedra.** Der inzwischen verstorbene Bauer Ángel Iñigo Blanco hat hier mehr als 400 Tierskulpturen aus Stein geschaffen, die über ein großes Gelände verteilt stehen – von der Schildkröte bis zum lebensgroßen Elefanten ist alles dabei (Felicidad de Yateras, Mo–Sa 9–17 Uhr, 50 CUP mit Restaurant).

Verkehr

Achtung Selbstfahrer: Man sollte den Mietwagen unbedingt in Guantánamo volltanken, denn bis Baracoa ist an den Tankstellen zumeist kein Super *(especial)* erhältlich!

Flüge: Aeropuerto Mariana Grajales, Crta. Paraguay Km 13, 12 km südl., Tel. 21 35 59 12,

… geht es auf der Passstraße La Farola ins regenreiche Baracoa

21 35 51 60. Bei Redaktionsschluss war der Flugverkehr auf unbestimmte Zeit ausgesetzt.
Züge: Estación de Trenes, nördl. Ende der Calle Calixto García, Tel. 21 32 55 18. 2 x wöchentl. nach Havanna.
Busse: Terminal de Ómnibus, Crta. Santiago (Verlängerung der Av. Camilo Cienfuegos), Tel. 21 32 55 88. Mit Víazul 1 x tgl. nach Baracoa (10 €) und Santiago (6 €).
Transport vor Ort: Kutschen befahren festgelegte Routen, z. B. vom Zentrum ins Reparto Caribe. Ein Taxi zum Busbahnhof sollte nicht mehr als 500 CUP kosten.

Von Guantánamo nach Baracoa ▶ T/U 8

Mirador La Gobernadora und Tortuguilla

Gut 150 km sind es von Guantánamo nach Baracoa. Nach den ersten knapp 27 km erklettert die Landstraße hinter **Maqueicito** einen Hügel, auf dem der **Mirador La Gobernadora** einen recht guten Blick auf die US-amerikanische Militärbasis erlaubt. Nochmals 16 km später erreicht man bei **Tortuguilla** das Meer, das hier zu einem ersten Bad einlädt. Noch aus Revolutionszeiten stammt der riesige Swimmingpool unmittelbar vor der Küste, den man über in den Fels gehauene Treppen durch einen kleinen Tunnel erreicht (Eintritt frei). Bei jeder Flut wird das Wasser automatisch gesäubert.

Reserva Ecológica Baitiquirí

Zwischen **Baitiquirí** und **San Antonio del Sur** passiert man die **Reserva Ecológica Baitiquirí,** eine ausgedehnte Trockenzone von ca. 4400 ha, die derzeit für den Tourismus erschlossen wird. Naturfreunde finden hier zahlreiche spannende Arten, die es nur in dieser Region gibt. Medizingeschichte hat der immergrüne Pockholzbaum *(Guaiacum officinale, guayacán)* geschrieben, der 2002 unter die Kontrolle des Washingtoner Artenschutzabkommens gestellt wurde. Bis Ende des 19. Jh. war man der Meinung, dass Aufgüsse aus dem harzigen, extrem harten Holz die Syphilis heilen würden. Das hat sich nicht bewahrheitet, aber dem Baum seinen Beinamen Lignum sanctum (›heiliges Holz‹) eingebracht. Allerdings verfügt die Pflanze tatsächlich über beschützende Qualitäten und stellt dies bis heute unter Beweis: Die in dem Harz enthaltene Guajaconsäure verfärbt sich in Verbindung mit bestimmten anderen Stoffen – eine chemische Reaktion, die für den diagnostischen Nachweis geringer Mengen Blut im Stuhl genutzt wird (Haemoccult-Test). Selbstverständlich findet man in dieser Trockenzone auch diverse Kakteengewächse, z. B. die Consolea macracantha und die auf der Liste der gefährdeten Arten geführte Dendrocereus nudiflorus.

Mit mehr als 100 Vogelarten, davon knapp 40 % endemisch, ist die Gegend auch hervorragend für Ornithologen geeignet. Neben einer großen Population an Kubamückenfängern (Polioptila lembeyei) aus der Familie der Baumläufer leben hier u. a. Bienenelfen (Mellisuga helenae), Weißschwanz-Tropikvögel (Phaethon lepturus) und Zapataammern (Torreornis inexpectata). Unter den Reptilien sticht die ungefährliche Kubanische Schlankboa (Chilabothrus angulifer) hervor.

Nähere Informationen über den Besuch des Schutzgebiets erhält man bei Infotur in Guantánamo (s. S. 439). Führer lassen sich vermutlich einfacher in San Antonio del Sur finden, es gibt jedoch noch keine offizielle Stelle, an die man sich wenden könnte.

Playa de Cajobabo und La Farola

Über **San Antonio del Sur** und **Imías** geht es nun weiter in Richtung Osten. Dieser einsame Küstenabschnitt bildet einen enormen Kontrast zu allem, was man bisher an kubanischen Landschaften gesehen hat. Ungewöhnlich trocken und von Kakteen bewachsen ist die Steilküste, die vorherrschenden Farben sind Gelb und Braun. Das ändert sich erst wieder, wenn die Straße an der **Playa de Cajobabo** ins bergige Landesinnere abknickt. An dieser Stelle führt ein Abstecher von gut 1 km zu einem Denkmal am Meer, das an die Helden der Unabhängigkeit, José Martí und Máximo Gómez, erinnert. Nach ihrem Exil in den USA landeten sie 1895 just an diesem Strand – ein günstiger Ort, denn jegliche Staatsmacht war weit.

Von der Playa de Cajobabo windet sich die Straße in die **Cuchillas de Baracoa** hinauf. Allein dieser Streckenabschnitt durch dichten Bergregenwald lohnt die Fahrt nach Baracoa. Immer wieder verlocken Aussichtspunkte zu einer Fahrtunterbrechung. Die besten Halteplätze sind belagert von fliegenden Händlern, die neben Obst und Süßigkeiten auch Halsketten aus den wundervoll bunten Polymitaschnecken (Polymita picta) anbieten – hiervon sollte man unbedingt Abstand nehmen, denn die endemische Art ist vom Aussterben bedroht.

Den spektakulärsten Panoramablick genießt man vom **Mirador Alto de Cotilla** auf der Passhöhe **La Farola**. Die restliche Strecke nach Baracoa führt durch eine grüne Hügellandschaft mit ausgedehnten Palmenhainen und Obstplantagen.

La Máquina und Punta de Maisí

Wer statt der Passstraße La Farola den wilden Ostzipfel Kubas erkunden möchte, fährt von der Playa de Cajobabo die Landstraße Richtung **La Máquina** weiter. Allerdings sollte man mit sehr schlechten Straßen und nur notdürftig reparierten Brücken rechnen. Zuweilen ist die Strecke auch gesperrt, denn fast das gesamte Gebiet ist eine Militärzone. Auf dem Weg zur **Punta de Maisí** kommt man an kilometerlangen Stränden aus schwarzem Sand vorbei. Kubas östlichsten Punkt markiert der 37 m hohe **Faro de Punta de Maisí** (auch La Concha genannt) aus dem Jahr 1862, ihm zu Füßen räkelt sich ein unerschlossener weißer Sandstrand. Vom Leuchtturm aus kann man bei gutem Wetter bis ins 70 km entfernte Haiti blicken.

Über den Río Yumurí (s. S. 452) erreicht man kurz vor Baracoa wieder die Hauptstraße.

Übernachten

... in Tortuguilla:

Wohnen am Meer – **Villa Revé** (privat): Crta. Guantánamo a Baracoa Km 43,5, ca. 100 m unterhalb der Hauptstraße, Tel. 21 87 10 39,

54 68 41 64, www.facebook.com (> Villa Revé Cuba). Die drei Zimmer sind sehr schlicht, aber die Lage des Hauses auf den Klippen direkt am Meer könnte schöner nicht sein. Dies ist der perfekte Ort für einen Erholungstag zwischendrin – man kann auf der großen Terrasse in der Hollywoodschaukel lesen, im kleinen Pool schwimmen oder die beiden in die Felsen geschlagenen ›Ausguckerplätze‹ aufsuchen und verträumt aufs Wasser blicken. Zum Essen gibt's natürlich frischen Fisch. €

… in Yacabo Abajo:
Campismo – **Yacabo Abajo:** Crta. Guantánamo a Baracoa Km 75, Tel. 21 88 02 89. Die wenig ansprechende Anlage mit 18 Zimmern in doppelstöckigen Häusern bietet kaum Schatten. Ausländische Gäste sind willkommen. €

… in Punta de Maisí:
Für Entdecker – **Villa Punta de Maisí:** Tel. 21 68 96 01, www.islazulhotels.com. Am südöstlichsten Punkt Kubas direkt neben dem Leuchtturm, in völliger Abgeschiedenheit. 10 einfache Hütten, Pool. €

 Baracoa ▶ U 8

Cityplan: S. 446
Die abgeschiedene Lage und die lange Zeit unzugänglichen Berge bewirkten, dass Kuba über Jahrhunderte die Existenz von **Baracoa** (80 000 Einwohner) vergaß, was dem Charme der Stadt und der Unberührtheit der Natur am östlichen Ende der Insel ausgesprochen gut getan hat. Nicht nur Musiker, Maler und Dichter sind von Baracoa verzaubert, das vielen als pittoreskester Ort der Insel gilt.

Geschichte

Eingeklemmt zwischen einem Bergmassiv, der schönsten Flussmündung Kubas und der grünblauen See scheint Baracoa sich mit angeschwemmtem Strandgut, Schmuggel, Bananen, Kokosnüssen, Kakao und Illusionen über Wasser zu halten. Dabei war Baracoa einmal die *ciudad primada*, der erste Ort der Insel, und für drei kurze Jahre die Hauptstadt Kubas. 1492 legte Kolumbus in der Bucht von Baracoa an, die er Puerto Santo (›Heiliger Hafen‹) taufte. Er errichtete hier im Dezember 1492 ein Holzkreuz und segelte weiter. Am 15. August 1511 gründete Diego Velázquez die Siedlung Nuestra Señora de la Asunción, doch auch ihn hielt es nicht lange in der Stadt. Er zog weiter ins strategisch günstiger gelegene Santiago de Cuba.

Hohes Land

Der heutige Name Baracoa ist indigenen Ursprungs und bedeutet ›hohes Land‹ oder ›Existenz des Meeres‹ – die Forscher sind sich nicht ganz einig, doch beide Bedeutungen treffen auf die idyllisch zwischen Bergen und Meer gelegene Stadt zu. In jedem Fall lebten viele Ureinwohner hier und Flüchtlinge von den anderen eroberten Karibikinseln kamen hinzu. Beispielsweise der Kazike Hatuey, der sich und die Seinen von Haiti aus nach Baracoa gerettet hatte und erbitterten Widerstand gegen die Spanier leistete. 20 Jahre nach seiner Hinrichtung lehnten sich die Indigenen in Baracoa erneut gegen die Spanier auf und die gesamte Stadt wurde niedergebrannt.

Kampf gegen Piraten

Baracoa existierte über Jahrhunderte mit dem Rücken zur Kolonie und mit dem Gesicht zum Meer. Die Bürger der Stadt, Kaffee- und Kakaopflanzer, lebten vor allem vom Schmuggel und Tauschhandel mit den Nachbarinseln. Allerdings kamen auch häufig ungebetene Besucher übers Meer. Auf der Tortuga-Insel nördlich von Haiti hatten berüchtigte Piraten ihr Zentrum, die Baracoa immer wieder überfielen. Also sah sich die Kolonialmacht gezwungen die kleine Stadt mit massiven Bastionen zu umgeben und baute die Festungen Seboruco, La Punta und Matachín. Baracoa war nach Havanna die am besten befestigte Stadt Kubas, ein merkwürdiger Zustand, da es hier eigentlich gar keine großen Reichtümer zu beschützen gab, denn die Berge hinter der Stadt erlaubten keine Zuckerplantagen. Von der *ciudad primada* wurde Baracoa schnell zur *ciudad muerta*, zur ›toten Stadt‹.

Die Provinz Guantánamo

Wirtschaftsfaktor Plantagen

Das regenreiche und sehr feuchte Klima begünstigt den Anbau tropischer Früchte, weshalb sich die United Fruit Company im vergangenen Jahrhundert für die Gegend um Baracoa interessierte und Bananenplantagen anlegte. Doch als eine Plage 1944 die Pflanzen vernichtete, erlosch das Interesse wieder und die United Fruit zog sich zurück. Nach wie vor ist Baracoa ein Hauptanbaugebiet für Bananen, außerdem für Kokosnüsse, die dort auch zu Kokosmehl und Kokosöl weiterverarbeitet werden – hier steht die einzige Kokosölfabrik in Kuba. In den Bergen liegen Kaffee- und Kakaopflanzungen.

Verbindung zur Außenwelt

Anschluss an die restliche Insel bekam Baracoa erst 1965 mit Fertigstellung der Passstraße La Farola. Das Wahrzeichen der Stadt ist El Yunque, »ein hoher und quadratischer Berg, der eine Insel zu sein scheint«, bemerkte Kolumbus. Yunque bedeutet ›Amboss‹ oder ›Schiff‹, was die Form des Berges sehr gut umschreibt. Scherzhaft sagt man über Baracoa, seine Magie bestehe aus drei Lügen: das ›Schiff‹ sei kein Schiff, die Straße La Farola (›Leuchtturm‹) leuchte keineswegs und im Río de Miel (›Honigfluss‹) fließe auch kein Honig. Der lokale Sangesmatador Cayamba, der sich selbst als »alten Troubadour mit der hässlichsten Stimme der Welt« bezeichnete, sang über Baracoa, es sei »ein Schatz in einem Tresor aus Bergen«.

Der Stadt verfallen

Kaum jemand dürfte sich dem Charme von Baracoa entziehen können. Die Stadt und ihre herrliche Umgebung bieten genügend Stoff für einen mehrtägigen Aufenthalt – man muss nur aufpassen, dass keine ewige Liebe daraus entsteht, wie die Legende vom Honigfluss weissagt: Es war einmal eine junge, hübsche Frau, die wegen ihrer goldglänzenden Haut und Augen und ihrer sanften Art liebevoll Miel (›Honig‹) genannt wurde. Eines Tages badete sie im Fluss und wurde dabei von einem Mann beobachtet, der in einem Boot vorüberfuhr. Von ihrer Schön-

Der Reiz Baracoas entfaltet sich in Momentaufnahmen wie dieser

heit verzaubert, ging er an Land und machte ihr den Hof. Miel verliebte sich so sehr in den Mann, dass sie bald fürchtete, er könne sie eines Tages verlassen. Vor lauter Angst begann sie zu weinen, und ihre Tränen flossen in den Fluss, dessen Wasser immer süßer und süßer wurde. Der Mann verschob seine Weiterreise jeden Tag aufs Neue, um im Fluss zu baden. Er konnte sich nicht losreißen, blieb und vermählte sich mit Miel. Seitdem wird der Fluss Río Miel genannt – und man sagt, wer in seinem Wasser badet, verheiratet sich in Baracoa und bleibt der Stadt für immer treu …

Sehenswertes

Castillo Seboruco 1

Einen ersten Überblick über Baracoa verschafft man sich am besten vom **Castillo Seboruco,** das sich etwa 40 m über der Stadt erhebt. Das zwischen 1739 und 1742 erbaute Fort diente zunächst als Befestigung gegen die Engländer und später als Gefängnis. Heutzutage muss der Aufenthalt in dem Gemäuer bezahlt werden, denn hier hat sich das **Hotel El Castillo** (s. S. 448) eingerichtet. Allein des herrlichen Panoramablicks wegen lohnt sich der Aufstieg; das Hotel ist infolge der Covid-19-Pandemie leider immer noch geschlossen.

Museo Arqueológico La Cueva del Paraíso 2

Calle 2da, Reparto Paraíso, tgl. 8–18 Uhr, 369 CUP, mit Guide 419 CUP

Knapp 300 m vom Hotel El Castillo entfernt liegt das **Museo Arqueológico La Cueva del Paraíso,** das unbedingt einen Besuch lohnt. Die Gegend um Baracoa ist eine Schatztruhe für archäologische Funde aus präkolumbischer Zeit und dieses in einer natürlichen Höhle liebevoll eingerichtete Museum vermittelt einen sehr guten Eindruck davon. Alle Exponate wurden in der unmittelbaren Umgebung der Stadt gefunden, darunter faszinierende Petroglyphen und zeremonielle Gegenstände der Taínos. Besonders beeindruckend ist die Begräbnisstätte mit sehr gut erhaltenen Skeletten.

Das Umland von Baracoa vereint übrigens die größte Konzentration von Petroglyphen nicht nur in Kuba, sondern in der gesamten karibischen Inselwelt. Die englischsprachigen Führer des Museums, alles (angehende) Archäologen, bieten auch Wanderungen zu bedeutenden Stätten in der Umgebung an, z. B. zu den 3 km entfernten **Cuevas Taínas,** zwei Höhlen mit Zeugnissen präkolumbischen Lebens wie Felszeichnungen, einer Begräbnisstätte und Ruinen von Zeremonialplätzen (ca. 4 Std., ab 1000 CUP/Pers.).

Plaza Independencia

Der Hauptplatz von Baracoa, die **Plaza Independencia,** auch Parque Central genannt, ist ausnahmsweise dreieckig. Hier hat man einem der berühmten Opfer der spanischen Eroberung und Missionierung ein Denkmal gesetzt. Die Bronzebüste auf dem Platz erinnert an den Kaziken **Hatuey,** der in den Bergen von Baracoa lebte, gegen die Spanier kämpfte und 1512 bei Yara auf dem Scheiterhaufen verbrannt wurde.

Überragt wird die Plaza Independencia von der **Catedral de Nuestra Señora de la Asunción** 3 . Nachdem Piraten die Kirche 1652 zerstört hatten, entstand 1803 diese auch innen recht schlichte Kathedrale. Größte Sehenswürdigkeit ist das **Santa Cruz de la Parra** (›Kreuz des Weinstocks‹), das Kolumbus angeblich aus Spanien mitgebracht und am 1. Dezember 1492 am Westufer der Bahía de Baracoa in den Boden gerammt hat – die Stelle gehört heute zum Hotel Porto Santo (s. S. 450) und kann besichtigt werden. Bei dem Kreuz, dem eine wundertätige Macht zugeschrieben wird, handelt es sich wahrscheinlich um die älteste europäische Reliquie in der Neuen Welt. Die Kirche ist häufig geschlossen – versuchen Sie es am Nebeneingang in der Calle Maceo oder während der Messen: Di–Fr 18, Sa 20, So 9 und 10 Uhr.

Fuerte Matachín mit Museo Municipal 4

Calle José Martí, Ecke Malecón, Mo–Fr 8–16, Sa 8–14 Uhr, 50 CUP

Am Ostrand des Zentrums von Baracoa ist in den Räumen des gut erhaltenen **Fuerte Matachín** (1739–42) das **Museo Municipal**

Baracoa

Sehenswert
1. Castillo Seboruco
2. Museo Arqueológico La Cueva del Paraíso
3. Catedral de Nuestra Señora de la Asunción
4. Fuerte Matachín mit Museo Municipal
5. Fortaleza de la Punta

Übernachten
1. La Rusa
2. Villa Paradiso Baracoa
3. Villa Esmeralda
4. Hostal Casa Yoco y Mima
5. Las Palmeras
6. Casa Colonial Isabel
7. Hostal Rubio
8. Villa Maguana
9. Porto Santo
10. El Yunque

Essen & Trinken
1. La Colina
2. La Colonial
3. Marco Polo
4. Restaurante Vegetariano Baracoando
5. Casa del Chocolate

Einkaufen
1. Kunsthandwerksmarkt
2. Artex
3. Atelier El Muro
4. Galería Cabo Verde

Abends & Nachts
1. Yaíma
2. El Parque
3. Casa de la Trova
4. El Patio del BFC
5. La Terraza – Centro Cultural EL Yunque
6. Casa de Cultura
7. El Ránchon

Aktiv
1. Casa Nena
2. Geovannis (Steve) Cardosa Matos

untergebracht, das der umtriebige Stadthistoriker Alejandro Hartmann zu einer sehenswerten Dokumentation über den Mythos Baracoa verwandelt hat. Er sammelte Erinnerungsstücke der wenigen berühmten Persönlichkeiten von Baracoa: vom Sänger Cayamba (s. S. 444) und von La Rusa zum Beispiel, die sich in die Stadt und die Revolution verliebt hatte. Magdalena Rowenskaia war in den 1930er-Jahren auf der Flucht vor der bolschewistischen Revolution nach Baracoa gekommen. Sie ließ sich in einem Haus am Malecón nieder und wandelte es in ein Hotel um, dem sie ihren Namen gab: La Rusa (s. S. 448). Der kubanische Schriftsteller Alejo Carpentier machte es mit seinem Roman »Le Sacre du Printemps« berühmt. Auch Fidel Castro, Che Guevara und Errol Flynn haben hier schon gewohnt.

Im Stadtmuseum sind noch viele andere dramatische, amüsante und heroische Anekdoten aus der Stadtgeschichte einzusehen, von den präkolumbischen Tagen bis in die heutige Zeit, außerdem historische Waffen, Exponate aus dem Unabhängigkeitskrieg und der Revolution sowie eine beeindruckende Sammlung farbenprächtiger Landschnecken, *polymita* genannt, die in dieser Gegend vorkommen.

Fortaleza de la Punta 5
Av. de los Mártires, Ecke Calixto García, tgl. 12–22, Restaurant 12–16, 19–22 Uhr
Baracoas ziemlich nüchterne und vergammelte Uferpromenade, der **Malecón,** verbindet den Fuerte Matachín mit der dritten und jüngsten Festung der Stadt, der 1803 gebauten **Fortaleza de la Punta.** Gespickt mit

Die Provinz Guantánamo

(heute leeren) Kanonen bewachte sie einst den Hafen von Baracoa. Inzwischen beherbergt das Gemäuer ein Restaurant, in dem sich Einheimische wie Touristen auf ein Bier niederlassen.

Infos

Infotur: Calle Antonio Maceo 129-A, zw. Maraví und Frank País, tgl. 9–17 Uhr.
Havanatur: Calle José Martí 225, zw. Frank País und Pelayo Cuervo, Mo–Fr 8.30–12, 13.30–16.30, Sa 8.30–11.30 Uhr.
Cubatur: Calle Antonio Maceo 147, tgl. 9–17 Uhr.
Ecotur: Calle Antonio Maceo 107, zw. 10 de Octubre und 24 de Febrero, Mo–Sa 8–12 und 14–17, So 8.30–12 Uhr. Infos über die Naturparks der Umgebung, die Preise der Touren liegen etwas über dem Durchschnitt.
Buró de Reservaciones de Campismo: Calle José Martí, Ecke 24 de Febrero, Mo–Fr 8–12, 13–17, Sa 8–12 Uhr.
Banco de Crédito y Comercio: Calle Antonio Maceo 95, Ecke 10 de Octubre, Mo–Fr 8–15 Uhr.
Cadeca: Calle José Martí 241, Ecke Roberto Reyes, Mo–Sa 9–17 Uhr.
Internet: Etecsa, Calle A. Maceo, Ecke R. Trejo, Plaza Independencia, tgl. 9–16 Uhr.

Übernachten

... im Zentrum:

Auf einem Hügel – **El Castillo** 1 : Calle Calixto García, Loma El Paraíso, Tel. 21 64 51 65, www.gaviotahotels.com. Das Hotel, das schon vor der Pandemie nicht mehr ganz taufrisch war, wurde 2020 geschlossen und wartet seitdem auf einen Neustart. Sobald sich der Tourismus auf Kuba erholt, ist damit zu rechnen. €€

An der Uferpromenade – **La Rusa** 1 : Calle Máximo Gómez 161, Ecke Malecón, Tel. 21 64 30 11, www.gaviotahotels.com. Die Unterkunft lebt von ihrer Geschichte (s. S. 447) und ihrer Lage direkt am Malecón, ist aber sonst nichts Besonderes und war zudem zum Recherchezeitpunkt vorübergehend geschlossen. €

Die schönste Aussicht – **Villa Paradiso Baracoa** 2 (privat): Calle Moncada 92-B, zw. Paraíso Abajo und Calle 2, Tel. 21 64 56 18, 53 01 90 85, villaparadisobaracoa@gmail.com, www.villaparadisobaracoa.com. Roberto und Manuel haben sich mit dem kleinschrittigen Ausbau ihres Hauses zur Deluxe-Casa-Particular einen Traum erfüllt – und allen Individualreisenden gleich mit. Drei Zimmer und eine wunderschöne überdachte Terrasse mit Blick über Stadt und Bucht. Im Garten kann man Yoga praktizieren und von den liebenswerten Gastgebern gibt es jede Menge Tipps für Ausflüge sowie Fahrradkarten für die Umgebung. €

El Yunque im Blick – **Villa Esmeralda** 3 (privat): Calle Calixto García 1, Ecke Av. de los Mártires, Tel. 21 64 34 08, 58 70 48 01. Zwei große und gut ausgestattete Zimmer, sehr liebenswerte Gastgeberin, eine Garage für den Mietwagen – was will man mehr? Aussicht? Die gibt es auch: Von der Terrasse schweift der Blick über Bucht und Palmen bis zum El Yunque. €

Tolle Gastgeber – **Hostal Casa Yoco & Mima** 4 (privat): Rubert López 91, zw. Limbano Sánchez und López Peña, Tel. 21 64 20 11. Das zentral gelegene Haus mit Baujahr 2013 bietet drei geräumige und gut ausgestattete Zimmer sowie zwei schöne Terrassen, wobei die obere eine tolle Sicht auf die Stadt bietet. Die Gastgeber sind sehr herzlich und hilfsbereit. €

Viel Platz – **Las Palmeras** 5 (privat): Mariana Grajales 93, direkt vor dem kleinen Bach, Tel. 52 94 68 90. Gastgeber Yowell und seine Frau Yuneisi vermieten zwei große Zimmer im 3. Stock, die beide eine schöne Aussicht auf das grüne Umland haben. Auf einer überdachten Terrasse kann man frühstücken, auf der (nicht so schönen) Dachterrasse den fantastischen Ausblick auf die Bucht und El Yunque genießen. €

Grünes Holzhaus – **Casa Colonial Isabel** 6 (privat): Isabel Castro Vilato, Calle Mariana Grajales 35, Ecke j. A. Mella, Tel. 21 64 22 67, 53 55 36 34, jose.rosello@nauta.cu. Paradiesisches Kolonialhaus mit Säulenterrasse, Riesenpatio und Garten. Ein sympathisches älteres Ehepaar vermietet ein Apartment und sechs Zimmer, teilweise mit eigener Terrasse und eigenem Eingang. Kostenloser Parkplatz. €

Karibische Köstlichkeiten in Baracoa

Zugegeben, die kubanische Küche hebt nur selten zu kulinarischen Höhenflügen ab: Bestimmendes Element der Speisekarte waren lange Reis (der inzwischen für viele zu teuer geworden ist) und Bohnen in allen Kombinationen. Nicht so im tropischen Baracoa, wo ganz anders gekocht wird als im übrigen Kuba …

Haben Sie je Reis mit Kokosnuss probiert? Oder Fischfilet nach Art der heiligen Barbara? Dafür wird eine Kokosnuss zerkleinert, gestampft und durch ein feines Tuch gepresst. Mit Kräutern, Koriander, süßen Zwiebeln, Knoblauch und Oregano köchelt das Kokosmus Stunden vor sich hin, bis eine sämige Soße entsteht, in der Fische und Meeresfrüchte gegart werden. Beides sind traditionelle Gerichte aus Baracoa, wie auch der ganz ähnliche *enchilado* auf der Basis von Meer- oder Flusskrebs, der angereichert mit Tomaten, einheimischen Gewürzen und Chili gekocht und zum Schluss mit Kokosmilch abgeschmeckt wird.

Das *calalú* ist eigentlich eine Speise für die afrokubanischen Götter, doch am östlichen Zipfel Kubas dürfen sich an der ebenfalls in Kokosmilch gekochten Köstlichkeit (eine Mischung aus verschiedenen Knollenfrüchten) auch Sterbliche gütlich tun. Oder darf es eine Kanonenkugel *(bola de cañón)* sein? Man glaubt, eine gefüllte Kartoffel zu essen, doch die Kartoffel ist eine besonders schmackhafte Sorte Gemüsebananen. Aus den Gemüsebananen macht man hier auch *frangollo*, was nichts anderes ist als knusprig frittierte und zerstampfte Bananenscheiben.

Den zahlreichen pikanten Gerichten aus Gemüsebananen und Kokosnuss folgen die fantasievollen süßen Leckereien wie *chorote*, eine köstliche dickflüssige Schokolade, *pudín de boniato* aus Kokosmilch, Zucker und Süßkartoffeln, frittierte *buñuelos* aus Yucca oder *yemitas*, sehr süße Bällchen aus Kokosnuss und Kakao, sowie *turrón de coco* aus geraspelter Kokosnuss, Milch, Vanille und Zucker.

Höhepunkt der Naschereien aber dürfte Baracoas eigenwilligste Kreation sein: *cucurucho*, eine mit Apfelsinen, Ananas, Papayas und Honig versetzte Kokosraspelköstlichkeit, kunstvoll eingewickelt in Palmblätter. Für Kokosnuss-Junkies ein Muss ist daher auch der Besuch in der weltweit einzigartigen Fábrica de Cucurucho, etwa 2 km westlich von Baracoa an der Hauptstraße Richtung Moa gelegen. Neugierige Besucher sind willkommen und können den Produktionsprozess vom Aufschlagen der Kokosnüsse über die Zubereitung der klebrigen Masse bis zu ihrer eigenwilligen Verpackung verfolgen. Von den rund 20 Arbeitern werden täglich bis zu 1500 Cucurucho-Hütchen zusammengebastelt – natürlich alles in Handarbeit und unter einfachsten Bedingungen. Der Eintritt in die Fabrik ist kostenlos, doch über ein paar Pesos extra freut sich hier jeder (Crta. de Mabujabo Km 1,5, Mo–Fr 7–15 Uhr). Wie sagte doch Alejo Carpentier in seinem Roman »Sacre du Printemps«?: »Baracoa ist ein Liliput aus Frangollos, warmer Schokolade und Haifischgulasch …«

Die Provinz Guantánamo

Zentral – **Hostal Rubio** 7 (privat): Calle Calle Martí 82, zw. 24 de Febrero und 10 de Octubre. Tel. 21 64 33 53. Vier solide und saubere Zimmer mit allem, was man braucht, sowie sehr freundliche Gastgeber. Von der Dachterrasse hat man eine tolle Sicht auf die Stadt, das Meer und die Berge. €
... außerhalb:
Romantik pur – **Villa Maguana** 8 : s. S. 397
Hier landete Kolumbus – **Porto Santo** 9 : Crta. del Aeropuerto, 2 km westl. des Zentrums, Tel. 21 64 51 63, 21 64 35 46, www.gaviotahotels.com. Etwas in die Jahre gekommene Anlage. Schöner Blick über die Bucht, kleiner Privatstrand, Tennisplatz. Trotz des nahen Flughafens wohnt man hier ruhig, aber leider ziemlich ab vom Schuss. 60 Zi., €€, inkl. Frühstück
Campismo – **El Yunque** 10 : Santa Rosa de Duaba 456, Tel. 21 64 52 62. Unmittelbar am Fuß des El Yunque gelegene, für internationalen Tourismus zugelassene Anlage mit elf Hütten. €

Essen & Trinken

Mit Aussicht – **La Colina** 1 (privat): Calle Calixto García 158, zw. Céspedes und Coroneles Galano, Tel. 52 70 43 65, tgl. 16–22 Uhr. Es gibt zwar keine offizielle Karte, aber es werden häufig wechselnde, kreative und leckere Gerichte angeboten. Wer mag, kann hier auch einen Tag zuvor ein regionales Gericht vorbestellen (s. S. 449). Auch an Vegetarier wird gedacht. Gespeist wird auf einer überdachten Terrasse im 3. Stock. Die Treppe hinauf ist zwar recht steil, aber dafür wird man mit einem grandiosen Blick auf die Bucht belohnt. Gastgeber Alberto ist sehr zuvorkommend und unterhält sich – so gewünscht – gerne mit seinen Gästen. €€
Speisen bei Kerzenlicht – **La Colonial** 2 (privat): Calle José Martí 123, zw. Maraví und Frank País, Tel. 21 64 53 91, tgl. 11–13 und 17–22 Uhr. Dieser Paladar bietet ein hübsches Ambiente, kulinarische Spezialitäten der Region, große Portionen und einen sehr freundlichen Service. Von der Veranda aus lässt sich prima das Geschehen auf der Straße beobachten. €€

Am Meer – **Marco Polo** 3 (privat): Malecón 82, Ecke Moncada, Tel. 53 55 36 23, tgl. 10–23 Uhr. Baracoas Uferpromenade ist fast völlig verwaist – bis auf dieses nette Lokal, das zu jeder Tageszeit eine gute Wahl ist. Da das Innere mit seinen roten Plastikgarnituren eher an einen amerikanischen Diner denken lässt, sollte man bei gutem Wetter kommen und die Terrasse oder die Liegestühle vor dem Haus nutzen. €€
Nicht nur für Veganer ein Muss – **Restaurante Vegetariano Baracoando** 4 (privat): Calle Máximo Gómez, zw. Castillo Duany und Coliseo, Tel. 52 58 93 19, tgl. 19–21 Uhr. Das vielleicht beste, ganz bestimmt aber das persönlichste Restaurant Kubas. Chef Aristides ist bereits seit über 40 Jahren Vegetarier und kocht ausschließlich biologisch, vegetarisch und vegan. Rechtzeitige Voranmeldung (es gibt in dem kleinen Lokal nur ca. 10 Plätze) und Vorauszahlung nötig. €€
Schokolade zum Trinken – **Casa del Chocolate** 5 : Calle Maceo 121, Ecke Maraví, tgl. 8–19.30 Uhr. Köstliche Kakaogetränke *(chorote)*, leckere Kuchen und schlichtweg traumhafte Eiscreme.

Einkaufen

Die **Plaza Martí** ist Baracoas geschäftigster Platz und Beginn der Calle **José Martí,** der ›Shoppingmeile‹ des Städtchens. Das schwül-heiße Klima zeigt Auswirkungen auf die Öffnungszeiten: Zwischen 12 und 14 Uhr haben die meisten Geschäfte geschlossen.
Souvenirs – Einen kleinen **Kunsthandwerksmarkt** 1 findet man an der Ecke Antonio Maceo und 10 de Octubre. **Artex** 2 : Calle Martí, Ecke Céspedes, Mo–Sa 9–17, So 9–12 Uhr. Postkarten, Bücher, CDs etc.
Kunst – In Baracoa gibt es zahlreiche kleine Galerien. **Atelier El Muro** 3 : Calle Coronel Cardosa 1, tgl. 9–13, 16–19 Uhr. In dem winzigen Atelier des malenden Ehepaars Roles und Inalbis entstehen naive, mit viel Ironie und Tiefsinn gespickte Gemälde. **Galería Cabo Verde** 4 : Calle Martí 229, zw. Coroneles Galano und R. Reyes, tgl. 8–12, 14–18 Uhr. Überwiegend naive Malerei, man kann den Künstlern bei der Arbeit zusehen.

Abends & Nachts

Treffpunkte – **Yaíma** [1]: am Parque Independencia, tgl. 7–23 Uhr. Sehen und gesehen werden heißt die Devise in dieser schlichten, kleinen Bar am ebenso kleinen Hauptplatz von Baracoa – vor allem die Tische auf der Veranda sind den ganzen Tag über gut besetzt. **El Parque** [2]: Calle Maceo 142, Plaza Independencia, tgl. 10–23 Uhr. Die Cafetería ist Treffpunkt einer trinkfreudigen Gemeinde – hier bleibt man garantiert nicht lange allein. Auch preiswerte Snacks und kleine Gerichte.

Livemusik – **Casa de la Trova** [3]: Calle Maceo 149-B, tgl. 9–24 Uhr, abends ab 50 CUP. Die Trovadores aus Baracoa spielen versiert und herzergreifend. Einer der Treffs am Abend – hingehen! **El Patio del BFC** [4]: Calle Maceo, zw. Frank País und Maraví, tgl. ab 10 Uhr, abends häufig Eintritt. Hier kann man ein Bier trinken, sich mit Snacks stärken und mitreißenden Bands lauschen. **La Terraza – Centro Cultural el Yunque** [5]: Calle Maceo 129, im 1. Stock, zw. Frank País und Maraví, Mo–Fr 22–24, Sa, So bis 1 Uhr, ab 50 CUP. Klasse Show und Livemusik auf einer Open-Air-Terrasse – meist sehr voll und sehr laut. **Casa de Cultura** [6]: Calle Maceo 124, tgl. ab 21 Uhr, Eintritt frei. Abwechselnd wird traditionelle und afrokubanische Livemusik gespielt.

Disco – **El Ránchon** [7]: Calle 2nda, tgl. ca. 11 Uhr bis nachts, sehr flexible Öffnungszeiten. Bevor man im Nightlifeolymp Baracoas mit den – teils sehr anhänglichen – Einheimischen abfeiern kann, müssen ein paar steile Treppen erklommen werden, die am westlichen Ende der Calle Coroneles Galano beginnen. Tolle Location am Hang und Musik aus der Konserve.

Aktiv

Baden – Etwa 5 km südöstlich der Stadt erstreckt sich die dunkelsandige Playa Blanca, die sich jedoch eher für einen Strandspaziergang als zum Sonnenbaden eignet.

Fahrradverleih – **Casa Nena** [1]: Calle Flor Crombet 129, zw. Coliseo und 24 de Febrero, Tel. 53 10 49 56. Gute Bikes für 5 €/Tag.

Wandern – Exzellente Wandermöglichkeiten bieten der Tafelberg El Yunque (s. S. 452) sowie der Parque Nacional Alejandro de Humboldt (s. S. 397).

Touren – **Geovannis (Steve) Cardosa Matos** [2]: Calle Flor Crombet 143, zw. Coliseo und 24 de Febrero, Tel. 55 30 28 20, geostevecuba@nauta.cu, www.toureasterncuba.com. Der sympathische Führer spricht sehr gut Englisch und kann Ausflüge nach Maß zusammenstellen. Zu seinen klassischen Angeboten gehören der Cañon de Yumurí (20 €), die Wanderung auf den El Yunque mit finalem Bad im Río Duaba (15 €) und der Besuch des Parque Nacional Alejandro de Humboldt (s. S. 397).

Termine

Festival de Cultura Tradicional: 1. Aprilwoche. Das Datum erinnert an die Landung von General Antonio Maceo an der Playa Duaba am 1. April 1895, dem Beginn des zweiten Unabhängigkeitskriegs gegen Spanien. Den Auftakt bildet eine Prozession zum Duaba-Denkmal, es folgt eine Kulturwoche mit Musik, Tanz, Ausstellungen, Kochwettbewerben und einer Fiesta am Malecón. Der 1. April ist in Baracoa ein offizieller Feiertag.

Fiesta de las Aguas: 13.–15. Aug. Fest anlässlich der Gründung Baracoas.

Verkehr

Flüge: Aeropuerto Gustavo Rizo, ca. 3 km westl. vom Zentrum nahe dem Hotel Porto Santo, Tel. 21 64 22 16, 21 64 16 65. Cubana, Calle José Martí 181, Tel. 21 64 53 74, Mo–Fr 8–12, 14–17 Uhr. Bei Redaktionsschluss war der Flugverkehr ausgesetzt.

Busse: Terminal Interprovincial, Av. de los Mártires, Ecke J. Martí, Tel. 21 64 15 50. Mit Víazul 2 x tgl. über Guantánamo (10 €) nach Santiago de Cuba (15 €), dort besteht Anschluss an einen Nachtbus Richtung Havanna. Tickets rechtzeitig kaufen, die Busse sind oft ausgebucht.

Transport vor Ort: Mit der BaracoaBusTour kann man während der Hochsaison 1 x tgl. von Baracoa zur Playa Maguana fahren. Unterwegs werden u. a. Stopps am Hotel Porto Santo, an der Finca Duaba und am Rancho Toa eingelegt. Für 5 € kann man zusteigen, so oft man will. In der Cafetería El Parque (s. S. 451) werden Motorroller verliehen (20 €/Tag). Mit dem Taxi kostet eine Fahrt zum Humboldt-Nationalpark inkl. Wartezeit vor Ort ca. 35 € und zum Río Yumurí 25–30 €.

Die Umgebung von Baracoa ▶ U 7/8

Die Bergwelt Baracoas mit ihren subtropischen Regenwäldern, Flusstälern und Höhlen ist ein in der Karibik einzigartiges ökologisches Reservat, das 1987 von der UNESCO unter Schutz gestellt wurde. Erst seit einigen Jahren wird hier sanfter Tourismus praktiziert. Alle Ausflüge können in Baracoa gebucht oder auf eigene Faust unternommen werden.

Río Yumurí

Gut 30 km östlich von Baracoa lohnt der **Río Yumurí** einen Besuch. Eine landschaftlich wunderschöne Straße führt durch ausgedehnte Palmenhaine, vorbei an Obstplantagen und einsamen wilden Sandstränden. Nach dem **Paso de los Alemanes,** einem natürlichen Felstunnel, erreicht man die Brücke über den Fluss, an der Bootstouren angeboten werden. Es geht flussaufwärts durch zwei Canyons, Endpunkt der Tour ist ein Inselchen im Río Yumurí, wo eine Badepause eingelegt wird.

Finca Duaba und Playa Duaba

Nach 2,5 km auf der Straße nach Moa zweigt links eine gute Piste zum Campismo El Yunque und zur **Finca Duaba** ab. Auf der 3,5 ha großen Plantage kann man das Landleben genießen, auf einem Lehrpfad die verschiedensten Pflanzen kennenlernen, sich mit kreolischen Gerichten stärken und im nahen Río Duaba schwimmen. An der Mündung des Duaba befindet sich der berühmte schwarze Strand, die **Playa Duaba,** an der General Antonio Maceo am 1. April 1895 aus dem Exil kommend landete (Finca: tgl. 8–18 Uhr, Führung 100 CUP).

Playa Cuajajo

Die **Playa Cajuajo** ca. 36 km westlich von Baracoa ist fast immer menschenleer. Im einzigen Haus am Strand befindet sich ein Restaurant, wo auf Wunsch Fisch und andere Speisen frisch zubereitet werden und man sich mit einem eiskalten Bier erfrischen kann.

El Yunque

El Yunque, der Tafelberg Baracoas, ist mit 575 m die höchste Erhebung im Umkreis und gehört zum **Parque Natural Duaba.** Wer hier hinauf möchte, muss einen Guide mitnehmen und eine gute Kondition haben – die Wanderung hin und zurück dauert rund vier Stunden. Flora und Fauna sind einzigartig: Wasserfälle und wild wachsende Orchideen, Baumfarne, in allen Grüntönen schimmernde Moose, uralte Bäume und in jahrhundertelanger Abgeschiedenheit lebende Spezies, von denen viele noch gar nicht erforscht sind, machen den Yunque zu einem spannenden Ausflugsziel. Ganz sicher erspäht man Kolibris und mit etwas Glück sogar Kubas Nationalvogel, den Tocororo. Die Aussicht von der Höhe auf die sattgrüne Dschungellandschaft und die mit Kokospalmen bewachsenen Flusstäler bis hin zur karibischen See ist atemberaubend. Früher gab es auf dem Berg übrigens viele *palenques*, Gemeinschaften entflohener Sklaven, die hier den nötigen Schutz fanden.

Guides warten 4 km von der Hauptstraße entfernt in einem Häuschen am Eingang des **Campismo El Yunque** (s. S. 450) auf Kundschaft. Die Station ist täglich von 8–18 Uhr besetzt, aber wegen des schwülen Klimas sollte eine Tour auf den Yunque nur früh am Morgen gestartet werden. Die geführte Wanderung auf den Berg kostet 15 € pro Person (2,5–3 Std. Auf- und 2 Std. Abstieg), zum Wasserfall **La Cascada** mit schönem Badepool 5 € (2 Std. hin und zurück).

Playa Maguana und Parque Nacional Alejandro de Humboldt

Der mit Abstand schönste Strand in der ganzen Umgebung ist die **Playa Maguana** etwa 22 km nordwestlich der Stadt (s. S. 397). Baracoa ist auch der klassische Ausgangspunkt für einen Besuch des einzigartigen **Parque Nacional Alejandro de Humboldt** (s. S. 397), der auf Wanderungen durchstreift werden kann.

Die Umgebung von Baracoa

BOOTSFAHRT AUF DEM RÍO TOA

Tour-Infos
Start: geführte Tour, Abholung in der Unterkunft
Dauer: ca. 4 Std.
Buchung: z. B. bei Geovannis (Steve) Cardosa Matos (s. S. 451), 20 €/Pers.

Kubas wasserreichster Fluss, der Río Toa, liegt ca. 8 km nordwestlich von Baracoa und entspringt auf 947 m in den Cuchillas del Toa (›Klingen des Toa‹). Bereits ein Erlebnis ist die rund einstündige Wanderung entlang des Unterlaufs durch tropischen Regenwald, in dem zahlreiche Papageienarten durch lautes Kreischen auf sich aufmerksam machen.

Den Fluss in seiner ganzen Schönheit lernt man bei der anschließenden Bootsfahrt kennen. In einer der traditionellen *cayucas,* die aus einem Stück Holz geschnitzt sind, treibt man langsam dem Meer entgegen. Hinter jeder Flussbiegung wartet eine neue Überraschung. Schmale Canyons wechseln sich mit weiten Ebenen ab und immer wieder lugt der Yunque über dem Dschungeldach heraus. Jede Familie, die am Flussufer lebt, hat ihre eigene *cayuca,* und der Volksmund sagt, die Kinder am Río Toa lernten zuerst paddeln und dann laufen. Auf dem Programm steht außerdem eine längere Pause an der Playa Duaba (s. S. 452).

Kulinarisches Lexikon

Im Restaurant

Ich möchte einen Tisch reservieren.	Quisiera reservar una mesa.
Ist hier frei?	¿Está libre?
Bitte die Speisekarte!	¡El menú, por favor!
Guten Appetit!	¡Buen provecho!
Prost!	¡Salud!
Bezahlen, bitte!	¡La cuenta, por favor!
Frühstück	desayuno
Mittagessen	almuerzo
Abendessen	cena
Hauptgericht	plato principal
Tagesgericht	plato del día
Nachspeise	postre
Messer	cuchillo
Gabel	tenedor
Löffel	cuchara
Flasche	botella
Glas	vaso
Getränke	bebidas
Salz/Pfeffer	sal/pimienta
Essig/Öl	vinagre/aceite

Zubereitung

ahumado/-a	geräuchert
al ajillo	in Knoblauchsoße
a la plancha	gegrillt
asado/-a	gebraten
brocheta	Spieß
crudo/-a	roh
empanado/-a	paniert
frito/-a	frittiert
guisado/-a	geschmort
hervido/-a	gekocht

Snacks und Suppen

aceitunas	Oliven
bocadito	kleines Sandwich
caldo de pollo	Hühnersuppe
crema de queso	Käsesuppe
huevos fritos	Spiegeleier
jamón	Schinken
pan con lechón	Brot mit Fleisch vom Spanferkel
pan tostado	Toast
pancake	Pfannkuchen
pan	Brötchen
perro caliente	Hot Dog
queso	Käse
revoltillo	Rührei
sopa de chícharo	Kichererbsensuppe
tortilla	Omelette
tamales	mit Fleisch und Gemüse gefüllter Maisbrei, der – in Maisblätter eingeschlagen – gebacken wird

Fisch und Meeresfrüchte

atún	Thunfisch
camarones	Krabben/Shrimps
cangrejo	Krebs
croquetas de pescado	Fischkroketten
gambas al ajillo	Krevetten in Knoblauchöl
langosta	Languste
mariscos	Meeresfrüchte
pescado	Fisch
trucha	Forelle

Fleisch und Geflügel

albóndiga	Frikadelle
aves	Geflügel
cabrito/chivo	Zicklein
carne	Fleisch
carne en salsa	Fleischstücke in Soße
cerdo	Schwein
chuleta	Schweinekotelett
conejo	Kaninchen
cordero	Lamm
escalope	Schnitzel
jamón	Schinken (gekocht)
pato	Ente
pavo	Truthahn
pechuga de pollo	Hähnchenbrust
picadillo	Hackfleisch
picadillo habanero	Rindergehacktes, mit Tomaten und Oliven geschmort

pierna de puerco	Schweinshaxe
asado	
pollo	Hühnchen
rés	Rind
salchicha	Würstchen
solomillo	Filet
ternera	Kalb

Gemüse und Beilagen

aguacuate	Avocado
alcachofa	Artischocke
arroz blanco	weißer Reis
arroz congrí	weißer Reis mit schwarzen Bohnen
berenjena	Aubergine
boniato	Süßkartoffel (meist gekocht)
calabaza	Kürbis
cebolla	Zwiebel
col	(Weiß-)Kohl
ensalada	Salat
espinaca	Spinat
fideos	Nudeln
frijoles negros	schwarze Bohnen
garbanzo	Kichererbse
guisante	Erbse
habichuelas	(weiße) Bohnen
judías verdes	grüne Bohnen
lechuga	grüner Blattsalat
lenteja	Linse
malanga	stärkehaltige, kartoffelähnliche Knolle
moros y cristianos/ congrí	weißer Reis mit schwarzen Bohnen
ñame	Jamswurzel
papa	Kartoffel
papas fritas	Pommes frites
pepino	Gurke
pimiento	Paprikaschote
plátanos fritos	frittierte süße Bananen
puré de papas	Kartoffelbrei
remolacha	rote Bete
tostones	frittierte Kochbananen
verdura	Gemüse
yuca	Yucca, Maniokwurzel
zanahoria	Möhre

Nachspeisen und Obst

arroz con leche	süßer Milchreis mit Zimt und Zucker
cake	Torte
coco	Kokosnuss
dulce de guayaba	Guavencreme oder -marmelade
flan	Eierpudding
fruta bomba	Papaya (gilt in Kuba als obszönes Wort)
galleta	Keks
guanábana	Stachelanemone
guayaba	Guave
helado	Eiscreme
mamey	Mamey
melocotón	Wassermelone
melón	(Honig-)Melone
naranja	Apfelsine
natillas	Cremespeise
pastel	Kuchen
piña	Ananas
plátano	Banane
toronja	Grapefruit
uvas	Weintrauben

Getränke

agua mineral	Mineralwasser
aguardiente	Schnaps
con/sin gas	mit/ohne Kohlensäure
añejo	gereifter, meist brauner Rum
batido	Milchmixgetränk
café con azúcar	Kaffee mit Zucker
café con leche	heller Milchkaffee
café cubano	gezuckerter Espresso
cerveza	Bier
hielo	Eis
jugo	Saft
refresco	Limonade
rón	Rum
vino tinto/blanco	Rot-/Weißwein

Sprachführer

Ausspracheregeln

In der Regel wird Spanisch so ausgesprochen wie geschrieben. Treffen zwei Vokale aufeinander, so werden beide einzeln gesprochen (z. B. E-uropa). Die Betonung liegt bei Wörtern, die auf Vokal, n oder s enden, auf der vorletzten Silbe, bei allen anderen auf der letzten Silbe. Liegt sie woanders, wird ein Akzent gesetzt (z. B. teléfono).

Konsonanten:

c	vor a, o, u wie k, z. B. casa
	vor e, i wie scharfes s, z. B. cien
ch	wie tsch, z. B. chico
g	vor e, i wie deutsches ch, z. B. gente
h	wird nicht gesprochen
j	wie deutsches ch, z. B. jefe
ll	wie j mit leichtem l davor, z. B. llamo
ñ	wie gn bei Champagner, z. B. niña
qu	wie k, z. B. queso
y	am Wortende wie i, z. B. hay, sonst wie deutsches j, z. B. yo
z	wie scharfes s, z. B. azúcar

Allgemeines

guten Morgen/Tag	buenos días
guten Tag (ab 12 Uhr)	buenas tardes
guten Abend/gute Nacht	buenas noches
auf Wiedersehen	hasta luego
Entschuldigung!	¡Disculpe!/¡Perdón!
Hallo!/Grüß dich!	¡Hola!/¿Qué tal?
bitte	de nada/por favor
danke	gracias
ja/nein	si/no
Wie bitte?	¿Disculpe? ¿Cómo?

Unterwegs

Haltestelle	parada
Bus, Auto	autobús, carro
Ausfahrt/-gang	salida
Tankstelle	gasolinera
rechts	a la derecha
links	a la izquierda
geradeaus	recto
Auskunft	información
Telefon	teléfono
Postamt	correos
Bahnhof, Flughafen	estación, aeropuerto
Stadtplan	mapa de la ciudad
alle Richtungen	todas las direcciones
Eingang	entrada
geöffnet	abierto/-a
geschlossen	cerrado/-a
Kirche	iglesia
Museum	museo
Strand	playa
Brücke	puente
Platz	plaza/sitio

Zeit

Stunde	hora
Tag	día
Woche	semana
Monat	mes
Jahr	año
heute	hoy
gestern	ayer
morgen	mañana
morgens	por la mañana
mittags	al mediodía
abends	por la tarde/noche
früh	temprano
spät	tarde
Montag	lunes
Dienstag	martes
Mittwoch	miércoles
Donnerstag	jueves
Freitag	viernes
Samstag	sábado
Sonntag	domingo

Notfall

Hilfe!	¡Ayuda!
Polizei	policía
Arzt, Zahnarzt	médico, dentista
Apotheke	farmacia
Krankenhaus	hospital
Unfall	accidente
Schmerz	dolor

Übernachten

Hotel	hotel
Pension	hostal
Einzelzimmer	habitación sencilla
Doppelzimmer	habitación doble
mit/ohne Bad	con/sin baño
Toilette	baño
Dusche	ducha
mit Frühstück	con desayuno
Gepäck	equipaje
Rechnung	cuenta/factura

Einkaufen

Geschäft, Markt	tienda, mercado
Kreditkarte	tarjeta de crédito
Geld	dinero, plata
Geldautomat	cajero (automático)
Bäckerei	panadería
Lebensmittel	víveres
teuer	caro/-a
billig	barato/-a
Größe	tamaño
bezahlen	pagar

Zahlen

1	uno		18	dieciocho
2	dos		19	diecinueve
3	tres		20	veinte
4	cuatro		21	veintiuno
5	cinco		30	treinta
6	seis		40	cuarenta
7	siete		50	cincuenta
8	ocho		60	sesenta
9	nueve		70	setenta
10	diez		80	ochenta
11	once		90	noventa
12	doce		100	cien
13	trece		150	ciento cincuenta
14	catorce		200	doscientos
15	quince		300	trescientos
16	dieciséis		1000	mil
17	diecisiete			

Die wichtigsten Sätze

Allgemeines

Sprechen Sie Deutsch/Englisch?	*¿Habla Usted alemán/inglés?*
Ich verstehe nicht.	*No entiendo.*
Ich spreche kein Spanisch.	*No hablo español.*
Ich heiße …	*Me llamo …*
Wie heißt Du/ heißen Sie?	*¿Cómo te llamas/ se llama?*
Wie geht es Dir/ Ihnen?	*¿Cómo estás/ está Usted?*
Danke, gut.	*Muy bien, gracias.*
Wie viel Uhr ist es?	*¿Qué hora es?*

Unterwegs

Wie komme ich zu/nach …?	*¿Cómo llego a …?*
Wo ist …?	*¿Dónde está …?*
Könnten Sie mir bitte … zeigen?	*¿Me podría enseñar …, por favor?*

Notfall

Können Sie mir bitte helfen?	*¿Me podría ayudar, por favor?*
Ich brauche einen Arzt.	*Necesito un médico.*
Hier tut es mir weh.	*Me duele aquí.*

Übernachten

Haben Sie ein freies Zimmer?	*¿Tiene una habitación libre?*
Wie viel kostet das Zimmer pro Nacht?	*¿Cuánto cuesta la habitación por día?*
Ich habe eine Reservierung.	*Tengo una riservación.*

Einkaufen

Wie viel kostet …?	*¿Cuánto cuesta …?*
Ich brauche …	*Necesito …*
Wann öffnet/ schließt …?	*¿A qué ora abre/ cierra …?*

Register

Abakuá 81
Adressen 130
Agramonte, Ignacio 350, 356
Aktivreisen 12
Alturas del Nordeste 345
Angeln 124
Anreise 109
Aponte, José Antonio 53
Arbeitslosigkeit 39
Archipiélago de Camagüey 347
Archipiélago de los Canarreos 218
Archipiélago Jardines de la Reina 341
Archipiélago Los Colorados 255
Arenas, Reinaldo 100
Armut 39
Arrate, José Martín Félix de 52
Arroyo Naranjo 236
Asiaten 66
Ausgehen 141
Auskunft 130
Auslandskrankenversicherung 108
Ausrüstung 136

Babalawo 76
Bacuranao 214
Bahía de Bariay 387
Bahía de Cochinos 280
Bahía de Naranjo 389
Bahía de Nipe 395
Baire 413
Baitiquiri 441
Banao 315
Banes 392
Baracoa 443
Barbacoas 185
Barnet, Miguel **100**, 264, 316
Bartolomé Masó 404
Base Naval de la Bahía de Guantánamo 439
Basílica de Nuestra Señora del Cobre 413
Batá 82
Batista, Fulgencio 57
Bayamo 398
Behinderte 130
Bevölkerung 21, 66
Bewegung des 26. Juli 58

Bildung 42
Birán 393
Blogger 43
Bloqueo 36
Boca Ciega 214
Boca de Guamá 283
Bolero 93
Bolívar, Simón 176
Bosque de Fósiles de Najasa 361
Botschaften 130
Brooke, John R. 56
Buena Vista Social Club 94

Cabaiguán 322
Caballero, José Agustín 170
Cabaret 141
Cabildo 85
Cabo Cruz 409
Cabo de San Antonio 258
Cabrera Infante, Guillermo 49, **100**, 156, 242
Cafetal La Isabélica 432
Caibarién 335
Caimanera 439
Caletón Blanco 412
Camagüey 350
Campismos Populares 118, 122
Cárdenas 278
Carpentier, Alejo **99**, 156, 169, 176
Casa de la Trova 90
Casas Particulares 116
Casilda 310
Castillo de Jagua 296
Castro, Fidel 58, **59**, 393, 408, 409, 417, 424
Castro, Raúl 21, 62, 393
Cavernas de Boquerón 346
Cayería del Norte 347
Cayo Coco 347
Cayo Ensenachos 336
Cayo Granma 431
Cayo Guillermo 347
Cayo Jutías 255
Cayo Largo 222
Cayo Las Brujas 336
Cayo Levisa 255
Cayo Media Luna 347
Cayo Paraíso 255

Cayo Paredón Grande 347
Cayo Romano 347
Cayo Sabinal 362
Cayo Saetía 395
Cayo Santa María 336
Céspedes, Carlos Manuel de **55**, 57, 399, 409
Chachachá 92
Chambas 336
Che Guevara. S. Guevara, Ernesto
Chivirico 411
Chorro de Maita 389
Ciego de Ávila 338
Cienfuegos 287
Cobo, Bernabé 242
Cojímar 213
Comandancia de la Plata 404
Comparsa 86, 416
Condado 314
Conga 416
Contramaestre 413
Cooder, Ry 94
Cortés, Hernán 51, 242
Cuchillas de Baracoa 442
Cuentapropista 35
Cueto 393
Cueva de los Peces 284
Cueva de los Portales 236
Cueva Guanahacabibes 259
Cueva Santo Tomás 249
Cuevas de Bellamar 269
Cuevas de los Panaderos 383

Damas de Blanco 47
Danzón 91
Díaz Canel, Miguel 21, 63
Díaz, Jesús 101
Dos Palmas 413
Drogen 131
Durchschnittslohn 131

Einkaufen 131
Einreisebestimmungen 108
Eintrittsgelder 143
Einwanderung 66
Elektrizität 132
El Frayle 216
El Mégano 214
El Socucho 368

Der Haupteintrag ist **fett** hervorgehoben.

El Yunque 452
Embalse Zaza 319
Embargo 36, 58
Ensenada de Siguanea 220
Essen 120
Estévez, Abilio 101

Farallones de Seboruco 394
Faro de Punta de Maisí 442
Fauna 22, 26
Feiertage 132
Fernández, Joseíto 438
Ferrer, Ibrahím 95
Ferrer, José Daniel 47
Feste 127
Figueredo, Perucho 399
Filé 413
Film 105
Flora 22
Florencia 336, **345**
Floro Pérez 387
Fotografieren 132
Frauen 132
Fray Benito 387
Fremdenverkehrsamt 130
Friedensvertrag von Zanjón 55

García, Calixto 374, 377
Geheimoperation Mongoose 60
Geld 133
Geografie 20, **27**
Geschichte 20, 49
Gesellschaft 66
Gesundheit 41, **134**
Getränke 122
Gibara 381
Golfen 124
Gómez, Máximo **55**, 338, 350, 442
González, Rubén 92, **94**
Gran Parque Natural Montemar 281, 282
Gran Parque Natural Topes de Collantes 312
Gran Piedra 432
Gran Zafra 61
Greene, Graham 167
Grito de Yara 55, 399
Guanabacoa 212

Guanabo 214
Guane 256, 258
Guantanamera 438
Guantánamo 436
Guayasamín, Oswaldo 176
Guevara, Ernesto 58, 322, 325, **328**, 409
Guillén, Nicolás 22, **100**, 271, 355

Haitianer 67
Hatuey 50, 398
Heiliger Lazarus 71
Helms-Burton Act 36, 61
Hemingway, Ernest 169, 177, 207, 211, 213, 347
Heredia, José María 418
Hershey-Bahn 210
Höhlen 124
Holguín 374
Homosexuelle 137
Horquitas 286

Imías 442
Individualreisen 12
Informationen 138
Internet 42, 136
Isabel Rubio 256, 258
Isla de la Juventud 218

Jagüey Grande 280
Jardín Botánico Soledad 298
Jardines del Rey 347
Jatibonico 338
Jesús Menéndez 369
Jineteros 117
Jorrín, Enrique 92
Júcaro 341
Juden 68

Karneval **84**, 416
Karten 136
Kinder 136
Kirche 43
Kleidung 136
Klima 137
Kolonialzeit 51
Kolumbus, Christoph 49, 387, 443
König Carlos II. 52

Konsulate 130
Kreuzfahrten 12
Kubakrise 60
Kubanisches Fremdenverkehrsamt 130
Kunst 102

La Bajada 258
La Boca 310
La Farola 442
La Fé 258
Lago Hanabanilla 331
Laguna de Guanaroca 296
Laguna Redonda 346
La Habana 152
– Acuario Nacional 196
– Almacenes San José 180
– Antigua Casa de Hospedaje 173
– Barrio Chino 185
– Basílica de San Francisco de Asís 171
– Callejón de Hamel 188
– Callejón de los Peluqueros 184
– Cámara Oscura 174
– Capitolio 182
– Casa de África 176
– Casa de Asia 177
– Casa de Baños 168
– Casa de Don Laureano Torres de Ayala 173
– Casa de la Cruz Verde 175
– Casa de la Familia Franchi-Alfaro 175
– Casa de la Obra Pía 176
– Casa de las Américas 194
– Casa del Marqués de Arcos 167
– Casa del Obispo 170
– Casa de los Árabes 170
– Casa Guayasamín 176
– Casa-Museo Benito Juárez 176
– Casa-Museo Compay Segundo 195
– Casa-Museo José Lezama Lima 187
– Casa-Museo Simón Bolívar 176
– Casa Natal de José Martí 181

Register

- Castillo de la Real Fuerza 162
- Castillo de San Salvador de La Punta 188
- Catedral 163
- Cementerio de Colón 194
- Centro Asturiano 183
- Centro de Arte Contemporáneo Wifredo Lam 169
- Centro de Arte La Casona 173
- Centro de Desarollo de las
- Artes Visuales 174
- Centro Habana 185
- Cine Yara 192
- Coche Mambí 171
- Convento de Nuestra Señora de Belén 181
- Convento de Santa Clara 180
- Cuervo y Sobrinos 171
- Droguería Johnson 177
- Edificio Bacardí 183
- Edificio FOCSA 190
- El Garage – Colección de Automóviles 175
- El Templete 163
- Estación Central 181
- EXPO Cuba 211
- Finca La Vigía 211
- Fototeca de Cuba 174
- Fundación Alejo Carpentier 169
- Fundación Fernando Ortíz 192
- Fusterlandia 196
- Galería Haydée Santamaría 193
- Geschichte 152
- Gran Teatro de La Habana **182**, 204
- Guanabacoa 212
- Habana Vieja 160
- Heladería Coppelia 191
- Hotel Ambos Mundos 177
- Hotel Capri 190
- Hotel Habana Libre 190
- Hotel Nacional 190
- Hotel Riviera 190
- Iglesia del Espíritu Santo 180
- Iglesia del Santo Ángel Custodio 163
- Iglesia de Nuestra Señora de la Merced 180
- Iglesia de San Francisco de Paula 180
- Iglesia Nuestra Señora de la Caridad del Cobre 185
- Iglesia Santo Cristo del Buen Viaje 178
- Iglesia y Convento San Agustín 179
- Jardín Botánico 211
- Kunsthandwerksmarkt 180
- La Bodeguita del Medio 169
- La Rampa 191
- Malecón 189
- Manzana de Gómez 181
- Maqueta de La Habana 196
- Maqueta del Centro Histórico 176
- Marina Hemingway 196
- Mesquita Abdallah 170
- Miramar 195
- Museo 28 de Septiembre 177
- Museo Alejandro de Humboldt 172
- Museo de Arqueología 163
- Museo de Arte Colonial 167
- Museo de la Cerámica 175
- Museo de la Ciudad 161
- Museo de la Danza 193
- Museo de la Farmacia Habanera La Reunión 178
- Museo de la Pintura Mural 177
- Museo de la Revolución 183
- Museo del Chocolate 175
- Museo del Naipe 173
- Museo de los Oríchas 182
- Museo del Ron Havana Club 172
- Museo del Tabaco 175
- Museo de Navegación 162
- Museo Ernest Hemingway 212
- Museo Nacional de Bellas Artes 183
- Museo Nacional de Historia de las Ciencias Carlos J. Finlay 179
- Museo Nacional de Historia Natural 196
- Museo Napoleónico 193
- Museo Numismático 177
- Museo Observatorio del Convento de Belén 181
- Museo Palacio del Gobierno 171
- Museo Postal Cubano 195
- Museo Vivo de la Peluquería y la Barbería 184
- Palacio Cueto 172
- Palacio de Bellas Artes 183
- Palacio del Marqués de Aguas Claras 169
- Palacio de los Capitanes Generales 161
- Palacio de los Condes de Lombillo 167, 173
- Palacio del Segundo Cabo 162
- Parque Central 181
- Parque de la Fraternidad 182
- Parque de Locomotoras 181
- Parque Don Quijote 191
- Parque Histórico Morro-Cabaña 188
- Parque Lenin 211
- Paseo de Martí 181
- Perfumería Habana 1791 176
- Planetario Rosa Elena Simeón 175
- Playa 195
- Plaza de Armas 161
- Plaza de la Catedral 163
- Plaza de la Revolución 194
- Plaza del Cristo 178
- Plaza de San Francisco 170
- Plaza de Simón Bolívar 176
- Plaza Vieja 172
- Plazuela del Ángel 183
- Plazuela de Paula 180
- Prado 181
- Quinta Avenida 195
- Real Fábrica de Tabacos Partagás 185
- Real Observatorio 181
- Real Seminario Conciliar de San Carlos y San Ambrosio 170
- Regla 212
- Stadtmauer 180
- Taller Experimental de Gráfica 168
- Teatro Nacional 195

Der Haupteintrag ist **fett** hervorgehoben.

– Universidad de La Habana 192
– Vedado 190
– Vitrina de Valonia 173
– Zanja Real 163, **171**
La Máquina 442
La Mula 412
Lam, Wifredo 102, 169
La Palma 236
La Plata 411
Las Casas, Bartolomé de 22, **50**, 287
Las Coloradas 409
Las Mercedes 404
Las Minas 413
Las Terrazas 228
Las Tunas 365
Leal Spengler, Eusebio 152
Lebensmittelkarte 33
Lezama Lima, José **99**, 156, 187
Literatur 99, 138
Llinás, Guido 239
Loma de Cunagua 346
López, Ñico 402
López, Orestes 91
Lora 369

Maceo, Antonio **55**, 338, 350, 420
Machado, Gerardo 56
Mafia 159, 190
Mambo 91
Manicaragua 331
Mantua 256
Manzanillo 407
Maqueicito 441
Marea del Portillo 404, **411**
María La Gorda 258
Mariel 35, 44, 61
Martí, José **54**, 55, 181, 194, 438, 442
Maseda, Héctor 47
Matamoros, Miguel 88
Matanzas 265
Mayarí 393
Media Luna 409
Medien 140
Melgarejo 413
Mella, Julio Antonio 56
Mendive, Manuel 102
Menschenrechte 44

Meyer Lanski 57, 159, 190
Minas 361
Mirador de Bacunayagua 217
Moa 396
Mogotes 244
Montejo, Esteban 264, 316
Moré, Benny 89, 297
Morell de Santa Cruz, Pedro Augustín 52
Morón 336, **342**
Musik 87, 140

Nachtleben 141
Najasa 361
Nápoles Fajardo, Cristóbal 366
Natur 22
Nganga 80
Niquero 409, **410**
Notfälle 142
Nueva Gerona 218
Nuevitas 362
Núñez Jiménez, Antonio 319

Obama, Barack 39, 62
Öffnungszeiten 142
Ojo de Agua 256
Opción Cero 61
Opposition 44
Oríchas 71
Orientierung 130
Ortega, Jaime 44
Ortíz, Fernando 24, 192
Outdoor 124

Padura, Leonardo 101
País, Frank 424
Paladar 122
Palero 79
Palma, Estrada 56
Palma Rubia 255
Palma Soriano 413
Papst Benedikt XVI. 44
Papst Franziskus 44
Papst Johannes Paul II. 43
Parque Baconao 433
Parque El Cubano 309
Parque La Güira 233
Parque Monumento Nacional Bariay 387

Parque Nacional Alejandro de Humboldt **397**, 452
Parque Nacional Desembarco del Granma 409
Parque Nacional Gran Piedra 432
Parque Nacional Península de Guanahacabibes 258
Parque Nacional Turquino 404
Parque Nacional Viñales 247
Parque Natural Bahía de Naranjo 389
Parque Natural Duaba 452
Paso de los Alemanes 452
Pauschaltouren 12
Payá, Oswaldo 46, 48
Península de Guanahacabibes 258
Península de Hicacos 271
Península de Zapata 280
Perché 296
Pérez Prado, Dámaso 91
Perico 280
Período Especial 61
Pflanzen 22
Pico Turquino 406
Pilón 410
Pinar del Río 237
Piñeiro, Ignacio 89
Piñera, Virgilio 99
Piraten 51
Plantación de Tabaco Alejandro Robaina 257
Platt Amendment 56, 436
Playa Ancón 310
Playa Arroyo Bermejo 217
Playa Belén 258
Playa Blanca 384, 388
Playa Boca de Galafre 258
Playa Caletones 384
Playa Corinthia 396
Playa Covarrubias 368
Playa Cuajajo 452
Playa de Cajobabo 442
Playa de Morales 392
Playa Don Lino 388
Playa Duaba 452
Playa Esmeralda 389
Playa Girón 285
Playa Herradura 369, 384

Register

Playa Jibacoa 217
Playa La Boca 369
Playa Larga 283
Playa Las Coloradas 409
Playa Los Cocos 363
Playa Maguana 397, 452
Playa Pesquero 388
Playa Puerto Rico 392
Playa Rancho Luna 296
Playa Santa Lucía 363
Playas del Este 214
Playa Siboney 432
Playa Verraco 433
Playa Yuraguanal 388
Politik 21, 42
Pollán, Laura 47
Pons 256
Portuondo, Omara 94
Post 142
Pressefreiheit 45
Prostitution 40, 142
Puerto Esperanza 255
Puerto Padre **368**
Punta de Maisí 442

Radfahren 124
Rafael Freyre 387. S. Santa Lucía
Rap 97
Rauchen 143
Reggaeton 97
Regla 212
Regla Conga 79
Reiseagenturen 12
Reisebudget 143
Reisekasse 143
Reisezeit 137
Reiten 125
Religion 21, 71
Remedios 331
Reserva Ecológica Baitiquirí 441
Revolution 57
Río Toa 453
Río Yumurí 452
Robaina, Alejandro 257
Rodríguez, Arsenio 89
Rumba 92
Rundreisen 12, **16**

Sagua de Tánamo 396
Salto El Nicho 298

San Antonio 384
San Antonio de los Baños 71
San Antonio del Sur 441, 442
San Cayetano 255
Sánchez, Celia 408
Sánchez, Elizardo 46
Sánchez, Serafín 319
Sancti Spíritus 317
San Diego de los Baños 233
Sandino 258
San Francisco de Paula 211
San Juan y Martínez 257
San Luis 257
Santa Clara 322
Santa Cruz del Norte 216
Santa Isabel de las Lajas 297
Santa Isabel de Nipe 393
Santa Lucía 255, 256, 387, 388
Santamaría, Abel 424
Santa María del Mar 214
Santería 71
Santiago de Cuba 414
– Ayuntamiento 417
– Balcón de Tivolí 421
– Balcón de Velázquez 418
– Calle Padre Pico 421
– Casa de la Cerámica 425
– Casa de las Religiones 428
– Casa de las Tradiciones 421
– Casa de la Trova 418
– Casa del Caribe 428
– Casa Diego Velázquez 417
– Casa Natal de Frank y Josué País 424
– Casa Natal de José María Heredia 418
– Castillo El Morro 432
– Catedral de Nuestra Señora de la Asunción 417
– Cayo Granma 431
– Cementerio de Santa Ifigenia 424
– Centro Cultural Africano 428
– Cuartel Moncada 424
– El Tivolí 421
– Fábrica de Tabacos César Escalante 421
– Galería de Arte La Confronta 418

– Galería René Valdés 425
– Geschichte 414
– Iglesia de Nuestra Señora de los Dolores 420
– Museo Ciencias Naturales Tomás Romay 420
– Museo de Ambiente Histórico Cubano 417
– Museo de la Lucha Clandestina 421
– Museo de la Música 425
– Museo del Carnaval 419
– Museo del Ron Santiago de Cuba 420
– Museo Emilio Bacardí 419
– Museo Histórico 26 de Julio 424
– Parque Alameda 421
– Parque Céspedes 417
– Parque Histórico Abel Santamaría 424
– Plaza de Marte 420
– Plaza Dolores 420
– Punta Gorda 431
– Vista Alegre 425
Santiesteban, Ángel 102
Santo Domingo 404
Santo Traficante Jr. 190
Schnorcheln 126
Schweinebucht 60, 280, 285
Segundo, Compay **96**, 195
Selbstständige 35
Siboneyes 49
Sicherheit 144
Sieben-Jahre-Krieg 52
Sierra de Cristal 393
Sierra de Cubitas 361
Sierra del Chorrillo 361
Sierra del Escambray 310
Sierra del Rosario 228
Sitio Histórico de Birán 393
Sitio Histórico La Demajagua 409
Sklaven 53
Soler, Berta 47
Son 88
Soroa 232
Souvenirs 131
Soziales 32, **39**

Der Haupteintrag ist **fett** hervorgehoben.

Spartipps 143
Sportklettern 126
Sprachreisen 12
Sumidero 256

Tabak 24, 51, 242
Taínos 49
Tanzreisen 12
Tauchen 126
Telefonieren 144
Tiere 26
Timba 97
Topes de Collantes 310
Torricelli Act 36, 61
Tortuguilla 441
Tourismus 21
Transport 109
Trinidad 299
Trinkgeld 145
Tumba Francesa 416

Übernachten 116
Umweltschutz 30

Ureinwohner 49
USA 56, 436
Uvero 411

Valdés, Zoé 101
Valle Ancón 249
Valle de los Ingenios 313
Valle de Mayabe 379
Valle de Viñales 244
Valle de Yumurí 217
Valle El Abra 236
Valle El Cobre 413
Valle San Luís 313
Varadero 271
Varela, Félix 170
Velázquez, Diego 50, 299, 350, 414
Veranstaltungen 127
Verhalten 131
Verkehrsmittel 109
Villa, Ignacio 69
Viñales 244
Visum 108

Vogelbeobachtung 126
Vuelta Abajo 257

Währung 133
Währungsreform 32
Wandern 126, 230, 311, 396, 403, 406
Wassersport 126
Wellness 145
Wirtschaft 21, **32**

Yacabo Abajo 443
Yaguajay 336
Yaguaramas 286
Yara 407
Yoruba 74

Zayas y Alfonso, Alfredo de 56
Zehnjähriger Krieg 55
Zeit 145
Zollbestimmungen 108
Zucker 24

Zitate

S. 18 aus: Miguel Matamoros, »Son de la Loma«, 1923

S. 22 aus: Nicolás Guillén, »Gedichte«, Frankfurt 1982, © Suhrkamp Verlag

S. 24 aus: Fernando Ortíz, »Tabak und Zucker. Ein kubanischer Disput«, Frankfurt 1990, © Insel Verlag

S. 49 und 146 aus: Guillermo Cabrera Infante, »Ansicht der Tropen im Morgengrauen«, Frankfurt 1992, © Suhrkamp Verlag

S. 156 aus: Alejo Carpentier, »Die Stadt der Säulen«, in: Stegreif und Kunstgriffe. Essays zur Literatur, Musik und Architektur in Lateinamerika, Frankfurt 1980, © Suhrkamp Verlag);

S. 156/157 aus: Guillermo Cabrera Infante, »Drei traurige Tiger«, Frankfurt 1989, © Suhrkamp Verlag

S. 242 aus: Guillermo Cabrera Infante, »Rauchzeichen«, Frankfurt 1990, © Suhrkamp Verlag);

S. 316 aus: Miguel Barnet, »Der Cimarrón. Die Lebensgeschichte eines entlaufenen Negersklaven auf Cuba, von ihm selbst erzählt«, Frankfurt 1976, © Suhrkamp Verlag

Abbildungsnachweis/Impressum

Abbildungsnachweis

akg-images, Berlin: S. 103, 329
Anke Munderloh, Stuttgart: S. 31, 119 o. re., 315
Carolin Dörich, Hamburg: S. 9
DuMont Bildarchiv, Ostfildern: S. 23, 37, 40/41, 107 o., 107 M., 112 o. re., 119 u., 223, 227, 250/251, 316, 404/405, 410/411, 440, 444 (Tobias Hauser)
Glow Images, München: S. 256 (Deposit Photos/Richard Semik)
iStock.com, Calgary (CA): S. 82 (jtisdale)
laif, Köln: S. 399 (Aurora/Chris Milliman); 95 (Barbara Dombrowski); Umschlagrückseite o. (Dietmar Denger); 394/395 (Gerald Haenel); 147, 148, 388 (hemis.fr/Arnaud Spani); 285 (hemis.fr/Lionel Montico); 224, Umschlagrückseite u., 320 (hemis.fr/Patrick Escudero); 354/355 (hemis.fr/Patrick Frilet); 349 (Karl-Heinz Raach); 90, 123 u., 416, 418/419, 430 (Le Figaro Magazine/Eric Martin); 157, 441 (Miquel González); 153 (NOOR/Yuri Kozyrev); 151, 184, 324 (Obie Oberholzer); 34 (REA/Marta NASCIMENTO); 45 (Redux/Deirdre Brennan); 115 (Redux/VWPics/Lucas Vallecillos); 292 (robertharding/Jane Sweeney); 25, 28/29, 112 u., 158, 215 (Tobias Hauser)
Lookphotos, München: Umschlagklappe vorn, 375 (age fotostock); 345 (Aurora Photos); 332/333 (Blend Images); 219, Umschlagrückseite M. (Holger Leue); 281 (Minden Pictures); Titelbild (Roetting)
MATO, Hamburg: S. 19, 260, 359 (Reinhard Schmid); 178/179 (Werner Bertsch)
Mauritius Images, Mittenwald: S. 128 u. (age/Jan Sochor); 59 (Alamy/allOver images); 50, 73, 235, 241 (Alamy/James Quine); 85, 128 o. re. (Alamy/Jan Sochor); 438 (Alamy/Kasia Nowak); 69 (Alamy/Mark Markau); 434/435 (Alamy/MARKA); 112 o. li., 198 (Alamy/Melvyn Longhurst); 174 (Alamy/Michele Burgess); 297 (Alamy/Neftali); 195 (Alamy/Nir Alon); 98 (Alamy/Paul Panayiotou); 300 (Alamy/Stefan Ember); 67 (Alamy/Tommy Huynh); 188/189, 265, 304/305 (Alamy/Torontonian); 313 (Alamy/Travel South America); 54 (Alamy/VPC Photo); 119 o. li., 453 (Alamy/Widmann/CHL); 362/363 (Artur Cupak); 370 (Cultura/Lost Horizon Images); 449 (imagebroker/Dirk Renckhoff); 168/169 (imagebroker/Kohls); 243 (imagebroker/Martin Engelmann); 62/63 (imagebroker/Martin Moxter); 382/383 (imagebroker/Matthias Graben); 128 o. li. (John Warburton-Lee/Mark Hannaford); 107 u. (Photononstop/Sébastien Boisse); 272/273 (Photononstop/Tristan Deschamps); 77 (Rene Truffy); 123 o. re. (robertharding/Angelo Cavalli); 309 (robertharding/Christian Kober); 288/289 (United Archives); 123 o. li. (Westend61/Michael Bader)
Shutterstock.com, Amsterdam(NL): S. 248 (Angelo D'Amico); 145 (Kim Wilson); 229 (Valentina de Menego)

Kartografie

© KOMPASS-Karten GmbH, A-6020 Innsbruck; DuMont Reiseverlag, D-73751 Ostfildern

Umschlagfotos

Titelbild: An der Uferpromenade von Cienfuegos; Umschlagklappe vorn: Baracoa in der Provinz Guantánamo; Umschlagrückseite oben: In den Straßen von Trinidad

Hinweis: Autor und Verlag haben alle Informationen mit größtmöglicher Sorgfalt geprüft. Gleichwohl sind Fehler nicht vollständig auszuschließen. Alle Angaben erfolgen ohne Gewähr. Bitte schreiben Sie uns! Über Ihre Rückmeldung zum Buch und über Verbesserungsvorschläge freuen sich Autor und Verlag:
DuMont Reiseverlag, Postfach 3151, 73751 Ostfildern, E-Mail: info@dumontreise.de

6., aktualisierte Auflage 2024
© DuMont Reiseverlag, Ostfildern
Alle Rechte vorbehalten
Autor: Thomas Bassen
Lektorat: Anja Lehner
Grafisches Konzept: Groschwitz/Tempel, Hamburg
Printed in China